故 이홍영 선생 영전에
이 책을 바칩니다.

최협崔協 Hyup Choi

서울대학교 문리과대학 고고인류학과 졸업
미국 신시내티대학교 인류학석사
미국 켄터키대학교 인류학박사
전남대학교 교수 역임
한국문화인류학회 회장 역임

저서 :

Agricultural Change in America, SNU Press, 1981.
『부시맨과 레비스트로스』, 풀빛, 1996.
『다민족사회, 소수민족, 코리안 아메리칸』, 전남대출판부, 2011.
『판자촌 일기』, 눈빛, 2012.
Representing the Cultural Other : Japanese Anthropological Works on Korea(ed), CNU Press, 2013.
『박물관 이야기』, 민속원, 2021.

이홍영李鴻永 Hong Yung Lee

연세대학교 정치외교학과 졸업
미국 시카고대학교 정치학박사
미국 예일대학교, 캘리포니아대학교(버클리) 정치학과 교수 역임
캘리포니아대학교 한국학연구소 소장 역임.

저서 :

The Politics of the Chinese Cultural Revolution, University of California Press, 1978.
Research Guide to the Red Guard Publications, Routledge, 1987.
From Revolutionary Cadres to Bureaucratic Technocrats, University of California Press, 1991.
Colonial Rule and Social Change in Korea, 1910-1945, (co-author) University of California Press, 2013

문화와 역사를 담다 062

동아시아 자본주의 제도적 기반

한국, 중국, 일본의 비교연구

최협·이홍영

민속원

머리말

이차대전 이후 동아시아의 일본, 한국, 중국이 차례로 보여준 경제적 성공은 사회과학자 사이에 높은 관심의 대상이 되었다. 이를 반영해주는 것이 아시아 문화와 경제성장 간의 관계에 관한 논의들이다. 이러한 맥락에서 동아시아국가들의 경제적 성공의 원인을 유교와 같은 아시아적 가치나 문화에 연계시키는 일련의 주장들이 중심적 이론으로 등장해 자리 잡았다. 과거 서구의 학자들이 아시아에서의 자본주의 미발달을 '아시아적 정체성'에서 찾았던 사실을 상기한다면, 아시아가 이룬 경제적 기적을 아시아적 가치나 유교에 기인하는 것으로 보는 관점은 확실히 새로운 것이다. 그러나 1990년대 말과 2010년대 중반 한국과 동남아의 경제 위기를 겪으며 논의는 다시 반전되어 아시아적 가치와 관행의 부정적인 측면이 일부 학자들에 의해 지적되었다. 동아시아발전 논쟁에서 발견되는 이와 같은 모순은 동아시아발전에 관한 문화적 논의를 보다 정교하게 재검토할 것을 요구한다.

한국, 중국, 그리고 일본은 이른바 유교적 전통을 오랜 기간 공유하였음에도 불구하고, 19세기 말 20세기 초를 기점으로 서구와 접촉하기 시작하면서 근대화, 국민국가의 형성, 그리고 산업화 등의 측면에 있어서 사뭇 다른 근대적 운명을 경험하였다. 반면, 서로 다른 근대화 과정에도 불구하고, 최근 50여 년 동안 우리가 목격한 바 있는 한·중·일 삼국의 경제발전 과정은 일정 부분 상호 간의 유사성을 공유하고 있다. 예를 들어, 경제 영역에서 정통 공산주의 이데올로기를 과감하게 포기하면서 시장원리에 입각한 제도적 장치들을 수용하고 실행해 온 중국의 경험은 한국 그리고 일본의 그것과 상당한 유사성을 보였다. 이렇듯 근현대 한·중·일 삼국의 정치, 경제 제도들은 유사성과 차별성을 동시에 보인다. 이와 같은 유사성과 차별성은 어디에서 비롯되는 것이며, 우리는 이에 대하여 어떤 체계적인 설명을 시도할 수 있을까?

이 책은 이와 같은 문제의식을 공유한 한 정치학자와 한 인류학자가 동아시아 경제성장에서 발견되는 그러한 유사성과 차별성을 설명하고자 하는 시도의 결과물이다. 이 책의 중심적 연구주제는 한·중·일 삼국의 제도들이 기능적 유사성에도 불구하고, 왜 상이한 행태적 결과behavioral outcomes를 보이느냐는 질문에 대한 해답을 찾는 데 있다. 이를 위해 정치학자는 인류학의 비교문화적 접근을, 그리고 인류학자는 분석적 개념으로는 지나치게 포괄적인 '문화' 대신 정치경제학의 '제도적 기반'이라는 개념을 받아들였다.

동아시아 삼국의 제도적 기반에 대한 비교문화적 접근은 그동안 서구 학계에서 진행되어온 보편적 이론 차원의 논의와 동아시아의 특수성에 주목하는 동아시아론 사이에 존재하는 틈새를 좁히는데 이바지할 수 있을 것이다.

연구와 저술의 과정에서 많은 도움이 있었다. 특히 연구 과정에서 지원을 아끼지 않은 한국연구재단과 출판에 선뜻 나서준 민속원에 감사를 표한다.

차례 Contents

머리말 • 4

제1장 서론_ 9

제2장 동아시아의 경제발전_ 19
   1. 현대 동아시아의 발전 궤적과 일본과 아시아의 관계 ·················· 24
   2. 중국의 부상과 일본의 아시아 복귀 ·················· 25
   3. 동아시아 경제발전 수렴이라는 광범위한 맥락에서의 발산 현상 ·················· 30

제3장 제도적 기반Institutional Templates의 의미_ 55
   1. 신제도경제학Neo-Institutional Economics ·················· 58
   2. 제도의 층위Layers와 제도의 변화 ·················· 62
   3. 변화 및 제도 ·················· 67
   4. 문화와 제도 ·················· 70
   5. 세 가지 유형의 권력과 제도적 기반institutional templates ·················· 73
   6. 교환, 위계 ·················· 74
   7. 네트워크 ·················· 79
   8. 제도적 기반institutional templates의 유용성 ·················· 81

제4장 제도적 기반의 거시적 문헌 자료_ 87
   1. 전통적 정치 체제와 제도적 기반(템플릿)에 대한 시사점 ·················· 89
   2. 세계관world outlook : 천도天道와 현실Practicality ·················· 96
   3. 지리적 특성 ·················· 101
   4. 권위, 교환 및 네트워크 ·················· 103

제5장 전통 가족제도에 반영된 제도적 기반 _ 115

1. 서론 · 116
2. 가족 구조 · 119
3. 한-중-일 삼국의 전통 가족 비교 · 134
4. 전통적 가족의 권위, 교환, 네트워크 · 141
5. 제도적 기반(템플릿)으로서의 전통적 가족 · 152

제6장 설문조사에 반영된 제도적 기반(템플릿) _ 161

1. 배경 · 162
2. 세계관 · 163

제7장 기업 조직으로서의 가족: 소규모 가족기업 _ 261

1. 서론 · 262
2. 소규모 가족기업의 정의 및 범위 · 265
3. 중국 소규모 가족기업의 진화 · 271
4. 일본의 가족기업 · 282
5. 한국의 소규모 가족기업 · 297

제8장 기업집단의 진화와 구조 _ 305

1. 기업집단의 정의 · 306
2. 기업집단의 진화 · 309
3. 기업집단의 구조 · 327
4. 비교 요약 · 344

제9장 기업지배구조의 여러 도전 _ 353

1. 기업지배구조의 정의 ··· 354
2. 지배구조의 구조와 쟁점 ··· 361
3. 기업지배구조의 개혁 ··· 373

제10장 발산 또는 수렴 _ 401

1. 일반 진술 ··· 402
2. 이론과 실증 연구 ··· 406
3. 발산 : 수렴에 대한 반대 ··· 410
4. 전이성과 보편성의 문제 ··· 414
5. 제도 및 조직의 경로 종속성 ··· 416
6. 제도적 기반(템플릿) : 제도적 매트릭스와의 차이점 ································· 418
7. 아시아 가족기업집단의 출현과 부흥 : 수렴과 발산의 사이에서 ············· 420
8. 가족기업집단, 자본 배분, 그리고 경로 의존성 ··· 421

제11장 결론 : 제도적 기반(템플릿), 경제조직, 그리고 변화 _ 425

1. 지속과 변화 ··· 426
2. 아시아 모델이 가능한가? ·· 428
3. 결론 ··· 436

참고문헌 • 439
찾아보기 • 457

제1장
서론

제1장

서론

    20세기 후반 동아시아는 세계에서 가장 역동적인 지역 중 하나로 주목을 받았다.[1] 일본은 패전국에서 경제 대국으로 떠올랐고, 한국은 대만과 함께 눈부신 경제성장을 이루며 '아시아의 용'이라는 별명을 얻었다. 그리고 21세기에 접어들어 중국은 미국과 겨루는 정치, 경제 강국으로 변모했다. 또한, 20세기 말 동아시아 경제는 심각한 금융위기를 겪었지만, 그 폭풍을 비교적 무난하게 극복한 것으로 보인다. 이 모든 것이 아시아의 엄청난 잠재력을 입증하는 것이다. 확실히 지난 수십 년 동안 동아시아가 보여준 높은 경제성장률은 모든 비교 가능한 국가를 지속해서 능가한 세계 유일의 사례로서 많은 전문가가 이러한 추세는 앞으로도 한동안 지속될 것으로 전망하고 있다. 물론 이러한 낙관적인 전망에 비판적인 시각도 존재한다. 마이클 오슬린Michael R. Auslin같은 역사학자는 최근 중국의 부상과 함께 중국에서 비롯된 이웃 국가들과의 국경분쟁은 아시아국가들의 군비경쟁을 부추기고 있음을 지적하면서 전쟁의 위협을 아시아의 미래에 포함시켰다.[2] 아시아, 특히 동아시아의 국가들이 앞으로도 계속하여 높은 경제성장을 지속해

---

1 World Bank, *The East Asian Miracle : Economic Growth and Public Policy*, a World Bank policy research report, published for the World Bank by Oxford University Press, 1993.

2 Auslin, Michael R., *The End of the Asian Century : War, Stagnation, and the Risks to the World's Most Dynamic Region*, Yale University Press, 2017.

나갈지는 전쟁, 국제정치 역학, 경제개혁, 인구학적 변화 등등의 여러 가지 요인들의 복합적인 함수관계에 따라 결정될 것이다. 그러나 적어도 동아시아는 지난 수십 년 동안 지속해온 경제성장을 바탕으로 글로벌 시스템의 기본 구조에 당분간 계속해서 뚜렷한 영향을 미칠 것이 틀림없다. 이에 따라 20세기 후반 이후 동아시아의 한국, 일본, 중국이 보여준 놀랄만한 경제성장의 기록은 동아시아의 경험을 모든 경제발전에 관한 논의에서 빼놓을 수 없는 핵심 주제로 만들었다.

동아시아 국가들의 경제발전과 관련된 연구는 그동안 경제학, 정치학, 사회학, 인류학 등 사회과학의 거의 모든 분야에서 다루어져 왔는바 다양한 분야만큼이나 다양한 접근과 설명이 존재한다. 즉 경제학의 경우 시장 상황에 초점을 맞춘 분석이 주류를 이루고, 세계체계론적 접근을 선호하는 정치경제학에서는 동아시아의 경제성장 역시 세계체계에서의 기회 구조를 통해 이루어진 결과로 본다. 한편 동아시아의 경제성장에서 국가의 역할에 주목한 사회학자나 정치학자들은 '발전국가developmental state'라는 개념을 통해 그 과정을 설명하기도 하며, 문화를 중시하는 인류학에서는 동아시아의 문화적 특성에서 이 지역 국가들의 성공적 경제발전의 원인을 찾으려 한다.

동아시아의 경제적 기적을 설명하려는 각 분야의 다양한 시도들은 각기 분명한 강조점과 나름의 장점이 있지만, 어느 하나의 접근방식이 동아시아의 경제적 성공을 완벽하게 설명해주는 것은 아니다. 인간사회의 모든 현상은 지극히 복합적이고 다층적이며 다면적이어서, 동아시아의 경제 기적 역시 여느 사회현상과 마찬가지로 무수히 많은 요인이 복합적으로 작용하여 만들어낸 복합현상이기에, 서로 다른 학문 분야나 접근방식에서 중요시하는 요인들이 상호 작용하여 만들어낸 결과물로 존재한다. 그렇다면 어느 한 학문 분야에서의 분석은, 한편으로는 매우 제한적인 설명일 수 있지만, 동시에 복합적인 사회현상의 한 단면을 심도 있게 드러내 주는 역할을 해 준다는 점에서 평가받을만하다.

동아시아 경제발전에 대한 논의의 역사를 거슬러 올라가 보면, 논의의 초기 단계에는 아시아에서 제일 먼저 유일하게 자본주의적 발전에 성공한 일본의 사례를, 그렇지 못한 중국이나 한국과 비교하는 연구가 주류를 형성했다. 주목되는 부분은 그러한 논의에서 일본의 문화적 특성이 거론되는 경우가 많았다는 점이다. 우리는 흔히 19세기 말을 동아시아 근대화의 시발점으로 본다. 이 시점은 동아시아 3국이 서구 제국주의 국가와 개항 무역을 위한 조약條約을 공식적으로 체결하던 시기로서 동아시아와 서방 열방 사이에 본격적인 접촉에 의한 국제적 문화접변acculturation이 진행되던 시기였다. 흥미로운 사실은, 강력한 무력과 경제력을 과시하며 접근한 서방 세력에 대한 동아시아 3국의 초기 대응이 두 갈래로 달리 나타났다는 점이다. 중국과 한국은 쇄국의 길을 택한 반면, 일본은 적응적 변화의 길을 택했다.

주지하다시피, 중국은 이념적으로 성리학의 세계관에 기초한 도덕적 우월감을 내 세우며 중화사상中華思想으로 무장한 채 주변의 모든 나라와 이민족을 야만으로 간주했다. 여기에는 물론 조선과 왜국도 포함되었지만, 조선은 그나마 성리학의 정통성에 충실한 군자의 나라임을 표방했기에 스스로를 '소중화小中華'라 칭하며 선비의 나라임을 자랑했다. 따라서 서양문물의 수용은 중국과 조선에서는 도덕적인 차원에서도 받아들일 수 없는 일이었다. 그러나 일본의 경우는 문화적으로 다른 환경이었다. 왜냐하면, 중국과 조선이 성리학을 신봉하는 선비의 나라였다면, 일본은 선비의 자리를 사무라이가 차지한 무사武士의 나라였기 때문이었다. 결과적으로 이러한 차이가 동아시아 근대화의 과정에서 일본이 제일 앞장서 서구의 문물을 받아들이는 요인으로 작용하였다.

한국과 일본의 문화를 문화원형의 개념을 이용해 분석해온 수학자 김용운은 그의 저서 『일본인과 한국인 또는 칼과 붓』(1988)에서 한국(=조선)을 붓으로 상징되는 '선비의 문화'로, 그리고 일본은 칼로 상징되는 '사무라이문화'로 대비시켰다. 그는 인류학자 루스 베네딕트Ruth Benedict의 문화의 유형Patterns of Culture 개념과, 수학의 두 이론인 카타스트로피catastrophe 이론 및 프랙털fractal 이론을 활용하여 문화원형에 반영된 기초적 부분이 전체를 내포하는 것으로 파악했으며, 대립하는 모든 것은 일정한 임계점에 이르러 어느 한쪽에 결정적 변화를 가져온다고 보았다. 이러한 논리적 틀을 바탕으로 김용운은 한·일 양국이 보여준 서양문화에 대한 대응을 다음과 같이 설명한다. 우선 선비는 모든 현상을 선악善惡의 관점에서 파악하지만, 무사는 모든 것을 강약強弱의 관계로 환원하여 생각하는 특징이 두드러진다. 선악의 관점은 옳고 그름을 판단하는 주관적인 관점이지만, 강약은 객관적으로 관찰하고 확인하는 경험적 세계이다. 바로 이와 같은 문화적 토양과 특성이 서양문물을 접하고 받아들이는 데 영향을 끼쳤다. 서양의 문물을 직접 접했을 때 조선의 선비문화라는 풍토에서는 도덕적인 관점에서 그것의 바탕을 미개한 것으로 치부하여 배척의 명분을 찾았고, 일본의 사무라이는 서양의 무기와 기술에서 그들이 이길 수 없는 힘을 눈으로 보았다. 결과는, 지적한바 대로 쇄국과 수용의 서로 다른 길이었다.

명분과 실리의 추구로 대비되는 한 · 일문화의 차이는 상인과 장인匠人에 대한 사회적 대우에서도 확인된다. 조선 시대를 통하여 한국에서는 생활에 실질적 도움을 주는 상인과 장인의 지위는 낮았고, 문인文人이 무인武人과 비교해 항상 우월한 지위를 누렸다. 일본문화에서는 정반대로 상무 정신과 장인정신이 두드러진다. 흥미롭게도 김 교수는 그가 제시한 선악善惡과 강약强弱이라는 문화 원형적 사고체계는 사라지지 않고 여전히 남아 오늘날에도 한 · 일 양국의 사회 구석구석에서 그 영향력을 행사하고 있다는 주장을 폈다. 하나의 예를 들면, 일제의 조선 침탈을 보는 양 국민의 시각이 좋은 보기가 된다. 한국인은 그것을 선악善惡의 문제로 보지만, 일본은 어디까지나 강약强弱관계로 파악한다. 강한 일본이 약한 조선을 병합했다는 인식이 이에 해당한다. 그래서 일본은 늘 조선 '진출進出'이라고 한다. 반면에 한국인은 악惡한 왜놈이 선善한 조선에 씻을 수 없는 범죄를 저질렀다고 생각한다. 조선 '침략侵略'인 것이다.

역사적으로 쇄국을 고집하던 중국은 산업 근대화에 앞선 세력과의 전쟁에서 패하여 결국 늦게서야 문호를 개방했으며, 한국은 일본의 침탈을 피하지 못해 왜곡된 근대화의 길을 밟았다. 다만 한가지 주목해야 할 사항은 동아시아 3국 모두 서양의 문물을 자신들의 방식으로 받아들이겠다는 의지를 천명했다는 사실이다. 중국이 내세운 중체서용中體西用, 일본의 화혼양재和魂洋才, 그리고 조선의 동도서기東道西器는 모두 자신들의 고유한 문화적 토대 위에 서양의 물질적 수단을 받아들이겠다는 의지를 표명한 것이다.[3] 그런 점에서 20세기 후반에 등장한 유교 자본주의 논쟁의 씨앗은 이미 1세기 전에 뿌려졌는지

---

3 김경동, 「동아시아 근대화와 자본주의 형성 및 전개」, 『아시아 리뷰』 제5권 제2호(통권 10호), 2016, 13쪽.

모른다. 여하튼 동아시아 3국의 근대화와 자본주의 생성 전개의 도정道程은 19세기 말 서구와의 접촉과정에서부터 서로 다른 길을 예고하고 있었다.

동아시아 경제발전 논의의 초기 단계에서 나타난 일본의 성공을 여러 다른 아시아국가들의 사례와 비교하는 연구는 한국, 대만, 싱가포르, 그리고 나중 중국이 연이어 괄목할 만한 경제성장을 이룩하게 되면서 점차 동아시아 국가들의 경제발전에 대한 논의로 전환되면서 확대되었다. 여러 갈래의 논의 중 가장 많은 주목을 받아온 주제는 동아시아의 경제적 성공을 설명하려고 사회과학자들이 제시한 '동아시아 발전 모델'에 관한 것이다. 이러한 논의의 중심에는 동아시아 국가들의 경제적 성공의 원인을 유교와 같은 아시아적 가치나 문화에 연계시키는 일련의 주장들이 자리 잡고 있다. 과거 마르크스 같은 서구의 대표적 학자들이 아시아에서의 자본주의 미발달을 '아시아적 정체Oriental stagnation'에서 찾았던 사실을 상기한다면, 아시아가 이룬 경제적 기적을 아시아적 가치나 유교에 기인하는 것으로 보는 관점은 확실히 새로운 것이다. 더 나아가, 동아시아 경제성장의 특수성을 인정하는 일련의 연구들이 쏟아져 나온 1980년대 이후, 논쟁의 불씨는 정치권으로까지 확대되어 싱가포르의 이광요Lee Kuna Yew와 말레이시아의 마하티르 빈 모하맛 Mahathir bin Mohamad 수상 등 아시아의 일부 정치지도자들이 아시아적 가치에 근거한 '아시아적 발전모형'의 우월성을 주장하면서 논쟁은 서구문화의 패권적 지배에 대한 도전의 양상마저 가미되었다.[4] 그러나 1997년 한국과 동남아가 경제 위기에 휩싸이게 되자 논의는 다시 반전되어 아시아적 가치와 관행의 부정적인 측면이 일군의 학자들에 의해 지적되었다. 동아시아의 발전 모델이 이제는 '정실 자본주의Crony capitalism'로 격하된 것이다.[5]

---

4   Efimova, L. M. and N.I. Khokhlova, "Conceptualization of 'Asian values' in Malaysia and Singapore", *World Economy and International Relations(Russian Academy of Sciences)* 64(1), 2020, pp. 91~98. (In Russian : Mirovaya Ekonomika i Mezhdunarodnye Otnosheniya). https://doi.org/10.20542/0131-2227-2020-64-1-91-98; Chang Yau Hoon, "Revisiting the Asian values argument used by Asian political leaders and its validity", *Indonesian Quarterly* 32(2), 2004, pp. 154~174.

5   Krugman, Paul, "What happened to Asia?", On Website : http:// web.mit.edu / krugman / www /. Retrieved on 12 January 1998; Also : "Asia : What went wrong". On Website : http:// web.mit.edu

이상 일련의 사태는, 유교라는 문화적 변수가 아시아지역에서 보여주었던 경제낙후/ 경제발전/ 경제 위기라는 서로 다른 현상을 설명하는데 각기 다르게 활용되고 있음을 말해준다. 따라서 동아시아 발전 논쟁에서 발견되는 이와 같은 모순은 동아시아 발전에 관한 문화적 논의, 더 나아가 전체적 논의를 더욱더 정교하게 재검토할 것을 요구한다.

그동안 많은 연구를 통하여 주류로 자리를 잡은 '동아시아 발전 모델' 또는 '동아시아 자본주의' 담론은 많은 성과에도 불구하고 동아시아 삼국에서 발견되는 차이점을 소홀히 다루었다는 비판의 여지를 남겼다. 기존의 동아시아 담론은 동아시아를 하나의 연구범주로 생각하여 지역연구 Area studies의 차원에서 접근하고 있다는 점에서 동아시아 내부의 비교문화적 관점을 희생시킨다. 특히 동아시아 국가들이 고도성장을 이룩하였던 1980년대 초 이후 등장한 동아시아 발전 모델과 신유교주의 논의가 그렇다. 이러한 연구들은 동양과 서양의 차별성에 우선 주목한 나머지 정작 아시아 각국이 보유한 다양성을 등한시하는 약점을 안게 되었다. 다시 말해 동아시아 발전 모델과 신유교주의로 대표되는 동아시아 담론은 동아시아 여러 나라, 즉 한·중·일 삼국 사이에 존재하는 차별성의 원인을 규명하는 데 소홀하였다는 점에서 한·중·일에 대한 체계적인 비교 연구의 필요성이 여전히 존재한다.

그렇다면 앞으로의 과제는 동아시아의 3국이 그들 국가의 발전에 적합한 전략을 채택하고 실행해가는 제반 상황에 작용하는 요인을 구체적으로 비교 검토하는 것임이 자명하다. 따라서 동아시아 정치경제학의 새로운 접근은 동아시아 3국이 겪어온 근대화의 여정에서 발견되는 공통점과 차이점을 체계적으로 분석하는 것이 되어야 한다. 그를 위하여 각국의 역사, 전통, 문화, 그리고 서방의 충격에 서로 다른 방식으로 대응하게 된 사회 - 문화 - 정치적인 조건들을 면밀하게 검토하는 일이 필요하다. 이 책에서는 한국, 일본 중국 세 나라가 시장 중심의 경제개혁과 발전을 이루어나가는 과정을 살피는 가운데 유사점뿐만 아니라 각국에서 발견되는 역사적, 문화적, 정치적 맥락을 반영하는 독특한 특징과 거버넌스 구조를 살펴보고자 한다. 이 과정에서 각국의 문화적 전통과 현대의

/ krugman / www /. Retrieved on 19 February 1998.

경험을 바탕으로 형성되는 제도 구축 경향인 '제도적 기반Institutional templates' 개념을 동아시아 3국의 차이점을 이해하는 열쇠로 활용하게 될 것이다.

이 책에서 제도적 기반institutional templates의 개념이 중요한 만큼 이 책의 제3장에서 그것에 대한 보다 자세한 설명이 있을 것이지만, 우선 독자의 이해를 촉진하기 위해 여기서 간략히 그 개념과 활용 의도를 간추려 설명하도록 한다.

이 책의 목적은 '제도적 기반institutional templates'이라는 개념을 사용하여, (1) 삼국의 제도들이 기능적 유사성에도 불구하고, 왜 상이한 조직 원리와 작동 양식을 보이는가? (2) 특정 국가에서 다양한 제도들을 서로 동질적으로 만드는 원인이 무엇인가? 라는 질문에 대한 해답을 찾는 데 있다. 새로운 형태의 제도 - 그것이 국가이던, 기업이던, 또는 정부·기업 관계이던 - 를 창출하는 데 있어서 행위자가 택할 수 있는 선택의 범위를 규정하는 것이 '제도적 기반'인 것이다.

그렇다면 제도적 기반institutional templates은 어떻게 결정되는가? 시장으로 대표되는 '교환exchange', 위계질서로 대표되는 '권위authority', 그리고 인간관계로 대표되는 '연결망network'의 세 가지 요소가 어떻게 조합을 이루느냐에 따라 해당 국가의 제도적 기반이 결정된다. 연결망의 중요성은 국가마다 교환과 권위가 결합하는 방식에 따라 결정된다. 예를 들어, 연결망에 대한 인식에 있어서 중국의 '관시關係, Guānxi'는 일반적인 인간관계를 뜻하지만, 한국에 있어서는 혈연, 학연, 또는 지연 등으로 연결된 관계를 의미하며, 일본의 경우에는 공식 조직의 소속 여부와 관계가 있는 것으로 이해된다.

이렇듯 문화적·제도적 전통의 차이로 인해, 한·중·일은 이 세 가지 요소를 독특하게 결합해 서로 다른 제도적 기반을 구성하였다. 따라서 제도적 기반은 기존 이론들이 간과하고 있는 문제 - 3국의 유사한 제도가 실제 작동에 있어서 상당한 차이를 드러내는 이유 - 를 규명하는 데 있어서 유용한 개념적 틀을 제공한다. 예를 들어, 경험적 현실의 분석보다 이론의 확립을 지향하는 신고전주의 경제학은 동아시아 국가들의 제도적 차별성이 갖는 미묘하지만 중요한 차이점들이 갖는 의미를 경시하는 경향이 있다. 마찬가지로 문화론은 동아시아 국가들의 경제적 성공의 원인으로 유교적 전통의 존재를 과도하게 강조한 나머지 이 국가들의 유교적 전통 사이에 나타나는 차이점을 충분히 부각하지 못하는 오류를 범하고 있다. 제도적 기반의 개념은 동아시아의 정치·경제 제도의 차별성을 보다 쉽게 포착하는 것을 가능하게 한다.

둘째, 현대의 정치, 경제 제도들은 제도적 기반에 의해 규정된 범주 내에서 변화해 나가게 된다. 따라서 제도적 기반의 개념을 적용할 때, 한 국가 내에서 다른 기능을 수행하는 제도들이 조직방식이나 작동원리 면에서 동질화되어 가는 현상organizational isomorphism에 대한 설명이 가능해지는 것이다.

셋째, 제도적 기반institutional templates의 개념적 틀을 이용하여 본 연구는 한·중·일 삼국의 정치제도 및 경제조직들이 한 국가 내에서 경로 의존적path dependent으로 진화했음을 비교의 관점에서 규명하고자 한다. 제도적 기반은 특정 시점에 새로운 형태의 제도를 창출하는 데 있어서 행위자의 선택 범위를 규정한다. 또한, 행위자에 의한 제도 선택은 이후의 새로운 제도 속에서 존재하는 교환, 위계, 그리고 연결망 간의 결합을 새로이 재구성하게 되는 것이다. 이러한 접근법은 구조 결정주의나 행위자의 자유의지라고 하는 양극단에 치우치지 않고 제도 변동을 설명하는 동시에, 신제도주의 이론의 가장 본질적 구성 요소 가운데 하나인 경로 의존성path dependency의 문제에 대한 새로운 통찰력을 제공하는 것이다. 더 나아가 제도 변화에 대한 이러한 접근법은 한·중·일 3국이 1990년대 이후 경험하고 있는 경제개혁의 내부적 도전과 세계화의 외부적 도전에 어떻게 대응해 나갈 것인가라는 질문에 대한 해답의 열쇠를 제공함으로써 향후 3국의 제도적 경로institutional trajectory를 예측하는 데 도움을 줄 것이다. 즉, 각국의 제도적 기반은 환경의 급격한 변화로 인한 외부적 압력에 대한 반응의 범주를 규정하는 것이다. 제도적 기반에 기초한 이론은 신제도주의 이론이 아직 해결하지 못하고 있는 문제인 각국의 상이한 문화적. 제도적 전통의 맥락 속에서 제도적 진화의 속성을 설명하는 데 도움을 줄 것이다.

제 2 장

동아시아의 경제발전

제2장

동아시아의 경제발전

지난 50년 동안 한국, 일본, 중국의 놀라운 경제적 성과를 고려할 때, 이들 세 국가의 전례가 없는 급속한 성장에 대한 비교와 이해 없이 경제발전에 대한 완전한 설명에 도달한다는 것을 상상하기 어려울 것이다. 한국, 일본, 중국 세 나라는 지리적으로나 역사적으로 가까운 이웃인 '동시에 대체로 유사한 문화적 뿌리와 비슷한 발전 수준에서 근대화 과정을 시작했다. 그러나 각 국가는 현재 위치에 도달하기까지 서로 다른 궤적을 보여주었다.

지난 150년 동안 한국, 중국, 일본의 경제적 상황이 얼마나 변동했는지는 서양西洋이 중국과 접촉한 이후 세계 경제에서 차지하는 전체 몫의 규모 변화를 비교해 보면 분명해진다. 문헌과 역사적 데이터를 기반으로 한 〈도표 1〉에 따르면, 1820년 중국, 일본, 한국이 세계 경제에서 차지하는 비중을 합친 것은 총 약 36.72%였으며, 이는 세계 인구에서 차지하는 비중과 대체로 일치한다. 그런데 1950년대 중반에 이르는 동안 동아시아가 세계 경제에서 차지하는 비중은 급격히 줄어들어 고작 7.85%로 축소된다. 세계 경제에서 동아시아가 차지하는 비중이 이처럼 급격히 감소한 것은 주로 중국 경제의 급속한 위축에 기인한 것이다. 이러한 쇠퇴를 상쇄하면서 1950년대 일본이 세계 경제에서 차지하는 몫이 점진적으로 증가한 뒤 일본의 급속한 성장이 이어졌고, 이어서 한국의 경제적 성장이 이루어졌다. 1978년, 중국은 국가 목표를 사회 혁명에서 경제발전으로 전환하는

<도표 1> 중국, 일본, 한국이 세계 경제에서 차지하는 비중
China, Japan, and South Korea's share of the world's wealth :

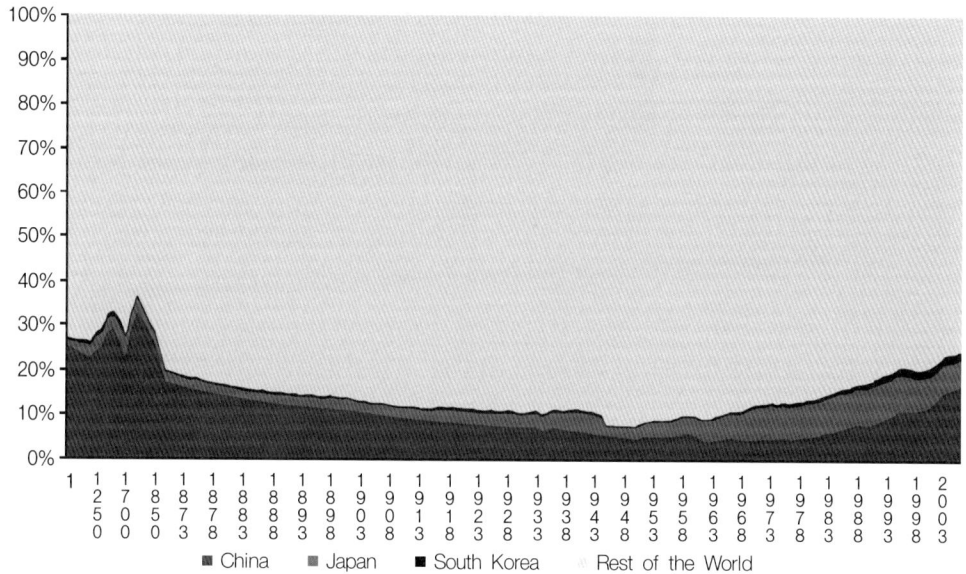

출처 : Angus Maddison, "Historical Statistics of the World Economy, 1-2006 AD", The Groningen Growth and Development Center, retrieved from [http://www.ggdc.net/Maddison/Historical_Statistics/horizontal-file_03-2009.xls]
· GDP 수준은 국제 비교 프로그램(ICCP)의 구매력 평가(PPP) 변환기를 통해 재조정됨.
· 기본단위 : 1990년 Geary-Khamis 국제달러
· 누락된 값은 보완됨.

대규모 개혁에 착수하였고, 그 이후 동아시아 3개국의 지속적인 성장으로 이 지역의 세계 경제에서 차지하는 비중은 2021년에는 17.8로 급속히 높아졌다. 특히 중국 경제는 급속한 개혁을 거쳐 오늘날 세계 경제에 대한 동아시아의 기여도를 약 24%까지 높이는 상당한 성장 모멘텀을 만들어냈다. 이러한 추세는 계속될 것으로 예상되며, 결국 약 30%를 상회할 것이라는 전망이 나오고 있다. 이는 서구와의 접촉 초기 동아시아가 세계 GDP에서 차지하는 비중과 거의 맞먹는 수준이다. 이러한 동아시아의 급속한 경제성장은 21세기가 '아시아의 세기'가 될 것이라는 추측을 낳게 하였고, 실제로 많은 전문가들이 당분간 세계 경제의 중심이 동아시아가 될 것이라는 견해를 제시했다.

되돌아보면 동아시아의 그러한 경제적 성취는 많은 서구 사상가들이 원래 가능하다고 생각했던 것이 아니었다. 현대사에서 가장 유명한 두 지식인인 칼 비트포겔Wittfogel,

Karl August과 막스 베버Weber, Max는 아시아의 발전 잠재력에 대해 회의적인 것으로 잘 알려져 있다. 비트포겔이 사용한 "동양의 전제주의"와 "동양의 침체"라는 용어는 아시아의 경제적 잠재력에 대한 부정을 나타내는 개념이다.[1] 막스 베버는 자본주의 에너지의 역동성을 개신교의 윤리의식에서 찾았다.[2] 그는 아시아 유교를 사람들이 부자가 되기 위해 열심히 일하거나, 기존 현상을 과감하게 재구성하려는 동기가 부족한 현세 지향적인 윤리 체계로 간주했다. 유교의 가르침을 현대적 진보에 반대되는 것으로 파악한 베버는 유교의 영향을 많이 받은 모든 국가에 대해, 경제발전에 관한 한, 비관적인 견해를 발전시켰다.

비트포겔과 베버의 견해는 오늘날까지 서구의 사회과학에 커다란 영향력을 발휘하였기에, 수많은 학자가 동양의 침체와 대조되는 서양 문명의 활력과 역동적이고 지속적인 발전을 설명하는 하나의 전통을 만들어냈다. 반면에 동양의 학자들은 자신의 역사와 문화를 이해하는데 서양의 이론을 차용하는 경향이 존재했다. 중국 공산당 창시자인 천두슈陳獨秀는 개인주의 대 집단주의, 보수주의 대 진보주의 등 서구 사상에 기초한 이분법적 개념 틀을 발전시켜 서양과 동양의 근본적인 차이점을 분명히 하려고 시도했다.[3] 메이지 시대 일본에서는 이런 사고방식이 너무 널리 퍼져 있어 당시 몇몇 지식인들은 마치 일본이 자신의 문화적 지향과 국가 정체성을 마음대로 바꿀 수 있는 능력이 있는 것처럼 일본에 "아시아를 떠나 유럽으로 들어가라"라는 말을 남겼다.[4] 이러한 사고방식은 이 지역의 정치적, 경제적 관계에 막대한 영향을 미쳤다.

20세기 냉전의 시대에는 동양은 서양의 대칭개념으로 파악되는 경향이 지배적이었다. 그에 더하여 동양은 문화적 유산을 공유하는 지역적인 단위로 파악되기보다는 이념과

---

1 Wittfogel, Karl August, *Oriental Despotism: A Comparative Study of Total Power*, Yale University Press, 1957.
2 Weber, Max, *The Protestant Ethic and the Spirit of Capitalism*, Rutledge, 1992; Weber, Max, *The Religion of China : Confucianism and Taoism*, Free Press, 1968.
3 Dirlik, Arif "Culture against history? The politics of East Asian identity", *Development and Society* 28(2), 1999, pp.167~190.
4 Miller, John H., "The reluctant Asians : Japan and Asia", *Asian Affairs* 31(2), 2004, pp.69~85.

경제발전 수준으로 갈라져 있는 매우 파편화된 지역으로 인식되기도 했다. 즉 한국은 중국의 대륙과 일본 섬을 연결하는 반도로 남북으로 분단되었으며, 38도를 기준으로 양쪽이 사회주의 세계와 자본주의 세계의 최전선 역할을 하는 곳으로 주목을 받았다. 중국은 동아시아라는 지리적 위치에도 불구하고 구소련을 비롯한 동유럽 국가들과 비교될 정도로 비교공산주의 연구의 대상으로 여겨졌다. 다만 일본은 경제발전과 정치 민주화로 인해 미국, 프랑스, 독일, 영국 등 서구의 선진 산업 민주주의 국가와 자주 비교의 대상이 되었다.

아시아 정치·경제에 대한 냉전 이후 학문은 이 지역의 경제성장 궤적을 따라가는 경향이 있었다. 메이지 유신明治維新이라는 위로부터의 혁명을 통해 서구화에 성공한 일본은 전통적 반봉건 체제에서 근대 국가로 변모하는 데 가장 성공한 국가였다. 일본의 경제적 성공을 시작으로 아시아의 4대 호랑이로 통칭하는 한국, 대만, 홍콩, 싱가포르의 경제발전, 그리고 최근에는 동남아시아 국가들의 눈부신 경제성장에 관한 학문적 탐구가 이루어지게 되었다. 동아시아 경제 비교연구에 중국의 사례를 포함해야 할 필요가 분명해졌지만, 중국은 여전히 동아시아 경험의 일부라기보다는 고유한 것으로 취급되는 경향이 존재한다.

우리는 이제 일본, 한국, 중국의 경험에 비추어 동아시아의 경제발전과 근대화를 새롭게 조망해보아야 할 때라고 생각한다. 그동안 일본이 일찍이 성공한 근대화를 왜 한국과 중국은 이루지 못했는지에 초점을 맞춘 일본 오리엔탈리즘의 접근에서 벗어나, 이제 이들 세 나라의 역사적 경험을 경제발전이론 구축에 접목하기 위한 작업을 시작해야 한다. 그러기 위해서는 동아시아 각국이 노력해 온 지속적인 역사적 과정인 근대화라는 거시적 관점에 기초한 새로운 개념적 틀이 필요하다.

우리의 입장은 일본, 한국, 중국이 지난 반세기 동안 이룩한 눈부신 경제성장은 사회과학자들이 세 나라가 겪어온 현대적 변혁, 국가 건설, 경제발전에 대한 각각의 경험을 종합적으로 비교하는 것이 필요하고 지적으로 생산적이라는 것을 일깨워주었다는 것이다. 동아시아의 한국, 중국, 일본은 역사·문화적 유사성을 지니면서, 각각 서로 다른 역사적 터널을 지나며, 약간의 시차를 두면서 급속한 경제성장을 달성했으며, 그 궤적에 유사성과 차이점을 드러내 주고 있다. 따라서 일정 수준의 경제발전과 상호의존성을 달성한 지금, 3국에 대한 비교연구의 필요성은 더욱 분명해졌다.

1. 현대 동아시아의 발전 궤적과 일본과 아시아의 관계

한국, 중국, 일본은 2,000년이 넘는 긴 시간 동안 명확한 영토 경계, 독자적인 언어와 민족 정체성, 그리고 문화적 전통을 유지하면서 가까운 이웃으로서 살아왔다는 점에서 세계사에 드문 사례를 제공한다. 많은 문화 요소, 예컨대, 불교, 유교 등 당대의 선진 문화가 중국에서 한국을 거쳐 일본으로 전파되었다고 할 수 있지만, 삼국의 정치 주체는 대체로 독자적인 정치체제와 문화, 민족적 정체성을 유지하면서 비교적 평화롭게 공존했다. 이 세 나라의 모든 엘리트는 중국의 문자와 텍스트, 그리고 중국의 제도에 익숙했지만, 동시에 세 나라는 각각 서로 다른 제도적 구조와 역사적 전통을 발전시켜 왔다. 기원전 200년 진秦나라부터 약 25차례의 왕조 변화를 거치면서 중국의 통치 구조는 황제를 정점으로 하고 유교를 공식 이념으로 삼는 중앙집권적 관료제를 특징으로 했다. 한편, 한국의 정치체제는 비록 중국의 통치 구조를 광범위하게 차용했지만 실제 운영에서는 중국의 관행과 달랐으며 세 번의 왕조 변화만 경험했다. 특히 한국의 경우 주목할 만한 것은 양반 가문이 중앙 조정에서도 정치적 권력을 행사하여 왕의 권력을 견제하는 강력한 양반 체제라는 점이다. 아시아의 변방에 위치한 일본은 중국의 영향에서 한국에 비하면 한 발짝 더 멀리 있었다. 섬이기 때문에 아시아 대륙에서 분리된 일본은 중앙집권적인 관료 제국인 중국의 정치 제도와는 전혀 다른 정치 제도를 발전시켰다. 6세기경 중국의 정치 제도를 수입하려는 미약한 시도에도 불구하고, 일본의 정치 제도는 강력한 지역 지도자들이 경제적으로나 군사적으로 제국의 권위에 저항했던 지역 관행에서 성장했다. 결과적으로, 도쿠가와德川시대 300년에 걸쳐 나타난 일본 체제는 쇼군將軍이 권력 구조의 정점에 있는 '중앙집권적 봉건 체제'라고 명명하는 것이 적절하다. 일본의 나머지 지역은 쇼군의 신민이었던 정치 및 군사 지도자(다이묘, 번주藩主)와 함께 250개의 한藩으로 나뉘었다.

유교와 같은 강력한 이념 체계를 갖추지 못한 일본은 위계 구조 내에서의 각 직위와 권력을 정당화하기 위해 발전시킨 강력한 사회적 관습과 규범에 따라 유지되고 강화되었다. 일본 황실은 140대 연속 계승을 자랑하며 오늘날까지 이어지고 있지만, 중국이나 한국과 달리 도쿠가와시대의 천황은 실질적인 정치적 권력을 갖지 못한 상징적인 존재였으며, 실제 권력의 행사는 쇼군에 의해 이루어졌다. 지역 한藩의 지도자인 다이묘는 쇼군의 개인 가신家臣이었지만 그들은 휘하에 사무라이라고 알려진 자신의 가신을 거느렸다. 사무라이는 중국과 한국의 엘리트와는 달리 문인文人이 아닌 무인武人이었다.[5]

역사적으로 대체로 세 나라의 경제 수준은 비슷했다. 메디슨Maddison의 계산에 따르면, "중국과 일본의 1인당 GDP는 서로 거의 같았으며 1700년의 세계 평균과도 같았다. 하지만 유럽은 이미 두 나라보다 앞서 있었다." <표 1>에 따르면 19세기 중반 세계 GDP에서 중국이 차지하는 비중은 약 33%인 반면, 일본은 약 3%로 중국의 10분의 1 수준으로 인구 차이를 정확하게 반영한 것으로 보인다. 이후 중국의 점유율은 5% 내외로 떨어진 반면, 일본은 패전 직후 3% 내외 수준이었다. 이러한 급격한 변화는 19세기 중반 서양과 만남 이후 일본이 경제적으로 성공을 거둔 것과 대조적으로 근대 중국이 겪은 혼란을 생생하게 포착한다.

2. 중국의 부상과 일본의 아시아 복귀

동아시아 정치 지형에 획기적인 변화를 가져온 것은 중국이 1978년 개혁을 시작한 이후 겪은 변화였다. 중국은 마르크스 - 레닌주의 - 마오쩌둥 사상에 대한 이념적 추종을 경제영역에서 분리함으로써 전례 없는 성과를 거두었다. 중국이 채택한 새로운 모델은 이전의 공산주의 혁명의 경로에서 벗어나 전통과 문화유산을 포함한 중국사회의 모든 긍정적인 요소를 동원하는 방식을 추구했다는 점에서, 넓은 의미에서 앞서간 일본의

---

[5] Eisenstadt, S. N., *Japanese Civilization : a Comparative View*, University of Chicago Press, 1998.

모델을 따른 면이 있다는 평가를 받기도 한다. 중요한 것은 후발국 중국 역시 경제적으로 따라잡기 위해 노력하는 모든 후발 산업화 국가의 경우와 마찬가지로 국가가 나서서 경제성장을 주도하고, 전략 산업에 자원을 할당하고, 국가 권한을 활용하여 다양한 부분적 요구와 이익을 조정하는 데 핵심적인 역할을 했다는 점이다. 그 결과 중국은 점차 시장 질서를 형성하면서 놀라운 경제성장을 이루어 냈다. 그러나 아직은 낡은 계획경제 체제가 점차 해체되고 있음에도 불구하고 중국은 국가의 지도에 따라 시장을 보완하는 방식을 유지하고 있다.

앞의 <도표 1>에서는 수 세기에 걸쳐 중국, 일본, 한국이 세계 부富에서 차지하는 비중의 변화 추세를 보여주었다. 다음 <표 1>은 세 나라가 각각 급속한 경제성장을 이룬 시기와 지난 100년 동안 상대적 경제력이 어떻게 변했는지를 그래픽이 아닌 숫자로 보여준다. 19세기 초 세계 부富에서 중국, 일본, 한국의 GDP 비중은 각각 약 33%, 3%, 0.81%였다. 이 표에 따르면 중국은 일본보다 훨씬 더 부유했고, 일본이 소유한 부의 약 10배에 달하는 세계 부를 점유하고 있었다. 한국의 점유율은 일본의 4분의 1 수준이었다. 제2차 세계대전이 끝날 무렵 중국 인구가 세계 인구의 약 25%를 차지했음에도 불구하고 세계 부에서 중국이 차지하는 비중은 4.5%에 불과했다. 반면 일본이 세계 부에서 차지하는 비중은 제2차 세계대전 직전 4.6%에 달했다. 그리고 일제강점기 한국 경제가 급속히 성장했다는 일본의 주장에도 불구하고, 1940년까지 한국의 국내총생산 GDP 비중은 일본의 12%에 불과했다.

1950년 이후 일본경제는 급속히 성장하여 1978년에는 세계 GDP의 약 7.6%, 1992년에는 8.64%에 이르렀지만, 중국의 점유율은 1978년까지 1950년대와 같은 수준(약 4.9%)을 유지했다. 1960년대 후반 야심 찬 4대 현대화 프로그램을 시작한 한국 경제는 대략 일본의 경제성장 속도와 비슷한 속도로 성장하여 1978년까지 일본 GDP의 약 10% 수준을 유지했다. 그리고 1992년에는 일본과의 격차가 줄어들어 일본의 약 18%에 도달했다. 이 당시 일본도 역사적으로 세계 부의 가장 높은 비율에 도달했다.

이 표에 따르면, 3국의 상대적 비중은 세기가 바뀔 무렵 급격한 변화를 겪었다. 2007년 중국의 비중은 16.7%로 급증했지만, 일본의 비중은 6%로 감소했고, 한국의 비중은 일본의 약 30%에 이르렀다. 이 표에 따르면 2030년까지 세계 부의 상대적 비중은 중국이 25.5%에 도달하고, 일본의 비중이 3.46% 감소하고, 한국의 비중이 일본의 약 50%에 도달하는 등 다시 변화할 것으로 예상된다.

1000년부터 2030년까지 미국, 중국, 일본, 한국의 GDP 비중

〈표 1〉 미국, 중국, 일본, 한국의 GDP 변화 : 1000~1986

	U.S.	CHINA	JAPAN	KOREA	World Total		U.S.	CHINA	JAPAN	KOREA	World Total
1000	0.43%	22.08%	2.65%		120,264	1964	23.96%	4.40%	5.42%	0.38%	10,228,924
1500	0.32%	24.88%	3.10%	1.32%	248,345	1965	24.23%	4.66%	5.45%	0.38%	10,762,753
1600	0.18%	28.96%	2.90%		331,438	1966	24.48%	4.83%	5.72%	0.41%	11,349,212
1700	0.14%	22.30%	4.14%	1.35%	371,344	1967	24.19%	4.53%	6.13%	0.42%	11,771,628
1820	1.81%	32.92%	2.99%	0.81%	694,493	1968	24.02%	4.21%	6.55%	0.45%	12,418,962
1870	8.85%	17.08%	2.29%	0.53%	1,110,952	1969	23.48%	4.33%	6.99%	0.49%	13,104,584
1900	15.83%	11.05%	2.64%		1,973,682	1970	22.38%	4.62%	7.36%	0.51%	13,771,243
1913	18.93%	8.83%	2.62%	0.34%	2,733,279	1971	22.16%	4.66%	7.40%	0.53%	14,341,581
1940	20.65%		4.66%	0.56%	4,502,584	1972	22.27%	4.58%	7.66%	0.55%	15,025,450
1950	27.31%	4.50%	3.02%	0.33%	5,331,500	1973	22.07%	4.61%	7.76%	0.60%	16,022,299
1951	27.76%	4.73%	3.21%	0.29%	5,644,460	1974	21.51%	4.58%	7.49%	0.64%	16,392,848
1952	27.49%	5.17%	3.42%	0.30%	5,912,552	1975	20.90%	5.82%	7.52%	0.66%	16,825,172
1953	27.37%	5.16%	3.49%	0.34%	6,211,075	1976	21.20%	4.54%	7.54%	0.71%	17,456,780
1954	26.29%	5.16%	3.57%	0.37%	6,423,036	1977	21.30%	4.64%	7.56%	0.76%	18,166,733
1955	26.46%	5.13%	3.64%	0.37%	6,832,638	1978	21.56%	4.93%	7.62%	0.79%	18,968,232
1956	25.77%	5.35%	3.74%	0.35%	7,153,929	1979	21.52%	5.12%	7.76%	0.82%	19,647,007
1957	25.29%	5.45%	3.87%	0.37%	7,426,905	1980	21.11%	5.19%	7.83%	0.78%	20,041,571
1958	24.26%	5.88%	3.96%	0.37%	7,664459	1981	21.23%	5.35%	7.92%	0.82%	20,427,901
1959	24.92%	5.701%	4.14%	0.37%	8,015,241	1982	20.59%	5.74%	8.07%	0.87%	20,665,714
1960	24.27%	5.23%	4.45%	0.36%	8,434,476	1983	20.85%	6.05%	8.03%	0.94%	21,257,331
1961	24.00%	4.18%	4.82%	0.37%	8,727,294	1984	21.39%	6.50%	7.98%	0.98%	22,231,540
1962	24.30%	4.01%	5.01%	0.36%	9,138,527	1985	21.48%	6.94%	8.05%	1.01%	22,999,201
1963	24.29%	4.22%	5.21%	0.38%	9,536,984	1986	21.46%	7.15%	8.00%	1.08%	23,816,721

출처 : Angus Maddison, "Historical Statistics of the World Economy, 1-2006 AD", The Groningen Growth and Development Center. [http://www.ggdc.net/Maddison/Historical_Statistics/horizontal-file_03-2009에서 검색함. xls]

<표 2> 미국, 중국, 일본, 한국의 GDP 변화 : 1987~2030

	U.S.	CHINA	JAPAN	KOREA	World Total		U.S.	CHINA	JAPAN	KOREA	World Total
1987	21.40%	7.61%	8.03%	1.16%	24,717,806	2009	19.66%	17.53%	5.80%	1.90%	52,297,484
1988	21.38%	7.82%	8.18%	1.24%	25,770,458	2010	19.49%	17.97%	5.67%	1.91%	54,389,383
1989	21.44%	7.74%	8.30%	1.28%	26,597,625	2011	19.32%	18.42%	5.55%	1.92%	56,564,959
1990	21.41%	7.70%	8.57%	1.38%	27,099,749	2012	19.16%	18.88%	5.42%	1.94%	58,827,557
1991	21.09%	8.10%	8.74%	1.48%	27,456,979	2013	18.99%	19.35%	5.30%	1.95%	61,180,659
1992	21.35%	8.71%	8.64%	1.53%	28,036,872	2014	18.83%	19.84%	5.19%	1.96%	63,627,886
1993	21.45%	9.38%	8.47%	1.58%	28,657,909	2015	18.66%	20.33%	5.07%	1.98%	66,173,001
1994	21.57%	9.96%	8.28%	1.65%	29,654,659	2016	18.54%	20.65%	4.95%	1.96%	68,555,229
1995	21.23%	10.99%	8.11%	1.73%	30,887,571	2017	18.41%	20.97%	4.82%	1.94%	71,023,217
1996	21.31%	10.81%	8.11%	1.79%	31,923,565	2018	18.29%	21.29%	4.70%	1.93%	73,580,053
1997	21.44%	10.92%	7.95%	1.81%	33,158,544	2019	18.16%	21.62%	4.58%	1.91%	76,228,935
1998	21.93%	10.74%	7.73%	1.65%	33,767,548	2020	18.04%	21.95%	4.47%	1.90%	78,973,177
1999	22.15%	11.02%	7.46%	1.75%	34,934,082	2021	17.92%	22.29%	4.36%	1.89%	81,816,211
2000	21.93%	11.44%	7.29%	1.81%	36,568,190	2022	17.80%	22.64%	4.25%	1.87%	84,761,595
2001	21.50%	12.27%	7.11%	1.83%	37,588,071	2023	17.68%	22.99%	4.14%	1.86%	87,813,012
2002	21.14%	13.32%	6.86%	1.89%	38,829,130	2024	17.56%	23.34%	4.04%	1.84%	90,974,281
2003	20.73%	14.60%	6.64%	1.86%	40,664,275	2025	17.44%	23.70%	3.93%	1.83%	94,249,355
2004	20.56%	15.22%	6.48%	1.86%	42,738,153	2026	17.32%	24.07%	3.84%	1.81%	97,642,331
2005	20.36%	15.89%	6.34%	1.85%	44,704,108	2027	17.21%	24.44%	3.74%	1.80%	101,157,455
2006	20.18%	16.28%	6.20%	1.86%	46,492,273	2028	17.09%	24.82%	3.65%	1.79%	104,799,124
2007	20.01%	16.69%	6.07%	1.87%	48,351,964	2029	16.97%	25.20%	3.55%	1.77%	108,571,892
2008	19.83%	17.11%	5.93%	1.88%	50,286,042	2030	16.86%	25.59%	3.46%	1.76%	112,480,480

<표 2>는 3국 모두 시기는 다르지만 약 30년간 고도성장기를 누린 것을 보여준다. 일본의 고도성장기는 1950년대부터 시작하여 1980년대 말까지 지속된 반면, 한국의 고도성장기는 1968년부터 1998년까지로 나타나며, 중국의 고도성장기는 1979년 개혁개방 이후부터 여전히 높은 성장을 유지하고 있는 것으로 보인다. 비록 이 기간에 세 국가가 비슷한 수준의 성장을 달성했지만, 이 30년 기간의 총 성장률은 약간 달랐다. 일본의 경우 30년 동안 총 성장률은 2,637%, 즉 연평균 약 8.7%였다. 한국의 전체 성장률은

2,059%, 연평균 6.68%로 추산된다. 지난 30년 동안 중국의 성장률은 3개 국가 중 가장 빠르며 총 2,918%, 즉 연간 약 10%에 달한다. 이 수치는 다양한 가정을 바탕으로 한 폭넓은 계산의 결과이지만, 세계 나머지 지역과 비교해 동아시아의 경제적 위치 변화를 나타내는 유용한 지표가 된다. 이는 또한 이웃 국가와 비교하여 세계 GDP에서 각 동아시아 국가의 대략적인 점유율을 평가하는 방법으로도 유용하다.

30년 동안 동아시아 삼국에서 진행된 세계역사상 유례없이 빠른 경제성장은 새로운 질문과 새로운 문제를 제시한다. 우선 특히 인상적인 경제적 성과를 어떻게 설명할 수 있는지에 관한 질문이 있고, 보다 거시적으로는 동아시아 3국과 세계 나머지 국가의 상대적 경제력과 역량에서 제도적 차이와 기술 격차가 줄어들기 시작하면서 대두되는 복합적인 문제를 이해할 필요가 발생한다.

20세기 말 경제적 성장과 영향력이 최고조에 달했던 일본은 소위 '일본 넘버 원'이라는 구호가 표방하는 것처럼 미국과 패권을 공유할 것으로 예상됐다.[6] 그러나 금세기 들어 지난 20년 동안 침체기를 겪으며, 일본의 지속적인 경제성장에 대한 회의적인 전망이 대두되었다. 일본이 당면한 문제는 급격한 인구 감소, 정치의 정체, 중국에 대한 무역 의존도 증가, 한중 간 경제 및 기술 격차 축소, 미국과 중국의 경제 파트너십 확대 등, 그 성격도 다양하고 복합적이다. 한편, 중국과 한국에서는 성공적인 경제성장으로 인하여 강화된 국가경쟁력에 힘입어 배타적인 민족주의 성향이 고개를 드는 분위기가 조성되었고, 결과적으로 일본의 우익집단을 자극하는 등 새로운 국제 · 사회 · 정치적 문제를 파생시키고 있다. 이러한 점을 고려한다면 동아시아의 경제성장이 가져온 여러 현상에 대한 다각적인 접근과 분석은 완성된 것이 아니라 계속되어야 할 과제인 셈이다.

---

6   Vogel, Ezra F., *Japan as Number One : Lesson for America*, Harvard University Press, 1979.

3. 동아시아 경제발전 수렴이라는 광범위한 맥락에서의 발산 현상

아시아의 정치경제학 연구는 전통적으로 이 지역의 경제발전 궤적을 따라 진행되어왔다. 연구의 흐름은 대체로 일본의 경제적 성공을 출발점으로 하여 아시아의 네 마리 호랑이(때로는 용)로 불리는 한국, 대만, 홍콩, 싱가포르의 경제발전, 그리고 이어서 동남아시아 국가들의 눈부신 경제성장의 순서로 진행되어왔다. 그 과정에서 설명할 사례의 범위가 넓어짐에 따라 이론적 관심은 일본에 초점을 맞춘 특유의 관점에서 시야를 넓혀 아시아 여러 국가의 다양한 경험을 포괄할 수 있는 더 넓은 연구로 영역이 확대되었다. 이러한 노력의 하나로 1993년 세계은행은 『동아시아 경제 기적』을 출판하면서 아시아의 경제적 성공에 대한 일관된 설명을 이론화하려고 노력했다.[7] 그러나 다루어야 할 사례가 더욱 늘어나면서 이론적으로 타당한 설명의 일관성을 유지하기가 더욱 어려워졌다. 또 하나의 문제는 동아시아의 정치경제학 연구에서는 그동안 중국에 대한 논의가 포함되지 않았다는 사실이다. 그러나 이제 중국의 부상으로 인하여 중국의 경험을 아시아 경제발전의 패러다임에 접목시키지 않을 수 없게 되었다.

1993년에 출간된 세계은행의 보고서를 보면, 경제학의 문화적 해석에 대한 지적 편견에도 불구하고, 보고서는 건전한 거시경제 정책을 통한 국가 개입이 아시아의 고도 경제 성장국가들HPAE : High Performing Asian Economies의 성공에 결정적인 역할을 했음을 나타내는 경험적 현실을 인정하고 있다. 이는 '발전국가'의 기본 가정을 묵시적으로 인정한 것이나 다름이 없다. 대부분의 이들 경제에서 성장과 특정 개입 사이의 통계적 연관성을 설정하는 것은 매우 어렵지만, 정부는 발전을 촉진하기 위해 어떤 형태로든 여러 채널을 통해 체계적으로 개입했으며 때에 따라 특정 산업의 발전을 도모했다. 만약 이들 정부의 구체적인 정책이나 개입이 없이 과연 고도의 경제성장이 이루어졌을지를 실증적으로 증명할 수가 없기는 하지만, 페트리Petri, Peter A.는 또 다른 세계은행의 간행물에서 정부

---

[7] World Bank, *The East Asian Miracle*(Published for the Bank Policy Research), Oxford University Press, 1993.

의 비즈니스 부문을 '조정'하는 기능이 경제성장에 더 나은 결과를 가져온다는 이론화 작업을 시도함으로써 논의를 더욱 체계화하려고 했다.[8] 분명한 사실은 동아시아의 경제적 여건은 일반적으로 시장 중심 활동에 긍정적으로 작용하는 것이었지만, 동아시아에서의 기업가적 자원과 기타 자원을 효율적으로 동원하는 데는 분명히 국가의 역할이 컸다.

이 책은 일본, 한국, 중국의 경험에 비추어 동아시아의 경제발전과 근대화를 새로운 각도에서 조망해야 한다는 생각에 기획되었다. 되돌아보면 동아시아경제발전연구의 초기 단계에서는, 이미 앞에서 지적했듯이, 주로 일본의 근대화에 초점을 맞추고 중국과 한국의 저발전을 그에 대비시키는 경향이 두드러졌다. 그러나 한국과 중국의 경제적 부상은 이제 경제발전이론의 구축에는 동아시아 삼국이 서구 문명과의 접촉 이래 거쳐온 역사적 과정으로서의 근대화라는 거시적 관점에서 접근할 것을 요구하게 되었다. 즉 거시적 비교의 관점이 반영된 새로운 개념적 틀이 필요하게 된 것이다.

이러한 비교 연구의 출발점은, 비록 이들 국가가 서구와 접촉한 이후 서로 다른 역사적 궤적을 따랐지만, 국가발전을 위한 목표와 전략이 20세기 후반 이후 수렴되기 시작했다는 사실에서 찾을 수 있다. 특히 공산주의 이념을 좇아 동아시아 전통에서 이탈했던 중국이 자신의 문화적 전통을 재발견하고 재창조해 나아가며 급진적인 사회주의의 색채를 점차 누그러트리는 동시에 아시아의 뿌리를 재확인하기 시작했다는 점이 주목할만하다. 중국이 아시아로 복귀하고 있다는 증거는 중국이 구소련은 물론 유럽의 사회주의 국가들과의 관계 약화를 감수하면서도 아시아 국가들과의 정치적, 경제적, 정서적 유대를 강화해 나가는 데서 확인된다. 흥미로운 사실은, 아시아에서 유일하게 산업화에 성공한 국가가 되어 '탈아시아'를 표방했던 일본 역시 아시아 국가임을 새삼 인정하며 아시아로의 복귀하고 있다.

이 시점에서 우리가 놓치지 않아야 할 질문은 다음과 같은 것이다. 즉 동아시아에 관해 물어봐야 할 올바른 질문은 20세기 초반에 왜 일본은 성공했지만, 중국과 한국은 실패했는지가 아니라[9] 오히려 각 국가가 자국의 발전을 위한 올바른 공식과 전략을 찾고,

---

8   Petri, Peter A., *The Lessons of East Asia*, Monograph published by World Bank, 1993.

채택하고, 실행하는 데 서로 다른 시간이 걸린 이유를 찾는 것이다.

일본은 의심할 바 없이 성공적인 근대화를 달성한 최초의 동아시아 국가였지만, 이러한 초기 근대화를 이용하여 주변 국가에 대한 제국주의 침략의 오점을 남겼다. 한국은 전쟁으로 인한 분단과 파괴, 그리고 북한과의 대결로 인한 막대한 국방비 부담 속에서도 일본보다는 늦었지만 결국 경제발전과 근대화를 이룩해냈다. 그리고 중국은 1980년대 이후 두 자릿수 성장률을 유지하면서 제도적 변혁을 통하여 1850년대까지 그랬던 것처럼 세계 최대의 경제 대국으로 부상했다.

동아시아의 정치경제에 대한 새로운 접근 방법은 각 국가의 역사, 전통, 문화는 물론 근대화를 이끈 구체적인 사회정치적 조건을 분석함으로써 어떠한 이유로 각 국가가 서로 다른 근대화 경로를 따랐는지에 관한 질문에 답을 할 수 있어야 한다. 새로운 분석체계는 동아시아의 삼국이 각각 독자성을 유지하면서도 동양의 가부장적 국가로서 많은 문화 및 제도적 유산을 공유한다는 사실과, 동시에 많은 후발 국가들처럼 선진 서구의 공업 국가들의 도전에 대응하며 나름의 생존전략을 마련해야 하는 공동의 위치에 있었음을 담아내야 한다. 왜냐하면, 이러한 공유된 특성을 바탕으로 한-중-일 3국은 경제발전을 위해 자국의 전통을 활용하고, 자국의 현대적 필요에 맞게 자국의 자원을 효과적으로 활용 및 동원하며, 기존 국제 체제가 제공하는 무역 기회를 활용하는 정책을 채택해 왔을 것이기 때문이다.

일본이 선진 서구 산업 민주주의 국가와 비교되는 경우가 더 자주 있긴 하지만, 동아시아 경제발전에 대한 논의의 대상으로는 대체로 일본, 한국, 대만이 중심을 이루어왔다. 동아시아경제발전논의를 관통하는 이론적 주제는 네 가지 유형으로의 분류가 가능하다 : 1) 신고전주의 경제 접근; 2) 문화적 접근; 3) 발전국가에 초점을 맞춘 구조적 접근; 4) 제도적 접근. 이 네 가지 유형의 접근 방식 중 이 책에서는 네 번째 제도적 접근에 보다 중점적으로 초점을 맞추고 이에 대해서 전체적으로 더욱 자세히 논의할 것이다.

---

9 예를 들면, 다음을 참조할 것. Shumpei and Henry Rosovsky, *The Political Economy of Japan Vol. 3 : Cultural and Social Dynamics*, Stanford University Press, 1992.

다만 이 네 가지 관점은 완전히 분리되어 존재하는 별개의 현상이라기보다는 상호 연관되어 있음을 지적해 둘 필요가 있다. 왜냐하면, 국가, 문화, 제도와 같은 개념은 복합적인 사회문화 현상의 일면을 표상화represented 한 것이기에 설명하려는 요소가 상호 영향을 미치기 때문이다. 예를 들면, 제도는 다른 문화적 환경으로 쉽게 이식될 수 없는 역사적 산물이고, 국가는 경제 개발에서 가장 중요한 기관 중 하나이며, 국가의 역할에 대한 기대는 문화적으로 결정된다. 통치자와 피통치자에 대한 기대는 국가가 수용할 수 있는 활동 범위를 크게 결정하고, 문화와 전통이 그러한 기대를 형성한다. 또한, 시장은 정치, 문화, 공동체 제도라는 특정 맥락에서 작동한다. 여기서는 이 네 가지 접근 방법에 대한 이해와 비교를 도모하기 위해 각각에 대한 간략한 설명을 첨부한다.

1) 신고전주의 경제학적 접근

근대 경제학은 사회현상 속에서 경제적 요인만을 추출하고 그 밖의 것들은 조건으로 고정화해 이론 체계 밖으로 밀어내는 방법을 택함으로써 체계 자체를 이론적으로 조작하기 쉽게 만드는 방법론을 정착시켰다. 그 가정은 경제인Homo economicus으로서의 인간은 어디에 살더라도 공급과 수요, 이윤 극대화, 가격의 불가피한 법칙에 따른다는 것이다. 그 결과 근대 경제이론의 분석 대상은 너무나 그 범위가 좁고 단순화되어, 경제학자들은 경제발전이나 경제성장에서의 사회·문화의 역할을 도외시하게 되었다.

따라서 동아시아의 경제성장을 다루는 신고전학파의 경제 현상에 대한 접근 방식은 경험적이라기보다는 이론 지향적이며, 잘 정의된 변수와 가정에 근거하여 추상적 모델을 구축하는 데 전념한다. 이를테면, 신고전학파는, 개인 활동 또는 조직 활동에 상관없이, 경제활동에 대한 논의의 출발점을 독자적이며 합리적인 다수의 행위자가 가격에 대응하여 자신의 선호도를 극대화하는 이상적인 시장market으로 삼는다. 이 모델에서 행위자는 시장 교환을 통해 자신의 선호도를 극대화하기 위해 합리적인 결정을 내리고 자발적으로 계약을 체결할 수 있을 만큼 충분한 정보를 가지고 있다고 가정한다. 시장에서의 이러한 거래는 효율의 극대화로 인해 비용이 발생하지 않는다. 경제학에서는 시장에서의 교환을 자원분배를 위한 최적의 방식으로 간주하면서, 시장에서는 상충하는 요구가 자연스럽게 조정되는 '보이지 않는 손'이 작동한다고 보았다.[10]

이러한 신고전주의 경제학의 접근법은 다양한 비현실적인 가정으로 인해 비판을 불러들인다. 우선 신고전주의 경제학에서는 인간을 합리적이지만 원자화되고 비감성적인 존재(개인)라는 가정하에 논리를 펼친다. 그리고 그 개인은 완벽한 정보에 접근할 수 있고, 따라서 비용이 들지 않는 거래가 가능하다고 본다. 이러한 전제하에 시장에서는 권력 관계의 영향을 받지 않고 마찰 없는 교환이 가능하다는 것이다. 더욱이 신고전주의 경제학자들은 국가 경제발전의 엄청나게 복잡한 현상을 설명하기 위해 비교우위, 규모의 경제, 학습 곡선 경제와 같은 경제적 합리성에만 의존하면서, 이러한 변수와 사회정치적, 경제적 관계 사이의 유기적 연관성이나 역사적 맥락을 무시하는 오류를 범한다. 모든 경제활동을 정적靜的인 변수 집합으로 설명하려는 이러한 시도는 결과적으로 단순한 설명과 보편타당한 명제의 필요로 귀결된다. 이는 경제발전과 관련된 이론과 정책 모두에 심각하게 해로운 결과를 초래하는 세 가지 주요 오류, 즉 저개발의 원인을 단순히 하나의 요인으로 파악하거나, 발전에 대한 평가를 단일 지수만으로 기준 삼거나, 또는 개발을 오로지 장기적인 선형 과정a long linear process으로 묘사하는 오류로 이어진다. 신고전주의 이론에 따르면 명확한 재산권은 모든 시장의 효율적인 운영을 위한 근본적인 전제 조건이다. 그러나 중국의 사례를 보면 이 주장의 타당성에 의문을 제기하게 된다. 중국에서는 재산권이 여전히 미해결 상태로 남아 있지만, 경제가 빠르게 발전하고 있기 때문이다. 신고전주의 이론은 효율적인 시장 운영이 가능해지려면 정부가 건전한 거시경제巨視經濟 정책을 시행함을 전제로 한다. 적절한 환율과 인플레이션, 건전한 재정 정책, 적절한 조성책이라는 조건들이 충족된다면 국가의 개입이 없는 시장이 최적의 자원 배분을 만들어낸다는 것이 신고전주의 경제학의 논리이기에, 신고전주의 이론에서는 국가의

---

10 이러한 계열의 연구사례는 다음을 참고할 것. Kohama, Hiroshi, "Japan's economic development and foreign trade", In Chung Lee and Ippei Yamazawa eds., *The Economic Development of Japan and Korea*, New York : Praeger, 1990.

불개입이 경제발전의 기본 전제가 된다. 그러나 이 명제는 이론적으로 적용할 수 있지도 않고 경험적으로도 타당하지 않다. 현실에서의 일본, 중국, 한국에서는 국가가 모두 각국의 경제 과정에 개입하여 수출을 촉진하고, 소비자의 이익을 희생하면서 생산자의 이익을 증진시키는 등 일정 한도 내에서 방향을 정하여 왔다.

또한, 신고전파 경제학자들은 수출을 동아시아 경제발전의 주요 엔진으로 간주하기 때문에 동아시아 각 국가의 무역 패턴을 분석하는 데 중점을 두어왔다. 수출이 차지하는 비중은 국가마다 다르지만, 수출은 세 나라의 경제성장을 이끄는 데 중요한 역할을 해온 것이 사실이다. 의심할 바 없이, 대외 무역은 특히 한국과 대만에서 중요한 역할을 했으며, 일본에서는 그 정도가 상대적으로 덜하다. 신고전주의 접근 방식은 종속 이론의 입장과는 달리 비교우위에 기반한 모든 무역이 관련 당사국 모두에게 이익이 될 것이라고 가정한다. 그렇다면 자원이 부족한 일본, 한국, 대만이 갖는 비교우위를 파악하는 것이 중요해진다. 물론 이들 국가는 고도로 교육받고 규율을 준수하는 높은 수준의 인적 자본을 보유하고 있다. 그렇다면 그들은 어떻게 그토록 풍부한 인적 자본을 갖게 되었는가? 이런 맥락에서 등장하는 요소가 유교이다. 신고전파 경제학에서는 이러한 질문에 관심을 두지 않는다. 무역만을 놓고 보더라도, 중국의 대외 무역 의존도는 다른 동아시아 국가들의 경험과 유사성을 보이긴 하지만, 직접 투자 형태의 외국자본 의존도가 높다는 점에서 일본과 한국의 경험과 차이가 있다. 다만 세 국가 모두 경제발전 초기 단계에서 생산을 촉진하면서 소비를 억제하는 등 의도적으로 가격 메커니즘을 왜곡했다는 점이 공통된 특징이라 하겠다. 동아시아 경제 성공에 이바지한 또 다른 요인으로 자주 거론되는 것은 높은 저축률이다. 그러나 이러한 높은 저축률이 발전의 원인인지, 결과인지에 대한 논쟁은 계속되고 있다. 수출의 경우 역시 그것이 동아시아 국가들이 갖춘 비교우위의 결과인지, 아니면 수출을 촉진하려고 의도적으로 비교우위를 창출한 것인지도 논란의 여지가 있다.

많은 학자가 '동아시아 자본주의' 또는 '동아시아 변형 자본주의'라는 용어를 사용하는데, 이는 다양한 유형의 자본주의와 시장이 존재함을 의미한다.[11] 이러한 견해는 보편적인 하나의 경제법칙이 서로 다른 문화 및 제도적 전통을 가진 여러 국가에 동일하게 적용될 수 있다고 가정하는 신고전주의 경제이론의 기본 가정에 반反하는 것이라 하겠다. 왜냐하면, 신고전주의 이론은 각 경제 행위자에 대한 합리적인 선택의 보편성을 규정하는 데 반해, 정의상 "동아시아 자본주의"라는 용어는 동아시아 문화와 제도가 해당 국가에 존재하는 자본주의 유형을 형성한다는 것을 의미하기 때문이다. 예를 들어, 발전국가Development State라는 개념을 동아시아의 어느 특정 국가에만 적용하는 것은 국가와 기업의 관계에서 동아시아 자본주의의 특수성을 인정함을 의미하는 것이 된다.

만일 동아시아 자본주의가 문화적, 제도적 전통의 넓은 맥락에서 이해될 수 있는 것으로 받아들여진다면, 그리고 그러한 문화와 제도적 전통에 시장이 내재해embedded있다면, 가장 놀라운 사실은 동아시아 사회에서는 역사에서 이기적이고 합리적이며 경제적 자유만을 추구하는 원자화된 개인으로서의 인간상을 정립하거나, 그러한 인간상에 대한 철학적 정당성을 인정하지 않았다는 점이다. 따라서 동아시아에서는 원자화된 합리적인 행위자가 이상적인 시장 환경에서 자신의 선호를 극대화하려고 노력한다고 가정하는 신고전주의 경제이론의 기본 가정을 적용하는 일이 커다란 난관에 부딪히게 된다.

집단주의를 강조하는 동아시아의 오랜 전통으로 인해 동아시아에서의 개인은 언제나 여러 갈래의 관계를 맺고 있는 다양한 집단의 구성원으로 여겨져 왔다. 이러한 네트워크는 시장 환경에서 개인의 경제적 행동에 결정적인 영향을 끼치는 것이다. 아시아에서 가장 오랜 자본주의 경제의 역사를 갖는 일본에서도 노동자든 자본가든 일본인 개개인은 전통적인 경제이론에서 말하는 바와 같은 합리적인 경제 주체로 행동하지 못했다. 실제로 많은 학자는 일본의 자본주의를 시민사회civil society 없는 자본주의로 간주한다. 비슷한 방식으로, 한국도 체계적인 논리로 설명한바 없는 그들 나름의 자본주의를 실천해왔다. 즉, 순수한 형태의 자본주의는 동아시아에서 결코 합리적인 이념으로 받아들여진 적이 없는 것이다. 고로 동아시아에서의 시장은 신고전주의 경제이론이 규정하는 대로 작동하지 않는다. 대신 시장에서의 교환의 관계는 동아시아 지역의 권위 관계와 인적 네트워크와 긴밀하게 연결되어 있다.

---

11   Hall, Peter A. and David Soskice ed., *Varieties of Capitalism*, Oxford University Press, 2001.

2) 문화적 접근

두 번째 접근 방식은 동아시아의 경제적 성공에 대한 설명을 전통문화인 유교에서 찾는다. 이는 종교개혁으로 인한 세계관의 변화가 서구 자본주의의 발전을 촉발했다는 막스 베버의 논리와 궤를 같이한다.[12] 다만 베버가 그가 살던 시대에 동양을 정체된 사회로 보고 유교를 동아시아 경제발전의 장애 요인으로 평가했다는 점에서 이는 새로운 견해인 셈이다.

20세기 말 동아시아가 놀랄만한 경제성장을 이룩한 이후에 등장한 이러한 접근 방식은 유교에 대한 전반적인 평가가 경제발전과 관련하여 부정에서 긍정으로 바뀌었음을 말해준다. 5·4 운동에 참여한 중국의 급진 지식인들은 실제로 중국이 경제적으로 발전하지 못한 원인을 유교 보수주의 탓으로 돌렸다. 마찬가지로 1960년대 일본이 동아시아에서 유일하게 성공한 경제로 등장했을 때 로버트 벨라Bellah, Robert는 그 성공을 막스 베버의 칼빈주의Calvinism와 기능적으로 유사성을 갖는 "도쿠가와 종교Tokugawa religion"에 돌렸다.[13] 그러나 한국과 대만이 급속한 경제성장을 시작하면서 일부 학자들은 이제 유교를 다시 소환하여 새롭게 의미를 부여하고, 이를 양국의 경제적 성공의 원동력으로 부각시켰다.

유교에 초점을 맞춘 학자들은 유교의 다양하고 때로는 상충하는 교리 중에서 경제발전에 긍정적으로 작용한 요인으로 유교에서 강조되는 조화, 질서, 교육에 더하여 능력주의에 기초하여 선출된 엘리트 관료의 중요성, 그리고 가부장적인 국가 권위의 존중풍토 등을 꼽았다.[14] 유교의 이러한 측면은 경제성장을 설명해주는 독립변수로 간주되어 동아시아 사회에서 발견되는 높은 성취동기, 부지런하고 규율을 따르는 인력의 조성, 가부장적 관리체계, 국가와 기업 간의 긴밀한 협력, 심지어 저축에 대한 태도에까지 영향을

---

12 Weber, Max, *The Protestant Ethic and the Spirit of Capitalism*, Routledge, 1992.
13 Bellah, Robert, *Tokugawa Religion : The Cultural Roots of Modern Japan*, Free Press, 1985.
14 유교 전통에 대해서는 Tu Wei-Ming, *Confucian Traditions in East Asian Modernity*, Harvard University Press, 1996를 참조할 것.

미쳐 동아시아 경제발전에 크게 이바지했다는 논리를 성립시켰다.[15]

그러나 문화적 접근 방법에는 몇 가지 문제가 있다. 우선, 동아시아 유교 문화의 특수성이나 일반성을 지나치게 강조한 나머지 동아시아 국가들 사이에서 존재하는 차이를 간과하고 있기에 비교연구의 여지를 남겨두었다는 문제가 제기된다. 예를 들어 한국과 대만, 일본과 중국의 유교 문화에는 차이가 존재한다. 미시적으로 보면 분명 아시아의 유교는 각각의 나라에서 다른 형태로 나타난 것으로 보인다. 예를 들어, 일본의 유교와 중국의 유교는 분명 같은 경전에서 시작되었으나 '봉건제'로 대표되는 일본과 '가산제'로 대표되는 중국의 제도적 차이는 각국에서 경전을 전혀 다르게 해석하도록 만들었다.[16] 그리하여 중국의 유교가 자비를 중요시하는 경향으로 변화할 때, 일본의 유교는 충성 지향적인 민족주의적 이념으로 발전하여 근대화에 각기 다른 영향을 미쳤다. 따라서 동아시아 각국에서 발견되는 유교의 상이점은 학자들이 특정 조직 구조와 경제적 행위자의 행동을 유교의 특정 측면에 귀속시키려는 시도를 어렵게 만든다. 즉 유교적 사고방식과 성공적인 자본주의 사이의 인과관계를 확립하는 작업이 쉽지 않다는 말이다. 더 심각한 문제는 그들이 공유하는 전통이 발전에 그렇게 도움이 된다면 왜 동아시아 경제가 최근에야 급속한 성장을 시작했는지에 관한 질문에 답을 해야 하는 일이다. 따라서 일부 학자들은 "경제발전에 사회적 요구" 또는 "자유 기업 시스템의 채택"과 같은 여건이 조성되면 이를 통해 유교의 잠재력이 발휘될 수 있다고 한발 물러선 입장을 펴기도 한다. 다만 유교 전통을 경제발전에 대한 충분조건이나 필요조건으로 간주하기보다는 급속한 경제발전을 촉진하는 요소로 받아들이는 데는 무리가 없다는 견해가 지배적이다. 확실한 것은 일본, 중국, 한국이 교육 및 성취에 대한 헌신, 그리고 엘리트주의적 책임이라는 광범위하게 정의된 문화적 전통을 공유하고 있는 현실을 부인할 수 없는바, 이러한 문화적 요인이 경제발전에 가장 중요한 직접적이고 결정적인 요인이라 주장할 수는 없을지라

15　Hall, Richard and Wiman Xu, "Run Silent, run Deep : Cultural influences on organizations in the Far East", *Organization Studies* 11(4), 1990, pp. 569~576.
16　Morishima, Michio, "Why has Japan 'Succeeded'?", *Western Technology and the Japanese Ethos*, Cambridge : Cambridge University Press, 1982.

도, 사람들이 자신의 이익을 계산하고 관계를 맺는 방식은 물론 제도를 받아들이는 방식에 크게 영향을 미친다는 사실을 인정함이 마땅하다.[17]

3) 발전국가 이론

발전국가 접근 방식Developmental State Approach은 경제발전을 촉진하는 전략 산업에 재원을 집중시켜 경제를 이끌어가는 국가의 역할을 강조한다. 경제발전을 주도하는 데 국가가 수행하는 중요한 기능을 고려할 때, 발전국가 접근 방식은 후발 산업화 국가에 이론상 적합성을 갖는다. 피터 에반스Evans, Peter에 따르면 후발 산업화 국가는 자본 축적과 기술 혁신 측면에서 이미 산업화 국가를 따라잡아야 할 것이 많기 때문에 국가가 경제발전을 위해 사회 전반에 분산된 자원을 동원하는 것이 중요하다.[18]

모든 국가가 역사적, 경제적, 자연적 조건과 경제적 결과 사이에 의도적으로 개입하는 임무를 수행하는 목표 지향적 기관이 아니므로, 우리는 국가 유형을 구별시켜 개념화할 필요가 있다. 하나의 대략적인 분류는 국가가 사회적 관심이나 간섭으로부터 얼마나 자율적인가에 따라 최대Maximum, 중간Medium, 최소Minimal 상태의 세 가지 유형으로 나누어 보는 것이다. 이러한 유형의 국가분류는 존 로크John Locke이래 많은 정치철학자가 시도해왔는데, 로버트 노직Nozick, Robert이 국가는 오직 개인의 권리를 보장하기 위해 존재해야 한다는 주장을 펴며 '최소국가'의 개념을 언급한 것이 가장 잘 알려져 있다.[19]

최대국가Maximum state는 사회적 간섭의 영향으로부터 완전히 벗어나 있어, 권위에 기초하여 국민경제를 관리하고, 경제관리의 영역에서 어떠한 교환원리도 허용하지 않는 국가를 지칭한다. 마오쩌둥 시대의 중국과 같은 공산주의 국가가 최대국가의 좋은 예이다. 중간국가Medium state는 다양한 당파의 영향으로부터 상대적으로 자율적이며 여러

---

17 Byung Whan Kim, *Seniority Wage System in the Far East*, Avebury, 1992.
18 Evans, Peter, *Embedded Autonomy*, Princeton University Press, 1995.
19 Nozick, Robert, *Anarchy, State, and Utopia*, Basic Books, 1974.

수단을 구사하여 경제에 개입할 수 있을 만큼 강력한 형태를 취한다. 최소국가Minimal state는 주로 자율적 시장 메커니즘을 통해 운용되는 경제와 함께 선거를 통해 사회적 통제를 받는 서구 자유주의 다원주의 국가가 해당한다. 여기서 주목할 국가 유형은 중간국가다. 왜냐하면, 중간국가는 특정 사회 집단의 당파적 이해관계에 휘둘리지 않고 국가 전체의 이익을 위해 역할을 감당하는 수호자임을 자처하기 때문이다. 만일 동아시아의 국가가 자본주의적 생산 방식을 통한 경제성장이 모든 구성원에게 이익이 되는 공동선이라고 판단했다면, 아시아의 집단 지향적 문화 전통과 민족주의로 인해 중간국가 이상의 국가 유형의 등장은 받아들여질 여지가 많다.

발전국가의 성립에는 두 가지 전제 조건이 필요하다. 첫째, 국가는 중간국가, 즉 사회세력의 당파적 영향으로부터 상대적으로 자율적인 국가여야 한다. 둘째, 국가는 국가의 장기적인 관점을 유지하기 위해 모든 종파적 이익에 공평할 뿐만 아니라 국가의 장기적인 이익에 대한 정확한 판단력을 갖춘 엘리트집단에 의해 관리되어야 한다. 이러한 조건이 충족되면, 동아시아 국가들은 시장화된 경제에 대한 국가 개입을 통해 경제발전과 관련된 모든 내부 세력을 동원하고, 다양한 사회적 요구를 조정하고, 기존 국제경제 시스템을 포함한 주어진 조건에 비추어 적절한 전략을 개발할 수 있다.

동아시아 국가들의 역사적 전통과 현대의 경험은 발전국가developmental states의 성립에 긍정적으로 작용했다. 동아시아 국가들은 비록 그 시기와 세력이 서로 다르긴 했으나 모두 다양한 외부세력들로부터 위협을 경험해 왔다. 이러한 위협은 격렬한 민족주의의 발흥을 가져왔고, 그 결과 각국이 정치적 주체로서 생존하려면 강하고 부유한 국가를 건설해야 한다는 사실을 깨닫게 되었다. 급속한 산업화와 경제발전이 강국 건설의 지름길로 여겨졌음이 분명하다. 그러나 동아시아 국가들은 산업화가 늦어졌기 때문에 노동인구를 포함한 모든 가용 자원을 동원하여 국가가 이러한 현대화를 주도하도록 하는 것이 필요하다고 느꼈을 것이다. 더욱이, 경제발전을 국가 지도력에 의존하는 이러한 태도는 국가의 역할에 대한 전통적인 기대와 일치한다.

중국, 일본, 한국, 대만에는 다음과 같은 구조적 조건이 각각 존재하여 이들 국가의 경제발전에 국가가 적극적인 역할을 하는 것이 가능하고 필요했다. 첫째, 사회적 책임을

다 감당해야 하는 제도로서의 국가는 수천 년을 거슬러 올라가는 유교적 동아시아의 일부였다. 둘째, 최근의 격동적인 사회정치적 혼란기를 거치며 이들 국가에는 지배적이고 확고한 계급이 더는 존재하지 않았다. 중국에서 공산주의 혁명은 전통적인 엘리트를 뿌리 뽑았을 뿐만 아니라 국가에 도전할 수 있는 어떤 사회적 세력의 출현도 막았다. 한국에서는 일제의 식민통치, 분단, 전쟁, 농지개혁, 국가 주도의 산업화 등으로 인해 전통적인 양반계층이 몰락했을 뿐만 아니라, 산업화의 결과로 생겨난 새로운 계층들에게는 국가의 의지가 관통될 수 있었다. 일본의 경우, 미군 점령 당국의 민주화 정책으로 인해 과거 일본 지배계층이 가졌던 정치적 영향력이 더욱 약화하였다. 셋째, 일본과 한국은 경쟁적인 국가고시를 통해 최상의 교육을 받은 시민 중에서 공무원을 채용하는 중국 전통을 따랐다. 일본에서는, 한때 한국에서도 그러했듯이, 가장 유능하고 재능 있는 젊은이들은 민간 부문 취업 기회 확대에도 불구하고 여전히 공무원 일자리를 선호하는 경향이 강했다. 아이러니하게도 마오주의자 중국은 정치적 충성심과 계급적 배경을 바탕으로 간부를 모집함으로써 중국의 역사적 전통을 깨뜨렸다. 흥미로운 것은 마오쩌둥의 사망 이후 중국은 공무원 시험을 다시 도입해 가장 유능한 인재 중에서 국가 관료를 채용하는 옛 전통으로 돌아갔다는 점이다. 넷째, 동아시아 국가들의 정부는 국내 사회 세력뿐만 아니라 외부세력으로부터도 상대적으로 자율적이었다. 동아시아 국가들과 그 자본가들은 경제발전을 위해 대외 무역에 대한 의존도가 높음에도 불구하고 외국자본과의 결탁으로 국익을 배신하지 않았다. 결과적으로, 이들 국가의 정부는 국내 사회 세력뿐만 아니라 외부세력으로부터도 상대적으로 독립적이었던 것이다. 그래서 그들은 세계 시장에서 국가 경제의 경쟁력을 높여가는 가는 과정에서 다국적 기업의 과도한 침투를 대체로 성공적으로 막아냈다는 평가를 받았다. 다시 말하면, 라틴아메리카 국가들과 비교해 보면, 동아시아 국가들의 성공은 주로 강력한 국가의 문화적 전통과 강력한 민족주의에 기인한다.

　동아시아에서 광범위하게 정의된 발전국가(집단 이익을 위해 시장 경제에 자주 개입하는 당파적 사회 세력으로부터 상대적으로 자율적인 국가를 의미함)를 탄생시킨 유사한 역사적 경험에도 불구하고 경제를 다루는 발전국가의 실제 작동은 다양하게 그 모습을 드러낸다. 일본과 중국, 한국은 강하고 가부장적인 엘리트주의 국가의 전통을 공유해 왔지만, 이들 각국이 얼마나 자국 경제에 개입해 왔는지는 그 정도定度와 강도强度에 많은 차이가 있다.

국가 개입 패턴은 동아시아 국가마다 다르며, 더욱이 일본의 발전국가가 실제로 일본 경제를 어떻게 주도하는지는 학문적으로도 의견이 분분하다. 발전국가에 대한 찰머스 존슨Johnson, Chalmers의 생각은 국제통상산업부MITI의 역할이 두드러진 관료적 지배가 그 중심에 자리했다. 이는 정치인이 통치하는 관료적 통제를 의미한다.[20]

발전국가모델을 지지하지 않는 사람들은 국가와 기업 간의 관계는 어느 한쪽이 명령하고 다른 한쪽은 일방적으로 따르는 위계적인 관계가 아니라는 점에서 동의하지 않는다. 국가와 기업 사이의 관계는 관련 당사자들 사이의 지속적인 협상이 수반되는 관계라는 것이다. 국가는 권위 있는 결정을 통해 자신의 의지를 강요하는 것이 아니라, 다양한 이해관계의 조정자로서, 비즈니스 세계의 다양한 주체들과 끊임없이 협상하고 상호 이해를 확대해 나가는 역할을 담당해야 한다. 이 견해를 지지하는 학자들은 국가는 똑똑한 공리주의적 행위 주체가 아니라 바람직한 정책 결정을 내리기 위해 기업 부문뿐만 아니라 그들 사이에서도 협상해야 하는 경쟁적인 부처와 관료로 구성되어 있다는 점을 강조한다.[21] 실제로 정부 및 경제 분야의 수많은 독립 행위자들은 지속적인 협상이 필요한 상대적인 자율성을 누린다. 그래서 마이클 영Young, Michael K., 프랭크 업햄Upham, Frank 등 일부 법학자들은 비공식적이고 관료들에 의해 후원되는 협상이 일본의 경제 및 사회 정책의 핵심이라고 보았다.[22]

국가와 기업 부문의 관계를 설명에 있어서 모두가 동의하는 부분은 국가 기관과 기업 간의 긴밀한 네트워크 시스템이다. 일본 시스템은 경쟁보다는 모든 당사자 간의 담합이

---

20 Johnson, Chalmers, *MITI and Japanese Miracle*, Stanford University Press, 1982.
21 Sakakibara, Eisuke, *Beyond Capitalism : The Japanese Model of Market Economics*, Lanham, MD : University Press of America, Economic Strategic Institute, 1993.
22 Upham, Frank, "Providing regulation : The implementation of large scale retails", In Gary D. Allison and Yasunori Sone eds., *Political Dynamics in Contemporary Japan*, 1993; Young, Michael K., "Judicial review of administrative guidance : Government encouraged consensual dispute resolution", *Columbia Law Review* 84, 1984.

특징이다. 이러한 시스템을 통해 일본경제는 다른 국가에 비해 경쟁력을 키울 수 있었다. 그래서 오키모토Okimoto는 일본이 "어떤 면에서는 일본의 산업 경제가 아담 스미스의 '보이지 않는 손'이 작동하는 시장 경제에 대한 대안 모델로 간주 될 수 있을 정도로 시장과 조직을 효과적으로 통합한 네트워크 국가"라는 주장을 폈다.[23] 일본의 경우 주목할만한 점은 일본의 합의에 기반한 의사결정 과정으로 인해 경제에 대한 국가의 지침이 재계의 명시된 선호 사항을 반영하여 완화되었다는 사실이다.

한편, 한국의 박정희 권위주의 정권하에서는 국가 권위에 대한 도전을 허용하지 않는 동시에 대부분 국민의 정치적 활동에 제약을 가하는 정책을 펼쳤다. 경제성장의 전제 조건으로 정치적 안정과 사회 질서를 강조한 이들 권위주의 정권은 소득 이전transfer of income을 통한 부의 재분배를 요구하는 "분배 연합"의 형성을 막으려고 노력했다. 그 결과는 한국 정부의 경제개입이 정부가 소유한 금융기관에 크게 의존하는 등 더욱 강력해지도록 만들었고, 한국의 대통령제에서는 대통령의 개인 보좌관들이 한국 발전국가에 가장 결정적인 영향력을 행사하는 것이 용인되는 풍토를 조성했다.

앨리스 암스덴Alice H. Amsden의 『아시아의 차세대 거인』은 한국의 발전국가가 어떻게 '재벌'을 활용하여 전략 산업을 발전시키는 동시에 인적 자원의 비교우위를 효과적으로 활용했는지 자세히 설명하고 있다.[24] 한국의 사례가 일본과 다른 점은 금융기관에 대한 국가의 통제를 효과적으로 활용하는 관료주의보다는 정치 지도자로 대표되는 강력한 국가가 경제에 더 명백하고 직접적으로 개입한다는 점이다. 대만의 경우, 로버트 웨이드Wade, Robert는 자신의 저서 『시장의 관리Governing the Market』에서 대만 국가가 경제를 이끌어가는 방식은 한국에 비해 유연한 것이었지만 그럼에도 불구하고 결정적인 역할을 했다고 보았다.[25] 발전국가 개념은 찰머스 존슨Johnson, Chalmers이 제시한 관료 중심의

---

23 Okimoto, Daniel & Thomas Rohlen eds., *Inside the Japanese System : Reading on Contemporary Society and Political Economy*, Stanford University Press, 1989.
24 Amsden, Alice H., *Asia's Next Giant : South Korea and Late Industrialization*, New York : Oxford University Press, 1989.
25 Wade, Robert, *Governing the Market*, Princeton University Press, 1992.

발전국가부터 다니엘 오키모토Okimoto, Daniel가 주장한 국가와 시장 간의 긴밀한 네트워크에 이르기까지 일본의 국가 권위와 시장 교환 간의 관계에 대한 많은 새로운 통찰력을 불러일으켰다.[26]

　1990년대 초 일본의 세계 경제 점유율이 최고조에 달하고 경제적 성취에 대한 자신감이 높아지자 일부 일본 학자들은 발전국가 개념을 더욱 수정하여 일본 자본주의의 이론적 모델을 도출하기에 이르렀다. 예를 들면, 사카키바라 에이스케Sakakibara, Eisuke는 발전국가의 기본 가정을 더욱 밀어붙여 일본 모델을 "혼합경제"로 파악하는 한편, 관료주의의 역할을 주창한 존슨이 개발한 발전국가의 특정 메커니즘의 비판에 나섰다. 그는 서양 문화와 달리 일본 문화는 경쟁보다는 협력을, 그리고 시장에서의 자발적인 조정보다는 의도적인 조정을 더욱 중요시하고 소비보다는 생산, 그리고 분산보다는 집중 소유를, 이윤 극대화보다는 시장 점유율 극대화를 강조하는 경향이 있음을 지적하면서, 사카키바라는 일본은 중앙정부가 아닌 지방정부가 경제발전에 주요 역할을 하는 '혼합경제'로 일본 시스템을 정의한 것이다.[27] 무라카미Murakami는 또한 일본 정치경제학에 관한 3권의 방대한 연구 서문에서 일본 특유의 문화적 전통이 어떻게 개인, 조직, 국가의 실제 행동을 형성하는지에 주목함으로써 일본식 자본주의의 종합적인 그림을 발전시켰다.[28] 그는 그 당시까지 전개된 모든 주장을 일관된 이론적 주장으로 조심스럽게 종합해냈는데, 무라카미는 급속한 경제성장을 이룬 일본 시스템의 주요 특징으로 권력의 의도적인 결정과 시장의 자발적인 운영이 결합한 측면을 지적했다.[29] 무라카미의 다음과 같은 말이 이해에 도움을 줄 것이다. "이론적으로 경제후발국이 경제선진국을 따라잡기 위해서는

26　Okimoto, Daniel, *Between MITI and the Market : Japanese Industrial Policy for High Technology*, Stanford University Press, 1990.
27　Sakakibara, Eisuke, op. cit, 1993.
28　Yasusuke, Murakami, *An Anti-Classical Politcal Economic Analysis*(Translated with an Introduction by Kozo Yamamura), Stanford University Press, 1996.
29　Yasusuke, Murakami, "The Japanese model of political economy", In Kozo Yamamura and Yasukichi Yasuba eds., *The political Economy of Japan Vol.1. The Domestic Transformation*, Stanford University Press, 1987, pp.33~92.

경쟁과 규제(즉, 시장 메커니즘과 정부 계획)를 적절히 결합하는 것이 최선의 전략이다. 그러나 더 넓은 정치·경제적 측면에서 보면 상충하는 두 원칙의 적절한 조합을 유지하는 것, 특히 정부 규제를 최소한으로 유지하여 민간 주도권의 활력과 유연성을 유지하는 것은 쉬운 일이 아니지만, 제2차 세계대전 이후 일본의 추격 시도는 이러한 적절한 균형을 유지한 드문 성공 사례로 간주할 수 있다. 규제 측면에서 보면 고도성장기 일본의 경제체제는 유연한 규제와 지도를 기반으로 했고, 경쟁 측면에서는 영향을 완화하는 구획화된 경쟁 체제였다."

그러나 1990년대 이후 일본경제가 쇠퇴하면서 일본의 '혼합경제' 모델을 주장하는 목소리는 줄어들었다. 다만 장기적인 전략적 목표를 위해 정부 당국이 내리는 의도적인 결정에 따라 자발적인 시장 운영이 '조정'되어야 한다는 일본 정치 경제학계의 이론적 통찰이 사라진 것은 아니다. 이러한 견해는 특히 중국과도 관련이 있지만, 중국 경제는 일본과 한국 경제의 경우처럼 아직 민간 소유로 완전히 시장화되지는 않았다는 점에서 다르다. 그런 점에서 오히려 중국 경제는 시장의 경쟁과 국가적 규제가 혼합된 '혼합경제'로 불릴 수 있는 형태인데, 그 경제성과는 전 세계를 놀라게 했다. 중국에서는 대부분의 대규모 사업체들이 기업화되었음에도 여전히 국가가 대주주이다. 더욱이, 외국인과 민간 부문이 소수 지분을 소유하고 있지만, 국가가 4대 상업은행을 통제한다. 그리고 중국 정부는 주주들의 이익을 대표하는 이사회와의 협의를 통해 권한을 행사하고 여전히 당 조직을 통해 인사 관리를 통제하고 있다.

계획경제 발전 단계에서 중국의 국가는 최대국가Maximum state였다. 그러나 지난 30년간의 개혁을 통해 경제에 시장이 도입되고, 교류를 통해 경제가 운영되면서 중간국가 Medium state로의 변신을 도모했다.[30] 계획경제 시대에는 경제에서조차 교환 관계 exchange relations가 없었다. 국가 통제가 단지 강압적인 수단에 머무르지 않고 중국인들의 일상생활에 필요한 모든 경제적, 인적 자원과 기타 재화와 서비스를 통제함으로써

---

30 Tsou, Tang, "Back from the brink of revolutionary 'Feudal' totalitarianism", In Tang Tsou, *The Cultural Revolution and Post Mao Reform*, University of Chicago Press, 1986, pp.144~188.

정치와 경제의 구분이 사라져 버렸다. 또한, 정치가 모든 것 위에 군림함으로써, 정치 구호인 '정치 지휘'가 암시하는 것처럼, 정치의 영역을 벗어나 자율적인 사회 집단이나 조직이 존재할 수 없었다. 국가는 계획과 자금 조달부터 제품 유통, 노동 할당에 이르기까지 경제활동의 모든 측면에 관한 결정을 내리기 위해 정치적 권한을 사용했다. 노동 시장을 제거하고 중앙 집중식 할당 시스템을 도입함으로써 국가는 모든 사회적 이동성을 통제할 수 있게 되었다. 또한, 모든 중국인 개개인은 가능한 한 자급자족할 수 있도록 조직된 작업 단위(단웨이)에 소속되어 "한 사람의 출생부터 죽음에 이르기까지 의·식·주 활동 및 문화 학습 wen hua 文化에 참여하도록 했다." 필요한 자원은 대부분 행정적으로 배분되었기 때문에 기능적 조정과 교환을 통한 조정은 뒷전으로 물러나야 했다. 사업체에서의 부서 간, 그리고 다른 부서에 속한 개인 간의 의사소통 및 상호 작용의 필요성은 최소화되었으며, 같은 수준에서 운영되는 부서 간의 그러한 요구는 상위 권한을 통해 전달되어야만 했다. 모든 공식 조직과 기관에는 당권이 침투해 체제가 더욱 경직됐고, 교류 관계가 작동할 여지가 별로 없었다.[31]

앞서 지적했듯이, 1979년 이후 30년간의 개혁을 통해 중국은 최대국가에서 중간국가로 변모했다. 정치적 과정은 여전히 권위주의적이고, 중국 공산당의 집권은 유지되고 있지만, 중국 경제는 점진적으로 교환의 관계를 통해 운영되는 방향으로 나아가고 있다. 즉 국가가 아직도 생산 수단의 상당 부분에 대한 소유권을 보유하고 있으면서도, 국영 기업도 시장 교환의 원칙에 따라 운영되어야 함을 받아들인다. 중국에서는 공공 소유권의 개념이 명확하지 않고 다양한 형태의 혼합 소유권이 인정됨으로써 다른 중간국가에서 일반적으로 용인되는 것보다 국가가 더 많은 법적 권한을 행사한다. 그런데도 중국 정부는 경제적 과정을 시장 교환의 원칙에 따라 관리할 수 있도록 정치적 과정과 경제적 과정을 분리하려고 노력하고 있다.

그러나 발전국가 개념을 중국의 경우에 기계적으로 적용할 수는 없어 보인다. 중앙정

---

31 Oi, Jean, *State and Peasant in Contemporary China : The political Economy of Village Government*, Berkeley, CA : University of California Press, 1991.

부에서 지방정부에 이르기까지 여러 계층의 정부단위가 존재하기 때문에 중국 국가는 발전국가라고 하기에는 너무 복잡하다. 서로 다른 수준에서 운영되는 이 모든 주(지방자치단위)들은 자신의 관할권에 속한 경제 부분을 이끌어가기 위해 독자적인 노력을 기울인다. 결과적으로 그들은 관할권과 영향력을 놓고 자주 경쟁하는 것이다. 중앙정부 내에서도 부처 간 경쟁으로 인해 일본의 MITI처럼 어느 기관이 경제정책을 주도적으로 이끌어 가는지 파악하기 어렵다.

다른 동아시아 국가들과 이러한 기본적인 차이점에도 불구하고, 중국은 넓은 의미에서 국가 또는 국가의 다양한 기관이 경제를 관리하기 위해 의도적인 조정을 하는 아시아 발전 모형을 따르고 있다고 말할 수 있다. 발전국가의 개념이 가장 먼저 적용된 일본의 경우, 국가의 한 기구가 총사령부가 되어 다양한 경제 부문의 이익을 의도적으로 조정하였듯이, 중국 역시 기본적으로 정부 주도의 계획과 조정을 통해 전략적 산업을 선택하고 금융 부문이 전략적으로 선택된 부문에 투자하도록 지시함으로써 불균형한 발전 전략을 초래하고 특정 기업, 산업 또는 부문에 비교우위를 창출한다는 점에서 발전국가의 형태를 보인다.

이러한 형태의 의도적인 조정은 비록 목표한 부문에서만이라도 선진국을 따라잡으려는 계획을 세운 모든 후발 국가의 불가피한 선택이라 하겠다. 이러한 방식이 합리화되는 이유는 국가가 조정의 역할을 담당함으로써 다양한 단기적 당파적 이익을 조정해 나가는 가운데 장기적인 국익의 수호자 역할을 해낸다고 보기 때문이다. 이 과정에서 국가의 어느 기관이 핵심적인 역할을 하게 되는지, 그리고 이 의도적인 조정이 관료나 당 정치인, 박정희 같은 개별 권력자, 중국 공산당 같은 집단적 정치 권력에 의해 이뤄지는지는 중요하지 않다. 발전국가를 이처럼 폭넓은 개념적 방식으로 이해하면, 서구의 최소국가나 사회주의 계획경제의 최대국가와는 대조적으로, 중국이 최대국가에서 벗어나 이제는 중간국가의 형태를 보임이 명백해진다. 다만 일본과 한국에서 보인 발전국가의 모습은 중국과 비교해 국가가 수행하는 역할의 형식이 다르므로, 발전국가의 범주에 속하면서도 동시에 세 국가는 경제 제도의 구체적인 배치와 구체적인 행동으로 형성되는 제도의 실제 운영에 있어서 차이를 보이는 점이 주목할만하다.

4) 제도적 접근

일본 전문가들은 일본경제 제도의 특징에서 일본의 급속한 경제발전의 동력을 찾는다. 우리는 이미 일본의 국가와 기업 부문 간의 긴밀한 상호 작용이 다양한 공식 및 비공식 네트워크를 통해 이익의 조화harmonization of interests를 가져왔다는 것을 살펴보았다. 일본에서는 비즈니스 부문 내에서 많은 회사는 지분의 교차 보유, 여러 회사에서의 겸직, 공식 및 비공식 의사소통 채널을 통한 긴밀한 협의 등의 방법을 통해 게이레츠 keiretsu, 係列로 집단화가 이루어진다. 특정 '계열집단' 구성원 간의 거래는 그들의 관계가 위계적이거나 유형화되어 있지 않으면서도 단순히 시장 교환에 의존했을 때보다 훨씬 더 가깝고 두터우며 반복적이며 안정적이다. 더욱이 각 비즈니스 그룹은 일반적으로 회원 주식의 상당 부분을 소유하고 재정적 필요를 관리하는 주거래 은행을 중심으로 구성되어있다. 이처럼 일본의 자본주의는 자본시장 중심의 서구 자본주의와는 사뭇 다른 형태를 취한다. 기본 은행 시스템을 통해 일본 기업은 단기 배당금, 단기 이익에 대한 걱정 없이 주로 자본 이득의 형태로 장기 이익을 얻을 수 있을 뿐만 아니라 장기적이고 전략적인 결정을 내릴 수 있게 되어 있는 것이다. 그런 이유 때문에 이 시스템은 "인내성 자본주의patient capitalism, 辛抱強い資本主義, 耐心資本主義"라고도 불린다.[32]

일본의 시스템의 특징은 기업 주체들 간의 긴밀한 네트워크로 인해 모든 행위자가 개인이 아닌 집단으로서 이익과 위험을 공유한다는 것이다. 시장 신호에만 의존하여 운영되는 원자화된 기업과 달리 경제 주체를 하나로 묶는 두터운 네트워크에는 몇 가지 장점이 있다. 예를 들어, 게이레츠는 시장과 조직 실패에 대한 완충 장치 역할을 해주기 때문에, 게이레츠 기업 간의 협력을 촉진하기 쉽고, 막대한 위험에도 불구하고 전략적 산업으로 간주 될 수 있는 투자가 가능해진다. 다른 장점으로는 정보, 기술 및 위험

---

32 Gerlach, Michael L., "Keiretsu organization in the Japanese economy : Analysis and trade implication", In Charmers Johnson, Laura D'Andrea Tyson & John Zysman, eds., *Politics and Productivity*, Harper Business, 1989, pp. 141~174; Gerlach, Michael L., *Alliance Capitalism : The Social Organization of Japanese Business*, Berkeley : University of California Press, 1992.

공유가 있다. 전략적 산업에는 흔히 규모의 경제가 필요하다는 점을 염두에 둔다면, 일본의 이 모델은 기업 간 협력을 통해 필요로 하는 막대한 투자를 더 쉽게 감당할 수 있게 해준다.

일본경제의 또 다른 특징은 대기업과 수많은 하청업체 간에, 단순한 시장 교환 관계를 넘어, 안정적이고 오래 지속되는 관계를 유지한다는 점이다. 대기업은 일반적으로 하청업체에 기술적인 조언과 재정적 지원까지 하는 반면, 하청업체는 제품을 제때 조달하기 위해 최선을 다한다. 일본의 모든 경제 주체들을 연결하는 네트워크는 오로지 권위에만 의존하는 관계도 아니고 단순한 교환의 관계도 아니다. 대신, 네트워크는 교환의 원칙에 근거하여 자발적이라기보다는 의도적인 조정이 이루어지는 메커니즘이라 말할 수 있다. 이러한 조정은 경쟁과 협력을 허용하는 동시에 결탁도 가능하게 하지만 다른 모든 이해 관계가 훼손될 정도의 결탁은 일어나지 않는다.[33]

두터운 네트워크의 논리는 평생고용, 연공서열, 기업별 노동조합 등에서 보이듯, 서로를 보완하고 강화하는 일본 특유의 경제체제에서 더욱 뚜렷이 드러난다. 이러한 일본 특유의 제도를 아오키 같은 경제학자들은 일본의 급속한 경제성장을 이해하는 열쇠로 간주했다.[34] 일본경제의 모든 면에서 위계적 권위 관계나 시장교류 관계와는 다른 두터운 네트워크 관계가 존재한다.

요약하자면, 동아시아 경제에 대한 제도적 접근 방식은 우리를 경제 행위자 간의 복잡한 관계, 즉 국가와 시장 간의 상호 작용(국가 기구, 기업, 대형 제조 기업과 하청업체 간의 상호 작용)에 주목하도록 만든다. 제조 부문 및 금융기관, 고용주와 직원 간의 관계는 일회성으로 만나 이득과 이익을 계산하는 냉정한 손익 관계가 아니라, 장기적인 이득을 위해서는 단기적인 이익을 희생하기도 하는, 그래서 전체 이익을 위해서 지속하는 관계라 하겠다.

---

33 Imai, Ken'ichi, "The corporate network in Japan", *Japanese Economic Studies* 16, 1987~88, pp. 3~37.
34 Aoki, Masahiko, "Toward an economic model of the Japanese firm", *Journal of Economic Literature* 28(1), 1990, pp. 1~27.

세계화와 자유화에 대한 외부 압력에 비추어 일본경제의 이러한 네트워크의 유형이 어느 정도 변화하고 있는지 살펴보는 것은 흥미로운 일이다. 스티브 보겔Vogel, Steven K.은 일본과 영국이 자유화 및 자유 시장에 대한 압력에 어떻게 대처해 왔는지 주의 깊게 연구한 후, 일본의 자유화가 역설적으로 재규제를 통해 정부 부처에 의해 주도되었다고 결론지었다. 일본에 대한 그의 발견은 자유화는 국가가 시장이 자유롭게 작동하도록 허용하는 동시에 시장에 대한 개입을 줄이는 것을 의미한다는 기존의 견해에 반하는 것이다. 일본에서의 경험을 토대로 보겔은 국가와 시장이 제로섬 게임을 하고 있지 않으며, 자유 시장에는 국가 기관이 정한 더 많은 규칙이 필요하다는 견해를 발전시켰다. 더욱 경쟁이 치열한 시장에서는 정부가 기존 규칙을 새로운 규칙으로 교체해야 할 필요성이 발생하므로 정부의 재규제가 등장한다는 것이다. 따라서 각각의 상황에 따라 일부 정부는 시장에 대한 규제나 규칙을 줄이는 선택을 하는 반면, 다른 정부는 재규제를 통해 시장에 대한 개입과 영향력을 증가시키기도 한다.[35]

　보겔은 일본과 영국에서 유사한 자유화 압력에 대한 반응에서, 국가와 경제의 관계라는 측면에서, 상이한 반응을 보이는 것은 두 나라 정책 엘리트의 서로 다른 "이상적" 성향에 기인한다고 보았다. 비록 각 나라에서 국가가 경제적 개입에 사용하는 도구나 방식은 외부 제약에 따라 바뀔 수 있지만, 적어도 일본 정책 입안자들은 전략적 산업으로 인식하는 분야에 개입하는 데는 자신들의 역할과 활동 범위를 스스로 부여해왔다. 그에 따르면, 일본 관료들은 산업 문제에 대한 정부 개입을 경제활동의 자연스러운 요소로 여긴다는 것이다. 즉 그들은 정부가 산업을 규제하는 것뿐만 아니라 시장을 적극적으로 형성하고 재구성해야 한다고 믿고 있다.

　안정과 경제성장을 우선시하는 일본의 관행, 그리고 이를 달성하기 위해 자유화 이후에도 권위에 의존하거나, 다양한 주체들 간의 협상을 통한 조정에 의존하는 관행은 효율성을 강조하는 서구의 관행과는 크게 다르다. 중국과 한국의 패턴 역시 서구 자유주의

35　Vogel, Steven K., Freer Markets, *More Rules : Regulatory Reform in Advanced Industrial Countries*, Cornell University Press, 1996.

자본주의 모델보다 일본 모델에 더 가깝다. 세 나라 모두 서구 선진국을 따라잡는 가장 좋은 방법은 국가의 권한을 활용하여 경제발전에 도움이 되는 모든 요소를 동원하고 국가가 가장 중요하다고 판단하는 부문과 분야에 국가 자원을 집중하는 것이 전략적으로 중요하다고 보았다. 일본의 경우와 마찬가지로 중국 엘리트들은 효율적인 시장이 국가가 물러나면 자연스럽고 자동으로 기능할 것이라는 이론에 회의적이어서 오히려 국가가 체계적이고 단계적으로 시장 제도를 구축해야 한다고 믿는 것 같다. 이러한 점에서 일본, 한국, 중국의 발전 패턴을 보면 구체적인 경제 제도의 실제 운영은 국가마다 다르지만 수렴하고 있다. 즉, 구체적인 제도적 장치나 운영 측면에서는 차이가 존재하지만, 형식적인 측면에서는 수렴하고 있는 것이다.

유교를 배격하고 마르크스 - 레닌주의를 수용하여 탄생한 중국 공산당이 주도하는 중국의 역사적 부상은, 그것이 칼 마르크스나 막스 베버의 변종이라 할지라도, 기존의 경제 - 정치 발전 이론을 평가하게 만들며, 더욱 보편적인 국가 건설 및 경제발전 이론을 개발하기 위해 세 나라의 역사적 경험을 정리하고 일반화할 필요성을 절실히 느끼게 한다. 이 세 가지 사례에 대한 보다 강력한 이론적 설명을 위한 실증적 탐색의 전제조건은 세 나라가 어떤 수준에서, 어떤 영역에서, 어떤 측면에서 공통점을 갖고 있으며, 어떤 점에서 서로 다른지를 명확히 파악하는 것이다. 세 나라의 경제발전에 대한 비교문화적 접근은 일본을 선진국 경제에 속하는 선진화된 시장 경제로, 한국을 개발도상국의 일부로, 중국을 사회주의 경제에 속하는 다른 국가와 비교하는 기존의 시각에서 방향을 전환할 것을 요구한다. 냉전이 종식되고 자본주의와 사회주의 진영의 오래된 이념적 분열은 사라졌지만, 중국에서는 공산당이 여전히 집권당이고 북한은 사회주의 국가를 표방하고 있지만, 사회주의 이념에 대한 집착은 크게 약화되었다. 한국은 세계 10~12위의 경제 대국으로 부상하는 등 눈부신 경제성장을 이뤘고, 이를 통해 일본과의 경제적 격차를 줄였다. 더 중요한 것은 한국이 경제적 성공을 거두기 위해 사용한 발전 전략이 서구 자유주의 모델보다는 일본 모델에 더 가깝다는 점이다. 그러나 역시 가장 중요한 사실은 중국의 부상이다. 중국은 19세기 중반 서방과 처음 접촉한 이후 처음으로 세계 경제와 정치에서 미국에 이어 초강대국의 지위를 되찾았다. 그리고 중국의 발전 전략은 많은 구체적인 차이점에도 불구하고 일본과 한국이 따랐던 전략과 유사점이 많다.

세 나라를 모두 같은 방향으로, 제도적으로 밀어내는 원심력은 막강하다. 1인당 국민소득, 기술 고도화 수준, 삶의 질 등은 여전히 국가마다 상당한 차이를 보이지만, 세 국가는 정치 권력의 의도적인 결정에 의한 선택적 개입을 통해 시장 운영을 보완한다는 점에서 수렴하고 있다. 시장과 국가, 이 둘의 적절한 혼합과 국가가 경제에 개입하는 방식은 경제발전 수준, 경제발전에 대한 의지, 경제발전 전략에 따라 국가마다 차이가 존재한다. 그들은 또한 경제 및 기술 분야뿐만 아니라 정치 및 사회 분야에서도 세계화의 진전에 따른 유사한 도전과 압력에 직면해 있다. 국가경제가 국제경제와 일체화되면서 국내 경제정책과 제도를 국제표준에 맞춰 조율할 필요성과 기대도 높아지고 있는 것이다. 급격히 감소하는 천연자원을 어떻게 확보하고 활용할 것인가, 대기와 수질 오염으로 인한 환경 문제를 어떻게 해결할 것인가 등 인류가 직면한 공통의 문제 역시 동아시아 3국이 서로 배우고 모방하게 만드는 요인이다.

이러한 변화의 결과로 광범위한 수렴이 일어나고 있지만, 그 수렴 내에서 각 국가는 경제 및 정치 제도의 발전을 처리하는 고유한 방식을 가지고 있다. 동아시아는 서구가 예상했던 방식으로 발전하고 있지 않다. 서구 자유주의 경제의 보편적인 경험만으로는 동아시아 경제 전반의 부상과 왜 동아시아의 국가들이 급속한 경제발전을 누리면서도 고유한 문화 전통과 역사적 경험의 영향을 보존할 수 있었는지를 적절하게 설명할 수 없다. 이러한 질문은 우리에게 변화된 조건에서 문화적 영향력이 지속되는 것을 어떻게 설명할 것인지 고민하게 만든다. 그러나 세계화의 진전으로 인한 국가발전 전략과 도전이라는 측면에서 폭넓은 수렴이 이루어지고 있지만, 세 나라 내부에는 여전히 많은 차이가 존재한다.

특히 이들 국가의 정치 제도는 경제 제도보다 훨씬 더 극명한 차이를 보인다. 중국은 공산주의 이념에 대한 집권당의 공약이 단순한 수사로 전락했음에도 불구하고 여전히 공산주의 국가로 남아 있다. 일본은 집권 보수당이 있지만, 의원내각제, 다당제 정치체제이다. 최근까지 자민당自民黨이 지난 반세기 동안 집권해 왔기 때문에 일부 학자들은 일본 체제를 "연성 권위주의"라고 표현하기도 한다. 한국은 여전히 적대적인 북한과 마주하고 있지만, 여러 차례 야당을 대통령으로 선출하는 데 성공하면서 진정한 민주주의 정치를 발전시켜 왔다. 그러나 일본은 정치적 타협을 미덕으로 여기며 집단적 의사결정을 강조하는 반면, 한국은 여전히 정치에서의 양보를 패배로 여기며, 대통령 독재라는 용어가 등장할 만큼 권위적인 풍토가 불식되지 않는 등 구체적인 제도와 실제 운영 방식은 상당히 다르다.

경제 분야에서의 격차 역시 존재한다. 중국 경제는 아직 완전히 시장화되고 민영화되지 않았다. 공산주의 국가는 여전히 주요 금융기관을 포함한 주요 산업의 많은 부분을 소유하고 있고, 따라서 중국 국가는 일본이나 한국 국가보다 더 자의적이고 직접적으로 경제를 통제할 수 있지만, 지방정부가 겹겹이 쌓여 있는 중국 중앙정부는 너무 방대하고 번거로워 발전국가 역할을 하기에는 무리가 있다. 또한, 대기업 조직의 구조, 지배구조, 경영자의 행태 등 구체적인 경제 제도도 일본이나 한국과 상당히 다르다. 각 경제 부문 및 산업이 다른 경제 부문 및 산업과 상호작용하는 방식도 국가마다 다르다. 일본의 '게이레츠係列', 한국의 '재벌財閥', 중국의 국유 지주회사 산하의 '치예지투안企業集團'에서 보듯이 기업집단이 조직되는 방식에서 뚜렷한 차이가 존재한다. 국가, 은행, 노동의 관계는 서구 자유주의 전통과는 전체적인 패턴이 다르면서 동시에 한국, 일본, 중국 나라마다 조금씩 다르다.

이러한 차이점은 한 - 중 - 일 3국이 경제영역에서 수렴해가는 큰 흐름 속에서 비교연구를 위한 이상적인 단위가 될 수 있다. 마찬가지로 중요한 것은 이러한 광범위한 융합의 흐름 속에서 구체적인 제도적 장치와 실제 운영, 그리고 세 나라 국민의 실제 행동 측면에서 이러한 차이를 놓치지 않는 일이다. 지적으로 도전적인 과제는 융합의 맥락에서 무엇이 다른지를 파악하는 것이 아니라 융합 내에서 왜 다른지를 설명하는 것이다.

언급한 바와 같이, 이 세 이웃 국가는 원래 유사한 문화유산을 많이 공유하면서 과거에는 서로 다른 발전 궤적을 경험해왔지만, 점차 서구의 발전 경험에서 벗어난 경제발전 전략으로 수렴하고 있다. 분명한 것은 이들 삼국에서 관찰되는 수렴과 발산을 살펴봄으로써 우리는 경제발전에 대해 더 나은 통찰력을 얻게 될 것이다. 수렴과 발산을 분석함으로써 동아시아 발전의 미래 궤적을 예측하는 것도 가능해지며, 이러한 발전에 대한 이해는 나머지 세계에도 중요한 의미를 전달하게 될 것이다.

제 3 장

제도적 기반(Institutional Templates)의 의미

제3장

제도적 기반(Institutional Templates)*의 의미

경제발전과 관련하여 동아시아에서 발생한 수렴과 발산을 이해하려면 전 세계적으로 경제발전이 이루어지는 메커니즘을 이론화하고자 했던 주요 텍스트를 살펴볼 필요가 있다.

경제발전을 다루는 신고전학파 경제학 이론Neo-classic economic theory은 일련의 가정에 기초한다 : 첫째, 개인들이 합리적인 선택에 기초하여 의사결정을 한다는 것, 둘째, 그러한 선택들은 효용을 극대화하기 위한 목적으로 이루어진다는 것, 그리고 마지막으로, 선택하는 개인들이 서로 독립적으로 그리고 이용 가능한 정보에 기초하여 의사결정을 한다는 것이다. 궁극적으로, 이러한 조건들은 자원들이 가능한 가장 효율적인 방법으로 모든 참가자에게 분배되는 평형平衡상태로 이어지는 것으로 이해된다. 파레토의 효율성 이론은 유용한 개념 중 하나이다.[1]

---

* 영어의 〈templates〉 의미를 제대로 전달해주는 한국어 단어를 선택하는 일이 쉽지 않았다. 사전을 보면 템플릿은 따라야 할 예시 또는 사용자가 완성할 수 있도록 설정된 프레임워크를 뜻한다고 나와있다. 템플릿은 미리 설정되어 있거나 설정될 그 무엇인 것이다. 무언가를 여러 번 같은 방식으로 수행하거나 만들 수 있도록 보장하는 정해진 절차 또는 지침으로, 사전에는 型板, 원형, 주형, 模板, 范本, 청사진, 가이드, 모델, 틀, 패턴, 예제, 템플릿 등의 단어들이 제시되어있다. 이 책에서는 쉽게 '기반'이라는 용어를 잠정적으로 사용하되, 이를 '템플릿'과 섞어 쓰기로 한다.

1 Pareto, Vilfredo, *Manual of Political Economy*를 참고할 것. 이 책은 1906년 이탈리아어로 "Manuale

이 합리적 선택 접근법rational-choice approach은 현대 미국 사회과학에서 광범위하게 받아들여졌다. 그것은 경제적 행위와 발전에 대한 일반적이고 기본적인 설명일 뿐만 아니라, 정치에서 사회적인 것에 이르기까지 다양한 활동영역에 걸친 인간의 행동에 대한 일반적인 설명에 적용되었다. 그러나 신고전파 경제학적 접근법은 경제학의 근본적인 구조를 이해하는데 유용한 분석 틀을 제공하지만, 그것은 다양한 사회들 사이에 불가피하게 존재하는 문화적인 그리고 역사적인 차이들을 간과한다는 점에서 문제를 안고 있다. 다시 말해서, 그것은, 경제적 행동의 복잡한 현상 아래에 깔린 본질적인 구조를 반영하는 측면이 있음에도 불구하고, 여러 국가가 경제발전에 수반하여 겪는 다양한 경험을 포착하는 데는 한계를 갖는다.

신고전파 경제이론이 이론적으로는 강력한 이론인 것은 맞지만, 효율적인 교환이 과연 구체적으로 어떠한 교환을 뜻하는지를 명확히 해주는 일련의 규칙들과 그리고 그러한 규칙들을 시행하기 위한 메커니즘이 필요하다는 사실을 간과하고 있다. 신고전파 이론은 그저 수요와 공급에 기초한 개별적인 결정들에 좁게 초점을 맞춤으로써, 교환을 지배하는 규칙들을 주어진 것으로 받아들인다. 그런 까닭에 신고전파 경제이론은 복잡한 현실을 전체적으로 포착하는 데 실패했을 뿐만 아니라, 모든 경제발전의 탐구에 기본이 되는 특정 유형의 질문에 답하는 데 있어 어려움에 당면하게 된다. 그러한 질문들은 다음과 같은 것들이다 : 국가는 경제발전에 어떤 역할을 하는가? 실제 세계에서는 어떻게 거래비용을 최소화하는가? 왜 기업들이 생겨났는가?

그러한 질문이 중요하다고 여긴 학자들이 눈을 돌린 영역이 제도institution였다. 신고전파 경제이론가들은 이상적인 상태의 시장을 상정하는 반면, 제도 이론가들은 그러한 시장이 존재하는 현실적 상황과 시장을 규제하는 데 도움이 되는 구조를 우선 검토한다. 결국, 제도는 인간의 행동이 예측 가능해지도록 구조화하기 위해 존재한다. 제도는 또한 정보를 전파하고 인센티브가 구조화되는 방식을 결정하는 것을 도와줌으로써 "인간 상호작용에 대한 지침"을 준다. 제도는 일상생활에 규칙성과 안정성을 제공함으로써 불확실

---

dieconomia politica"라는 제목으로 처음 출판되었고, 후에 영어 번역본으로 출판되었다.

성을 줄인다. 즉 제도는 집단적 행동을 질서 있게 하도록 돕는다. 그러므로 특히 비교의 맥락에서 경제활동과 시장 운영을 설명하려는 어떤 시도도 제도 이론에 대한 이해가 있어야 한다는 지적은 놀라운 일이 아니다.

1. 신제도경제학 Neo-Institutional Economics

경제사학자들은 오랫동안 경제활동을 설명할 때 제도에 대한 설명을 일부 포함하고자 최근까지 특정 경제에 관한 방대한 자료를 수집해 왔다. 그러나 수집된 세부 사실들을 하나로 묶을 수 있는 체계적인 이론적 틀을 구축하려고 시도한 사람은 아무도 없었다. 코즈Coase에 따르면, "오래전의 제도권 경제학자들"과 "지적으로 추앙받는 사람들"은 다만 "하나의 이론으로 불이 지펴지기를 기다리는 수많은 서술적 자료"를 생산해 냈다.[2]

그러나 코즈Coase부터 시작하여, 더글러스 노스North, Douglass C.와 올리버 윌리엄슨Williamson, Oliver E.와 같은 경제학자들은 표준 경제이론을 사용하여 이러한 제도의 작동을 분석하려고 시도했다. 경제 이론화에 대한 그들의 접근법은 혁신적이었는데, 그것이 경제학의 전통적인 질문들 - 자원 배분과 활용의 정도 - 에 새로운 답을 제공했기 때문이 아니라, 왜 경제 제도들이 그러한 형태로 생겨났는지, 아니면 어떤 이유로 다르게 나타났는지에 대한 새로운 질문들에 답하기 위해 경제이론을 사용했기 때문이다. 제도의 기원과 역할을 의식적으로 이론화하려는 이러한 시도들은 1980년대 중반 올리버 윌리엄슨에 의해 처음 사용된 용어인 신 - 제도 경제학으로 알려지게 되었다.[3]

신제도주의적 접근은 모든 인간의 행위가 마찰이 없는 세계가 아니라 사회적 맥락의 제약 안에서 일어난다고 가정한다. 이처럼 신제도주의접근은 신고전주의 경제학적 접근

---

2 Coase, Ronald, *Essays on Economics and Economists*, Chicago University Press, 1994.
3 Williamson, Oliver E., *The Economic Institutions of Capitalism : Firms, Markets, Relational Contracting*, Free Press, 1985.

의 두 가지 기본 전제, 즉 방법론적 개인주의와 효용 극대화의 원리를 거부한다. 대신 모든 인간의 선택은 이미 사회에 존재하는 제도적 장치에 의해 윤곽이 정해지고, 제도에 의해 매개되고, 제도를 통해 이루어지는 것으로 이해한다. 신고전주의 경제학 이론에서는 계약에는 비용이 들지 않고 즉각적으로 강제된다는 전제하에 논리를 편다. 또한, 재산권은 안전하며 효율성을 극대화하기 위해 자원의 초기 분배가 자발적으로 흥정 되고 교환될 수 있다고 가정한다. 반면, 신제도주의적 접근은 경제의 법적, 정치적 측면뿐만이 아니라 시장이 의존하는 정보까지 포함하는 제도적 틀이 어떻게 생겨났는지를 검토하고자 한다. 신고전주의 경제학 이론이 대체로 "혈액의 순환"에 초점을 맞춘다고 한다면, 신제도주의 경제학은 신체 전체의 작동을 검토한다고 말할 수 있다.[4]

이러한 맥락에서 제도에 대한 가장 적절한 정의는 주어진 사회에서 행위자, 개인 또는 조직의 정치적, 경제적, 사회적 행동을 구조화하는 '인간이 고안한 제약'이라 하겠다. 신제도주의자들에 따르면, 광범위한 사회적 규범과 관습, 공동체 '가치', 게임 규칙, 심지어 공식적인 조직 환경에 이르기까지 인간이 스스로 만들어낸 제약은 주어진 사회에서 정치적, 경제적, 사회적 상호작용을 구조화하는 유인과 억제를 제공하는 것으로 간주된다.[5]

제도를 제약조건의 집합으로 보는 관점은 제도가 경제적 행위를 규칙화하여 관례를 정착시킴으로써 거래 비용을 줄이는 데 도움이 된다고 본다. 그러한 제도적 제약이 없다면 계약, 특히 장기협약을 강제하는 것은 상당한 비용이 들기 때문에 엄청난 위험부담이 발생할 수 있다. 따라서 신제도주의 관점에 따르면 시장은 신고전파 경제이론가들이 주장하듯이 국가가 시장 운영에 개입을 중단하면 자동으로 싹을 틔우는 것이 아니다. 오히려 시장이 자원 배분을 위한 효율적인 수단으로 작동하기 위해서는 시장 메커니즘을

---

[4] 노스는 신고전 경제학이 주로 경제 내에서의 돈과 자원의 흐름을 의미하는 "혈액 순환"에 중점을 두는 데 반해, 신제도주의 경제학은 전체 경제체제의 운영을 분석함으로써 더 넓은 시각을 취한다고 보았다. 이 인용의 목적은 제도가 경제적 행위와 결과에 중대한 역할을 하는 것을 강조하며, 이는 신제도주의 경제학의 핵심 주제임을 말하기 위함이다.
[5] North, Douglass C., "Institutions", *Journal of Economic Perspectives* 5(1), 1991, pp.97~112.

지지하는 제도가 만들어지고 발전되어야 한다. 즉 "높은 성과를 내는 경제란 제도가 거래 비용을 최소화하고, 재산권이 확보되며, 정보가 보편적이거나 최소한 상대적으로 공공적이며, 사법권과 정치권이 불변하는 경제"이다.[6] 더욱이 거래 비용 분석에서는 교환 비용을 절감하는 제도에 대해 검토를 하는바, 이는 제도가 거래 비용을 최소화하기 위해 진화한다는 인식을 그 바탕에 깔고 있기 때문이다.

신제도주의 입장에서 모든 거래를 분석하다 보면 필연적으로 재산권의 조직, 교환의 감독, 계약의 집행, 정보의 수집과 관련된 질문으로 이어지게 된다. 즉, 신제도적 접근법은 경제활동에 영향을 미치는 것으로 간주하는 요소들의 범위를 더욱더 넓게 잡는다. 이렇게 광범위한 영역을 포괄하는 관계로 일부 신제도주의 경제학자들은 "거래비용 경제학transaction cost economics과 내재성 추론embeddedness reasoning은 여러 측면에서 상호보완적인 측면이 있다"라고 솔직하게 인정한다. 또한, 이들은 "제도를 이해하는 데 있어 규칙을 따르는 동기를 이해하기 위해서는 공유된 신념, 규범, 사회적 관계와 같은 사회학적 변수를 통합해야 한다"라는 점도 인정하고 있다.[7]

신제도주의적 접근방법이 빠질 수 있는 함정 중의 하나는 일부가 "제도는 중요하면서도 이해하기 쉽다"고 가볍게 생각하는 경우이다. 실제에 있어 "제도는 매우 복잡한" 것이며, 따라서 정교한 이론적 논증을 위해 깔끔하게 정의된 빌딩 블록이 되기에는 너무 광범위하고 너무 포괄적이며 쉽게 파악하기 어려울 수 있다는 것이 문제이다.[8] 제도가 제약으로 작동할 수 있는 유일한 길은 제약할 대상, 즉 제도의 영향을 받는 행위자의 행동이 존재할 때이다. 따라서 제도에 대한 모든 대화는 적어도 두 가지 요소를 다루어야 한다 : 1) 규칙화되고 예측 가능한 행동을 만들어 내도록 설계된 제약의 구조, 2) 제약의 영향을 받지만 이미 다양한 관계와 자신의 성격, 관심사, 습관으로 인해 사회화될 수밖에

---

6   North, Douglass C., *Institutions, Institutional Change and Economic Performance*, Cambridge University Press, 1990.
7   Granovetter, Mark S., "Economic action and social structure : The problem of embeddedness", *American Journal of Sociology* 91(3), 1985, pp. 481·510.
8   Ostrom, Elinor and Sue E. S. Crawford, "A grammar of institutions", *American Political Sciences Review* 89(3), 1995, pp. 582~600.

없는 에이전트의 행동. 이에 더하여, 제도 자체에도 가치, 게임의 규칙, 사회적 규범과 관습과 같이 광범위하게 정의되는 무형적인 것에서부터 특정 종류의 경제적 또는 정치적 행동에만 적용되는 세부적인 규정과 규칙(예 : 금융, 은행, 주식 시장, 투표, 정당, 대통령제 또는 내각제)에 이르기까지 다양한 종류의 제약이 존재한다. 따라서 "인간이 고안한 제약"이라는 제도의 초기 정의는 비교적 단순해 보이지만, 실제로는 제도적 구조에 중점을 두느냐 아니면 그 구조 내에서 행동하는 주체의 능력에 중점을 두느냐에 따라 일종의 판도라의 상자가 될 수도 있다.[9]

원자화된 이성적 개인을 강조할 것인지, 선택과 행동에 영향을 미치는 다양한 사회적 네트워크를 가진 사회화된 개인을 강조할 것인지에 따라 문화, 전통, 규범, 습관 등 제도적 환경을 강조할 수도 있고, 반대로 제도적 제약이 아무리 강해도 효용 극대화의 원칙을 추구하는 인간 합리성의 보편성을 강조할 수도 있다. 이처럼 일부 학자들은 행동을 형성하는 제약을 강조하는 반면, 다른 학자들은 구조화된 제약 아래서도 개인이 취할 수 있는 행동의 범위를 강조한다. 마찬가지로 규정 준수를 강제하는 문제는 고려 중인 제도의 유형과 제도의 사회적 내재화의 정도에 따라 크게 달라진다. 정의定義상, 제도적 내재성institutional embeddedness의 개념은 제도가 어떤 주어진 사회의 다른 제도와 구조적으로 같음을 의미하므로, 따라서 어떤 제도의 효율성은 주어진 환경적 조건(틀) 또는 기반 내에서 그 제도가 얼마나 일치하는지에 따라 크게 달라진다. '제도적 환경', '제도적 얼개', '제도적 매트릭스'와 같은 용어와 개념이 널리 사용되고 있다는 것은, 예컨대, 제도 간의 일치성과 부조화, 제도적 유효성, 제도적 제약을 준수하려는 특정 행위자의 의지, 준수를 강제하는 데 사용되는 사회적 메커니즘과 관련된 질문이 중요하다는 것을 시사해준다.

제도를 문화, 가치, 규범, 전통, 구조와 구분하는 문제는 또 다른 복잡성을 더한다. 신제도주의 접근법은 인간의 합리성이란 제도적 환경에 제약을 받고 그 안에 내재된 embedded 것으로 보는 경향이 있으므로 분석대상의 범위를 넓게 잡는다. 그리고 신제도주의 이론이 제기하는 질문은 경제학, 조직 이론, 정치학, 문화 등 다양한 지적 분야에서

---

9   Ostrom, Elinor, *Understanding Institutional Diversity*, Princeton University Press, 2005.

연구될 수 있기 때문에 본질적으로 학제적 성격을 띤다. 따라서 현실 경제 현상을 설명하는 도구로서는 매우 유용하지만, 제도적 접근법이 설명하고자 하는 바를 단순명료하게 이론적으로 요약할 수 없는 어려움에 종종 부딪히게 된다. 따라서 현실의 복잡성을 정확하게 재현하는 이론으로 설득력이 있으면서도 간결한 모델을 만드는 것은 여전히 엄청난 지적 과제로 남아 있다.

새로운 제도주의는 (사회적) 구조로부터 유리되어 존재하는 행위자(즉, 합리적 선택 이론)에 대한 지나친 강조에 대응하여 등장했지만, 제도를 강조함으로써 행위자가 가질 수 있는 선택의 중요성을 경시할 위험이 있다. 그런 이유로, 우리는 슈미트Schmidt, Vivien A.가 제시한 포괄적인 제도주의discursive institutionalism라는 개념에 주목한다. 왜냐하면, 슈미트의 이 개념은 행위자와 행위자의 생각을 지적 담론의 중심으로 다시 끌어들임으로써 우리가 이 책에서 사용하려는 핵심 개념인 제도적 기반institutional templates의 토대를 설명하는 데 도움을 주기 때문이다.[10] 슈미트의 견해에 따르면, 제도는 적어도 문화를 인지지도認知地圖, cognitive map로 이해하는 한 문화와 유사하다.[11] 제도는 또한 개인이 사회적 맥락을 해독하고 결과적으로 선택을 공식화하고 결정을 내리는 데 도움을 준다.

2. 제도의 층위Layers와 제도의 변화

제도의 개념 자체가 엄청나게 광범위하고 그 층위가 너무 많아 이론을 구축할 수 있는 의미 있는 분석 개념이 되지 못한다면, 제도의 변화를 이해하려는 시도는 훨씬 더 애매하고 어려운 주제일 것이다. 제도가 왜, 그리고 어떻게 변화하는지, 변화의 주체

10　Schmidt, Vivien A., "Discursive institutionalism : The explanatory power of ideas and discourse", *Annual Review of political Science* Vol. 11, 2008, pp. 303~326.
11　인류학자 Radcliffe-Brown도 문화의 개념이 사회현상을 분석하기에는 지나치게 포괄적임을 지적하고, 그의 연구에서는 제도에 초점을 맞추었다. 그는 한 사회의 제도들이 모여 사회구조를 형성하고, 그러한 제도들이 사회가 제대로 작동하도록 기능한다고 보았다. 이는 그가 문화연구를 곧 제도의 연구로 간주했음을 뜻한다.

는 실제로 누구인지, 변화의 원동력이 외생적인지 내생적인지, 변화가 점진적인지 급진적인지에 대한 다양한 유형의 질문에 응답해야 하기 때문이다. 여기에 아이디어, 문화, 일반적인 게임의 규칙부터 특정 분야의 활동을 규제하는 특정 구조에 이르기까지 다양한 층위의 제도가 존재한다는 점을 더하면, "서로 다른 층위의 제도 간에 갈등이 발생하면 어떻게 되는가"라는 논리적 질문이 제기된다. 즉, '제도적 층위'라는 개념은 그 자체로 잠재적 갈등 또는 적어도 제도 간의 동기화에 차이가 있음을 암시한다.[12] 그리고 실제로 많은 학자는 이러한 제도의 층위 사이에서 일어나는 필연적인 갈등을 제도 변화의 근본적인 원천으로 보고 있다.

이러한 질문은 동아시아 경제발전의 비교 연구에 제도 이론을 적용하려는 모든 시도의 핵심이기도 하다. 갈등과 대립을 보여주는 제도들의 사례는 많다. 현대 중국에서는 자본주의 경제 체제와 권위주의 정치 체제가 결합되어 있고, 일본에서는 형식적인 민주주의 정치 체제가 존재하지만, 일본의 급속한 경제발전 기간 내내 단일 정당의 통제하에 놓여 있었기 때문에 일부 학자들은 일본의 정치 구조를 "연성 권위주의soft authoritarianism"라고 불렀다. 이러한 경험적 연구 결과는 민주주의가 아닌 권위주의가 경제발전의 전제조건이라는 아이러니한 주장으로 이어졌고, 이 주장은 동아시아에서 특히 그럴듯한 것으로 입증되었다.

제도 변화가 어떻게 작동하는지 더 잘 이해하기 위해서는, 먼저 '제도'의 범주가 더 구체화되는 방식들을 살펴보는 것이 중요하다. 제도는 일반적으로 두 가지 주요 유형, 즉 공식적 유형과 비공식적 유형으로 구분된다. 공식적 제도는 쉽게 관찰할 수 있는 제약조건의 드러난 모습이며, 많은 경우 다른 국가로부터 유입되거나 복제되어 특정 기능적 목적을 위해 사회적 집단에 적용된다. (그러나 어떤 경우에는, 공식적 제도도 관습법 전통의 경우와 마찬가지로 비공식적 관행에 기반할 수도 있다.) 공식적 제도는 헌법, 법률, 재산권 등과 같은 "잘 정의된 규칙"이 대표적인 사례인데, "헌법, 법령 및 관습법에서 최종적으로 개별 계약에 이르기까지 위계에 따라 분류될 수 있는 정치적 (및 사법적) 규칙, 경제적

---

12   Ostrom, Elinor, *Understanding Institutional Diversity*, Princeton University Press, 2005.

규칙 및 계약"을 포함한다.[13] 그것들은 보통 공식적인 정치적 권력자들에 의해 하향방식으로 마련되고 시행되기 때문에, 공식적인 제도는 종종 쉽게 만들어지고, 모방되고, 심지어 변경된다. 공식적인 제도가 한 문화적 환경에서 다른 문화적 환경으로 이전되는 예(例)는 다른 나라의 헌법을 모방하거나 각색한 새로운 헌법의 도입일 것이다. 이러한 상황은 중요한 질문을 제기하도록 만든다. 일단 공식적인 제도가 상당히 다른 환경으로 이전되면, 공식적인 제도가 원래 의도되었던 방식으로 운영될 것인지 아닌지에 대한 의문이 발생하기 때문이다.

반면에 비공식 제도는 주어진 사회의 실제 관행을 일컫는다. 이러한 사회적 관행은 특정 공동체에서 각기 다르게 진화한 "관습, 규범, 개인의 행동수칙, 개별 계약" 등을 지칭한다. 경제교류의 거래 비용을 절감하기 위해 공식적 제도가 만들어지듯이 일종의 문화유산으로 이해될 수 있는 비공식 제도는 "반복적인 인간의 상호작용"을 조정하는 방편으로 정착된 것이다. 사회 규범이 뒷받침하는 실질적 관행인 비공식 제도는 일반적으로 개인의 자발적인 준수를 요구하는데, 비공식 제도의 기대에 따르도록 철저히 사회화된 집단 구성원들은 대체로 자발적인 준수를 자연스레 받아들인다.[14] 즉, 긴밀한 집단 내에서의 규범의 집행은 집단의 규범을 따르는 행위에 대한 사회적 보상(즉, 존중과 지위), 그리고 이를 위반한 행위에 대한 처벌(즉, 불인정과 배척)을 통해 구성원 간의 사회적 상호작용 과정에서 자발적으로 이루어지는데, 이러한 동조화의 정도는 사회집단(국가)마다 차이가 있으며, 갈등에 대한 관용도 마찬가지이다.

신제도경제학 분야의 대표적 학자인 올리버 윌리엄슨Williamson, Oliver E.은 제도의 정의와 역할을 규명하려는 그의 시도에서 상호 연관된 제도의 네 층위를 구분함으로써 종래의 공식/비공식 제도의 구분에서 한 걸음 더 나아갔다. 그의 네 층위 분류에 따르면

---

13   더글라스 C. 노스나 엘리노어 오스트롬과 같은 학자들에 의해 개발된 제도 경제학은 공식적 제도와 비공식적 제도를 구분한다.
14   North, Douglass C., *Institutions, Institutional Change and Economic Performance*, Cambridge University Press, 1990; Ostrom, Elinor, *Governing the Commons : The Evolution of Institutions for Collective Action*, Cambridge University Press, 1990.을 참조할 것.

최고 수준의 제도는 그 바로 아래에 존재하는 제도의 층위 등에 제약을 가한다. 한편 하위 수준에서 일어나고 있는 일은 피드백으로서 상위 수준에 다시 영향을 준다. 이러한 네 개의 층위가 어우려져 경제적 성과를 형성한다.[15]

윌리엄슨은 네 개의 층위에서 맨 위에 "규범, 관습, 원규, 전통 등"을 위치시켰는데, 이는 노스North, Douglass C.의 비공식적인 제도에 대한 개념과 맥락을 같이한다. 이 수준의 제도는 사회 전반에 깊이 뿌리 내려 내재되어 있다. 이러한 제도의 수준에서의 변화는 "백년 천년에 걸쳐" 극도로 느리고 점진적으로 진행되며, 따라서 "경제의 장기적인 성격에 깊게 스며들어 영향력"을 행사한다. 윌리엄슨이 설명하듯이, "이 수준의 제도는, 그 기원이, 계산에 의한 의도적인 선택에 기인하기보다는 대체로 자발적이다. 이러한 진화적 기원을 고려할 때, 그것들은 일단 '채택'이 되면 그 후 관성적으로 진행, 발전해간다. 왜냐하면, 어떤 것들은 기능적이기 때문이고, 다른 것들은 그것을 따르는 무리에게 커다란 상징적인 가치를 갖기 때문이며, 또 많은 것들은 보완적인 제도(공식적 그리고 비공식적)와 긴밀하게 연결되어 있기 때문이다. 여하튼, 일단 등장한 제도는 한 사회가 작동되는 방식에 지속적인 지배력을 갖는다."

윌리엄슨의 제도 유형론에서 두 번째 단계는 "제도적 환경"이라고 불린다. 이것은 사실상 더글러스 노스가 공식적 제도라고 부르는 것이고, 헌법, 법률, 재산권, 게임의 법칙과 같은 공식적인 규칙을 포함한다. 제재, 금기, 관습, 전통, 행동강령을 포함하는 최고 수준의 제도와는 달리, 이 수준의 공식적인 규칙은 적어도 부분적으로 정부의 행정부, 입법부, 사법부 및 관료적 기능에 의해 만들어졌다. 이처럼, 이 수준의 제도에 대한 주요 도전은 게임의 규칙이 도전을 받거나 깨질 때 어떻게 집행할 것인가이다. 그러나 한 사회가 혁명적인 변화를 경험하거나 무너지는 경우와 같이 공식적인 규칙도 근본적으로 바뀔 수 있다. 이러한 종류의 급격한 변화의 예로는 중국의 공산주의 혁명, 일본의 메이지 유신, 구소련의 붕괴 등이 있다. 그렇다고 해서, 공식적인 수준의 이러한 급격한

---

15 Williamson, Oliver E., *The Economic Institutions of Capitalism : Firms, Markets, Relational Contracting*, Free Press, 1985.

변화가 비공식적인 관행에 변화를 가져올 수 있는지는 한마디로 답을 할 수 없다.

이 유형론의 세 번째 단계에 있는 기관들은 윌리엄슨이 말하는 "지배구조governance structure" 즉, 일단 거래가 일어나고 계약이 체결되면 분쟁을 해결하는 데 도움이 되는 구조를 말한다. 윌리엄슨은 장기계약과 관련된 문제들이 전형적으로 해결되는 수단으로 두 가지 상이한 유형의 지배구조를 '시장'과 '위계서열'로 파악한다.[16]

제도에 대한 윌리엄슨의 유형론의 네 번째 수준은 경제학자들이 가격 및 기타 유인에 기초하여 자원 배분 및 고용 관리를 다루는 기관이라고 지칭하는 제약조건을 중심으로 구성되어 있다. 즉, 이 수준의 제도는 금융, 은행, 기업집단의 구조 또는 기업지배구조 등의 분야에서 특정 경제활동에 대한 구체적인 규칙과 규제를 포함하는 훨씬 더 구체화되는 경향을 보인다.

이미 지적한 바와 같이 윌리엄슨의 최상위 제도는 더글러스 노스가 비공식적 제도라고 정의하는 것과 매우 유사하지만, 더글러스 노스가 공식적 제도라고 부르는 것을 윌리엄슨은 세 개의 다른 계층으로 나눴다. 그것이 2층 구조이든, 4층 구조이든 간에, 어떤 유형론을 받아들이든지, 제도가 계층화되어 있다는 생각에서 비롯되는 질문은 동일하다. 첫째, 서로 다른 제도의 계층 간에 갈등이 발생할 때 어떤 현상이 일어나는가? 예를 들어, 한 수준의 제도는 빠르게 변화하고 다른 수준의 제도는 훨씬 더 느린 변화를 겪을 수도 있을 것이다. 즉, 같은 국가의 서로 다른 두 계층의 제도 간에 어느 정도의 차이가 발생할 수 있을까? 그리고 제도 수준 간의 갈등이 전반적인 제도 변화에 미치는 영향은 무엇일까? 둘째, 한편으로는 제도를, 다른 한편으로는 사상, 문화, 전통과 같은 다른 연성 변수들soft variables을 어떻게 구별할 수 있는가?

---

16   Williamson, Oliver E., *Markets and Hierarchies : Analysis and Antitrust Implications*, Free Press, 1975. 이 책에서 Williamson은 거래 비용 경제학과, 시장과 위계적 지배구조 사이의 선택에 관한 자기 생각을 소개하고 있다.

3. 변화 및 제도

공식적 제도는 때때로 정치적 또는 사법적 결정의 결과로서 거의 하룻밤 사이에 변경될 수 있다. 훨씬 더 극단적인 예로, 혁명은 형식적 통치의 변화를 갑작스럽게 가져온다. 반면에 비공식적 제도는 오랜 기간에 걸친 사회화를 통해 행위자들에 의해 내면화되는 관습, 전통, 행동강령에 구체화되므로 의도적인 정책변동에 쉽게 휘둘리지 않는다. 이처럼 비공식적 제도에 대한 변화는 이후 새로운 사회 규범, 관습, 행동강령으로 이어지는 행위자들의 지속적인 상호작용이 있어야 한다. "절대적" 비공식적 제약은 급작스러운 변화를 맞이하기보다는 서서히 시간을 두고 새로운 제약으로 대체된다. 학자들이 공식적 제도와 비공식적 제도의 관계를 설명하면서 사용하는 용어 중에는 보완적, 수용적, 경쟁적 또는 실질적임과 같은 다양한 용어들이 포함되고 있음에 유의할 필요가 있다.

이를 다른 방식으로 설명하자면, 어떤 공식적 제도가 효과적으로 작동하기 위해서는 - 즉 제도의 집행에 드는 비용을 줄이려면 - 비공식 관행(관례, 행동규범)에 의해 뒷받침되어야 한다고 말하는 것이다. 즉, 비공식적 제도와 공식적 제도가 동시에 발을 맞추어 잘 동기화되어 작동하게 되면, 제도와 조직 환경에서 공식적인 규칙을 감시하고 집행하는 비용은 최소화된다. 그러나 공식적인 규칙과 비공식적인 제약이 상반되면, 그러한 공식적인 규칙은 효과적이지 못해 집행 비용을 상승시킨다. 예를 들면, 혁명정권은 실제 사회의 전통과는 상당히 거리가 먼 새롭고, 공식적인 제도를 시행하기 위해 정치적 강제력을 사용하는 경향이 있다. 그러한 경우에, 제도의 의도된 운영과 경제주체들의 실제 행동 사이에 큰 간극이 존재할 때, 집행의 문제는 상당히 심각해진다. 여하튼, 잘 통합된 사회에서는 공식적 제도와 비공식적 제도 사이의 격차가 크지 않은 것이 보통이다.

공식적 제도와 비공식 제도 간의 거리 역시 그러한 공식적 제도가 비공식적인 사회 관행에 기반을 두고 있는가 아니면 해외에서 유입된 관행과 사상에 기반을 두고 있는가에 따라 달라지는 경우가 많다. 다만 고려 대상 국가의 비공식 제도의 성격이나 상태에 따라 편차가 존재한다. 예를 들어, 해외에서 수입된 경우에도 일본의 기관들은 일본 고유의 문화적 관행에 보다 조심스럽게 통합되는 경향이 있지만, 소련에서 일괄적으로 도입된 중국의 공산주의 기관들은 실제 운영에서 비중국적 특성을 지속해서 유지하고 있다.

사람들의 행동을 규제하는 데 공식적인 제도와 비공식적인 제도 중 어느 것이 더 중요한지에 관한 질문에 대해 많은 학자는 "공식적인 규칙이 아니라 사회 규범이 선택을 결정한다"라는 결론을 내렸다. 이는 공식적인 규칙이나 규정이 존재하더라도 개인의 행동과 선택에 영향을 미치는 사회 규범의 중요성을 강조한 것이다. 많은 상황에서 사람들은 다른 행동 방침을 제시할 수 있는 공식적인 규칙이나 법이 있음에도 불구하고 사회적 압력, 기대 또는 사회적 수용에 대한 욕구 때문에 사회 규범을 따르게 된다. 앞서 언급했듯이, 행위자의 행동을 구조화하는 '제약'과 행위자가 가진 재량적 '선택'의 범위 사이의 불안정한 균형은 수년 동안 학자들이 제도주의institutionalism에 대해 취해온 다양한 접근 방식의 핵심이었다. 예를 들어, 노스는 그의 저서에서 비공식 제도의 중요성을 명확하게 지적하고 있다. "개인이 내리는 선택의 핵심은 지각知覺이며, 지각은 정신이 받아들이는 정보를 해석하는 방식의 함수이다. 개인이 주위의 세계를 설명하고 해석하기 위해 형성하는 정신적 구조는 부분적으로는 문화유산의 결과이고, 부분적으로는 그들이 직면하고 해결해야 하는 일상적 문제의 결과이며, 부분적으로는 비논리적 학습의 결과이기도 하다."[17]

제도 변화는 압도적으로 점진적이라는 점을 강조하면서, 노스는 제도를 변화시키는 과정에서 비공식적 규칙이 갖는 논리적 우선순위를 다음처럼 지적했다 : "문화적 제약은 역사적 변화의 경로를 설명하는 열쇠를 우리에게 제공한다." 더 나아가, 어떤 경우에는 "공식적 규칙은 변하지만, 비공식적 제약은 변하지 않는다." 결과적으로 "비공식적 제약과 새로운 공식적 규칙 사이에 지속적인 긴장이 형성되는데, 이것은 많은 공식적 제약에 뿌리내리고 있는 문화적 유산에 기인하는 것이다."

이러한 통찰을 고려할 때, 한 수준에서의 변화가 다른 수준의 제도에 어떻게 영향을

---

[17] North, Douglass C., *Understanding the Process of Economic Change*, Princeton University Press, 2005.

미칠 수 있는지에 대해 가능한 세 가지 견해가 존재한다. 첫 번째는 비공식 제도의 변화가 공식적 수준에서 가져오는 단방향적 효과를 강조하는 경향이 있다. 즉 비공식 제도가 공식적 제도를 변화시킬 수 있는 반면, 그 반대의 경우는 발생하지 않는다는 것이다. 두 번째는 변화가 양방향으로 양 수준 간에 영향을 미칠 수 있음을 나타낸다. 즉 비공식 제도의 변화가 공식적 제도에 영향을 미칠 뿐만 아니라 공식 제도의 변화는 다른 층위의 제도에서 변화를 가져올 수 있다는 것이다. 세 번째 견해는 두 층위 간의 교착 상태를 강조하는 경향이 있다. 이 견해에 따르면 비공식 규칙과 공식적인 규칙이 충돌할수록 우연성이 실제 결과를 결정할 가능성이 크며, 과거의 관행에 의해 구체화된 덜 비공식적인 규칙이 변화의 방향을 좌우한다.

동시에, 노스는 : "선택행위는 행위자의 정신 활동이기 때문에, 성공적인 개혁을 위해서는 제도와 신념 체계를 모두 바꾸는 것이 필수적"이라고 주장했다. 그에 따르면, 이러한 정신 활동을 좌우하는 정신 모델mental model은 공유된 문화적이고 역사적인 경험의 산물이다. 각각의 개인은 다른 정신 모델을 가지고 있지만, 동시에, 같은 문화적 배경을 가진 사람들은 다른 문화적 배경을 가진 사람들의 정신 모델과 비교하면 서로 더 비슷한 정신 모델을 가질 것이다. 따라서 노스는 공식적인 제약과 비공식적인 제약을 구별하고, 이러한 "정신 모델"의 개념을 비공식적인 제도 아래에 두고 있는 것으로 보인다. 그러나 노스는 공식적이고 비공식적인 제도와 관련하여 인식이 어떻게 작동하는지는 자세히 설명하지 않았다.

대신에, 그의 전체적인 글들은 경제활동을 위한 공식적인 제도들에 초점을 맞추는 경향이 있다. 그러므로, 그의 비평가들에 따르면, 노스의 그러한 공식적인 규칙과 국가권력에 대한 집착은 왜 경제주체들이 일부 규칙들은 따르고 다른 규칙들은 따르지 않는지 설명하는 것을 어렵게 만든다.[18] 비록 노스가 이념, 문화적 신념, 규범, 관습의 역할을

---

[18] 예를 들어, 오스트롬(Ostrom, Elinor)은 많은 경우에, 공동체들은 중앙집권적인 국가 통제나 공식적인 규칙들 없이 공동의 자원들을 성공적으로 관리할 수 있다고 주장했다. *Governing the Commons : The Evolution of Institutions for Collective Action*, 1990을 참조할 것.

인정하지만, 그리프Grief는 제도 분석에 대한 노스의 접근법은 어떻게 행위자들이 국가에 의해 시행되지 않은 규칙을 따르도록 내재적으로 동기부여를 받는지를 밝히는 적절한 틀을 제공하지 못한다고 주장한다. 노스는 신념과 규범을 비공식적 제약의 블랙박스로 격하시킨 나머지, 비공식적 규칙과 그것의 시행이 어떻게 경제적 행동을 가능하게 하고, 동기를 부여하고, 인도하기 위해 공식적인 규칙과 결합하는지를 설명하지 못한다.[19] 마찬가지로 윌리엄슨은 그의 첫 번째 단계에 존재하는 기관들의 중요성을 인식했음에도 불구하고 대체로 정의되지 않은 채로 남겨두었다.

4. 문화와 제도

앞에서 확인했듯이, 신제도주의조차도 사상, 규범 그리고 문화와 같은 "연성 변수들"에 많은 주의를 기울여야만 했다. 그러나 그 과정에서 종종 그러한 "연성 변수들"의 함의가 제도들에 무엇인지에 대한 자세한 설명이 빠지곤 했다. 비록 가족이나 종교는 모두 전형적으로 경제 영역의 일부로 여겨지지 않지만, 둘 다 재화와 용역의 생산, 분배 그리고 소비에 직접적으로 관여한다. 만일 이 두 분야의 제도들이 상호 연관되어 있다면, 이 둘 사이의 어떤 연관성이 있을까? 비슷하게, 시장은 종종 문화 영역의 일부로 여겨지지 않지만, 문화와 사회 구조에 의해 직접적으로 형성된다. 이러한 예들은 어느 한 문화적 단위에서의 권력, 지위 그리고 지배의 구조뿐만 아니라 사회적 관계들의 네트워킹을 포함한다. 여기에서 파생하는 질문은 '어떻게 관찰자가 제도들을 문화로부터, 혹은 이미 행위자들의 마음속에 사회화되어 자리 잡은 생각들로부터 구별할 수 있는가?'가 된다. 이 질문에 답하는 한 가지 방법은 문화를 사회화를 통해 지속되는 한 민족의 확산되고

---

19 Greif, Avner, "Cultural beliefs and organization of society : A historical and theoretical reflection on collectivist and individualist societies", *The Journal of political Economy* 102(5), 1994, pp.912~950.

추상적인 '정신'으로 보는 반면, 제도는 특정 사회의 정치적, 종교적, 사회적 활동을 구조화하는 일련의 제약으로 정의하는 것이다. 그러나 문화가 인지認知 과정에 미치는 영향에 대한 펭Peng, K.의 연구에서 알 수 있듯이 문화는 아이디어나 행위자의 심리적 성향을 구조화할 수도 있다.[20] 문제를 더욱 복잡하게 만드는 것은 "문화"의 의미가 변화하고 있다는 점이다. 이전에는 문화가 탈콧 파슨스Parsons, Talcott가 설명한 대로 추구해야 할 가치로 간주되었다.[21] 파슨스의 이론에 따르면 문화는 인간 사회에 널리 퍼져 있고 비교적 오래 지속되는 특성이 있으며, 사회는 세 가지 다른 가치 층으로 구성되어 있다고 본다. 즉 사회의 최상위에는 문화적 가치가, 그 아래에는 사회구조 또는 계급, 지위, 직업 집단과 같은 분석 범주의 거시적 구조가, 마지막으로 행위자 수준에서는 성격이 존재한다고 개념화했다. 다른 말로 하면, 최상위의 자리를 점하고 있는 문화가 특정 사회에서 추구하거나 실현하고자 하는 가치를 정의한다는 것이다.

그러나 현대 문화학자들은 문화를 "신념, 의식 관행, 예술 형식, 의례뿐만 아니라 언어, 가십, 이야기, 일상생활의 의식과 같은 비공식적 문화 관행을 포함한 의미의 상징적 수단"으로 재정의했다. 또 다른 유사한 정의에서는 문화를 "업무 습관, 자기 관리 전략, 여가 패턴을 포함하는 기호학적 관행"으로 파악한다. 따라서 문화는 체계적으로 통합되어 있지 않더라도 공동체 구성원들이 내면화하고 공유하는 것으로 간주되기 때문에, 국가가 지시하지 않은 방식으로 활동할 때 주체들이 취할 수 있는 모든 자발적인 행동에 반영된다. 간단히 말해, 문화는 "사람들이 의미를 경험하고 표현하는 공개적으로 이용 가능한 상징적 형태" 또는 인지적 지도認知的 地圖로 정의될 수 있다.[22] 이러한 상징적 형태는 "공동체 내에서 행동 양식과 관점을 공유하는 사회적 과정"이 이루어지는 수단이 된다. 상징적 기호로서의 문화는 코네티컷 사람들이 특정 장소를 언급하지 않고 뉴욕에서 만나자고 하면 모두가 그랜드 센트럴 역의 안내 부스에서 만나자는 의미로 받아들인

---

[20] Peng, K., "The psychology of economic man : The games people played", *Journal of People's University* 3, 2006, pp.61~69.
[21] Parsons, Talcott, *The Structure of Social Action*, New York : McGraw Hill, 1937.
[22] Geertz, Clifford, *The Interpretation of Cultures : Selected Essays*, Basic Books, 1973.

다는 셸링의 이야기Schelling's story를 통해 잘 드러난다.[23] 이런 의미에서 문화는 정교한 것이 아니라 다른 사람에게서 무엇을 기대할 수 있는지 이해할 수 있게 해주는 공유된 지식 또는 인지적 지도인 것이다.

다시 말해, 문화는 행동이 지향하는 궁극적인 가치를 제공하는 것이 아니라 사람들이 "행동 전략"을 구성할 수 있는 습관, 기술 및 스타일의 레퍼토리 또는 "도구 세트"를 형성함으로써 행동에 영향을 미친다. 문화가 행동을 형성하는 것이 아니라, 행위자는 문화에 의해 제약을 받으면서도 문화적으로 마련된 수단을 사용하여 행동을 취한다. 결과적으로 행동 전략은 습관, 분위기, 감성, 세계관을 통합하고 이에 따라 달라진다. "사람들은 주어진 목적을 달성하기 위한 효율적인 수단으로 한 번에 하나씩 행동을 선택하면서 처음부터 행동의 라인을 구축하는 것이 아니라, 최소한 몇 가지 미리 만들어진 연결고리에서 시작하여 행동의 연쇄를 구축한다. 문화는 그 연결고리의 형태와 조직을 통해 행동에 영향을 미치는 것이지, 그 연결고리의 목적을 결정하는 것이 아니다."[24]

따라서 중요한 과제는 문화가 행동을 얼마나 규정하는지를 추정하는 것이 아니라, 행위자들이 문화를 어떻게 사용하는지, 문화적 요소가 행동 패턴을 어떻게 제약하거나 촉진하는지, 문화유산의 어떤 측면이 행동에 지속적인 영향을 미치는지, 어떤 역사적 변화가 어떤 문화적 패턴의 생명력을 약화시키고 다른 패턴을 발생시키는지에 대한 보다 효과적이고 구체적인 분석을 가능하게 하는 새로운 분석적 관점을 개발하는 것이다.

문화는 워낙 광범위하고 애매하며 모호한 개념이기 때문에 경제활동과 성과 분석에 활용하고 적용할 수 있는 문화의 더욱 구체적인 측면을 정의할 필요가 있다. 이러한 측면이 바로 다음 절에서 살펴볼 '제도적 기반'이라는 개념에 반영되어 있는바, 이는 인간 상호작용의 세 가지 기본 방식인 권위, 교환, 네트워크를 중심으로 분석된다.

---

23 Cronk, Lee and Beth L. Leech, *Meeting at Grand Central : Understanding the Social and Evolutionary Roots of Cooperation*, Princeton University Press, 2012. (Chapter 6) 참조.
24 Clifford Geertz, op. cit.

5. 세 가지 유형의 권력과 제도적 기반institutional templates

앞서 살펴본 바와 같이, 사회화된 개인은 사실상 선택할 수 있는 행동의 범위를 구성하는 두 가지 제약, 즉 문화의 제약과 공식적인 제도의 제약 아래에서 행동한다. 게다가 '제도'와 '문화'의 경계는 매우 모호하고 정의하기 어렵다. 이 둘은 서로 영향을 주고받으며 조직의 구조에 기반한 '제도적 설명'과 행동의 템플릿을 제공하는 문화에 기반한 '문화적 설명' 사이의 구분을 어렵게 한다. 주지하다시피 '제도'는 기관이 준수해야 하는 '게임의 규칙'만을 의미하는 것이 아니라 현실 세계를 이해하려고 할 때 사용하는 인지지도認知地圖로도 이해할 수 있다. 따라서 제도와 문화는 겹치는 부분이 많다. 제도와 문화의 개념이 겹치는 바로 그 지점에 제도적 기반(템플릿)이 존재한다.

즉, 제도적 기반(템플릿)은 동아시아 제도의 비교 연구를 시도할 때 필연적으로 제기되는 중요한 질문, 즉 동일한 제도가 중국, 한국, 일본에서는 각각 왜 그렇게 다르게 작동하는가라는 질문에 답하기 위한 초석의 역할을 해줄 것이다. 즉, 일본, 한국, 중국은 서구에서 유사한 경제 제도를 도입하고 유사한 근대화 과정을 겪었음에도, 유사한 제도적 제약에 대응하는 각기 다른 방식에서 볼 수 있듯이, 어떻게 각자의 문화적 특성을 유지할 수 있었을까? 예컨대, 정당 제도와 근대적 은행 제도는 서구에서 일본과 한국에 도입되었지만 두 나라에서는 상당히 다르게 운영되고 있다.

이와 관련된 또 다른 질문은, 예를 들어 한국의 기관들이 일본이나 중국의 유사한 기관들과는 다른데 왜 서로 동형적, 즉 유사하게 운영되는가 하는 것이다. 한 국가 기관의 실제 운영과 문화적 전통을 연결하는 고리는 무엇일까? 요컨대, 제도적 제약의 유형과 관계없이 특정 국가의 기관들이 제약에 대해 서로 비슷하게 반응하지만, 또 다른 국가와는 다르게 반응하는 이유를 설명할 필요가 있다.

제도를 연구하는 학자들은 동일한 기능이나 조직 분야에서 또는 한국, 중국, 일본과 같은 국가 단위에서 한 제도가 다른 제도와 어떻게 관련되어 있는지 설명하기 위해 '내재성embeddedness', '동형화isomorphism', '제도적 틀institutional frameworks', '제도 환경institutional environments', '제도 행렬institutional matrix', '제도 논리institutional logic', '제도

전환institutional conversion' 등 다양한 개념을 사용해 왔다.[25] 이러한 개념과 용어는 기능, 문화 또는 조직에 기반한 그룹화 여부와 관계없이 제도들 사이에서 유사한 특성을 찾아낼 수 있음을 암묵적으로 가정한다.

기업 조직은 문화적 전통과 관계없이 수행해야 하는 특정 업무를 위해 만들어졌을지라도, 사회마다 다른 제도화된 관계 속에 내재embedded되어 있어 그 영향을 직접적으로 받을 수밖에 없다. 동시에 일부 학자들은 특정 국가의 경제 제도와 비경제 제도 간에 어느 정도의 동형성isomorphism 내지 동조 현상이 성공적인 경제 성과를 위한 전제 조건이라고 주장한다. "아시아 경제가 그토록 잘 작동할 수 있었던 것은 경쟁 우위를 확보할 수 있는 조직 체계와 경영 관행을 만들어냈기 때문이다.

일본, 한국, 대만은 각자의 문화, 전통적인 조직 및 업무 관리 방식, 정부 구조 등 사회적 환경에 맞는 비즈니스 전략을 추구했다."[26] 즉, 동아시아 각 국가 고유의 요인이 경제 성과에 영향을 미쳤다는 주장이다.

6. 교환, 위계

제도적 기반institutional templates의 개념은 배태성embeddedness과 동형성isomorphism이라는 특별한 수수께끼를 설명하기 위한 시도이다. 다시 말하자면, 한국, 일본, 중국의 경제 제도는 비슷한 문화유산을 공유하고 후발 산업화 국가로서 비슷한 도전에 직면해

---

[25] 다른 개념에 대해서는 Meyer, John, W. Brian Rowan, Ronald L. Jepperson, "Institutionalized organizations : Formal structure as myth and ceremony", *American Journal of Sociology* 83(2), 1977, pp. 340~363; DiMaggio, Paul and Walter Powell, "The Iron Cage Revisited : Isomorphism and Collective Rationality in Organizational Fields", *American Sociological Review* 48(2), 1983, pp. 147~160; Scott, William Richard, *Institutions and Organizations : Ideas and Interests* (Third edition), Sage Publications, Inc., 2008.

[26] 예를 들어, Park, Yung Chul and Hugh Patrick eds., *Institutional Change in East Asia*, Edward Elgar Publishing, 2000.

있음에도 불구하고 왜 서로 다르게 조직되고 운영되는가? 그리고 한 사회 내에서 서로 다른 업무를 수행하는 다양한 조직과 제도가, 또는 유사한 업무를 수행하는 경제 제도가 국가마다 다르게 조직되어 있음에도 불구하고, 일정한 동형 관계를 보이는 이유는 무엇일까? 이러한 질문에 대한 답을 제도 자체가 제공해주지 않는다.

제도적 기반(템플릿)의 기본 아이디어는 인간의 상호작용을 교환(시장으로 대표되는), 권위(위계로 대표되는), 네트워크(정서적 유대에 기반한 개인적 관계)라는 세 가지 기본요소로 축소할 수 있다는 전제에서 출발한다. 일반적으로 권위 관계는 정치 영역에서 두드러지게 나타나는 반면, 교환을 통한 자발적인 호혜성은 경제생활의 기본 구성 요소 중 하나이다. 마지막으로, 사회적 관계는 대부분 네트워크를 기반으로 형성된다. 인간 활동의 어떤 영역에서도 순수한 권위 관계, 순수한 교환 관계, 순수한 네트워크 관계만을 수반하는 행동은 없으므로, 사회, 경제, 정치 영역에서 이 세 가지 인간 상호작용 방식이 어떻게 혼합되어 있는지 검토해야 한다.

특정 사회에서 이 세 가지 유형의 상호작용 중요성은 다루어지고 있는 인간 활동의 영역과 그 활동이 이루어지는 문화 또는 국가에 따라 달라진다. 모든 국가는 제도와 조직을 구성하고, 사회적 관행을 발전시키고, 구성원을 사회화할 때 앞에서 지적한 인간 상호작용의 세 가지 기본요소, 즉 교환(시장으로 대표되는), 권위(위계로 대표되는), 네트워크(개인 관계로 대표되는)의 요소를 혼합하는 고유한 방식을 가지고 있다. 한국, 일본, 중국 이 세 나라에서 일관되고 일관된 패턴을 찾을 수 있다면 세 나라의 제도적 기반(템플릿)의 파악이 가능해진다. 이를 통해 각국의 다양한 지침이 실제로 어떻게 운영되는지 이해하는 데 도움이 될 것이다.

인간 상호작용을 이 세 가지 기본요소로 분류하는 발상은 다양한 사회과학자들의 저술에서 유래한다. 영향력 있는 사회학자인 아미타이 에치오니Etzioni, Amitai는 모든 인간관계가 권력 관계를 중심으로 이루어지며, 권력 관계는 규범적, 보상적, 강압적 관계로 분류할 수 있다고 가정한다.[27] 이러한 각기 다른 유형의 권력 관계는 소외에서 계산적,

---

[27] Etzioni, Amitai, *The Active Society : A Theory of Social and Political Processes*, Free Press, 1968.

도덕적 순응에 이르기까지 다양한 수준의 순응을 낳는다. 그러나 에치오니가 순응의 문제를 포함시킨 것은 그의 유형론이 교환의 측면도 일부 포함한다는 점을 시사해준다. 또한, 에치오니가 강압적 권력, 보상적 권력, 규범적 권력과 같은 용어를 사용하는 것은 '권력'을 일반적인 것보다 훨씬 더 폭넓게 해석하고 있음을 드러낸다. 대부분의 '권력'에 대한 해석은 내재적 강압성의 특정 요소를 의미하지만, 에치오니는 이 용어를 강압을 가하거나 경제적 또는 규범적 보상을 줄 수 있는 능력이라는 의미로 사용하고 있다. 이는 다시 교환의 요소를 의미한다. 그러나 에치오니는 이러한 방식으로 용어를 재정의함으로써 인간 사회에서 권위 관계에 기반한 또 다른 상호작용이 있다는 점을 고려하지 않았다. 즉, 강압과 정의의 요소가 결합하는 경우에는 의식적인 준수가 필요하지 않은 관계도 발생한다. 예를 들어 사람들이 정부가 내린 결정에 동의하는 이유는 그것이 자신에게 이익이 되기 때문이 아니라 옳은 일이라는 생각에 부합하기 때문일 수 있다.

에치오니와 달리 막스 베버는 인간 상호작용의 근간을 권위 관계로 간주한다. 베버는 권위를 신중한 분석이 필요한 하나의 장르로 생각하고, 세 가지 종류의 권위를 구분했다 : 1) 전통적 권위, 즉 사람들이 오랜 전통에 의존하는 경향에 근거하여 습관적 복종에서 정당성이 발생하는 권위, 2) 카리스마적 권위, 즉 복종을 명령하는 지도자의 탁월한 개인적 자질에 근거한 권위, 3) 합법적/합리적 권위, 즉 합법적으로 제정된 법과 규칙을 준수하는 현대적 현상을 지칭한다.[28] 베버의 권위에 대한 분석에 따르면, 계산과 강압은 규정 준수보다 덜 중요하다. 규칙은 사회 구성원으로서 마땅히 해야 할 일로 여겨지기 때문에 준수되는 것이다. 준수는 의무로 간주되기 때문에 권위 관계에 내재하여 있기도 하다. 따라서 계산적 교환은 권위 관계가 인간 상호작용의 근본적인 방식 중 하나라는 베버의 입장과 분리된 독립적인 작동 방식으로 볼 수 있다.

신제도주의 경제학자들은 주로 거래 비용에 관심을 두기 때문에 에치오니나 베버와는 다른 관점에서 위계와 권위 문제에 접근한다. 신제도주의자들은 시장은 주로 교환에 기반을 두고 있지만, 기업 간의 위계는 권위 관계에 기반을 두고 있는 것으로 본다.

---

28 Weber, Max, *Economy and Society*(1921년 독일어로 처음 출간). 1968년 Bedminster Press 영어 번역판.

따라서 이들에 따르면 교환은 기본적인 인간 상호작용의 핵심 초점이며, 위계(기업)는 이러한 교환 관계에서 파생된 것일 뿐이다. 따라서 시장의 결정은 수많은 행위자가 자발적으로 시장의 보이지 않는 손에 의해 조정된 교환에 참여함으로써 자연스럽게 이루어지는 것처럼 보이지만, 실제로는 위계질서가 존재하기 때문에 의도적으로 결정된 결과인 것이다. 이러한 위계hierarchies는 의사 결정권자의 의지가 반영된 것으로 추정되며, 준수compliance는 명령과 지시를 통해 이루어지게 된다.

신제도주의 경제학자들은 교환과 위계 구조를 서로 다른 두 가지 거버넌스 방식으로 인식하지만, 시장exchange과 기업hierarchy을 일련의 관련 있는 거래를 완성하는 대체 수단으로 파악한다. 그리고 이들은 의사 결정자의 거래 비용에 서로 다른 영향을 미친다고 본다. 즉, 위계 구조는 교환 과정에서 거래 비용을 줄이기 위해 고안된 것으로 간주된다. 따라서 위계 구조는 그 자체로 존재한다기보다는 거래 비용을 줄이기 위해 도입된 것이다. 한편으로는 두뇌 능력과 불완전한 정보에 의해 제한되는 합리성, 다른 한편으로는 기회주의 때문에, 교환은 거래 비용을 줄이기 위해 위계질서에 의존할 수밖에 없다.

제한된 합리성bounded rationality 또는 얇은 합리성thin rationality은 정신 능력, 정보, 시간의 한계로 인해 비롯된다. 현실 세계의 무한히 복잡한 문제에 직면하여 정보와 복잡한 방정식을 습득하고 처리하는 인간의 두뇌 능력은 제한되어 있기 때문에, 개인이 내린 자발적인 결정이 집단에 대한 최적의 선택이 될 가능성은 그리 크지 않다. '불완전한 정보'(어떤 종류의 교환에 참여하는 각 당사자가 이용할 수 있는 정보의 양이 서로 다르다는 것을 포함하는 개념)도 교환이 완전히 합리적인 것으로 간주될 수 있는 범위를 제한한다. 시간제한도 마찬가지로 사람들이 완전히 합리적인 결정을 내리는 데 제약으로 작용한다. 그 외에도, 특히 거래 당사자와 대리인 간의 관계에서 기회주의적 행동은 대리인이 계약의 원래 의도에서 벗어나 자신의 이익을 극대화할 기회를 악용하여 '교활한 자기 추구'를 할 수 있는 충분한 기회를 얻게 된다는 것을 의미한다. 이는 어떤 계약도 발생 가능한 모든 우발적 상황을 완벽하게 커버할 수 없으므로 가능하다.[29]

---

29 Simon, Herbert A., *Administrative Behavior : A Study of Decision-Making Processes*, New York :

윌리엄슨은 위계가 교환에 종속된 것이 아니라 경제활동을 조직하는 데 도움이 되는 서로 다른 원칙으로 간주한다고 주장한다.[30] 다시 말해, 이들은 한 행위자가 다른 행위자와 상호 작용할 수 있는 서로 다른 장르의 시스템이다. 윌리엄슨의 주장은 많은 경제학자가 현실 세계에서의 상호작용과 실현 가능성을 포함하는 '두터운 합리성thick rationality'보다 '얇은 합리성', 즉 논리적 일관성에 기반한 합리성을 강조하는 경향에 도전한다. 즉, 윌리엄슨은 자발적 교환은 자유로운 선택에 기반하며, 시장의 보이지 않는 손이 필연적으로 개인이 선택할 수 있는 수많은 자유 선택을 모두에게 가장 적합한 방식으로 관리할 것이라는 근본적인 견해에 도전한다.

정치학자 찰스 린드블럼Lindblom, Charles E.도 마찬가지로 권위(위계)와 교환을 동등한 입장에서 인간 활동을 조직하는 두 가지 뚜렷하게 다른 방식으로 간주한다. 에치오니Etzioni의 공식에 따라, 린드블럼은 한 개인이 다른 개인을 통제하는 인간 상호작용의 세 가지 기본 형태, 즉 권위, 교환, 설득을 인정한다.[31] 이 사고방식에 따르면 권위 관계는 주로 정치와 관련이 있는 반면, 시장 메커니즘은 주로 교환관계에 기반을 두고 있다. "계층적, 관료적, 정부 시스템이 권위 관계에서 발생하는 것처럼 시장 시스템도 단순한 교환관계에서 생겨난다." 린드블럼은 이 세 가지 요소가 기존 정치 및 경제체제 내에서 실제로 어떻게 작동하는지에 따라 세 가지 유형의 시스템을 식별해낸다. 이러한 시스템은 다음과 같다 : 1) 정치 영역은 말할 것도 없고 경제 영역에서도 권위 관계가 지배적인 소련의 사회주의 체제, 2) 교환원칙이 경제활동뿐만 아니라 정치 과정(예 : 투표과정에서의 주고받기)도 규제하는 미국의 다원주의 체제, 3) 교환이나 권위 관계보다는 이념적 설득이 가장 중요한 것으로 여겨지는 마오주의 중국의 훈시적 체제. 이 세 나라는 각각 계획적, 자본주의적, 훈시적 시스템을 대표한다.

린드블럼에 의하면 그러한 분류는 권위, 교환, 또는 설득이 한 경제의 조직에 지배적인

    Macmillan, 1947.
30 Williamson, Oliver E., *Markets and Hierarchies : Analysis and Antitrust Implications*, Free Press, 1975.
31 Lindblom, Charles E., *Democracy and Market System*, Norwegian University Press, 1988.

가에 달려있다. 따라서 각 체계의 문제를 비판적으로 평가하려면 다음의 세 가지, 즉 1) 자본주의 경제에서의 교환 관계, 2) 사회주의 계획 경제에서의 권위 관계, 그리고 3) 훈계 체계에서의 도덕적 설득 등을 이해해야 한다. 그렇다면 이 세 가지 요소들이 어느 정도까지 서로 의존하고 있다고 볼 수 있느냐는 질문이 제기된다. 예를 들어, 위계적인 사회주의 체제에서 교환 관계의 발생을 어느 정도 기대할 수 있는가? 어느 특정 사회에서 위계적 관계는 어느 정도 교환 관계에 영향을 미치는 것일까?

이상의 세 가지 관계유형에 대한 비교검토는 다른 비용편익분석이 필요하다. 예를 들어, "교환을 통한 통제는 상대방이 자신이 원하는 대로 행동하도록 유도하기 위해 항상 어떤 가치를 포기해야 하며, 설득을 통한 통제는 시간과 에너지가 요구된다. 반면에 권위를 통한 통제는 비용이 들지 않는 경우가 많은데, 사람에 따라 어떤 경우는 권위적으로 조율하는 것이 편리하다고 생각하고, 또 다른 경우는 그러한 조정을 즐기기도 한다.

반대로 시장 시스템은 시장의 모든 참여자에게 큰 유인책을 제공할 수 있지만, 비효율적이거나 또는 중요한 자원을 낭비할 수도 있다. 린드블럼에 따르면, 권위 관계에 의존하는 것은 경제 과정의 총체를 계산하는 인간의 능력에 대한 궁극적인 신뢰를 의미하는 반면, 교환 관계에 대한 의존은 인간의 두뇌가 시장의 복잡성을 처리할 능력이 없음을 인정하는 셈이므로, 인간 상호작용에 대한 궁극적인 통제는 시장의 보이지 않는 손에 맡긴다는 것을 의미한다. 설득에 의존하려면 신뢰와 공유된 가치, 도덕적 우월성에 대한 믿음이 필요하다. 하지만 설득만을 다룰 때도 장점 대 단점이라는 계산적인 요소가 개입되어 상황을 흐리게 하는 경우가 많다.

7. 네트워크

제도적 기반Institutional templates의 이론화를 위해 이 책에서는 에치오니Etzioni, Amitai와 린드블럼Lindblom, Charles E.이 개발하고 사용한 이론적 틀을 수정하여 그들이 말한 서로 다른 형태의 '규범적 권력normative power'을 '네트워크networks'로 대체하였다.

많은 조직 이론가들은 네트워크를 교환과 권위 사이 어딘가에 위치한 인간 운용의 한 방식으로 간주한다. 네트워크는 "시장 거래도 아니고 위계적 지배구조도 아니지만, 독자적인 논리를 가진, 별개의, 다른 교환 방식"인 상호작용의 한 종류로 구성된다.[32] 자원 배분의 네트워크 모델에서 거래는 개별적 교환이나 행정적 명령에 따라서가 아니라 호혜적이고 서로 선호하여 상호 지원하는 개인들의 네트워크를 통해서 일어난다고 한다. 네트워크는 복잡할 수 있으며, 시장의 명시적인 기준이나, 위계 구조에서 친숙한 가부장주의(즉 온정주의)를 수반하지 않는다. 네트워크 관계의 기본적인 가정은 한 당사자가 다른 당사자에 의해 통제되는 자원에 의존하고, 양자는 자원의 공동 활용을 통해 얻을 수 있는 이득이 있다는 것이다. 본질에서 네트워크의 당사자들은 다른 사람의 희생을 통해 자신의 이익을 추구할 권리를 포기하는 데 동의한다. 이와는 대조적으로, 가장 순수한 상태의 권위 관계는 복종(또는 준수)이 옳은 일이기 때문에 부하가 상관의 의사에 따를 것임을 암시한다. 다시 말해, 순응(또는 준수)에는 대가, 즉 교환이나 상급자와의 특별한 감정적 유대, 즉 네트워크가 필요하지 않다. 그러나 실제로 모든 권위 관계에는 일반적으로 교환과 네트워크의 요소가 모두 포함되어 있다.

관계망의 중요성과 인맥이 권위와 결합하여 관계를 형성하는 방식이 나라마다 다른 것처럼, 인맥이 형성되는 방식에 대한 기준도 다르다. 자주 언급되는 예를 다시 꺼내면, 동아시아에서 개인적 관계를 의미하는 중국 용어 '관시關係, Guānxi'는 혈연, 학연, 지연을 중심으로 정의되는 한국 용어 '연줄'과는 다른 의미를 내포하고 있다. 또 다른 변형으로, 일본의 '관계' 개념은 일상의 개인적 관계보다는 공식적인 조직의 멤버십에 더 기반을 두는 경향이 있다.

---

[32] Burt, Ronald S., *Structural Holes : The Social Structure of Competition*, Harvard University Press, 1992.

8. 제도적 기반institutional templates의 유용성

'제도적 기반(템플릿)'이라는 개념은 신제도주의가 직면한 가장 모호한 문제, 즉 극단적인 형태의 '구조적 결정론'이나 '행위자의 자유의지' 개념에 의존하지 않고 제도적 변화를 설명하는 방법을 명확히 하는 데 도움을 준다. 새로운 유형의 제도를 만들 때 행위 당사자가 택할 수 있는 선택의 범위를 규정하는 것은 제도가 아니라 '제도적 기반(템플릿)'이다. 이어서, 새로운 제도가 결정되면 특정 당사자는 새로운 제도 내에 존재하는 교환, 권한, 네트워크의 조합을 재구성할 수 있게 된다. 그뿐만 아니라, 이러한 재구성은 경로 의존적이어서 각국의 경로(역사적, 사회적, 문화적 경로)에 따라 달라진다. 즉, 다른 국가 간 조직 구조의 발산divergences 현상처럼, 각 국가 내의 조직 동형성isomorphism이 계속 존재하는 방식으로만 재구성이 이루어질 수 있다. 따라서 '제도적 기반(템플릿)' 이론을 활용하면 신제도주의의 가장 핵심적인 요소인 경로 의존성 이론에 대한 새로운 통찰을 끌어낼 수 있을 것이다.

둘째, '제도적 기반(템플릿)'은 한 - 중 - 일 3국에서 확인되는 유사한 제도가 실제로 운용되는 방식에서는 많은 차이를 보이는 사실을 분석하는데 유용한 개념적 틀을 제공한다. 유사한 제도가 각국에서 다르게 운용되는 이러한 차이점들은 그동안 기존의 비교경제 이론화 작업에서는 대부분 간과看過하는 경향이 있었다. 예를 들어, 신고전주의 경제학 접근법은 경험적 현실 분석보다는 이론 구축에 더 치중하는 경향이 있으므로 동아시아 국가들 사이에 존재하는 제도 및 제도의 실제 운영에 있어 미묘한 차이를 무시했다. 마찬가지로 동아시아 경제의 성공에 대한 설명으로 유교의 중요성을 강조하는 순수 문화학파文化學派는 각국에서 유교 문화가 구현되는 방식에 상당한 차이가 있다는 점을 천착하지 않았다. 또한, 순수 구조적 접근 방식은 특정 국가의 제도가 자국 내 다른 제도와 조직적 동형성organizational isomorphism을 유지하지만 다른 국가의 유사한 기능을 하는 제도와 다르게 운영되는 이유를 다루지 못한다. 왜냐하면, 순수 구조적 접근은 거시 정치제도의 구조와 경제와의 관계, 또는 더 넓은 국제 정치 또는 경제구조에서 한 국가가 처한 위치에만 초점을 맞추기 때문이다. 반면에 '제도적 기반(템플릿)'은 연구자들이 동아시아 정치경제 제도 간의 미묘한 차이와 제도 내부의 역학관계를 쉽게 포착할 수 있도록 만든다.

게다가, 제도적 기반(템플릿)의 개념은 이 세 나라가 근대화와 서구화의 격랑으로 인해 발생한 엄청난 격변에도 불구하고 그들의 기본적인 문화적 속성들을 어떻게 유지할 수 있었는지에 대한 어려운 질문을 다룰 수 있게 해준다. 돌이켜보면, 이들 삼국의 근현대사는 영토 분할, 내전, 폭력적인 혁명을 포함한 수많은 위기 또는 "중요한 고비"로 점철되어 있다. 예를 들어 중국의 경우, 전쟁과 혁명이라는 격변은 전통을 의도적으로 배제하고 수입된 이념과 조직을 선호하는 결과를 낳았다. 그럼에도 불구하고 몇몇 기본적인 중국 문화적 속성들은 여전히 남아 있다. 이러한 현상을 페어뱅크Fairbank는 다음과 같이 지적했다 : "중국의 오래된 옛 구조는 무너지고, 그 기반이 씻겨나갔지만, 영토는 여전하고, 정체성은 남아 있으며, 불연속성에 섞여 연속성이 다시 나타나고 있다."[33] 페어뱅크의 관찰은 중국의 공산혁명이 한창일 때 이루어졌지만, 경제발전으로 급격한 변화를 겪고 있는 현재의 중국에도 직접 적용될 수 있다. 따라서 이러한 문제에 접하며 다시 한번 강조하는바, 제도적 기반(템플릿)은 각 나라의 문화적 속성 내에서 연속성과 비연속성의 문제를 다루는데 필요한 도구를 제공해준다.

제도적 기반(템플릿)은 문화와 사회화가 경제 행위자의 심리적 지향과 만나는 비공식 제도의 아래에 위치한다. 따라서 그것은 권위, 교환, 네트워크의 세 가지 요소에 대한 각 개인의 인지적, 심리적 '지향'으로 정의할 수 있다. 이러한 의미에서 제도적 기반(템플릿)은 더글러스 노스의 "제도적 행렬matrix" 또는 "제도적 틀"이라는 개념이나 "문화적 문법"이라는 개념과 유사한 기능을 수행한다. 이러한 요소는 일반적으로 행위자의 밖에 위치하지만, 철저하게 내면화되어 외부에서 최소한의 압력만 가해도 준수가 거의 자동적으로 이루어지는 구조화된 제약structured constraints으로 이해된다. 다시 말해, 제도적

---

[33] Fairbank, John K., *The Great Chinese Revolution : 1800~1985*, Harper & Row, 1986. 이 책에서 페어뱅크는 중국이 근대에 겪은 복잡한 역사적 및 문화적 변화를 논의하면서 중국 정체성의 일부 요소와 중요한 변형 가운데에서의 지속성을 강조했다.

기반(템플릿)은 객관적 구조와 심리적 성향의 두 영역 사이에 위치하며, 그 지점은 문화적 습관이 심리적 '지향성'과 수렴하는 곳이라는 점에서, 에크슈타인Eckstein의 용어를 빌리자면, '지향성'과 '문화적 습관'이 결합된 영역인 것이다.

인간행동에 대한 문화적 설명의 핵심 요소인 에크슈타인Eckstein의 "지향성orientation" 개념은 우리가 "제도적 기반(템플릿)"으로 설정하려는 것과 매우 유사하다.[34] 일련의 상황에서 특정 방식으로 행동하려는 행위자의 일반적인 성향으로 정의되는 '오리엔테이션'은 상황에 대한 행위자의 반응을 매개해준다. 에크슈타인에 따르면 모든 행위자는 다양한 오리엔테이션의 매개 필터를 통해 상황에 반응한다. 그러나 오리엔테이션은 개인마다 다르므로 상황이나 구조가 오리엔테이션을 결정하지는 않는다. 오리엔테이션은 문화적 사회화의 누적된 과정을 통해서만 형성된다. 그렇기는 하지만, 초기사회화가 상대적으로 더욱 중요하다. 왜냐하면, 오리엔테이션은 내적 일관성을 가져야 하므로 오리엔테이션에 영향을 미치는 조기 학습은 나중에 변경하기 어려운 경우가 많기 때문이다. 즉, 오리엔테이션은 한 번 획득하면 관성적인 경향이 강하다는 말이다. 이는 구조적 인센티브가 바뀌어도 특정 종류의 행동이 지속되는 이유를 설명하는 데 도움이 된다.

에크슈타인은 다양한 종류의 주제를 다루는 가운데 '일관된 지향성'의 중요성을 강조하기 위해 정치적 안정에 대한 "일치 이론congruence theory"을 개발했다.[35] 이 이론에 따르면 어떤 정권의 정당성과 유효성은 그 정권의 권위 패턴이 사회의 다른 조직화 된 구성 요소의 권위 패턴과 어느 정도 일치하는지에 따라 결정된다. 여기서 말하는 조직화 된 구성 요소란 특히 정당이나 정부에 가까운 압력 단체와 같은 조직 단위를 지칭한다.

에크슈타인의 "지향성orientation" 개념이 우리의 제도적 기반(템플릿)과 유사한 이유를 보다 구체적으로 언급하면 다음과 같다. 첫째, '오리엔테이션'은 구조적 제약이나 심리적

---

[34] Eckstein, Harry, *Division and Cohesion in Democracy : A Study of Norway*, Princeton University Pres, 1966.

[35] Eckstein, Harry은 1961년 Woodrow Wilson Center for International Studies에서 발표한 연구 논문 "A theory of stable democracy"에서 정치적 안정을 위한 '일치' 이론을 발전시켰다.

속성이 아니라 그 둘의 중간 어딘가에 위치한다. 둘째, 오리엔테이션은 행동에 영향을 끼치고 조정한다. 즉, 주어진 상황에 대한 행위자의 반응을 매개한다. 셋째, 사회화를 통해 획득되지만 한 번 획득하면 내적 일관성을 추구하며 지속하는 경향이 있다. 넷째, 구조주의적 접근이나 문화주의적 접근 중 어느 쪽에 치우치지 않고 양자의 요소를 결합한다. 다섯째, 개인마다 다소 차이가 있을 수 있지만, 특정 문화적 전통을 공유하는 공동체의 구성원들이 공유하는 경향이 있다.

이와 유사한 주장은 사회학에서의 새로운 제도주의적 접근에서도 찾아볼 수 있다. 이들은 인지cognition를 강조하기 때문에 사회화의 과정을 통해 문화적 연속성을 쉽게 설명할 수 있다. 각 행위자는 근본적으로 행동을 통해 사회 현실을 인식하고 설명하며, 이를 사회 시스템의 다른 행위자에게 전달한다. 젊은 세대는 이전 세대에 의해 문화화enculturated되고, 그들은 다시 다음 세대를 교양한다. 이러한 일반적인 문화적 의미 전달은 세대를 넘어 지속된다.

마찬가지로, 이데올로기에 대한 노스의 해석에서도 이데올로기가 특정 종류의 행동을 지향하고, 어린 시절에 학습되며, 개인에게 고착되는 경향이 있고, 세대를 넘어 다른 사회적 단위에서 지속될 수 있다는 생각을 반박하지 않는다.

권위 관계는 그것이 수반하는 객관화의 정도(권위는 개인 또는 개인이 차지하고 있는 지위나 직책에 있을 수 있음)라는 측면에서 살펴볼 수 있다. 또한, 상급자와 하급자 사이에 상호주의가 강한지, 일방적인 하향식 커뮤니케이션이 아닌 쌍방향 커뮤니케이션이 이루어지는지 아닌지도 살펴볼 수 있다. 공식적 권위와 비공식적 권위가 명확하게 구분되어 있는지도 살펴볼 수 있다. 권위 관계의 또 다른 중요한 차원은 사회, 경제, 정치 조직과 정치 과정에서 권위가 얼마나 널리 퍼져 있는지 또는 그렇지 않은지를 포함한다.

교환은 동등한 가치가 교환되는 호혜성을 수반한다. 이를 위해서는 반드시 개인적인 관계가 개입되지 않는 정밀한 측정의 습관이 전제되어야 한다. 즉, 교환은 권위 관계나 인맥 관계, 개인적 호불호에 과도하게 영향을 받지 않고 이루어지는 것이 이상적이다.

넓은 의미에서 네트워크는 소통의 채널을 의미하지만, 좁은 의미에서는 커뮤니케이션 채널과 그 채널을 통해 전달되는 모든 정보에 대한 신뢰를 의미한다. 네트워크는 개인적인 관계와 신뢰에 기반을 두고 있으므로 네트워크가 얼마나 강력한지, 네트워크의 기반은 무엇인지를 다음과 같은 질문을 통해 살펴볼 수 있다. 그들은 개인적인 속성에 기반을 두고 있는가? 원초적인 유대 관계를 기반으로 하고 있는가? 아니면 현대적인 유형의 협회, 사회적 지위, 또는 공유된 소통 채널을 기반으로 하는가?

제도적 기반(템플릿)을 나뭇잎에 비유하자면, 나뭇잎의 정확한 모양과 형태는 다를지라도 나뭇잎의 기본 구조를 결정짓는 잎맥에 비유할 수 있다. 예를 들어, 한국인은 현대적 형태의 비즈니스 조직에서 일할 때 한국인의 심리적 성향이 실제 행동에 반영된다. 심지어 매우 잘 명시된 역할에서조차, 그 임무를 수행하는 사람은 그 사람이 속한 독특한 문화적 전통에 의해 불가피하게 형성된 그만의 개인적이고 특이한 속성들을 걸어내지 못한다.

마찬가지로, 행위자가 새로운 제도를 만들 때 택할 수 있는 선택의 범위를 정의하는 것은 제도 자체가 아니라 국가나 기업 또는 둘 사이의 어떤 관계에 관련된 제도적 기반(템플릿)이다. 이러한 경로 의존성은 행위 당사자가 새로운 제도와 조직을 만들 때 어느 정도의 자율성이 허용되지만, 이는 해당 행위자에게 익숙한 기존의 제도적 기반(템플릿)의 한계 내에서만 가능하다는 것을 의미한다. 이러한 고려 사항은 당사자가 새로운 조직을 만들 때 내리는 선택에도 영향을 미치며, 결국 그의 선택은 장기적으로 제도적 기반(템플릿) 자체를 수정하게 될 것이다. 이러한 방식으로 제도의 진화를 개념화하면 제도의 결정론을 피하는 동시에 개별 행위자가 기존의 제도적 틀을 자유롭게 변경할 수 있다는 잘못된 생각에서 벗어날 수 있다. 대신, 과거는 어느 정도 지속되므로, 기본 형태는 다른 작업이나 환경에 맞게 가변적이면서도 여전히 일정한 기본 구조를 유지한다.

제도적 기반(템플릿)은 영구불변이 아니다. 그러나 그것은 세대를 거쳐 사회화되며, 한 번 사회화된 틀은 공식적인 규칙과 비공식적인 관행이 바뀌어도 그대로 유지된다. 제도 자체는 필연적으로 변화하지만 - (국가 권력에 의해 강압적으로 부과된 제도는 경로 의존적이지 않을 가능성이 있다) - 제도적 기반(템플릿)은 변화하는 데 훨씬 더 오랜 시간이 걸린다. 또 바뀌더라도 점진적으로 변화하는 경향이 있다. 마오쩌둥의 '새로운 사회주의 중국인' 만들기 운동의 완전한 실패는 급진적인 변화에 대한 제도적 기반(템플릿)의 저항을 보여주는 증거이다. 제도적 기반(템플릿)이 변화하는 경우, 이러한 변화는 공식적인 권위에 의해 쉽게 제정될 수 있는 공식적인 규칙 집합이나 일반적으로 사회적 관행과 함께 발전하는 비공식적인 규칙보다 훨씬 느린 속도로 발생한다.

제 4 장
제도적 기반의 거시적 문헌 자료

제4장

제도적 기반의 거시적 문헌 자료

　제도적 기반의 개념이 정의되면 다음 질문은 중국, 일본 그리고 한국의 제도적 기반(템플릿)을 어떻게 식별하느냐 하는 것이다. 이 나라들은 각각 격동의 변화로 가득 찬 역사를 지니고 있다. 지난 한 세기 반 동안에만 중국은 전통적인 질서의 붕괴와 공산주의 혁명을 겪었고, 일본은 메이지 유신, 근대 국가로의 성공적인 변모, 2차 세계대전 이후 미군의 점령과 경제적 재도약의 길을 거쳐왔으며, 한국은 일본에 의한 식민지 예속, 분단과 군사혁명, 그리고 가장 최근에는 급속한 경제 발전을 경험했다. 이러한 길고, 끊임없이 변화하며 유동적인 역사의 과정을 고려할 때, 각국의 다소 정적靜的인 제도적 기반(템플릿)을 구성하기 위해 어떤 공통적인 요소들을 도출할 수 있을까?

　이 도전에 대한 잠정적인 해답은 우리가 몇 가지 다른 방법을 사용할 것을 요구한다. 첫 번째는 각 나라의 문화적 전통과 그 나라의 거시적 제도(예를 들어 정치 구조)를 조사하는 것이다. 전통문화나 제도가 직접적으로 동시대의 제도적 템플릿을 형성했을 가능성은 낮지만, 그들이 당대의 의식형성에 지울 수 없는 흔적을 남겼다고 보는 것이 타당하다. 두 번째 방법은 세 나라의 국가적 특성에 관해 기술한 문헌을 비판적으로 검토하는 것인데, 이 두 번째 방법은 세 번째 자료를 통해 일관성 있는 주제를 확인하고자 하는 바람에서이다. 세 번째 방법은 세 나라의 동시대적 태도에 대한 설문조사를 실시하는 것이다. 네 번째 방법은 세 나라 국민의 정신세계에 장기적으로 지속적인 영향을 미친 전통적인 가족제도를 비교하는 것이다.

1. 전통적 정치 체제와 제도적 기반(템플릿)에 대한 시사점

중국의 전통적인 정치 체제는 "황제를 정점으로 하는 중앙집권적 관료 체제"라고 할 수 있다. 이 체제는 기원전 200년경 진秦나라를 시작으로 마지막 청淸나라가 멸망하는 20세기 초까지 중국 역사 전반에 걸쳐 유지되었다. 거의 2천 년 동안 계속된 정치 관행의 대단한 지속성을 어떻게 설명할 수 있을까?

주류를 이루는 설명은 유교라는 공식 이념, 국가 구조의 정점에 있는 황제, 과거제도를 통해 채용된, 지방 상류층과 밀접한 관계가 있는 관료제, 농업 경제, 가부장적 가족 전통 등 전통적 체제의 다섯 가지 구성 요소가 중국 사회가 생존에 필요한 기본 기능을 수행하면서 서로를 보완하고 강화했기 때문이라고 지적한다.

공식 이념으로서의 유교는 2000년 이상 중국인의 상상력을 지배해왔다. 유교는 중국의 가치관과 제도, 심지어 논쟁의 여지가 있는 중국인의 심리학을 형성함에 있어, 모든 사람이 열망하는 공통의 규범적 이상을 정의할 뿐만 아니라 행동을 규제하는 도덕률을 제공했다. 이렇듯 유교는 중국 제국 내에서 다양한 요소들을 통합할 수 있는 기제로 작동해 왔다.

더 중요한 것은 아마도, 유교가 중국 황제를 하늘의 명령을 받아 중국 제국을 통치하도록 선택된 하늘의 아들, 즉 천자天子로 명명함으로써 전통적인 정치 체제를 정당화했다는 점이다. 하늘의 아들로서, 황제는 자비로운 통치자가 될 것과 백성들의 복지에 관심을 기울일 것이 요구되었다. 그렇지 않으면, 그는 권한을 상실하고 신하들이 그를 타도할 권리를 갖게 된다는 믿음을 주었다.

유교가 천황에게 강요한 인의仁義와 호혜互惠라는 이념적 제약에도 불구하고 많은 역사학자들은 천황이 절대 권력을 행사하여 '제도화된 일인一人 지배'를 만들었다고 본다. 유교의 가르침 때문이든 아니든 중국은 역사를 통틀어 25번의 왕조 교체를 경험했다.

그럼에도 각 왕조의 기본적인 정치 구조는 거의 동일했다. 절대 권력을 행사한 중국 황제들이 일정한 주기를 두고 실각한 반면, 일본에서는 대체로 상징적인 천황이 일본 역사를 통틀어 동일한 가문의 혈통을 유지하고 있다는 점에 주목할 필요가 있다.

실제 정치적 구조 측면에서 볼 때, 중국 황제는 공자孔子 이념의 고전적인 구성 요소인 과거제科擧制를 통해 발탁된 중앙집권적 관료제에 의존했다. 비록 이러한 과거제는 형식상 높은 신분에 대한 동등한 접근을 약속했지만, 실제로 하층민들에게 더 높은 사회적, 정치적 지위를 성취할 기회를 제공했는지는 여전히 의문이 남아있다. 그러나 이 시험 제도를 통해 국가의 중앙집권적 관료 체계가 여러 지방과 연결되었고, 따라서 지방의 토착 세력과 지주들에 의해 지배되는 지방에까지 공자의 사상이 연결된 것은 이 과거제를 통해서였다. 이러한 제도의 지역적 확산과 사회적 정착은 결국 오로지 황실에서만 절대 권력을 누렸던 당나라의 강력한 왕조 모델에 종지부를 찍도록 작용하였다. 게다가 자산資産이 형제자매들 사이에 균등하게 분배되는 전통적인 가족제도상의 상속 체계는 중국에서 가장 강력하거나 부유한 가문들조차도 몇 세대 이상 지속하는 것을 어렵게 만들었다.

이 모든 것의 결과는 중국의 사회 계층화가 한국이나 일본과 비교해 훨씬 더 유연하고 역동적인 경향을 보여왔다는 것이다. 황제의 절대 권력에 대한 견제 가능성을 막음으로써 관료 계층의 변동은 오히려 황제의 권력을 강화하는 경향을 낳았다.

이 전통적인 정치 체제로부터, 우리는 중국의 제도적 기반(템플릿)의 형성과 관련이 있을지도 모르는 몇 가지를 추론할 수 있다. 우선, "제도화된 1인 지배"는 중국의 역사를 통틀어 매우 중요했다. 둘째, 중국에서의 권위는 주로 자신이 차지하는 어떤 공식적인 지위로부터 비롯되었다. 게다가, 최고위직을 차지했던 사람들은, 대체로 상징적 존재로 남은 일본의 경우와는 달리, 실질적인 권력을 행사하는 경향이 있었다. 셋째, 유교에서는 흔히 제국이 가문이라면, 황제는 가문의 가장이라고 비유하지만, 중국은 사실 공적인 영역과 사적인 영역 사이의 명확한 구분을 발달시켰다. 공적인 영역에서의 충성은 특히 제국의 일과 관련하여 요구되었지만, 사적인 영역에서는 더 융통성 있고 자발적인 규범이 적용되었다. 그 결과, 대부분의 일상생활은 사회의 자발적인 관리에 맡겨진 반면,

중앙 국가의 통제하에 있는 문제들은 매우 좁게 정의되는 경향이 있었다. 넷째, 중국인들은 황제로부터 위임받은 권력을 행사하는 관료들의 공식적 권위에 복종하는 자세를 보였다. 다섯째, 국가 구조의 각급 관료들에 대한 충성은 유교의 가르침에서는 절대 강조되지는 않았다. 대신 황제를 향한 충성만이 요구되었다. 결과적으로 부하와 상관 사이에 존재하는 관계는 사적 영역에 속하는 것으로 간주하는 풍토가 자리 잡았다. 따라서 부하 직원과 상사 사이에 존재하는 문제는 사적인 대인관계를 통해 처리해야 하는 것으로 받아들여졌다. 여섯째, 공적 업무 관리에 사적 이익과 사적 감정이 공식적으로 허용되지 않았지만, 그런데도 네트워크와 사적 유대가 공적 업무 관리에 영향을 미쳐 일종의 '뒷거래 주의backdoor-ism'가 성행했다. 마지막으로, 권력, 부, 명성은 일반적으로 "신사 - 학자 관료gentry-scholar bureaucrat"라고 불리는 지배 계급의 수중에 집중되었다. 그러나 부분적으로는 과거제도의 영향으로 계급구조는 매우 유동적이었으며, 상향 이동과 하향 이동이 빈번했다. 다시 말해, 중국에서 정치 권력이 경제적 부를 결정한 것이지 그 반대가 아니었다.

일본이 처음으로 1인 통치의 중앙집권적인 중국 제도를 수입하려고 시도한 것은 쇼토쿠 태자聖德太子(574~622년)가 일본 국가 제도의 재구조화를 시작한 6세기 무렵이었다. 그러나 이 새로운 제도는 각 지방을 장악한 지역 세력의 반대 때문에 계획대로 작동되지 못했다. 그렇다면 중국인의 일상 생활양식, 특히 가족제도와 사회 조직, 그리고 유교의 특징이 중국인들과 완전히 다른 생활방식을 가진 일본인들에게 쉽게 적용될 수 없음이 분명했다. 대신, 일본은 도쿠가와 이에야스德川 家康(1543~1616년) 무렵에 이르러서야 중앙집권적인 봉건제도를 발전시켰다. 많은 일본 학자들이 일본의 지형학적 조건(산으로 고립된 수많은 작은 평야)을 원인으로 삼는 이 제도는 일본을 250개의 번藩으로 분할하는 형태를 취했고, 각각은 지방 영주나 다이묘大名에 의해 통치되었다. 다이묘들은 전사戰士 집단이나 사무라이武士들을 거느리고, 일본 내 모든 영역의 군사적 주요 통치자이자 정치적 통치자인 쇼군將軍의 봉신封臣 역할을 담당했다. 여러 층위의 계급으로 분류될 수 있는 사무라이들은 역할에 따라 일정량의 토지에 대한 임대료를 징수할 수 있는 권리를 다이묘들로부터 받았다.

따라서 일본의 전체 정치 체제는 다양한 수준의 가신家臣과 영주領主 간의 봉건적 관계로 구성되었다. 각 가신과 영주들은 개인으로서 존재했을 뿐만 아니라, 다음 장에서 자세히 분석할 '이에ie, 家'로 알려진 가족 또는 기업집단의 일부이기도 했다. 이에 대해서는 후술하는 장에서 자세히 분석하기로 한다.

따라서 일본의 사회 계층은 상징적인 천황을 정점으로 정치적으로 강력한 쇼군, 다이묘, 무사 순으로 명확하면서도 극도로 경직되어 있었으며, 무사 계급 아래의 다른 모든 계급은 위계적으로 고정되어 있어 다른 계급으로의 상향 이동은 허용되지 않았다. 아이러니하게도 이러한 엄격한 사회 계층화는 일본이 기능적 전문화를 발전시키는 데 도움이 되었을 가능성이 존재한다. 사회적 지위를 바꿀 수 없었기 때문에 각 계층의 구성원이 자신의 삶을 향상할 수 있는 유일한 방법은 사회적 지위의 제약에 맞서 투쟁하기보다는 주어진 역할을 훌륭하게 수행하고 이를 받아들이는 것이었다. 정치적 영향력을 행사할 수 있는 직책을 맡는 것이 금지된 일본 상인商人 가문은 상업 활동에 집중하거나, 더 정확하게는 독점을 통한 성장을 모색했다. 그 과정에서 그들은 상인 윤리를 갖춘 고도로 발달한 상인 하위문화subculture를 만들어냈다. 이러한 전통적인 상인 계급은 일본이 중국이나 한국보다 훨씬 일찍 상업화를 이룩한 원인으로 지목되기도 한다. 마찬가지로 미리 규정된 역할에 국한되어 다른 기능적인 직업을 확보할 수 없었던 사무라이 계급 중 일부는 결국 그들의 지역 다이묘나 쇼군의 행정 구조에서 관료가 되었지만, 시간이 지남에 따라 점차 빈곤해지는 경향이 있었다.

의미 있는 사실은, 일본인들은 유교와 같은 일체의 포괄적인 이념을 개발하거나 전면적으로 수용하려는 어떠한 성향도 보여주지 않았다는 점이다. 대신, 특히 외국의 이데올로기에 관해서는 일본인들은 자신들에게 맞는 것은 받아들이고 그렇지 않은 것은 거부하는 경향이 있었다. 게다가 일본인들은 현실이 얼마나 가혹하고 불공평한지와는 무관하게 현실을 주어진 것으로 흔쾌히 받아들이는 뚜렷한 성향을 보인다. 이러한 성향과 사무라이 계급의 독점적 무력행사가 만들어낸 사회적 분위기의 결합은 일본인들이 도덕적, 윤리적 정당성을 묻지 않고 권력관계에 복종하는 경향을 발전시켰다고 할 수 있다. 이러한 실용적인 정서의 구조는 외국의 이데올로기와 제도를 수입할 때 상당한 영향을 미치는 것으로 증명되었다.

그 한 예로 일본 천황에게 부여된 대체로 상징적인 역할을 들 수 있다. 앞에서 살펴보았듯이 천황이 실질적인 정치력을 그다지 행사하지 않았다는 사실은 현 황실이 149대에 걸쳐 끊기지 않고 이어온 이유를 설명해 준다. 중국 천황에게 요구되는 '하늘의 위임'이라는 정당성과는 달리, 일본은 자신의 정치 체제에 대해 정교한 정당성을 전혀 개발하지 못했다. 일본은 많은 문화 요소를 일찍부터 중국으로부터 받아들였고, 그중 유교는 6세기 이후 일본에 전파되었으나, 유교가 일본에 수입되는 도중에 보편적 원리의 메시지는 어디론가 사라졌다. 결과적으로, 일본의 전통은 최고 통치자라는 보다 비인격적이고 추상적인 관념 대신에 직속 상관에 대한 무사의 충성을 강조하는 현실적 전통이 유지되었다. 이는 중국과 한국이 공적 영역을 대표하는 왕이나 황제에 대한 충성을 무엇보다도 강조하는 경향과 대비되며, 일본의 일상에서는 직속 상관에 대한 충성 역시 사적 영역에 속하는 개인적인 형태의 충성으로 볼 뿐이다.

일본의 중앙집권적 봉건제도가 남긴 또 다른 유산은 일본인이 모든 인간 상호작용에서 호혜성互惠性을 가장 중요시한다는 점이다. 일본의 봉건제도 전체는 상관과 부하 사이의 상호의무를 규정하는 계약관계에 기초하고 있었다. 모든 교환관계의 기초를 이루는 이 호혜성의 원칙은 일본의 영주와 신하 사이의 관계에서 두드러진 특징이다. 만약 무사가 목숨을 걸고 주인을 섬기고 군사적 승리를 거두면 일반적으로 토지를 보상받을 것으로 기대된다. 16세기까지 광범위하게 받아들여졌던 사고방식에 따르면, 이 의무를 이행하지 않으면 무사는 주군을 떠나거나 심지어 배신할 권리가 인정되었다. 이 호혜성의 원칙은 상관이 어떠한 결정을 내릴 때 부하의 이익과 의견에 유의해야 하는 현대 일본의 위계 구조hierarchical structures에서 여전히 발견되고 있다.

한국에서, 전통적인 정치 체제는 중국의 중앙집권적인 관료 체제와 매우 유사했다. 그러나, 한국의 체제는 몇 가지 중요한 면에서 중국의 체제와 달랐다. 한국에서 왕의 권력은 주로 과거제를 통해 등용되었던 관료들에 의해 견제되었다. 그럼에도 불구하고, 이러한 과거시험은 중국에서 그랬던 것보다 한국의 하층민들에게는 계층상승의 기회가 되지 못했다. 과거급제자의 출신성분을 분석한 연구는 성공적인 과거시험 응시자들의

대부분이 명문 양반 계급 출신이라는 것을 보여준다.[1]

당唐나라 시대에 이르러 정치적으로 유력한 가문들이 거의 사라졌던 중국과는 달리, 한국에서는 유력한 가문과 혈통이 대대로 유지되었다. 한국의 양반들은 지방에 확고한 터전을 갖고 있었으며, 또한 관직에 진출하여 권력, 부, 그리고 위신을 한꺼번에 차지하여 중국의 양반들보다 훨씬 오래 특권을 누렸다. 게다가, 한국의 상속 패턴은 가문의 가장 큰 몫을 장남에게 주어, 시간이 지나도 가문의 부富를 유지하는 것을 가능하게 했다.

일본인들과 달리 한국인들은 전적으로 유교적 세계관에 경도되어 있었다. 특히 양반 엘리트들은 도덕적 완성을 통해 개인이 궁극적 진리에 도달할 수 있다고 가르치는 매우 경직되고 교조적인 형태의 성리학neo-Confucianism을 받아들였다. 이러한 이유로 조정의 관리들은 왕의 권위보다 우선하는 원칙에 따라 기꺼이 왕까지도 문책하고자 했다. 이러한 근본주의적인 사고는 개별 한국인들이 일본과 중국인보다 더 교조적이고 정통성에 집착하는 독단적인 성향이 있도록 만들었다.

유교적 이상에 대한 충성심이 한국의 조정 관리들로 하여금 서열이 높은 왕에게 도전하게 만들었다는 것은 아이러니하다. 이것은 조직적 정통성 - 특히 직속 상관에 대한 충성심이 강조되었던 일본과는 달리 한국은 이념적 정통성에 우선순위를 두었음을 나타낸다. 이것의 결과는 한국에서 정치적 갈등이 종종 이념적 논쟁의 형태를 취했고, 논쟁에서 승리하는 관점이 정통성을 갖게 됨을 의미한다. 대조적으로 일본에서는 옳고 그름이 조직적 위계에 의해 결정되었다. 다시 말해서, 갈등에 대한 일본의 접근법은 조직의 관점에서 해결하는 경향이 있고, 위계의 상위 계층, 즉 권력자의 의견을 존중했다. 그러나 한국에서 개인들은 왕과 대등하게 궁극적인 진실에 접근할 수 있다고 생각했기 때문에 조직 내의 상관에게 도전할 수 있다고 느꼈다. 이처럼 한국인들은 조직적으로 부과된 질서에 대한 긍정이 일본보다는 약한 경향이 있다고 말할 수 있다.

1　조선시대 과거급제자에 대한 심층적 연구는 「와그너 - 宋 文科榜目(문과방목) 프로젝트」가 있다. 이는 에드워드 와그너 前 하버드大 교수와 宋俊浩 전북대 명예교수가 조선시대 문과 급제자 1만4600여 명의 인맥지도를 만든 것이다. 이 프로젝트 결과의 일부가 두 권의 책으로 나왔다. 송준호·송만호, 『朝鮮時代 文科白書』 (上), 삼우반, 2008; 송만호, 『朝鮮時代文科白書』 (中), 조인출판사, 2017.

따라서 일본인들은 한국 정치에서 빈번히 발생하는 이념적 논쟁을 이해하기 어려워한다. 일본 사무라이들이 칼을 들고 싸운 것에 비해 한국인들은 종종 이념적 옳고 그름을 놓고 논쟁을 벌였다. 마찬가지로 한국인들은 왜 일본인들은 주어진 상황의 문제들을 독립적으로 검토하지 않고, 공식적으로 주어진 견해를 따르는 경향이 있는지 이해하는 데 어려움을 겪는다.

조선의 양반 개개인이 국가 권력의 중개 없이 세계 최고의 도덕적 원칙에 직접 접근할 수 있다는 생각은 몇 가지 중요한 정치적 결과를 낳았다. 첫째, 조선의 선비-양반 계급이 조선 국왕의 권위에 대항하는 균형추 구실을 하도록 허용했다. 조선의 국왕도 성리학의 가르침을 따라야 했기 때문에 조선의 양반들은 성리학의 가르침에 대한 이해를 바탕으로 국왕의 결정에 이의를 제기할 수 있었다. 따라서 조선 국왕의 권위는 중국 황제와 비교해 훨씬 약했다. 둘째, 지배 엘리트의 다양한 파벌 사이에서 벌어진 권력 투쟁은 종종 신유학이 규정하는 특정 의식儀式을 올바르게 해석하는 문제를 둘러싸고 벌어졌다. 이는 종종 정책적 문제에 사변적 논쟁을 끌어들여 심지어 도덕적 차원을 부여하는 결과를 초래했다.

셋째, 이러한 개인의 도덕성에 대한 강조는 이견이 발생할 때마다 정치적 타협이 이루어지기 어렵다는 것을 의미했다. 일단 정책적 이견이 도덕 윤리적 문제로 제시되면 타협을 통한 해결은 거의 불가능해진다. 넷째, 성리학에 힘입어 일부 유력 가문들은 대를 이어 부와 정치 권력, 사회적 위세를 누릴 수 있었다. 다섯째, 한국의 선비들은 자신들의 박식함을 주저 없이 표명하도록 요구받았다. 그 대신 그들에게 자신들의 신념에 반하는 말을 하도록 강요하면 안 되었다. 요컨대, 수련을 통해 궁극적 진리에 접근할 수 있다는 이러한 확신은 한국인들을 매우 개인주의적으로 만들고, 광범위한 문제에 대해 깊게 사유하도록 만들었다. 그 결과 한국에서는 중요한 정치적 쟁점에 대한 현실적 정보에 기초하여 합의를 끌어내는 것이 쉽지 않았다.

여섯째, 유교의 가르침이 지식에 대한 탐구와 사회적 실천을 분리하지 않기 때문에, 개인은 유교적 이상을 실현하려는 방법으로 벼슬을 의무처럼 생각했다. 그러나 관직에 오르는 것이 불가능한 것으로 판명되면, 선비들은 정치에서 완전히 손을 떼고 대신 학문적 수월성을 추구하는 데 집중해야 했다. 한국의 양반은 학문을 통한 수양을 기대했지만, 일본의 전통에서는 학문을 통해 자신을 발전시켜야 한다는 생각이 그다지 강조되지 않았다. 오직 한국에서만 학문을 통해 자신을 수양하는 것이 기대된다. 즉, 선비들은 지식인일 뿐만 아니라 사랑과 자비로 타인을 대하는 덕망 있는 사람들이라고 여겼다. 즉, 그들은 정치적 권력을 행사하는 것 이외에도 도덕적 우월과 신사적인 관념을 유지할 것이 요구되었다.

2. 세계관 world outlook : 천도天道와 현실 Practicality

광대한 제국을 경영한 경험 때문인지 중국은 천도天道라는 이념을 내세운 역사를 가지고 있다. 모든 인간이 따라야 할 보편적인 길 또는 도를 의미하는 이 이념은 지역, 경제, 민족과 관계없이 적용될 수 있는 통일된 이념을 제공함으로써 중국의 제국주의적 야망을 정당화했다. 그러나 중국 통치자들은 고대부터 어떤 이념이나 원칙도 모든 지역이나 사례에 엄격하게 적용될 수 없다는 것을 깨달았다. 즉, 추상적인 이념은 종종 매우 실용적인 방식으로 구체적인 상황에 적용되어야 한다. 이러한 이유로 중국은 유교나, 최근에는 마르크스 - 레닌주의 - 마오주의 사상과 같은 보편적 원칙을 따르면서도, 마오쩌둥의 '실천'을 의미하는 '시지안實踐'이나 덩샤오핑의 '시시구시實事求是', 즉 사실에서 진리를 찾는다는 가르침을 앞세우는 모습에서 볼 수 있듯이, 실용주의 경향을 동시에 발전시켜 왔다. 중국 집권당은 오늘날까지도 이념적으로 공산주의적 성향을 유지하고 있지만, 일부 정책은 한국보다 더 자본주의적 성향을 띠고 있다. 중국인이 아닌 사람들에게는 중국인들이 실용적인 이해관계를 면밀히 계산하여 행동하면서 거창한 이념을 내세워 공식적인 행동을 정당화하는 것이 모순적으로 보일 수 있다. 하지만 중국은 복잡하고 다양한 현실의 시시각각 변하는 상황에 대응해야 했던 경험을 바탕으로 원대한 철학적 세계관과 실용적 태도를 모두 포함하는 전통을 발전시켜 왔다.

반면 중국에서 유교 등 외국의 이데올로기를 수입한 한국은 큰 수정 없이 이를 수용하는 경향을 보여 왔다. 만주족이 대륙을 지배하던 시절 한국은 자신의 고유 관습과 조건을 무시하면서까지 성리학적 교리를 고수해 '작은 중국'이라고 스스로 불렀다. 이런 근본주의적 사고가 한국으로 하여금 정치적이든 종교적이든 외국의 이데올로기를 교조적으로 받아들이는 결과를 초래했다.

그러나 원칙에 대한 한국인의 집념이 항상 높은 이상에 기초한 것은 아니었고, 오히려 편협하게 정의된 사적 이익을 정당화하는 데 원칙이 자주 사용되었다. 성리학이 내세운 보편적 원칙은 한국인들이 자신의 이기적인 이익을 추구하는 것을 허용하지 않았기 때문에, 권력을 둘러싼 투쟁은 한국인의 사고방식에서 종종 이념 논쟁의 형태를 띠는 경우가 많았다. 따라서 지위와 이익에 대한 정당화는 보편적 원칙에 대한 논쟁의 형태로 포장되었다. 이씨 왕조에서 일어난 양반층 숙청은 유교적 의례의 올바른 형식(예를 들어 장자長子가 아닌 차자次子가 왕으로 즉위할 때 절을 한 번 할 것인지 두 번 할 것인지에 대한 논쟁)의 탈을 쓰고 이루어진 경우가 많다. 한국에서의 갈등을 도덕화하는 이러한 경향은 현대 한국 정치에도 이어져, 많은 현대 한국 정치인들이 자신의 견해가 근본적으로 옳다는 신념에 따라 타협을 거부한다. 제2차 세계대전 이후 한국에서 약 400개의 정당이 등장했다가 사라진 것은 놀라운 일이 아니다. 아이러니하게도, 현대의 북한은 사회주의라는 거창하고 추상적인 이상을 내세워 김씨 일가가 모든 정치 권력을 독점하고 3대에 걸친 봉건적 세습을 이어가고 있는 반면, 일반 주민들은 끼니를 잇는 것조차 어려운 경우가 많다.

이러한 독단주의적 경향은 타인의 관점에서 문제를 바라보는 것을 등한시하고 자기중심적인 관점에서 사고하는 한국인의 습관을 더욱 공고히 하는 역할을 하기도 했다. 즉, 한국인들은 "나의 신조와 원칙은 정통이고, 당신의 것은 이단이다."라고 믿는 경우가 압도적이다. 따라서 한국인들은 일본이나 중국 사람들보다 더 독선적인 경향이 있다. 흥미롭게도, 뒤에서 다시 언급하겠지만, 이러한 특징적인 사고방식이 한국인들이 중국 주변부에서 정치적 독립성을 지킬 수 있었던 유일한 방법이었을 수도 있다는 주장이 존재한다.

한국이 "정통주의"에 집착했다면 일본의 지적知的 전통은 철학적 질문이나 이론적 질문보다는 세속적 관행에 더 큰 관심을 기울이는 경향이 있었다. 역사적으로 추상적 개념을 한자漢字에 의존해서 표현해온 일본은 특정 이념에, 그것이 자생적이든 외국의 것이든 상관없이, 결코 체계적으로 빠져들지 않았다. 일본이 '비축 문명국non-axial civilization'이라고 보는 학계의 견해는 일본에는 모든 것을 포괄하는 하나의 절대 원칙이 없었음을 지적한다. 그 역사를 통틀어 일본은 자신의 행동이나 제도를 정당화하고 통치하기 위한 정교한 이념적 원칙을 개발한 적이 거의 없었다.

일본인 학자 나카무라中村元가 지적하듯이, 일본인 사고방식의 특징 중 하나는 "절대자는 우리가 몸담은 현실에 존재하기 때문에" 현실을 있는 그대로 받아들이려는 의지이다.[2] 그 결과, 일본인들은 경험 세계에 자신들의 견해를 강요하는 대신 그것에 더욱 주의를 기울이게 되었다. 따라서 일본에서는 권력 관계의 논리를 정당화하기 위한 정교한 이념이 필요하지 않았다. 널리 쓰이는 "might makes right"[3]는 관용어는 일본의 이러한 사고방식을 포착하는 데 큰 도움이 된다. 이러한 상황의 당연한 귀결처럼 일본의 신화에는 힘에 대한 강한 감탄이 녹아있다. 따라서 일본의 전통은 일종의 원칙 없는 실용주의로 특징지어질 수 있겠다. 이와 같은 실용주의적 특성은 경제적 성공을 일생에 성취해야 할 중요 목표로 받아들이도록 작용한다.

한국인의 '정통성'에 대한 집착으로 인해 한국에서는 기본적인 정신적 토대를 포함한 외국 사상을 전체적으로 수용했다면, 일본의 실용주의는 외국 사상을 선택적으로 받아들였다는 것을 의미한다. 일본인은 외국 이데올로기의 실용적 효용성이 있는 부분만 받아들이고 보편적 원칙에 대한 근본적인 주장은 거부하는 경향이 있다. 그 결과, 일본 고유의 관습과 전통은 수입된 사상과 제도에 대한 표면적인 의존에도 불구하고 현대 일본 사회에서 강력한 저류로 남아 있다. 이 때문에 일부 학자들은 일본 문화를 "병치 문화 juxtaposing culture"라고 부르기도 한다.[4]

---

[2] Nakamura, Hajime, *Ways of Thinking of Eastern Peoples : India, Tibet, Japan*, University of Hawaii Press, 1964.
[3] 14세기 영국 문헌에 나오는 문구 might is right에서 유래한 관용어. "권력자, 힘 있는 자가 옳다", 즉 "힘이 정의다"라는 뜻을 함축한다(What is right or wrong is determined by power and strength; power justifies itself).
[4] Perniola, Mario, "The Japanese juxtaposition", *European Review* 14(1), 2006, pp. 129~134을 참조할

게다가 성공적으로 수입된 중국 문화와 지적 전통의 측면은 일반 일본인의 일상생활에 거의 영향을 미치지 않았다. 따라서 일본은 중국의 지적 주장에 대해서는 알고 있었지만, 일반 중국인의 실제 관행에 대해서는 매우 무지한 형편이었다. 예를 들어, 중국에서 행한 일곱 가지 유형의 사람을 가족에서 추방하는 것은 일본의 결혼 제도 및 배우자 관계와 일치하지 않는 것이었다. 게다가 일본에서는 주군에 대한 충성이 부모에 대한 효도보다 우선시되는 경우가 많았다. 일본 역사에는 아버지가 아들을 죽이거나 아들의 배신으로 아버지가 죽임을 당하는 이야기가 많다. 마찬가지로 아버지와 아들, 형제가 서로 다른 영주를 섬기다가 전쟁에서 서로 반대편에서 싸우게 된 사례도 많이 존재한다. 이는 한국이나 중국에서는 상상할 수 없는 상황이다.

한국의 유교와 일본의 유교를 직접 비교한 저술로 황병태의 『유학과 현대화』를 들 수 있다.[5] 황 교수에 따르면, 조선 시대 한국의 유교는 중국과 일본에서 행해졌던 유교와 상당히 달랐다. 한국의 학자들은 본래 유교의 실천적인 지혜를 완전히 무시한 채, 송대宋代 성리학의 형이상학적이고 철학적인 주장만을 고수했다. 게다가, 성리학은 중국과 일본에서 유학의 많은 학파 중 하나에 불과했던 반면, 조선에서는 왕조의 공식적인 통치윤리가 되었고, 따라서 지역 양반 계급의 사회적인 이념이 되었다. 일본 유교의 특징으로는 사승師承 관계와 지역에 따른 여러 학파가 출현한 점이다. 이를테면 교토 학파京都學派, 카니시 학파海西學派, 카이난 학파海南學派, 오사카 학파大阪學派, 미토 학파水戶學派 등이 있었다.

유교화된 조선 왕조의 정치와 사회에서 유교는 정권의 정치적 목적이나 당시의 사회적 필요에 부응하기 위한 일련의 도구적이고 기술적인 가르침과 교리로서 존재한 것이 아니라 정치 권력과 사회적 지위를 위한 도구가 되었다. 신유학의 특정 분파, 즉 주자학파 본래의 순수한 형태를 보존하는 것은 양반들의 책임이 되었고, 대부분의 조선 유학자들

것. 일본의 이러한 병치 현상은 일본 사회가 심각한 종교 갈등이나 이념 투쟁적인 혁명을 겪지 않도록 작용했다.
5 황병태, 『儒學과 現代化 : 韓, 中, 日 儒學思想의 比較』, 宇石出版社, 2001.

은 주자학파의 가르침 이외의 다른 학문을 고려하는 것을 신성 모독으로 여겼다. 이 때문에 주희朱熹의 신유학은 더는 국가의 후원에 의존하지 않아도 지배적인 지위가 유지될 수 있는 자급 자족적인 문화로 자리 잡았다.

구체적인 현실 상황을 고려하지 않고 추상적인 원리로 사고하는 한국의 경향과 대조적으로 일본은 종교에 대한 태도에서도 실용성에 집착하는 경향이 있다. 그래서 일본에는 사문난적斯文亂賊[6]으로 상대방을 몰아 처단하는 사건 따위가 발생하지 않았다.

또한, 일본인은 종교의 교리적인 측면에 관심을 덜 기울이는 경향이 있기 때문에 많은 종교의 특징인 배타성에 대한 주장에 집착하지 않았다. 한국과 달리 일본에서는 기독교인들도 불교 사찰에 가서 기도를 드린다. 일본의 총무성이 2021년 2월 1일 발표한 일본의 총인구는 1억 2,562만 명인데 2020년 12월 22일 일본의 문부과학성이 공개한 종교인구는 1억 8,310만 명이다. 이렇게 실제 인구보다 종교인구가 더 많은 이유는 많은 일본인이 스스로를 두 가지 종교 전통(대부분 불교와 신도)에 속해 있다고 생각하기 때문이다. 이러한 실용주의적 태도는 일본의 천황제를 뒷받침하기 위해 "신도神道를 근본으로 받아들이고 불교를 부수적으로 발전시키며 유교의 의식을 장려해야 현실적인 번영을 누릴 수 있다"라는 이론을 발전시킨 쇼토쿠 태자聖德太子의 다양한 종교적 전통을 결합하려는 시도에서 그 유래를 찾아볼 수 있을 것이다.[7]

사후세계에 초점을 맞춘 다른 종교들과 달리, 일본의 대표적인 종교인 신도神道는 이승에서의 삶을 가장 중요한 것으로 간주하고 사후에 무슨 일이 일어나는지에 대한 문제를 다루지도 못한다(2021년 일본 문부과학성 자료 기준, 신도는 약 8,900만, 불교가 약 8,500만, 기독교는 약 190만 명을 차지한다. 그 외 인구의 약 5% 내외가 기타 종교로 분류된다). 이러한 사고방식은 심지어 불교 교리에 대한 일본의 해석을 등장시켰다. 일본 불교의 모든 종파는 모두가 이승에서 위대한 각성을 이룰 수 있고, 부처의 지위에 이를 수 있다고 믿는다. 그러므로

---

6 주자의 가르침인 성리학의 해석을 벗어난 학설을 펼치는 사람을 비방할 때 사용되던 멸칭이다.
7 쇼토쿠 태자는 서기 604년에 17개 조항으로 구성된 헌법을 만드는 데 기여한 것으로 가장 유명하다. 이 문서는 유교와 불교의 가치와 천황의 신성한 권위를 강조하면서 좋은 통치를 위한 원칙을 설명했다. 또한, 일본 사회의 평화와 화합을 도모하는 것을 목표로 했다.

일본인들의 실용적인 태도는 그들이 긍정적인 방식으로 현실을 받아들이도록 작용한다. 그들은 인간에 대한 사랑을 강조하면서 인간의 필요를 자연스러운 것으로 받아들이고 있다.

3. 지리적 특성

한국과 일본의 제도적 기반(템플릿)에 대한 중요한 차이점, 예를 들어 정통성에 대한 한국의 집착과 일본의 실용성 강조 경향, 혹은 어떤 권력을 성취했든 받아들이려는 일본의 의지와 반대로 한국의 명분과 정당성에 대한 집착에 대한 설명을 모색할 때, 두 나라의 지리학적 특성은 몇 가지 흥미로운 가능성을 제공한다.

한국의 역사를 통틀어, 지리학적 특성은 한국의 정치적 운명에 커다란 영향을 끼쳐왔다. 반도국가인 한국은 중국에 직접 맞닿아 있어서, 한국은 일본보다 훨씬 더 직접적이고 강력하게 중국의 영향을 받을 수밖에 없었다. 중국 대륙에서 왕조가 바뀔 때마다, 중국의 새로운 통치자들은 그들의 한반도에 대한 영향력을 유지하려고 시도하곤 했다. 그러한 시도는 여러 차례 침략의 형태로 나타났다. 일본의 경우는, 13세기 말 당시 몽골의 통치 아래에 있던 중국이 일본 침략에 나선 적이 딱 번 있었는데, 갑작스러운 폭풍(가미카제 カミカゼ, 神風)에 의해 좌절되었다. 그렇다면, 일본과 달리, 한국인들은 중국의 문화적 영향에 관한 한 상대적으로 선택의 여지가 적었다고 보는 것이 타당할 것이다.

그 결과, 한국은 항상 중국의 어떤 왕조와도 규칙적이고, 지속적이며, 친밀한 공식적인 교류를 유지했다. 중국 조정에 공물을 바치고, 외교 사절을 정기적으로 파견함으로써, 한국은 중국 문명의 핵심적인 구성원으로 인식될 수 있었다. 따라서 한국은 중국의 발달한 문화와 정치, 사회 제도를 채택함으로써 중국의 국력에 상대가 되지 않음에도 불구하고 독립적인 정치적 독립체로 살아남을 수 있었다.

그러나 중국의 논리를 내세워 한국의 자주성과 독립성 유지의 중요성을 설득하는 것이 항상 통하는 것은 아니었고, 중국은 주기적으로 막강한 군사력을 동원해 한국을 굴복시키곤 했다. 한국인에게서 발견되는 독특한 정서인 '한恨'이라는 개념은 아마도 천도天道라는 보편적 원칙을 믿으면서도 중국으로부터 부당한 대우를 받는 아이러니한 상황이 원인을 제공했다고 볼 수 있다. '한'은 일반적으로 '남아 있는 슬픔과 풀리지 않는 분노'로 풀이되는데, 천도가 존재함에도 불의가 자행되었다는 슬픈 깨달음이 '한'이라는 정서와 연관이 있어 보인다. 또한 어떻게든 이 부당함이 궁극적으로 바로잡힐 것이라는 끈질긴 희망을 표현하기도 한다. 이런 의미에서 '한'은 한국인의 현실 부정의 또 다른 표현이라고 할 수 있겠다.

이러한 한국인의 한恨 개념은 권력 관계에 따라 결정된 결과를 쉽게 받아들이는 일본인의 태도와는 상당히 다르다. 무사 계급의 칼에 의해 엄격하게 통제되는 사회 질서 속에서 살았던 일본인에게 어떤 결정이 천도에 부합하는지 아닌지에 따라 그 옳고 그름을 따지는 것은 의미가 없는 일이었고, 부당한 결정에 항의하는 유일한 방법은 자살뿐이었다.

일본 학자들에 따르면 지리적 요인은 한국보다 일본의 문화적 특성을 형성하고 발전시키는 데에 훨씬 더 결정적인 역할을 해왔다. 바다를 사이에 두고 중국 대륙과 분리된 일본은 중국에 외교 사절을 보내는 경우가 흔치 않았고, 그러한 일이 있다면 그것은 일본의 국내 정치 상황과 관련이 있었다. 마찬가지로 중국도 간헐적으로 일본과 관계를 맺고 있을 뿐이었다. 그 결과 일본의 통치자들은 외부의 개입이나 정교한 이념적 정당성의 필요성을 크게 느끼지 않는 가운데 힘을 발휘할 수 있었다.

불교와 한자를 포함한 중국 문명은 4세기경 한국을 통해 일본에 처음 들어왔으며, 당나라 시대에는 일본이 중국과 직접적인 문화 교류를 발전시켜 일본 불교 승려들이 해로를 통해 대륙으로 직접 건너가기도 했다. 그러나 일본은 아시아 대륙으로부터 지리적으로 고립되어 있었기 때문에 중국 문화의 선택적 수입이 가능했고, 또한 수입한 외국의 관습을 일본의 고유한 상황에 맞게 자유롭게 조정할 수 있었다. 일본이 자국의 현실적 필요에 따라 외국의 문화, 사상, 제도를 선택적으로 수입하여 성공한 사례는 일본이 근대 국민국가로 변모한 19세기 이래 미국이 일본을 점령한 제2차 세계대전 이후, 그리고 오늘날까지 이어지고 있다.

4. 권위, 교환 및 네트워크

1) 권위

권위 관계는 정치뿐만 아니라 경제와 사회 영역에서도 가장 널리 퍼져 있는 인간 상호작용 방식임이 틀림없다. 그러나 권위 관계가 작동하는 영역의 범위, 상사와 부하직원 사이에 존재하는 관계의 종류, 권위 관계가 제도화된 정도 등 권위 관계의 측면은 국가마다 다르다.

일본의 권위 관계는 공식적이든 비공식적이든 권위가 상호 호혜의 사회적 규범에 따라 규제된다는 점에서 고도로 제도화되어 있는 경향이 있다. 따라서 일본의 권위 관계에 존재하는 교환의 요소를 쉽게 관찰할 수 있는데, 즉 상급자는 하급자의 이익을 돌볼 책임이 있고, 하급자는 자신에게 주어진 임무를 성실히 수행해야 한다. 로날드 도어 Dore, Ronald P.에 따르면, 일본의 권위 관계는 국가 관료 조직이나 현대 기업, 메이지 유신 이전의 봉건적 영지領地 등 공식적인 조직 내에서 이루어지든 그렇지 않든 계약관계에 기반하는 것이 보통이다. 사무라이와 영주 간의 관계도 상호의무를 강조하는 계약 관계였다.[8]

이와 대조적으로, 한국의 권위 관계는 훨씬 덜 제도화되고 훨씬 더 개인적인 경향이 있고, 권위는 그것을 누리는 사람의 인격에 따라 달리 행사된다. 따라서 권위는 개인의 권력과 매우 유사하고, 자주 그 권력의 적용을 받는 사람들의 이익에 대한 고려 없이 자의적인 방식으로 사용된다. 한국에서도 겉으로는 권위를 행사하는 사람들이 그들의 부하의 필요를 고려해야 한다고 말하지만, 실제의 상황은 그와는 사뭇 다르다. 즉, 한국은 상관의 권위남용에 대한 제약이 허술한 상태에서 권위가 위에서 아래로 내려가는 하향식 구조를 갖는다.

이상의 이유로 상관과 부하의 상호의무감은 일본이 강하고 한국이 가장 약하다. 그

---

[8] Dore, Ronald P., *City Life in Japan : A Study of a Tokyo Ward*, Routledge, 1999.

결과 부하의 상관에 대한 충성심도 한국이 일본보다 훨씬 약하다. 한국의 권위는 중국이나 일본과 비교해 개인적인 성향이 강하므로, 권위에 대한 내적 저항과 반감은 다른 나라에 비해 한국이 더 강할 수도 있다.

한국과 중국에서는 권위가 모두의 이익을 위한 것으로 표현되기를 좋아하며, 공식적 권위와 비공식적 권위의 구분이 매우 명확하다. 한국에서는 기업 내 위계질서 등 민간 부문의 권위 관계가 국가 기관의 공식적이고 관료적인 스타일로 운영되는 경우가 많다. 반면, 중국인들은 현재 '소프트 파워'에 대한 긍정적 인식이 확산되어있기에 부하 직원을 대할 때 보다 유연하고 비공식적이며 덜 관료적인 경향을 보인다. 또한, 중국에는 평등주의에 대한 강한 인식과 함께 부하 직원 내면의 감정을 통제할 수 없다는 생각이 존재한다. 이로 인해 상사와 부하 직원 간의 관계가 더 호의적이다.

일본에서의 상하 관계(권위 관계)는 상급자가 하급자의 이익을 돌볼 의무가 있다는 점에서 계약관계에 가깝다. 하지만 이는 상관의 개별적인 특성이나 행동에 근거한 계약이 아니다. 오히려 부하와 상관의 지위 또는 역할에 따른 일반적인 계약이다.

인류학자 지에 나카네中根千枝에 따르면, 일본의 계층적 조직은 직업이나 기술과 같은 개인적 속성이 아니라 자신이 속한 집단의 유형을 정의하는 '프레임'에 따라 이루어진다.[9] 예를 들어 실크 노동자의 경우, 프레임은 '실크'나 '노동자'가 아니라 그 노동자가 고용된 회사가 된다. 이는 그 사람에게 의미 있고 중요한 집단을 구성하는 것은 고용주가 된다는 의미이다. 따라서 일본인은 다양한 기준으로 정의할 수 있는 여러 집단에 속해 있지만, 가장 큰 충성심과 관심을 요구하는 집단은 회사라는 프레임인 것이다.

일본은 보편적 원리에 중점을 두지 않기 때문에, 옳고 그름은 대신 사회 규범에 의해 규정된다. 예를 들어, 전통적인 일본의 제도는 사무라이와 그의 영주, 영주와 그들의 다이묘, 다이묘와 쇼군과 같은 우월하고 종속적인 관계의 층으로 구성된다. 각각의 경우, 충성은 자신의 직속 상관과 고위직을 향한다. 위계적인 관계의 층에서 더 높은 지위를 가진 사람은 그 아래층에 있는 사람에 대한 권위를 가진다. 따라서 사무라이는 보통

---

9   Nakane, Chie, *Japanese Society*, Center for Japanese Studies, UC Berkeley, 1972.

사람들에게는 권위의 인물이 되고, 사무라이에게는 그의 주인이 권위를 나타내며, 사무라이의 주인에게는 다이묘가 주장하는 것은 무엇이든 따라야 한다. 전통적인 일본에서의 최상위의 권위는 쇼군이나 천황에게 있다.

반면 한국에서는 충성이란 오로지 공식적인 권위의 수장, 즉 국왕에 대한 충성만을 의미한다. 국왕의 권위를 대변하는 관료에 대한 충성심이나 공식적인 위계질서에서 직속 상관에 대한 충성심은 강조된 적이 없다. 이는 한국의 조직 위계질서를 약화시키는 원인이 되었다고 할 수 있고, 반면 일본에서는 권력 관계를 있는 그대로 받아들이는 경향이 조직 위계질서에 정당성을 부여했다고 할 수 있다. 당연히 일본의 권위 관계는 한국이나 중국과 비교해 안정적으로 이루어져 왔다. 이에 대한 추가적인 증거로는 중국과 한국에서는 수많은 왕조의 교체가 있었음에 반해 일본 천황 가문은 교체없이 안정적으로 유지되어왔음을 들 수 있다.

권위 관계는 공적 영역뿐만 아니라 사적 영역에서도 작동한다. 특히 한국인들은 사적 영역과 관련된 정교한 위계 체계를 가지고 있다. 예를 들어, 한국인은 친족 관계에 따라 서열이 명확하게 정해져 있으며, 이러한 서열은 이름에서도 드러나는데, 일반적으로 같은 세대의 모든 친족이 공유하는 한 글자가 포함된다. 한국인들은 같은 세대에 속한 친척들 사이에서 먼 삼촌, 직계 삼촌, 외삼촌, 조카, 직계 조카, 먼 조카, 형제, 친형제, 먼 형제 등의 용어를 사용하여 친밀감의 정도를 구분한다.

중국인들도 마찬가지로 공公과 사私를 구분한다. 공적인 영역은 첫째, 국가의 공식적 권위와 국가의 공식적 이념으로 대표된다. 중국 전통의 유교는 모든 중국인의 공공의 이익을 위해 작동하는 것으로 여겨지지만, 이러한 규칙 중 일부는 개인의 사적인 문제도 정의한다. 반면에 사적인 영역은 개인의 이익을 중심으로 이루어진다. 가족과 우정은 사적 영역에 속하며, 공동체의 이익에 영향을 미치는 일은 공적 영역으로 간주된다.

중국인들의 신분 상승에 대한 열망은 한국인과 비슷해 보이지만, 그들은 실질적인 이득을 추구하기 위해 신분 상승을 추구하는 경향이 있다. 학력이나 부의 정도, 도시 거주자와 농촌 거주자 등 다양한 사회 집단 간의 격차가 한국보다 중국에서 훨씬 더 크다는 사실은 중국인의 사회적 사다리에 더 높이 오르고자 하는 열망이 한국보다 덜

첨예하다는 것을 시사해준다.

권력을 행사하기 위해서는 공식적인 지위를 갖는 것이 중요하기 때문에 중국에서는 공식적인 권력과 비공식적인 권력의 구분이 매우 명확하다. 예를 들어, 중국 기업이나 기관에서 직위를 잃으면 영향력을 거의 행사할 수 없게 된다. 한국에서는 비공식 권력이 존재할 경우 공식 권력이 비공식 권력에 우선하며, 비공식 권력은 공식 권력의 강력한 영향력 때문에 오랫동안 존재 할 수 없다. 그 결과 한국에서는 공식적 권위를 차지하기 위한 경쟁이 치열하다.

2) 교환

지난 2천 년 동안 진화해온 유교는 다양하고 모순되는 많은 사상을 포함하게 되었는데, 그중 일부 사상들은 분명히 서양의 자본주의 윤리와 반대되는 것들이다. 일부 학자들은 동아시아가 경제를 발전시키지 못한 과거의 실패를 유교의 탓으로 돌리고 있다. 유교는 이익利을 경시하면서, 의義를 가장 중시하였다. 결과적으로 상인과 상업은 경시되었고, 군자나 선비들은 도덕적 정직성과 의義에 대한 헌신으로 이상화되었다. 유교의 가르침에 대한 정통적인 견해는 중국과 한국에서는 매우 진지하게 받아들여졌지만, 일본에서는 그렇지 않았다.

그런데도 유교는 경제 성장에 도움이 된다고 여겨질 만한 요소들도 포함하고 있다. 예를 들어, 유교의 세속적 성취, 근면, 검소, 훈육, 교육에의 헌신 등은 막스 베버가 서양 자본주의를 발전시키는 데 결정적인 역할을 한 개신교 직업윤리의 측면들이라고 묘사한 요소들과 유사하다.

따라서 정통 유교 가르침의 영향이 상대적으로 적고 상호주의가 강하게 강조된 일본에서 교류 관계가 가장 발달한 것은 놀라운 일이 아니다. 이러한 교류 관계는 일본의 상업화된 경제 발전을 촉진했을 뿐만 아니라 일본의 권위와 네트워크 관계에도 큰 발자취를 남겼다.

일본은 역사적으로 세 나라 중에서 상업화의 진전에 가장 앞서있었다. 에도시대江戶時代 중기인 1715년까지 인구 40만 명의 오사카는 세계에서 가장 상업화된 도시였다. "세계의 부엌"이라고 알려진 오사카는 5,655개의 도매상점을 자랑했다. 그리고 도쿠가와시대 후반까지 무사 계급의 많은 구성원이 상인 계급에 빚을 지고 있었다.[10]

많은 사람은 이러한 상업화와 상인 계급의 증가를 지방의 다이묘들이 쇼군에게 조공을 바치기 위해 에도로 여행하도록 요구한 일본의 중앙집권적인 봉건제도의 결과로 본다. 한편, 상인들은 다이묘들의 영지에서 다이묘의 생필품을 조달하는 역할을 맡았다. 비록 사무라이 계급은 사회 계층의 최상위에 있었지만, 많은 이들은 재정적으로 상인들의 부富에 의존했다. 이러한 관계는 종종 사무라이가 상인들의 딸과 결혼할 때 더욱 공고해졌다. 우리가 나중의 장에서 살펴보겠지만, 이러한 상인 가문의 전통은 메이지 유신 이후의 시기에 일본이 효과적인 기업 비즈니스 구조를 발전시키는 데 큰 도움이 되었다.

상업에 대한 중국의 전통적인 유교적 경멸에도 불구하고 중국 경제는 한국보다 훨씬 더 상업화되어 있었다. 한국에서는 성리학적 가르침이 실용적인 측면을 크게 고려하지 않고 엄격하게 시행되었다. 이에 반해 중국의 유가 사상가들은 보다 실용적인 세계관을 가진 경향이 있었다. 예를 들어, 중국 역사학의 창시자로 알려진 사마천司馬遷은 이기심이 상업의 동기를 부여하고, 이는 결국 공익의 증진으로 이어진다고 주장했다. 그의 글은 중국인의 행동을 특징짓는다고 할 수 있는 실용적 현실주의, 즉 희망적 사고보다는 경험적 세계에 대한 실제 관찰에 기반한 현실을 생생하게 포착하고 있다. 이러한 사고방식은 결과적으로 중국에서 상업화가 진전되는 데 역할을 했다. 실제로 중국은 거대한 대륙이고 지역 특산품을 생산하는 지역이 많아서 역사적으로 오래전부터 상품과 상품에 대한 교환 시스템이 존재해왔다. 그 증거 중 하나는 중국의 상인을 지방 상인의 다양한 특성에 따라 분류하는 이야기들이다. 예컨대, 상하이上海 상인들은 자신에게 돈 한 푼 없어도 빌린 돈으로 호화롭게 살면서 자신의 부를 자랑하기를 좋아한다고 여겨진다.

---

10 McClain, James L. and Osamu Wakita eds., *Osaka, the Merchant's Capital of Early Modern Japan*, Cornell University Press, 1999.

반면 푸젠성福建省 상인들은 부유한 경우가 많지만, 재정적으로 보수적이기 때문에 자신의 재정 능력 범위 내에서만 새로운 사업을 시작한다고 평이 나 있다. 윌리엄 스키너 Skinner, G. William에 따르면, 중국의 모든 마을은 더 큰 행정 단위와 연결될 수 있는 상업적 교류 네트워크를 형성했고, 결국에는 중국 제국 전체와 연결될 수 있었다고 한다. 또한, 중국에서는 상품, 특히 쌀과 소금의 운송을 쉽게 하려고 수많은 운하가 건설되었다.[11]

중국 상인들은 유교적 덕목을 상업 윤리와 결합시키는 데 능숙했다. 한 고전적인 가르침은 상인들이 높은 도덕 기준을 지키고 타인을 진심으로 신뢰하며 대함으로써 신사의 덕목을 실천해야 한다고 강조한다. 그런 책들은 또한 상인들에게 정치 권력과의 관계를 긴밀하게 유지하라고 조언한다. 중국 조정은 필요한 물자를 공급하고 소금과 같은 필수품을 유통하기 위해 상인들에게 의존했다. 결과적으로 상업은 상공회의소나 제조업계를 통해 국가의 철저한 통제를 받았다. 따라서 중국에서 상인 계급이 일본보다 정치 권력과 훨씬 더 밀접한 관계를 맺은 것은 놀라운 일이 아니다.

중국에서 상업과 정치 권력의 밀접한 관계는 19세기 양무운동洋務運動[12] 기간에도 상인들에 대한 공식적인 감독과 관리로 이어졌다. 마오쩌둥주의 계획경제도 국가가 경제를 통제하는 이러한 전통의 연장선에 있다고 해석할 수 있다. 마찬가지로, 기업의 국유화 현상도 이와 같은 흐름의 또 다른 표현이다.

한국에서의 권위 관계는 호혜성을 거의 수반하지 않은 상명하복의 관계인 것처럼, 한국의 인맥 관계에서는 대등한 교환이 가장 적게 관찰된다. 대신 한국의 인적 네트워크는 정서적 애착, 즉 정情에서 비롯된 의무에 기반을 두고 있다. 여기에 사회의 가치와 규범을 엄격하게 통제하고 심지어 사회 의례까지 성리학적 가르침에 부합하도록 통제하

---

11 Skinner, G. William, *Marketing and Social Structure in Rural China*, Association for Asian Studies, Inc., 2001.
12 19세기 후반, 청나라 말기에 관료들의 주도로 이루어졌던 근대화 운동으로 서양문물을 수용하여 부국강병을 이루려 하였다. 유럽 근대기술의 도입으로 봉건체제를 유지하고 보강하려 했던 청나라의 자강 운동(自強運動)이다.

는 중앙집권적 정치 체제가 더해져 한국에서의 상업 발달을 어렵게 만들었다. 그 결과 한국은 세 나라 중 상업적으로 가장 덜 발달한 나라였다.

1904년 러일전쟁 당시 종군기자로 부산에서 만주로 건너간 잭 런던London, Jack은 조선 왕조의 낙후된 상업 상태에 놀라움을 금치 못했다. 그러던 그가 목격한 중국은 확연히 달랐다. 즉 그는 만주에 들어가자마자 "필요한 모든 것을 살 수 있다."라는 기사를 내보냈다.[13] 성리학의 압도적인 영향과 더불어 독단적인 한국인의 성향도 전통적으로 한국의 상업주의가 발달하지 못한 데 영향을 미쳤을 것이다. 또한, 일본과 중국과 비교해 한국의 규모가 작았기 때문에 한국의 각 지역은 자급자족하는 경제 단위로 유지되기가 쉬웠다.

3) 네트워크

"네트워크"는 넓은 의미로 소통 채널을 의미하며 개방형 시스템과 폐쇄형 시스템으로 나눌 수 있다. 한-중-일 3국 중에서 권위와 교류에 관련된 네트워크의 중요성은 중국과 한국에서 가장 두드러지고, 일본의 상호작용 패턴에서 네트워크의 역할은 미미한 경향이 있는데, 이는 일본에서의 대인관계는 상대적으로 그 밀착성이 낮기 때문이다. 일반적으로 한국과 중국의 네트워크는 개인 대 개인의 관계에서 발견되는 반면, 일본에서는 강력한 네트워크가 기업 대 기업 사이에 존재한다. 한국과 중국에서 네트워크는 독립적인 인간 상호작용 방식을 특징지을 뿐만 아니라 계층구조의 작동과 교류에도 침투해 있다.

하지만 중국에서 운영되는 사회적 네트워크(인맥)의 유형인 '관시關係'는 한국의 인맥 시스템인 '연줄'과는 상당히 다르다. 한국에서 연줄은 학교, 가족, 지역 연고 등 한 사람이 다른 사람과 공유할 수 있는 특수한 속성에 기초한다. 즉, 한국의 연줄이라는 폐쇄적인 네트워크의 구성원은 각 개인이 통제할 수 없는 속성에 의해 미리 결정되는 특성을

---

13 London, Jack, "The high seat of abundance", *Collier's Magazine*, 1905.

갖는다. 이와 대조적으로 중국의 인간관계 네트워크(관시)는 공유된 속성에 의해 미리 결정되지 않는다. 중국의 인맥은 수시로 형성되며 더 실용적인 기능을 하는 경향이 있다. 즉, 특정한 사회적 이익을 위해 개인이 의도적으로 형성하는 것이다. 따라서 같은 조직 환경에서 함께 일하는 어떤 인간관계도 공리주의적 목적에 부합하는 관시 네트워크로 발전할 수 있다. 관시 네트워크에서의 지속적인 상호작용을 통해, 장기적인 신뢰가 형성될 수 있으며, 그 시점에서 진정한 인간적인 호불호가 개입될 수 있다. 요약하자면, 중국의 관시는 한국보다 더 보편적이고 다기능적인 경향을 보인다. 반면 한국에서는 연줄이 중국처럼 의도적으로 형성되는 예도 있지만, 미리 주어진 환경에 의해 형성되는 경우가 많으므로, 개인의 노력으로 형성되는 경우가 적다.

일본에서는 앞서 언급한 바와 같이 사회적 네트워크(인맥)는 개인을 다른 개인과 연결하기보다는 하나의 "프레임" - 예를 들어, 법인 - 을 다른 "프레임"에 연결하는 경향이 있다. 그러나 한국에서는 혈연관계에 기반한 인맥은 전적으로 혈연에만 머물러 있다. 이것은 일본에서는 가족이라는 개념에 핏줄을 나누지 않은 사람들도 포함될 수 있지만, 한국에서는 이것이 절대로 받아들여지지 않는다는 것을 의미한다. 마찬가지로 한국에서는 혈연관계에 있는 조상에 대해서만 제사를 올릴 수 있다는 점이 일본과 다르다.

네트워크의 강도와 상대적 중요성은 대인관계의 패턴과도 밀접한 상관관계가 있는 것으로 나타난다. 지적한 바와 같이, 한국에서의 대인관계는 일본과 중국에 비교해서 더욱더 두터운 경향이 있는데, 이는 한국인들 사이에는 타인에게 자신을 노출하는 것이 진정한 인간의 충동이라는 생각이 널리 퍼져 있기 때문이다. 성리학이 인간관계의 의례화를 강조하는 경향이 있음에도 불구하고, 한국인들은 종종 자신의 감정을 사회적 상호작용에 더 기꺼이 개입시키는 경향이 있다.

이러한 대인관계의 차이로 인해 일본과 한국의 인간관계가 조직되는 방식에 중요한 차이가 생겼다. 사회적 규범에 의해 여과되지 않은 감정의 공유는 한국에서 강력한 네트워크를 형성하는 경향이 있으며, 이는 종종 권위와 교류의 작동에 개입한다. 예를 들어 일본에서는 도요타 본사가 도요타 게이레츠(係列)의 일부인 자동차 부품회사와 밀접한 관계를 맺고 있을 수는 있지만, 두 회사의 리더가 개인적인 친구가 될 가능성은 희박하다. 하지만 한국에서는 개별 기업이 독자적인 아이덴티티를 개발하지 않는 경향이 있다. 그러다 보니 기업을 운영하는 사람이라면 누구든 함께 일하는 다른 기업의 경영자와 개인적인 관계를 발전시켜야 한다. 두 회사 경영진의 개인적 관계를 생각하지 않고는 한국 기업 간의 긴밀한 관계를 상상하기 어렵다.

일본인들은 한국인들이 정情이라고 표현하는 그런 감정을 가지고 있지 않은 경향이 있다. 한국인들에게 있어서, 가장 가까운 친구들에게도 내면의 감정을 숨기려는 일본인들의 성향은 매우 짜증 나는 일로 여겨진다. 한국인들의 일본에 대한 글은 일상적인 대인관계에서 인간적인 감정이 부족하다고 생각하는 것을 자주 드러낸다. 예를 들면, 일본에서 같은 식당에 몇 년 동안 다녀 단골이 되었다고 생각한 한국인은 항상 똑같은 인사로 그를 맞이하는 일본인 사장에 대해 정情이 없다고 불평을 한다. 왜냐하면, 한국에서라면 수년에 걸쳐 단골이 된 손님에게는 비록 작은 것일지라도 추가적인 무엇인가를 주려고 했을 것이기 때문이다.

일본에서는 남편과 아내는 보통 이불을 따로 덮고 따로 자며, 둘 다 일을 할 때는 돈을 각자의 은행 계좌에 넣어둔다. 일본에서는 부부싸움을 금기시하기 때문에 일본 부부는 말다툼이나 싸움을 거의 하지 않는다. 하지만 오해와 불만이 쌓이면서 황혼이혼, 즉 남편이 은퇴하고 연금을 받은 후에 이혼하는 경우가 많다. 이때 이혼을 원하는 아내는 결혼 생활 30년 동안 남편이 자신을 학대하고 잘못한 모든 기록을 제시한다. 공개적으로 싸우는 대신 불만 사항을 기록으로 남기는 식이다.

이러한 차이가 주는 함의는 두 나라의 며느리가 처한 상황에서도 분명하게 드러난다. 한국에서는 다른 집안으로 시집간 딸도 여전히 혈통적 가족의 일원으로 간주하며, 며느리는 외부인으로 간주한다. 반면 일본에서는 며느리나 심지어 양자로 입양된 사위가 이제 더는 한집에 함께 살지 않는 형제자매보다 더 중요한 존재로 여겨진다. 간단히 말해, 일본에서는 동거인과 비동거인, 다시 말해 내부자와 외부자를 구분하는 것이 매우 중요하다.

그럼에도 불구하고 '프레임frame'에 기반한 일본의 유대관계는 개인보다는 사회적으로 구성되기 때문에 인간적인 감정보다는 규칙과 규정에 따라 더 쉽게 통제될 수 있다.

요약하자면, 세 나라의 권위 관계는 정치와 사회를 포함한 인간 활동의 모든 영역에 스며들어 있는 강력한 전통을 지닌다. 또한, 세 나라 사람들 모두 권위에 복종하도록 사회화되는 경향이 있다. 그러나 한국인과 중국인은 보편적 원칙과 대의에 직접 접근할 수 있다고 믿기 때문에 위계적 경로를 통해 행사되는 권위에 종종 거부감을 드러낸다.

개인주의 성향이 덜한 일본인은 한국인이나 중국인보다 규율이 엄격하고 권위 관계에 더 순종적이다. 동시에 일본의 권위 관계는 특정 개인의 인격보다는 제도화된 역할에 더욱더 깊게 뿌리내리고 있다. 따라서 일본의 권위는 그 지위를 차지하고 있는 사람이 누구이든지 간에 자의적으로 행사될 가능성이 작다. 또한, 일본의 권위 관계에서 상사와 부하 직원 간의 상호주의가 중시됨으로써 그만큼 권위의 남용이 억제되기도 한다.

일본의 공식 기관과 비공식 기관 간의 권위 관계는 일본인들이 한국인이나 중국인들보다 규칙과 규정에 구체화된 권한에 더 순종하고 도전하지 않는 결과를 자주 초래했다. 동시에 일본인의 대인관계는 비인격적인 경향이 있다. 그 결과 일본의 네트워크는 공식적인 권위 관계보다 우선하는 경우가 드물다. 반면에 한국에서는 비공식적인 권위 관계가 비공식적인 네트워크와 겹치는 경우가 많아서 네트워크가 공식적인 권한과 충돌하는 경우가 많다. 즉, 한국은 강한 네트워크가 공식적인 권위 관계를 무시하는 경우가 많은 데 비해, 일본은 네트워크가 권위 관계의 운영을 방해하는 경우가 거의 없다.

양국의 교환에 대해서도 동일한 관찰을 할 수 있다. 상호주의는 중국이나 한국보다 일본에서 더 두드러진다. 게다가 일본식 상호주의는 정확한 가치의 계산을 요구한다. 비록 일본의 네트워크 내에서 일어나는 교환의 종류에는 호의의 교환이 포함될 수 있지만, 양측이 받는 이익은 정확히 동등해야 한다. 하지만 한국에서는 그렇지 않다. 한국인들은 네트워크 내에서 교환된 가치를 계산할 때 개인적인 감정을 개입시키는 경향이 있다. 한국인들은 교환되는 것을 지나치게 정확하게 계산하는 행동을 달갑지 않게 여긴다. 이러한 태도는 상환 조건으로까지 확장되어, 한국에서는 빚진 것이 무엇이든 종종 광범위하게 정의된 시간 내에 갚을 수 있는 반면, 일본에서는 매우 제한된 기간 내에 상환해야 한다.

대조적으로 중국인들은 매우 계산적이지만, 네트워크가 개입되면 네트워크나 관시

係, Guānxi에 대한 개인적인 신뢰로 인해 계산이 매우 느슨해지는 경우가 많다. 이는 호의를 베풀면 그 대가로 어떤 형태로든 보답이 이루어질 것이라는 믿음이 있기 때문이다. 게다가 중국의 '관시'는 한국의 '연줄'보다 더 실용적이고 목표 지향적인 성격을 가졌다. 그것은 또한 한국의 '연줄'보다 훨씬 더 개방적인 네트워크를 의미하는데, 이는 구성원들의 특수한 속성에 기인하는 측면이 크다. 그 결과 중국의 '관시'는 항상 새로운 구성원들을 수용할 수 있는 반면, 한국 '연줄'의 규모는 다소 제한적인 경향이 있다.

제 5 장

전통 가족제도에 반영된 제도적 기반

제5장

전통 가족제도에 반영된 제도적 기반

1. 서론

유교는 '자신의 마음을 닦아 수양하고 가정을 다스린 연후에 국가를 다스릴 수 있으며, 나아가 천하를 평정할 수 있다唯有修身齊家治國平天下'라는 유명한 유교의 가르침에서 알 수 있듯이 가정을 모든 인간관계와 사회 조직의 기본 요소로 여긴다. 유교의 다섯 가지 기본 원리(仁義禮智信)[1] 중 세 가지가 가족 내 인간관계를 다루고 있다. 유교의 가르침에 대한 전통적인 해석에 따르면 효는 자녀와 부모와의 관계를 정의하는 가장 높은 가치를 가지며, 이는 군주에 대한 충성보다 우선하는 덕목이다.

동아시아 지역에서는 유교가 지배적인 영향을 미쳤기 때문에 동아시아 문화를 단일체로 간주하고 20세기 산업적 성공을 "유교 자본주의"에 돌리는 견해가 설득력을 얻었다. 비즈니스 조직에는 분명히 동아시아 고유의 특성이 뚜렷한 측면이 있다. 특히 동아시아

---

[1] 인(仁), 흔히 '자비', '인간다움', '선함'으로 번역되는 인(仁)은 개인이 다른 사람을 존중하고 배려함으로써 덕스럽고 조화로운 관계를 형성하도록 장려한다. 의(義)는 "의로움" 또는 "정의"로 번역될 수 있는데, 옳고 정의로운 일을 하려는 도덕적 성향을 가리킨다 : 예(禮)는 "의식" 또는 "예의"로 번역되며, 정중하고 적절한 행동을 통해 사회적 조화와 질서를 유지하는 것이 중요하다는 것을 강조한다. 지(智)는 "지혜" 또는 "지식"을 의미하며, 교육, 학습, 자기 수양의 중요성을 강조한다. 신(信)은 "성실" 또는 "성실"을 의미하고, 정직, 신뢰, 약속을 지키는 것의 중요성을 나타낸다.

의 모든 경영진은 가족의 전통적 가치를 활용하고 이를 비즈니스 환경에 도입해 왔다. 동아시아 기업에 널리 퍼져 있는 가족주의는 가족의 위계질서, 권위 구조, 의무 관계를 조직 역할의 모델로 삼고 다음과 같은 가치를 강조한다. 즉 화합, 단결, 충성심, 정서적 헌신 등 아시아의 전통적 가족과 밀접한 관련이 있는 가치를 직원과 기업을 결속시키는 수단으로 활용한다. 또한, 산업별로 차이는 있지만 많은 대표적 기업들이 가족 지배 기업이라는 현실이 한국, 대만, 싱가포르, 홍콩 등 신흥 산업화 4개국의 중요한 공통 특징이다.

그러나 한국, 중국, 일본은 분명히 광범위하게 정의된 유교 문명에 속함에도 불구하고 오랜 역사를 통해 각자의 고유한 민족 문화 전통과 요구에 기초하여 유교 교리를 해석하는 나름의 방식을 발전시켜 왔다. 그래서 한국과 중국의 유교 사이에는 뚜렷한 차이가 존재한다. 예를 들어 한국에서는 유교에서 말하는 5대 인간관계[2] 중 부자관계를 가장 중요하게 여긴다. 그러나 중국에서는 다섯 가지 관계가 균형을 이루고 있기 때문에 부자 관계가 다른 관계보다 우월하지 않다. 더욱이 이들 세 나라의 현대 경제 제도 사이에는 뚜렷한 차이가 존재한다. 예를 들어, 이들 국가의 비즈니스 네트워크를 비교해보면, 일본에서는 게이레츠keiretsu("係列" 또는 "企業集團"), 한국에서는 재벌財閥, 그리고 대만에서는 관계기업guanxi qiye(關係企業)이 대표적인데, 이들은 외관상의 유사점에도 불구하고 각기 다른 특성을 보인다. 한국의 재벌기업은 권위적, 위계적 지배구조를 특징으로 하지만, 거대 화교 비즈니스 그룹은 상대적으로 편평한 계층 구조와 각 그룹 내 약한 수직적 통합으로 잘 알려져 있다. 또한, 대인관계 신뢰는 일본 기업에서는 제도화되어 있는데 반해, 해외 화교 기업에서는 의무와 의존이 개인의 유대 관계에 의해 좌우되는 경우가 많다. 더욱이, 일본의 경우와는 정반대로 중국 기업이 갖는 역동성의 원천은 집단 결속의 힘이 아니라 오히려 스스로를 지속적으로 갱신할 수 있는 능력이다. 즉, 중국 기업은 안정된 일본의 기업에서는 찾아보기 드문 끊임없는 해체와 변화를 통해 기업가적 실체로

2　통치자와 신하(君臣關係, Jūnchén Guānxi); 아버지와 아들(父子關係, Fùzǐ Guānxi); 남편과 아내(夫妻關係, Fūqī Guānxi); 형과 동생(兄弟關係, Xiōngdì Guānxi); 친구와 친구(朋友關係, Péngyū Guānxi).

거듭나고 있다.³ 화교와 일본 기업 간의 이러한 차이에 대한 설명은 비경제적 요인에 중점을 두고 있으며, 그 중 가장 중요한 것은 전통 가족의 상속 및 승계에 대한 접근 방식이 다르다는 것이다.

물론 각 나라의 전통적인 가족제도를 일반화하는 것은 상당히 위험한 일이다. 왜냐하면, 이들 국가의 실제 가족 구조는 역사에 따라 변해왔으며, 각 나라 내에서의 지역적 차이도 있었을 가능성이 크기 때문이다. 예를 들어, 17세기 한국 사회에 성리학이 자리잡고 상속받을 토지가 부족해짐에 따라 상속 방식과 한국 전통 가정에서 여성의 지위는 급격한 변화를 겪게 된다. 이러한 변화 이전에 한국의 가족은 아들과 딸의 구별이 없는 양계bilineal 가족이었고, 아들과 딸이 차례대로 조상 숭배를 하였으며, 성차별 없이 가문의 재산을 상속받았다.

일본의 가족제도는 12세기에 이르러 동북지방에서 방어를 목적으로 가족 무장의 필요성을 조직 원리에 접목해 씨족氏, uji 중심에서 가족家, ie으로 변화하게 된다. 국토가 광활한 중국에서는 가족 구조의 지역적 차이가 존재하는데, 일본의 전통 가족제도에서도 동북부지역에서는 일본식 가족ie으로 변화했는데, 일본 남서부 지역의 가족제도는 한국의 가족제도와 상당히 유사하다는 점에서 지역적 변이가 발견된다.

이러한 시대와 지역에 따른 차이에도 불구하고, 많은 학자는 전통적인 가족의 조직과 운영 방식이 현대 사회 조직과 제도에 깊은 영향을 미쳤다는 견해를 받아들인다.⁴ 여기서 문제의 핵심은 아시아 사람들이 비아시아 사람들보다 더 가족 지향적인지가 아니다.

---

3   Hamilton, Gary, G. William Zeile, and Wan-Jin Kim, "The network structure of East-Asian economies", In Steward R. Clegg 및 S. Gordon Redding, Monica Cartner eds., *Capitalism in Contrasting Cultures*, New York : Walter de Gruer, 1990; Hamilton, Gary G., *The Economic Organization of East Asian Capitalism*(Marco Orru 및 Nicole Biggarti와 공저), Thousand Oaks, CA : Sage Publications, 1997.

4   관련 학자로서는 Dore, Ronald P., *The Diploma Disease*; Vogel, Ezra F., *Japan as Number One : Lessons for America*; Freedman, Maurice, *Lineage Organization in Southeastern China*; Hamilton, Gary G. and Nicole Woolsey Biggart, *Market, Culture and Authority*. 이들 학자들은 동아시아의 전통적인 가족 구조가 이 지역의 현대 사회, 경제 조직과 제도에 어떻게 영향을 미쳤는지를 이해하는 데 기여했다.

그보다는 가족을 넘어서는 가족 가치의 역할, 즉 가족 규범과 규칙이 인간관계와 조직이라는 더 큰 맥락에서 얼마나 존중되고 실천되는지가 중요한 것이다. 사람들이 가족을 얼마나 중요하게 여기는지보다는 구조, 과정, 절차의 측면에서 가족 모델을 따라 다양한 목적을 위해 조직을 구성하는 방식이 무엇인지 분석하는 작업에 더 깊은 관심을 가져야 한다.

이 장에서는 먼저 세 가지 사례의 차이점을 중심으로 전통 가족의 구조를 구체적으로 기술한 다음, 국가별 가족제도의 특징을 정리할 것이다. 그런 다음 각각의 전통적인 가족제도가 어떻게 좁은 사회 단위의 경계를 넘어 현대 사회 제도와 조직을 형성하는 데 영향력을 발휘했는지 살펴보고자 한다. 마지막으로 전통적 가족제도가 이들 국가에서 현대적 기업 조직과 경제 행태의 제도적 기반(템플릿)으로 간주될 수 있는지 그 이유를 설명할 것이다.

2. 가족 구조

한국, 일본, 중국의 전통적인 가족 구조는 몇 가지 공통된 특징을 공유하지만, 구성원의 자격 기준, 일심동체 집단의 구성원이라는 정체성sense of corporate identity, 권위 구조, 변화하는 환경과 업무에 대한 적응성 측면에서 그 차이점이 드러난다.[5]

---

5   3개국의 가족 및 친족 제도에 관한 설명은 다음의 저술들을 참조했음.
    이광규, 『한국 가족과 친족』, 집문당, 1997; 최재석, 『한국의 사회구조』, 집문당, 2011; Freedman, Maurice ed., "Japanese kinship : A comparison", In Maurice Freedman ed., *Family and Kinship in Chinese Society*, Palo Alto : Stanford University Press, 1970, pp. 227~248; Brandtsädter, Susanne and Gonçalo D. Santos eds., *Chinese Kinship : Contemporary Anthropological Perspectives*, Routledge Contemporary China Series, 2009; Nakane, Chie, *Kinship and Economic Organization in Rural Japan*, London : Athlone Press, 1967; Befu, Harumi, "Patrilineal descent and personal kindred in Japan", *American Anthropologist* 65, 1963, pp. 1328~1341; Hashimoto, Akiko and John W. Traphagan eds., *Imagined Families, Lived Familes : Culture and Kinship in Contemporary Japan*, Albant, NY : State University of New York Press, 2008(삼국의 전통 가족에 대한 가장 포괄적이고 체계적인 비교를 위해서는 이광규, 『한국가족의 구조분석』, 서울 : 일지사, 1975를 참조할 것)

1) 혈연 血緣, Sanguinity

한국과 중국 모두 혈통의 원칙에 따라 가족 구성원을 정의해 왔다. 그러나 한국은 혈통이라는 개념을 상당히 엄격하게 고수해 온 반면, 중국 가족은 혈연이 아닌 사람을 가족 네트워크에 영입하기 위해 혈통 원칙을 자주 수정하는 등 보다 유연하게 적용하였다. 일본에서는 혈연관계가 아닌 개인이 가족의 공동 목표를 추구하는 데 필요하다고 입증되면 쉽게 가족에 포함될 수 있다. 일본인은 혈통의 순수성을 보존하는 것보다 가족의 과제를 효과적으로 관리하는 데 주로 관심을 가졌다.

무라카미Murakami는 일본의 조직 원리를 '이에家' 전통에서 파생된 '킨트랙트kintract(kinship+contract)'로 정의한다. 즉, 이것은 혈족 뿐만이 아니고 계약을 통해 구성원으로 받아들여진 외부인을 포함한다. 결과적으로 원초적 단위인 이에家 조차도 최상층을 차지하는 느슨하게 관련된 친족집단, 중층을 차지하는 전문가, 그리고 추종하는 일꾼이라는 세 층위의 사람들로 구성되었다.[6] 따라서 일본의 성姓은 부계를 정확하게 반영하지 않으며, 계보를 추적하는 것은 매우 어렵다. 게다가 일본에서는 중국과 한국보다 친족과 비친족의 구분이 덜 분명하다. 일본 친족용어는 특정한 지위를 식별하고 그 속성을 명시하는 측면에서는 현대 미국 영어보다 덜 분명한 것으로 알려져 있다. 예를 들어, 일본인은 부계와 모계를 지칭하는데 동일한 명사를 사용하는 반면, 한국과 중국에서는 그 차이가 분명하다. 일본에서의 친족용어와 호칭의 사용은 집중적으로 교류하는 가장 가까운 친족에게만 적용되고, 그 외의 사람들에게는 친족용어 대신 다른 지칭과 용어를 사용한다.[7]

일본인에게도 혈통은 중요하지만, 입양 관행으로 인해 일본의 혈통은 순수하게 혈연으로만 이어지지 않는다. 부계 혈통이 혈통의 근간이 되는 중국과 한국과 달리 일본에서는

---

[6] Yasusuke, Murakami, "The political economy of Japan", In Kozo Yamamura and Yasukichi Yasuba eds., *The Political Economy of Japan Vol. 1, The Domestic transformation*, Stanford University Press, 1992, pp. 33~90.

[7] Pelzel, John C., "Japanese kinship : A comparison", In Maurice Freedman ed., *Family and Kinship in Chinese Society*, Palo Alto : Stanford University Press, 1970, pp. 227~248.

사위를 입양하는 관습에서 알 수 있듯이 혈통의 연속성은 아버지의 핏줄만을 기준으로 하지 않는다. 일본에서도 직계 존속은 아버지, 맏아들, 손자로 구성되는데, 아들과 손자는 양자로 입양될 수 있으므로, 아버지와 생물학적으로 연결되지 않더라도 입양을 통해 가계를 물려받을 수 있었다. 이러한 승계 과정을 통해 자산으로서의 가업은 그대로 유지되면서 대를 이어 전승된다. 직계비속의 경우, 상속인이 되려면 먼저 그는 가장의 아들로 입양되어야 했다.

한국에서는 사위가 가족에 포함될 수 있지만 매우 드물고, 중국에서는 사위가 가족에 포함되는 경우가 훨씬 더 많다. 일본에서는 가업을 물려받을 아들이 있어도 사위를 후계자로 삼을 수 있다. 일본과 중국에서는 사위가 자신의 성을 가문의 이름으로 바꿀 의향이 있다면 씨족 조직에 가입할 수 있고 별도의 분가를 설립할 수 있었다. 중국은 혈통주의 원칙을 보다 유연하게 적용하여, 가문의 아들이 사망하면 며느리의 둘째 남편도 그 가문의 성을 받아들여 가족 구성원이 될 수 있었다. 반면 한국은 엄격한 부계 혈통을 따르고 있다.

2) 결혼 Marriage

중국에서는 노동력이나 남성 상속인의 필요성 등 현실적인 고려를 위해 부계 혈통주의가 훨씬 더 유연하게 지켜지는데, 이는 중국의 결혼과 입양 관행에서 큰 비중을 차지하는 문제이다.

일본은 부계에 대한 강조보다는 동족주의 전통이 강하기 때문에 결혼 시 부계 혈통을 따르는 데 있어 한국이나 중국만큼 엄격하지 않다. 전쟁 전 일본에서는 결혼 후 신랑 가족이 사는 곳에 정착하는 결혼(夫方居住婚, patrilocal Marriage)과 결혼 후 신부 가족이 사는 곳에 정착하는 결혼(妻方居住婚, uxorilocal marriage)이 모두 흔했지만, 통계적으로는 남편 쪽에 가정을 꾸리는 결혼이 훨씬 더 많아, 보통 한 마을의 결혼 중 4분의 3 정도를 차지했다. 처방거주혼 妻方居住婚은 중국이나 한국에서는 진정한 부계 제도에서 벗어난다고 하여 기피되었으나, 일본에서는 낙인이 찍히지 않았다. 또한, 일본에서는 같은 성씨

간의 결혼이 금지되어 있지 않으며, 외사촌은 말할 것도 없고 심지어 아버지 쪽에서도 사촌 간의 결혼이 이루어지는 경우가 적지 않았다. 실제로 부계 사촌 간의 결혼 사례도 많이 보고되고 있다. 일본에는 한국처럼 성을 특정 지역과 연관 짓는 본本이 없고, 같은 성을 가진 일본인이 모두 같은 혈통인 것도 아니기 때문에 한국이나 중국보다 일본에서 결혼 제한이 훨씬 느슨한 것은 당연한 결과라고 할 수 있겠다.

3) 입양 Adoption

한국에서는 중국보다 입양 빈도가 낮고, 입양 대상에 관한 규정이 훨씬 더 엄격하다. 조선 시대의 양자 제도는 부계의 생물학적 연속성, 즉 대代를 잇기 위한 용도였으므로 자신의 자子와 항렬이 일치하는 근친의 남자만을 입양할 수 있었다. 또한, 한국에서는 생물학적 자손을 얻기 위해 첩을 용인할 정도로 부계 혈통의 연속성을 중요하게 생각했는데, 이러한 관행은 역설적으로 일반 입양이 중국보다 덜 빈번하게 이루어지게 했다. 이는 한국에서의 입양 대상의 범위가 매우 제한적이었음을 시사해 주기도 한다. 한국 사회는 부계 혈통의 연속성에 집착하다 보니 항렬의 순서[8]를 유지하기 위해 한 가정이 먼저 소년의 사망한 아버지를 입양한 뒤 그 후손을 손자로 입양하는 '해골 입양'이라는 관행까지 생겨났다.

한국에서는 입양아들이 차별을 받는데, "다른 성을 가진 사람이 가문에 폐를 끼쳐서는 안 된다"는 이유로 재산권뿐만 아니라 동거할 권리도 박탈당할 수 있다. 한국에서는 아들이 있으면 친아들만 재산을 상속받고 양자는 아무것도 상속받지 못하지만, 중국에서는 양자라도 가족 재산을 동등하게 분배받는다.

중국에서는 가계의 연속성이 보장되고, 후계자가 없으면 친족집단을 통해 노후를 보장

---

8   항렬(行列)은 같은 씨족 안에서 상·하의 차례를 분명히 하기 위하여 만든 서열이다. 항렬은 아무나 마음대로 정하는 것이 아니고 문중에서 족보를 편찬할 때 일정한 대수의 항렬자(行列字)와 그 용법을 정해 놓아 후손들이 이에 따르도록 하는 것이 관례로 되어있다.

받을 수 있어서 일본처럼 입양에 대한 수요가 많지 않았다. 입양이 이루어질 때 입양자는 하대下代 혈통 내(되도록 형제의 아들) 출신이 선호되는데, 그 이유는 두 가지로, 후보자를 가까운 주변에서 쉽게 구할 수 있고, 흔히 혈통 구성원들이 혈통 내 영입을 위해 압력을 행사하기 때문이다. 친족 입양이라는 원칙이 바람직한 것으로 여기지만, 외부 입양 사례도 있으며, 때로는 낯선 가족으로부터 유아를 돈을 주고 데려오는 예도 있다. 이 경우 입양인은 가난한 외부 입양인에 대한 완전한 통제권을 갖게 된다. 그러나 외부인 입양에는 양아버지가 혈족 원로들의 승인을 얻기 위해 비용이 많이 드는 대가를 치러야 했다.

중국에서는 입양이 특정 성씨에 국한되지 않고 다른 성씨를 가진 다른 가족(예: 자매의 아들)으로부터 아들을 입양할 수 있었다. 중국의 입양은 전통적으로 단순히 조상 숭배를 이어가기 위한 목적이 아니라 노동력을 추가로 확보하기 위한 목적이 컸다.[9] 그러나 중국에서는 친아들과 양자의 지위가 상당히 달랐고, 양자가 가업을 물려받는 경우가 거의 없었기 때문에 입양아들에 대한 차별적 대우가 가업 계승에 큰 걸림돌이 되었다. 그러나 한국의 전통에 비해 중국의 가족은 훨씬 덜 가부장적인 구조 속에서 운영됐다.

입양에 대한 일본의 전통적 태도 역시, 한국이나 중국과는 상당히 달랐다. 일본에서의 입양은 혈통이나 세대에 구애받지 않고 널리 행해졌다. 언급한 바와 같이, 중국과 한국에서는 성씨와 세대 모두 입양에 대한 제약으로 작용했지만, 일본에서는 그러한 제약이 없었다. 입양은 친족 범주 밖에서도 가능했으며 일본에서는 외가 친척이라도 입양이 자주 이루어졌다. 장자 상속의 원칙이 일관되게 유지되어온 일본 가족제도의 특성은 입양의 필요성을 높이고 규칙에 덜 구속되게 만들었다. 친척들 사이에 적절한 입양 후보자가 없을 때는 외부인도 똑같이 받아들여졌다. 형제의 아들은 물론 자매의 아들이나 딸의 아들도 입양할 수 있었음은 물론이다. 심지어 형제를 아들로 입양할 수도 있었고, 양자가 입양인보다 나이가 많은 예도 있었다. 실제로 삼촌까지 아들로 입양했다는 기록이 존재한다.[10] 딸은 있으나 아들이 없는 집에서는 사위를 입양할 수 있었다. 그리고

---

9 중국에서는 조카가 부모와 삼촌의 조상 숭배를 모두 수행할 수 있었기 때문에 조상 숭배를 위해 입양이 필요하지 않았다.

입양될 사람은 반드시 한 사람이어야 한다고 못 박혀 있지 않았기에 결혼한 부부도 입양될 수 있었다.

입양은 특히 상류층 사무라이들이 가문의 연속성을 유지하기 위해 널리 실행되었다. 무어Moore, John H.는 도쿠가와시대 4개 영지領地의 입양 기록을 분석한 결과를 다음과 같이 제시한다 : "그 비율은 17세기에 26.1%에서 18세기에 36.6%로, 19세기에 39.3%로 증가했다."[11] 다만 일본 역사 전반에 걸쳐 소수의 일본 유학자들은 종종 무분별한 입양 관행을 신유학의 기본 규칙을 위반하는 것이라고 개탄했다. 예를 들어, 18세기 일본 역사가인 다자이 순다이太宰春臺는 일본의 입양 관행을 "야만적"이고 "악한" 관습이라는 기록을 남겼다.[12]

'이에家' 시스템에서 가장 중요한 것은 개인 구성원을 초월하여 성씨, 집, 직업 또는 사회적 가업을 유지하는 일이었다. 일본에서 조사하다 보면 연구자는 자신의 정보원이 자신의 가계가 이어온 세대 수를 확실하게 기억하고 있다는 사실에 놀라곤 한다. 예를 들면 "나는 17대 가장입니다.", "내 동생은 25대입니다."라는 말을 흔히 듣기 때문이다.

4) 성씨 및 계보 Family name and Genealogy

한국은 3대 전통 문화권 중 가장 상세한 족보 기록이 발달하여 복잡한 혈통 체계에서 각 개인의 위치를 규정하고 있다. 씨족 구성원 간의 관계는 매우 체계적이고 중국이나 일본보다 훨씬 더 긴밀한 경향이 있다. 한국에는 약 258개의 성姓씨가 있으며, 각 성씨는 지역과 연관이 있는 '본本'을 갖고 있다. 예를 들어 김 씨는 499개의 본이 있고, 이 씨는 452개, 최 씨는 326개의 본이 있다. 본本 아래에는 파派가 있는데, 파派는 많은 경우 같은 성씨와 같은 지역 출신의 저명한 조상의 후손을 분류하는 기능을 한다.

---

10 Yasusuke, Murakami, op. cit, p.34.
11 Moore, John H., *The Emergence of the Japanese Shogunate and Samurai*, Columbia University Press, 1970, pp.618~619.
12 太宰春臺(Danzai Shundai), 『經濟錄』, 原稿, 1729.

파 아래에는 문중文中이라는 개념이 있는데, 이는 일반적으로 같은 마을에 살면서 함께 일상적인 일을 하고, 조상의 묘를 돌보고, 족보 편찬을 돕고, 친밀한 관계를 맺는 가까운 친척을 의미한다. 주요 기능은 가까운 친족집단의 상징자산을 관리, 유지하여 집단의 영속을 기하는 것으로, 공동제사와 족보 편찬 등의 협업을 통해, 마을 단위에서 발생하는 인구이동에도 불구하고, 문중조직은 씨족 구조에 높은 수준의 조직 안정성을 제공해왔다. 특히 족보에 정리된 혈연 계통의 세분화 작업은 이름만 봐도 특정인의 서열에 따른 세대 위계를 명확히 알 수 있게 되어있다.

한국의 전통 가족은 가문의 재산관리나 가문의 재산 축적과 같은 현실적인 문제보다는 (부계) 가문의 연속성과 양반의 지위를 유지하는 데 더 관심을 쏟았다. 예를 들어, 한국에서 혈연 계보의 분리는 조상 중 훌륭한 업적과 명성이 인정받을 때 정당화될 수 있었다. 이는 가문의 명성과 권력은 경제적 자원보다는 조상의 업적에 따라 달라짐을 의미한다. 조상이 비록 가난했을지라도 그것과는 관계없이 조상의 영혼은 자동으로 조상 숭배의 대상이 된다. 족보에 기록되는 세세한 내용이 주로 조상의 관직과 관료적 업적이었는데, 이를 통해 가문의 권위를 과시함으로써 양반 제도를 유지할 수 있었다.

중국에서는 부계 혈통이 씨족zu, 族 형성의 기초가 된다. 현재 약 2,000개의 한족 성씨가 사용되고 있지만, 한족의 대부분은 비교적 적은 수의 성씨만 사용하고 있으며, 19개의 성씨는 한족의 약 절반이 사용하고 100개의 성씨는 인구의 약 87%가 사용하고 있다.[13] 그러나 성씨의 총수는 14억 명에 달하는 인구를 분류하기에는 너무 적다. 중국에는 각 성의 지역인 본本이라는 개념이 있지만, 한국처럼 중요하지는 않다. 모든 아들은 집房에서 태어난 순서와 관계없이 거의 동등한 권리를 가지며, 분가分家가 일반화되어 있어 한국이나 일본보다 각 씨족의 종합적인 족보 기록이 훨씬 어렵다. 혈통의 세분화가 빈번하므로 족보의 순서와 연공서열은 권력이나 명성과 거의 관련이 없다. 대신 누가 새로운 혈통의 분파를 세울 수 있는지에 관한 질문에는 경제적 자원의 정도가 가장 중요한 전제 조건이 된다. 예를 들어, 출세한 남동생의 후손은 조상 명의로 부동산을 만들어

13　Ruofu, Du, "Surnames in China", *Journal of Chinese Linguistics* 14(2), 1986, pp.315~328.

한 혈통의 분파를 형성할 수 있다. 씨족에 속한 공동의 토지는 매우 작은 경우가 대부분이어서 부모를 부양하거나 조상 숭배를 위해 필수적인 행동 단위로 작용하는 것은 혈통이 아니라 세대가 된다. 일본에서는 혼케이本家와 분케이分家의 계보를 따라 서로 위계적으로 연결된 이에家 중에서 어느 계열에 속해있느냐가 중요하지만, 중국에서는 씨족 네트워크의 맥락에서 중요한 것은 개인이다.

앞서 언급했듯이 성이 같다고 해서 혈통이 같다는 것을 의미하지는 않는다. 일본어 도조쿠同族는 '혈통'으로 번역되기도 하지만, 부계 혈통에 따른 친족을 지칭하는 용어가 아니다. 따라서 일본에서는 중국이나 한국보다 친족과 비친족의 구분이 명확하지 않다. 1871년 일본에 근대적 형태의 가족제도가 도입되기 전까지 일본 평민의 약 90%는 성이 없었다. 대신 집집마다 별명이 있었고, 사람들은 "이 집 며느리, 저 집 며느리"와 같이 집안에서 맡은 역할에 따라 호칭을 불렀다. 메이지 정부가 호적 제도를 도입한 19세기 후반에 이르러서야 모든 일본인이 호적을 갖게 되었는데, 이는 부계 혈통에 따라 족보를 작성하는 한국의 관습과 유사하다. 일본에서는 부계 혈통이 중요하지 않아 메이지 이전에는 아버지가 누구인지 모르는 경우가 많았다. 일본의 민법은 부부가 결혼할 때 남편이나 아내의 성姓 중 하나를 사용하도록 규정하고 있다.[14]

일본인은 가족ie 구성원을 정의할 때 부계 혈통의 원칙을 따르지 않기 때문에 일본의 친족 개념과 씨족 조직은 중국이나 한국의 그것과는 상당히 다르다. 또한, 일본은 상속에서 장자 상속을 따르지만, 중국은 모든 아들이 동등하게 상속받는 관행과 그에 따른 빈번한 분가分家로 인해 씨족 조직 방식이 서로 달랐다. 중국에서는 출생 순서가 "가족 구성원의 역할과 의무를 결정"했고, 동생들은 "장남에게 종속"되는 위치에 놓였다. 그러나 동생들이 종속적 지위에서 벗어나 자신의 가문을 꾸리고, 성공하면 새로운 가문의 창시자가 될 수 있는 자유로 인해 출생 순서의 힘은 다소 약화 될 수 있었다. 그러나 일본에서는 씨족 내에서 개인의 서열을 매기는 데 가장 중요한 요소는 개인이 아니라 이에家였다. 앞서 언급했듯이 중국과 한국의 전통 가족family에서 강조된 것은 같은 혈통

---

14 긴조 기요코(金城 淸子)지음, 池明觀 옮김, 『가족이라는 관계(家族という関係)』, 서울 : 소화, 2001.

lineage과 씨족clan에 속한 다양한 친족kin 간의 관계였다.

앞에서 지적했듯이 일본어 '도조쿠同族'는 '혈통'으로 번역되기도 하지만, 부계 혈통에 기반한 친족을 지칭하는 용어로 사용되지는 않는다. '도조쿠'의 단위는 '혼케이本家'와 '분케이分家'로 구성되며, 그 구성원은 친족 관계보다는 소속된 '도조쿠'에 따라 지위가 결정되는 개인으로 이루어져 있다. 이렇게 부계 혈통의 위계보다는 이에家의 위계가 씨족 내 개인의 지위를 먼저 결정했다.

이와 대조적으로 중국 씨족은 개인을 씨족 전체 계층의 구성원으로 간주한다. 중국의 씨족族 멤버십은 일본보다 기준이 더 구체적이지만 거주영역에 있어서는 덜 제한적이다. 일본 씨족은 같은 집에 사는 사람들을 지칭한다. 중국에서는 친족은 혈통에 의해 정의되기에, 멤버자격을 얻기 위해 노력할 여지가 적다. 일본에서는 친족이라 할지라도 서로 다른 지역에 거주하거나 경제적 관계가 없다면 같은 씨족의 구성원으로 간주하지 않는다.[15]

이와는 대조적으로 일본에서는 혈통에 특별한 의미가 없다. 일본의 '이에家'는 하나의 공동체적 실체로서 일족의 무한한 연속성을, '도조쿠同族'는 역시 공동체적 실체로서 각 '도조쿠'의 무한한 연속성을 가장 중요하게 생각한다. 친족을 분류하는 한국과 중국의 관습은 일본과는 상당히 다르다. 앞서 살펴보았듯이 한국에서는 족보상의 연공서열이 무엇보다 우선하는데 반해, 일본은 한국처럼 정교하게 혈통을 정리하는 체계가 발달하지 않았다. 일본에도 가계의 계보가 존재하지만, 매매가 가능할 정도로 중요하지 않게 취급된다.

5) 가족 재산 및 상속 Family Property and Inheritance

중국 인류학자 페이 샤오퉁Fei Xiatong이 선언했듯이, 중국 가족은 "소유권의 집단적 측면의 기초"를 제공했다. 가족 재산은 가족 구성원이 공동으로 소유하는 것으로 간주한

---

15 Hsu, Francis L.K., *Iemoto : The Heart of Japan*, John Wiley & Sons, Inc., 1975.

다. 가족 재산을 흔히 '우리 재산'이라고 부르는 이유도 바로 이 때문이다. 즉, 가족 재산은 한국의 경우처럼 가장의 개인 재산도 아니고, 일본의 경우와 같은 추상적인 가구의 재산도 아니다. 대신, 가족 재산은 모든 구성원의 공동소유로 간주한다. 전통적인 가족은 노동 여부와 종류에 관계없이 모든 구성원이 개인의 수입을 공동 기금으로 모아 가족을 부양하는 것이 일반적인 관행이었다. 정규 업무 이외의 특별 거래에서 벌어들인 수입도 모두 가족에 속한다. 이러한 공동소유에 대한 유일한 예외는 신부가 결혼 시 친가로부터 가져오는 "방값room money"이다. 그러나 가족 재산에 대한 중국 가장의 권한은 상당히 제한되어 있었다. 그는 재산을 관리할 권리는 있지만 처분할 권리는 없다. 아들들은 동등한 상속을 당연한 권리로 여기며, 아버지가 자의적인 방식으로 가족 재산을 나누려고 하면 아버지에게 순종하지 않을 것이다. 중국 일부 지역에서는 가장이 가족 재산을 임의로 처분할 경우 해당 거래를 '강도 매매, 강도 구매'로 간주한다.[16]

중국의 가족은, 평등 상속과 분가分家로 인해 가문의 부를 축적해나가기 어려웠다. 하지만 아버지는 자신이 취득한 재산에 관한 한 절대적인 권한을 가짐으로써 재산의 분할 시기를 늦출 수 있었다. 이를 통해 아버지의 권력을 연장하고 재산을 가족 경제에 대한 기여도에 따라 분할하는 명분을 만들기도 했다.[17]

전통 중국에서는 여성의 재산권이 없거나 제한적인 경우가 많았다. 미망인은 자녀를 대신하여 재산권을 행사할 수 있었지만, 토지를 팔거나 저당권을 설정하려면 남성 씨족 구성원의 승인이 필요했다. 가족 재산에 대한 권리가 있다고 해서 공동 재산에서 자신의 몫을 가져갈 수 있는 권리가 있는 것은 아니다. 중국의 관행은 서구의 경우처럼 개인이 소유할 수 있는 법적 권리를 인정하지 않으며, 일본의 경우처럼 법인으로서의 가족의 법적 권리도 인정하지 않는다. 중국 가족 재산에 대한 이러한 두 가지 모순적인 경향이 공존하기 때문에 중국 가족 전통이 개인주의뿐만 아니라 공동체주의를 조장하고 있음을

16　Fei Xiatong, *From the Soil : The Foundations of Chinese Society*, University of California Press, 1992.
17　Greenhalgh, Susan, "De-orientalizing the Chinese family firm", *American Ethnologist* 21(4), 1994, pp. 746~775.

알 수 있다.

하지만 이것이 중국 가족 재산의 전부는 아니다. 상속 재산은 모든 아들에게 균등하게 분배되며, 각 아들은 공동 재산의 지분에 대한 권리를 가진 집房을 구성하기 때문에 전통적인 중국 가족 재산 구조에는 공유의 측면이 존재한다. 아들만 지분을 가질 수 있다는 점에서 계층화된 "출자형 협동조합"처럼 보인다.

한국은 중국과 마찬가지로 공식적인 장자 상속을 시행하지 않는다. 그러나 중국과 달리 아들에게 재산을 균등하게 분배하는 관행이 널리 퍼져 있지 않으며, 한국 가부장은 가족 재산을 마음대로 처분할 수 있는 권리를 가지고 있다. 한국의 일반적인 관행은 장남을 우선적으로 대우하는 것으로, 장남은 결혼을 하면 아내를 아버지의 집으로 데려오고(夫方居住婚, patrilocal Marriage) 아버지가 사망하면 가장의 지위를 승계한다. 다른 형제들은 결혼 후 따로 떨어져 나가 거주하는 신거제新居制(neolocal marriage)를 따라야 한다. 즉 친가親家와 헤어져 새로운 공동체적 실체를 형성해야 하는데, 일반적으로는 이를 '작은 집'이라 하고 장남의 가족을 '큰 집'이라 칭한다.

한국에서는 1991년 상속법이 개정되기 전까지 민법에서는 장남과 장손長孫이 가문의 재산과 종중宗中 소유의 토지를 모두 상속받을 수 있도록 허용했다. 그러나 실제에서는, 비율에는 많은 차이가 있지만, 일반적으로 장남이 집안의 재산의 약 60%를 상속받고 나머지는 나머지 아들들이 나누어 가졌다. 그리고, 조상 숭배 의례를 주재하는 것은 부계 혈통에 따라 상속되는 것으로, 가장의 지위나 재산을 상속받는 것보다 더 중요한 특권으로 여겨졌다. 게다가 이 특권은 장남의 개인적 능력이나 경제적 지위와는 아무런 관련이 없다. 본가의 가장이 재산이 부족하면 부유한 친척들이 도움을 주지만, 부유하고 힘 있는 친척이 장손이 차지하고 있는 종손의 지위를 빼앗을 방법은 없다. 한국 전통 가족의 실제 운영에서 장자 원칙의 엄격한 적용은 무엇보다 중요했다.

일본의 이에家는 공동체적 실체로서의 법인적 성격이 강했기 때문에 가족 재산은 특정인의 소유가 아닌 가문의 소유였다. "장남이 가장의 지위를 얻은 후 가산을 단독상속하는 관습이 인정되면서 그가 물려받은 모든 재산은 개인 소유가 아니라 가家의 소유로 간주되었다. 따라서 상속은 가문의 재산이 그대로 전승되는 것이라 하겠다."[18]

중국과 한국에서는 혈통주의에 따라 가족 분할이 거의 자동적으로 이루어지지만, 일본의 경우 가족 분할 여부는 가장의 의지가 중요하다. 가장은 가문 사업에 기여한 대가로 동생에게 일부 재산을 증여하거나 동생이 분가를 시작할 수 있도록 도와주는 등 가족 재산을 분할 할 수 있다. 본가本家와 분가分家 가족 간의 관계는 지주와 소작농의 관계와 유사하게 위계적인 경향이 농후하다. 즉, 본가와 분가의 관계는 경제적 의존 관계에 해당하며, 분가는 본가로부터 받는 부조금에 크게 의존하는 경향을 보인다.

한국에서는 원가原家와 분가分家 사이에 이러한 위계관계가 존재하지 않으며, 양쪽 모두 경제적으로 독립되어 있다. 때에 따라서는 분가가 원가와의 계약을 2대에 걸쳐서만 유효하거나 약 33년간 지속하는 방식으로 계약을 체결하기도 한다. 비슷한 방식으로 세력이 약한 가문이 세력이 강한 가문을 본가로 선택하여 상호 이익을 위해 충성 관계를 설정할 수도 있다.

일본의 경우, 지에 나카네가 지적한 바와 같이,[19] 이에家 체계의 가장 근본적인 기반은 분할 할 수 없는 상속impartible inheritance이었다. 즉, 가족의 유산은 다음 세대에 그대로 물려주며, 결과적으로 한 명의 자녀만이 집으로 배우자를 데려올 수 있다는 것이다. 일본 가족은 '장남에게 유리한 엄격한 장자 상속제도를 운용'했으며, 이러한 장자 상속 원칙은 1898년에 시행된 메이지 민법에 반영되었다.

일본에서 상속되는 것은 가족 재산뿐만 아니라 가족 이름과 조직구조 및 기본정신도 포함된다. 모든 세대의 후계자는 관습적으로 조상의 이름 중 한 글자를 물려받는다. 가업의 경우, 그 한 글자 이름이 바로 옥호屋号라는 비즈니스 명칭이 되기도 한다. 이 한 글자 이름은 일종의 캐릭터로서 가게의 이름이 될 수 있으므로 상속의 대상이다. 따라서 일본에서 가계를 승계한다는 것은 사실상 이름뿐만 아니라 사업을 승계하는 것을 의미하게 된다. 즉, 일본의 가업 승계는 '슈메이세이襲名制로 알려진 '이름의 계승'을 통해

18　Kazuhiko, Kasaya, *Origin and Development of Japanese-Style Organization*, International Research Center for Japanese Studies, 2000.
19　Nakane, Chie, *Kinship and Economic Organization in Rural Japan*, London : Athlone Press, 1967.

보장된다. 일본에서 널리 통용되는 '게이메이繼名'와 '게이교繼業'라는 말은 각각 '이름을 이어받는다' 그리고 '사업의 지속'을 뜻하는데, 이는 성姓과 가업家業을 모두 승계하는 것을 의미한다.

중국 가족은 가족 재산의 균등분배와 분가 제도로 인해 가족의 연속성 확보가 매우 어려웠기에, 한국의 가풍家風이나 일본의 이에家에서 발견되는 '가족 전통'이 발전하지 못했다. 이러한 장자 상속제도의 부재는 당나라 시대에 기업적 귀족 혈통이 붕괴한 데에 부분적 책임이 있다. 중국 가문은 대를 이어 가족 자산을 축적하고 일정 규모 이상으로 가업을 확장할 수 없었다. 이러한 이유로 중국에서 상속은 재산만을 의미하며, 가문과 가업의 상속은 거의 이루어지지 않았다. 가업 승계는 이름이나 사업을 승계하는 것이 아니라 부계 혈통과 함께 재산 일부를 승계하는 것을 의미한다. 따라서 모든 세대의 후계자는 가문의 오래된 사업을 계승하는 대신 자신이 좋아하는 새로운 사업으로 대체할 수 있으며, 이러한 종류의 대체는 이름만 바꾸는 것이 아니라 기업 문화도 바꾸는 것을 의미한다. 따라서 옛 상호를 찾아보기가 어렵다. 일본의 가업 승계에는 특별한 기능이나 비결knowhow이 수반되는 반면, 중국의 가업 승계에는 기술이나 비밀 노하우가 거의 포함되지 않는다. 중국인의 각 세대는 독립적인 기업가로서 변화하는 비즈니스 기회에 대응한다.[20]

중국은 노부모 부양을 누가 책임질 것인가에 대한 문제를 매우 실용적으로 다루어 왔다. 부모를 돌보기 위한 임시 규정이 만들어졌고, 재산 일부를 생계를 위해 남겨두었다. 분가分家 후 부모에 대한 부양은 모든 자녀가 공동으로 분담했다. 중국에서는 형제들 사이의 상대적인 평등으로 인해 형제들이 재산을 공동으로 관리하고 상호 사업 활동에 협력하는 것이 관습적으로 허용되었다. 어떤 경우에는 부모가 여러 아들의 집을 돌아가면서 식사를 하기도 한다.

한국 가족은 중국과 일본 이 두 가지 가족 모델 중간에 위치한다. 중국인과 마찬가지로 한국 가족 구성원들은 혈연적 유대감을 공유하지만, 그 관계는 매우 위계적이고 개인적

---

20 唐 震, 「家族文化視角中的美 - 日 - 中 - 三国家族企业比较」, 『软科学』 第17卷-第4期, 2003, 36~58쪽.

이다. 한국인들은 혈통과 출생 순서를 매우 중요시해왔으며, 이는 다시 가족과 혈통 내 위계적 서열에서 각 개인의 위치를 정의한다. 일본의 경우처럼 계약 관계보다는 성리학적 윤리와 인간 본성에 대한 이해를 바탕으로 위계적 서열은 정당화되었으며, 한국의 가부장은 일본과 중국의 가장보다 더 강력한 권위를 행사했다. 한국의 가족제도에는 중국 가족제도가 허용하는 형제간 평등의 전통이 부족하며, 그 결과 현대 한국에서는 대만과 같은 국가에 비해 형제자매가 동등하게 사업 협력을 하는 사례가 적다.

일본의 장자 상속은 호주가 지정한 한 명의 남성이 전체를 상속받는 것을 의미한다. 이 장자 상속 원칙은 1898년에 시행된 메이지 민법에 포함되었지만, 누가 후계자가 될 것인지에 대해서는 명시하지 않았다. 이에家의 유지에 가장 적합한 사람을 가장家長이 선택하는데, 필요한 경우 자신의 직계 자손을 우회하여 더 넓은 범위의 가족 구성원이나 가족이 아닌 구성원을 선택할 수 있다.

일본의 이에家에서는 누가 후계자가 될 것인가에 대해서는 구체적인 규정이 없다. 다만, '이에'는 구성원의 혈통의 연속성보다는 조직의 존속을 가장 중시하기 때문에 후계자 선정에 있어서 가장 중요한 요소는 그 후계자가 친족인지 아닌지가 아니라 '이에'의 집단적 목표에 기여할 수 있느냐의 여부이다.

6) 조상 숭배 Ancestor Worship

중국에서는 조상 숭배 의무의 상속이 장자에게만 국한되지 않았다. 대신 모든 형제는 부모를 부양할 동등한 의무를 갖고 차례를 바꾸어 가며 제사를 주관하고, 모든 형제는 대체로 비용을 분담한다. 한국에서 조상 숭배는 장남만의 특권이다. 동생들은 부모가 돌아가신 기일忌日이면 맏형의 집에 모여야 했다. 증조할아버지에게 제사를 지내면 8촌 이내의 모든 부계 친족들이 종갓宗家집에 모여 제사를 지낸다. 또한, 큰 명절, 특히 설날과 추석(음력 8월 15일)에는 8촌 이내의 모든 부계친족 들이 대종가大宗家 집에 모여 조상 숭배의 의례를 치르는 것이 관례이다.

장손長孫이 조상 숭배를 수행할 권리와 함께 가족 재산의 상당 부분을 상속하도록 허용한 한국의 관습은 역사적으로 힘 있는 명망가 집안이 부富와 사회적 위신을 중국에서의 경우보다 훨씬 더 오래 보존하도록 도왔고 동시에 조정 정치에서 지배적인 영향력을 누리게 하는 데 이바지했다. 그러나 한국의 가족은 일본의 경우처럼 명확한 기업 정체성을 발전시키지 못했다. 대신에 그것은 공통의 조상으로부터 내려온 혈연관계를 가리키는 가문家門이라는 모호한 개념을 발전시켰다. 이러한 가문 개념은 한국에서 사회 계층화를 심화시켰는데, 일본보다는 덜하지만, 중국에 비해 사회적 이동성이 감소함에 따라 지배계급으로서의 양반의 지위가 더욱 견고해졌다. 전통적인 한국의 과거제도는 중국보다 상향 이동의 기회를 덜 제공했고, 유력 가문은 중국보다 훨씬 오래 지속되었으며, 종종 몇 세대 동안 궁중 정치에서 정치적 영향력을 행사했다. 이 같은 전통은 현대의 재벌財閥 가문에서도 계속되고 있다.

조상 숭배는 거의 종교에 가까운 효도의 상징이지만, 일본에서의 조상 숭배는 가업家業과 관련된 조상의 뜻을 재확인하는 것을 상징하는 것으로 보인다. 일본에서 즉, 제도 자체가 종교가 되는 것이다.

일본인들은 조상들을 특정하거나 특정한 사람들로 기억하지 않는다. 대신에, 고인故人들은 일 년에 한 번 '오본' 축제[21]에서 조상들을 공경할 때 상징적으로 산에 모인 연기와 꽃들로 대표되는 조상신들의 집단의 일부로 여겨진다. 더욱이 일본 가족제도의 양계적兩系的, bilateral 성격 때문에 자녀들은 외가의 조상을 그들의 부계의 조상보다 더 존중하지 않거나 하지 않는다. 즉 일본에서는 조상 숭배 의식이 자신의 조상을 추모하기보다는 집단의 정체성과 응집력을 높이는 역할을 하는 것이다.

---

21 오본(お盆) 축제는 돌아가신 조상들의 영혼을 기리고 기억하기 위해 매년 열리는 일본의 전통적인 불교 행사이다.

3. 한 - 중 - 일 삼국의 전통 가족 비교

한국, 중국, 일본의 전통적인 가족은 많은 유사한 특징을 공유하고 있지만, 중요성, 가치, 조직 원리, 가족 내 관계의 측면에서 많은 차이가 있다. 나라마다 가족에 대해 다소 다른 측면을 강조한다. 중국의 가족은 자신의 필요에 따라 매우 유연할 수 있고, 확대되거나 축소될 수 있는 관계를 강조하는 경향이 있다. 한국의 가족은 대체로 혈통조직으로 남아있다. 이에家로 알려진 일본의 가족은 수 세기에 걸쳐 다양한 과업에 적용할 수 있는 법인체적 성격corporate entity을 발전시켜 왔다.

1) 중국

중국의 가족을 "경계가 뚜렷한 조직"으로 보기보다는 부계의 계보에 기초한 "등급이 매겨진 인맥"의 체계로 파악하면, 중국의 가족 구조가 무엇보다 강조하는 것은 고정된 관계보다는 유연한 관계이다.[22] 이렇게 "등급이 세분된 개인 네트워크" 측면은 전통적인 가족이 필요에 따라 개인 네트워크를 확장하거나 축소함으로써 다양한 기능적 요구에 적응할 수 있도록 해주었다. 사회문화적으로 볼 때, 중국 가족의 네트워크 측면은 중국인들에게 그들의 가족 전통을 현대 경제 제도와 조직의 기능적 요구에 유연하게 적용할 수 있도록 해줌으로써 가족 전통이 오늘날 상업과 산업에 중요한 역할을 할 수 있도록 해준다. 어떤 의미에서 지난 몇 년 동안 중국의 가족은 정치, 경제 및 종교 분야에서 다多기능적으로 운용됐으며, 이 모든 것들은 전통적인 가족에서 구동되는 네트워크 논리를 사용할 수 있다. 즉, 중국 가족의 권한 구조와 관리 관행은 중국에서 기업 조직의 진화에 계속해서 지대한 영향을 미치고 있다.[23]

---

22 Fei Xiatong, *From the Soil : The Foundations of Chinese Society*, University of California Press, 1992.
23 Tam, On Kit, *The Development of Corporate Governance in China*, Edward Elgar Publishing, 1999.

중국 전통 가족의 구성원은 주로 부계 원칙에 기초하지만, 이 원칙은 유연하게 적용되어 대부분의 경제적 필요를 충족시키기 위해 입양 및 기타 조치를 허용한다. 예를 들어, 사위가 가족에 포함될 수 있고 입양이 널리 퍼져 있다. 가족 재산은 이론적으로는 가족이라는 공동체적 재산이지만, 상속에서는 아들들에게 균등하게 분할되고, 아들 각자는 동등한 몫을 받을 자격이 있는 방房의 단위로 간주한다. 가장으로 대표되는 중국 가족은 여러 개의 집房(아들이 태어나자마자 가질 수 있는 방. 이것이 집으로 발전한다)으로 구성되어 있으며, 각 방에는 아들 수에 따라 가족 재산의 정당한 몫을 받을 권리가 있다고 여긴다. 자신의 몫을 받은 후, 각 아들은 자신의 새로운 가족을 시작하게 된다.[24] 분가 후 각 가족은 일본의 '도조쿠同族'와는 달리 경제적으로 서로 독립하며, 자원이 충분하면 새로운 혈통을 창설하기도 한다.

중국 전통 가족의 이러한 특성은 현대 중국의 제도 및 조직에 몇 가지 이론적 함의를 갖는다.

첫째, 중국 가족은 분가로 인하여 분해의 길을 걷게 되겠지만, 부계 혈통의 전통은 계속될 것이다.[25] 즉, 중국 전통 가족은 일본 가족처럼 법인의 정체성을 가질 수 없으나, 남자 자손을 통해 부계의 연속성을 확보할 수 있다. 그러나 중국 가족의 부富는 3대에 걸쳐 지속되기가 어려웠다. 사실 당나라 이후 법인체로서 몇 대에 걸쳐 존속된 대가족은 없다. 중국이 거의 25번의 왕조 변화를 경험했다는 것은 우연이 아니다. 중국에서는 힘을 기른 집단은 기존 왕조를 무너뜨리고 자신들의 왕조를 세우는 일이 당연한 일이었다. 동시에 중국 가족은 지속적인 분화에서 발생하는 문제들을 해결하는 데 있어 실용적이어야 했다. 예를 들면, 가족은 조상 숭배 문제를 처리해야 하고 늙은 부모를 돌보아야 하며, 이로 인해 남성은 각자 자신의 가족을 세운 후에도 협력해야 했다. 또한, 많은 가족 문제들이 혈통주의 원칙보다는 교류를 바탕으로 실용적으로 해결되었다.

---

24 중국 남부지역의 분가(分家) 과정은 다음과 같이 전개된다. "두 형제가 조상 앞에 절한 뒤 집으로 돌아가서 부엌(廚房)과 가족의 재산, 거실을 나눈다."
25 Tang Zhen, op. cit, 2003.

둘째, 가족 재산은 두 가지 모순적이고 상반된 성격을 갖고 있다. 가족 재산은 가족 구성원이 재산의 일정 부분을 소유할 수 있는 공동체적 성격을 갖는다. 가족 재산의 소유자는 개인이 아닌 '가족'이지만, 가족의 의미가 매우 모호하고, 일본의 경우와 같이 일관된 기업의 (법인적) 정체성을 갖고 있지 않다. 각 아들은 가족 재산을 동등하게 분배 받을 권리가 있지만, 각 아들이 받을 수 있는 몫은 서구에서 알려진 개인의 소유권이 아니다. 결과적으로 중국인 가족은 가장 약한 집단성을 갖고 있으며, 혈통이 이어져도 오래 지속되지 못한다. 중국 가족은 1990년대 중국 공산당이 사회주의 소유권의 마지막 보루로 발전시키려 했던 제도인 '지분 소유 협동조합'과 거의 유사하다. 가족 재산의 지분 소유 측면은 모든 형제자매에게 독립성과 자율성, 가부장적 권위와 혈통적 권위의 관계에서 더 많은 선택의 여지를 제공한다. 또한, 이와 같은 각 아들의 동등한 지분권은 형제자매가 권위적 관계 대신 교류를 통해 상호작용할 수 있도록 해준다. 게다가 분산된 가족의 관계는 일본이나 한국처럼 위계적이지 않다. 간단히 말해서 중국 가족은 소위 말하는 공동체주의적 개인주의(집단주의 안의 개인주의)가 자리를 잡는데 호의적인 환경을 제공한다.

셋째, 중국 가족에 대한 이러한 견해는 중국인 개인을 개인이 원하는 것을 위해 다양한 수준의 인적 네트워크를 사용하는 자기중심적 공리주의자로 묘사했다. 중국에서는 가족 구조가 가족의 주요 구성원에게만 국한되지 않고 필요에 따라 확장되거나 축소될 수 있었다. 자신의 가족이 원하는 어떤 일을 수행할 수 없다는 것을 알게 되면, 그는 다른 친척들과의 관계를 확장하고 강화하고 그들을 자신의 가족家에 포함시키려고 노력할 것이다. 한마디로 중국 가족이 무엇보다 강조하는 점은 유연한 인적 네트워크다.

넷째, 중국의 전통적 가족은 아들이 가족 재산에 대한 권리를 갖는 형태로 개별성과 개인의 권리를 허용함으로써 거의 출자 협동조합과 같은 모습을 보인다. 이러한 특징은 특히 한국과 비교할 때 두드러진다.

이러한 특징들은 개인의 행동뿐만 아니라 현대 사회 조직에서도 지속해서 나타나고 있다. 이것이 우리가 중국 가족이, 감정과 네트워크가 혼합된, 자기중심적이고 실용적인 관점인 유연한 네트워크를 강조함으로써 다른 인간사회 상호작용에 대한 기반(템플릿)을 제공했다고 믿는 이유이다.

2) 한국

언뜻 보기에 한국 전통 가족은 중국 가족과 너무 유사해 많은 관찰자가 이를 중국 모델의 작은 변종으로 보는 예도 있다. 그러나 주의 깊게 살펴보면 한국 가족은 여러 면에서 다르다. 한국 전통 가족은 중국 가족이 강조하는 유연한 네트워크를 허용하지 않은 채 부계, 혈연적 연속성, 조상 숭배를 훨씬 더 강조해 왔다. 중국과 달리 한국에서는 가족제도의 발전에 경제적 고려가 아무런 역할도 하지 못했다. 강고한 부계 원칙이 한국 권위의 기본 구조의 바탕을 이루고 있기 때문이다. 그 결과 전통적 가족 내에서 수평적 교류가 일어날 여지가 별로 남지 않게 된다.

한국 가족은 대체로 강력한 가부장적 권력과 남매간 위계질서가 명확히 정의된 순수한 혈통조직으로 남아 있다. 한국에서는 일본처럼 경직된 장자 상속을 시행하지는 않지만, 장자에게 부모를 모시고 제사를 지내는 권리를 물려주어 가산의 상당 부분을 상속받게 했다. 가족 재산을 중국에서는 남성 전체의 공동소유로, 일본에서는 법인의 공동소유로 본다면, 한국 가족에서는 가부장제의 개인재산으로 본다. 즉, 다른 두 나라에 비해 한국 사회에서는 권력이 더 개인화되어 있다는 것이다. 현대 한국 기업 조직에서도 가업을 책임지고 행사하는 주체는 가부장이다. 한국 가족은 중국 가족처럼 가족 구조를 현대 조직의 임무에 맞추는 대신, 가족 개념과 관련된 기본 가치를 현대 조직에 투영하여 현대 제도의 실제 운영에 결정적인 영향을 미쳤다.

부계의 연속성과 양반으로서의 사회적 지위를 유지하는 데 주로 관심을 두는 한국의 전통 가족은 가족의 재산과 사업을 관리하는 것과 같은 실질적인 문제를 해결할 여력이 부족했다. 결과적으로, 한국 가족은 혈연과 계보 상의 서열을 주요 관심사로 유지하면서, 현대 기업 및 정치 조직에 혈연의 중요성을 계승하는 등 대체로 혈연 중심적인 제도로 남아있게 되었다. 한국은 가족 구조를 현대 조직의 요구 사항에 맞춰 조정하는 대신 가족과 관련된 기본 가치를 투사해 왔다고 본다.

한국 전통 가족의 결합성은 일본에 비해 약하지만, 중국보다는 강하다. 한국 가족에서도 혈통 분할이 일어나지만, 중국 가족보다 빈도가 낮았다. 한국에서 혈통 분할(동족조직의 분절현상)은 조상의 과거 업적과 명성에 의해서만 정당화될 수 있었다. 가족의 명성과 권력은 경제적 자원보다는 조상의 성취에 달려 있었던 것이다. 조상의 재산 유무와 상관없이 조상의 영혼은 자동으로 숭배를 받을 자격이 있다고 여겼다. 그리고 장손에게 조상숭배 권리와 함께 가문 재산의 많은 부분을 상속하도록 허용하는 한국의 관행은 가문의 부와 사회적 명성을 유지하는 데 도움이 되었다. 이 같은 전통은 현대 재벌에서도 이어진다.

3) 일본

일본어에서 한자 家는 가족보다는 더 포괄적인 "가계"를 뜻하는 '이에'로 발음된다. 그래서 家는 '집' 또는 '가계'로 번역되어 공동 거주자 집단을 가리킨다. 또한 '주방 카운터'에서 유래된 이 용어는 집합적으로 관리되는 공동 거주 공간을 의미하는데, 더 넓게는 현재의 구성원뿐만 아니라 그곳에서 살거나 죽었거나 미래에 태어날 사람들을 모두 포함한다. 펠젤Pelzel, John C.은 특히 이 점을 강조한다. "일본 용어인 '이에'는 전통적으로 특정 시점의 가구와 더욱더 확연한 실체인 '집'을 의미했다."[26]

12세기경, 일본 북동부의 농업 경제와 군사 방어 상의 문제가 초래한 도전에 일본의 혈연 중심의 씨족氏, clan이 효과적이지 않음이 입증되면서 일본 가족은 씨족 제도에서 '이에'(가계) 제도로 대대적인 전환을 이루었다. 즉 일본 가족은 직면한 여러 갈래의 도전에 대응하려고 그 구조를 기능적으로 변화시키면서 점차 이에家로 확장되었던 것이다. 이러한 변화는 일본 가족 단위의 구조뿐만 아니라 구성원 모집 기준, 권위 관계의 변화를 수반하는 동시에 집단적 목표 의식도 강화되었다. 처음에는 귀족 계층에서만 시행되었으나 에도江戶 중기에 이르러서는 일반 서민에게까지 확대되어 메이지明治 초기에 절정에

26　Pelzel, John C., "Japanese ethnological and sociological research", *American Anthropologist*, New Series Vol. 50, No. 1, Part 1, Jan. - Mar., 1948, pp. 54~72.

이르렀다가 다이쇼大正 시대부터 쇠퇴하기 시작했다. 이후 이러한 일본 가족은 일본의 근대화와 산업화와 함께 등장한 모든 조직의 조직원리로서 매우 잘 활용되고 있다.[27]

일본의 전통적인 가족제도에는 현대 사회 조직과 행동에 중요한 영향을 미치는 몇 가지 특징이 있다.

첫째, 이에家의 구성원은 혈통을 공유하는 사람으로만 한정되지 않고 혈연관계가 아닌 사람들도 포함된다는 점이다. 혈통이나 부계 혈통을 계속 유지하는 것이 아니라 법인으로서 가문의 연속성을 유지하는 것이 주된 관심사였기 때문에, 입양과 처가거주혼妻家居住婚, uxorilocal marriage이 널리 행해졌으며, 결과적으로 동일한 성씨는 부계 혈통을 정확하게 반영하지 못했다.

둘째, 일본 가족은 모든 재산, 이름, 사업을 한 명의 아들에게 상속하는 장자 상속제를 시행했지만, 반드시 장남에게 상속하는 것이 아니라 양아들이나 아들, 사위가 가문의 대를 잇는 경우도 많았다.

셋째, 일본 가족에서 가부장patriarch은 가장family head의 지위와 명확하게 구분되지만, 종종 가부장이 가장의 지위를 맡기도 한다. 가장은 은퇴하여 자신의 권한을 혈연관계가 없는 사람에게 양도할 수 있다. 이 경우 은퇴한 가장은 비록 그가 족장일지라도 가계家係에서 훨씬 후배일 수 있는 새 가장의 뜻에 따라야 한다. "가족 구성원에 대한 그의 권위는 그가 생물학적 아버지이기 때문이 아니라 가장으로서의 직책에 의해 입증된다는 점에 유의해야 한다. 가장의 권위는 사람이 아니라 직책에서 파생된다."[28]

넷째, 일본 가정household의 특징인 강한 공동체 의식corporate identity(법인처럼 기능하는 일본 가족을 칭함)은 일본 가족에서 부계 혈통의 연속성에 대한 강조를 약화시켰다. 그리고 성姓과 재산은 가장의 소유가 아니라 가족 자체의 재산으로 인식되었다. 중국과 달리 가족은 분열되지 않고 대를 이어 온전한 하나의 실체로서 지속되었다. 즉, 일본에서는

---

27 Yasusuke, Murakami, "Ie society as a pattern of civilization", *Journal of Japanese Studies* 10(2), 1984, pp. 279~363.
28 Nakane, Chie, *Kinship and Economic Organization in Rural Japan*, London : Athlone Press, 1967, p. 18.

가족을 추상적인 법인격으로 간주한 반면 한국과 중국에서는 핏줄을 공유하는 것이 가족의 핵심적인 특징이었다.

다섯째, 전통 일본의 혼케이本家, main family와 분케이分家, branch family 네트워크는 현대 네트워크 운영의 기반을 제공했다. 우선 일본의 네트워크는 개인과 개인보다는 집단과 집단, 즉 '이에'와 '이에'를 연결하는 경향이 있으며, 혈연에 기반한 혈통 관계보다는 각 '이에' 내內에서의 지위가 우선시된다. 그러나 중국에서는 네트워크가 항상 집단이 아닌 개인 사이에 존재한다.

특히 상인 계층에 의해 발달한 혼케이와 분케이의 네트워크는 현대 일본 기업에서도 발견되는 구조이다. 상인은 혼케이(본점) 옆에 분케이(지점)를 이어서 설립하여 유통 채널을 지리적으로 확장할 수 있었다. 또한 '법인'성격의 상인 가족이 한 세대에서 다른 세대로 이어져 영속할 방법을 제공해 주었다. 본가는 아들 한 명만 상속받을 수 있었기 때문에 상속받지 못한 아들은 본가를 떠나 분가를 설립해야 했고, 이로 인해 본가 대표와 분가 대표 사이에 갑을 관계가 형성되었다. 본가를 떠나는 대표는 본가를 다음 세대에 온전하게 물려줄 책임이 있으므로 가능한 한 토지 및 재산 양도를 통해 분가를 설립하여 살아남은 형제간의 갈등을 피할 수 있도록 했다. 본가와 분가 사이의 수직적 연결은 상인 가문의 중심적 조직원리였다.[29]

여섯째, 현대 일본의 제도와 조직에서 발견되는 상하 간의 상호주의와 합의에 따른 의사결정은 일본 봉건제의 속성, 즉 전통에서 유래한다. 일본의 가계는 처음부터 토지 소유권과 연계되어 있었고, 성姓은 상속 재산의 이름으로 시작되었다. 영주와 가신의 관계는 토지 소유의 규모가 좌우했지만, 가신도 자신의 토지 지분에 대해 통제권을 가졌다. 그 결과 영주는 가신의 토지 소유를 존중해야 했고, 모든 사람의 힘이 합쳐져야 하는 집단적 의사결정에서 각자가 이바지해야 할 몫의 계산은 기본적으로 토지 소유를 기준으로 이루어졌다. 이러한 각자의 지분에 대한 인정은 상사가 부하의 이익을 배려하

---

[29] Bhappu, Anita D., "Japanese family : An institutional logic for Japanese corporate networks and Japanese management", *The Academy of Management Review* 25(2), 2000, pp. 409~415.

는 동시에 부하가 의사결정 과정에 참여하도록 유도한다. 요컨대, 원래의 개인적 권리는 하급자와 상급자 간의 상호주의와 집단적 의사결정 과정의 형태로 진화한 것이다.

일본의 가족에서 발견되는 추상적 법인 정체성은 '이에(家)'의 모든 구성원이 공유하는 것으로, 일본 가족 '이에(家)'의 이러한 모든 특성은 마치 가구가 법인격을 소유한 것처럼 만들어, 일본 고유의 사회적 관계 또는 조직 원리의 모델로 작용했다. 요컨대, 일본의 가족 '이에'는 거의 "제도적 기반(템플릿)"처럼 작동해 왔다.

동아시아 3국 전통 가족의 특징 요약

	일본(Japan)	중국(China)	한국(Korea)
특성(Unique feature)	법인체(Corporate entity)	네트워크(Network)	가부장(Patriach)
구성원(Membership)	개방적(Open)	혼합형(Mixed)	폐쇄적(Closed)
법인적 성격(Degree of Corporatedness)	높음(High)	낮음(Low)	중간(Medium)
위계(Hierarchy)	높음(High)	낮음(Low)	중간(Medium)
의사결정(Decision making)	합의(Consensus)	집단적(Collective)	개인적(Personal)
역할의 제도화(Institutionalization of Role)	높음(High)	낮음(Low)	낮음(Low)
기능성(Functionality)	높음(High)	중간(Medium)	낮음(Low)
권력의 제도화(Institutionalization of Power)	높음(High)	중간(Medium)	낮음(Low)
집단주의(Collectivism)	높음(High)	낮음(Low)	중간(Medium)
개인주의(Individualism)	낮음(Low)	높음(High)	중간(Medium)
응집력(Cohesiveness)	높음(High)	낮음(Low)	중간(Medium)

4. 전통적 가족의 권위, 교환, 네트워크

아시아 가족의 권위 구조는 일반적으로 서구 가족과는 달리, 가족 구성원의 개별적인 권리를 허용하지 않는 '권위주의적'인 것으로 알려져 있다.[30] 그러나 권위주의 스펙트럼 내에서도 한 - 중 - 일 세 나라의 권위 구조에는 상당한 차이가 있다. 그 차이는 전통적인 가족 내에서 권위, 교환 및 네트워크가 혼합되는 방식, 역할과 개인의 분리, 객관화, 권력의 분립 정도, 명확하게 구분할 수 있는 위계의 수준에 기인한다.

1) 권위 관계

일본 가족에서는 중국이나 한국 가족과 비교해 가부장patriarch과 가장family head을 더 쉽게 구분할 수 있다. 일본에서는 일반적으로 가장의 권한이 가부장의 권한보다 크며, 가족 내 위계는 부계의 혈통을 따르지 않는다. 즉, 일본에서는 다른 나라에 비해 지위position와 인격person의 구분이 명확하다. 예를 들어, 가부장은 가족 문제를 관리하는 직책인 가장과 분리되어 있으며, 이 두 직책은 종종 중복될 수 있다. 위에서 언급한 "일반적으로 가장의 권한이 가부장의 권한보다 크며, 가족 내 위계는 부계의 혈통을 따르지 않는다"라는 말은 "족보상의 서열과 상관없이 가장이 되면 누구나 가부장으로 대우받는다"라는 뜻이다. 혈연적 지위보다 역할과 역할 수행 능력을 강조함으로써 이 제도는 업무 중심의 현대 조직과 일치하는 모습을 보인다. 이 제도가 역할 적합성을 중시했다는 또 다른 증거는 젊고 활기찬 후계자가 그 자리를 이어받을 수 있도록 고령이거나 무능력한 아버지가 가장의 지위에서 은퇴하는 것이다. 친족이 아닌 그룹에서 입양하고 친아들을 우회하여 더 유능한 사람을 후계자로 지명하는 관행이 널리 행해지는 것도 인계 제도의 기능을 보여주는 것이다. 결과적으로 이러한 제도는 일본 가족의 기업적 성격을 공고히 하고 여러 세대에 걸쳐 오랫동안 지속하게 하는 데 도움이 되었다.

반면 한국에서는 지위보다는 인격과 개인적 속성을 강조해왔다. 한국에서는 일반적으로 가부장을 가장으로 간주한다. 중국과 한국에서는 토지와 그 관리가 가족에서 중요한 요소가 아니었기 때문에 혈통의 질서와 가부장적 권위가 가족의 관리 구조보다 우선한

---

30   Pye, Lucian W. (With Mary W. Pye), *Asian Power And Politics : The Cultural Dimensions Of Authority*, Harvard University Press, 1985.

다. 반면, 나중에 살펴보겠지만 일본은 처음부터 토지와 밀접하게 연관되어 있어 권위 관계에 교환의 차원이 더해지지만, 중국과 한국의 가족은 대체로 혈통 체계에 머물러 있어 교환보다는 인맥의 영향이 더 컸다고 볼 수 있다.

중국 가족은 일반적으로 외부 세계에 가족을 대표하는 것으로 알려진 가장 나이 많은 남성 구성원이 가장을 맡는다. 그러나 보다 복잡한 가족에서는 경제적 문제에 재능이 있는 또 다른 남성이나 여성 구성원이, 중국에서 '당지아當家, dāngjiā'로 지칭되는 책임자로서, 가족의 재정 문제를 관리할 수도 있다. 그런데도 가장의 권한은 다소 제한적이다. 어떤 의미에서 그는 관리권은 있지만, 가족 재산을 처분할 권리는 없다. 가족 재산의 처분은 일본과 달리 모든 아들이 동등한 권리를 갖기 때문에 구성원 전원의 동의가 필요하기 때문이다. 아들들은 동등한 상속을 당연한 권리로 알고 있으므로 아버지가 재산을 임의로 나누려고 하면 아버지에게 순종하지 않을 것이다.

중국 가족의 위계질서는 한국처럼 생물학적 서열에만 기초하지 않는다. 왜냐하면, 경제적 자원에 대한 통제가 중국 가문에서는 권위의 중요한 기반이 되기 때문이다. 분가 이후 각 새로운 가족의 지위는 새 가족 가장의 혈통적 서열보다는 경제적 자원에 크게 좌우된다. 각 개인의 경제적 자원은 분가 이후 가족 내內 및 가족 간間의 권력 역학 관계를 실제로 통제하는 경우가 많다. 심지어 중국 가정에서는 재산 상속이 조상 숭배 권리보다 우선한다. 그 결과 실질적인 권력과 경제적 수단을 가진 사람이 족보상 연장자보다 더 많은 권위와 존경을 누릴 수 있는 현실적인 제도가 탄생했다. 중국에서는 조상 숭배도 선택적으로 이루어지며, 조상과 후손의 관계는 유연하고 계약적이다. 심지어 후손이 자신에게 조상이 복福과 보호를 내려주지 않았다는 이유로 조상의 위패를 파괴하는 예도 발생한다. 간단히 말해, 가족에 대한 중국의 접근 방식은 다른 두 아시아 국가보다 더 개인주의적인 성향을 드러내 준다.

이론적으로 일본의 가장은 절대적인 권한을 가졌지만, 일반적으로는 집안의 다른 남성 구성원들과 함께 집안 문제를 논의해야 했다. 그러나 펠젤에 따르면, 법인체의 성격을 지닌 가족의 가장은 자신의 의사를 대체로 무리가 없이 관철할 수 있는데, 그 이유는 내부 역할 체계가 잘 정비되어있기 때문이다. 대신 가장은 자신의 권한을 행사할 때 덜 자의적이어야 한다. 물론 가장은, 아내가 가정의 일상 살림에 결정권을 갖는 것처럼, 가정의 중대사에 결정권을 행사하지만, 반드시 일반적인 토론과 협의를 거친 후에야 결정을 내린다. 이런 식으로 결정이 내려지지 않으면 실행에 옮겨지지 어렵기 때문이다.[31] 일본에서는 권위가 그 지위를 차지하는 사람의 속성보다는 지위에서 비롯되기 때문에 일본의 가장은 중국과 한국의 가장보다 더 많은 권위와 권력을 누리고 있다.

일본 농촌에서는 60세 정도가 되면 가장의 자리에서 물러나는데, 이는 가족에 대한 노동 기여가 끝나는 나이이기 때문이다.[32] 현대 일본에서도 나이에 따른 연공서열은 중요시되지 않으며, 일본의 노인들이 한국이나 중국처럼 존경받지 못하는 이유도 여기에 있다. 또한, 일본의 가족윤리에서 강조하는 것은 중국과 한국 가족이 가장 우선시하는 효孝보다는 충성심이다.

한국에서 직계 사촌이라 하면 대체로 6촌까지를 말하여 혈연관계로 사회적 거리를 가늠하지만, 일본에서는 혈연보다는 가족의 분파branch 계열상의 위치에 따라 친밀도가 달라진다. 한국에서는 형이 집안의 가장이 되어도 형제 관계는 변하지 않지만, 일본에서는 형이 가장이 되면 형제 관계가 주인 - 하인의 종속관계처럼 된다. 일본에서는 조카가 원가原家의 가장이 되어도 분가分家의 종속관계는 변하지 않지만, 한국에서는 가장이었던 형이 사망하고 분가分家의 조카인 아들이 그 뒤를 잇게 되면 관계가 바뀐다. 즉, 일본에서는 추상적 법인격으로서의 가족이 중요한 반면, 한국과 중국에서는 법인격의 관계보다는 개인적 관계가 더 중요하게 여겨져 왔다는 것을 알 수 있다. 일본에서는 자신보다 나이가 어린 삼촌을 형, 누나라고 부르지만, 한국에서는 자신보다 나이가 어리더라도 삼촌이라고 부르는 등 족보상 선후배 관계가 우선시된다.

한국 가족은 이 두 가지 가족 모델 사이에 위치한다. 한국인 가족은 중국인과 마찬가지로 혈연관계를 공유하고 있지만 그들의 관계는 중국인보다 훨씬 더 위계적이고 개인적이다. 한국인들은 혈통과 출생 순서를 매우 중요하게 생각하며, 이는 다시 가족과 혈통

---

31 Pelzel, John C., op. cit, 1977, p.246.
32 지에 나카네, 이광규 역, 『일본 사회의 성격』, 일지사, 1979.

내 위계적 순위에서 각 사람의 위치를 정의한다. 가부장family patriarch은 가장family head 보다 더 많은 권위를 갖고 있으며, 아버지와 자녀의 관계는 위계적이다. 이는 일본의 경우처럼 계약 관계보다는 유교 윤리와 인간 본성에 대한 이해로 정당화된다. 한국의 가족제도에는 중국 가족이 허용하는 형제자매 간 사이에 평등의 전통이 없으므로, 그 결과 현대 한국에서는 대만에서 종종 볼 수 있는 형제자매 간에 사업 협력이 이루어지는 사례가 드물다.

일본에서 가족 간의 관계는 인위적인 혈연에 기초한 신분 관계이다. 실제의 계승을 통하여 명목상 부모 - 자녀 관계親子關係가 정당화되어도, 소위 부모 - 자녀 관계親子關係 와 생물학적 부모 - 자녀 관계를 구분할 필요가 있다. 이는 생물학적 아들이 자동으로 승계권을 갖지 않음을 의미한다. 대신, 실제로 승계하는 사람이 이전의 가장과 부모 - 자녀 관계親子關係를 맺은 것으로 인정받게 된다. 이러한 승계의 유연성 덕분에 재능이 있는 사람이 후계자로 선정될 수 있다. 일본의 가족관계에서 소위 '친자관계'는 생물학적 아버지와 아들의 관계와는 상당히 구별되며, 지위와 인정의 문제에서는 실제 상속 관계를 기준으로 결정된다. 친아들이라고 해서 자동으로 가족 재산에 대한 권리를 상속받는 것은 아니고, '친자관계'에 있다고 인정된 사람이 가족 재산의 상속인이 될 수 있다. 이 유연한 상속 제도는 상당한 수준의 선택권을 부여하여 가족 사업과 재산관리를 위해 가장 적합한 상속인을 선택할 수 있게 해준다. 강력한 법인적 정체성과 장자 상속 제도를 갖춘 일본의 전통적 가족은 조직 자체의 이해관계를 따라 기능하는 하나의 통합된 법인에 가까웠고, 구성원 개개인의 권리와 이익은 가족이라는 조직에 종속되었다.

또한, 일본 가족 내 권위 관계의 가장 큰 특징은 상급자가 하급자에게 일방적으로 명령하는 것이 아니라, 하급자와 상급자 간의 호혜 의식이 강하다는 점이다. 즉, 일본의 위계 구조에서 나타나는 권위 관계는 오로지 명령에만 기반을 둔 것이 아니라 교환의 논리를 포함하고 있음을 의미한다.

일본에 만연한 상호주의를 설명하는 한 가지 방법은 가신과 영주 관계를 바탕으로 일본 봉건제의 진화를 살펴보는 것이다. 일부 일본 학자에 따르면, 가신은 영주에게 종속되는 계약을 체결하지만, 자신의 토지 소유에 대한 권리를 유지하며, 이는 결국 집단적 의사결정 과정에서 그의 권력의 비중이 된다. 즉, 봉건제 초기에 교환 관계가 권력 관계로 발전했고, 그 유산이 일본의 위계질서에서도 상호성을 존중하는 관행으로 남아 있다 보겠다. 즉, 원시 봉건제도의 출자협동조합적 요소가 호혜성을 띤 위계 구조로 진화한 것이다.

카사야 가즈히코笠谷和比古,[33]에 따르면, 일본의 가문 명칭은 고대부터 토지 소유와 연관되어 있었다. 좀 더 정확히 말하자면, 가구household는 처음부터 토지와 밀접하게 연결되어 있었고, 그 부동산(토지, 집, 재산)에 붙여진 이름이 곧 성명이 되었다. 즉, 토지의 이름이 곧 가문의 이름이 되어 가문이 형성된 것이다. 이는 중국이나 한국처럼 성씨가 토지 소유보다는 혈통을 의미하는 것과는 대조적이다. 가문의 조직 논리는 가족의 부의 근간인 영지의 전승을 전제로 하고 있었으며, 나아가 영지에 뿌리를 둔 가족의 직업과 생계 방식을 보존하려는 의도가 있었다.[34]

영지와 밀접한 관계가 있기 때문에 일본 가족은 각 가족과 가족 구성원의 전문화를 포함하여 영지(토지와 유산) 관리의 필요성을 가졌다. 규모가 큰 영지에는 다이묘의 가신인 많은 관리들이 있었는데, 이들은 영지에서 생산되는 쌀자루(石 : 코쿠)[35]를 기준으로 토지에 대한 권리를 가졌기에, 각 관리가 받을 수 있는 쌀자루의 수는 그가 투표할 수 있는 지분을 의미했다. 예를 들어, 다이묘는 50개의 의결권을 가진 반면, 5명의 참의 senior councilor는 각각 6개의 지분을 가지므로 모두 합쳐 30개의 의결권을 가진다.[36] 세습적 봉급으로서 '코쿠'의 수는 정치 체제에서 개인의 실제 지분을 나타내며, 이러한 지분에 근거한 정치 체제의 기초를 이룬다고 할 수 있다.

일본의 가장이 자의적인 결정 대신에 각 가족 구성원의 몫을 최종 결과에 반영하도록

---

33 笠谷和比古,「「家」の概念とその比較史的考察」, 笠谷和比古 編,『公家と武家 -「家」の比較文明史的考察 - 』, 思文閣出版, 1999.
34 Kazuhiko, Kasaya, *Origin and Development of Japanese-Style Organization*, International Research Center for Japanese Studies, 2000.
35 메이지 유신 이전 일본에서는 성인 남성이 1년간 먹는 쌀을 생산하는 만큼의 농토를 기준으로 이를 1석(石 : 코쿠)이라 했다.
36 Kazuhiko, Kasaya, op. cit, p.82.

허용하는 윤리성倫理性을 통해 결정을 내리는 이유가 여기에 있다. 이러한 리더십은 한 사람이 모든 결정을 내리는 중국이나 한국의 리더십과는 사뭇 다르다. 이러한 전통이 일본 조직에서 단일 수장이 전체 조직을 지배하지 못하는 이유이다. 이는 현대의 관료적 위계질서와는 상당히 다른 것이다.

간단히 말해서, 의사결정 책임을 조직의 한 사람에게 집중시키지 않고 분산시켜 집단의 의견을 반영하는 방식의 기원은 일본 봉건제도로 거슬러 올라간다. 일본의 봉건 제도 하에서는 개별 가신들이 부여받은 경제적 지분을 의사결정 과정에서 권력의 몫을 계산하는 기초로 사용함으로써 실질적으로 집단적 의사결정의 성격을 갖게 되었다. 즉, 일본에서는 정치 권력이 경제력에서 유래했지만, 한국과 중국에서는 정치 권력이 경제력에 선행하여 쉽게 경제적 이익으로 전환될 수 있었다.

현대의 모든 조직에서 구성원들이 평등하지는 않지만 그렇다고 해서 이 조직의 구성원들이 개인의 자율성을 희생했다는 의미는 아니다. 이 조직의 구성원들은 많은 차이점을 보유했고, 각자의 "몫"에 따라 나름의 권력을 가졌다. 약한 구성원일지라도 자신의 '몫'에서 나오는 힘 덕분에 자율성을 지킬 수 있었다. 각자가 가진 몫이 있으므로 집단 내 관계는 명령 관계라기보다는 교환 관계에 가깝다. 이러한 공동체주의적 가치는 현대 일본 기업 조직에서 계속 나타나고 있으며, 이는 일본의 '제도적 기반(템플릿)'이 세분된 분업과 위계를 통한 긴밀한 조정이 필요한 산업 조직의 전제 조건과 친화적이기 때문이다.

2) 네트워크Network

앞서 언급했듯이 중국 가족은 가족 구성원 모두에게 유용한 네트워크로 간주된다. 중국의 네트워크는 가족 구성원 모두에게 실용적이고 다목적이어서, 위계질서를 유지하면서 동시에 교환이 이루어지는 장이다. 한국에서는 가족 전체가 혈연으로 맺어진 사람들이고, 권위 관계도 혈통의 네트워크에 기반을 두고 있다. 한국과 중국의 네트워크가 구성원 개인이 중심이라면, 일본의 네트워크는 가족 내의 구성원들 사이가 아닌, 가문과 가문 사이에서 작동한다.

이는 일본의 또 다른 특징이다. 즉, 중국의 개인이 중심이 되는 네트워크와는 달리 일본의 네트워크는 법인체의 성격을 띠는 '이에家'를 다른 법인인 가정에 연결해준다. 앞서 언급한 바와 같이, 본가(혼케이)는 장자 상속을 실천하며, 첫째 아들은 가업뿐만 아니라 가족 이름과 모든 가족 자산을 승계하는 동시에 다른 아들과 본가 구성원이 '분케이'라고 불리는 분가를 세울 수 있도록 돕는다. 분가와 비교해 우월한 경제적 수단과 정치적 지위를 바탕으로 본가는 분가를 통제하고 보호하며, 분가는 본가에 복종하고 본가를 위해 일을 한다. 그러므로 본가와 분가의 관계는 서열은 다르지만 긴밀한 협력 관계로 발전할 수 있다. 혼케이와 분케이의 관계는 매우 긴밀한 협력 관계인 것이다. 이는 전후 다양한 기업들을, 일본 특유의 계열집단(게이레츠)으로 연결하는 것에서 일본 네트워크의 특성을 새삼 확인한다.

12세기경 일본이 씨족氏에서 이에家로 전환할 때 이에家는 단순한 혈통조직이 아니라 기능 중심의 조직 원리에 부합하는 제도였다. "모든 가구는 고유한 세습 직업을 가지고 있으며, 생산은 가구주의 지시에 따라 노동을 분담하는 가구원들에 의해 수행되었다. 직업은 시인에서 관직에 이르기까지 다양한 직업을 포함하고, 사무라이로 불리는 무사들은 군사 기술을 전문으로 하는 무사부터 지역 토지의 개발과 관리와 같은 경제 사업에 관여하는 무사까지 다양한 직업군이 있었다."[37] 사회관계의 중요한 단위로서 이에家는 일본 특유의 조직 원리를 발전시켜 사회제도라기보다는 "제도적 템플릿(기반)"을 형성했다. 다시 말하면, '일본 특유의 사회적 관계나 조직 원리'의 단위로 기능하면서, 근대 일본에서 일본의 전통을 보존하면서 근대 산업의 조직에 접목되어 근대화를 촉진했을 뿐만 아니라, 그러한 근대화 과정을 겪으면서도 살아남을 수 있었다. 주목할 점은, 이에는 처음부터 혈통조직이라기보다는 기업처럼 운영되었다는 사실이다. 아시아의 한 유명한 법학자는 이에家의 본질을 다음과 같이 설명했다. "이에家는 세대를 초월하여 존재하며, 거의 가업을 경영하는 사업체와 같아서 그 구성원들에게 혜택과 급여를 주면서 가문을 위해 열심히 일할 것을 요구한다."[38] 이러한 이유로 일부 일본 학자들은 일본을 '이에

---

37 ibid., p.95.

문명'이라고 부르며 이에를 일본 전통의 핵심으로 격상시켰다.[39]

3) 법인적 성격 corporateness

당연하게도 전통 가족의 '법인적 성격corporateness'은 세 나라 사이에 매우 다양하게 나타난다. 일본은 추상적인 개념의 '이에'를 구체적인 실체로 물상화 한 만큼, 이를 바탕으로 일본의 가정은 가장 강력한 '법인체적 성격'을 갖는다. 이러한 정체성은 가족 구성원의 개성을 가릴 정도로 강력하고, 장자 상속은 (기업적) 법인의 성격을 강화하여, 가정 내에서의 지위와 인격의 분리해야 한다는 의식을 발전시켰다. 그리고 일본에서는 일찍부터 가부장과 가장을 구별하기 위해 의식적으로 노력해 왔다. 이는 결국 가족 구성원의 충성심을 개별 가장에게가 아니라 법인체로 향하게 했다. 미쓰이 기업이 1987년에 제정한 기본 규칙에 따르면 '미쓰이 구미(그룹)의 가족 재산은 미쓰이 구미에 속하며 미쓰이 가문의 개인재산이 아니다'라고 명시되어 있다. 확실히 일본에서는 이러한 구분을 명확히 하고 기업이 개인화되지 않도록 하는 것을 중요시한다. 일본인들의 사고에는 "주인과 하인 모두 이 점을 명심하고 열심히 일해야 이익을 거둘 수 있다."라는 생각이 자리하고 있다.[40] 당연히 개인과 법인 사이의 이러한 구분은 상인의 가정家庭에서는 더욱 분명해진다. 사업조직으로서의 상인의 집은 결코 개인 대표의 사적 소유물로 간주되지 않았다. 상인 가족의 모든 구성원은 상가의 공동 목표를 위해 헌신할 것으로 기대되었고, 그 대가로 상가의 이익을 공유할 자격이 있었다.

이러한 공동체주의적 가치는 일본의 현대 비즈니스 조직에서도 계속 모습을 드러낸

---

38 唐 震, 「家族文化視角中的美-日-中-三国家族企业比较」, 『软科学』 第17卷-第4期, 南京: 河海大学 国际商学院, 2003, 36~58쪽 참조(탕젠, 「미국, 일본, 중국의 가족 기업 비교 가족: 문화적 관점」).
39 Lebra, Takie Sugiyama, "Is Japan an Ie Society, and Ie Society a Civilization?", *The Journal of Japanese Studies* 11(1), Winter, 1985, pp.57~64.
40 Iwata, Ryushi, "The Jpanese enterprise as a unified body of employees: Origins and development", In Shumpei Kumon, Henry Rosovsky eds., *The Political Economy of Japan Vol.3: Cultural and Social Dynamics*, Stanford University Press, 1992, pp.170~197.

다. 따라서, 일본의 이에家는 사회 중심적인 조직 생활의 완벽한 예라고 할 수 있다. 일본 가정의 조직은 개인의 특성이 아닌 조직 내의 지위에 초점이 맞춰지기에, 일반적 핵가족이나 대가족에서와는 달리, 개인의 특성과 행동의 예측 불가능성이 현저하게 낮다.[41] 바흐닉Bachnik, J.에 따르면 "일본의 가정 이에家는 개인의 인격보다는 지위에 초점을 둔 조직으로서, 조직의 성공이 후계자가 조직의 형태를 그대로 유지하느냐에 달린 것이 아니고, 승계 옵션에 대한 여러 갈래의 가능성을 허용함으로써, 조직이 침체하지 않고 반드시 지속하게 하는 것이라 한다. 따라서 직책은 실용적으로 구성할 수 있으므로 승계를 보장하는 데 유연성을 제공해 준다. 사람이 아닌 지위position가 이에家라는 조직의 연속성을 보장한다. 그 지위를 잠시 담당하는 개인은 일을 그르칠 수 있으나, 개인적인 관계가 아닌 지위는 일본 사회에 '공식적인' 규칙성을 부여해준다.[42]

역할을 수행하는 사람보다는 역할의 내용을 강조하는 일본 전통 가족의 구성 원리는 일본인이 개인의 감정이나 기타 특이성이 미치는 영향을 최소화하는 데 도움이 되었다. 반면 혈통에 대한 집착이 강한 한국에서는 역할보다는 사람을 중시하는 경향이 있으며, 한국 문화는 사람들이 자신의 내면을 여과 없이 드러내는 것에 대해 관대하고, 맡은 역할을 개인의 개성으로 해석하는 경향이 있다. 이러한 경향은 사회 및 공적 활동의 모든 영역, 특히 정치 영역에서 일본보다 한국이 훨씬 더 뚜렷하게 나타난다. 또한, 일본인들은 아들이 없는 가정의 후계자를 선택할 때 자신이 낳은 딸보다는 핏줄을 나누지 않은 사위를 후계자로 선택하는 경향이 있다.

중국 가문의 기업 정체성은 가장 취약하다. 권위 구조가 다른 두 나라에 비해 훨씬 느슨하기 때문이다. 앞서 언급했듯이 중국인은 가족을 자신의 필요에 따라 동원될 수 있는 네트워크의 한 층으로 보는 경향이 있다. 모든 남자 후손은 가족 재산에 대한 동등한 지분을 가질 권리를 가진다. 가문의 재산을 처분할 수 있는 가장의 권리는 상당히

---

41 Bachnik, J., "Recruitment strategies for household succession : Rethinking Japanese household organization", *Man* 18(1), 1983, pp.160~182.
42 Hamabata, Matthews Masayuki, *Crested Kimono : Power and Love in the Japanese Business Family*, Cornell University Press, 1991.

제한되어 있으며, 새로운 혈통을 세우는 것은 그 사람의 경제적 자원에 크게 좌우된다. 그러므로 중국 가정의 아들들은 가부장에게 순종할 것으로 기대되는 한국의 아들들보다 아버지와 훨씬 더 따뜻하고 비공식적인 관계를 갖는 경향이 있는 것으로 보인다. 중국 형제자매 사이에서 발견되는 상대적 평등은 개인의 이익을 추구하는 독립적이고 합리적인 행위자로서 협력을 장려하는 환경을 조성한다.

그러나 중국은 공동 상속共同繼承에 대해 높은 대가를 치렀다. 왜냐하면, 중국에서는 가업家業이 오래 지속하기 어렵게 만들었기 때문이다. 이에 반해 장자 상속 제도를 시행했던 일본에서는 가업이 분할되지 않은 실체로 오랫동안 지속할 수 있었다.

우리는 이미 중국과 일본이 서로 다른 친족 원칙을 발전시켰다는 점을 지적했다. 일본에서는 장자 상속과 상속인과 형제 사이의 뚜렷한 위계 관계가 있는 반면, 중국에서는 형제 간의 위계 관계가 없거나 매우 약하며, 균등한 분배가 이루어졌다. 가족제도의 이러한 차이는 두 나라의 조직과 행동의 다른 패턴을 만들어냈다. 중국은 일본보다 개인주의가 강해 개인을 중시하는 반면, 일본은 강한 집단 전통이 강하게 남아있다.

따라서 중국 가문과는 대조적으로 일본 가문은 대를 이어 가문의 재산과 사업을 보존할 수 있었다. 후계자는 선대의 이름 중 한자를 물려받았기 때문에 가업의 경우 물려받은 글자는 가게의 이름을 상징하게 되었다. 이는 대를 이어 가업을 승계해도 가업의 성격이 변하지 않는다는 것을 의미하는데, 중국의 경우 가업의 승계자가 물려받은 업종의 성격에 얽매이지 않고 일본에 비해 훨씬 쉽게 새로운 업종을 시작할 수 있었다. 이처럼 기업의 업종을 선택하는 데 있어 유연한 태도는 오늘날에도 중국에서 계속되고 있다.

일본의 가업은 후계자 선정에 혈연에 매달리지 않고 능력을 중시하기에, 무자격자가 가업을 승계하는 것을 방지할 수 있어 현대의 기능적 조직 요건을 쉽게 충족할 수 있다. 그러나 일본의 경우는 가업의 소유 지분이 계약에 근거한 개인지분의 결합이 아니라 본가本家와 지가支家라는 공동의 이념을 바탕으로 한 공동체적 관계라는 점에서 미국의 가족기업과는 다르다. 다만 일본의 가족기업은 능력을 기준으로 상속인을 선택할 수 있었기에, 결과적으로 전통적인 아버지 대 아들의 승계 모델에서 벗어나 소유권과 경영권이 분리된 주식회사와 같은 보다 현대적인 기업 구조를 쉽게 선택할 수 있었다. 다만,

앞서 언급했듯이 미국식 가족기업과 달리 일본 가족기업의 소유 관계는 개인재산과 관련된 계약이 아니라 본가本家와 지가支家 간의 충성심과 소속감이라는 공동의 원칙을 바탕으로 형성된 공동체 관계인 것이다.[43]

5. 제도적 기반(템플릿)으로서의 전통적 가족

이 절에서는 현대 사회 조직과 행동에 대한 전통적인 가족 문화의 지속적이고 탄력적인 영향력을 어떻게 설명할 것인지에 관한 질문을 다루고자 한다.

가족이 사회화를 위한 가장 중요한 기관이라는 견해는 널리 받아들여진다. 어느 사회에서나 이차적인 조직은 일차조직인 가족과 친족 제도와 밀접하게 일치하는 양상을 보인다. 이렇게 일치하는 이유는 가족 내에서의 생활 경험과 관습이 집단 및 조직 생활 초기의 유일한 경험이며, 사람들은 가족집단 및 조직 외부의 활동에 참여할 때 이러한 경험을 적용하는 경향이 있기 때문이다. 그들은 자연스럽게 가족의 구조와 네트워크의 모델을 확장하고 자신의 경험을 가족 이외의 집단과 조직의 활동에 적용하게 된다. 즉, 중국인은 가족에서의 경험을 비非가족 집단과 조직에서 활용하는 경향이 있는 것이다.

이는 비단 중국의 경우에만 국한된 것이 아니고 동아시아의 일반적인 현상이다. 일본의 경우 무라카미 하루키가 일본을 '이에いえ' 문명, 즉 '이에家'의 개념에 기반한 문명이라고 부를 정도로 현대 사회에서 전통적인 '이에'의 중요성은 잘 알려져 있다.

일본 사회를 말하는 가운데, 가족 구조의 중요성에 대해 일본의 대표적인 사회학자인 후쿠다케 다다시福武直는 "가족과 마을 공동체의 구조적 차이가 중국, 인도, 일본의 전반적인 사회적 차이와 관련되어 있다"라고 주장했다. 그리고 그는 "가족, 마을 공동체가 일본 사회를 이해하는 열쇠를 제공한다"라고 보았다.[44] 가족 구조는 중국 전통 사회구조

---

43 唐 震, 「家族文化視角中的美 - 日 - 中 - 三国家族企业比較」, 『软科学』 第17卷·第4期, 2003, 36~58쪽 참조.
44 Fukutake, Tadashi, translated by Ronald P. Dore, *The Japanese Social Structure*, University of

의 기초이다. 수천 년의 중국 역사에서 가족은 혈통의 네트워크를 기반으로 때로는 다양한 지역 및 이해관계와 결합하여 사회생활의 다양한 측면에 침투했다. 결과적으로, 사회의 여러 단계로 층위화層位化된 '관계 - 네트워크'의 기초를 구성하는 가족이라는 조직이, 자신의 필요에 따라 유연하게 작동하는 가운데, 자연스럽게 중국 가족의 기본 논리는 계속해서 사회적 행동의 형성에 관여하게 된다. 네트워크의 형판型板(꼴 틀, 템플릿)으로 작동하는 전통적인 중국 가족은 대부분의 현대 중국의 조직과 행동에 계속 영향을 미치고 있는 것이다.[45] 앞서 언급한 바와 같이 전통 가족의 가장 큰 특징은 구성원이 필요에 따라 확대되거나 축소될 수 있었다는 점이다. 중국의 유명한 인류학자 페이 샤오퉁費孝通은 다음과 같이 말했다. "누구든 당신의 집단에 끌어들여 가까운 친척이 될 수 있다. 당신 집단의 경계는 유연하여, 그것이 얼마나 확장될 수 있는지는 아무도 모른다. 그러므로 온 세상이 정말 가족이 될 수 있다."[46] 페이 샤오퉁의 이 말은 개별 네트워크의 기본 논리가 중국 현대의 많은 조직과 행동에서 계속 작동하고 있음을 의미한다.

인류학자 지에 나카네中根千枝의 프레임으로 알려진 일본의 집단 지향성, 교환 가치의 정확성, 권위의 호혜성, 집단적 의사결정, 자신이 속한 집단에 대한 충성심 등은 연공서열 중시, 종신 고용, 직위 강조 등의 형식을 빌려 현대의 기업 관리 관행에 잘 반영되어 있다. 한국에서는 개인화된 권력의 전통, 1인 의사결정, 소유자의 막강한 권한 행사, 기술적인 것마저도 정치화하려는 경향 등이 기업지배구조의 공통적인 특징이다. 특히 대기업 조직에 만연해 있는 고질적인 문제는 총수가 불법적인 수단을 통해 제한된 지분 소유에도 불구하고 자신의 친자식에게 경영권을 물려주고자 하는 강한 욕구이다. 이 문제는 비단 기업 조직에만 국한된 것이 아니고 한국의 대형 교회, 학교, 사회단체 모두에 해당한다.

Tokyo Press, 1982, p. 4.
45　汪丁丁, 『经济发展与制度创新』, 上海人民出版社, 1995年版, 21쪽(왕딩딩, 『경제 발전과 제도 혁신』, 상하이 인민출판사, 1995년판, 21쪽).
46　Eisenstadt, S. N., *Tradition, Change and Modernity*, New York : John Wiley & Sons, 1973, pp. 209~210(페이 샤오퉁의 말을 인용함).

현대화 과정으로 인해 분명 전통의 일부 측면이 약화하긴 했지만 동시에 중국 전통의 다른 측면을 강화했다. 가족의 형식적 구조는 변했지만, 전통적인 가족의 기본 논리는 계속해서 현대 제도와 제도의 제약 내에서 여전히 작동하는 실제 행동을 형성하고 있다. 한국과 일본에서는 정상적인 근대화 과정을 거치면서 전통 가족의 구조가 변화했다. 중국에서는 가족 자체가 의식 혁명의 대상이 되었지만, 전통적인 가족제도의 기본 논리는 계속 유지되었다. 그러나 중국 전통의 가장 깊고 견고한 층위인 전통적인 가족제도는 근대화의 공세, 특히 가족을 기본 경제 단위인 집단 농장으로 대체한 공산주의 혁명의 공격에서도 살아남았다.

전통적 가족에 구현된 기본 논리가 여전히 중요한 이유는 또 있다. 현재 중국은 전환 과정에 있다. 즉 계획 경제의 규칙이 그 효력을 잃어가는 가운데 건전한 시장 경제의 규칙은 아직 확립되지 않은 과도기인 셈이다. 이러한 전환기에 중국인들이 급성장하기 시작한 민영 기업을 설립하고 발전시키기 위해 전통 가족의 논리에 의존하는 것은 놀라운 일이 아니다. 20세기 중국 역사는 전통에 대한 많은 혼란과 붕괴로 점철되어 있지만, 그 와중에도 살아남아 피해를 덜 입은 것은 세습적 네트워크를 강조하는 중국 가족제도였다. 따라서 가족은 위험한 정치 환경으로부터 중국인 개인을 보호하는 유일한 안전판 역할을 해왔음에 주목할 필요가 있다.

또한, 한-중-일 세 나라의 전통적인 가족이 현대의 조직과 행동에 영향을 미치는 방식도 다양했다.

중국 전통 가족의 영향력은 기본적으로 사회적, 사업적 맥락에서 타인과 관계를 맺는 방식으로 지속되고 있다. 즉, 중국 전통 가족의 네트워크 측면은 현대 중국의 사회 조직 및 사회적 행동을 이해하는 데 계속해서 가장 중요한 구조로서 작동 중이다. 대조적으로, 일본의 전통적인 가족의 영향력은 훨씬 더 직접적이다. 일본의 전통적인 가족 이에家는 현대 업무의 기능적 요구 사항에 쉽게 적응할 수 있는 강력한 기업체적 실체라는 의미가 강했기 때문에, 현대 일본의 많은 조직, 특히 비즈니스 조직에서 가족제도는 기본 구조로 유지되었다.

보다 구체적으로 가족제도는 다음과 같은 방식으로 중국인의 행동에 계속해서 영향을 미치고 있다.

첫째, 중국인은 전통적인 가족의 역할 구조와 운영 및 윤리 원칙을 가족 밖의 집단과 조직 및 그 운영에 적용하는 경향이 있다. 즉, 비가족 집단의 구성원도 가족 구성원처럼 대우받는다.[47]

중국에서는 혈연관계가 아닌 가상의 혈연관계가 성스러운 의식이나 단순히 상호 동의를 통해 '맹세한 형제 관계'와 '맹세한' 부모 - 자녀 관계를 맺을 수 있는 경우가 흔하다. 유사 친족 관계의 형성은 개인 간의 도덕적 또는 정서적 유대를 강화하는 데 도움이 되지만, 종종 이러한 관계의 도구적 기능이 개인에게 더 큰 관심사가 된다.

둘째, 조직의 리더는 의식적이든 무의식적이든 가장의 권위를 바탕으로 권위 관계를 형성한다. 이점이 바로 많은 사람이 전통적인 가족이 중국의 "제도적 기반(템플릿)"을 찾기에 가장 좋은 곳이라고 주장하는 이유가 된다. 중국인들은 또한 가족적인 분위기를 강조하는 경향이 있는데, 특히 집단의 협력 정신을 고양하고 조직이 가족인 것처럼 소속감을 조성하기 위해 조화와 화합을 강조하는 경향이 있다.

셋째, 많은 조직이 모든 직원 간의 화합, 신뢰, 연공서열, 협력을 강조하는 등 가족 논리를 모방하는 경향이 있다. 전통 중국에서는 가족이라는 개념이 체계적이고 명확한 울타리를 가지고 있지 않았기 때문에, 가족 구성원을 필요에 따라 확장할 수 있었다. 여기서 다시 한번 많은 사람이 즐겨 소개하는 중국의 유명한 인류학자 페이 샤오퉁費孝通의 말을 반복하여 인용한다. "누구든 당신의 집단 안으로 끌어들여 가까운 친족이 될 수 있습니다. 당신 집단의 경계는 유연하며, 얼마나 확장될 수 있을지 아무도 알 수 없습니다. 전 세계가 정말 한 가족이 될 수 있습니다."

---

47 Yang, Guoshu, "The Social Orientation of Chinese People : A Perspective on Social Interaction", In Yang Guoshu and Yu Anbang eds., *Psychology and Behavior of Chinese People : Concepts and Methods*, Taipei : Crown Publishing Company, 1993 edition, p.95.
Yang, Guoshu는 중국인들이 자극 일반화 과정을 통해 가족의 조직적, 대인 관계 및 행동 특성을 가족 외부 그룹으로 확장한다고 제안하면서 연구를 더욱 심화시켰다(참고 : Yang, Guoshu, "The Process of Familialization, Pan-Familism, and Organizational Management", in *Cross-Strait Organizations and Management*, Taipei : Yuan-Liou Publishing Company, 1998 edition, pp.19~60).

마지막으로, 가장 중요한 것은 중국인들은 조직 내 서열 논리에 따라 친밀감과 거리감을 조성함으로써 조직 내 서열 관계를 형성하고, 리더를 중심으로 새로운 핵심 그룹을 만들어 조직을 계층화하는 경향이 있다는 것이다.

만일 중국과 한국의 혈통이 부계 혈통에 기반한 네트워크에 머물렀다면, 대조적으로 일본의 가족은 현대 사회 및 비즈니스 조직의 기본 요건과 일치하는 많은 세부적이고 응집력 있는 규칙을 가진 업무 지향적 기업 단체였다. 일본에서는 처음부터 특정 개인보다 직위를 강조해 왔으며, 이는 권력과 권한이 개인이 아닌 직위에 있다는 것을 의미한다. 이러한 특성은 결국 상급자의 자의적인 권력 사용을 억제하는 효과를 가져왔다. 즉, 상급자의 개인적인 성향이 조직 전체에 영향을 미칠 가능성이 훨씬 줄어든 것이다. 위계 구조의 하위 단계에 있는 개인이 상급자를 뛰어넘을 수는 없지만, 상급자의 명령에 따라 직급이 임의로 낮아지거나 직무 수행이 변경될 수는 없다.

일본의 신분제는 처음부터 서양의 봉건제나 중국의 봉건제와는 다른 더 큰 봉건제도의 맥락에 편입되어 있었다. 이 두 가지 다른 봉건 전통이 혼합된 일본에서는 영주와 신하의 관계를 규정하는 '권리와 의무'의 개념은 훨씬 약했지만, 중국 봉건제가 강조하는 지배-복종 관계는 유럽보다 훨씬 강했다. 일본 가족의 권리와 의무는 자녀가 행할 효도와 부모의 의무를 강조하는 유교의 영향을 많이 받았다.

아니타 바푸Bhappu, Anita D.는 문화적 유산, 특히 일본의 전통이 현대 기업지배구조를 어떻게 형성했는지에 대해 더 깊이 있게 파헤쳤다. 그의 분석은 일본 가족이 현대 일본 기업 네트워크와 경영관리의 제도적 논리를 제공했다고 결론지었다. 그녀는 우리가 사용하고 있는 "제도적 템플릿"이라는 용어를 사용하지 않지만, 그녀의 기본적인 주장과 개념적 체계는 우리의 "제도적 템플릿" 개념과 매우 유사하다. 바푸는 "제도적 논리" 또는 "가족 논리"라는 용어를 사용한다.[48] 그리고 그녀는 이러한 관점이 향후 경영학자들이 일본 기업을 분석하는 데 있어 통합적으로 고려될 수 있기를 바랬다.

---

48 Bhappu, Anita D., "Japanese family : An institutional logic for Japanese corporate networks and Japanese management", *The Academy of Management Review* 25(2), 2000, pp.409~415.

일본인들은 가족 전통을 통해 권위, 교환, 네트워크에 접했고, 위계질서가 존재하는 현실에서 이를 결합하는 방법과 교환이 네트워크와 결합하는 방법을 배웠다. 이에 家 시스템은 권위, 교환, 네트워크 관계가 서로를 강화하는 방식이라는 측면에서 일본 현대 비즈니스 조직의 구조와 경영에 영향을 미쳤다.

일본에서 도조쿠どうぞく, 同族, dozoku, 자이바츠ざいばつ, 財閥, zaibatsu, 게이레츠けいれつ, 係列, keiretsu 등으로 불리는 기업 - 네트워크는 경제 제도이다. 오늘날 일본의 게이레츠는 더 이상 혈족으로 구성되지는 않지만, 구조적으로 도조쿠나 자이바츠와 비슷한 형태를 띠고 있다. 도조쿠의 수직적 네트워크를 구성하는 혼케이本家 분케이支家는 현재 게이레츠에서와 마찬가지로 자이바츠의 기업 네트워크에서 분명하게 드러나 있다. 자이바츠와 게이레츠의 기업은 도조쿠와 유사하며, 혼케이 - 분케이 관계는 수직적 위계질서를 제공한다. 중앙 또는 혼케이의 지위는 자본을 가진 기업이 차지한다. 도조쿠의 혼케이는 분케이에 자본을 제공한다. 게이레츠의 은행과 마찬가지로 자이바츠의 지주회사는 기업 네트워크의 핵심 산업 기업에 자본을 제공했다. 기업의 개별 대표 사이의 관계나 유대는 도조쿠의 총수들 사이에 존재했던 유대 관계와 유사하게 '기리義理와 '온溫'의 원칙이 특징이다. 기업 내부와 기업 간에 공유되는 의례와 의식은 공유된 도덕적 성격의 외적 표현이다. 모든 관계에서 상호 의무는 일본 조직에서 명백한 여러 제도적 논리 중 하나에 불과하다는 점을 인식하면 일본 조직의 관계적 내재성이 도조쿠의 그것과 유사하다는 것을 알게 된다.

바푸Bhappu는 도조쿠가 일본 기업 네트워크의 제도적 논리라고 좀 더 구체적으로 주장했는데, 그는 도조쿠의 구조적 틀이 자이바츠와 게이레츠에 반영되었음을 확인함으로써, 일본 조직의 구조적 내재성the structural embeddedness of Japanese organizations이 도조쿠와 유사하게 변화하고 있음에 주목한 것이다. 다만 "시기에 따라 제도적 논리의 존재가 지배적일 수 있고, 때에 따라서는 다른 조직과 경쟁 관계에 있을 수 있다."라고 보았다.[49] 일본의 기업 네트워크는 일본의 조직이 구성되는 방식을 대표하게 되었기 때문

---

49 Ibid.

에 규범적 영향력을 가진 지배적인 제도적 논리로 보인다.

일본의 경영 관행은 일본 조직의 관계적 내재성relational embeddedness을 상징한다. 이는 도조쿠, 자이바츠, 게이레츠 등 일본 조직에서 볼 수 있는 개인행동의 규칙적인 패턴이기도 하다. 특히 일본 경영 관행의 제도적 논리이자 개인에게 규범적, 인지적 영향력을 행사하는 논리는 '보살피고 은혜에 보답하는' 상하 관계이다. 일본 조직은 상하 관계가 복잡하게 얽혀 있고 직급과 지위가 직위별로 구분되어 있다. 개인 간의 관계는 복종보다는 호혜와 의무에 의해 특징지어지며, 충성심과 이익의 상호 교환이 동등하다는 점을 강조한다. 급여 및 승진 시스템은 조직 계층 구조 내에서 연공서열에 따라 보상한다. 이에家의 전통에 따라 조직 내에서 이루는 성과보다는 신뢰가 더 중요시된다. 조직의 요구에 종속되는 대신 전통에 따라 직원들에게는 평생 고용이 보장된다. 다시 한번 말하지만, 이는 일본인이 이에家의 전통을 이어받아 오래도록 변치 않는 충성심을 여전히 중요시한다는 점을 보여준다. 위계 관계에서도 부모를 향한 의무와 갚아야 하는 빚을[50] 동시에 강조하는 것은 일본인의 위계 및 권력 관계에 대한 관점이 한국과 중국의 경우처럼 상급자가 하급자를 지배하는 것이 아니라 상호주의적이라는 것을 나타낸다. 종신고용제, 연공서열제, 기업 복지 제도, 사내 교육 관행 등 기업의 경영 관행에서도 화합과 합의를 강조하는 이러한 가족적 특성이 그대로 이어졌음을 확인한다.

이 세 나라에서 왜 가족 논리가 지속되어 왔는지 살펴볼 필요가 있다. 이 가족 논리는 어떤 기관에서도 강제하지 않았다. 사실 근대화로 인해 전통적인 가족은 해체되었고 일부 국가에서는 이러한 유산을 없애기 위해 큰 노력을 기울였다. 사실 일본 정부는 호주제의 폐지를 시도했다. 중국 혁명은 집단화를 통해 농촌에서 의미 있는 경제 단위로서의 가족을 해체하려는 정책을 폈다. 그러나 가족 논리가 사라지지 않은 것은 개인들이 그것이 갖는 가치와 효용을 확인한 결과이므로, 가족 논리의 지속성은 일본 경제 조직에

---

[50] Benedict, Ruth의 *The Chrysanthemum and the Sword*, Houghton Mifflin, 1944년 판, p.114를 보면 일본의 인간관계에서 중요한 개념으로 'ko'와 'on' 등을 소개한다. 'ko'는 부모나 조상에 대한 의무를, 그리고 'on'은 반드시 갚아야 할 빚을 뜻한다. 자녀는 부모에게 은혜를 입었으니 반드시 그를 갚아야한다.

서 개인 선택의 표현이라 할 수 있다. 이러한 선택의 근거는 사회적 자본의 보존이다.[51] 전통적인 가족과는 상당히 다르지만, 권위, 교환, 네트워크 논리의 암묵적 연속성을 많이 간직한 가족 환경에서 사회화된 중국인, 한국인, 일본인은 사회화를 통해 배우는 것들에 편안함을 느끼며, 자신의 사회화 경험을 불확실한 현대 상황에서 생존에 유용한 사회적 자본으로 간주한다. 사람들은 사회화를 통해 학습한 사회적 자본을 보존하면서 끊임없이 변화하는 환경에 적응하려고 노력한다. 그 결과 제도와 조직은 환경의 바람에 따라 쉽게 변화할 수 있지만, 각 국가의 제도적 기반(템플릿)은 훨씬 느리게 변한다.

---

51 Walker, Gordon, Bruce Kogut and Weijian Shan, "Social capital, structural holes and the formation of an industry network", *Organization Science* 8(2), 1997, pp. 109~125.

제 6 장

설문조사에 반영된 제도적 기반(템플릿)

제6장

설문조사에 반영된 제도적 기반(템플릿)

1. 배경

이 장에서는 한-중-일 세 나라에서 엄선된 표본 집단을 대상으로 설문조사를 실시하여 제도적 기반(템플릿)을 파악하고자 한다. 제도적 기반(템플릿)을 설문조사를 통해 파악하는 작업이 쉽지 않은 이유는, 설문조사 대상자의 현재 의견보다는 심리적 성향에까지 접근해야 하기 때문이다. 주관적 편견을 배제할 수 있을 만큼 사실에 입각하면서도 권위, 교류, 네트워크에 대한 사람들의 태도를 엿볼 수 있는 심층적 질문을 고안해 한-중-일 3국의 인식과 선호도를 조사함으로써 현재의 제도적 기반(템플릿)에 대한 통찰력을 얻을 수 있다. 질문을 통해 권위, 교류, 네트워크에 대한 사람들의 성향을 파악하고자 했기 때문에 사람들의 사고방식을 측정하는 데 활용도가 매우 제한적인 사실적 질문은 피하고, 의도적으로 추상적이고 일반적이지만 여전히 조사에 유의미한 질문을 만들어 제도적 기반(템플릿)을 파악하는데 중요한 기초가 되도록 노력했다.

여러 가지 방법론적 어려움에도 불구하고, 우리는 제도적 기반(템플릿)을 구성하는 데 필요한 정보를 파악할 수 있는 약 113개의 질문을 고안해냈다. 미국과 한국의 설문조사 전문가들과 집중적인 자문을 거친 후, 한국갤럽조사연구소에 의뢰해서 한-중-일 삼국에서 수도와 주요 상업 도시, 즉 한국의 서울과 부산, 중국의 베이징과 상하이, 일본의 도쿄와 오사카에서 각각 300개씩 표본을 추출해, 설문조사를 실시했다. 조사는 2011년 한국과 중국은 전화 면접, 일본은 인터넷 방식으로 진행되었다.

모든 문항은 6개의 선택지 중 하나에 응답하도록 설계되었다. 즉, 응답자는 거의 모든 문항에 대해 다음의 6가지 표준화된 답변 중 하나를 선택하게 되어있다.

- 전적으로 동의하지 않음(1점)
- 대체로 동의하지 않음(2점)
- 약간 동의하지 않음(3점)
- 약간 동의함(4점)
- 대체로 동의함(5점)
- 전적으로 동의함(6점)

전반적으로 한국인과 중국인은 59개 문항에서 비슷한 응답을 보인 반면, 한국인과 일본인은 24개 문항에서 비슷한 응답을 보였다. 일본과 중국은 32개 문항에서 상당히 유사한 견해를 보였다.

한국인과 중국인이 비슷한 응답을 보인 문항은 주로 권위와 네트워크에 관한 문항이었으며, 일본인과 중국인은 교류에 관한 문항에서 비슷한 응답을 보였다. 전반적으로 한국 사회가 중국과 일본의 중간에 있다는 것을 보여주는 결과로, 한국이 중국과 일본의 문화적 가교 역할을 하고 있다는 가설에 부합하는 것으로 보인다.

2. 세계관

1) 보편적 원리에 대한 믿음

제도적 템플릿을 향한 주요 단계로서 우리가 관심을 두고 있는 첫 번째 문제는 한국,

중국, 일본인이 세계를 지배하는 보편적 법칙의 존재를 믿는 경향이 있는지의 여부이다. 세계에 대한 이데올로기적 또는 실용적 지향의 정도를 결정하기 위해 이 절에서는 '전능하신' 신의 존재를 믿는지, 보편적 도덕 원칙을 믿는지, 이러한 세상의 문제를 다루는 데 있어 거시적 관점이 얼마나 실용적인지에 대해 질문했다. 우리는 세 국가에서의 답변의 유사점이나 차이점뿐만 아니라 각 국가의 평균 수단 측면에서 한 국가와 다른 국가 간의 거리에 관심이 있다.

E1_1 : A god or a higher power does not exist. (신은 존재하지 않는다)

Completely disagree   Completely agree

Korea   Japan   China
3.13   3.54   4.36

Distance :   0.42   0.82

Average Means : 3.67
ANOVA test : significant

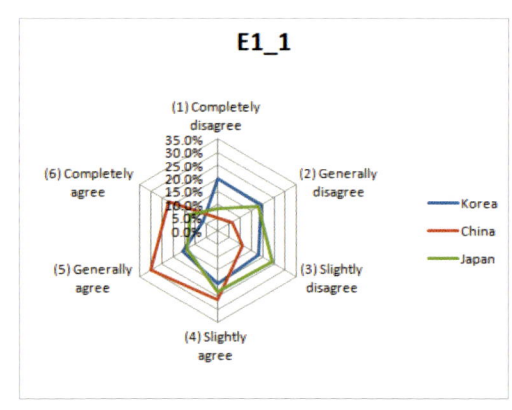

ANOVA(분산 분석)[1] 테스트는 평균 변화 측면에서 세 개의 그룹을 식별한다. 국가별로 응답이 어떻게 분포되어 있는지를 보여주는 차트를 통해 독자는 세 국가 간의 분포 패턴을 쉽게 확인할 수 있다. 이 테스트는 집단 간의 차이가 통계적으로 유의미한지를 결정한다.

한국인은 평균 3.13으로 이 진술에 동의하지 않는 경향이 강하다. 이는 한국인의 57%가

---

[1] ANOVA(analysis of variance, 분산 분석, 分散分析 또는 변량 분석)는 통계학에서 두 개 이상 다수의 집단을 서로 비교하고자 할 때 집단 내의 분산, 총평균 그리고 각 집단의 평균의 차이에 의해 생긴 집단 간 분산의 비교를 통해 만들어진 F분포를 이용하여 가설검정을 하는 방법이다.

신 또는 그 이상의 힘이 존재한다고 응답했다는 것을 의미한다. 일본은 평균 3.54점으로 한국의 뒤를 이어 50.4%의 일본인이 신의 존재를 믿는다고 응답한 반면, 중국인은 평균 4.36점으로 21.8%의 중국인만이 긍정적인 대답을 했다. 단순하게 해석하면 한국인이 가장 종교적이고 일본인이 그 뒤를 따르며 중국인이 가장 종교적이지 않다고 볼 수 있다.

또는 세 언어가 번역하는 신의 의미가 다르므로 뉘앙스 차이로 인해 다른 결과가 나온 것일 수도 있다. 한국의 신神은 기독교의 전능한 신을 의미하지만, 일본의 가미神는 인간이 통제할 수 없는 초자연적인 힘을 의미한다. 중국에서는 '상티上帝' 또는 '모든 강력한 힘'이라는 용어를 사용하는데, 이는 기독교 전능신全能神의 개념에 더 가깝다. 참고로, 설문지에 사용된 중국어 질문은 다음과 같다. "上帝或至高无上的力量並不存在."

한국에서는 나이가 많을수록, 남자일수록 신의 존재를 덜 믿는 경향이 있으며, 성별에 따른 차이는 나타나지 않는다. 일본에서는 성별 차이, 즉 여성이 신의 존재를 더 믿는 경향이 있다. 그러나 중국에서는 성별이나 다른 사회학적 변수 사이에 차이가 없다.

E1_2 : A universal moral code does not exist. (보편적 도덕률은 존재하지 않는다.)

Completely disagree		Completely agree
Korea	China	Japan
3.10	3.37	3.50
D :	0.27	0.13

Average Means : 3.32

ANOVA test : significant.

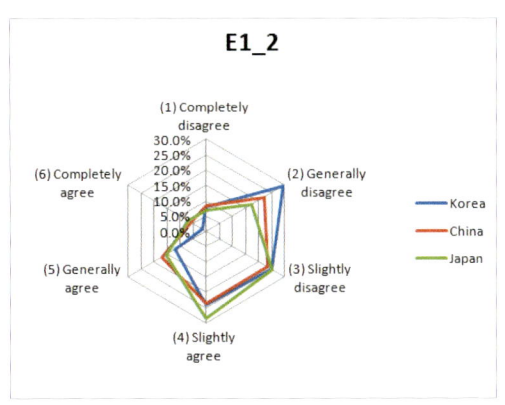

세 나라 중 가장 적은 수의 한국인(3.10%)이 보편적 도덕 규범이 존재하지 않는다는 진술에 동의하지 않았다. 이 이중 부정은 한국 응답자 중 가장 많은 수가 보편적인 도덕 규범이 존재한다고 믿는다는 것을 의미한다. 한국 다음으로 중국이 평균 3.37점으로 그 뒤를 이었다. 일본인의 점수가 3.50점으로 가장 높았는데, 이는 한국인과 중국인보다 일본인이 보편적 도덕 규범의 존재를 믿는 경향이 더 적다는 것을 의미한다. 이 결과는 한국인이 강력한 신유교 전통의 영향을 받아 독단적이고 이데올로기적인 세계관을 가진 경향이 있다는 가설과 일치한다. 이 데이터는 일본 문명이 비기축 문명非基軸文明, non-axial civilization으로 알려져 있으며, 광범위하게 정의된 보편적 도덕 원칙을 따르지 않는 경향이 있다는 널리 알려진 견해를 입증한다. 대신 일본인은 원칙보다는 실리를 쫓는 실용주의자이며, 그들의 세계관은 중국과 한국보다 더 상황적이라고 할 수 있다.

E1_8 : h. Principalism should be admired. (원칙은 존중되어야 한다.)

Completely disagree   Completely agree

      Japan   ————   Korea   ————   China
      3.81   4.32   4.68

D :   0.51   0.36

Average Means : 4.27

ANOVA test : significant.

질문은 매우 일반적이지만, 어떤 민족 집단의 특별한 문화적 전통과는 상관없이, 세계를 지배하는 보편적인 원리와 논리가 있다는 세계관의 다른 차원을 측정하고자 한다. 즉, 이 질문은 사람들이 원칙이라고 믿는 것에 대한 의지를 측정하고자 했다. 여기서 중국인과 한국인의 응답 분포는 모양이 상당히 유사한 반면, 일본인의 분포는 그 패턴에서 벗어난다.

원칙 준수에 대한 의지는 일본이 69.3%로 가장 낮다. 반면 한국은 82.0%, 중국은 87.4%로 긍정적이다. 중국인은 원칙을 가장 중요하게 생각하는 경향이 있고 한국이 그 뒤를 잇는 반면, 일본인은 원칙에 가장 관심이 적은 경향이 있다.

나이가 많은 세대는 무엇보다 원칙을 더 중요하게 생각하는 경향이 있는 반면, 젊은 세대는 세계관에 있어서 보다 실용적인 경향이 있다는 점이 흥미롭다. 근대화 과정은 원칙에 대한 헌신을 약화시켰고, 사회적 지위가 높을수록 한국과 중국 모두에서 원칙주의에 대한 지지가 적었다. 한국에서는 학력이 높은 사람들일수록 원칙에 대해 냉소적인 경향이 있는 것으로 나타나는데, 일본에서는 그런 차이가 없다. 중국에서는 나이 많은 사람과 상하이 사람이 젊은 사람이나 베이징 사람보다 원칙주의에 대한 긍정을 더 많이 보인다. 한국의 경우와 마찬가지로 사회적 지위가 높을수록 원칙을 존중해야 한다는 생각에 덜 동의하는 경향이 있다. 일본은 이들 변수와 어떤 상관관계도 보이지 않는다.

E1_3 : Whether an action is good or evil depends on the circumstance. (행동의 선악 구분은 상황에 달려있다.)

Completely disagree   Completely agree

         Korea   China   Japan
         4.05   4.23   4.42
D :   0.18   0.19
Average Means : 4.23
ANOVA test : significant.

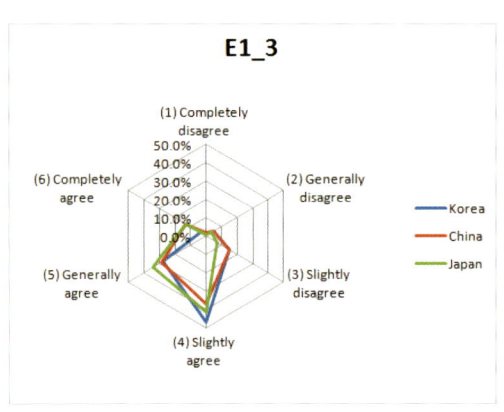

'상황 윤리'는 일반적으로 전능한 신이나 자연법칙 같은 보편적 원리를 가정하는 서구 철학 전통과 대조되는 아시아적 사고방식으로 흔히 알려져 있다. 이 질문은 앞의 세 가지 질문으로 측정된 보다 일반적인 원칙과는 대조적으로 "상황 윤리"에 대한 헌신의 정도를 결정하기 위한 것이다. 일본이 4.42점으로 평균 점수가 가장 높았고, 중국이 4.23점으로 그 뒤를 이었다. 한국 점수는 4.05로 가장 낮으

며, 일본은 상황 지향성이 가장 높지만 한국은 가장 낮다. 이 질문에 대한 답변은 이 앞의 세 질문에 대한 답변과 일치한다. 왜냐하면, 서로 정반대이기 때문이다. 놀랄 것도 없이, 한국인은 상황 윤리를 가장 적게 받아들이는 경향이 있는 반면, 보편적 도덕 원칙의 존재를 부인하는 일본인은 상황 윤리를 가장 높게 지지하는 경향이 있다. 중국은 상황 윤리를 따르는 것으로도 알려졌지만, 일본보다는 그 정도가 덜한데, 이는 보편적 도덕률을 일본인보다 더 믿는 경향이 있기 때문일 것이다. 이것이 바로 우리가 중국을 실용주의의 축문명axial civilization이라고 부르고, 일본은 원칙 없는 실용주의라고 부르는 이유이다. 일본의 역사 문제에 대한 태도는 이러한 상황 지향적 관점을 반영하는 것이다.

　한국과 일본 모두 나이가 많을수록 이 질문에 대한 동의가 낮았는데, 이는 전통이 상황 윤리를 부정하는 경향이 있는 반면, 현대는 상황 윤리를 강조하는 경향이 있다는 것을 의미한다. 그러나 중국에서는 교육 수준이 높을수록 이 질문에 긍정적으로 대답하는 경향이 있다는 점은 이 사상의 근대적 기원의 가능성을 뒷받침한다.

Factor Analysis : Almighty God or Universal Moral Code : universal principles

E1_1 : God or a higher power does not exist.

| Korea | Japan | China | (Pattern 2) |
| 3.13 | 3.54 | 4.36 | |

E1_2 : A universal moral code does not exist.

| Korea | China | Japan | (Pattern 1) |
| 3.10 | 3.37 | 3.50 | |

1_8 : Principalism should be admired.

| Japan | Korea | China | (Pattern) |
| 3.81 | 4.32 | 4.68 | |

E1_3 : Whether an action is good or evil depends on the circumstance.

| Korea | China | Japan | (Pattern) |
| 4.05 | 4.23 | 4.42 | |

한국은 신에 대한 믿음과 보편적 원리의 존재에 대해 가장 높은 점수를 받았고, 상황 윤리에서는 가장 낮은 점수를 받았다. 반면 일본은 보편적 도덕률 존재 여부가 가장 낮은 점수를 받았고, 원칙주의에 대한 찬사는 가장 낮았으나 상황 윤리에서는 가장 높은 점수를 받았다. 중국은 신神의 존재 부문에서 가장 낮은 점수를 받았지만, 보편적 도덕률과 상황 윤리 문제에서는 한국과 일본의 중간에 있었다.

자유롭게 해석하면 한국인은 일본인이나 중국인과 비교해 종교적 성향이 강하고, 보편적 도덕률이든 신의 존재든 미리 정해진 세계관을 강하게 고수하는 경향이 있다는 폭넓은 결론을 내릴 수 있다. 이런 의미에서 한국인들은 다른 두 나라 사람들보다 세계관에서 더 이데올로기적인 경향이 있다. 실용적이기보다는 매우 이념적이라는 것이 한국 제도 템플릿의 주요 특징 중 하나이다.

반면 일본인은 실용적이며 절대적인 옳고 그름이나 기타 보편적인 윤리를 믿지 않는다. 그들은 한국이나 중국보다 더 실용적인 경향이 있다. 중국인은 넓은 의미의 하늘의 뜻, 즉 천도Tian dao를 믿지만, 동시에 중국인은 한국인보다 더 실용적이다. 이는 각 나라의 역사적 경험과 관련이 있다. 20세기 이전 일본은 통치에 대한 정교한 이념적 정당성 없이 오랫동안 무사 계급에 의해 통치되어 사람들이 힘이 옳다고 믿게 되었고, 전통적으로 강자와 승리자에게 매우 복종적이었다. 한국인들은 부당한 권력의 사용에 대응해 정의롭고 윤리적이라고 생각하는 것을 고수하는 끈기를 보여 왔다. 중국인은 전통적으로 도道라고 믿는 것을 옹호하는 동시에 복잡한 사회의 구체적인 현실에 적합하도록 개념을 유연하고 실질적으로 적용하는 이원론을 충분히 보여 왔다. 따라서 중국에서는 유교에서 볼 수 있는 명확한 이데올로기의 강력한 전통과 손자의 군사 전략에서 볼 수 있는 기민한 실용주의를 모두 볼 수 있다.

2) 수치Shame

동양의 '수치' 문화는 서양의 '죄' 문화와 자주 대비된다. 세 국가 간의 차이를 파악하기 위해 다음 네 가지 질문이 설문조사에 포함되었다. 즉, 신, 사회, 부모, 자녀 앞에 부끄러움을 느끼는지에 관한 질문을 던졌다.

E2_1 : I feel ashamed before God (나는 신 앞에 부끄럽다.)

Not at all   A lot

         Japan   --------   Korea   --------   China

         2.21   2.65   3.03

D :   0.35   0.41

Average Means : 2.63

ANOVA test : significant

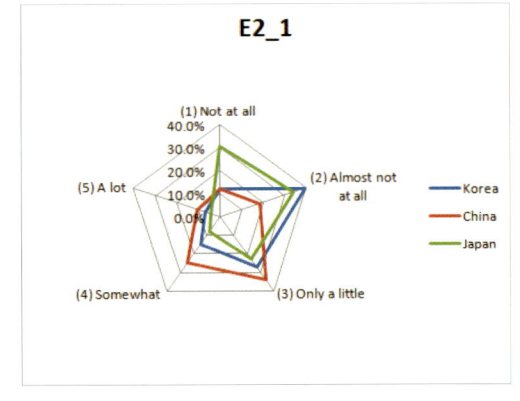

일본인은 신 앞에서 부끄러움을 가장 적게 느끼지만, 중국인은 신 앞에서 더 부끄러워한다. 앞의 질문에서 볼 수 있듯이 중국인은 한국인과 일본인보다 덜 종교적임에도 모순되는 결과가 나왔다. 이러한 불일치는 신(들)의 다른 의미에 기인한다. 일본 문화에서 신은 세상에 존재하는 모든 것의 영혼을 의미하며, 영혼에는 윤리적, 판단적 권위가 빠져 있지만, 중국어 "上帝"는 상나라와 주나라에서는 신과 황제를 의미했기에 현실적 존재를 나타낸다. 그러므로 중국인은 신을 사람들의 행동을 판단하는 윤리적 기준을 갖춘 더 높은 권력으로 인식할 가능성이 크다. 일본인은 보편적인 도덕 원칙을 믿지 않는 경향이 있고, 일본의 신은 윤리적 기준과 아무런 관련이 없으므로 일본인은 자신의 신 앞에서 수치심을 가장 적게 느낀다. 한국인은 신의 존재를 믿는 신앙이 매우 높지만 그들의 신은 우리 앞에 있는 것이 아니다. 반면 중국인은 신의 존재를 가장 조금 믿는 경향이 있지만, 그들의 신은 눈앞에 있는 것입니다. 이런 의미에서 중국의 신은 사회적 행동을 규제하는 존재이다.

E2_2 : I feel ashamed before society. (나는 사회 앞에 나서기 부끄럽다.)

Not at all　　　　　　　　　　　　　　　　　　　　　　　　　　　　A lot

　　　　　Korea　　　　　　　　　　　　　Japan / China
　　　　　2.32　　　　　　　　　　　　　　3.08 / 3.11
　　　D :　　　　0.76　　　　　　　　0.03
　　　Average Means : 2.83
　　　ANOVA test : significant

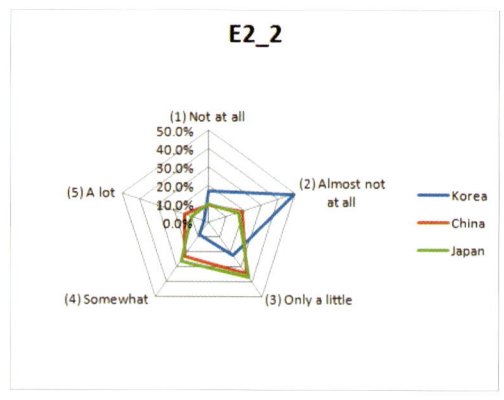

일본이 사회 앞에서의 부끄러움이 가장 높은 반면, 한국은 사회 앞에서의 부끄러움이 신神 앞에서의 부끄러움보다 낮다. 중국인은 신과 사회 앞에서 거의 평등하다. 이는 사회를 윤리적 실체로 보는 중국인의 경향을 보여준다. 사회 앞에서 수치심을 느끼는 사람이 일본과 중국의 경우 매우 높았지만, 한국의 경우 매우 낮은 점이 흥미롭다. 한국 사회 전체는 그들의 행동을 통제하는 데 덜 효과적이지만, 사회에 대한 추상적인 개념은 일본인과 중국인에게 상당한 의미를 갖는 것 같다. 특히 일본인은 사회를 일본인 개인의 행동을 규제하는 기능을 하는 사회 규범의 표준으로 간주하는 것으로 보이며, 한국인에게 사회는 인간의 행동을 규제할 수 있는 실제 능력이 없는 보다 추상적인 개념인 것 같다.

일본에서만 나이가 많을수록 사회 앞에서 더 부끄러워한다는 점은 주목할 가치가 있다. 이는 부끄러움이 일본의 전통에서 유래한 것인지, 아니면 일본 사회가 예로부터 규제 능력이 더 강하다는 것을 의미하는 것인지도 모른다.

E2_3 : . I feel ashamed before my children. (나는 나의 자녀 앞에 부끄럽다.)

Not at all   A lot

        Korea   ———   Japan   ———   China

        2.63   3.37   3.63

D :   0.74   0.26

Average Means : 3.21

ANOVA test : significant.

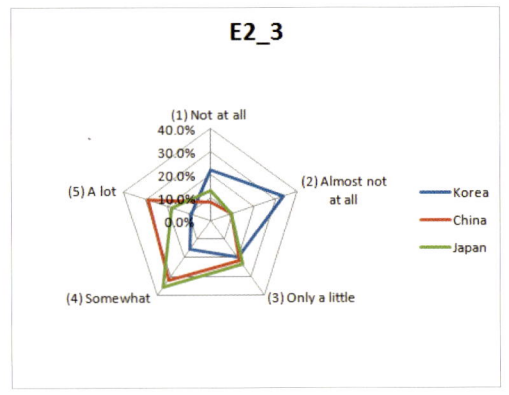

일본과 중국은 신과 사회에 비해 자식 앞에서 수치심이 가장 높은 반면, 한국인은 자식 앞에서 수치심이 신 앞에서와 별반 다르지 않다. 아이들 앞에서 수치심을 느끼는 정도는 중국이 가장 높고, 한국은 가장 낮다. 한국은 가족을 윤리적 단위가 아닌 감정적 단위로 간주하는데, 정서적 유대로 인해 도덕적 판단이 정지되는 반면, 중국의 가족은 감성보다는 윤리를 앞세우는 도덕적 단위인 것 같다. 일본에서는 자식 앞에서는 나이 많은 사람이 더 부끄러워한다.

E2_4 : I feel ashamed before my parents (나는 부모님 앞에 부끄럽다.)

Not at all   A lot

        Korea   ———   Japan   ———   China

        2.82   3.46   3.77

D :   0.64   0.31

Average Means : 3.35

ANOVA test : significant

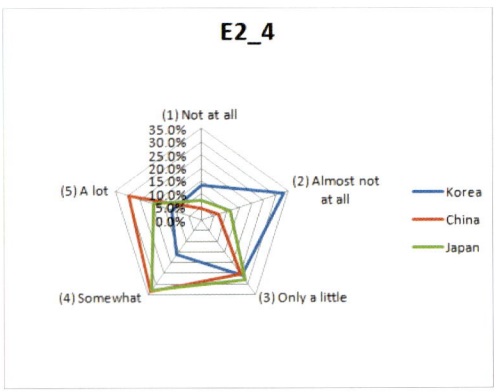

흥미롭게도 중국인과 일본인은 부모 앞에서 수치심을 느끼는 정도가 매우 높지만, 한국인은 부모 앞에서 수치심을 느끼는 정도가 매우 낮다. 이전 질문에서 아이들의 경우와 마찬가지로, 한국인에게 가족은 자신의 허물이나 실수를 덮어주는 기관이지, 부끄럽게 만드는 판단을 내리는 기관을 의미하지 않는다.

Factor Analysis : Shame (요인분석 : 수치심)

E2_1 : I feel ashamed before God.

Japan	Korea	China
2.21	2.65	3.03

E2_2 : I feel ashamed before society.

Korea	Japan / China
2.32	3.08 / 3.11

E2_3 : I feel ashamed before my children.

Korea	Japan	China
2.63	3.37	3.63

E2_4 : I feel ashamed before my parents.

Korea	Japan	China
2.82	3.46	3.77

네 가지 질문에 대한 응답 패턴을 보면 한국인은 일본인과 중국인과 비교해 사회와 가족 앞에서 부끄러움을 가장 적게 느끼는 경향이 있는 것으로 나타났다. 각 질문을 나누어서 보면, 한국인은 중국인보다 사회 앞에서 부끄러움을 덜 느끼는 경향이 있다

(2.32 대 3.11). 부모와 신 앞에서 느끼는 수치심의 평균 차이가 한국(0.27)이 다른 나라(중국 0.74, 일본 1.25)에 비해 훨씬 적다는 점이 흥미롭다. 중국인과 일본인은 사회와 가족 앞에서 부끄러움을 느끼는 비율이 매우 높지만, 한국인은 신 앞에서만 부끄러움을 느끼는 비율이 다른 나라보다 높다는 점에 주목할 필요가 있다. 사람들이 수치심을 느끼도록 강요하는 사회의 힘은 중국에서 가장 높다. 이를 자유롭게 해석하면 중국에서는 사회가 개인에 대한 도덕적 영향력이 가장 크다는 뜻이지만, 일본도 이 문제에서는 중국과 크게 다르지 않다. 다시 말해, 일본에서는 다른 두 나라보다 사회가 개인을 제재하는 힘이 더 강하다는 뜻이다.

3) 공적 영역 대 사적 영역 Public vs. Private

다음 질문은 세 국가의 응답자들이 일상생활에서 사적 영역과 공적 영역의 차이를 어떻게 인식하는지를 조사하기 위한 것이다. 이 질문은 세 나라에서 주민들이 생각하는 사적 활동 영역과 공적 활동 영역이 어떻게 얽혀 있는지 살펴보는 데 필요하다.

B5_2 : b. My public life and my private life are clearly separated. (나의 공적 생활과 사생활은 명확히 구분되어 있다.)

Completely disagree		Completely agree
Japan	China	Korea
4.12	4.56	4.78
D :	0.44	0.22

Average Means : 4.48
ANOVA test : significant

세 국가 모두 공적 생활과 사적 생활이 분리되어 있다는 인식이 뚜렷하지만, 분리 정도는 다양하다. 일본에서는 그 구별이 가장 덜 명확하여 일본에서 공공 수단이 더 큰 영역을 의미한다는 전통적인 견해가 확인되었다. 평균 점수 4.78점을 기록한 한국인

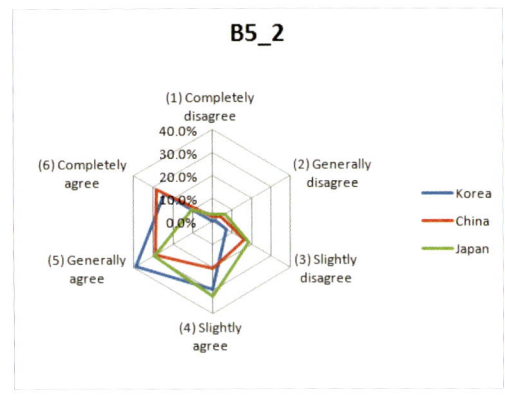

이 두 영역을 구별하는 데 가장 예민한 경향이 있었고, 중국인이 4.56점으로 그 뒤를 이었다. 사적 영역과 공적 영역의 격차가 가장 뚜렷하게 구분되는 곳은 한국이다.

일본에서는 여타의 독립변수에 따라 반응이 달라지지 않는다. 한국의 경우, 공적 영역과 사적 영역이 명확하게 분리되어 있다는 점에서 부산 주민이 서울 주민보다 덜 공감하는 반면, 중국에서는 상하이가 베이징보다 더 동의하는 경향이 있으며, 응답자가 나이가 많을수록 공적 영역과 사적 영역의 분리가 덜한 것으로 나타났다. 사회 활동의 두 가지 현실. 중국에서는 나이가 들수록 공적 생활과 사생활이 명확하게 분리되어 있다는 말에 더욱 공감하게 된다.

B5_5 : e. When I am not in the office, I don't think about my job (사무실에 없을 때는 일에 대해 생각하지 않는다.)

Completely disagree   Completely agree

       Japan   Korea   China

       3.55   3.81   3.95

   D :   0.26   0.14

Average Means : 3.37

ANOVA test shows no significant variation in means across three countries.

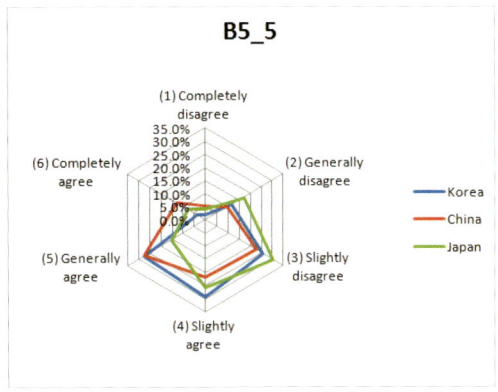

이는 일본 근로자가 사무실에 없을 때도 한국이나 중국 근로자와 비교해 자신의 직업에 대해 덜 생각하는 경향이 있음에도 불구하고 세 국가의 응답이 매우 유사하여 ANOVA 테스트에 큰 차이가 없는 몇 가지 질문 중 하나

이다. 세 국가의 응답 분포를 보여주는 다이어그램은 매우 유사하다. 이는 일본 근로자들이 동료들과 강한 유대감을 느끼지 않는다는 점에서 아이러니하지만, 이는 공공과 민간이 명확하게 분리되지 않은 것과도 일맥상통한다. 중국인과 한국인은 비슷한 점수(3.81 대 평균 3.95)를 얻었다.

C2 : Those who cannot separate public and private spheres should not hold public office
(공적 영역과 사적 영역을 분리할 수 없는 사람은 공직을 맡아서는 안 된다.)

Disagree   Agree

Japan / Korea / China
5.05 / 5.05 / 5.1

D :   0.00   0.05

Average Means : 5.06

ANOVA test : no variation in means among three countries

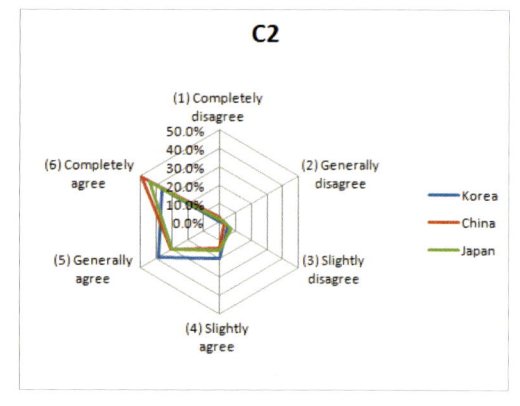

세 국가의 응답은 다이어그램에 표시된 것처럼 세 국가 간 차이 없이 매우 유사하다. 일본인들은 공적인 영역과 사적인 영역이 밀접하게 얽혀 있다고 믿는 경향이 있지만, 정치인들은 그 구분을 유지하기를 기대한다. 한국에서는 공적 영역과 사적 영역을 분리할 수 없는 사람은 공직을 맡아서는 안 된다는 부산 주민의 발언이 서울 주민보다 덜하다. 부산의 반응은 일본인과 비슷한 것 같지만, 일본의 노인들은 공직을 맡은 사람이 공적 영역과 사적 영역을 분리할 수 있어야 한다는 견해에 더 강하게 동의하는 경향이 있다. 일본에서는 나이가 많을수록 공적 영역과 사적 영역을 분리할 수 없는 사람은 공직을 맡아서는 안 된다는 신념이 더 강하다.

B8 : Suppose there is an emergency at home- for instance one of your family members is hospitalized- but you have obligations at work. To what extent is attending to the emergency at home more important than fulfilling your obligations at work?
(집에 응급 상황이 발생했다고 가정해 보세요. 예를 들어 가족 중 한 명이 병원에 입원했지만, 직장에서 해야 할 일이 있습니다. 직장에서 의무를 다하는 것보다 집에서 응급 상황에 대처하는 것이 어느 정도 더 중요합니까?)

Emergency at home   Obligations at work

      Japan   China   Korea
      1.58   1.92   2.08
   D :   0.34   0.16
   Average Means : 1.86
   ANOVA test : significant

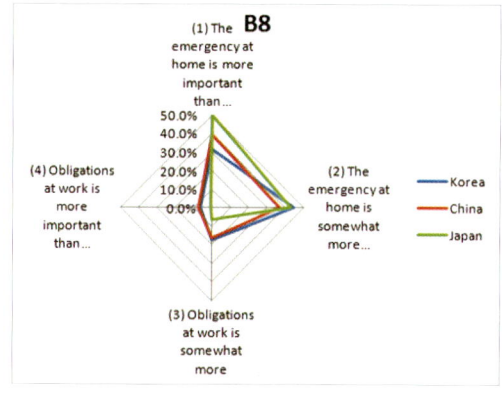

일본인은 사적인 문제를 직장의 의무보다 우선시한다. 이는 노동의무보다 가족의 긴급 상황에 관심을 두는 현대적 태도를 보임을 의미하지만, 중국과 한국의 반응은 가족의 의무보다 직장에서의 의무를 더 중요하게 여긴다. 이러한 차이는 근로 의무라 할지라도 가족의 긴급상황을 방해해서는 안 된다는 현대적 사고의 확산에 따른 것일 수 있다. 한국의 경우 여성보다는 남성, 서울보다는 부산의 노인들이 근로 의무에 더 관심을 두는 경향이 있지만, 중국과 일본에서는 이러한 차이가 나타나지 않는다.

Factor Analysis : Private and Public (요인분석 : 공적 영역 대 사적 영역)

B5_2 : b. My public life and my private life are clearly separated.

    Japan   China   Korea
    4.12   4.56   4.78

B5_5 : e. When I am not in the office, I don't think about my job

Japan	Korea	China
3.55	3.81	3.95

C2 : Those who cannot separate public and private spheres should not hold public office

Japan / Korea / China
5.05 / 5.05 / 5.17

사적 영역과 공적 영역의 상호작용Interaction of private and public realms

다음의 질문들은 사적 영역의 요구가 공적 책임과 어떻게 상호 작용하는지 측정하기 위해 고안되었다.

A9 : To what extent are you willing to use company (material or human) resources to help a family member? (귀하는 가족을 돕기 위해 회사(물적 또는 인적) 자원을 어느 정도 사용할 의향이 있습니까?)

Not willing   Willing

Japan	Korea	China
1.53	1.99	2.24

D :　　　　0.46　　　　0.25

Average Means : 1.92

ANOVA test : significant.

일본 응답자의 과반수(53.1%)가 가족 구성원을 돕기 위해 회사 자원을 사용하지 않겠다고 답했지만, 중국인은 한국보다 그렇게 할 의향이 더 높았다. 법률을 위반하지 않으면 가족을 돕겠다는 의지가 한국인이 59.2%로 가장 높았고, 일본인이 38.4로 가장 낮았으며 중국인은 한국인 55.2%로 거의 같았다. "어떤 경우에도 의향이 없다"라는 응답은 중국(2.6%)이 가장 낮고, 일본은 7.0%로 매우 높다. 이는 중국인들이 회사 자원을 가족 구성원을 돕기 위해 더 많이 사용하고 그다음이 한국이라는 것을 의미한다. 일본인은 한국이나 중국처럼 가족을 자신의 삶에 중요하게 생각하지만, 가족과 회사를 명확히 구분하고

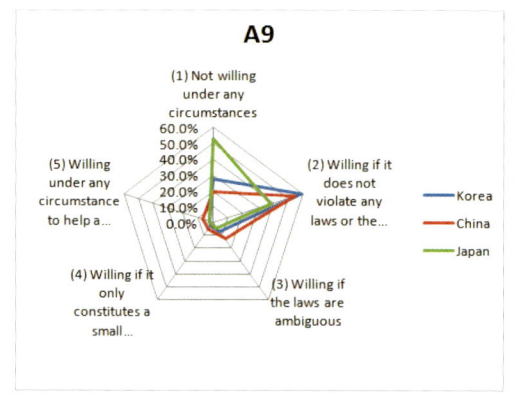

가족 구성원을 위해 회사 자원을 쉽게 제공하지 않는다. 그러나 일본인은 법률을 위반하지 않는 한 가족을 돕는 경향이 더 크다. 이는 일본인이 법과 규칙을 충실하게 준수하고, 사회적 규범을 위반하지 않는 태도를 내면화했음을 나타낸다. 중국에서는 가족과 회사의 구별 개념이 가장 모호하였지만, 가족을 돕겠다는 의지의 총점은 거의 80.0%에 달한다. 한국에서는 남성이 여성보다 가족을 돕겠다는 의지가 더 높지만, 일본에서는 나이가 많은 사람이 젊은 사람보다 가족을 돕겠다는 의지가 적다. 중국에는 이런 다양성이 없다.

B6 : How comfortable are you talking about business matters with a friend employed by a rival company? (경쟁회사에 다니는 친구와 사업 문제에 관해 이야기하는 것이 얼마나 편안합니까?)

Completely uncomfortable		Completely comfortable
Korea	Japan	China
3.71	3.72	4.02

D :　　　　0.01　　　　　　　0.3

Average Means : 3.81

ANOVA test : significant

중국인은 평균 4.02점으로 경쟁사에 근무하는 친구와 사업 문제에 관해 이야기하는 것을 상당히 편안하게 느끼지만, 일본인과 한국인은 각각 평균 3.71점과 3.72점으로 중국인보다 덜 편안하다고 느낀다. 이는 중국인이 더 개인적이며 개인적인 유대가 현대 조직의 경계를 넘어 작동할 수 있음을 나타낸다. 반면, 일본과 한국은 평균 점수가 3.72와 3.71로 중국과 비교해 편안함을 덜 느꼈다. 이를 해석하면 중국인의 인맥은 근대적 조직의 경계에 덜 제약을 받는 경향이 있으며, 한국의 경우 강한 인간적 유대에도 불구하고 근대적 조직의 경계를 존중한다는 뜻이다. 한국에서는 여성보다 남성, 고학력자일수록 다른 회사에 다니는 친구들과 대화하는 것이 덜 편하다. 놀랍게도 중국에서는 남성과 사회적 지위가 높은 사람들이 경쟁회사에 근무하는 친구들과 만나는데 더 편안해했지만, 일본에서는 남성이 여성보다 덜 편한 경향이 있다.

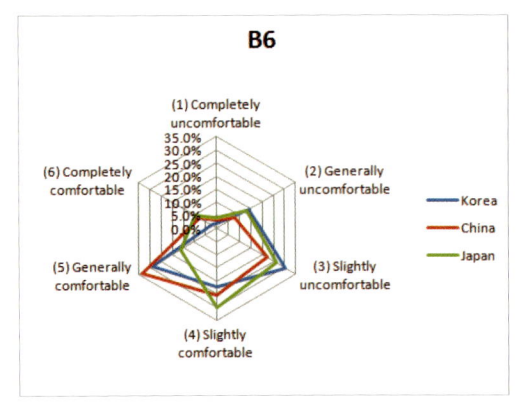

B5_1 : a. My firm expects me to stay late to finish work with colleagues. (우리 회사는 내가 동료들과 일을 끝내기 위해 늦게까지 머물기를 기대합니다.)

Completely disagree   Completely agree

                 Japan   China   Korea

                 3.08   3.94   4.11

                 D :   0.86   0.17

Average Means : 3.71

ANOVA test : significant

기존의 견해와는 달리, 일본 기업은 한국이나 중국 기업보다 직원들이 늦게까지 남아 동료들과 일을 마치는 것에 대해 기대하는 경향이 적다. 이 질문은 회사에 대한 근로자의 충성도를 정확하게 측정하지는 않지만, 회사가 근로자에게 기대하는 것이 무엇인지 알려준다. 이 해석이 맞는다면 한국 기업은 일본 기업보다 근로자에게 더 많은 것을 요구하는 경

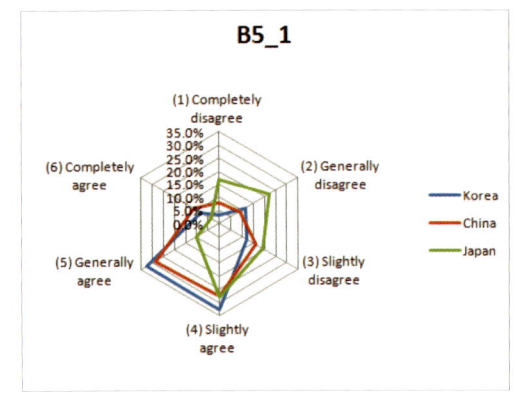

향이 있으며 중국의 점수는 둘 사이에 놓여있다. 한국에서는 남성보다는 여성이 고용주가 단순한 정규 근무 시간 이상의 노동을 요구할 것이라 믿는 경향이 있다. 부산에서는

기대치가 더 높지만, 상하이에서는 베이징보다 기대치가 훨씬 낮다. 이는 또한 상하이가 훨씬 더 엄격한 국제 표준을 따르는 데 비해 부산에서는 이전의 현지 관행이 계속된다는 사실에서 비롯된 것일 수도 있다.

Factor Analyses : Interaction of Private and Public (요인분석 : 공적, 사적 영역의 상호작용)

A9 : To what extent are you willing to use company (material or human) resources to help a family member?

Japan	Korea	China
1.53	1.99	2.24

B6 : How comfortable are you talking about business matters with a friend employed by a rival company?

Korea / Japan		China
3.71	3.72	4.02

B5_1 : My firm expects me to stay late to finish work with colleagues.

Japan	China / Korea	
3.08	3.94	4.11

내면의 느낌과 실제 행동 Inner Feeling and Actual Behavior

일본인은 한국인이나 중국인과 비교해 속마음(혼네)이 겉마음(다테마에)과 충돌할 때 속마음을 숨기는 경향이 있다.

E11. The next set of questions seeks to explore how much of your inner-feelings are expressed in public. Please indicate to what extent you agree or disagree with the following statements. (다음 질문들은 당신의 내면 감정이 공개적으로 얼마나 많이 표현되는지 알고자 합니다. 다음 진술에 어느 정도 동의하거나 동의하지 않는지 표시해 주시오.)

E11_1 : When my inner-self (honne) conflicts with outward behavior (tatemae), it is socially acceptable to conceal my inner-self (hone) (나의 내면(혼네)이 드러나는 행동(타테마에)과 충돌할 때 나의 내면(혼)을 숨기는 것이 사회적으로 용인됩니다.)

Completely disagree   Completely agree

Korea / China   Japan

3.87   3.89   3.99

D : 0.02   0.1

Average Means : 3.91

ANOVA test : significant

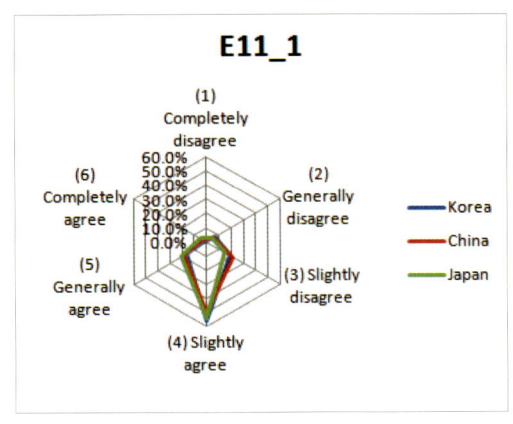

일본인은 '다테마에'와 상충하는 '혼네'를 서울 주민들보다 더 많이 숨기는 경향이 있는 반면, 중국 상하이 주민들은 '다테마에'와 상충되는 '혼네'를 서울 주민들보다 덜 숨기는 경향을 보인다. 일본에서는 남성보다 여성이 '다테마에'와 상충되는 '혼네'를 숨기는 경향이 있다. 고등 교육을 받을수록 일본인은 "다테마에"와 충돌하는 "혼네"를 숨길 가능성이 더 크다.

Factor Analyses : (요인분석)

E11_1 : When my inner-self (honne) conflicts with outward behavior (tatemae), it is socially acceptable to conceal my inner-self (honne)

Completely disagree   Completely agree

Korea / China   Japan

3.87   3.89   3.99

일본인은 한국인이나 중국인과 비교해 겉모습(다테마에)과 충돌할 때 속마음(혼네)을 숨기는 경향이 있다. 즉, 일본인은 특히 겉모습(다테마에)과 다른 내면(혼네)을 숨기는 경향이 있다. 이 항목은 일본의 사회 규범은 일본의 겉모습(다테마에)과 내면의 감정(혼네)의 차이를 허용하는 반면, 친구 사이에는 솔직한 내면의 감정 표현을 해야 한다고 생각하는 한국에서는 그러한 구별이 위선적이라고 간주한다는 기존 견해를 확인해준다.

4) 권위 Authority

E1_7 : Authority should always be respected (권위는 언제나 존중되어야 한다.)

Completely disagree		Completely agree
Japan / Korea	·········	China
4.00 4.10		4.68
D : 0.10	0.58	

Average Means : 4.25
ANOVA test : significant.

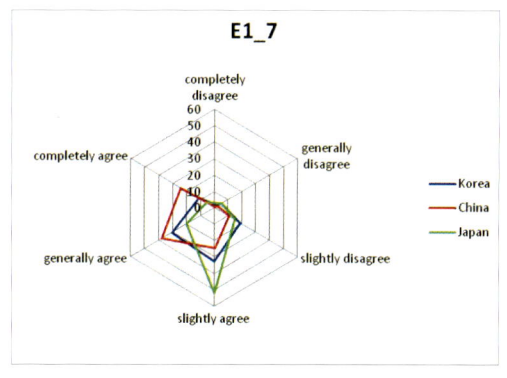

루시안 파이Pye, Lucian W.는 "권위에 대한 복종"을 "아시아인" 성격의 특징으로 정의했지만, 아시아 국가 간의 미묘한 차이는 자세히 설명하지 않았다. 권위 중심 질문에 따르면 중국인이 4.68점으로 가장 순종적이며, 한국인이 4.10점, 일본인이 4.00점으로 그 뒤를 잇는다. 중국인은 어떤 권위에도 가장 기꺼이 복종하는 경향이 있지만, 한국인과 일본인은 권위에 대해 비슷한 정도의 복종을 나타낸다. 한국에서는 부산의 노인과 주민들이 여성과 서울의 사람들보다 더 순종적이다. 한국에서는 사회적 지위가 높을수록 권위에 대한 존경심이 덜하다. 중국에서는 나이가 많을수록, 교육 수준이 높을수록 일반적으로 권위에 대한 존중이 덜하다.

권위에 대한 순종 Obedience to Authority

E5. The next set of questions is about your views on obedience. Please indicate to what extent you agree or disagree with the following questions. (다음 질문은 순종에 대한 귀하의 견해에 관한 것입니다. 다음 질문에 대해 어느 정도 동의하거나 동의하지 않는지 표시해 주시오.)

놀랍게도 정치 지도자에 대한 신뢰도는 일본(2.20)이 가장 낮았고, 중국(4.36)이 가장 높았다. 한국인은 평균 4.09로 중국의 뒤를 이었다. 한국과 중국 모두 노인일수록 정치 지도자에게 순종하려는 의지가 더 강하다. 그러나 두 사회는 지역적 차이에 따라 차이가 있다. 부산 주민들은 서울 주민들보다 정치 지도자들에게 더 순종적이지만, 상하이 주민들은 덜 순종적이다. 일본에서는 성별 차이만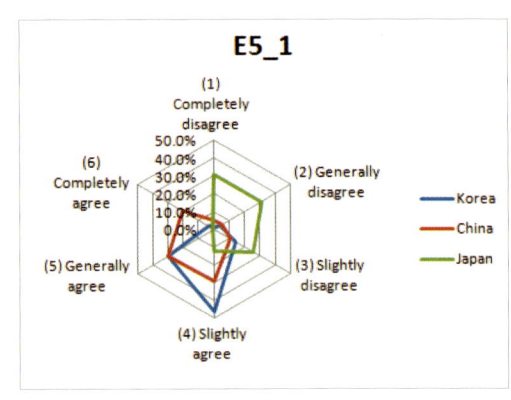
뚜렷하다. 즉 정치 지도자에게 복종해야 한다는 주장에 대해 남성 거주자는 여성보다 덜 동정적이다.

E5_2 : Students should obey their teachers (학생은 교사에게 순종해야 한다.)

Completely disagree			Completely agree
Japan	China	Korea	
3.57	4.74	4.97	
D :	1.17	0.23	
Average Means : 4.44			
ANOVA test : significant.			

한국과 중국 응답자들은 교사 권위에 대해 4.97점과 4.74점으로 비슷한 태도를 보였으나, 일본 응답자들은 평균 3.75점으로 교사 권위에 대한 수용 의지가 낮은 것으로 나타났

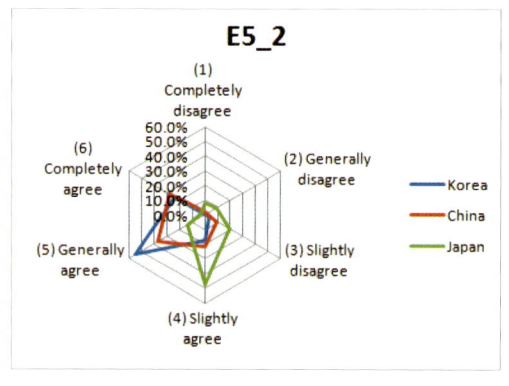

다. 혹은 일본 학생들은 한국이나 중국만큼 교사-학생 관계를 권위 관계로 보지 않는다고 할 수도 있다. 한국 학생들은 다른 두 나라 학생들보다 선생님에게 순종하는 경향이 가장 강하다. 이는 한국이 중국, 일본보다 권위주의적인 경향이 있다는 일반적인 주장을 뒷받침한다. 한국과 중국에서는 나이가 많을수록 교사에게 복종하는 경향이 강하지만, 일본에서는 그런 상관관계가 없다.

E5_3 : Employees should obey their bosses (직원은 상사에게 복종해야 한다.)

Completely disagree   Completely agree

	Japan	Korea	China
	3.51	4.41	4.57
D :	0.9	0.16	

Average Means : 4.18

ANOVA test : significant.

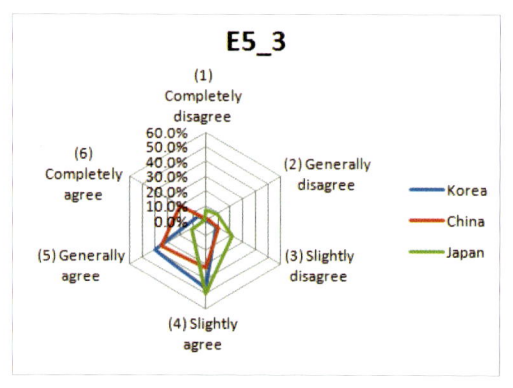

이 질문에 대한 답변은 이전 답변과 매우 유사하다. 단, 한국인이 아닌 중국인이 상사에게 가장 순종적인 경향이 있다는 점만 다르다. 즉, 일본인은 자신의 상사에게 권위를 부여하는 것을 거부하지만, 중국인은 교사보다 권위를 부여하려는 의지가 더 높다. 한국인들은 상사보다는 선생님의 권위를 더 인정하고 싶어 하는 것 같다. 이는 다시 한번 유교 교육이 한국에 널리 침투했기 때문으로 보인다. 전통 유교 사상은 스승에 대한 존경을 규정하고 있으며 한국은 이러한 정치 철학이 가장 확고하게 자리를 잡은 국가이다. 일본에서는 사회적 지위가 높을수록 상사에 대한 복종 의지를 표출한다. 그러나 한국이나 중국에서는 그러한 상관관계가 발견되지 않는다.

국가에 복종한다는 것은 국가에 대한 충성의 정도를 나타내는 것이고, 정치인에 복종한다는 것은 정치인으로 대표되는 국가권력에 대한 국민의 태도를 의미한다.

E5_4 : People should obey their country (국민은 국가에 복종해야 한다.)

Completely disagree   Completely agree

      Japan   Korea   China

      3.27   4.45   5.04

D :   1.28   0.9

Average Means : 4.26

ANOVA test : significant.

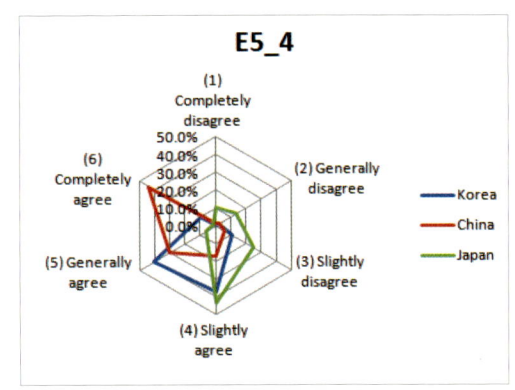

세 나라 모두 나이가 많을수록 정치 지도자에 대한 복종심이 높았지만, 일본에서는 사회적 지위가 높을수록 정치 지도자에 대한 복종심이 높았는데, 다른 두 나라에서는 그렇지 않습니다. 중국의 상하이 주민들은 베이징 주민들보다 정치 지도자들에게 덜 복종하는 경향을 나타낸다.

Factor Analysis : Obedience to Authority : (요인분석 : 권위에 대한 복종)

E5_2 : Students should obey their teachers

Completely disagree   Completely agree

    Japan   China   Korea

    3.57   4.74   4.97

E5_3 : Employees should obey their bosses

Completely disagree   Completely agree
            Japan ──────── Korea ──────── China
            3.51   4.41   4.57

E5_4 : People should obey their country

Completely disagree   Completely agree
            Japan ──────── Korea ──────── China
            3.27   4.45   5.04

이 세 가지 질문은 모두 권위 있는 위치에 있는 윗사람, 즉 교사, 상사, 정치 지도자와 관련하여 사람들이 어떻게 행동해야 하는지를 묻는다. 따라서 질문은 권위가 사회적 공간에서 어떻게 작동하는지에 대한 개인의 신념 체계를 알아보려 한다. 세 가지 질문에서 일본인은 한국인과 중국인과 비교해 교사, 상사, 정치 지도자에게 일관되게 가장 덜 순종적인 것으로 나타났다. 이러한 결과는 예상과는 달리, 일본에서 상호의무에 기초한 계약 권한의 중요성에 대한 일반적인 기대를 부정하는 것으로 보인다.

C4. Please indicate how frequently the following decision making practices are implemented in your firm. (귀하의 회사에서 다음과 같은 의사결정 관행이 얼마나 자주 실행되는지 표시해 주십시오.)

C4_2 : Informal advisors to official leaders make decisions for the leaders (공식 리더의 비공식 고문은 리더를 대신하여 결정을 내립니다.)

Never   Always
            China ──────── Japan / Korea
            2.11   2.72   2.73
    D :   0.61   0.01
    Average Means : 2.52
    ANOVA test : significant.

이 질문은 공직을 맡은 지도자들이 공무를 수행하면서 비공식 네트워크에 어느 정도 의존하는 경향이 있는지 측정하기 위한 것이다. 리더는 특정 문제에 대한 공식적인 권한을 가진 직위를 차지하는 반면, 비공식 고문은 리더와 개인적으로 가깝지만, 공식적으로 정의된 직위가 없으므로 자신의 직원을 제외하는 사람이다.

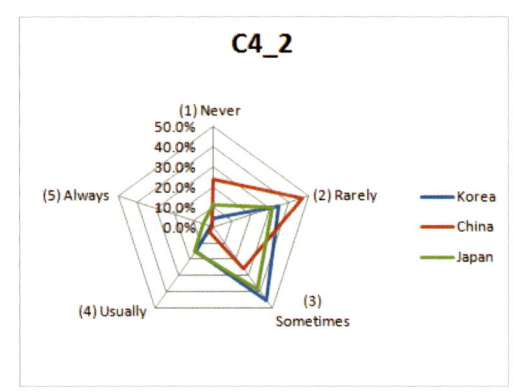

한국인은 공식 지도자의 비공식 고문이 결정을 내리는 경우가 많다고 믿는 경향이 있지만, 중국인은 비공식 고문보다 공식 입장이 더 중요하다고 믿는 경향이 있다. 이는 한국의 경우 공무를 수행하는 데 조직구조와 무관한 인적 네트워크를 활용하는 경향이 있으나, 중국에서는 한국보다 공무가 개인의 사적 네트워크와 더 분리될 것으로 예상된다는 의미이다. 중국에서는 사회적 지위가 높을수록 공식 지도자의 비공식 고문이 지도자를 대신하여 결정을 내린다고 믿고 있으며, 이는 고위층일수록 공식적 관계와 비공식적 관계의 구분이 훨씬 더 모호하다는 것을 나타낸다. 일본에서는 나이가 많을수록 공식 지도자의 비공식 고문이 지도자를 대신하여 결정을 내린다는 진술에 더 공감한다.

C4_3 : c. Leaders make decisions during unofficial meetings rather than official meetings. (리더들은 공식 회의가 아닌 비공식 회의에서 결정을 내린다.)

Never			Always
China	Korea		Japan
2.4	2.83		3.6
D :	0.43	0.77	
Average Means : 2.94			
ANOVA test : significant			

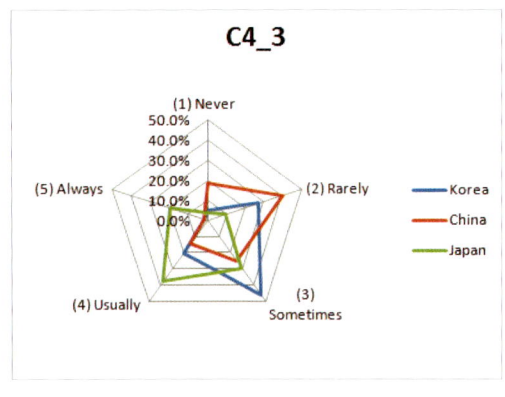

일본인은 리더가 비공식 회의에서 결정을 내린다고 믿지만, 중국인은 리더가 공식 회의에서 결정을 내린다고 믿는다. 중국의 공식적인 구조와 공식적인 지위는 다른 나라에서, 더욱더 중요하다.

한국에서는 사회적 지위가 높을수록 상사가 공식 회의보다는 비공식 회의에서 결정을 내린다는 말이 더 공감된다. 반면 중국에서는 사회적 지위가 높을수록 상사가 공식 회의보다는 비공식 회의에서 결정을 내린다는 말에 더 공감한다.

한국의 노인들은 지도자들이 공식 회의가 아닌 비공식 회의에서 결정을 내린다는 사실을 믿지 않는 경향이 있다. 중국에서는 지도자가 공식 회의가 아닌 비공식 회의에서 결정을 내린다는 말에 나이가 많을수록 공감하고, 지위가 높을수록 개인 네트워크에 의존해 공무를 수행하는 경우가 많다.

C10_4 : . Informal advisors to boss make decision for the boss (상사의 비공식 고문이 상사를 위해 결정을 내립니다.)

Least frequent			Most frequent
China	Japan		Korea
2.07	2.24		2.82
D :	0.17	0.58	

Average Means : 2.39
ANOVA test : significant.

한국인 응답자 중 상사의 비공식 고문이 결정을 내린다고 생각하는 사람이 가장 많았고(63.8%), 중국인은 26.8%가 그렇게 생각했다. 일본인의 약 30%도 비슷하게 믿고 있다. 중국과 일본 모두 사회적 지위가 높을수록 상사의 비공식 고문이 상사를 대신하여 결정을 내린다는 진술에 더 공감한다.

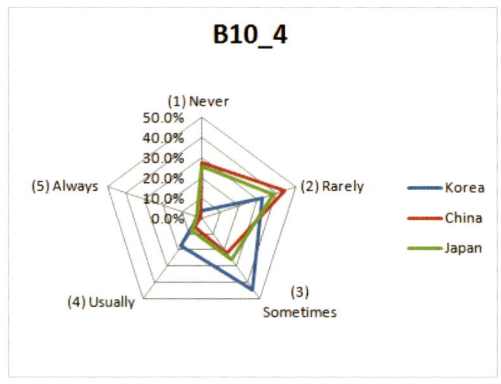

C10_5 : Bosses make decisions during unofficial meetings rather than official meetings. (상사는 공식 회의가 아닌 비공식 회의에서 결정을 내린다.)

Least frequent		Most frequent
China		Korea / Japan
2.07		2.80 2.81
D :	0.43	0.01

Average Means : 2.65

ANOVA test : significant

한국인은 비공식 회의에서 결정이 이루어진다고 믿는 경향이 있는 반면, 중국인 중 가장 적은 수는 그렇게 믿고 있다. 일본인 응답자는 2.37%로 한국인과 상당히 유사하다. 한국과 중국 모두 사회적 지위가 높을수록 상사가 공식 회의보다는 비공식 회의에서 결정을 내린다는 말에 더 공감한다. 일본은 별 차이가 없다.

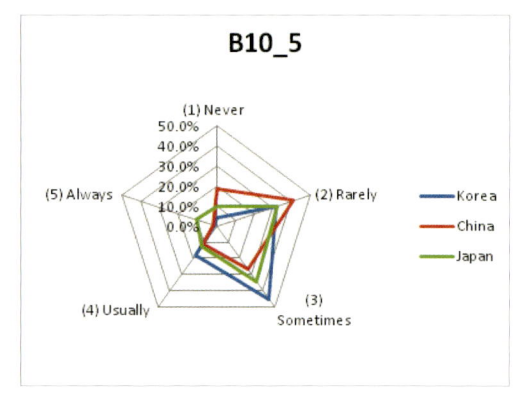

Factor Analysis : Formal and Informal Authority (요인분석 : 공식적/비공식적 권위)

C4_2 : b. Informal advisors to official leaders make decisions for the leaders

China	Japan / Korea
2.11	2.72 2.73

C4_3 : c. Leaders make decisions during unofficial meetings rather than official meetings.

China	Korea	Japan
2.4	2.83	3.60

B10_4 : Informal advisors to boss make decision for the boss

China	Japan	Korea
2.07	2.24	2.82

B10_5 : Bosses make decisions during unofficial meetings rather than official meetings.

China	Korea / Japan
2.37	2.80 2.81

질문은 공식적인 권위 위치에 있는 사람들이 의사결정 과정에서 얼마나 중요한지 묻는다. 다섯 가지 질문의 결과는 중국인들이 중요한 결정을 내리는 데 공식 지도자가 중요하다고 믿는 경향이 있으며 비공식 회의보다는 공식 회의에서 그렇게 한다는 것을 일관되게 보여준다. 무엇보다도, 결과는 중국에서의 권위는 정부와 직장에서 맡는 공식적인 직책에 좌우된다는 특징을 갖고 있음을 나타낸다. 특히 중국인들은 정부와 직장에서 의사결정을 내릴 때 공식 지도자가 비공식 조언자보다 더 중요한 역할을 한다고 믿는 경향이 있는데(C4_2 및 B10_4), 이는 중국의 공식적 지위에 권위 관계가 뿌리를 두고 있다는 것을 반영한다. 또한, 중국인은 리더들이 비공식 회의보다는 공식 회의에서 결정을 내린다고 믿는 경향이 있다(C4_3 및 B10_5). 설문 결과는 또한 권위의 중요한 원천이 공식적인, 공식적인 직위에 있다는 것을 시사한다.

연장자에 대한 존경 Respect for old age

E18 : On public transportation, how often do you yield your seat to a senior citizen? (대중교통에서 노인에게 자리를 양보하는 경우가 얼마나 자주 있습니까?)

Never ────────────────────────────── · ────────── Always

    Japan ──────────── China ──────── Korea
    3.69   3.81   3.94
D :   0.12   0.13

Average Means : 2.79

ANOVA test : significant.

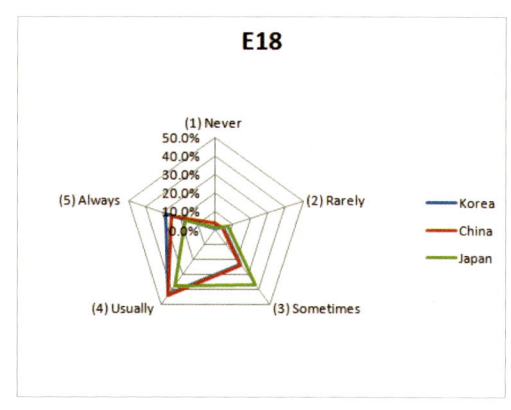

세 국가 모두, 나이에 따른 연공서열은 사회로부터 존경을 받지만, 그 정도는 다양하다. 한국인은 중국인이나 일본인과 비교해 노인들에게 자리를 양보하는 경우가 많지만, 그 차이는 그리 크지 않다. 부산 주민들은 대중교통에서 서울 주민들보다 노인에게 자리를 양보하는 경우가 더 적다. 한국인들은 교육 수준이 높을수록 노인에게 자리를 양보하는 경우가 더 많다. 남성은 대중교통에서 여성보다 노인에게 자리를 양보하는 빈도가 더 낮다. 일본인은 교육 수준이 높을수록 노인에게 자리를 양보하는 경우가 더 많다.

Factor Analysis : Respect for old age (요인분석 : 노인에 대한 존경)

E18 : In the public transportation, how often do you yield your seat to a senior citizen?

    Japan ──────────── China ──────── Korea
    3.69   3.81   3.94

5) 교환 Exchange

Exchange with networks

D3 : How comfortable or uncomfortable would you be selling an extra used computer which was purchased 3 yers ago to the following people? (3년 전에 구입한 추가 중고 컴퓨터를 다음 사람들에게 판매하는 것이 얼마나 편안합니까, 아니면 불편합니까?)

D3_1 : My friend (나의 친구)

Completely uncomfortable   Completely comfortable

Korea	China	Japan
2.69	2.94	3.75

D :   0.3   0.81

Average Means : 3.12

ANOVA test : significant

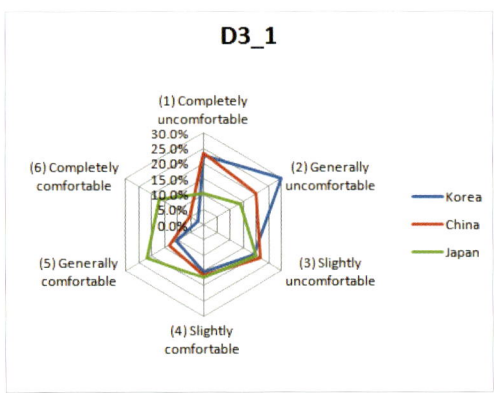

한국인은 중고 컴퓨터를 친구에게 파는 것을 가장 불편하게 느끼고 있으며, 그 다음으로 중국인이, 일본인은 친구에게 중고 컴퓨터를 파는 것을 가장 불편하게 느끼고 있다. 일본인의 42.4%만이 중고 컴퓨터를 친구에게 파는 것을 불편하게 느끼는 반면, 한국인의 71.6%, 중국인의 62.8%가 불편하게 느끼고 있다. 인맥 관계는 일본보다 한국과 중국에서 교환 관계에 더 큰 영향을 미치고 있다. 일본에서는 남자가 여자보다 친구에게 중고 컴퓨터를 파는 것을 더 편하게 느낀다.

D3_2 : My family members (나의 가족원)

Completely uncomfortable   Completely comfortable

           Korea   China   Japan

           2.67   2.77   4.29

D :   0.1   1.52

Average Means : 3.24

ANOVA test : significant

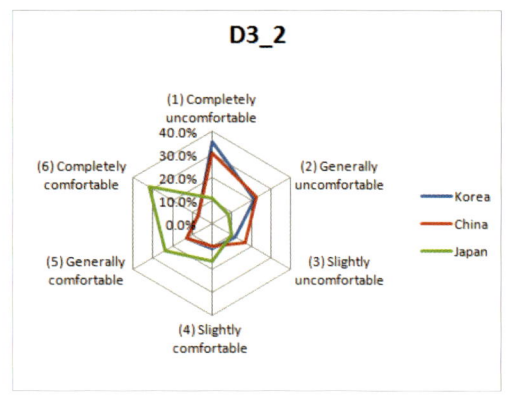

일본인은 자신의 가족에게 여분의 컴퓨터를 파는 것을 가장 편하게 느끼지만 한국인은 가장 불편하게 생각한다. 중국은 2.77의 평균점으로 중간에 위치한다. 여기서 한국과 중국은 꽤 비슷하지만, 일본은 크게 다르다.

그리고 한국과 중국은 가족에게 파는 것과 친구에게 파는 것이 평균에서 크게 다르지 않다. 대조적으로 일본인은 친구에게 파는 것보다 가족에게 컴퓨터를 팔 때 더 편안함을 느낀다.

중국은 사회적 지위가 높을수록 가족 구성원의 중고 컴퓨터 판매 시 편안함을 느끼지만, 일본은 나이가 많을수록 일본인이 가족 구성원의 중고 컴퓨터 판매 시 편안함을 느낀다는 점이 흥미롭다. 한국에서는 이와 같은 변이가 존재하지 않는다. 중국과 일본의 변이는 응답이 현대의 합리적 사고에 영향을 받지 않는 제도적 템플릿을 더 많이 반영한다는 가정을 지지한다.

D3_3 : My Boss (나의 상사)

Completely uncomfortable   Completely comfortable

     Korea / China   ————————   Japan
       2.32 / 2.36   2.91
   D :   0.4   0.55

   Average Means : 2.52

   ANOVA test : significant

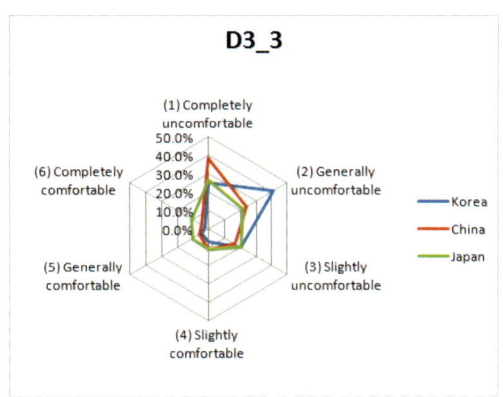

일본인은 가족보다는 상사에게 판매하는 것을 꺼리는 반면, 한국인과 중국인은 상사와 가족에게 파는 비율이 비슷하다. 한국과 중국에서의 교환에는 종종 인맥이 개입한다. 반면에 일본은 한국과 중국보다 인맥이나 권위 등 다른 요소에 대한 고려가 교류에 영향을 덜 미친다.

D3_4 : My teacher (나의 선생님)

Completely uncomfortable   Completely comfortable

     Korea ———————— China ———————— Japan
       2.19   2.36   2.86
   D :   0.17   0.5

   Average Means : 2.45

   ANOVA test : Significant

한국인은 사회적 지위가 높을수록 교사에게 중고 컴퓨터를 판매할 때 편안함을 느끼는 것으로 나타났다. 중국에서는 상하이 거주자가 교사에게 중고 컴퓨터를 판매할 때 베이징보다 편안함을 느끼는 것으로 나타났다. 중국인은 사회적 지위가 높을수록 교사에게 중고 컴퓨터를 판매할 때 편안함을 느끼는 것으로 나타났다. 일본에서는 남성이 여성보다 교사에게 중고 컴퓨터를 판매할 때 편안함을 느끼는 것으로 나타났다.

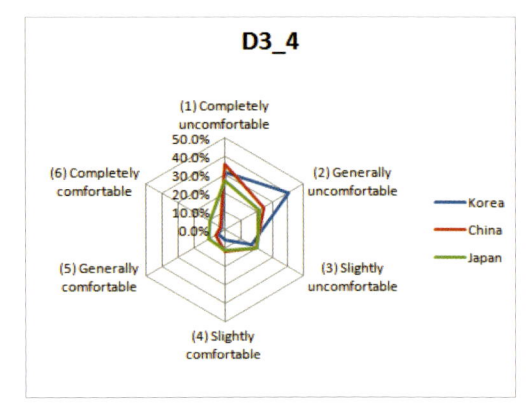

Factor Analysis : Exchange and Networks
(요인분석 : 교환과 네트워크)

D3 : How comfortable or uncomfortable would you be selling an extra used computer hich was purchased 3 years ago to the following people?

D3_1 : My friend

Korea	China	Japan
2.69	2.94	3.75

D3_2 : My family members

Korea	China	Japan
2.67	2.77	4.29

D3_3 : My Boss

Korea / China		Japan
2.32	2.36	2.91

D3_4 : My teacher

Korea	China	Japan
2.19	2.36	2.86

이 질문들의 집합은 권위와 네트워크 같은 다른 요인들이 교환의 패턴에 어떻게 영향을 미치는지, 그리고 교환이 다른 요인들에 의해 영향을 받지 않고 어느 정도 행동 양식으로 작동하고 있는지를 결정하기 위한 것이다.

요인 분석을 요약하면, 교환의 관계가 일본에서 가장 발달 되어있고, 일본인들은 개인적으로 매우 친밀한 관계망을 통해 교환 관계를 수행하는 것을 가장 편안하게 느낀다는 것을 보여준다. 일본과 대조적으로, 한국인은 아마도 개인적인 유대 관계를 매우 진지하고 심각하게 받아들이기 때문에 불편함을 느끼는 경향이 있다. 중국에서는 통상적인 교환을 하는데 개인적인 관계가 개입되면 교환이 일상대로 진행되기 어려울 수 있다는 점에서 방해요인이 될 수 있음을 암시한다.

6) 네트워크 Networks

Sharing Emotion(감정의 공유)

E12_4. Please indicate how willing you are to talk to the following people about your feelings and emotions. (귀하의 감정과 감정에 대해 다음 사람들과 얼마나 대화할 의향이 있는지 표시해 주십시오.)

E12_4 : Bosses (상사)

Completely unwilling		Completely willing
China / Japan		Korea
3.14 3.17		3.45
D : 0.17	0.28	
Average Means : 3.25		
ANOVA test : Significant		

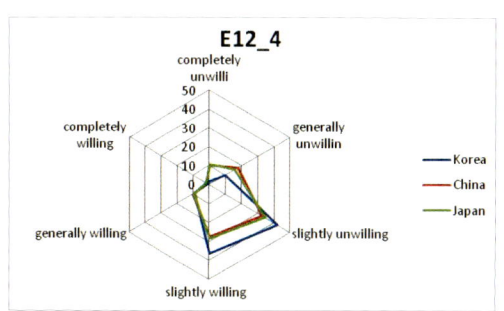

한국인들은 상사와 감정을 공유할 가능성이 가장 큰 반면, 중국인과 일본인들은 상사와 감정을 공유할 가능성이 거의 없다. 중국인들은 상사를 자신들과 개인적으로 가까운 사이로 여기지만, 여전히 상사를 비공식적인 관계가 아닌 공식적인 관계로 보는 경향이 있다. 이와

대조적으로, 한국은 사적인 감정과 공식적인 권한 관계를 가장 자주 혼합하는 경향이 있다. 한국은 연장자와 남성이 상사와 감정을 공유하려는 의지가 있지만, 중국은 상해 거주자가 북경 거주자보다 상사와 감정을 공유하려는 의지가 낮은 것으로 나타났다. 중국과 일본 모두 사회적 지위가 높을수록 상사와 감정을 공유하려는 의지가 높은 것으로 나타났다.

E 12-5 : Neighbors (이웃)

Completely unwilling   Completely willing

	Japan		China		Korea
	2.59		2.96		3.44
D :		0.37		0.48	

Average Means : 3.01

ANOVA test : significant

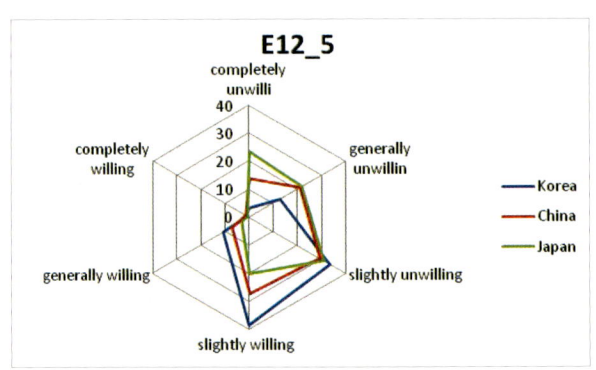

E12_1 : Family (가족)

Completely unwilling   Completely willing

	Japan		Korea		China
	4.61		4.87		4.99
D :		0.26		0.12	

Average Means : 4.81

ANOVA test : significant

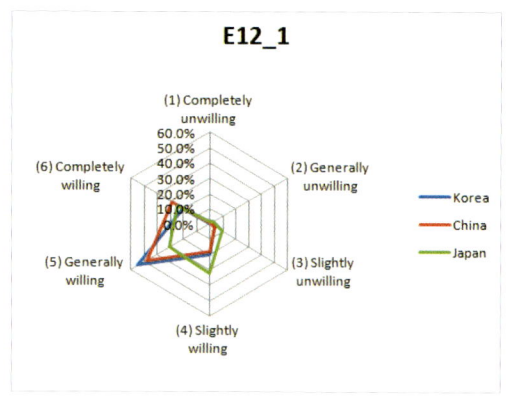

분명 가족 구성원과의 감정 공유 문항의 평균은 다른 유형의 사람에 비해 훨씬 높지만, 가장 높은 평균 점수는 중국인이며, 그다음으로 한국인과 일본인의 순이다. 이는 중국에서 가족 관계가 주로 정서적 유대 관계임을 시사한다. 한국과 일본 모두 남성이 여성보다 가족 구성원과 감정을 공유하려는 의지가 낮다. 반면 일본은 나이가 많고 사회적 지위가 높을수록 가족 구성원과 감정을 공유하려는 의지가 강하지만, 한국은 나이가 많을수록 친구와 감정을 공유하려는 의지가 약하다. 고학력의 중국은 친구와 감정을 공유하려는 의지가 약하다.

중국에서 상하이 주민들은 베이징 주민들보다 가족과 감정을 공유하려는 의지가 덜하다.

E12_2 : Friends (친구)

Completely unwilling		Completely willing
Japan		Korea / China
4.47		4.64 4.69
D :	0.17	0.05
Average Means : 4.59		
ANOVA test : significant		

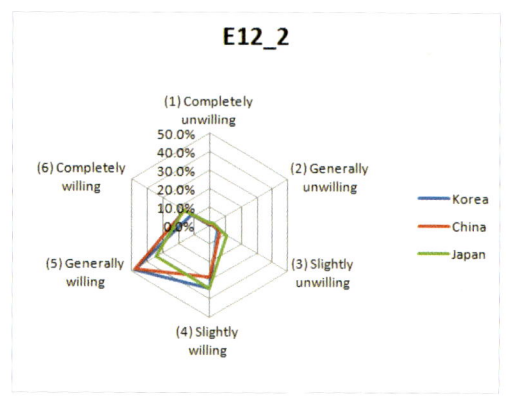

한국은 나이가 많을수록 친구들과 감정을 공유하려는 의지가 덜하다. 중국은 남성이 여성보다 친구들과 감정을 공유하려는 의지가 약하다. 고학력일수록 친구들과 감정을 공유하려는 의지가 줄어든다. 일본은 남성이 여성보다 친구들과 감정을 공유하려는 의지가 약

하다. 한국은 나이가 많을수록 친구들과 감정을 공유하려는 의지가 약하고 중국과 일본은 남성이 감정을 공유하려는 의지가 약한 경향이 있다. 고학력일수록 중국은 친구들과 감정을 공유하려는 의지가 덜하다.

E12_3 : Co-workers (직장 동료)

Completely unwilling   Completely willing

        Japan   China / Korea

         3.76   3.87   3.94

D :   0.11   0.07

Average Means : 3.86

ANOVA test : significant

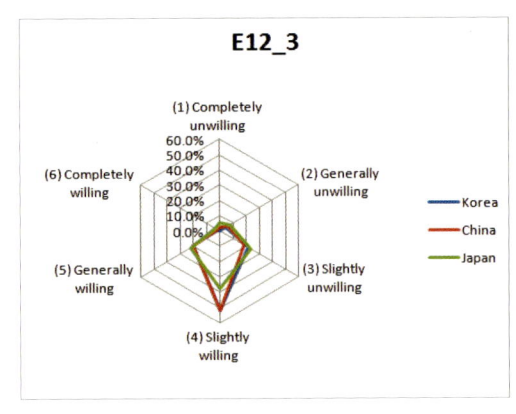

세 나라 모두 이 질문에 대한 평균 점수가 높으나, 한국과 중국은 일본보다 훨씬 높다. 한국에서 부산 거주자들은 서울 거주자들보다 동료들과 감정을 공유하려는 의지가 덜하다. 중국에서 남성들과 상하이 거주자들은 이러한 태도를 보인다. 일본에서, 남성들은 여성들보다 동료들과 감정을 공유하려는 의지가 덜하다. 사회적 지위가 높을수록, 동료들과 감정을 공유하려는 의지가 더 강하다.

Factor Analysis : Sharing Emotion (요인분석 : 감정의 공유)

E12_1 : Family

        Japan   Korea   China

         4.61   4.87   4.99

D :   0.269   0.12

E12_2 : Friends

Japan ──────── Korea / China
4.47   4.64   4.69

E12_3 : c. Coworkers

Japan ──────── China / Korea
3.76   3.87   3.94

7) 신뢰Trust

Social Trust(사회적 신뢰)

E3. The next set of questions is about the levels of social trust in social relationships. Please indicate to what degree you trust or distrust the following. (다음 질문은 사회적 관계에 대한 사회적 신뢰의 수준에 관한 것입니다. 다음에 제시되는 사람 중 어느 정도까지 신뢰하거나 불신하는지 표시해 주시오.)

E3_1 : Political Leader (정치 지도자)

Completely distrust   Completely trust

Japan ──────── Korea ──────── China
2.27   2.55   3.86

D :   0.28   1.31

Average Means : 2.89

ANOVA test : significant

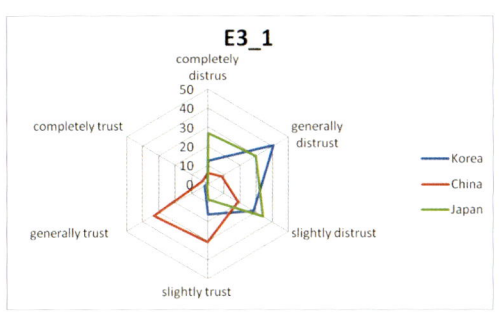

놀랍게도, 일본은 정치 지도자에 대한 신뢰에서 가장 낮은 점수를 받았지만, 중국은 가장 높은 3.86점을 받았고, 한국은 중국과 일본 사이에서 2.55점을 기록했다. 중국의 정치 지도자에 대한 높은 신뢰는 아마도 중국의 정치체

제의 특성을 어느 정도 반영하고 있는 것으로 판단된다. 조사 결과를 보면, 상하이 주민들이 베이징 주민들보다 정치 지도자에 대한 신뢰가 더 높고, 사회적 지위가 높을수록, 중국인들은 정치 지도자에 대한 신뢰가 더 적다. 일본에서는 나이가 많을수록 정치 지도자에 대한 신뢰가 더 높고, 남성들은 여성들보다 정치 지도자에 대한 신뢰가 더 높다. 한국에서, 고학력일수록, 정치인에 대한 신뢰가 더 낮다.

E3_2 : CEOs/Business (기업 총수, 최고 경영자)

Completely distrust ————————————————————————— Completely trust

Japan	Korea	China
3.09	3.23	4.04

D : 　　　0.14　　　　　　0.81

Average Means : 3.45

ANOVA test : significant

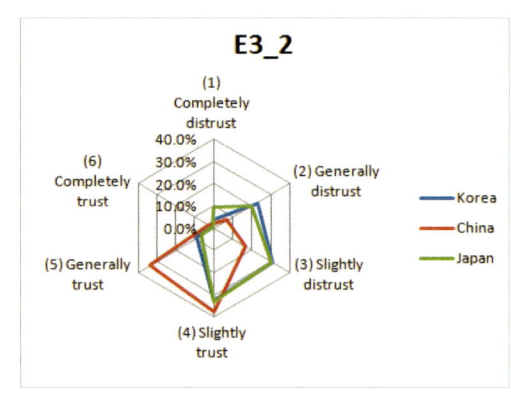

일본인은 기업 CEO를 불신하고, 반면에 중국은 신뢰도가 가장 높으며, 한국은 평균 3.21점으로 그 중간 수준이다. 중국에서는 상하이 주민들이 베이징 주민들보다 기업 CEO에 대한 신뢰도가 낮다.

E3_3 : News Media (언론)

Completely distrust ————————————————————————— Completely trust

Japan	Korea	China
3.01	3.34	3.90

D : 　　　0.33　　　　　　0.56

Average Means : 3.42

ANOVA test : significant

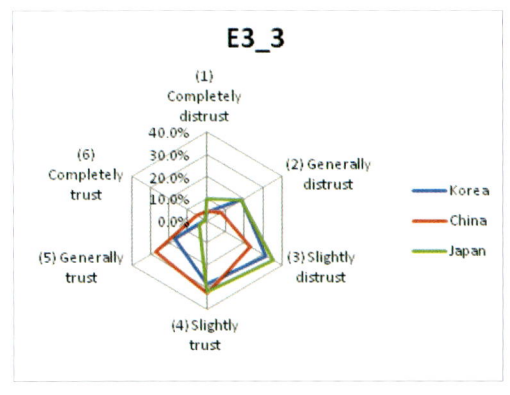

뉴스 미디어에 대해서는 일본이 한국과 비교해 뉴스 미디어에 대한 신뢰가 낮고 중국이 세 국가 중 가장 높은 신뢰를 보인다. 이 결과는 일본과 한국 모두 시장경제 아래의 언론환경이 영향을 준 것으로 보인다. 중국은 정부가 언론에 대해 엄격한 통제를 하고 있다. 각각 일본 3.01점, 한국 3.34점, 중국 3.90점이다. 이러한 설문조사의 결과는 여러 나라에서 진정한 사회적 조건을 측정하는 방법의 타당성을 곰곰이 생각하도록 만든다.

부산과 상하이 거주자 모두 서울과 베이징 거주자보다 뉴스 미디어에 대한 신뢰가 낮다. 한국의 사회적 지위 수준과 중국의 교육 수준은 각각 언론에 대한 신뢰 정도와 역逆상관 관계를 보인다. 이들 영역이 높을수록 신뢰가 낮은 것으로 나타났다. 일본은 나이가 많을수록 일본의 경우, 남성이 여성보다 뉴스 미디어에 대한 신뢰가 낮고, 나이가 많을수록 뉴스 미디어에 대한 신뢰가 낮다.

Factor Analysis : Trust of public figure (요인분석 : 공인에 대한 신뢰)

E3. The next set of questions is about the levels of social trust in social relationship. Please indicate to what degree you trust or distrust the followings.

E3_1 : Political Leader

Japan	Korea	China
2.27	2.55	3.86

E3_2 : CEOs/Business

Japan	Korea	China
3.09	3.23	4.04

E3_3 : News Media

Japan	Korea	China
3.01	3.34	3.9

이러한 결과는 일본 사회가 하급자와 상급자 간의 상호의무에 기초한 계약적 권위 관계에 기반하고 있음을 뒷받침해주지 않는다. 이 응답 결과는 일본이 한국과 중국보다 정치 지도자와 CEO에 대한 신뢰가 낮다는 것을 보여줌으로써 일본 사회가 계약 관계를 중심으로 움직인다는 주장을 회의적으로 만드는 측면이 있다.

친한 사람에 대한 신뢰Trust of Familiar Persons

E3_4 : My family (내 가족)

Completely distrust   Completely trust

	Japan	China / Korea	
	5.10	5.36	5.37
D :	0.26	0.01	

Average Means : 5.28

ANOVA test : significant

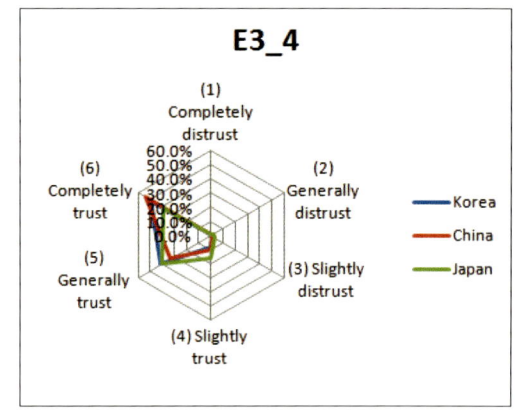

일본의 신뢰도가 5.10으로 가장 낮은 반면, 중국과 한국은 5.36과 5.37로 일본보다 더 높은 신뢰도를 보였다. 여기서 주목할 점은 가족 구성원에 대한 신뢰도가 다른 대상에 대한 신뢰도보다 훨씬 높다는 점이다.

이 문항에서 한국과 중국은 사회학적 변수와 상관관계가 없는 반면, 일본은 남성이 여성보다 가족에 대한 신뢰도가 낮고 사회적 지위가 높을수록 가족에 대한 신뢰도가 높은 것으로 나타났다. 한국과 중국은 별다른 차이를 보이지 않았다. 일본에서는 남성이 여성보다 가족에 대한 신뢰도가 낮다. 일본인은 사회적 지위가 높을수록 가족에 대한 신뢰도가 높다.

E3-5 : My Friends (나의 친구들)

Completely distrust		Completely trust
Japan		Korea / China
4.62		4.79 4.84
D :	0.17	0.05

Average Means : 4.73

ANOVA test : significant

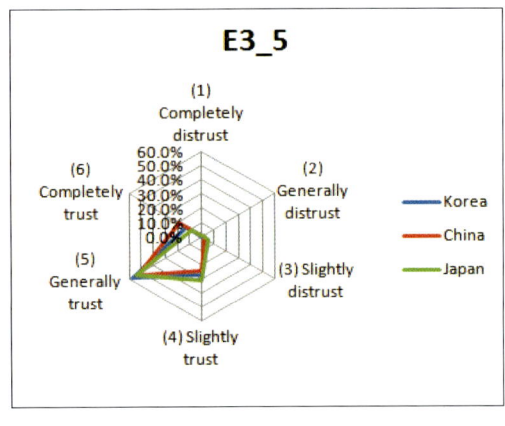

3국 간 가족, 친구에 대한 신뢰 수준의 차이는 통계적으로 유의하지만 평균 점수는 매우 높다. 그러나 3국 간에는 미묘한 차이가 있다.

한국과 중국은 자신의 친구를 신뢰한다는 측면에서 거의 동등한 수준이지만, 일본은 자신의 친구에 대한 신뢰가 다른 두 나라에 비해 상당히 낮다. 중국과 한국은 사회학적 편차가 없는데, 이는 친구를 신뢰한다는 규범이 양국 모두에서 잘 받아들여지고 있음을 보여주는 반면, 일본은 남성이 여성보다 친구에 대한 신뢰가 낮고 사회적 지위가 높을수록 친구에 대한 신뢰가 높다는 것을 보여준다.

Factor Analysis : Trust of Familiar Figure (요인분석 : 친숙한 사람에 대한 신뢰)

E3_4 : My family

    Japan   ---   China / Korea
    5.1   5.365   5.37

E3-5 : My Friends

    Japan --- China --- Korea
    4.62   4.79   4.84

나와 같은 민족 출신의 낯선 사람Trust of Strangers

E4. The next set of questions is about levels of social trust for people you don't know. How much do you trust or distrust the following types of strangers? (다음 질문은 모르는 사람에 대한 사회적 신뢰 수준에 관한 것입니다. 다음 유형의 낯선 사람을 얼마나 신뢰하거나 불신하나요?)

E4_1 : A stranger from the same hometown as me (내 고향 출신의 낯선 사람)

Completely distrust   Completely trust

    Japan --- China --- Korea
    2.78   2.91   3.91

D :   0.13   1.00

Average Means : 3.22

ANOVA test : significant

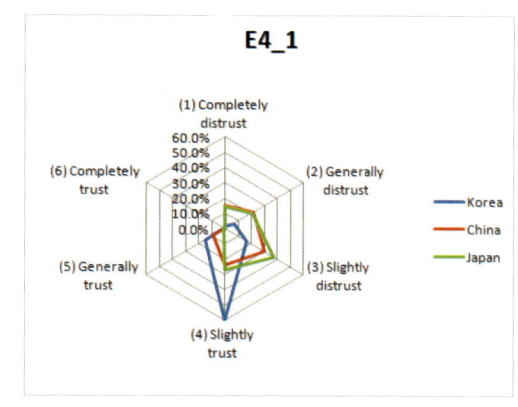

세 나라 중 한국인의 신뢰도가 가장 높은 반면, 같은 고향 출신의 낯선 사람에 대한 일본인의 신뢰도는 중국을 사이에 두고 가장 낮은 것으로 나타났다. 이는 일본이 근대화와 산업화를 거치면서 고향이라는 개념이 오래 전에 사라졌기 때문일 수 있다. 하지만 다른 유형의 낯선 사람에 대한 일본인의 신뢰도도

매우 낮다. 한국은 같은 고향 출신 낯선 사람에 대해 연장자일수록, 서울 거주자보다 부산 거주자가, 더 신뢰하는 경향이 있는 반면, 일본은 교육 수준이 높을수록 같은 고향 출신 낯선 사람에 대한 사회적 신뢰가 높다. 중국은 그러한 변이를 보이지 않는다.

E4_2 : A stranger from the same ethnic group as me (같은 민족 출신의 낯선 사람)

Completely distrust　　　　　　　　　　　　　　　　　　　　　　Completely trust

　　　　　Japan / China ─────────────── Korea
　　　　　2.65　2.75　　　　　　　　　　　　4.01
　　　D :　　0.1　　　　　　1.26
　　　　Average Means : 3.17
　　　　ANOVA test : significant

일본은 같은 민족 집단의 구성원에 대한 신뢰가 부족하다는 것을 나타내는 가장 낮은 점수를 받았는데, 이는 일부 일본인들이 자신이 일본인이라는 이유로 다른 일본인들을 신뢰하지 않는다는 것을 시사한다. 여기서 다시 한국인의 같은 민족 집단에 대한 신뢰는 세 집단 중 가장 높다. 한국에서는 나이가 많을수록 같은 민족 집단의 낯선 사람들에 대해 더 많은 사회적 신뢰를 주며, 부산 거주자들은 서울 거주자들보다 같은 민족 집단의 낯선 사람들을 더 신뢰하는 경향이 있다. 일본에서는 학력이 높을수록 같은 민족 집단의 낯선 사람에 대한 사회적 신뢰가 더 높다. 중국은 어떠한 변이도 보이지 않는다.

E4_3 : A stranger from the same college as me (같은 대학 출신의 낯선 사람)

Completely distrust   Completely trust

    Japan   China   Korea
    2.79   3.00   4.04

  D :   0.21   1.04

  Average Means : 3.25

  ANOVA test : significant.

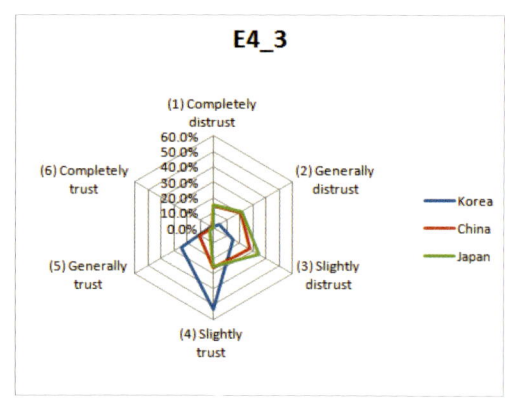

한국은 이 질문에서 가장 높은 점수를 받은 반면, 일본의 점수는 가장 낮다. 자신과 같은 대학을 졸업했다는 사실이 그를 믿을만한 사람으로 만드는 것은 아니다. 그런데도 한국에서는 상당히 신뢰한다. 한국인이 보이는 이 차별적인 점수는 한국에서 오랫동안 지속된 학연의 유대를 명확히 보여준다. 일본에서는 학연이 덜 중요하다. 일본과 중국에서는, 학력이 높을수록, 같은 대학 출신의 낯선 사람에 대한 사회적 신뢰가 더 크다. 한국은 그러한 차이를 보이지 않는다.

E4_4 : A stranger from the same company as me (같은 직장의 낯선 사람)

Completely distrust   Completely trust

    Japan   China   Korea
    2.85   3.06   4.03

  D :   0.21   0.97

  Average Means : 3.33

  ANOVA test : significant

한국인이 가장 높은 점수를 받은 반면, 일본 응답자는 가장 낮은 점수를 기록하여

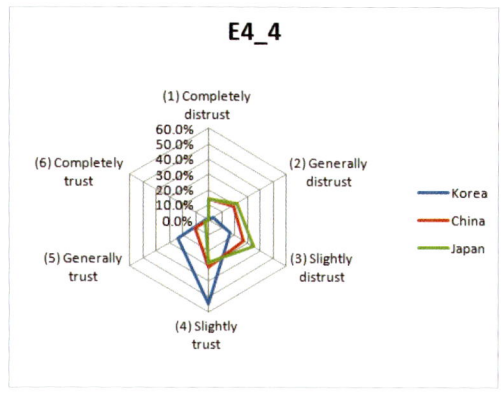

일본에서 신뢰가 낮은 것으로 나타났다. 한국은 성별이나 학력, 거주 지역 등의 사회학적 변수 측면에서 편차가 없지만, 일본과 중국에서는 교육 수준과 사회적 지위 수준이 동일 직장 출신 낯선 사람에 대한 신뢰와 긍정적 상관관계를 보여준다. 중국은 사회적 지위가 높을수록, 같은 기업 출신 낯선 사람에 대한 사회적 신뢰가 높은 것으로 나타났다. 일본은 학력이 높을수록, 사회적 지위가 높을수록 같은 기업 출신 낯선 사람에 대한 사회적 신뢰가 높은 것으로 나타났다. 한국은 이러한 변이가 존재하지 않는다.

E4_5 : A stranger from the same religion as me (나와 같은 종교를 가진 낯선 사람)

Completely distrust			Completely trust
Japan		China	Korea
2.48		2.99	4.00
D :	0.51	1.01	

Average Means : 3.17

ANOVA test : significant

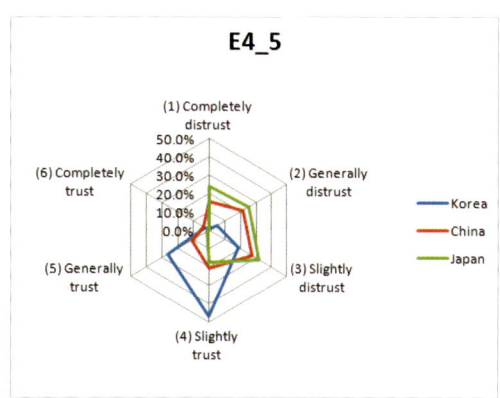

같은 종교를 가진 사람에 대한 신뢰도는 한국인이 4.00점으로 가장 높지만, 일본인은 2.48점에 그쳤고 중국은 2.99점으로 중간 정도에 머물렀습니다. 이는 한국인이 일본인과 중국인보다 종교적 신념이 강하기 때문으로 보인다. 한국에서는 남성 응답자가 여성 응답자보다 같은 종교를 가진 낯선 사람을 덜 신뢰하는 경향이 있다. 사회적 지위가 높을수록 같은 종교를 가진 낯선 사람에 대한 사회적 신뢰도가 높았다. 일본과 중국은 사회적 지위가 높을수록 같은 종교를 가진 낯선 사람을 사회적으로 더 신뢰하는 것으로 나타났다.

Factor Analysis : Trust of Strangers (요인분석 : 낯선 사람에 대한 신뢰)

E4_1 : A stranger from the same hometown as me

Japan	China	Korea
2.78	2.91	3.91

E4_2 : A stranger from the same ethnic group as me

Japan / China		Korea
2.65	2.75	4.01

E4_3 : A stranger from the same college as me

Japan	China	Korea
2.79	3.00	4.04

E4_4 : A stranger from the same college as me

Japan	China	Korea
2.85	30.06	4.03

E4_5 : A stranger from the same college as me

Japan	China	Korea
2.48	2.99	4.00

이 질문은 응답자들이 다양한 유형의 낯선 사람을 얼마나 신뢰하는지를 묻는 것으로, 각 사회의 사회적 관계의 특성을 파악할 수 있다. 전반적으로 낯선 사람에 대한 사회적 신뢰 수준은 일본이 가장 낮고 한국이 가장 높은 것으로 나타났다.

이러한 분석은 후쿠야마Fukuyama가 일본의 사회적 신뢰가 가장 높아 경제적 성공을 설명할 수 있다는 결과보다 세 나라의 사회적 자본으로서 신뢰를 보다 구체적으로 파악할 필요가 있음을 시사해준다. 이 연구는 기존의 주장과는 달리 일본 국민의 신뢰도가 한국과 중국보다 오히려 낮다는 것을 보여주고 있다. 이 연구 결과는 같은 고향, 민족, 대학 등 공통의 특수한 속성이 네트워크 형성 및 유지의 중요하고 뚜렷한 원천이라는 기존의 통념을 뒷받침한다. 개인적 교류를 넘어 이러한 특수한 속성에 기반한 '연줄'은 한국 네트워크 관계의 중요한 축이다.

8) 네트워크 안에서의 권위 Authority within Networks

권위 관계 및 개인적 유대 관계 Authority Relations and Personal Ties

B11. To what extent do the following descriptions characterize your relations with your boss? (다음 설명은 상사와의 관계를 어느 정도로 특징 있게 묘사하는가?)

B11_1 : a. My boss takes an active role in developing my career (나의 상사는 나의 경력을 발전시키는데 적극적인 역할을 한다.)

Less active role　　　　　　　　　　　　　　　　　　　　More active role

　　　　Japan　————　Korea　————　China
　　　　2.55　　　　　　 2.83　　　　　　　3.18
D :　　　　　　0.28　　　　　　0.35

Average Means : 2.85

ANOVA test : significant

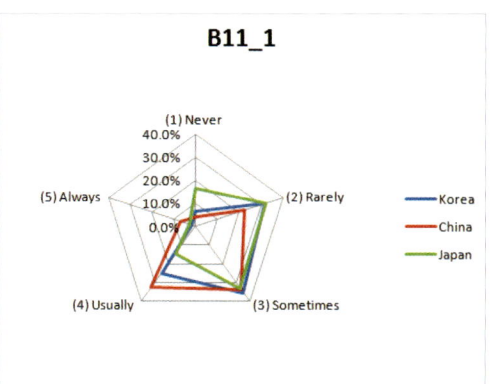

중국 상사는 직원의 가능한 경력에 관심을 보이는 경향이 있는 반면, 일본은 상사와의 관계가 비인격적이다. 중국의 뒤를 이어 한국이 따르고, 일본 상사가 부하 직원의 경력에 관심을 가장 적게 보인다. 세 나라 모두 사회적 지위가 높을수록 상사가 나의 경력 개발에 적극적인 역할을 한다는 진술에 공감한다. 전문직에서는 상사가 경력 문제에 대해 더욱 적극적으로 조언하는 경향이 있다.

B11_4 : My boss is a close friend. (나의 상사는 나의 가까운 친구다.)

Less friendly   More friendly

        Japan   ————   Korea   ————   China
        1.76   2.30   2.65
   D :   0.54   0.35
   Average Means : 2.25
   ANOVA test : significant

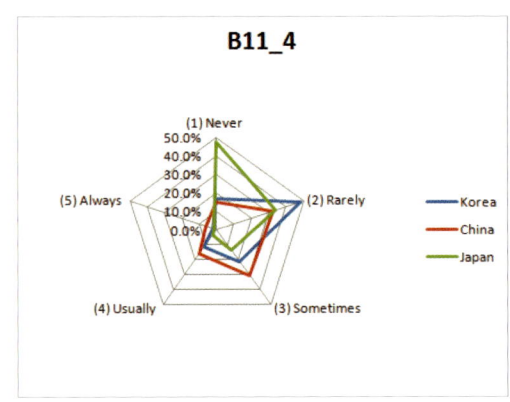

일본은 상사와의 관계가 더 비인격적이고 위계적이지만 중국은 상사와 친구의 경계가 한국이나 일본보다 훨씬 모호하다. 한국과 중국은 고학력, 사회적 지위가 높을수록 상사를 개인적인 친구로 보는 견해에 더 긍정적인 경향이 있지만, 일본은 고학력자와 남성이 찬성하는 경향이 있고, 일본 상업 도시 오사카는 반대 의견에 덜 동의하는 경향이 있다.

B11_5 : My boss is my teacher (나의 상사는 나의 선생이다.)

Less like-teacher   More like-teacher

        Japan   ————————   Korea / China
        2.05   2.23   2.31
   D :   0.18   0.08
   Average Means : 2.20
   ANOVA test : Significant

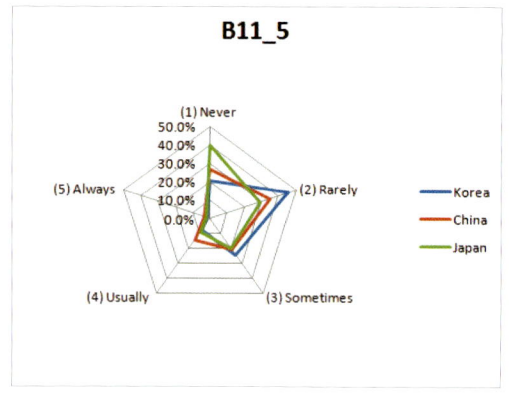

상사를 스승으로 보는 시각에서 일본은 한국과 중국에 상당히 뒤진다. 다만 중국은 교육 수준이 높을수록 이 말에 공감한다. 중국과 일본은 사회적 지위가 높을수록 상사가 나의 스승이라는 말에 공감한다.

B11_6 : 6 : My boss is like my father (나의 상사는 아버지 같다.)

Less like-father   More like-father

    Japan   ——————   China / Korea

    1.76   1.89   1.96

D :   0.13   0.07

Average Means : 1.87

ANOVA test : significant

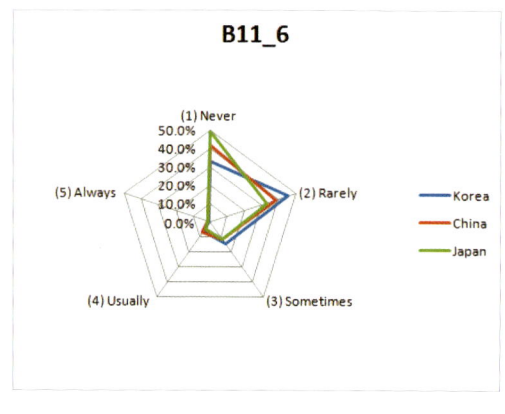

한국과 중국에서는 상사가 친아버지와 같다는 견해가 높다. 한국은 사회적 지위가 높을수록 상사가 나의 아버지와 같다는 말에 공감한다. 중국은 사회적 지위가 높을수록, 고등 교육을 받을수록, 상사가 나의 아버지와 같다는 말에 공감한다. 일본은 여성보다 남성이 그렇게 생각하지 않는 경향이 있다. 일본은 나이가 많을수록, 상사가 나의 아버지와 같다는 말에 공감하지 않는다.

Factor Analysis : Personal Relations with Authority Figures (요인분석 : 권위자와의 인간관계)

B11_1 : a. My boss takes an active role in developing my career

Japan	Korea	China
2.55	2.83	3.18

B11_4 : My boss is a close friend

Japan	Korea	China
1.76	2.30	2.65

B11_5 : My boss is my teacher

Japan	Korea / China
2.05	2.23 / 2.31

B11_6 : My boss is like my father

Japan	China / Korea
1.76	1.89 / 1.96

* 권위의 통제|Constraints on Authority

C1_2 : Politicians' powers are constrained by law (정치권력은 법의 통제를 받는다.)

Disagree　　　　　　　　　　　　　　　　　　　　　　　Agree

Japan	Korea	China
3.12	3.54	4.49
D :	0.42	0.95

Average Means : 3.71

ANOVA test : significant

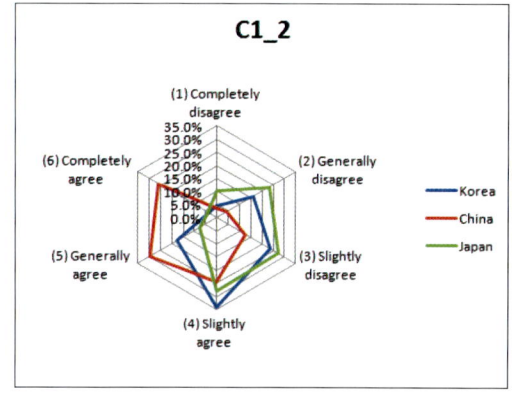

일본인은 정치인이 법의 구속을 당하지 않고 권력을 행사하고 있다고 믿는 경향이 있지만, 더 많은 한국과 중국인은 법이 정치인의 권력을 통제할 수 있다고 믿는 경향이 있다. 종래 가장 법을 준수하는 것으로 알려진 일본인들이 법이 정치인의 권력을 통제하지 못한다고 믿는 것은 모순적이다. 앞으로 보게 되겠지만, 많은 일본인은 일본의 잘 구축된 민주정치 제도에도 불구하고 매우 냉소적이고 정치 과정으로부터 소외되어 있다. 세 나라 모두에서, 나이가 많을수록 정치 권력이 법의 구속을 당한다고 더 확고하게 믿고 있다.

다만 일본에서 고학력은 정치인의 권력이 법의 제약을 받는다는 신념과 긍정적으로 연관되어 있다.

C1_1 a. People who are not following social conventions will come to have less political influence
(사회적 관습을 따르지 않는 사람들은 정치적 영향력을 덜 가지게 될 것이다.)

Disagree   Agree

              Korea / Japan   China
              3.99   4.00   4.66
         D :   0.01   0.66
         Average Means : 4.21
         ANOVA test : significant

이 질문은 현대성의 정도와 관련이 있다 - 현대적인 사람일수록 전제에 대한 동의 수위가 낮다. 한국과 일본에서 구세대는 관습을 따르는 정치인이 더 많은 정치적 영향력을 가질 것이라고 믿는다. 중국에서는 그러한 관계가 존재하지 않는다. 한국과 일본은 사회의 표준적 관습을 따르기를 꺼리는 정치인들에게 더 관대해 보이지만, 중국은 정치 지도자들이 잘 정립된 사회 관습을 따르기를 기대한다.

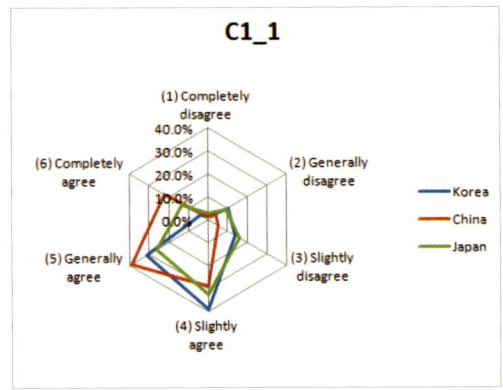

Factor Analysis : Constraints on Authority (요인분석 : 권위의 통제)

C1_2 : Politicians' powers are constrained by law

        Japan ·········· Korea ·········· China

        3.12   3.54   4.39

C1_1 a. People who are not following the social convention will come to have less political influence

        Korea / Japan ·········· China

        4.00   4.66

불공정한 규칙 Unfair Rules

E16 : To what extent do you agree or disagree that when rules are difficult to understand, people should still try to follow them? (규칙을 이해하기 어려울 때, 사람들이 규칙을 따르려고 노력해야 한다는 것에 어느 정도 동의합니까? 아니면 동의하지 않습니까?)

Completely disagree   Completely agree

Japan	China	Korea
3.35	3.89	4.06

D :   0.54   0.17

Average Means : 3.76

ANOVA test : significant

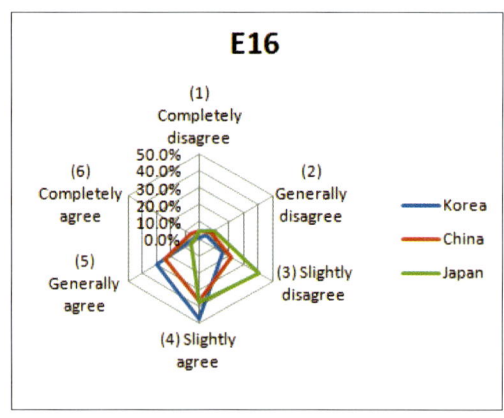

일본인들은 이해하기 어려운 규칙을 따르려는 의지가 적은 반면, 더 많은 한국인은 규칙을 이해하지 못할 때도 따라야 한다고 믿는 경향이 있다. 중국은 평균 점수 3.89점으로, 한국과 일본의 중간에 속한다. 결과에 영향을 미치는 유일한 사회학적 변수는 상하이 거주인데, 그곳에서는 이해할 수 없는 규칙을 따라야 한다고 믿는 사람들이 더 적다. 한국이나 일본에는 그러한 변이가 존재하지 않는다. 이 데이터에 따르면 일본인은 집단 지향성이 강하고 개성이 부족하다는 통념과 달리 중국과 한국보다 개인의 판단에 대한 신뢰도가 가장 높은 것으로 나타났다. 다른 많은 문항과 마찬가지로, 질문에 답할 때 보다 적극적인 판단이 필요한 경우 한국인과 중국인은 현재 상황에서 옳다고 생각하는 것을 더 많이 따르지만, 일본인 응답자는 자신의 판단을 통해 질문에 답하는 것으로 나타났다.

E15 : To what extent do you agree or disagree that when rules are unfair, people may violate the rules? (규칙이 불공정할 때, 사람들이 규칙을 위반할 수 있다는 것에 어느 정도 동의하거나 동의하지 않습니까?)

Completely disagree   Completely agree

Korea	Japan	China
3.08	3.42	3.83

D :   0.34   0.41

Average Means : 3.44
ANOVA test : significant

한국인은 불공정한 규칙이라도 위반해서는 안 된다고 생각하는 경향이 있는 반면, 중국인은 불공정한 규칙도 쉽게 위반할 수 있다고 생각하는 것으로 보인다 : 3.08 대 3.83. 일본인의 응답은 평균 3.42점으로 두 극단의 중간 정도에 해당한다. 서울과 베이징보다 부산과 상하이에서 불공정한 규칙을 위반할 수 있다는 의견에 더 많은 사람이 동의하는 경향이 있다.

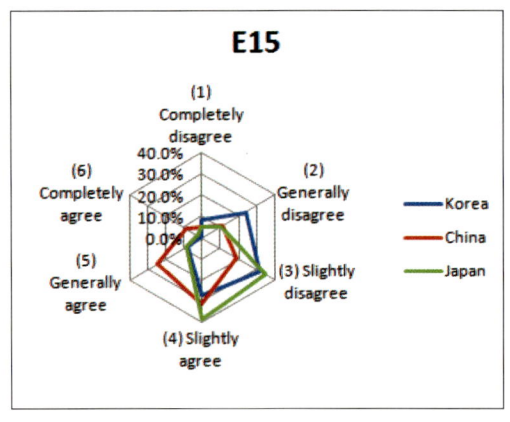

나이가 많을수록 불공정한 규칙도 위반할 수 있다는 의견에 동의하지 않는 비율이 높았다. 중국에서 사회적 지위가 높을수록 불공정한 규칙이라도 지켜야 한다고 생각하는 것으로 보인다.

B5_6 : f. I follow my supervisor's orders even if I consider them to be unreasonable (나는 상사의 지시가 불합리하다고 생각되더라도 따릅니다.)

Completely disagree   Completely agree

         Japan / China   Korea

        3.74   3.77   4.07

D :   0.03   0.3

Average Means : 3.86

ANOVA test : significant

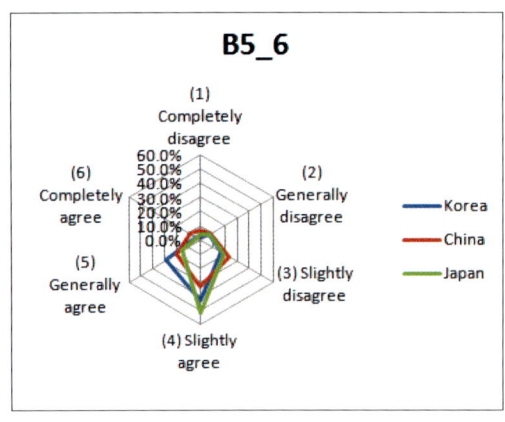

3국 모두 상관의 무리한 명령도 따라야 한다고 생각하는 경향이 있어 동아시아 직장 내 권위주의 구조의 정도를 반영하는 것으로 보인다. 그럼에도 한국인은 평균 4.07점으로 더 권위주의적인 경향을 보이는 반면 일본인과 중국인은 3.77점, 3.74점으로 비슷한 수준이다. 이 응답 결과는 직장 내 권위를 반영하는 것으로 보인다. 한국이 가장 권위주의적이고 일본 중국이 뒤를 이었다.

중국에서는 상하이 거주자들이 베이징 거주자들보다 상관의 부당한 명령을 거부하려 하고, 교육 수준이 높을수록 부당한 명령을 거부하려 한다. 일본에서는 남성이 여성보다 그러한 명령을 거부하는 경향이 있다. 그러나 한국에서는 그러한 차이가 존재하지 않는다.

Factor Analysis : Unfair Rules (요인분석 : 불공정한 규칙)

E15 : To what extent do you agree or disagree that when rules are unfair, people may violate the rules?

       Korea   Japan   China

       3.08   3.42   3.83

D :   0.34   0.41

E16 : To what extent do you agree or disagree that when rules are difficult to understand, people should still try to follow the rules?

    Japan ———————— China ———————— Korea
    3.35   3.89   4.06
    D :   0.54   0.17

B5_6 : f. I follow my supervisor's orders even if I consider them to be unreasonable

    Japan / China ———————————————— Korea
    3.74 3.77   4.07

한국인은 중국인이나 일본인보다 권위주의적인 태도를 보이며, 권위를 따르려고 한다.

9) 시민적 또는 민주주의적 가치Civic or Democratic Values

E1. Please indicate to what extent you agree or disagree with the following statements. (아래의 진술에 어느 정도 동의하거나 동의하지 않는지 표시해 주십시오.)

E1_4 : d. People should treat others as they would like to be treated. (사람들은 자신이 원하는 대로 다른 사람들을 대해야 합니다.)

Completely disagree   Completely agree
    Japan ———————— China ———————— Korea
    3.86   4.84   5.02
    D :   1.08   0.18

    Average Means : 4.57
    ANOVA test : significant

일본은 가장 적은 수의 응답자가 사람들이 대우를 받기를 원하는 대로 다른 사람들을 대우해야 한다는 성명에 동의하면서 단지 3.86점을 받았다. 그 언명에 더 강력한 동의는

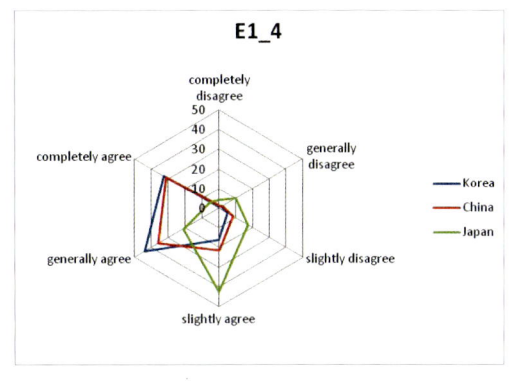

한국이 평균 5.02점으로 가장 컸고, 반면 중국은 그 사이에 있었다. 다시 말해서, 그 언명에 동의하지 않는 사람들은 30.2%로 일본에서 가장 높았고, 반면 한국의 6.2%와 중국의 11.2%만이 동의하지 않았다. 세 나라 중 가장 오랫동안 지속한 민주주의와 가장 발전된 경제를 가진 나라가 민주주의 기본 원칙을 믿는 것에 가장 낮은 점수를 보인 것은 놀랍다.

잘 작동하는 민주주의 제도에도 불구하고, 일본인들은 여전히 계층화된 사회에 대한 그들의 전통적인 관점에 빠져 있다. 대조적으로, 한국은 그들이 현대적이고 옳다고 믿는, 즉 모든 개인은 평등하고 동등하게 대우받아야 한다는 생각에 더 기꺼이 동의한다. 지역적인 변이는 부산이 평등이라는 생각에 덜 동의하는 것으로 나타났고, 중국에서는 더 많은 교육을 받은 사람들과 베이징보다 상하이가 평등주의적인 관점에 동의한다. 본에서는 그러한 변이가 나타나지 않는다.

E1_5 : All individuals should be treated with respect. (모든 사람은 존중받아야 한다.)

Completely disagree		Completely agree
Japan	————————————	Korea / China
3.86		5.14 5.19
D :	1.23	0.05

Average Means : 4.74
ANOVA test : significant

이 질문에 대한 답변 패턴은 앞의 질문들과 유사하다. 일본은 이 진술에 가장 적게 동의하는 경향이 있는 반면, 한국과 중국의 평균 점수는 5.14와 5.19로 매우 가깝다. 두 나라의 응답자들은 모든 개인은 존중받아야 한다고 믿는다. 일본의 평균 점수는 3.91

로 훨씬 더 낮다. 이는 일본이 더 계층화된 사회이기 때문에 평등주의에 덜 호의적이기 때문일까? 보다 심층적인 또는 질적인 자료가 필요하다.

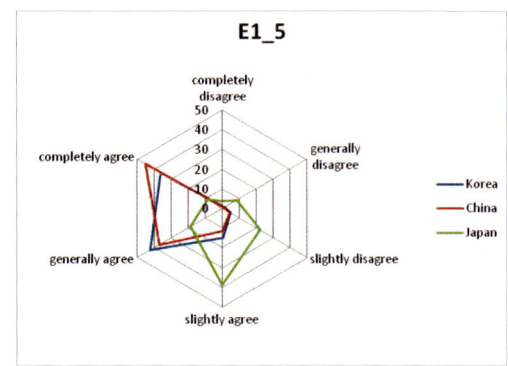

중국에서 이 성명에 대해 베이징 주민들보다 더 동조적인 경향이 있는 것은 상하이였다. 그러나 한국과 일본에서 부산과 오사카 주민들은 이 성명에 대해 한국과 일본 주민들보다 덜 동조적이다.

가능한 설명은 사회주의 중국에서는 상하이가 베이징보다 더 자유로운 경향이 있는 반면 도쿄나 서울은 오사카나 부산보다 더 국제화되어있어 덜 보수적인 경향이 있다는 점이다. 한국에서는 사회적 지위가 높을수록 이 성명에 동의하지 않는다.

Factor Analysis : Civic or Democratic Value (요인 분석 : 시민적 또는 민주주의적 가치)

E1_4 : d. People should treat others as they would like to be treated.

Japan	China	Korea
3.86	4.84	5.02

E1_5 : All individuals should be treated with respect.

Japan	Korea / China
3.91	5.14 5.19

의사 결정에서의 민주적 요소 Democratic Elements in Decision Making

B10_3 : Employees freely present alternative proposals to management (직원이 경영진에게 자유로운 대안을 제시한다.)

Least frequent			Most frequent
	China	Korea	Japan
	2.61	2.78	3.14
D :	0.17	0.36	

Average Means : 2.83

ANOVA test : significant

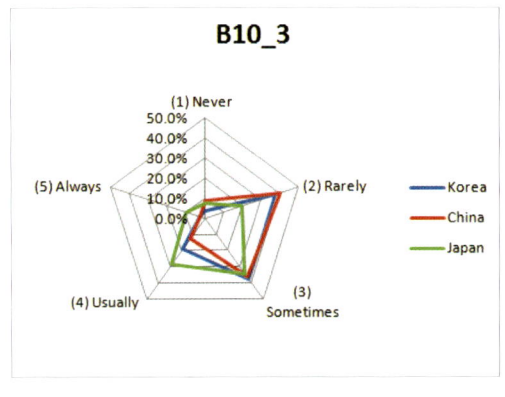

직원들이 경영진에게 자유롭게 대안을 제시하는 것을 허용하는 비율은 중국이 가장 낮았고, 일본이 가장 높았으며, 한국은 평균 2.78점으로 두 나라의 중간 수준이었다. 한국은 교육 수준이 높을수록, 중국과 일본은 사회적 지위가 높을수록 경영진에게 대안을 제안하는 경향이 높았다. 중국에서는 상하이 거주자가 베이징 거주자보다 직원들이 자유롭게 대안을 제시한다고 믿는 경향이 높았다. 일본에서는 남성이 여성보다 직원들이 자유롭게 대안을 제시한다고 더 많이 믿는다.

B10_2 : Management solicits opinions from employees (경영진이 직원들에게 의견을 구한다.)

Least frequent   Most frequent

    China ————————— Korea / Japan

    2.77   3.01 3.02

  D :   0.24   0.01

Average Means : 2.93

ANOVA test : significant

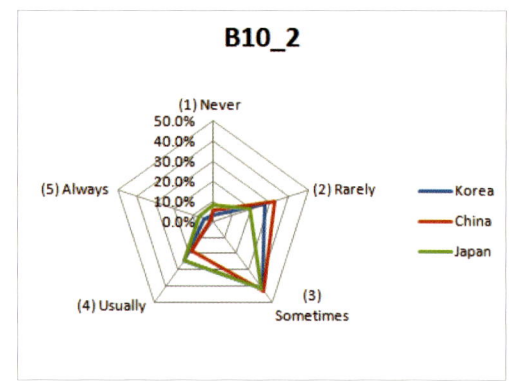

한국과 일본은 직원의 의견을 더 자주 구하기 때문에 직장 내 의사 결정이 더 민주적인 것으로 보이는 반면, 중국은 직원의 의견을 가장 적게 구하는 경향이 있는 것으로 나타났다. 부산과 상하이 거주자들은 다른 두 도시에 비해 경영진이 직원들의 의견을 더 많이 수렴한다고 생각하는 경향이 높았다. 한국인과 일본인은 학력이 높을수록 경영진이 직원들의 의견을 묻는 것에 대해 서울 거주자보다 더 공감하는 것으로 나타났다. 일본의 경우 사회적 지위가 높을수록 긍정적인 상관관계를 보였다.

중국과 일본에서는 교육 수준이 높을수록, 그리고 사회적 지위가 높을수록 '경영진이 직원들의 의견을 수렴한다'라는 문항에 더 많이 동의하는 것으로 나타났다.

Factor Analysis : Democratic Elements in Decision Making
(요인분석 : 의사결정에서의 민주적 요소)

B10_3 : Employees freely present alternative proposals to management

  China ————— Korea ————— Japan

  2.61   2.78   3.14

B10_2 : Management solicits opinions from employees

China —————————————— Korea / Japan
2.77   3.01   3.02

10) 네트워크 내의 교환 Exchange with(in) Networks

교환과 네트워크 Exchange and Networks

D1. Please indicate to what extent you agree or disagree with the following statements. (아래의 진술에 어느 정도 동의하거나 동의하지 않는지 표시해 주십시오.)

D1_1 : If an individual personally knows a seller, the seller gives that person a better price. (개인이 판매자를 개인적으로 알고 있다면, 판매자는 그 사람에게 더 좋은 가격을 준다.)

Completely disagree   Completely agree
        China ——————————— Japan ——————————— Korea
        3.88   4.02   4.18
D :   0.14   0.16

Average Means : 4.02
ANOVA test : significant

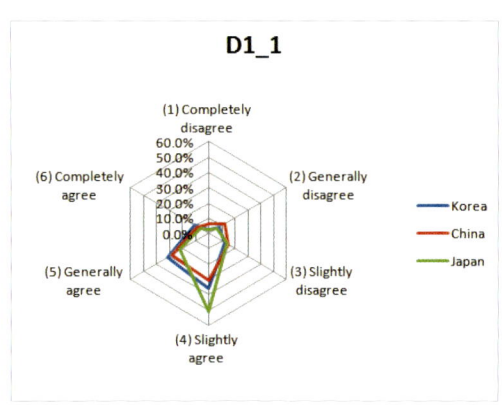

중국인들은 친숙함이 고객에게 부과되는 가격을 바꾸지 않을 것이라고 믿지만, 그 대신 그들은 가격을 할인해달라고 더 자주 요구하는 경향이 있는 반면, 일본인들은 친숙함이 더 나은 가격을 가져다줄 것이라고 매우 높게 믿는다. 일본인들은 아는 사람과 사업을 하는 것이 더 신뢰가 있는 것으로 생각한다. 한국에서는, 교육 수준이 높은 사람들이 더 동의하는 경향이 있고, 중국은 나이가 많을수록 덜 동의하고, 상하이가 베이징보다 덜 동의하는 경향이 있다. 일본에서는 남성이 여성보다 더 동의하는 경향이 있고, 사회적 지위가 높은 사람들이 더 동의하는 경향을 보인다. 한국에서, 교육 수준이 높은 사람들은 개인적으로 친숙한 사람들이 부과되는 가격을 바꾸는 것에 동의하는 경향이 있다.

D1_3 : Sellers give all customers the same price. (판매자는 모든 고객에게 동일한 가격을 제공합니다.)

Completely disagree			Completely agree
Japan	Korea	China	
2.64	3.19	3.49	
D :	0.55	0.30	

Average : 3.11

ANOVA test : significant

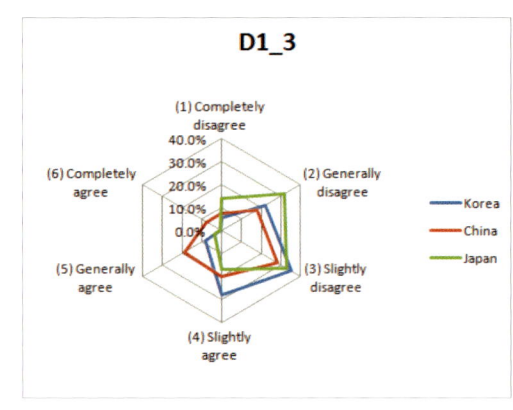

판매자가 모든 고객에게 같은 가격을 주는 것이 아니라 판매자가 아는 사람에게 더 좋은 가격을 준다는 것에 일본인이 가장 높은 점수를 받았다. 그러나 둘째, 한국인과 중국인은 판매자가 모든 고객에게 같은 가격을 주는 것으로 믿는 경향이 있다. 한국에서는 여성이 더 동의하는 것처럼 보이고, 판매자가 모든 고객에게 같은 가격을 준다는 말에 부산 거주자가 서울 거주자보다 더 공감한다. 교육 수준이 높을수록, 판매자가 모든 고객에게 같은 가격을 준다는 말에 한국인이 더 동의하지 않는다. 중국에서 상하이 거주자는 베이징 거주자보다 판매자가 모든 고객에게 같은 가격을 준다는 말에 덜 공감한다. 일본도 그러한 차이를 보인다.

D1_3 : Sellers give all customers the same price. (판매자는 모든 고객에게 동일한 가격을 제공합니다.)

Completely disagree   Completely agree

          Japan / Korea .... China

          2.92   3.11   3.55

     D :   0.19   0.44

     Average Means : 3.19

     ANOVA test : significant

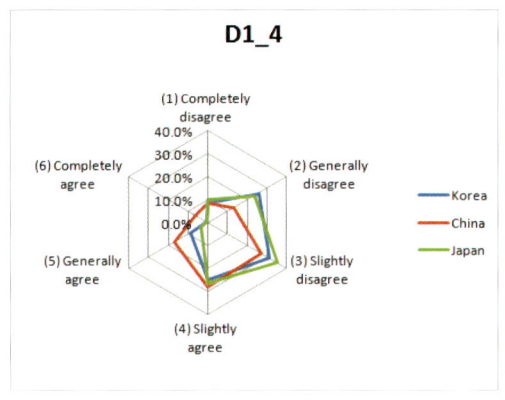

3국 중 상업이 가장 발달한 일본에서는 백화점 가격이 상품의 질을 정확히 반영한다고 믿는 사람이 적은 반면 중국에서는 가장 높은 비율을 차지하고 있다. 중국에서 백화점의 신뢰도가 가장 높은 것으로 보인다. 우리나라에서도 백화점 가격이 상품의 품질을 정확히 반영한다는 말에 부산시민이 서울시민보다 더 공감하고 있다. 고학력 한국인들은 백화점 가격이 상품의 질을 정확하게 반영한다는 말에 덜 동의할 가능성이 저학력 한국인들보다 더 높다. 중국에서 상하이 주민들은 베이징 주민들보다 동의가 적다. 일본에서는 백화점 가격이 상품의 품질을 정확하게 반영한다는 말에 남성이 여성에 비해 공감대가 낮다.

D1_5 : Family-run store prices accurately reflect products' quality. (가족이 운영하는 매장 가격은 제품의 품질을 정확하게 반영합니다.)

Completely disagree   Completely agree

          Japan / China .... Korea

          2.91   2.99   3.21

     D :   0.08   0.22

     Average Means : 3.04

     ANOVA test : significant

일본에서 가족이 운영하는 가게에 대한 신뢰도는 매우 낮으며, 중국인과 한국인이 가장 높은 점수를 기록하고 있다. 각국의 국내 분석 결과, 교육 수준은 위 종속변수들에 대해 일관되게 부정적 영향력을 보이는 것으로 드러났다. 이러한 결과는 고학력 한국인은 가격이 제품의 품질을 반영한다는 것에 덜 동의하는 경향이 있는 반면, 저학력 한국인은 가격이 제품의 품질을 반영한다고 믿는 것으로 보인

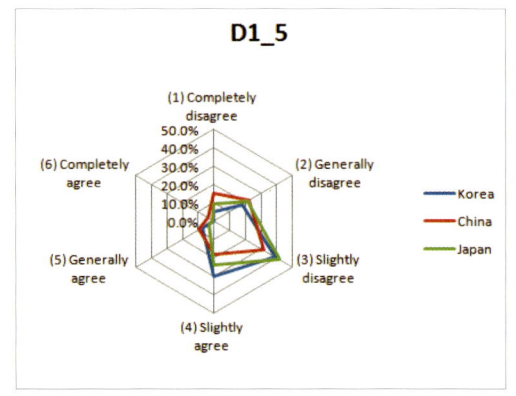

다. 한국의 경우, 고학력일수록 가족이 운영하는 매장 가격이 제품의 품질을 정확하게 반영한다는 진술에 덜 공감하고 있다. 중국에서 상하이 주민들은 가족이 운영하는 상점 가격이 제품의 품질을 정확하게 반영한다는 진술에 덜 공감한다. 일본에서 남성은 여성보다 가족이 운영하는 상점 가격이 제품의 품질을 정확하게 반영한다는 진술에 덜 공감한다.

Factor Analysis : Exchange and Networks (교환과 네트워크 요인분석)

D1_1 : If an individual personally knows a seller, the seller gives that person a better price.

China	Japan	Korea
3.88	4.02	4.18

D1_3 : Sellers give all customers the same price.

Japan	Korea	China
2.64	3.19	3.19

D1_4 : d. Department store prices accurately reflect products' quality. In Japan,

Japan / Korea	China
2.92 3.11	3.55

D1_5 : Family-run store prices accurately reflect products' quality.

Japan / China	Korea
2.91 2.99	3.21

* 경쟁 Competition

E10_1 a. Competition leads to positive social outcome (경쟁은 긍정적인 사회적 결과를 가져온다.)

Completely disagree   Completely agree

Japan	Korea	China
4.07	4.40	4.68
D :	0.33	0.28

Average Means : 4.38

ANOVA test : significant

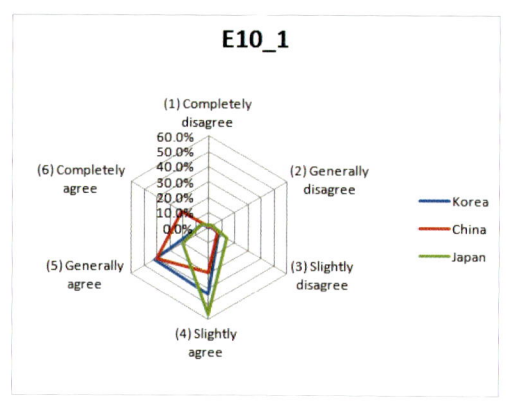

시장경제가 가장 발달한 자본주의 일본이 자유 경쟁에 대한 지지도가 매우 낮은 반면, 공산당이 정치적으로 지배하는 '국가 자본주의'로 분류되는 중국이 경쟁의 긍정적 역할에 대한 지지도가 가장 높다는 것은 아이러니한 결과이다. 한국의 경쟁 지지 지수는 그 사이에 있다. 일본에서는 공동체주의적 가치가 강하면서 동시에 개인주의적일 수가 있는 것이 가능한 일일까요? 중국은 여전히 사회주의 국가라고 주장하지만, 일본보다 개인 간의 경쟁이 매우 치열하다. 중국이나 한국에는 그런 차이가 없는데도 일본에서는 교육받은 사람들만 경쟁을 발전의 동력으로 받아들이는 경향이 있는 것 같다.

E10_2 : b. I consider my peers as my competitors (나는 나의 동료들을 나의 경쟁자로 생각한다)

Completely disagree   Completely agree

           Japan / Korea ------ China
             3.54   3.64   3.82

D :   0.1   0.18

Average Means : 3.66

ANOVA test : significant

이 질문에 대한 응답은 삼국에서 모두 약간 동의한다는 답이 많았다. 한국에서는 교육 수준이 높을수록 동의가 많았고, 중국에서는 상하이 응답자는 약간 동의하지 않는다는 응답이 다른 지역보다 상대적으로 많았다. 일본의 경우는 그러한 변이가 없다.

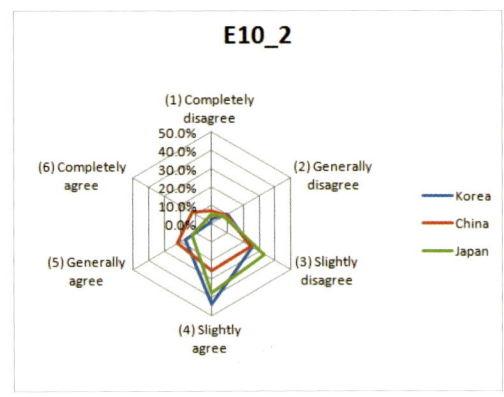

Factor Analysis : Competition (요인분석 : 경쟁)

E10_1 a. Competition leads to positive social outcome

    Japan ------ Korea ------ China
    4.07   4.40   4.68

E10_2 : b. I consider my peers as my competitors

    Japan / Korea ------ China
    3.54   3.64   3.82

* 권위와 교환이 있는 네트워크Networks with Authority and Exchange

동료와의 관계Relations with Coworkers

B5_4 : I feel a strong bond with my coworkers (나는 동료에게 강한 유대감을 느낀다.)

Completely disagree   Completely agree

Japan	Korea	China
3.23	4.27	4.66
D :	1.04	0.39

Average Means : 4.05

ANOVA test : significant

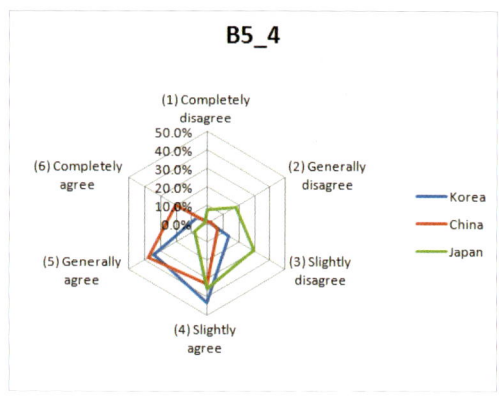

동료와의 유대감에서는 한국인과 중국인은 비슷한 수준의 유대감을 느끼지만, 일본인은 유대감이 훨씬 낮은 것으로 나타났다. 중국인의 평균 점수는 4.66점인 반면 일본인은 3.23점에 그쳤고, 한국인은 4.27점으로 두 나라의 중간 정도였다. 이 문항이 동료 간의 인간적 유대감을 나타내는 문항이라면, 일본인이 동료와의 유대감을 덜 느끼지만, 팀워크를 위해 동료에게 가장 협조적이라는 것은 아이러니한 결과가 아닐 수 없다. 중국인과 한국인이 높은 점수를 받은 것은 일본보다 이 두 나라에서 계급에 따른 사회의 수평적 분열이 더 큰 의미가 있을 수 있다는 것을 나타낸다. 이는 또한 일본의 팀워크가 직장인 간의 유대감보다는 같은 회사에서 일하는 동료들의 협력을 요구하는 사회적 관습에 기반하고 있다는 것을 드러낸다. 한국과 일본은 사회적 지위가 높은 사람일수록 동료와 강한 유대감을 느낀다. 중국 상하이에서는 동료와의 유대감이 더 강한 것으로 나타났다.

B5_7 : g. Coworkers should help their coworkers, even if they must sacrifice large amounts of their own time. (동료들은 많은 시간을 희생하더라도 동료들을 도와야 합니다.)

Completely disagree   Completely agree

         Japan   ————————————————   Korea / China

         3.85   4.31   4.4

         D :   0.46   0.09

Average Means : 4.17

ANOVA test : significant

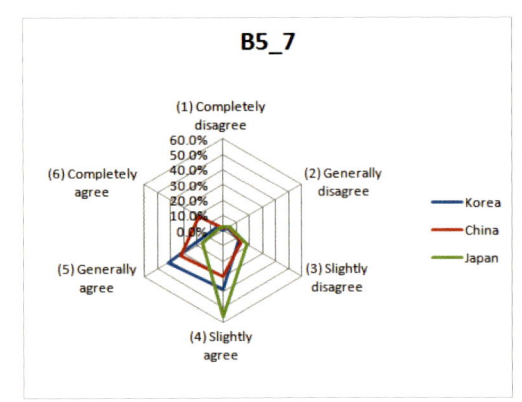

많은 시간을 할애해 가면서 동료를 도울 의향이 있는지에 관한 질문에서 한국인과 중국인이(평균 4.31점과 4.40점) 높은 점수를 받은 반면, 일본인 근로자는 3.85점으로 가장 낮았다. 이는 다시 일본인 근로자의 동료와의 유대감은 중국인과 한국인에 비해 덜하지만, 그들의 일에 대한 몰입은 다른 두 나라의 근로자들에 비해 더 높다는 것을 보여준다.

한국과 중국의 근로자들은 일본의 근로자들보다 시간을 희생하면서 동료를 돕는데 더 의지가 있다. 한국에서는 서울 거주자보다 남성, 부산 거주자가 동료를 돕고 싶다는 의지가 낮고, 중국에서는 사회적 지위가 높을수록 이 문항에 공감하지 않는 것으로 나타났다. 일본에서는 남성이 동료를 돕고 싶지 않다고 생각하는 경향이 높았다.

B5_8 : Coworkers should help their coworkers [even] if they must sacrifice large amounts of their own money. (동료라면 많은 돈을 희생해야 한다 해도 동료들을 도와야 한다.)

Completely disagree   Completely agree

        Japan   Korea   China

        2.66   3.25   3.65

D :   0.59   0.4

Average Means : 3.17

ANOVA test : significant

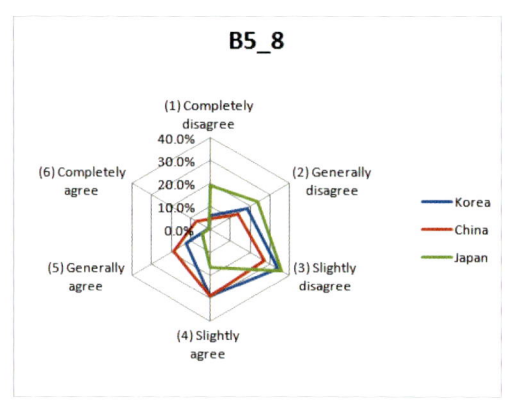

동료를 돕기 위해 많은 돈을 희생할 의향이 있느냐는 질문에 일본인은 시간을 희생하는 경우보다 기꺼이 돈을 희생할 의향이 적은 반면, 중국인은 동료를 돕기 위해 돈에 대해서는 관대한 편이다. 한국인은 일본인과 마찬가지로 동료를 위해 시간을 희생하는 것보다 돈을 희생하는 것에 대한 의지가 낮다. 이는 일본에서는 직장인 간의 네트워크가 매우 저조하지만, 중국에서는 인간적 유대가 현대의 조직 문화를 가리는 경향이 있음을 나타내준다.

    중국 근로자들은 돈을 들여서 동료를 돕고자 하는 의사가 가장 많고, 한국과 일본이 그 뒤를 잇는다. 일본 근로자들은 그 의사가 가장 낮다. 세 나라에 걸쳐 이러한 변이는 통계적으로 유의하다.

    위의 결과에 따르면, 응답은 성별에 따라서만 다르다 : 한국과 일본 모두에서 남성 근로자가 여성 근로자보다 동료를 도우려는 의지가 더 강하다. 중국에서는 어떤 개인적인 배경 변수에 따라서도 응답이 달라지지 않는다. 한국에서는 남성이 여성보다 그 진술에 더 공감한다.

학력이 높을수록 진술에 더 공감한다. 사회적 지위가 높을수록 진술에 더 공감한다. 중국은 변이를 보이지 않고 있다. 일본의 경우 남성이 여성보다 진술에 더 공감하고, 사회적 지위가 높을수록 진술에 더 공감한다.

B5_9 : Coworkers should help their coworkers, even if they must break the law (동료는 법을 어기더라도 동료를 도와야 한다.)

Completely disagree ———————————————————————— Completely agree

Japan	China	Korea
1.68	1.85	2.33
D :	0.17	0.48

Average Means : 1.95

ANOVA test : significant

친구를 돕는 경우가 그랬듯이, 한국은 법을 어기는 위험을 감수하더라도 동료를 돕겠다는 의지가 더 강한 데 비해, 일본인들은 그렇게 하지 않으려 한다. 한국은 연장자와 남성이 더 많이 그렇게 하지만, 일본은 남성만 더 많이 그렇게 하는 경향이 있다. 중국은 아무런 변이가 없다.

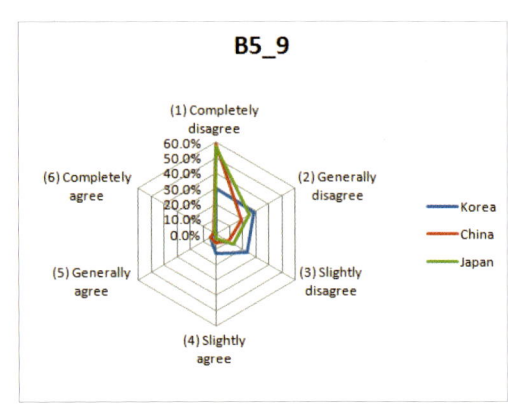

Factor Analysis : Relations with Coworkers (요인분석 : 동료와의 관계)

B5_4 : d. I feel a strong bond with my coworkers

Japan	Korea	China
3.23	4.27	4.66

B5_7 : Coworkers should help their coworkers, even if they must sacrifice large amounts of their own time.

    Japan ——————————————— Korea / China
    3.85   4.31   4.40

B5_8 : Coworkers should help their coworkers if they must sacrifice large amounts of their own money.

    Japan ——————— Korea ——————— China
    3.23   4.27   4.66

B5_9 : Coworkers should help their coworkers, even if they must break the law

    Japan ——————— Korea ——————— China
    1.68   1.85   2.33

* 네트워크와 자기 이익Networks and Self interests

E13 : The next set of questions is about friends. To what extent do you agree or disagree with the following statements? (다음 질문은 친구에 관한 것입니다. 다음 진술에 어느 정도로 동의하십니까?)

E13_1 : Friends should help their friends, even if they must sacrifice large amounts of their own time (친구는 많은 시간을 희생하더라도 친구를 도와야 한다.)

Completely disagree   Completely agree

    Japan ——————— Korea ——————— China
    3.95   4.26   4.57
    D :   0.31   0.31

Average Means : 4.23

ANOVA test : significant.

이 질문에 대한 긍정적인 답변은 중국이 가장 높았다 : 중국인은 매우 계산적이지만 인간적인 유대감이 깊어지면 계산적인 사고방식이 사라지는 반면, 일본인은 자신의 많은 시간을 할애해 친구를 돕겠다는 의지가 가장 낮았다. 한국은 4.26으로 그 중간 정도입니다.

한국은 나이가 많을수록 이 문항에 공감하는 비율이 낮고, 나이가 많을수록 친구와의 유대감이 약한 것으로 나타났다. 그리고 부산은 서울보다 긍정 답변이 낮고 중국과 일본은 차이가 없다.

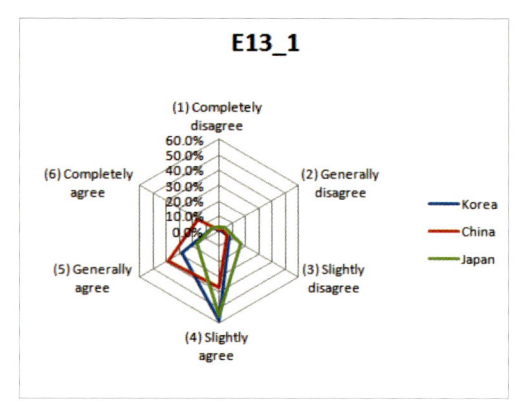

E13_2 : Friends should help their friends, even if they must sacrifice large amounts of their own money. (친구라면 자신의 돈을 많이 희생하더라도 친구를 도와야 한다.)

Completely disagree			Completely agree
Japan	Korea		China
2.86	3.44		3.75
D :	0.58	0.31	

Average Means : 3.31

ANOVA test : significant

앞선 질문과 마찬가지로 일본은 '돈이 많이 들더라도 친구를 도와줄 의향이 있다'라는 항목에 응답이 가장 낮았고, 중국은 '도와줄 의향이 있다'라는 응답이 가장 높았으며, 한국은 평균 3.44점으로 그 중간 정도였다. 한국에서는 나이가 많을수록 이 문항에 대한 공감도가 낮았으며, 부산 응답자의 경우 서울 응답자보

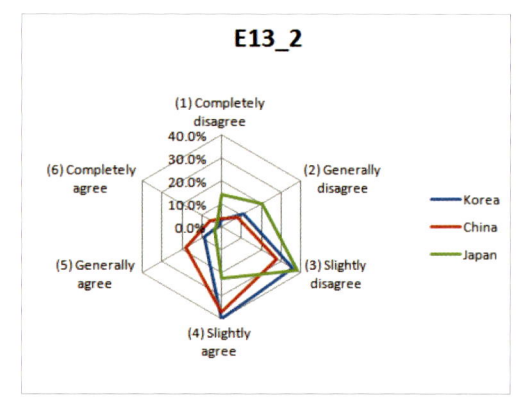

다 이 문항에 대한 공감도가 낮았다. 또한, 한국과 일본 모두 남성이 많은 돈을 가진 친구를 돕고 싶어 하는 경향이 더 높았다. 일본에서는 남성 응답자가 여성 응답자보다 이 문항에 더 공감하는 것으로 나타났다. 중국에서는 이러한 차이가 나타나지 않았다.

E13_3 : Friends should help their friends, even if they must break the law (친구는 법을 어기더라도 친구를 도와야 한다.)

Completely disagree   Completely agree

China	Japan	Korea
1.71	1.81	2.41

D :   0.1   0.6

Average Means : 1.96

ANOVA test : significant

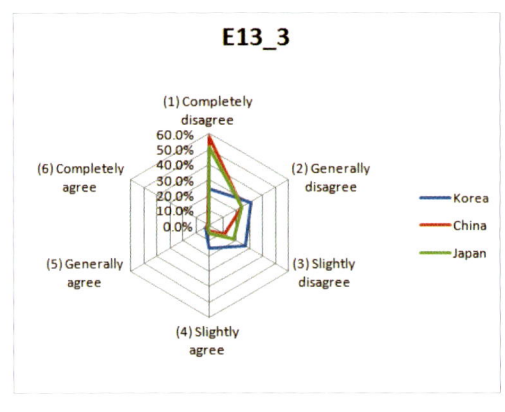

친구를 돕는 것이 법을 어기는 것을 포함할 경우, 한국은 친구를 돕겠다는 의지가 가장 높은 반면, 중국과 일본은 친구를 돕겠다는 의지가 가장 낮은 것으로 나타났다. 친구를 돕는 것이 중요하다고 생각하더라도 법을 어겨야 한다면 평균 응답이 크게 줄어든다. 한국과 일본에서는 남성이 법을 어기더라도 친구를 돕겠다는 의향이 높았지만, 일본과 중국은 사회적 지위가 높은 집단일수록 반대 경향을 보였다. 중국에서는 사회적 지위가 높을수록 친구를 돕겠다는 의지가 낮았다. 이는 일본의 경우 사회적 지위가 높은 집단일수록 법을 준수하려는 의지가 높았지만, 중국의 경우는 자신이 법보다 우위에 있다고 생각하기 때문일 수 있다.

Factor Analysis : Willing to Help Friends (요인분석 : 친구를 도울 의향)

E13_1 : Friends should help their friends, even if they must sacrifice large amounts of their own time

Japan	Korea	China
3.95	4.26	4.57

E13_2 : Friends should help their friends, even if they must sacrifice large amounts of their own money.

Japan	Korea	China
2.86	3.44	3.75

E13_3 : Friends should help their friends, even if they must break the law

China	Japan	Korea
1.71	1.81	2.41

11) 개인의 자기주장 또는 적극성 Individual Assertiveness

목소리를 낼 때 When Speak Out?

E8. The next questions want to see under what conditions you speak up in group settings. Please indicate how often you speak up in a group under the following circumstances. (다음 질문은 그룹 설정에서 어떤 조건에서 자기 목소리를 내는지 확인하고자 합니다. 다음 상황에서 자신이 집단 내에서 얼마나 자주 자기주장을 펼치는지 표시하십시오.)

E8_1 : If I feel I have something important to say (중요한 말이 있다고 생각되면)

Never ──────────────────────────────────── Always

China / Korea		Japan
3.30 3.32		3.48
D : 0.02	0.16	

Average Means : 3.36
ANOVA test : significant

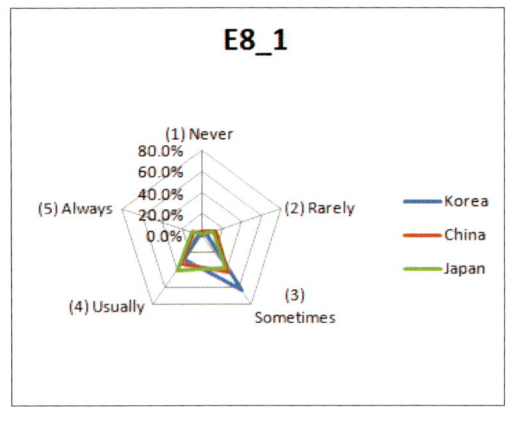

일본인은 3.48점으로 중국인과 한국인의 3.30점, 3.32점보다 발언 의향이 높은 것으로 나타났다. 이 질문에서 일본인은 한국인과 중국인보다 덜 순응적인 것으로 보인다. 한국에서는 사회적 지위가 높을수록 중요한 할 말이 있을 때 더 자주 발언하는 것으로 나타났다. 일본에서는 성별, 연령, 사회적 지위가 자기주장 정도와 긍정적인 상관관계를 보였는데, 나이가 많을수록, 남성이 많을수록, 사회적 지위가 높을수록 자기 주장하는 경향이 강했다.

E8_2 : If I disagree with what another individual is saying (다른 사람의 말에 동의하지 않는 경우)

Never   Always

China	Japan	Korea
2.85	3.07	3.20
D :	0.22	0.13

Average Means : 3.027

ANOVA test : significant

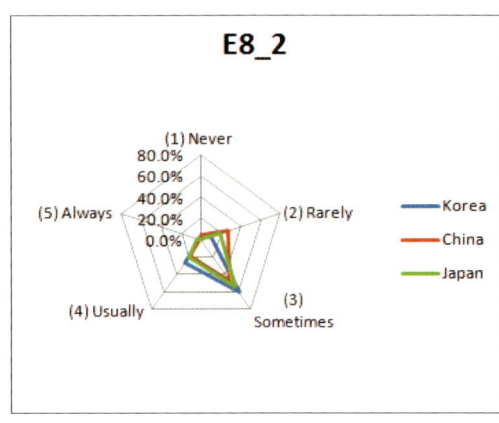

한국인들은 평균 점수가 3.20으로 가장 거침이 없는 반면, 중국인들은 다른 사람들과 의견 충돌을 말하는 것을 가장 꺼린다(2.85). 일본은 평균 점수가 3.07로 그 중간에 있다. 그것은 한국인들이 중국인과 일본인들보다 자신의 의견을 표현하는데 더 적극적이라는 것을 의미한다. 한국에서, 나이가 많을수록, 한국인

들이 말하는 횟수가 적지만, 사회적 지위가 높을수록, 한국인들은 다른 개인의 의견에 동의하지 않을 때 더 자주 말한다. 일본에서, 나이가 많을수록, 남성일수록, 그리고 사회적 지위가 높을수록, 그들이 다른 개인의 의견에 동의하지 않을 때 더 자주 말하는 것이다.

Factor Analysis : Individual Assertiveness (요인분석 : 자기주장)

E8_1 : a. If I feel I have something important to say

China / Korea	Japan
3.30 3.32	3.48

E8_2 : 2 : b. If I disagree with what another individual is saying

China	Japan	Korea
2.85	3.07	3.20

이 두 질문에 따르면 중국인은 일본인보다 자신의 의견을 표현할 때 더 조심스러운 반면, 한국인은 다른 사람의 의견에 동의하지 않는다고 표현하는 데 더 적극적이다. 일본인은 중요한 의견이 있으면 공개적으로 말하지만 동의하지 않는다고 표현하는 데는 더 조심스러운 것으로 나타났다.

평균적으로 일본인은 한국인이나 중국인보다 집단 상황에서 자신의 의견을 적극적으로 표현하는 것으로 나타났다. 국가 내 회귀 분석Regression analyses within countries 결과, 한국인과 일본인은 자신의 의견을 표현할 때 사회적 지위와 교육 수준에 더 민감하게 반응하는 반면, 중국인은 사회적 지위에 영향을 받지 않는 것으로 나타났다. 이 결과는 일본인이 일반적으로 자기주장이 가장 적고 집단의 결정을 따른다는 통념을 뒷받침하지 않는다. 반대로 일본인은 집단의 통제에 자발적으로 굴복하기보다는 자신의 의견을 말하는 경향이 있다.

사회적 압력을 확인하기 위해 관점 바꾸기 Changing One's view to Confirm Social Pressure

E11. The next set of questions seek to explore how much of your inner-feelings are expressed in public.(다음 질문은 공개적으로 내면의 감정을 얼마나 많이 표현하는지 알아보는 질문입니다.)

E11_2 : When what I want to do is different from how society expects me to act, I should do what society expects me to do.(내가 하고 싶은 것과 사회가 기대하는 행동이 다를 때는 사회가 기대하는 대로 행동해야 합니다.)

Completely disagree   Completely agree

	Japan	Korea	China
	3.40	3.60	4.00
D :		0.2	0.4

Average Means : 3.67

ANOVA test : significant

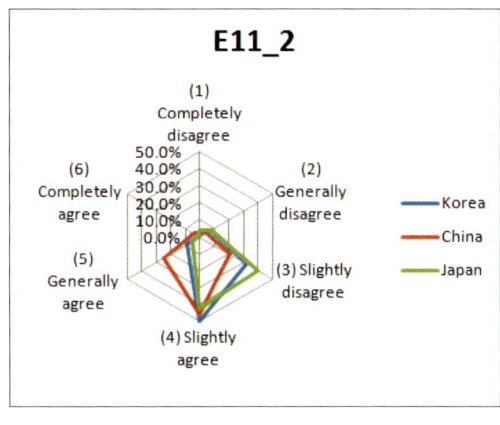

일본인은 사회 전체가 기대하는 것과 다른 행동도 해야 한다고 생각하는 경향이 있지만, 중국인은 사회가 기대하는 대로 행동해야 한다는 데 동의하는 사람이 더 많았고, 한국인은 그 중간에 있었다. 중국인은 사회적 압력에 더 순응적이고 민감하게 반응하는 반면, 일본인은 사회적 관행에 저항하는 것으로 나타났다. 중국에서는 상하이 거주자가 베이징 거주자보다 '사회가 기대하는 대로 행동해야 한다'라는 진술에 덜 공감하는 것으로 나타났다. 중국인은 교육 수준이 높을수록 사회가 기대하는 대로 행동해야 한다는 진술에 덜 공감한다. 일본에서는 이러한 차이가 존재하지 않는다.

E11_3 : If what I want to say is different from what society expects me say, I should say what I want to say. (내가 하고 싶은 말이 사회가 기대하는 말과 다르다면 내가 하고 싶은 말을 해야 합니다.)

Completely disagree   Completely agree
             Japan ———————————————— China / Korea
             3.19   3.82   3.87
             D :   0.63.   0.05
             Average Means : 3.63
             ANOVA test : significant

일본인은 하고 싶은 말을 하지 말아야 한다는 말에 동의하지 않는 경향이 있는 반면, 중국인과 한국인은 하고 싶은 말을 해야 한다는 말에 거의 같은 점수를 주어 개인의 자기주장이 강한 것으로 나타났다. 한국에서는 나이가 많을수록 사회적 기대와 상관없이 하고 싶은 말을 해야 한다는 주장에 대한 지지가 낮았다. 한국에서는 나이가 많을수록 사회가 기대하는 것보다는 자신이 좋아하는 것을 말해야

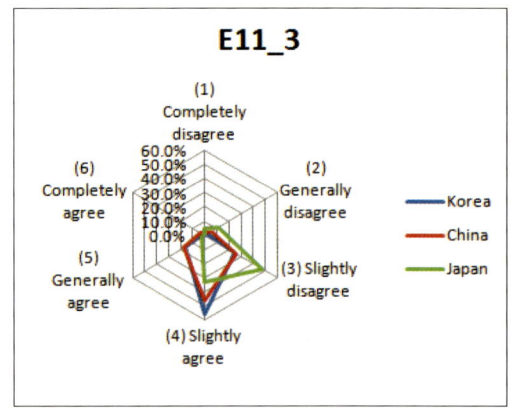

한다는 의견에 대해 상하이 거주자가 베이징 거주자보다 덜 공감하는 것으로 나타났다. 일본은 변화가 없다.

Factor Analysis : Individual Assertiveness (요인분석 : 자기주장)

E11_2 : When what I want to do is different from what society expects me to act, I should do what society expects me to do.

             Japan ———————— Korea ———————————— China
             3.4   3.6   4.00

E11_3 : If what I want to say is different from what society expects me say, I should say what I want to say.

         Japan   China / Korea
         3.19   3.82   3.87

자신의 견해를 바꾸거나 억제하기 Changing or Not Expressing Views

E9. Please indicate how often you change or are not voicing your opinion to conform to the opinion of the following groups. (다음 예시되는 그룹의 의견에 따라 얼마나 자주 의견을 바꾸거나 의견을 표명하지 않는지 표시해 주세요.)

E9_2 : Supervisors(상사)

Never   Always
         China   Korea   Japan
         3.01   3.28   3.36
D :   0.27   0.07

Average Means : 3.21
ANOVA test : significant

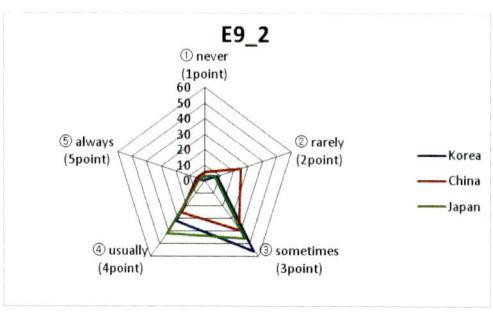

일본인과 한국인은 상사의 의견에 따라 자신의 의견을 바꾸는 경향이 있지만, 중국은 그렇지 않다. 하지만 중국에서도 사회적 지위가 높을수록 자신의 의견이 상사의 의견과 다를 때 의견을 바꿀 가능성이 크다. 흥미로운 점은 일본인은 가족보다는 상사의 의견에 따르기 위해 자신의 의견을 바꾸려는 의지가 강하지만, 한국인은 두 가지 상황에 대해 거의 같은 반응을 보인다는 점이다. 중국에서는 교육 수준이 높을수록 자신의 의견을 더 자주 바꾸는 반면, 일본과 한국은 차이가 없다.

E9_3 : Seniors (연장자)

Never   Always

        China ———————— Japan ———————— Korea

        2.95   3.15   3.22

     D :   0.2   0.07

Average Means : 3.11

ANOVA test : significant

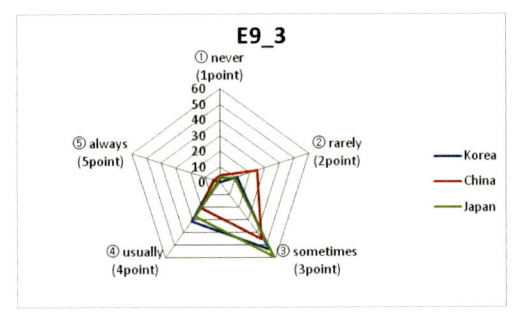

연장자의 다른 의견에 대한 세 나라의 응답은 모두 상급자에 대해 응답했던 의견과 상당히 유사성을 보인다 : 중국이 가장 의지가 약한 반면, 일본과 한국은 앞선 질문의 경우와 마찬가지로 자신의 의견을 바꿀 의향이 있는 것으로 나타났다. 흥미로운 점은 자신의 의견이 윗사람의 의견과 다를 때 부산 거주자가 서울 거주자보다 의견을 바꿀 가능성이 높은 반면, 오사카와 상하이 거주자는 베이징과 도쿄 거주자보다 의견을 바꿀 가능성이 작다는 점이다. 일본이 중국이나 한국보다 지역적, 사회학적 차이가 적다는 것은 일본 사회가 중국이나 한국보다 훨씬 더 긴밀하게 통합되어 있다는 것을 시사해준다.

E9_4 : Close friends (친한 친구들)

Never   Always

        Japan ———————— China ———————— Korea

        3.07   3.10   3.25

     D :   0.03   0.15

Average Means : 3.14

ANOVA test : significant

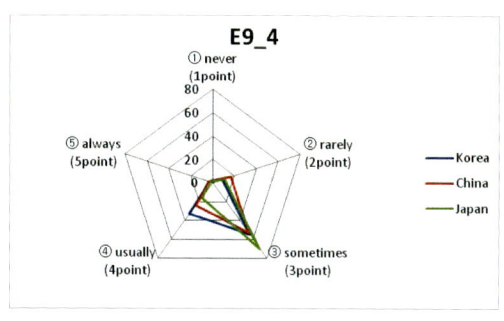

이 질문에 대해, 일본이 그 친구의 의견에 순응하기 위해 자신의 의견을 바꾸기를 원하지 않는다는 점에서 거의 중국과 비슷하다는 것은 흥미롭다. 그러나 한국인은 친구와 상사를 구별하지 않는 것처럼 보인다. 한국인은 친구를 위해 그들의 관점을 기꺼이 바꾸지만, 중국인은 그렇지 않다.

이 일련의 질문에 대한 분석은 중국인들이 한국인들보다 더 개인주의적이고 덜 순응적인 반면, 일본인들은 권력을 가진 사람들의 시각에 더 민감한 경향이 있음을 나타낸다. 한국과 중국 모두 상업도시인 부산과 상하이는 서울 거주자들보다 가까운 사람들에게 확인을 위해 의견을 바꿀 가능성이 높다.

E9_5 : Neighbors (이웃)

Never　　　　　　　　　　　　　　　　　　　　　　　　　Always

　　　　China / Japan　――――――――――　　Korea
　　　　　2.43　2.44　　　　　　　　　　　　　2.71
　　　D :　　0.01　　　　　　　0.27

　　　Average Means : 2.54
　　　ANOVA test : significant

중국과 일본은 평균 점수가 거의 비슷한 반면, 한국은 이웃의 견해에 따라 자신의 견해를 바꾸려는 의지가 더 강하다. 세 나라 모두 나이가 많을수록 이웃의 견해에 주의를 기울일 가능성이 높았다. 중국은 사회적 지위가 높을수록 의견을 바꿀 가능성이 높았다. 일본에서 오사카 주민은 도쿄 주민보다 이웃 주민과 의견이 다를 때 의견을 바꿀 가능성이 낮았다. 그러나 일본인은 고학력일수록 이웃 주민과 의견이 다를 때 의견을 바꿀 가능성이 높았다.

Factor Analysis : Changing Opinions (요인분석 : 의견 바꾸기)

E9. Please indicate how often you change or are not voicing your opinion to conform to the opinion of the following groups.

E9_2 : Supervisors

China	Korea	Japan
3.01	3.28	3.36

E9_3 : Seniors

China	Japan	Korea
2.95	3.15	3.22

E9_4 : close friends

Japan	China	Korea
3.07	3.10	3.25

E9_5 : Neighbors

China	Japan	Korea
2.43	2.44	2.71

* 잘못된 견해의 수정 Correcting Wrong Views

E17. How often do you correct the person when the following person is wrong about something that affects you? (다음 사람이 나에게 영향을 미치는 일에 대해 잘못 알고 있을 때 얼마나 자주 그 사람을 바로잡아 주나요?)

E17_1 : Parents (부모)

Never   Always

      Korea   China   Japan

      2.94   2.96   3.81

D :   0.02   0.85

Average Means : 3.22

ANOVA test : significant

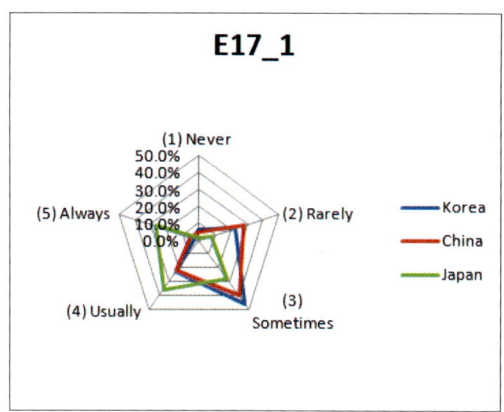

한국인과 중국인은 부모가 잘못해도 바로잡는 것을 매우 꺼리는 반면, 일본인은 한국인과 중국인보다 기꺼이 바로잡는다. 한국에서는 나이가 많을수록, 부산 거주자일수록 부모의 잘못을 바로잡는 빈도가 낮다. 중국에서는 상하이 거주자가 베이징 거주자보다 부모의 잘못을 바로잡는 경우가 더 많다.

일본에서는 사회적 지위가 높을수록 부모님의 잘못을 바로잡는 빈도가 높다.

E17_2 : Boss (사장님)

Never   Always

      China   Korea   Japan

      2.15   2.51   2.99

D :   0.37   0.48

Average Means : 2.55

ANOVA test : significant

중국인은 상사에 대한 잘못된 시각을 바로 잡기를 가장 꺼리고(2.15), 일본인은 평균 2.99점으로 가장 의지가 높다. 한국인은 평균 2.51점으로 그 사이에 있다. 한국에서는 부산 거주자와 사회적 지위가 높은 사람이 서울 거주자보다 자신의 상사를 잘못된 점으로 바로잡는 경향이 더 많다. 중국에서는 남성인 상하이 거주자가 여성보다 잘못된 점으로 상사를 바로잡는 경향이 더 많다. 일본에서는 사회적 지위가 높을수록 일본인이 자신의 상사를 잘못된 점으로 바로잡는 경향이 더 많다.

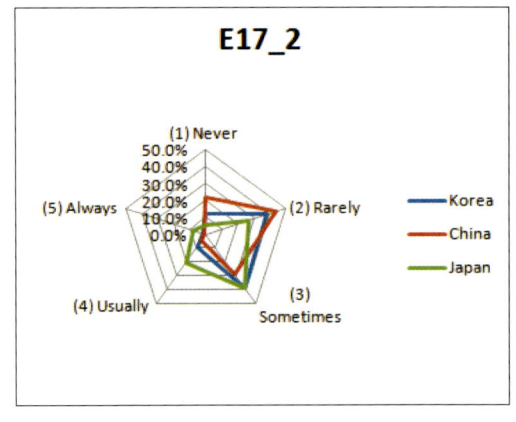

중국의 성별, 학력, 사회적 지위, 도시별로 상사의 잘못 교정 수준이 다양한 반면, 부모의 잘못 교정은 어떠한 독립변수와도 연관되지 않았다. 일본에서 사회적 지위는 부모와 상사의 잘못 교정에 지속적으로 긍정적인 영향을 미친다.

E17_3 : Teachers (선생님)

Never   Always

China	Korea	Japan
2.03	2.27	2.89

D :   0.24   0.62

Average Means : 2.39
ANOVA test : significant

이 질문에 대한 응답은 이전 질문의 응답과 유사한 패턴을 보인다 : 중국은 교사의 관점을 교정하려는 의지가 가장 적은 반면, 일본인들은 한국인을 그 사이에 두고 가장 적극적이다. 평균 점수는 각각 2.03점, 2.27점과 2.89점이다. 부산과 상하이 거주자들은 서울 거주자들보다 교사들을 잘못된 점으로 교정하려는 경향이 더 많다. 일본에서는

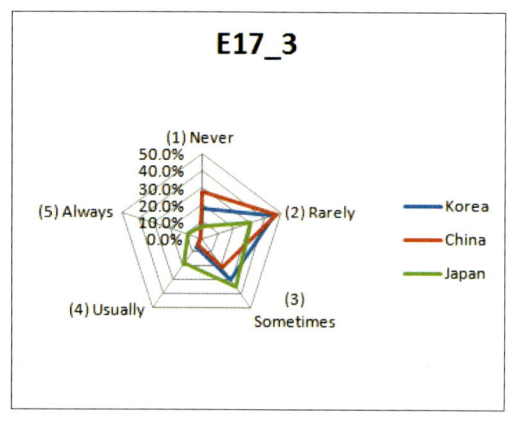

남성과 사회적 지위가 높은 사람들이 여성보다 교사들을 잘못된 점으로 교정하려는 경향이 더 많다.

Factor Analysis : Challenging Other Opinions (요인분석 : 다른 의견에 대한 도전)

E17_1 : Parents

Korea	China	Japan
2.94	2.96	3.81

E17_2 : Boss

China	Korea	Japan
2.15	2.51	2.99

E17_3 : Teachers

China	Korea	Japan
2.03	2.27	2.89

부모님, 상사, 선생님과 의견이 다르더라도 자신의 의견을 표현하는 데 가장 적극적인 사람은 누구일까? 이 설문조사에 따르면 일본인이 가장 자기주장이 강하지 않다는 통념과 달리 일본인이 가장 자기주장이 강한 것으로 나타났다.

* 충고의 수용 Accepting Advice

E6. The next questions want to see how you respond to advice from people in places of authority. Please indicate how often you follow these people's advice. (다음 질문은 여러분이 권위 있는 위치에 있는 사람들의 조언에 어떻게 반응하는지 알아보기 위한 것입니다. 이러한 사람들의 조언을 얼마나 자주 따르는지 표시해 주세요.)

E6_1 : My parents' advice regarding family (가족에 관한 부모님의 충고)

Never   Always

                Japan   ——————   China   ——————   Korea
                3.41   3.59   3.72
     D :   0.18   0.13

Average Means : 3.59

ANOVA test : significant

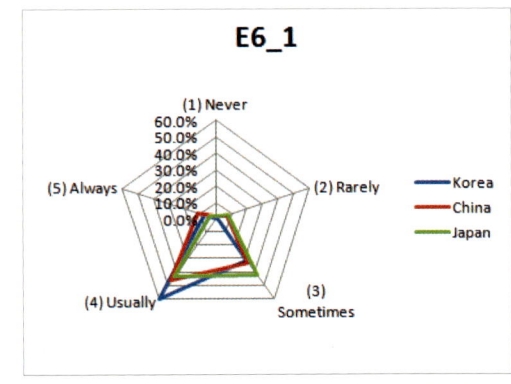

한국인이 3.72점으로 가장 부모님의 충고를 경청하고, 중국인이 3.59점으로 두 번째, 일본인이 3.41점으로 부모의 조언에 가장 소극적인 것으로 나타났다.

한국 남성은 여성 응답자보다 가정생활에 대한 부모의 조언을 덜 받아들이는 것으로 나타났다. 또는 여성이 부모의 조언을 더 많이 따르는 경향이 있다. 그리고 부산 거주자가 서울 거주자보다 가정생활에 관한 부모의 조언을 더 자주 따르는 것으로 나타났다. 중국과 일본에서는 이러한 상관관계가 발견되지 않았다.

E6_2 : My parents' advice regarding my friends. (나의 친구에 대한 부모님의 조언)

Never   Always
          Japan   China   Korea
          2.99   3.21   3.27
    D :   0.22   0.06

Average Means : 3.17

ANOVA test : significant

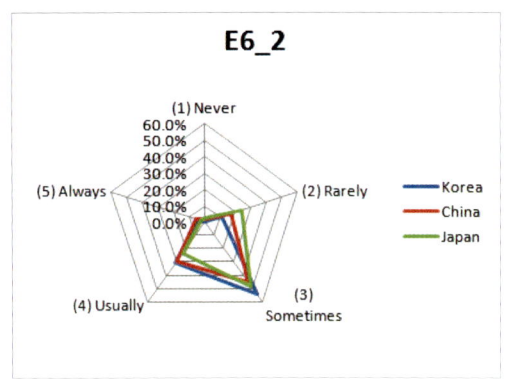

한국 3.27, 중국 3.21, 일본 2.99로 세 나라 모두 비슷한 패턴을 보인다. 한국인은 나이가 많을수록 부모의 조언을 더 자주 따르는 것으로 나타났다. 하지만 중국에서는 나이가 많을수록 부모의 조언을 따르는 빈도가 낮았다. 일본에서는 이러한 차이를 발견할 수 없었다.

E6_4 : d. My boss's advice regarding family life. (가족생활에 대한 상사의 조언)

Never   Always
          China   Japan   Korea
          2.25   2.57   2.93
    D :   0.32   0.36

Average Means : 2.58

ANOVA test : significant

가정생활에 대한 상사의 충고? 상사의 조언은 업무 관계를 넘어서는 것으로, 한국인의 상사에 대한 태도가 매우 순종적이라는 것을 알 수 있는 결과이다.

복종하는 정도 - 중국인은 상사를 개인적인 친구로 여기지만, 사생활에 대한 상사의 조언은 잘 듣지 않는 경향이 있다. 일본인은 부모의 조언보다 상사의 가정생활에 대한 조언에 더 귀를 기울이는 경향이 있다.

부모가 상사보다 가정생활에 미치는 영향력이 적다고 생각하시나요? 중국 : 상사와의 관계가 가장 덜 권위적이다. 한국 : 가장 권위적. 한국에서는 나이가 많을수록 가정생활에 대한 상사의 조언을 더 많이 따르고, 사회적 지위가 높을수록 가정생활에 대한 상사의 조언을 덜 따르는 것으로 나타났다. 중국에서는 남성 중국인이 여성보다 가정생활에 대한 상사의 조언을 따를 가능성이 더 크다. 중국인은 사회적 지위가 높을수록 가정생활에 대한 상사의 조언을 따르는 빈도가 높다. 일본에서는 연령, 성별, 도시, 교육 수준, 사회적 지위에 따른 차이가 없었다.

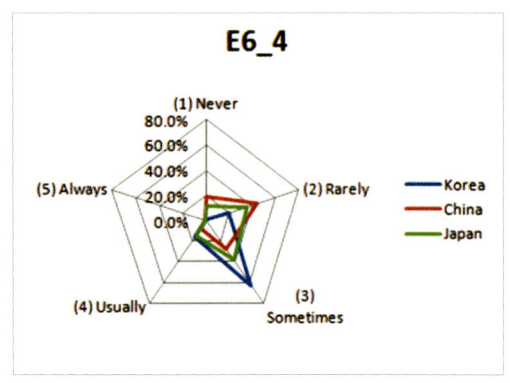

E6_5 : My boss's advice regarding my friends. (나의 친구에 대한 상사의 조언)

Never   Always

China	Japan	Korea
2.08	2.57	2.91
D :	0.49	0.34

Average Means : 2.52
ANOVA test : significant

한국은 2.91로 상사의 친구 관련 조언에 가장 귀를 기울이는 반면, 일본은 2.57, 중국은 2.08로 한국보다 덜 민감한 것으로 나타났다. 중국인은 직장 관계는 사생활과 무관하다고 생각하는 경향이 있는 것 같다. 한국에서는 학력이 높을수록 친구에 대해서도 상사의 조언을 들을 의향이 높았다. 중국 남성은 여성보다 친구에 대한 상사의 조언을 더

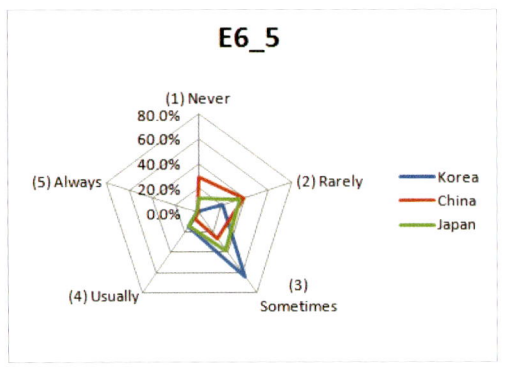

자주 듣고자 하며, 중국인의 사회적 지위가 높을수록 친구에 대한 상사의 조언을 더 자주 따른다. 일본에서는 일본인의 사회적 지위가 높을수록 친구에 대한 상사의 조언을 더 자주 따르는 경향을 보인다.

E6_7 : My teacher's advice regarding family life (가족생활에 대한 선생님의 조언)

Never   Always

China	Japan	Korea
2.30	2.73	3.26
D :	0.43	0.53

Average Means : 2.77

ANOVA test : significant

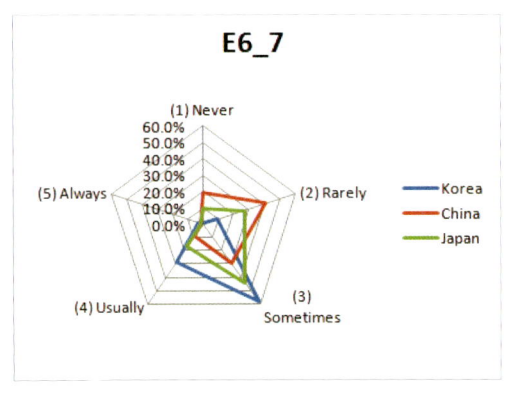

이 질문에 대한 세 그룹의 응답은 앞선 질문의 응답 분포와 매우 유사하며, 중국인이 가장 경청하려는 경향이 가장 낮고 한국인이 가장 많이 선생님의 조언을 듣고자 하는 것으로 나타났다. 세 국가 중 한국인은 가정사에 대해서도 스승의 조언을 듣는 경향이 있는 반면, 중국인은 그렇지 않은 경향이 가장 높았다.

한국에서는 나이가 많을수록 스승의 조언을 더 자주 듣는 반면, 남성은 여성에 비해 그 빈도가 낮았다. 한국인은 학력이 높을수록 선생님의 조언에 귀 기울이는 빈도가 높았다. 중국에서는 상하이 거주자가 베이징 거주자보다 가정생활에 관한 선생님의 조언을 더 자주 따른다. 일본인의 응답은 상관관계가 없는 것으로 나타났다.

E6_8 : My teacher's advice regarding my friends (친구에 대한 선생님이 조언)

Never　　　　　　　　　　　　　　　　　　　　　　　　　　　　Always

　　　　　China　　　　　　　　Japan　　　　　　　　Korea
　　　　　2.20　　　　　　　　　2.76　　　　　　　　　3.29
　　　D :　　　　　　0.56　　　　　　　　0.53

Average Means : 2.75
ANOVA test : significant

한국에서는 나이가 많을수록, 여성보다는 남성이 친구에 대한 선생님의 조언을 따르는 경향이 있다. 학력이 높을수록 교사의 조언을 더 잘 듣는 것으로 나타났다. 중국에서는 상하이 거주자가 베이징 거주자보다 친구에 대한 선생님의 조언을 더 자주 따른다. 중국인은 사회적 지위가 높을수록 친구에 대한 선생님의 조언을 더 자주 따른다. 일본에서는 사회적 지위가 높을수록 친구에 대한 교사의 조언을 더 경청하는 경향을 보인다.

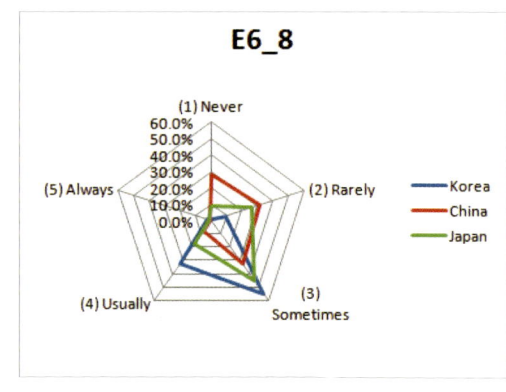

E6_9 : My teacher's advice regarding my career. (내 경력에 대한 선생님의 조언)

Never　　　　　　　　　　　　　　　　　　　　　　　　　　　　Always

　　　　　China　　　　　　　　Japan　　　　　　　　Korea
　　　　　2.46　　　　　　　　　2.85　　　　　　　　　3.25
　　　D :　　　　　　0.39　　　　　　　　0.4

Average Means : 2.85
ANOVA test : significant

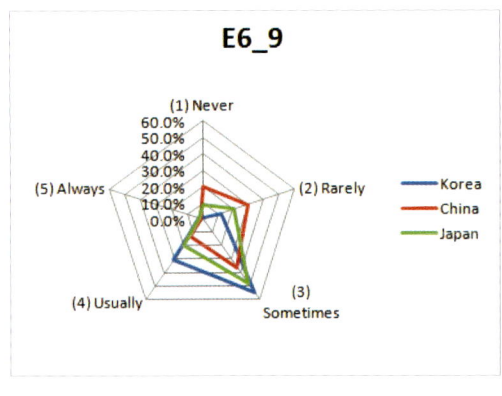

한국인의 경우 연령이 많을수록 진로와 관련하여 교사의 조언을 따르는 빈도가 높았다. 부산 거주자가 서울 거주자보다 진로와 관련하여 교사의 조언을 따르는 빈도가 높았다. 중국에서는 상하이 거주가 베이징 거주보다 교사의 진로 관련 조언을 따르는 빈도가 높았다. 일본에서 남성은 여성에 비해 교사의 조언에 주의를 덜 기울인다.

Factor Analysis : Accepting Advise (요인분석 : 조언 수용)

E6_4 : d. My boss's advice regarding family life.

China	Japan	Korea
2.25	2.57	2.93

E6_5 : My boss's advice regarding my friends.

China	Japan	Korea
2.08	2.57	2.91

E6_7 : My teacher's advice regarding family life

China	Japan	Korea
2.30	2.73	3.26

E6_8 : My teacher's advice regarding my friends

China	Japan	Korea
2.20	2.76	3.29

E6_9 : My teacher's advice regarding my career.

China	Japan	Korea
2.46	2.85	3.25

이 질문은 응답자가 사적인 문제(예: 가족생활, 친구, 직업)와 관련하여 상사나 선생님의 조언을 얼마나 자주 따르는지를 묻는 질문이다. 요인분석 결과, 이 질문들은 하나의 그룹으로 분류되었으며, 이는 이 질문들에 대한 전체 응답이 뚜렷한 패턴을 가지고 있음을 의미한다. 이 문항들의 국가별 차이를 분산분석한(ANOVA) 결과, 응답의 일관된 패턴이 나타났다. 모든 문항에서 한국인은 중국인이나 일본인보다 상사나 선생님의 조언을 더 자주 따르는 것으로 나타났다.

E6_1 : My parents' advice regarding family.

Japan	China	Korea
3.41	3.59	3.72

E6_2 : My parents' advice regarding my friends.

Japan	China	Korea
2.99	3.21	3.27

설문조사 결과 요약 및 한-중-일 기업 비교

	중국(China/Taiwan)	한국(Korea)	일본(Japan)
1. 전통적 사회-정치 체계(Traditional Socio-political system)			
왕조의 수 (No. of Dynastic change)	25	3 or 4	1
정치체제 (Political system)	중앙집권적 관료제 (Centralized bureaucracy)	중앙집권적 관료제 (Centralized bureaucracy)	중앙집권적 봉건제 (Centralized feudalism)
정치적으로 강력한 가문에 의한 통치(Domination by politically powerful families)	드묾 (Infrequent)	잦음 (Frequent)	봉건제 (Feudal)
공식적/비공식적 권위의 구분 (Distinction bt. formal and informal authority)	명확 (Clear)	명확 (Clear)	불분명 (Unclear)
공식적 이념의 필요 (Need for official ideology)	강함 (Strong)	강함 (Strong)	약함 (Weak)

	중국(China/Taiwan)	한국(Korea)	일본(Japan)
사회계층 (Social stratification)	유연함 (Flexible)	적당히 유연함 (Moderately rigid)	경직 (Inflexible)

2. 근대의 공유한 역사적 경험(Shared Historical Experiences in modern times)

	중국(China/Taiwan)	한국(Korea)	일본(Japan)
국가 전통 (Tradition of state)	오랜 전통 (Long)	오랜 전통 (Long)	오랜 전통 (Long)
외세의 침략 경험 (Experiences of humiliation at the hand of others)	있음 (Yes)	있음 (Yes)	약간 있음 (Mild)
민족주의 (Nationalism)	강함 (Strong)	강함 (Strong)	강함 (Strong)
지배계층의 붕괴 (Destruction of the ruling class)	붕괴 (Yes)	붕괴 (Yes)	붕괴 (Yes)

3. 전통적 가족(Traditional family)

	중국(China/Taiwan)	한국(Korea)	일본(Japan)
가족의 의미 (Meaning of family)	관계 (Relationship)	혈통 (Bloodline)	법인 (Corporate)
공동체 정체성의 1인 상속 (identity (ie) Primogeniture)	해당 없음 (No)	해당 없음 (No)	해당 (Yes)
장남의 권리 (Right of First Son)	크지 않음 (Not much)	매우 큼 (Strong)	능력에 좌우 (Depending on ability)
아들들의 평등 관계 (Equality among sons)	평등 (Yes)	약간 불평등 (Somewhat no)	불평등 (Definitely no)
비혈족에 의한 가계 승계 (Succession by Non-blood related person)	드뭄 (Infrequent)	없음 (No)	가능 (Yes)
입양 (Adoption)	보통 수준 (Moderate)	제한됨 (Limited)	광범위하게 시행 (Widely practiced)
가족 재산 (Family property)	집단 소유 (Collective)	개인 소유 (Personal)	집단 소유 (Collective)
분가 (Setting up new household/ (Fenjia))	흔함 (Frequent)	드뭄 (Rare)	드뭄 (Rare)
혈연의 중요도 (Importance of Blood Relations)	중간 (Moderate)	강함 (Strong)	약함 (Weak)
딸의 권리 (Right of Daughters)	강함 (Strong)	약함 (Weak)	약함 (Weak)

4. 기업 조직(Business Organizations)

	중국(China/Taiwan)	한국(Korea)	일본(Japan)
대기업 (Conglomerates)	集團(Jituan)	재벌	게이레츠(けいれつ)
소유 (Ownership)	분산 (Diffused (Taiwan))	집중 (Concentrated)	분산 (Diffused)
의사결정 구조 (Decision making)	비공식적, 중앙집중의 개인적 구조 (Centralized and Personal power in informal setting)	중앙집중화된 관료제적 구조 (centralized bureaucratic)	합의제의 구조 (Consensus)
계열회사의 구조 (Structure of affiliated company)	수평적 구조 (Horizontal (Taiwan))	수직적 구조 (Vertical)	평등하게 책임지는 구조 (Collegial)
소유와 경영의 분리 (Separation between Ownership and management)	일부 분리 (Moderate)	없음 (None)	분명함 (Clear)
경영의 제도화 (Institutionalization of Management practice)	낮음 (Low)	낮음 (Low)	높음 (High)
직장에 대한 충성도 (Employment loyalty)	낮음누락 (Low)	보통 (Moderate)	보통 (Moderate)
재무(금융) (Financing)	개인과 은행 (Personal (Taiwan) Bank (SOE in China) and Personal (Private in China))	은행 (Bank)	은행 (Bank)
하청계약 (Subcontracting)	높음(대만) 낮음(중국국영기업) (High (Taiwan)) (Low (SOE in China))	낮음 (Low)	높음 (High)
하청업자와의 관계 (Relations with Subcontractors)	시장원리 (Market (Taiwan))	위계 관계 (Authority)	관계적 계약 (Relational contract)
5. 제도적 기반(Institutional Templates)			
일반적 신뢰 (Trust in persons in general)	낮음 (Low)	중간 (Moderate)	낮음 (Low)
친지에 대한 신뢰 (Trust in persons Familiar with)	높음 (High)	중간 (Moderate)	중간 (Moderate)
집단에 대한 신뢰 (Trust in group)	중간 (Moderate)	낮음 (Low)	높음 (High)
체제에 대한 신뢰 (Trust in system)	낮음 (Low)	높음 (High)	높음 (High)

	중국(China/Taiwan)	한국(Korea)	일본(Japan)
상하관계에서의 상호간의 의무 (Mutual obligation Bt. superior/subordinate)	약함 (Weak)	중간 (Moderate)	강함 (Strong)
개인주의 (Individualism)	강함 (Strong)	중간 (Moderate)	약함 (Weak)
자기주장 (Assertiveness)	중간 (Moderate)	강함 (Strong)	약함 (Weak)
내면의 감정과 행동 (Inner feeling and outside Behavior)	다름 (Outward/Inward)	같음 (Same)	다름 (Honne/Tatemae)
집단압력에의 순응 (Conformation to Group Pressure)	약함 (Weak)	중간 (Moderate)	강함 (Strong)
제도의 네트워크 (Networks among institutions)	관계 (Guanxi)	연줄 (Yonjul)	네트워크 (Network)
권위 (Authority)	강함 (Strong)	강함 (Strong)	강함 (Strong)
교환 (Exchange)	중간 (Moderate)	약함 (Weak)	중간 (Moderate)
네트워크 (Network)	실용주의적 고려 (Guanxi on utilitarian consideration)	배타주의적 속성 (Particularistic attributes)	비공식적 관계를 공식적 관계로 포함시킴 (Among groups : Informal ties are incorporated into the formal relations)

제7장

기업 조직으로서의 가족

소규모 가족기업

제7장

기업 조직으로서의 가족 : 소규모 가족기업

1. 서론

　넓은 의미에서 모든 기업 조직은 처음에는 가족기업에서 시작하여 현대적 형태의 기업 조직으로 발전해 왔다. 특히 유교의 가르침에 따라 개인이 아닌 가족을 사회의 기본 단위이자 모든 인간 윤리와 도덕의 근간으로 여겨온 동아시아의 경우 더욱더 그러하다. 사회에 만연한 유교적 관점의 결과, 동아시아에서는 가족의 가치와 문화가 현대 사회 및 정치제도 전반에, 특히 비즈니스 제도에 미치는 영향이 세계 어느 지역보다 깊고 심오했다. 그러나 가족기업家業의 개념은 매우 모호하여 간단한 정의를 내리기가 쉽지 않다. 어떤 정의는 매우 포괄적이 어서, 광의의 정의를 따르게 되면 『포춘』지Foutune 紙 선정 500대 기업 중 다수를 포함하여 한 가족이 과반수 지분을 소유하고 있는 모든 기업은 가족기업으로 간주해야 한다. 일본의 기업집단도 특정 가문이 여전히 지배하고 있다면 가족기업으로 간주할 수 있다. 한국의 재벌 역시 가족기업으로 분류할 수 있다. 왜냐하면, 한국의 재벌은 현대 기업의 형태를 취하고 있지만, 여전히 사주 일가가 지배하고 있기 때문이다.

　중국은 사정이 다른 것이, 중국 기업집단의 대부분은 국가가 소유하고 있어서 그것을 가족기업으로 볼 수 없을 것이다. 다만 중국에서도 민간이 소유한 기업집단이 빠르게 발전하고 있음에 주목할 필요가 있다.

또한, 각국의 대기업 경영은 앞 장에서 살펴본 바와 같이 해당 국가의 가족제도의 기본적 특성을 크게 반영하고 있다는 것이 일반적인 통념이다. 그러나 국가마다 가족에 대한 이해와 강조하는 차원이 달랐다: 일본은 공동체적 정체성을, 중국은 관계성을, 한국은 혈통을 강조했다. 이러한 서로 다른 특성은 각국의 현대 비즈니스 조직 운영에 그대로 반영되어 있다. 대규모 기업집단은 앞 장에서 다루었기 때문에 이 장에서는 개인이 아닌 가족이 소유한 소규모 기업에만 초점을 맞추려 한다. 하지만 세 나라의 소규모 가족기업을 비교하는 데에는 몇 가지 기술적인 문제가 존재한다. 우선, 한-중-일 3국 모두가 '가족기업'이라는 용어를 사용하고 있는 것은 아니다. 중국에서는 이 용어가 가장 널리 사용되어 가족기업 연구가 하나의 연구 분야를 형성하고 있지만, 한국과 일본은 이 용어를 사용하지 않고 있어 3국의 소규모 가족기업을 비교 연구하는 것이 거의 불가능하다. 따라서 한-중-일 3국 가족기업의 구체적인 측면을 하나씩 비교하기보다는 3국의 가족기업을 구분하여 논의할 것이다.

중국의 가족기업 연구는 주로 동남아시아와 홍콩을 중심으로 활동하는 화교華僑 상인의 사례와 본토에서 이주한 중국인들이 육성한 대만의 가족기업 사례에서 시작되었다. 이후 중국 본토의 중국 학자들은 중국 경제 개혁으로 인해 계획 경제 이외의 민간 경제가 큰 비중을 차지하게 되면서, 그중 대부분이 가족기업의 형태를 띠게 되자 가업家業에 관심을 두기 시작했다. 실제로 중국의 경제 개혁은 농촌 개혁에서 시작되었는데, 이는 본질에서 집단화된 농업을 가족 책임제로 대체하여 가족을 농촌의 기본 경제 단위로 만드는 작업이었다. 중국이 국가 계획 경제에서 시장 경제로 전환하는 과정에서 공산주의 정권은 농촌 지역의 경제 활동을 촉진하기 위해 중국의 가족제도를 활용한 것이다. 정치적, 법적 소유권 모두 불확실성이 높았기 때문에 가족은 이러한 불확실한 환경에서 경제 활동에 가장 적합한 조직으로 판단되었다.

마오주의자들이 농촌 집단화를 추진하면서 농촌 가족을 공격했지만, 인간이 만든 가장 오래된 제도 중 하나인 가족제도는 개혁 국면에서 가장 강력한 경제 단위로 다시 부상했다. 개혁 개방 이후 등장한 이른바 민영 경제의 대부분은 가족기업에 의해 운영되며,

그중 가장 선구적인 곳은 저장성浙江省과 우시Wuxi, 无锡였다. 상업 기업뿐만 아니라 이들 지역을 보면, 제조 공정은 가장家長뿐만 아니라 배우자와 자녀가 참여하는 수많은 가족기업에 의해 처리된다.

일본 학자들은 가족기업이라는 용어를 사용하지 않지만, 일본에서는 전통적인 일본 가족의 영향이 현대 비즈니스 구조와 경영에 직접적으로 미치고 있음을 쉽게 발견할 수 있다. 우선 일본의 가문 개념은 중국이나 한국의 전통 가문보다 직업적, 기능적 의미를 더 많이 포함하고 있으며, 가계의 혈통보다는 가문이라는 집단의 정체성을 강조한다. 즉, 일본에서 오랜 전통을 자랑하는 상인商人 가족은 그 자체가 처음부터 비즈니스 조직이었다. 또한, 그 외의 일반적인 일본의 가업은 오랜 역사가 있으며, 그러한 역사적 배경을 뒤로하고 많은 가업이 처음에는 재벌로, 그 사람 다음에는 게이레츠라는 현대적 형태의 기업 조직으로 진화하면서 소유주와 경영이 분리되었고, 점차 협소하게 정의된 가업의 특성을 일부 상실해 갔다. 실제로 일본의 상인 계급은 별도의 사회 집단으로 존재하면서 그들의 전통 가족(이에家) 구조를 이용해 사업체를 소유하고 경영했지만, 점차 전문가를 영입하면서 현대적 형태의 재벌이나 게이레츠로 변모시켜 나갔다.

동시에, 일본에는 오랜 역사를 자랑하는 중소 규모의 가족기업도 존재해 왔다. 일본에서는 이러한 유형의 가업을 '이에규iegyou, 家業'라 부른다. 따라서 일본의 가업을 다루는 장에서는 중소 규모의 일본 가업이 오랫동안 유지 계승되어온 이유를 어떻게 설명할 수 있는지에 대해 검토해 볼 것이다. 오랜 전통을 갖는 일본의 가업은 부동산(예: 고쿠도 게이카쿠國土計畵, 통엔샤東原, 헤이와平和, 마루겐丸源), 건설(예: 가지마鹿島, 오바야시구미大林組), 소매업(야오한ヤオハン), 식품 가공(야마사키 베이킹山崎製パン, 에자키 글리코江崎 グリコ) 등에 집중된 경향이 있다. 그러나 일부 대기업(예: 산토리サントリ一, 아지노모토味の素, 브리지스톤 타이어ブリヂストン)의 경우 몇 세대에 걸쳐 창업자의 가족들이 강력한 지배력을 발휘하는 예도 눈에 띈다. 흥미롭게도 일본 제조업의 핵심을 이루는 자동차, 전자, 화학, 철강 등의 기업 중 가족 소유 기업은 거의 없다.

한국의 전통 가족은 세 나라 중 가장 순수한 부계 혈통을 유지하면서 경제 조직의 기능적 요구에 적응하지 못하고 위계질서와 네트워크 의식이 강한 특성을 보여왔다.

한국의 가족에서는 계산적 교환 관계는 중시되지 않았고, 결과적으로 한국의 가족은 기업 조직의 경제 논리와 상관이 없는 조직이었다. 그런데도 가족의 가치와 구조가 한국 사회 전반에 영향을 미치는 기반으로 작용함으로써, 여전히 한국 기업 조직과 경영에 결정적인 영향을 미치고 있다. 한국의 재벌기업은 전통적인 가족 유산이 기업 조직과 경영에 계속 영향을 미치고 있음을 보여주는 대표적인 예로, 가부장적인 권력과 위계 구조, 1인 소유주에게 집중된 권한 등이 이를 뒷받침한다. 재벌은 현대적 의미의 대기업 이지만, 그 경영 권한과 스타일은 비교 대상 3개국 중 가장 가부장적이라고 할 수 있다. 한국의 가족은 근대적 경제 기능이 가장 취약했기 때문에 가족 구성원이 공동으로 노동 하는 순수한 형태의 소규모 가족기업은 한국에서 활성화되지 못했다. 현대의 한국에서 는, 다른 가족 구성원의 노동을 포함하지 않고 아버지가 혼자서 소규모 사업을 경영하는 형태가 많은데, 이를 가족기업 대신 '자영업자'라는 용어를 사용한다. 한국 통계에서 사용 되는 공식적인 분류는 소상인 및 소기업, 즉 자영업자이며, 가족경영은 중요한 경제 분류로 사용되지 않는다. 따라서 한국을 다루는 절에서는 가족기업 대신 자영업자 문제 를 다루게 될 것이다.

2. 소규모 가족기업의 정의 및 범위

가족기업의 정의는 가족 지배라는 한 가지 기준에 의존하는 광범위한 정의부터 가족 구성원의 경영 참여, 기업 설립자 사망 후 성공적인 승계 등 여러 요소를 포함하는 정의 에 이르기까지 다양하다. 한 설명에 따르면 "가족기업"에 대한 정의는 약 44가지가 있다 고 한다.[1] 각 정의는 기업의 다른 속성을 강조하면서 미묘한 차이를 보인다.

가족기업家業의 가장 두드러진 특성은 기업의 규모와 관계없이 가족에 의해 기업의

---

1 Habbershon, Timothy G. and Mary L. Williams, "Resource-based framework for assessing the strategic advantages of family firms", *Family Business Review* 12(1), 1999, pp.1~25.

최대 지분이 통제된다는 것이다. 이 정의에 따르면, 예컨대, 카네기 스틸Carnegie Steel과 마이크로소프트Microsoft 같은 대기업도 가족기업으로 간주할 수 있다. 이러한 기업의 소유주 가족이 피라미드 지배구조를 통해 한정된 자본으로 자회사를 지배하기 때문에 소유주 가족이 행사하는 경영권이 소유 지분에 합당한 권리의 범위를 초과하는 경우가 많다. 예를 들어, 한 가족이 10억 가치의 회사 주식의 절반인 5억을 소유하고 있는데, 수많은 자회사를 지배함으로써 총수 일가의 경영 영향력은 배가되어 원래 투자한 자산의 경제적 권리를 능가하게 된다. 즉, 한 가족은 자신의 지분이 보장하는 경제적 권리 이상으로 경영권을 확장할 수 있는 것이다. 이런 식으로 대주주의 경영권은 지분이 보장하는 경제적 권리를 초과하게 되고, 이러한 지분권과 경영권 간의 불일치는 나아가 총수 가족이 불균형적으로 큰 행정적 - 정치적 권리를 행사할 수 있도록 만든다.

가업家業의 또 다른 기준은 기업을 창업한 1세대가 그 기업을 후손에게 성공적으로 승계했는지이다. 이러한 관점은 이전 경영자의 후계자 또는 후계자에게 경영권을 이양하는 과정에 있는 가족에 의한 지배력 승계를 특히 강조한다. 이 말은 승계가 가족기업의 가장 중요한 기준이라는 의미이다. 역사가 짧은 중국과 한국의 많은 가족기업은 가족기업 요건을 충족하지 못한다.

일부 학자들은 가족 구성원이 주요 의사 결정권자로서 기업경영에 실질적으로 참여하는 것을 강조한다. 이 정의에 따르면, 사주의 가족 구성원인 배우자나 자녀가 실제로 기업을 통제할 권리를 행사해야 한다. 이 견해를 따르면, 가족기업은 가족 구성원이 상당한 재정적 또는 경영적 통제권을 행사하는 사주 경영 기업으로 정의할 수 있다.[2] 유럽 연합 기업의 약 85%, 미국 기업의 90%가 가족에 의해 통제되는 것으로 추정된다.[3] 모리카와Morikawa는 이 세 가지 기준을 사용하여 가족기업family enterprise을 "창업자가 은퇴하거나 사망한 후에도 창업자의 가족이 소유하고 경영하는 기업 또는 가족에 의해

---

[2] Ward, J.L. and C.E. Aronoff, "To sell or not sell", *Nations Business* 78, 1990, pp.63~64.
[3] Shanker, M. C. and J. H. Astrachan, "Myths and realities : Family businesses' contribution to the U.S. economy", *Family Business Review* 9(2), 1996, pp.107~124.

급여가 주어지고 임명되고 해고되는 위탁 관리자가 경영을 수행하는 기업"으로 정의하고, 경영 기업managerial enterprise을 : "기업의 소유자가 아니며 주식을 전혀 또는 거의 소유하지 않은 월급쟁이 관리자가 최고 경영진을 통제하고 최고 수준의 의사 결정을 내리는 기업"으로 정의했다.[4]

대부분의 현대 기업은 가족기업에서 진화했지만 가족기업과 비 가족기업 사이의 경계가 명확하지 않기 때문에, 가족기업이 언제 일반 기업(경영 기업)이 될 것인가라는 질문에 답하는 것은 매우 어렵다. 가족기업에 대한 정의가 명확하다고 가정하더라도 그러한 정의를 벗어난 모든 기업이 "비 가족기업"인지 여부는 여전히 불분명하다. 가족회사의 일부 특성을 유지하는 현대 비즈니스 회사는 많다. 예를 들어 일본의 미쓰비시Mitubushi나 미쓰이Mitsui 같은 가족이 지배하는 게이레츠Keiretsu와 한국의 재벌은 월급쟁이 관리자가 가족 소유주로부터 최고 경영자의 지위를 위임받음에도 불구하고 관리 계층 구조 managerial hierarchy를 통하여 가족기업의 강한 특성을 유지하고 있다.

위의 가족기업과 현대적 경영 기업을 구분한 것에 따르면, 20세기 들어 일본의 많은 가족기업이 현대적 경영 기업으로 변화했다. 모리카와는 통계적 증거와 전해오는 사례를 사용하여 2차대전 후 샐러리맨, 특히 회사 내에서 승진한 관리자가 최고 경영자 직책에서 우위를 점하고 있다는 사실을 설득력 있게 보여주었다. 외부에 주식을 개방한 일본 가족기업과는 대조적으로, 20세기 초 중국 가족기업은 지주회사로 재편한 후에도 전체 주식을 가족들만이 소유하고 있었다.[5] 대부분 화교와 대만 기업도 마찬가지였다.

1987년 개혁 이후 중국에서 등장한 기업 그룹은 대부분 국가가 만든 국유國有기업이

4　Morikawa, Hidemasa ed., *A History of Top Management in Japan : Managerial Enterprises and Family Enterprises*, Oxford University Press, 2001.
5　Zhang Jian이 설립하고 개인적으로 관리하는 Da Sheng Cotton Mill은 말할 것도 없고, 나중에 Rongshi Group, 상하이의 4대 백화점(Yong'an, Xianshi, Daxin, Xin Xin) 및 Huaxin과 같은 기업, Zhou Xuexi가 설립한 Qingdao Cotton Mill은 모두 전형적인 가족기업이다. 1920년에 재조직되어 설립된 Bao Yuan Paper Mill은 명목상 유한 책임 회사이지만 실제로는 Liu Baisen의 개인 투자로 통제되는 가족기업이다. Liu 가문에 속하며 Da Zhonghua Match Company와 같은 비개인 기업에서도 총지배인 Liu Hongsheng이 그의 직위를 그의 아들 Liu Nianyi에게 물려주어 이 합자회사에 가족기업의 흔적을 남겼다.

다. 그러나 일본이나 한국의 기업 그룹에 버금가는 대기업으로 성장한 가족기업, 즉 민영기업民營企業은 거의 없다. 기업 그룹을 다룬 절에서 이미 지적했듯이, 중국 대기업 그룹은 대부분 국유기업이다.

일반적으로 재벌財閥이라 불리는 한국의 기업집단은 수직적으로 조직된 계층적 구조에 전문 경영인이 있지만, 대주주의 철저한 감독 아래 피라미드 구조를 이용해 지분율에 비례하지 않는 경영권을 극대화하는 현대적 기업 조직이다. 한국에서는 일반적으로 기업집단의 '총수'라고 불리는 사람의 경우 경제적 권리보다는 정치적 권리가 주된 관심사인 것 같다.

가족기업을 어떻게 정의하느냐에 따라 그것의 경제적 영향력은 매우 다양하게 나타난다. 드라이어Dryer는 전 세계 모든 기업의 약 90%를 가족기업으로 분류할 수 있다고 추정한다.[6] 선진국 경제에서 전체 기업의 약 3분의 2가 가족기업이다. 특히 이탈리아, 일본, 한국 경제에서는 가족기업이 복잡한 네트워크를 통해 한 세기 이상 국가 경제를 지배해 온 두드러진 사례가 발견된다. 또한, 가족기업은 미국 내 고용의 약 59%와 GDP의 49%를 차지한다. S&P 500 기업의 1/3도 느슨하게 정의하면 "가족기업"이라고 할 수 있다. 〈보스턴 가족기업 연구 센터〉에 따르면 주식시장에 상장된 전체 기업 중 약 60%가 가족에 의해 관리되고 통제되고 있으며, 포춘지Fortune 誌 선정 500대 기업 중 37%를 가족기업으로 본다. 한국에서는 30대 재벌 중 28개 기업이 가족에게 상속되었다. 선진국에서도 많은 가족기업이 경제를 지배하고 있다. 예를 들어 이탈리아에서는 상위 100대 기업 중 42개 기업이 가족 소유 기업이다.[7] 스웨덴의 발렌베리Wallenburg 가문은 스톡홀름 증권거래소에서 거래되는 기업의 소유권으로 측정한 스웨덴 경제의 43%를 지배하고, 에콰도르의 노보아Noboa 가문은 방대한 상호 연동 및 공생 사업 네트워크를 통해 에콰도르 인구 1,100만 명 중 300만 명에게 소득을 제공하고 있다.[8] 가족기업 중

---

6 Dyer, Jr., W. Gibb, "The Family : The Missing Variable in Organizational Research", Entrepreneurship *Theory and Practice* 27(4), 2003, pp. 401~416.
7 Colli, Andrea, *The History of Family Business : 1850-2000*, Cambridge University Press, 2003.
8 Morck, Randall and Bernard Yeung, "Agency problems in large family business groups",

일부는 대대로 물려받은 비법으로 사업을 전문화했다. 예를 들어 이탈리아에서는 유명한 패밀리 레스토랑이 가족비법secret recipe을 전수하여 운영되는 경우가 흔하고, 일본에서는 대를 이어 같은 사업을 하는 가족기업이 많다.

많은 구 사회주의 국가에서 가족기업은 계획 경제가 붕괴한 후 가장 역동적인 경제 주체로 부상했다. 돈켈스와 램브레히트Rik Donckels, Johan Lambrecht에 따르면 사회주의 경제 붕괴 직후 가족은 공산주의 체제 전환기에 민간기업을 설립하고 발전시키는 데 있어 가장 중요한 노동력과 자본의 원천이었다.[9] 이는 중국뿐만 아니라 베트남도 마찬가지였다.

또한, 화교 기업의 대부분은 가족기업이다. 그들 중 일부는 자체적으로 막대한 자본을 보유한 정말 큰 기업이다. 예를 들어 주식시장에 상장된 500여 개의 화교 기업 중 한 가족이 대주주로 있는 기업의 비율은 90.5% 이상이며, 소유주 자본이 기업 총자본의 80%를 초과하는 기업은 46.7%, 60~80%는 약 33.7%, 50~60%는 약 10.7%, 40~50%는 5.3%, 30~40%는 2.2%, 30$ 미만은 2.2%, 30% 미만은 2.0%에 달한다.

중국의 경제 개혁과 개방은 가업 - 가계 책임 제도family business-household responsibility system의 부상과 함께 시작되었다. 따라서 개혁 이후 생겨난 민간기업 대부분은 가족기업이다. 1990년대 말 중국에서는 이미 1,200만 개 이상의 민간기업이 운영되고 있는 것으로 추산되는데, 그중 상당수가 소기업이었다.[10] 한 추정에 따르면, 대부분의 중국 중소기업은 평균적으로 15명 미만의 근로자를 고용하고 미화 4만 달러 미만의 등록 자본을 보유하고 있다고 한다.[11] 이들 중 일부는 시장 가치가 1,200만 달러로 추정되는 모우

Entrepreneurship Theory and Practice 27(4), 2003, pp. 367~382.

9 Donckels, Rik and Johan Lambrecht, "The re-emergence of family-based enterprises in East Central Europe : What can be learned from family business rsearch in the Western World?", *Family Business Review* 12(2), 1999, pp. 171~188.

10 Quanyu, Huang, Chen Tong, Joseph W. Leonard, *Business Decision Making in China*, Routledge, 1997.

11 Starr, J. B., *Understanding China : A Guide to China's Economy, History, and Political Structure*, 2nd ed., New York : Hill and Wang, 1998.

퀴중Mou Quizhong이 이끄는 난더 그룹Nan De Group Cooperation과 같은 대형 비즈니스 그룹으로 발전했으며 중국, 동유럽 및 러시아에 300개 이상의 공장과 회사를 보유하고 있다.[12] 500대 기업 중 민영기업의 비율은 2002년에 3.8%, 2004년에 14.8%에 불과했고, 가족기업은 2002년 상하이 상장 기업 1,200개 중 10%인 약 120개였다.

중국 가족기업은 가족관계에 국한되지 않는 다양한 네트워크에 기반을 두고 있는데, 네 가지 유형의 네트워크 연결을 확인할 수 있다 : 1) 가족관계만을 기반으로 한 가족 네트워크와 가족 구성원이 공동으로 기업을 소유하는 경우, 2) 여러 가족이 공동으로 기업을 설립하는 경우, 3) 법률을 통해 기업을 설립하는 경우, 4) 다른 가족뿐만 아니라 분야별業務 또는 친분을 기반으로 한 가족 네트워크가 포함된 경우이다. 중국 가족기업의 독특한 점은 비즈니스 관계가 주로 가족 네트워크를 기반으로 하지만, 종종 친구나 다른 사람을 비즈니스 파트너로 포함시켜 네트워크를 확장한다는 것이다.[13]

한국에서 가장 잘 알려진 가족기업은 재벌로 알려진 대규모 기업집단으로, 소유권을 포함한 다양한 네트워크를 통해 연결되어 있지만, 일반적으로 '총수'(또는 '회장')로 알려진 한 개인(보통 창업자 또는 창업자의 자손)에 의해 통제되는 현대적 비즈니스 기업의 집합이다. 재벌기업 규모는 거대하고 사회적 주목을 받는 대상인 반면, 중소규모의 가족기업은 그리 많지 않고 사회적 주목을 받지 않았다. 이러한 이유로 중소규모 범주의 가족기업에 관한 연구는 매우 부족하다. 국내에서는 가족기업의 정의에 맞는 소규모 기업을 찾기 어려우므로 본 연구에서는 국내에서 널리 사용되고 연구되고 있는 '자영업'에 초점을 맞추고자 한다. 여러 측면에서 한국의 '자영업자'는 중국의 소규모 가족기업에 해당할 수 있기 때문이다.[14]

---

12   Quanyu, Huang, Chen Tong, Joseph W. Leonard,, *Business Decision Making in China*, Routledge, 1997.
13   Garnaut, Ross, Ligang Song, Yang Yao and Xiaolu Wang, *Private Enterprise in China*, ANU Press, 2012; Sun, Wen-bin and Wong, Siu-lun, "The development of private enterprises in contemporary China : Institutional foundations and limitations", *China Review* 2(2), 2002, pp.65~91.
14   1998년 통계에 따르면 국내 자영업자 수는 총 435만 명으로 전체 취업자의 약 21.8%이며, 남성 자영업자는 302만 명으로 전체 남성 취업자의 25.3%, 여성 자영업자는 132만 명으로 전체 여성 취업자의 16.0%를

3. 중국 소규모 가족기업의 진화

중국에서 가족기업은 가장 보편적인 기업 조직 형태인데, 이는 가족을 인륜人倫의 근간으로 여기는 유교의 뿌리 깊은 영향과 중국 현대사의 특수한 역사적 환경이 크게 작용한 결과이다. 잘 알려진 바와 같이 중국 공산당은 중국 대륙을 점령한 후 사적 소유를 폐지하고 계획 경제를 수립했다. 1950년대 농업 집단화는 의미 있는 경제 단위로서의 가족을 무력화시키고 생산팀과 여단, 코뮌으로 대체하여 중국 농촌의 경제 및 정치 조직을 통합했다. 그러나 마오쩌둥 사후 중국은 농촌에서 가족을 기본 경제 단위로 되살리는 가계책임제를 시작으로 대대적인 경제 개혁에 착수하게 된다. 중국 본토 이외의 지역에서는 가족기업이 가장 널리 퍼져 있고 두드러진 기업 조직 형태이다. 해외 화교와 대만 화교는 가족에 크게 의존하여 기업을 조직해 왔다.

중국의 가족기업은 농업 개혁을 계기로 자연스럽게 생겨났으며, 누구도 예상치 못한 속도로 빠르게 성장했다. 개혁이 전문화된 가정을 허용하는 방향으로 진행됨에 따라 일부 농촌 가족은 현금 작물 재배에 나서 다른 전문화된 가정과 제휴하여 개인 사업을 형성해 나갔다. 동시에 농업 개혁으로 생산이 허용된 농산물을 소비재로 가공하기 위해 많은 집단 기업이 등장했다. 처음에 중국 정권은 사회주의 경제의 일부로 이러한 종류의 향진기업鄕鎭企業(샹젠치예)을 장려했다. 소유권 측면에서 보면 처음에는 두 가지 유형의 향진기업이 있었다. 저장성浙江省 모델로 알려진 샹젠치예는 대부분 집단소유로 시작했지만, 점차 개인 소유로 바뀌면서 거의 가족기업처럼 운영되었다. 또 다른 유형의 온주溫州 모델은 개인 소유로 시작한 기업을 말하며, 보통 한 가족이 자신의 자원과 인력을

차지했다. 2023년 12월 통계청의 '경제활동인구 조사'에 따르면 2022년 12월 기준, 전체 취업자 2,808만 9,000명 중 자영업자의 비율은 20.1%(563만 2천 명)로 1963년 취업자의 통계 작성을 시작한 이래 가장 낮은 수치를 기록했다. 이 비율은 1997년 외환위기(27.8%)와 2008년 글로벌 금융위기(25.3%) 때보다도 낮은 결과다. 2022년 전체 취업자 수의 증가로 비율 위축에 영향을 미친 것이기도 하나 3년여의 팬데믹과 계속되는 고금리·고물가·고환율 등이 주된 요인이라는 분석이다. 임금근로자의 비율은 가파르게 상승한 반면 자영업자의 비율은 크게 줄었다. 출처: '나 홀로 사장' 427만 명… 4년 연속 증가: 식품외식경제 (http://www.foodbank.co.kr).

사용하여 기업을 설립했다. 그러나 저장성 모델조차도 구조와 관리 측면에서 가족 구조의 흔적이 강하게 남아 있음을 알 수 있다. 농촌 소규모 산업은 가족 구성원과 기타 '관시關係, Guānxi' 네트워크에 의존하여 자본, 시장 정보 등을 확보하고 판매 역시 이러한 네트워크에 크게 의존한다. 이러한 맥락에서 가족 사업의 성격이 형성되었다. 또한, 많은 농촌 집단에서는 마을의 주요 간부들이 사실상 소유권을 인수하여 마치 가족 사업처럼 관리 할 수 있도록 허용되었다. 이처럼 농촌 소규모 기업은 자본, 시장 정보 확보와 판매에 가족 및 기타 관시 네트워크에 의존해야 한다. 향진기업 초기에는 기업을 공동으로 소유하고 비공식적으로 관리했으나, 세대 책임제의 도입으로 집단 기업의 관리를 점차 유능한 사람에게 이양했는데, 대부분은 기초 수준의 간부들이 그 대상이었다. 이런 유능한 사람들이 점차 향진기업을 가족기업처럼 이끌게 되었다.[15] 예를 들어, 일부 지역에서는 약 1,600개의 여러 가족이 함께 운영하던 기업을 한 가족이 회사의 전체 소유권을 인수하면서 가족기업이 되었다. 그러나 대부분은 총 자본금과 총판매량 측면에서 매우 작은 규모였다. 중국의 많은 소규모 국유기업과 집단소유 기업들이 정부 주도하에 고용인 주식 지주회사로 변모하면서 결국 가족기업이 되었다. 많은 가족기업이 처음에는 한 가지 품목에 특화된 제조 또는 판매로 시작했지만, 곧 사업을 다각화해 나갔다. 가족기업에 관한 한 연구에 따르면 가족기업의 16.73%가 2개 이상의 주력 사업을, 약 6.42%가 3개 이상의 주력 사업이 있는 것으로 답했다. 즉, 조사 대상 가족기업의 약 4분의 1이 다각화 경영을 완료한 것으로 나타났다.[16]

향진기업xiangzhen qiye의 민영화 과정은 여러 가지 경로를 거쳤다. 가장 널리 사용되는 전략은 기업을 주식 지주회사share holding company로 변경하고 대주주가 다른 주식을 매입하여 자신의 개인 회사로 만드는 방식이다. 중국 정부가 큰 것은 갖고 작은 것은

---

15 「乡镇企业中的家族经营问题 : 兼论家族企业在中国的历史命运("향진기업의 가족 운영 문제 : 중국 가족기업의 역사적 운명에 대한 토론.")」, 『中国农村观察』 1998年 第1期 | 潘必胜 江苏省社科院现代化研究中心.
16 WANG, Xinhong and Yaqian NIE, "The Strategic Choice : Specialization or Diversification? : -Based on Case Analysis", *Advances in Economics, Business and Management Research* (AEBMR) Volume 62, 2018.

풀어주는 '주아다팡샤抓大放小' 정책을 시행할 때 경영자들은 차입금은 물론 자기자본으로 회사를 사들인 경우가 많았다. 기업의 직원들에게만 주식을 허용하는 주주협동조합인 '구편회조股份回購'의 경우가 이에 해당한다. 이 경우에도 한 사람이 결국 주식을 축적하여 회사의 단독 소유자가 되어 회사를 가족기업처럼 만든다.

그러면 중국 가족기업의 특징은 무엇인가? 중국이 워낙 방대한 대륙 국가이므로, 중국 소규모 가업 기업가의 전반적인 특징을 단정적으로 논할 수는 없지만, 후베이성에 대한 사례 연구는 중국 기업가의 기본 특성을 이해하는 데 큰 도움이 된다. 이 지역 연구에서 성별로는 중국 표본이 특히 한국, 일본과 비교해 여성의 비율이 높은 것으로 나타났다. 후베이성의 이 연구에 따르면, 조사에 참여한 기업가 중 거의 1/3(27%)이 여성이었다. 여성 기업가의 높은 숫자는 여성의 노동 활동 참여를 장려하는 공산주의 정책에 기인하며, 따라서 여성은 중국 경제 체제에 상당히 잘 통합된 것으로 나타난다. 피스트뤼Pistrui, D., 웰쉬H. Welsch, 로버츠J. Roberts의 분석[17]에 따르면 여성 기업가가 많고 상당히 젊은 경향이 있다는 사실은 새로운 진취적인 중국 여성 계층의 출현을 의미한다.

후베이성 우한시 기업가들의 평균 교육연수가 12.9년인 점으로 보아 교육 수준은 아주 높은 것은 아니다. 그러나 기업가들은 고등학교 이후에도 많은 정규 교육을 받는다. 평균 사업 경험 연수인 8.3년은 이들 기업가들이 장기간에 걸쳐 성공적으로 자영업을 했다는 것을 시사해준다. 남성이 여성보다 사업 경험이 약간 더 많은 것으로 나타났다. 마찬가지로 남성은 대략 4년 정도 더 많은 업무 경험을 가진 것으로 조사되었다. 남성 기업가와 여성 기업가의 교육 및 경험 조합이 서로 다른 것처럼 보이긴 했지만, 그것이 통계적으로 유의미하지는 않았다. 이러한 결과는 교육과 경험이 다양한 사회경제적 맥락에서 기업가 정신과 중소기업 발전에 어떻게 영향을 미치는지에 대한 더 집중적인 연구가 필요함을 말해준다.

많은 가족기업은 그 역사가 매우 짧다. 창업은 조사 대상 창업가의 69.6%가 창업을

17　Pistrui, D. H. Welsch, and J. Roberts, "The [re]-emergence of family business in the transforming Soviet Bloc", *Family Business Review* 10(3), 1997, pp. 221~237.

했던 1990년대 중후반에 많이 늘어났다. 후베이성 조사표본은 두 가지 유형의 비즈니스 활동인 소매업(35.7%)과 컴퓨터 관련 업체(17.9%)가 지배하는 것으로 나타났다. 이 두 업종은 우한 지역 신규 창업의 53.6%를 차지했다. 소매업이 압도적으로 많다는 사실은 소비자 시장에 초점을 맞춘 기업가 주도의 민간기업 부문이 새롭게 떠오르고 있다는 증거가 된다. 이 연구의 결과는 여가 및 엔터테인먼트 사업의 발전뿐만 아니라 국영 식당을 대체한 민간 식당 경영자 또는 하청업체chengbao의 사례를 제시한 Davis(2000)[18]의 연구에 의해서도 뒷받침된다. 또한, 다른 조사 결과는 인터넷, 휴대폰, 개인용 컴퓨터의 출현으로 인해 컴퓨터 하드웨어 및 소프트웨어 시장을 중심으로 기업활동이 급증하고 있음을 시사해준다. 소유권 측면에서 보면, 조사 대상 기업 중 거의 절반(48.2%)이 개인 사업자였으며, 또 다른 39.3%는 유한책임회사LLC인 것으로 밝혀졌다. 이러한 조사 결과는 대부분의 기업가 주도 중소기업이 긴밀하게 연계된 민간기업임을 나타낸다.[19] 지역 증권거래소에서 자신의 주식을 판매하는 LLC조차도 긴밀하게 소유되고 가족이 통제하는 경향이 있으며, 가족이 아닌 대주주조차도 사업 운영에 거의 발언권을 갖지 못했다는 점을 지적한다.

중국의 가족기업 설립 방법을 살펴보면, 조사 대상 기업가의 대다수(89.3%)가 자신의 기업을 창업하였고, 8.9%의 기업가는 다른 사람으로부터 사업체를 구매했다. 단지 1.8%만이 사업을 물려받았으며, 이러한 우한 기업가 표본은 새로운 도시 기업가 계층의 특성을 이해하는데 많은 시사점을 던져준다. 창업 자본의 출처로는 가족 저축이 창업 자본의 주요 원천으로 알려져 있다. 실제로 대가족 네트워크는 창업 자본의 상위 5개 원천 중 2개를 차지했다. 가까운 친구, 파트너, 신뢰할 수 있는 동료도 새로운 기업가를 돕기 위한 재정적 자원을 제공했다.

---

18 Davis, Deborah, "China's consumer revolution", *Current History* 99(638), September, 2000, pp. 248~254.
19 Perkins, D., "Law, family ties, and the East Asian ways of business", In L. Harrison and S. Huntington eds., *Culture Matters : How Values Shape Human Progress*, New York : Basic Books, 2000, chapter 17, pp. 232~243.

예상대로 중국의 신규 기업가들은 은행이나 정부 지원과 같은 공식적인 기관에 의존하는 비율이 훨씬 낮은 것으로 나타났다. 결론적으로, 신규 벤처 창업은 1990년대 중후반에 증가했으며, 조사 대상 기업가의 약 70%가 실제로 신규 기업을 창업했다. 이 연구 결과에 따르면 신규 민간기업의 압도적 다수(87.5%)가 개인 사업자 또는 유한책임회사(LLC)인 것으로 나타났다. 설문조사에 참여한 기업가의 89%는 자신이 기업을 창업했다고 답했으며, 가족이 기업가 주도의 중소기업 발전을 지원하는 데 중심적인 역할을 했다고 밝혔다. 가정과 대가족이 창업 자본의 주요 원천을 제공하는 경향이 뚜렷하여, 기업의 40%는 가족 투자자가 1명 이상, 19.6%는 2명이었다. 또한, 이들 신규 기업의 59%는 가족 구성원이 정규직으로 고용되어 있었다.[20]

중국 가족기업의 경영은 가족의 논리를 따른다. 1,947명의 개인 기업가를 대상으로 조사한 바에 따르면, 가업 경영자의 53%가 혼자서 중요한 결정을 내리고, 약 30.2%는 다른 주요 경영자와 공동으로 결정하며, 신탁 이사회가 결정하는 비율은 약 13.9%로 나타났다. 일반적인 경영 문제에서는 소유주가 결정하는 비율이 약 49.7%, 다른 경영자와 공동으로 결정하는 비율이 약 36%, 신탁 이사회가 결정하는 비율이 약 12.7%이다. 그리고 중국 가족기업은 경영 과정에 부인을 포함한 가족 구성원이 더 많이 참여하는 경향이 있다.

왜 가족경영 형태가 중국에서 그렇게 널리 받아들여지게 되었는지에 관한 질문에 대해 두 가지 접근방식이 있다. 첫 번째는 가족을 인간 사회의 기본 단위로 보고 중국의 사고방식에 계속해서 깊은 영향을 미치는 중국 문화 전통을 강조하는 경향이다. 이 견해에 따르면, 각 국가의 독특한 가족문화는 환경 영향과 관계없이 가족회사의 구조를 형성하는 기반이 될 수 있다. 이 견해를 비판하는 사람들은 '학자'가 가족회사를 미화하기 위해 가족을 재창조했다고 생각한다. 그린할흐Greenhalgh, Susan가 대표적인 학자로, 가족회사가 구성원 모두의 이익을 위해 협력하는 단일 행위자라는 관점에 도전한다.[21] 두 번째

---

20 Sharma, Pramodita, "An overview of the field of family business studies : Current status and directions for the future", *Family Business Review* 17(1), 2004, pp.17~30.

접근방식은 가족제도에 부여된 과제와 역사적 상황이 가족기업의 발전 결과에 결정적인 영향을 미친다는 점을 강조한다. 예를 들면, 대만의 경우 중국 가문의 전통이 아니라 대만의 독특한 정치적 상황이 대만 상속 관행을 형성했다. 또한, 가족기업이 다른 형태의 기업조직에 비해 유리한 점이 많다고 본다. 즉, 가족 구성원 간의 내재적인 신뢰로 인한 낮은 거래 비용과 대리인 비용, 조직의 유연성, 중앙집중화된 빠른 의사결정 등등이 여러 학자에 의해 지적되고 있다. 가족기업은 확실히 의사결정 메커니즘, 변화하는 시장 상황에 쉽게 적응할 수 있는 능력, 극단적인 환경과 정책 변화로 인해 발생하는 높은 수준의 불확실성을 처리하는 동시에 가족 자원을 쉽게 동원할 수 있는 능력을, 조건이 충족된다는 전제하에, 더욱더 쉽게 갖출 수 있어 보인다. 중국의 구체적인 상황과 관련하여 일부 학자들은 재산권이 불분명한 상황으로 인해 중국이 가족회사가 번영하기에 이상적인 장소라고 주장한다. 재산권이 불투명한 중국에서 가족은 가족에게 가장 믿음직한 단위이자 조직인 것이다.

이상에서 언급된 여러 사항에 관하여 많은 학자는 다음과 같은 방식으로 중국 가족기업 경영의 독특한 특성을 확인하려고 노력해 왔다.

1) 소유권 집중: 가족 또는 개인이 주식의 과반수를 소유하고 있으며, 이러한 주식권을 바탕으로 다양한 경영직을 점유하는 가족 구성원과 함께 경영권을 행사한다.

2) 최고경영자CEO의 지배력: 이는 회사가 결정을 내리기 위해 단일 최고 책임자에게 의존하는 정도를 나타낸다. 중국 가족기업에 대한 거의 모든 저술에서는, 레딩Redding[22]과 위틀리Whitley[23]를 포함하여, 이 부분을 조직 형태의 핵심 측면으로 식별하고 있다. CEO의 지배력은 의사 결정 비용을 줄여 중국 가족기업의 효율성과 유연성에 이바지하지만, CEO의 지나친 지배력은 의사 결정에서 중요한 지식 기반을 제한하기에 가족기업이

---

21 Greenhalgh, Susan, "De-Orientalizing the Chinese family firm", *American Ethnologist* 21(4), 1994, pp. 746~775.
22 Redding, S. Gordon, "The Chinese Family Business", In *The Sprit of Chinese Capitalism*, Walter de Gruyter, 1990.
23 Whitley, Richard, *Business Systems in East Asia : Firms, Markets and Societies*, London : Sage, 1992.

더 나은 방향으로 발전해 나아가는 것을 방해하게 된다는 우려를 낳는다. 카니Carney에 의하면 경직된 전문 경영 계층 구조는 CEO의 경험 밖의 전문 지식이 필요한 전략을 추구할 때 기업의 능력에 부정적인 요인으로 작용한다고 한다.[24]

3) **가부장 주의**Paternalism : 이는 CEO의 스타일이 교훈적이고 세습적인 정도를 말한다. 보다 구체적으로는 아버지 역할을 하며 직원들이 결정을 받아들이도록 요구하고 지시를 요구할 것을 기대하는 것을 의미한다. 가부장 주의는 중국 가족기업CFB의 가장 눈에 띄는 점인 '가족주의'의 핵심이다. CEO 지배력과 마찬가지로 가부장 주의는 효율성과 가격선도價格先導의 형태로 경쟁력에 긍정적으로 기여하는 반면, 환경 스캐닝, 브랜드 아이덴티티 개발 또는 제품 라인 확장과 같이 보다 외부 지향성을 요구하는 활동의 개발에는 부정적인 영향을 준다. "내 직원은 내 가족입니다."라는 말을 중국과 한국 모두에서 자주 언급하지만, 일본과 달리 두 나라에서는 혈연관계와 비혈연관계의 구분이 매우 분명하다는 특징을 갖는다. 가부장 주의는 또한 수직적 계층적 질서를 의미하기에, 모든 구성원은 이 계층 구조에서 자신의 위치를 잘 알고 있다.

4) **비즈니스 네트워킹의 개성주의**Personalism : 이는 비즈니스 접촉의 확립 및 유지와 새로운 비즈니스 창출을 위해 개인적인 관계가 사용되는 정도와 관련이 있다. 네트워킹에서 개인 특유의 활동을 통해 형성해가는 개성주의는 반복되는 거래를 통해 강화되는 의무 및 상호주의 시스템을 제공한다.[25] 이러한 시스템은 신뢰를 제공하여 신용 및 공급 업체 자격, 생산 계획 및 품질 관리와 관련된 거래 비용을 줄여 효율성의 향상을 가져온다. 따라서 원가경쟁력이 향상된다. 그러나 이는 또한 잠재적 거래 파트너의 범위를 제한하여 기업활동 영역의 확장에 부정적인 영향을 준다.

5) **네트워크와 족벌주의**(또는 정실주의) : 이는 신뢰trust와 관련이 있다. 족벌주의는 네트워크 내의 사람들만을 신뢰하게 만든다. 가족 구성원과 아는 사람들을 더 신뢰하고 낯선

---

[24] Carney, Michael, "A management capacity constraint? Obstacles to the development of the overseas Chinese family business", *Asia Pacific Journal of Management* 15(2), 1998, pp.137~162.

[25] Lazerson, Mark, "A new phoenix? : Modern putting-out in the modena knitwear industry", *Administrative Science Quarterly* 40(1), 1995, pp.34~59.

사람을 신뢰하지 않는 것이다. 중국의 기업경영은 개인주의가 만연해 있어 형식적인 절차가 완비되지 못한 경향이 있다. 또한, 중국 가족기업에서는 상속 및 승계 문제에 관련된 완벽한 문서가 부족하고, 아버지가 돌아가신 후 형제자매 간의 불화로 이어지는 경우가 많다. 화교 가족기업에서는 창업자가 아내와 아들을 너무 많이 두는 경향도 발견된다. 해외 중국인 가족기업의 경우, 업계 내 다른 기업과의 사업 관련 정보교환은 종종 비공식적 메커니즘을 통해 이루어진다. 중국 가족기업CFB의 이러한 측면은 그들의 취약한 규모와 인적 자원을 보완해 줄 수 있어서 가장 큰 강점 중 하나로 받아들이는 견해가 많았다.[26] 상대적으로 취약한 소규모 기업은 경쟁이 치열한 전체 시스템을 구성하기 위해 다른 기업과 강력한 연계성을 가져야 한다는 견해는 맞다. 그런 점에서 CFB 간의 정보 네트워킹 역시 '포스트모던' 형태의 산업 조직으로 묘사된 '유연한 생산 네트워크'와 유사한 것으로 여겨져 왔다.[27] 그러한 네트워크는 비용 효율성을 확보할 수 있는 능력으로 평가 받아왔지만,[28] 우지는 중국 가족기업의 족벌주의는 외부에서 유입되는 유익한 정보로부터 기업을 차단한다고 비판적인 입장을 냈다. 다시 말하면, 가족기업 간의 네트워킹은 기존 역량을 강화하는 반면, 기존 기업이 경쟁에 대한 새로운 접근방식을 개발하는 것을 어렵게 만든다.[29]

6) 하도급 : 중국계 가족기업에서 발견되는 유연성의 특징 중 하나는 하도급이다. 홍콩의 소규모 가족기업 중 1/3이 하도급을 하고 있다. 또한, 많은 대만 가족기업이 다국적 기업의 대만 대기업 하청업체로 활동하고 있다. 그런데 공식적인 계약에 의존하는 대신 네트워크와 신뢰를 하도급에 활용한다는 특징을 보인다. 예를 들어, 중소기업의 3분의 1만이 하도급 계약을 서면으로 공식화하는 것으로 알려져있다. 이러한 소규모 가족기업

---

26 Redding, S. Gordon, *The Spirit of Chinese Capitalism*, New York : Walter de Gruyter, 1993.
27 Sabel, Charles F., *Work and Politics - The Division of Labor in Industry*, Cambridge University Press, 1982.
28 Carney, Michael, "A management capacity constraint? Obstacles to the development of the overseas Chinese family business", *Asia Pacific Journal of Management* 15(2), 1998, pp. 137~162.
29 Brian Uzzi, "Social Structure and Competition in Inter-firm Networks : The Paradox of Embeddedness", *Administrative Science Quarterly* 42(1), 1997, pp. 35~67.

들은 개인 네트워크를 활용하여 소량 주문을 처리하고, 계절적 수요를 충족하며, 매우 짧은 기간 내에 상품을 납품할 수 있었다.[30] 이를 통해 홍콩의 소규모 가족기업은 해외 바이어들에게 노동 집약적 상품을 효율적으로 생산할 수 있다는 것을 보여줌으로써 '능력에 대한 신뢰'를 얻을 수 있었다.

7) **단기주의**: 기업이 사업 계획과 성과 개선 노력에서 코앞의 미래에 초점을 맞추는 정도를 말한다. 단기주의는 중국 가족기업의 핵심적인 특징으로 여겨져 왔으며, '허슬 hustle로서의 전략'에 기여한다.[31] 가격 변동 시 빠른 '공간 차익거래spatial arbitrage'[32]를 장려하며,[33] 짧은 시간에 주문을 처리할 수 있는 CFB의 강력한 능력의 토대를 형성했다. 동시에, 짧은 기간의 채택은 기업이 브랜드 아이덴티티 개발, 환경 스캔 메커니즘 구축, 제품 라인 확장 등 장기적인 자금과 노력이 필요한 활동에 투자할 수 없게 만든다. 이러한 이유로 중국 가족기업은 다른 형태의 조직보다 수명주기가 짧은 제품을 훨씬 더 잘 다룰 수 있다. "국제 비교에 따르면 홍콩의 한 중국 가족기업은 새로운 전자 제품을 출시하는 데 3개월밖에 걸리지 않았지만, 일본 기업은 5개월 미국은 8개월이 걸렸다고 한다. 홍콩의 전자 기업 중 약 95%가 12개월 이내에 제품을 개발할 수 있으며, 52%는 6개월 이내에 제품을 개발할 수 있다."[34]

8) **짧은 지속성**: 단기적 관점과 관련하여 중국 가업은 각 아들에게 가족 재산을 분할하는 관행으로 인해 가업을 오래 지속시키는 데 어려움이 있다. 반면에, 일본 가업은 장자 상속 제도로 인해 자본이 분할되지 않아 오래 간다는 것이다. 앞서 살펴본 바와 같이

---

30 Yu, Tony Fu-Lai, *Entrepreneurship and Economic Development in Hong Kong*, London : Routledge, 1997, pp. 73~76.
31 Zhou, L., Y. Niu, V.L. Wang, K. Tang, "Hustle for survival or bustle for revival : Effects of guanxi orientation and order of entry for china's electronic business ventures", *Industrial Marketing Management* 93, 2021, pp. 370~381.
32 한 지역에서 사서 더 비싼 지역에서 파는 것.
33 Yu, Tony Fu-Lai, "Bringing entrepreneurship back in : Explaining the industrial dynamics of Hong Kong with special reference to the textile and garment industry", *International Journal of Entrepreneurial Behaviour & Research* 5(5), 1999, pp. 235~250.
34 Sharma, Pramodita, "An overview of the field of family business studies : Current status and directions for the future", *Family Business Review* 17(1), 2004, pp. 1~36.

중국과 일본의 전통 가업의 근본적인 차이점은 가족 재산 상속 승계 방식과 상속 처리에 있어 완전히 다르다는 점이다. 이러한 근본적인 차이는 두 나라의 상하 계층 이동의 정도에 반영된다.

잘 알려진 바와 같이, 가문의 흥망성쇠는 너무나 자주 그리고 규칙적으로 반복되어 왔기 때문에 중국인 대부분은 신사(즉, 봉건 영주)가 누리는 번영은 3대에 걸쳐 소멸한다고 믿게 되었다. 핑티호何平迪(1962)는 그의 저서 『중국 제국의 성공 사다리』에서 명, 청시대(1371~1904)의 고위관리mandarins(황실 문과 출신 학위 소지자) 35,706명의 명단에 관한 연구를 발표했었다. 중국 제국에서는 교육과 재산이 사회적 지위를 결정하는 주요 요인이었는데, 초등 학위 소지자를 제외한 대부분의 만다린은 자동으로 정부 관료가 되어 지배 계급의 일원이 되었다. 그런데, 핑티호의 분석에 따르면 가장 성공적이고 저명한 가문에서도 일관된 하향 이동성 패턴이 나타났으며, 다른 어떤 요인보다 재산분할 coparcenary이 만다린 가문의 피할 수 없는 쇠퇴에 기여했다는 결론을 내렸다. 그 결과 중국에서 오래 지속되는 가업은 드물었다. 예를 들어, 18세기와 19세기 대부분 동안 중국에 코홍公行(Gōng háng은 대외 무역과 관련된 복합 상인 회사에 특별히 적용되는 이름)이 존재했다. 1782년, 13개의 상인 회사가 해안 도시인 광동廣東, Canton을 통해 중국에 들어오는 외국 선박과의 모든 무역에 대한 독점권을 부여받았다. 이 상인 중 가장 잘 알려진 하우쿠아 홍何官((Hé Guān)Howqua Hong)은 1834년 회사의 자산을 미화 2,600만 달러로 추산했다.[35] 그런데도 이 상인 가문은 엄청난 부에도 불구하고 회사의 재산을 유지하는데 실패했다.[36]

이상의 논의에 더하여 추가로 중국 경제와 관련이 있는 현대 홍콩에서 나온 자료를 살펴보기로 한다. 홍콩 주식 시가총액의 절반 이상이 10개의 가족 그룹에 의해 통제되고

---

[35] Couling, Samuel, *The Encyclopaedia Sinica*, Shanghai : Kelly an Walsh, Oxford University Press, 1917; 또한, *Style Magazine*, Apr 29, 2022, Story by Douglas Parkers 참조("19세기 상인 하우쿠아, '당대의 중국 빌 게이츠'는 누구였을까? 고인이 된 거물은 한때 지구상에서 가장 부유한 사람으로 중국 무역 시장을 장악했습니다.").

[36] Eberhard, W., *Social Mobility in Traditional China*, Leiden : Brill, 1962.

있으며 그중 7개가 화교였다. 예외 없이 화교그룹은 모두 지난 30년간의 경제 호황기에 설립된 1세대들이다. 반면에, 세 개의 비중국인 그룹 즉, Swire太古集團, Keswick吉士威集團, Kadoorie 그룹嘉道理集團은 19세기부터 홍콩에 있었고 가문의 혈통이 훨씬 더 오래되었다. 홍콩의 일부 유명 가문(홍콩 최대 매장 체인 소유주인 Kwok 가문, 다양한 무역 및 서비스 회사인 Fung Ping-Fang Co. 등)은 50년 넘게 홍콩의 영국 비즈니스그룹과 어깨를 나란히 하고 있었다. 1989년경에 이르러 이들 최고의 가족 소유 기업은 모두 막대한 부채에 시달리기 시작했으며, 이제 10대 기업에서 그 이름이 지워졌다. 이렇게 일본 기업보다 해외 중국인 가족기업의 수명이 짧은 것은 상당 부분이 재산분할 시스템 때문일 수 있다. 많은 저명한 학자들도 공동분할에 내재한 분열성이 문제라고 주장해 왔다.[37] 상속 또는 공동 상속 및 공동 소유권의 파트너십으로 정의되는 공동 상속은 분가分家(가족 분할)로 이어지며 모든 남성 후손에게 가족 자산을 균등하게 분배해야 한다. 일반적으로 아버지가 사망한 후에 이루어지는 가족 재산의 분할은 아들의 가족이 독립적인 경제 단위가 되도록 허용하고 또한 자신의 가족을 관리하는 아들의 자율성을 보장한다. 실제로 상속 재산을 모든 남성 상속인에게 완벽하게 균등 분배하는 일은 현실적으로는 어렵다. 장남은 일반적으로 의식에 드는 비용을 충당하기 위해 더 많은 몫을 받는다. 그러나 동생에 대해 갖는 권한은 실제보다 명목상에 가깝다.

더 심각한 문제는 창업자이자 가장이 사망한 후 아들들 사이의 권위 경계가 모호해지면서 다음 세대의 누구도 위에서 독단적으로 가문의 운명을 이끌기 어렵다는 점이다. "한 가문의 응집력이 높은 경우에도 리더십 역할이 네다섯 명으로 분산되면 중심적 목적이 사라지고 새로운 노력 방향으로 대체되는 경향이 있다. 따라서 잠재적인 왕조는 끊임없이 해체되고 있다."[38]

---

[37] Hsu, P.S.C., "The influence of family structure and values on business organizations in oriental cultures : A comparison of China and Japan", In *Proceedings of the Academy of International Business*, June 1984, pp.754~768; Yoshihara, K. ed., *Oei Tiong Ham Concern : The First Business Empire of Southeast Asia*, Kyoto, Japan : Center for Southeast Asian Studies, 1990.

[38] Redding, S. Gordon, *The Spirit of Chinese Capitalism*, New York : Walter de Gruyter, 1993, p.134.

간단히 말해서, 중국과 일본 가업家業의 기본적인 차이점은 지속성에 있으며, 이는 주로 상속과 계승을 다루는 전통적인 가족제도에 의해 결정되었다. 언급한 바와 같이, 일본은 혈통의 연속성보다 기업의 정체성을 강조하여 가족 사업의 연속성에 기여한 반면, 모든 아들에게 재산을 분배하는 중국 시스템은 가족 사업이 대대로 지속되는 것을 어렵게 만들었다. 물론 양국의 근대화와 정치적 변화의 길이 달랐기에 그러한 차이가 서로 다른 결과를 가져왔을 수도 있겠지만, 일차적 원인은 전통적 가족제도에 구현된 서로 다른 제도적 틀에 귀속되어야 한다.

4. 일본의 가족기업

일본의 가족기업에서 가장 주목할 만한 점은 각 가업이 영위하는 사업의 연속성과 그것이 오랜 기간 생존해 왔다는 점이다. 수백 년 전에 창업한 많은 가업이 지금까지 살아남아 처음 시작했던 사업의 명맥을 이어가고 있다는 것은 전설적인 일이다. 이들 중 상당수는 대를 이어 같은 업종을 유지하고 있다. 일본의 가족은 생물학적 혈연관계로 연결된 사람들이 모인 집단이라기보다는 하나의 법인체에 가까웠고, 전문 직업 정신이 깃든 일본의 전통 가족은 그 어떤 다른 어떤 요인보다도 가업의 장수에 이바지해 왔다.

오랜 산업화 역사를 지닌 미국 기업의 평균 연령은 20년을 넘지 않는다. 한국에서 새로 설립된 기업의 약 40%가 5년 이내에 문을 닫는 경향을 보인다. 짧은 산업화 역사로 인해 우리나라에서 100년이 넘는 역사를 자랑할 수 있는 곳은 두산약국, 동화약국 등 5개도 안 된다.[39]

반면 도쿄 주식시장에는 NEC, 도시바 등 100년 이상의 역사를 지닌 기업이 79개 이상 존재한다. 하지만 소규모 가족기업까지 포함하면 100년 이상 지속하는 기업이 10만

---

39 「日本 '100년 기업'을 가다」, 『동아일보』, 2007. 10. 11; 「위기의 한국, '100년 기업에서 해법 찾기'」, 『매일일보』 2023. 01. 12(동아일보, 매일신문, "100년 기업").

개가 넘는다. 일반적으로 가족회사는 대체로 합리적인 비즈니스 지향성이 체계화되지 않아 수명이 짧은 것으로 알려져 왔다.[40] 그래서 가족회사의 30%만이 2세대에 도달한다고 종종 인용되고,[41] 3세대에 이르면 오직 16% 미만만 살아남는다 한다.[42]

일본에는 2세기 이상 운영된 가족회사가 1,146개 있는데, 이는 독일(856개), 네덜란드(240개), 오스트리아(167개)를 훨씬 능가하는 수치이다.[43] 일본의 가족회사 평균 역사는 52년[44]으로, 이는 가족회사의 평균 수명이 24년인 미국의 두 배 이상이다.[45] 오사카에는 백년 노렌暖簾[46] 협회라는 조직이 있는데, 이 조직은 100년 이상의 역사를 지닌 매장 155개 기업을 소개했다. 오사카에는 창업 100년이 넘는 가게가 500개가 넘는다.[47]

오사카는 현존하는 가장 오래된 상업 회사를 자랑한다. 578년에 설립되었다는 콩코건설회사株式會社金剛組, Kongō Gumi는 일찍이 일본의 사찰 건립을 돕기 위해 백제에서 일본으로 건너온 한인이 창건했다고 전해진다. 현재는 원래 창업자의 40대 후손이 회사를 운영하고 있다는 전설적인 회사다(다른 예로는 718년에 설립된 민박과 793년에 설립된 일본의 케이크 가게가 있는데, 케이크 가게는 처음에는 중국 과자 제조 기술을 수입했다가 나중에 포르투갈의 제빵 기술까지 도입했다는 집이다. 현재 케이크 가게는 창업주의 17대 후손이 운영하고 있다. 또한, 불교용품을 판매하는 다른 가게는 971년에 설립되었다.).[48] 500년이 넘는 역사를 지닌 가업이

---

40 Neubauer, Fred & Alden G. Lank, "The Family Business Chapter : "The Family Business"", *Stages of Evolution of Family Enterprises*, Palgrave macMillan, 1998, pp. 26~55.
41 Beckhard, R. and W.G. Dyer, "Managing continuity in the family-owned business", *Organizational Dynamics* 12(1), 1983, pp. 5~12.
42 Applegate, J., "Keep your firm in the family", *Money* Vol. 23, 1994, pp. 88~91.
43 Goto, Toshio, "Longevity of Japanese family firms", Panikkos Zata Poutziouris et al. eds., *Handbook of Research on Family Business*, Edward Elgar, 2006, pp. 517~534; Goto, Toshio, "Family business and its longevity", *Kindai Management Review* Vol. 2, 2014, pp. 78~96.
44 後藤利夫, 「わが国におけるファミリー企業の概要と課題」, 東京 : 組織学会予稿集, 2005.
45 Lansberg, Ivan S., "Managing human resources in family firms : The problem of institutional overlap", *Organizational Dynamics* 12(1), 1983, pp. 39~46.
46 노렌(暖簾)은 일본의 가게나 건물의 출입구에 쳐놓는 발로써 특히 상점 입구에 걸어놓아 상호나 가문을 새겨놓은 천을 말한다.
47 하성, 『오사카 상인들 : 하늘이 두 쪽 나도 노렌은 지킨다』, 효형출판사, 2004.
48 "Kongō Gumi" from Wikipedia.

모두 20개 정도이고, 100년에서 400년을 이어온 가게도 많다. 이같이 오랜 역사를 지닌 모든 사업체는 가족기업으로, 대부분이 기모노나 담요 등 한두 가지 품목을 취급하는 전문점이다. 도쿄 시오세이Tokyo Siosei는 658년의 역사를 자랑하는 일본식 만두 제조 전문회사로, 본점에는 무로마치室町 8대 장군인 아시카가 요시마사足利義政의 글씨가 새겨져 있다. 1349년 중국의 임정인臨政仁 승려가 고기를 먹을 수 없는 승려들에게 야채만두를 팔기 시작하면서 창업이 됐다고 한다. 현 대표이사는 주부였으나 어머니가 돌아가시자 630년 동안 그곳에 있었던 노렌暖簾을 지키기 위해 회사 경영에 뛰어들었다.

1349년 만두케이크 전문 빵집으로 설립된 이 회사는 현재 직원 200여 명, 연간 매출 약 1,100만 달러에 달한다. 여성 사주는 "우리 회사가 600년 넘게 살아남을 수 있는 비결은 장사 수단에 있는 것이 아니라 제조업, 즉 장인정신에 있다"라고 강조한다. 그녀에 따르면 회사의 주요 목표는 주역인 장인匠人들을 격려하고 돕는 것이다. 만두의 생산은 초창기처럼 여전히 수작업 기술에 의존하고 있다. 그들은 제조 공정을 기계화하지 않았다. 이렇게 한 이유는 전 대표이사였던 아버지가 "회사가 너무 커지도록 놔두지 말라. 경영진이 도달할 수 없는 영역을 허용해서는 안 된다. 기계화가 불가능하기 때문에 지금의 회사 규모가 이상적이다."라고 말씀했기 때문이다.

유사한 일본 가족 사업의 예는 다음과 같다.

1) 718년 창업, 호텔업 전문, 이시카와현 소재
2) 885년에 설립된 디나카이(Dinakai) 교토에 위치하며 불교 관련 물품을 판매.
3) 1392년 창업한 교토에 있는 해조류 가공업체 '마스마에야'
4) 1501년에 창업한 교토의 떡전문점 '가와바타키'
5) 1538년에 설립된 사케 전문 노미야마 양조장의 본점으로 시즈오카현에 위치
6) 1550년에 설립된 사케 전문 코니시 양조장, 효고현 소재
7) 1531년 창업, 사케 전문점, 이시아와현 소재 기쿠히메
8) 도라야(Doraya)는 1592년에 설립되었으며 일본 쿠키 전문점이며 도쿄에 위치
9) 요메이슈(Yomeishu)는 1602년에 설립되었으며 의료용 사케 전문점으로 도쿄에 위치

10) 1616년에 설립된 히케타쇼유, 간장 전문점, 도쿄 소재

11) 1625년에 설립된 센다이미소이 양조장은 도쿄에 위치한 간장 전문 양조장

12) 1637년에 설립된 사케 전문점 케스케이칸(Keskeeikan)은 교토에 위치

일본의 가족기업에 대한 논의에서 일단 여기서는 대규모 성공기업집단으로 변모한 가족기업과 가족기업의 특성을 대부분 유지하고 있는 중소기업을 구별하지 않았다.

1) 일본 가족기업 장수의 제도적 기반

한국 및 중국과 비교해 일본의 많은 가족기업이 그토록 오래 지속하였다는 사실은, 정치체제의 급격한 변화와 끊임없이 변화하는 시장 상황 등 격동의 일본 현대사를 고려할 때, 철저한 설명이 필요한 놀라운 성과이다. 과도한 경쟁 등, 잠시 방심하면 파산할 수 있는 시장에서 이렇게 오랫동안 살아남은 사례는 세계적으로도 드물다. 일본의 가족기업이 경제적, 정치적 환경의 급격한 변화에도 불구하고 오랫동안 살아남는 데 성공한 원인을 어떻게 설명할 수 있을까? 일본의 가족기업에 비해 해외 중국 기업은 오래 가지 못했음을 상기하면 이 문제는 더욱 관심을 끈다.

일본 가업의 장수 비결에 관한 연구는, 벨라(Bellah, 1957), 프루인(Fruin, 1983), 허쉬마이너(Hirschmeiner, 1975), 로버츠(Roberts, 1973), 호리드(Horide, 2000) 등과 같은 기업사학자 business historians들에 의해 다루어져 왔다.[49] 널리 통용되는 설명은 중국의 경우 가족 재산을 각 아들에게 분할하는 관행으로 인해 가업의 계승과 지속이 어려웠던 반면, 일본의 가업은 가산의 분산을 막은 장자 상속제도가 규모의 경제에 더하여, 유리한 동맹을 허용하는 도족Dozoku 제도와 결합하여 오래 지속될 수 있었다는 것이다. 일본의 가족기

---

49 여기 언급된 학자들의 연구에 대하여는 다음의 논문을 참조할 것 : Goto, Toshio, "Secrets of family business longevity in Japan from the social capital perspective", In P. Z. Poutziouris, K. X. Smyrnios, S. Goel, eds., *Handbook Of Research On Family Business*, (Second Edition), Chapter 24, Cheltenham, UK : Edward Elgar Publishing, 2013.

업을 연구해온 도시오 고토後藤 俊夫, Goto, Toshio는 일본 가족기업의 장수 요인으로 다음의 다섯 가지 사항을 집중적으로 분석했다. 그가 지적한 다섯 가지 요인은 다음과 같다.[50]

(1) 일본의 가족제도 '이에家'

지에 나카네中根千枝는 '이에'를 생활공동체로 파악한다. "이에는 주거, 경제적 요소를 전제로 하고, 가족家의 연속을 위해서 가장 계승의 존속을 원리로 하는 집단이다. 그리고 생활공동체 혹은 경영체라는 개념에는 '이에' 성원들이 가업(및 가산)을 운영한다는 의미가 포함된다."[51] 에도시대의 상업은 일반적으로 상가를 단위로 해서 경영하는 이에家제도가 기본이었다. '이에'는 대개 '가족'과 '기업경영'의 두 가지 의미를 지니는데, 양자를 분리하여 생각할 때 일본의 상인은 가족보다는 기업에 보다 비중을 둔다. '이에'는 실용적인 가계 계승 방식으로 일본 가업의 장기 존속에 도움이 되었다. 또한, 일본의 지속되는 가업 성격은 일본의 가족제도와 밀접하게 연관되어 있다. 가족은 입양 등을 통해 구성원을 충원하기 때문에 단절되지 않는다. 많은 연구는 또한, 가족제도, 철학적 배경, 사업 관행이 함께 상호작용하여 일본 가업의 장수를 촉진했다는 점을 강조한다.[52]

일본어의 '이에家'는 동일한 표의 문자로 표기되는 중국의 '치아家'와 구조적으로 다르다. 즉, 일본의 가정은 법인체 성격의 조직으로 원칙적으로 쉽게 소멸하지 않는다. 그러나 중국의 가정 치아는 끊임없이 분화와 해체의 상태에 놓인다. 왜냐하면, 가족이 분가하여 분할될 때 분할되어 나온 단위 중 어느 것도 그것이 나온 단위의 정확한 정체성을 유지하지 않기 때문이다.

중국에서의 장자 상속은 가정의례의 목적으로 존속한다. 중국 가족에서 장남은 아버지 가문의 위패를 모시고 지키는 의무를 진다. 이런 의례관습을 통해 가족은 혈연의 연속성을 확인하는데, 이 관행은 기원전 127년 중국에서 장자 상속 제도가 공식적으로

---

50 Goto, Toshio, "Family business and its longevity", *Kindai Management Review* 2, 2014, pp.78~96 중 pp.87~88.
51 中根千枝, 『家族の構造 - 社会人類学的分析』, 東京大学出版会, 1970, 431쪽.
52 Goto, Toshio, op. cit, 2014.

폐지되었음에도 오늘날까지 남아 있다.[53] 일본의 장자 상속 모델은 중국보다는 유럽의 계승 모델과 더 유사하다. 그러나 일본 모델은 장남의 능력이 의심받으면 다른 상속인으로의 대체를 허용함으로써 서양식 장자 상속제도의 문제점을 보완한다. 권위의 측면에서 일본 가부장은 중국의 가부장보다 더 강하고 절대적이다. 아마도 그것은 그가 가문의 공동 재산을 통제할 뿐만 아니라 실질적 능력을 인정받아 선택된 실력자이기 때문일 것이다.[54] 후계자와 후계자가 아닌 형제의 관계는 위계적인 경향이 있으며, 후계자만이 가장으로서 완전한 권위를 누린다.

장자에 의해 계승된 가문은 혼케이本家로 부리며, 다른 형제들의 가문은 분케이分家라 부른다. 이러한 제한 시스템은 각 세대에 오직 하나의 중심 가족 가구main family household만 허용한다. 그런데, 승계의 중요한 원칙은 상속인이 가문의 명예를 유지하거나 향상시킬 능력이 없다고 판단될 경우 장남을 다른 아들, 사위 또는 친족이 아닌 사람으로 대체할 수 있다는 것이다. 이는 생물학적인 혈연관계에만 의존하는 방식이 아니라는 것을 뜻한다.

상속 및 거주 패턴에 있어서 후계자와 비 후계자 사이의 위계적 구분은 오늘날에도 여전히 강하다. 상징적인 예로 천황의 형제 사례를 들어본다. 전후 일본 통치하에서는 고 히로히토 천황과 그의 형제들만이 황실로서의 공식적인 지위를 유지한다. 히로히토의 사망으로 새 천황 아키히토와 그의 직계 가족이 새로운 본가가 되었으며, 아키히토 한 사람의 연간 황실 봉급은 미화 약 190만 달러에 이른다. 그리고 황실 가문의 나머지 17명 구성원은 황실 봉급의 나머지 절반인 미화 190만 달러를 나누어 가져야 한다. 본가와 분가의 위계적 지위가 경제적 수치로 잘 드러난다.[55]

가계 계승에 비非친족의 포함 : 레딩[56]에 따르면 중국 화교 가족기업에는 가족 외부의

53　참조 : https://en.wikipedia.org > wiki > Property_law_in_China.
54　Pelzel, John C., "Japanese kinship : A comparison", In Maurice Freedman ed., *Family and Kinship in Chinese Society*, Palo Alto : Stanford University Press, 1970, pp. 227~248.
55　Weisman, Steven R., *The New York Times Magazine*, 1990년 8월 26일, 전국판 6절, 29쪽. Headline : Japanese Imperial Present.
56　Redding, S. Gordon, *The Spirit of Chinese Capitalism*, New York : Walter de Gruyter, 1993.

사람을 절 때 신뢰하지 않는다는 기본 규칙이 있다. 화교 가족기업에서 발견되는 이러한 불문율은 (가족원이 아닌) 고용된 관리자가 회사의 장기 전략을 결정하고 회사를 관리하는 데 강력한 통제권을 행사하는 일본의 경우와 극적으로 대조된다. 일본의 기업에서 급여를 받는 관리자들이 행사하는 막강한 힘은, 찬들러Chandler의 지적처럼, 전문성을 중시하는 경영 자본주의의 출현으로 종종 해석되었다.[57] 그렇다면 일본 가족기업에서 소유주와 급여를 받는 관리자 사이의 높은 신뢰의 원천은 무엇일까?

우선, 일본의 기업에서 급여를 받는 관리자는 외부인이 아니다. 그들은 일본의 전통 가족 개념인 이에家의 구성원과 동등한 자격을 가진 것으로 간주된다. 아베글렌과 스타크가 관찰한 바와 같이, "일본 회사의 이사회는 거의 전적으로 내부 이사회 구성원, 즉 회사의 고위 경영진으로 구성된다. 그들은 경영인으로 차례차례 단계를 밟아 올라가면서 이사회 구성원의 지위를 얻는다. 즉 그들은 경력을 인정받은 직업 직원인 것이다."[58]

일본에서 급여를 받는 관리자를 이사회에 포함시키는 것은 18세기 도쿠가와시대 이후 일본의 경영 전통이었던 반토番頭 제도와 직접적인 관련이 있다. 상인 가족에서는 견습생 고용이 널리 퍼져 있었고 엄격하게 제도화되어 있었다. 어린 소년이 추천을 통해 이에家의 기업에 소개되어 견습생(데시丁稚)으로서 기술이나 무역을 배웠다. 훈련을 만족스럽게 마치고 18세가 되면 데시는 테다이手代(대리인, 또는 초보 匠人)의 지위로 승진하게 된다. 그리고 테다이 중에서 가장 훌륭하고 똑똑한 사람이 반토番頭(관리자, 사무장)로 임명될 수 있게 된다. 반토는 (1) 상속인으로 입양되거나 (2) 가족의 딸이나 조카와 결혼하여 가족 구성원의 지위를 얻으면 그 이에家의 우두머리가 될 수 있다.[59] 또 하나의 대안은,

---

57 Chandler, A.D. and H. Daems eds., *Managerial Hierarchies*, Cambridge, Harvard University Press, 1980.
58 Abegglen, J. C. and G. Stalk, *Kaisha : The Japanese Corporation*, New York : Basic Books, 1985, p. 185.
59 만약 장남이 가문을 승계할 적격자가 아니라고 판단될 시에는, 경제 주체로서의 가문의 가치를 보다 우선하여, 친척이나 반토(番頭 : 지배인) 중에 우수한 자를 데릴사위(壻養子)로 삼아 가업을 계승시켰다. 후계자를 결정하는 방법은 상가에 따라 다르나, 대체적으로 20여 년 동안 일을 시키면서 관찰한 후 판단하였다.

반토가 분가를 설립할 자본금을 받는 방법이 있다.[60]

많은 학자는 반토 시스템이 일본의 급여 관리자의 부상을 위한 수단임을 인식해 왔다.[61] 19세기 후반과 20세기 초 일본에는 기술 인력이 부족했다. 그런 상황에서 해외 산업 현장이나 대학에서 기술과 지식을 습득한 경험이 풍부한 관리자들은 주목받는 사회적 이동의 대상이 되었다. 미쓰비시Mitsubishi와 같은 일부 가족기업은 대학 교육을 받은 인재를 채용하고 유지하기로 했으며, 새로운 인재들에게 회사에 대한 소속감, 정체성, 충성심을 심어주려고 노력했다.

내부적으로 교육을 받고 급여를 받는 관리자가 상당수 등장한 후에야 그들은 중요한 방식으로 일본 기업의 이사회에 합류하도록 요청받았다. 현재의 일본 기업(18세기의 이전 기업과 마찬가지로)은 기업별 교육을 통해 현대식 반토를 통합한다. 이러한 교육은 기능적 전문성에 관한 것뿐만 아니라 회사의 공동체로의 도덕적 사회화 과정이기도 하다.[62] 즉, 일본인 소유주와 핵심 직원 간의 신뢰는 종신고용, 연공서열 제도, 폭넓은 회사 복지, 회사 노래, 회사 좌우명 등 다양한 경로를 통해 제도화된다. 반토番頭는 이렇게 일본이 수 세기에 걸쳐 발전해 온 관행인 것이다.

또 하나의 측면, 즉 장자 상속은 자본 축적을 돕는 반면, 공동 상속은 일반적으로 경제적 자원의 파편화로 이어진다. 2~3세대가 지나면 희석된 상속 재산은 더 많은 부를 축적할 수 있었던 가족 단위를 제외하고는 가족을 재난으로부터 보호하기에 부적절해진다. 이 차이는 일본과 중국의 차이점을 설명해준다.

---

60 반토(番頭)에서 5년 정도가 지난 35세 무렵 본가(本家)로부터 가명(家名)과 재산을 배분받아 독립하는 베케이(別家) 단계에 이른다. 베케이는 노렝와케(暖簾分け) 즉 분점화(分店化)로, 이때 개업자금으로서 점포에 맡긴 상당한 급여적립금, 퇴직금과 장려금 등의 축의금이 본가에서 지급된다. 한편, 분가(分家)한 베케이는 본가와 주종관계 유지를 약속한 별가(別家)증서를 제출하기도 하며, 배우자를 맞이해 가정을 꾸리거나 반토(番頭) 때 결혼해 고향에 있는 아내를 데려온다.
61 Morikawa, Hidemasa, "The increasing power of salaried managers in Japan's large corporations", In W.D. Wray ed., *Managing Industrial Enterprise : Case from Japan's Pre-War Experience*, Cambridge, MA : Harvard University Press, 1989, pp. 25~51.
62 Deutschmann, Christoph, "Economic restructuring and company unionism : The Japanese model", *Economic and Industrial Democracy* 8(4), 1984, pp. 436~488.

일본 가족기업에서 가장 중요한 요소는 가문 구성원 간의 공동 소유이다. 대표적인 예로 미쓰이三井를 생각해 볼 수 있다. 미즈이 재벌zaibatsu, 三井財閥의 유래는 17세기로 거슬러 올라간다. 그 시작은 포목점 개업이었다고 한다. 미쓰이는 오모토카타大本店라는 중앙본부 조직을 협업 가족들의 공동투자 형태로 설립하여 미쓰이 계열(구미組)로 불리게 된 협업 가문의 업무를 통제하도록 했다(여기서 모토카타本店는 미쓰이가 처음 사용한 명칭이나 조직이 아니고, 명칭 자체가 '관리 본부'의 보통명사로서 근대 초기에 교토 상인들 사이에 널리 사용되었다.). 사업 자산은 통제를 위해 오모토카타에 집중되었으며, 분할이 금지되었다. 배당금은 소유 지분에 비례하여 지급되었다.

이와 같은 공동 소유는 재산법상의 개념인 공동 소유의 한 유형으로 이해되며, 특히 물권의 관습법에서 유래한다. 야수오카[63]는 이와 같은 공동 소유의 유형을 총유總有, Gesamteigentum 또는 합유合有, Gesamthandseigentum라는 독일의 구분에 따라 정의하고 있다. 총유는 개별적인 지분이 인정되지 않는 반면, 합유는 각 개인의 지분을 인정하되 자산의 분할이 엄격히 통제되는 형태이다. 이와 같은 집합소유의 관행은 가문의 자산을 보전함으로써 가업이 오래 지속되도록 하는 요인의 하나로 여겨진다.[64]

(2) 도조쿠단同族團 또는 여러 가족의 조직

도조쿠同族는 경제적 기반을 공유하는 본가本家 - 분가分家 관계에 의해 성립하는 두 개 이상의 '이에家'를 이르는 총칭이다. 이 도조쿠가 거주와 경제적 조건에 의해 집단화 내지는 조직화한 것이 도조쿠단同族團인데, 흔히 도조쿠라고 부른다. 도조쿠同族는 혼케이本家, main house 또는 렌케이連家, associate house와 분케이分家, branch house로 구성되거나, 또는 분케이와 베케이別家, distant house(또는 멀리 떨어져 있는 집)로, 권위의 내림차순으로 나열되기도 한다. 분케이分家는 가문의 후손에 의해 형성되었지만, 베케이別家는 본가

---

[63] Yasuoka, Shigeaki ed., *The Mitsui Zaibatsu*, Tokyo : Nihon Keizai Shimbun-sha, 1982, p.350.
[64] Yasuoka, Shigeaki, "The Early History of Japanese Companies", *Japanese Yearbook on Business (SPECIAL ISSUE : THE HISTORY OF COMPANIES IN JAPAN)* Vol.3, 1987.

경영진의 허가를 받아 혈족이 아닌 고위 관리자(예를 들면, 반토番頭)에 의해 분가를 이룬 것이다. 이 강력한 가족제도ie-institution는 일본에서 오래 지속되어온 큰 규모의 가족기업 LLFB(Large Long-Lived Family Businesses)의 기반으로 간주된다.

도조쿠단은 본가를 중심으로 본가, 분가, 별가의 순서로 확장되는 다층多層 동심원형 네트워크로 여러 집(가족)들이 가족적 정체정을 공유하는 조직을 이룬다. 각 집에는 집의 대표와 그 가족 및 가족기업의 직원으로 구성된 집안의 네트워크가 있다. 그리고 도조쿠단을 구성하는 각 집을 둘러싸고 고객과 업계 협회, 주변 사회 등 느슨한 네트워크가 확장되어 있다.

도쿠가와德川시대 중반 이후 큰 규모의 가족기업 가문에서는 기업의 성장과 자회사 점포 및 사무소의 확장 및 지리적 확산, 새로운 사업의 시작 등으로 인해 경영을 비非가족 경영인에게 위탁하는 경향이 있었다.[65] 이처럼 소유와 경영의 분리는 가계의 번영과 지속을 촉진하기 위한 실질적인 메커니즘으로 시행되기 시작했다.[66] 이러한 경향은 가족기업의 지향志向을 공공복지 쪽으로 더 많이 이동시켰다.

사회적 자본의 원천이자 사용자, 구축자로서 가족은 기업과 함께 네트워크를 구성하여 가훈에 명시된 대로 가족 가치 체계를 공유한다.[67] 레비와 러너는 가족기업이 다른 유형의 기업보다 사회적 자본이 강하기 때문에 인적 자본과 금융 자본의 약점을 상쇄하고도 동일한 성과를 보인다고 말한다.[68] 그리고 가족 자본은 기업의 성과와 지속 가능성에 크게 기여한다.[69] 창업 세대에서 후계 세대로 가족의 가치가 전수되는데, 이 과정에서

---

[65] Gaens, Bart, "Family, enterprise, and corporation : The organization of Izumiya-Sumitomo in the Tokugawa Period", *Japan Review* 12, 2000, pp.205~230.
[66] Horie, Yasuzo, *Nihon Keieishi ni Okeru "ie" no Kenkyu*(Research on the 'ie' in Japanese Economic History), Tokyo : Rinsen Shoten, 1984.
[67] Bubolz, M., "Family as source, user, and builder of social capital", *The Journal of Socio-economics* 30, 2001, pp.129~131.
[68] Levie, J. and M. Lerner, "Resource mobilization and performance in family and nonfamily businesses in the United Kingdom", *Family Business Review* 22(1), 2009, pp.25~38.
[69] Danes, S., K. Stafford, G. Haynes, S. Amarapurkar, "Family capital of family firms : Bridging human, social, and financial capital", *Family Business Review* 22(3), 2009, pp.199~215.

적절히 관리된다면 가치 체계가 응축된다.

일본 가족기업의 성공과 장수에 대한 심층적 이해를 기하기 위하여, 도시오 고토는 도조쿠단을 구성하는 여러 층위의 네트워크multi-layered Dozokudan network에 대한 설명을 다음과 같이 제시했다.[70]

첫째, 본가main, 준가associate, 지가branch, 별가distant가 공유하는 네트워크는 도조쿠단 네트워크의 핵심으로 자리 잡는다. 본가本家는 네트워크의 가장 권위 있는 중심이며, 나머지 가문은 규율에 명시된 대로 충성을 한다. 본가에 후계자가 없는 경우, 다른 가문은 자신의 가족을 희생하여서라도 대를 이어가도록 헌신하는 의무를 진다. 반대로 본가는 하위 가문에게 호의를 베풀어야 한다. 도조쿠단 네트워크 내에서 모든 가문은 상급 본가를 포함하여 서로를 신뢰하고 호혜적으로 도와야 한다. 이러한 관계는 계약이 아니라 콜만Colman이 말한 사회적 자본의 핵심인 상호 신뢰에 기반한다.[71]

둘째, 도조쿠단 네트워크 내에서 각 집에는 가족 구성원, 가족 외 관리자 및 직원으로 구성된 집안 내 네트워크가 자리했다. 가훈에 명시된 대로 부모에 대한 효도는 가장 중요한 가족 가치 중 하나이지만, 그 대신 집안의 가장은 집안의 아랫사람들에게 자비를 베풀도록 기대 되었다. 가족 구성원과 비가족 구성원 간의 이질성으로 인한 위험을 예민하게 인식한 가족기업은 효도와 호혜를 강조함과 동시에 직계 후손들에게도 유훈의 준수를 당부했다. 비가족 직원도 가족 구성원과 똑같이 대우했으며, 후계자는 어린 시절에 비가족 견습생과 동일한 교육을 받도록 했다. 일부 가문에서는 후계자가 비가족 직원과 같은 음식을 함께 먹으며 동등한 수준에서 가족의 가치인 검소함을 공유하는 것을 원칙으로 삼기도 했다.

셋째, 도조쿠단 네트워크는 가족회사 외부로 확장된다. 그 누구보다도 고객은 LLFB(Large Long-Lived Family Business)의 장수를 뒷받침하는 가장 중요한 이해관계자 중 하나

---

70 Goto, Toshio, "Family business and its longevity", *Kindai Management Review* Vol. 2, 2014, pp. 78~96 중 pp. 87~90 참조.

71 Coleman, James S., "Social capital in the creation of human capital", *American Journal of Sociology Volume* 94, 1988, pp. 95~120.

이다. 일본의 상인이자 철학인 이시다 바이간石田梅岩은 이미 18세기 중반에 고객 만족의 중요성을 강조한 바 있다. 그의 가르침을 따라 많은 기업이 고객 만족을 사업상 우선순위로 두었을 뿐만 아니라 일상적인 운영에서도 실천했다. 고객들은 제품, 서비스, 직원의 행동 등을 경험함으로써 가족기업의 신뢰성을 높이 평가했다. 이처럼 사회적 자본은 가족기업과 고객 사이에서 중요한 역할을 하는 존재이다.

마찬가지로 가족회사가 몸담고 있을 뿐만이 아니라 이해관계자 중 하나인 지역사회도 가족회사의 네트워크를 구성한다. 가족기업의 구성원들은 주변 지역사회에서 태어나고 자랐으며, 지역사회 활동에 참여하고 다양한 방식으로 지역사회에 이바지한다. 이러한 일련의 일상적 접촉을 통해 신뢰성이 지역사회 구성원들에게 전달되고, 이를 가족기업과 기업의 핵심 가치로 인정받게 된다.

사회적 경제 기업의 가치를 이해한 주변 지역사회는 사회적 경제 기업을 정당한 구성원으로 받아들이는 것은 물론, 필요에 따라 다양한 지원을 아끼지 않게 된다. 대표적인 사례로 1625년부터 가나자와시를 대표하는 제과업체 중 하나인 모리하치森八가 있다. 1996년 모리하치는 경영 악화로 60억 엔의 빚을 지고 파산 직전까지 몰렸는데, 가나자와시와 지역사회가 대출금 일부를 탕감하는 등 재정적 지원을 아끼지 않았다. 제18대 대표는 부인과 직원들과 함께 경영 구조조정과 고객 만족도를 높이기 위한 경영 방식 개선에 필사적인 노력을 기울인 결과, 2004년에 모든 부채를 상환 완료했다.

마지막으로, LLFB 외부 네트워크의 또 다른 계층에 대해 하나 더 언급한다면, LLFB의 구성원들이 참여하는 수많은 공식, 비공식 조직과 협회이다. 일본에서는 '코公'(조직) 또는 '렌連'(협회)이라고 불리는 조직이 금융, 종교, 오락에서 문화에 이르기까지 다양한 목적으로 만들어진다. 회원들은 자발적으로 조직을 구성하고, 정기적인 모임을 하고, 조직의 목적에 반영된 같은 가치를 공유하기 위해, 또는 상호 우호 관계를 돈독히 하기 위해, 일정 금액을 모아 상호 합의된 활동을 지원한다. 예를 들면, 일본의 여러 지역사회에는 가장 인기 있는 후지산을 등산하기 위한 후지코Fuji Ko(후지산 조직)가 많이 만들어져있다.

지금까지 도조쿠단의 다층적 네트워크를 네트워크의 내부, 네트워크 사이, 외부 네트워크의 순서로 분석해 보았다. 이 절에서는 도조쿠단의 다층적 네트워크가 사회적 자본으로서 가문과 기업체의 발전에 다양한 방식으로 기여했고, 그 결과 장수할 수 있었다는 점을 강조하면서 이 절의 결론을 내리고자 한다. 이러한 기여는 그래노베터Granovetter가 제시한 약한 유대와 강한 유대의 개념을 도입하면 더 잘 이해할 수 있다.[72]

도조쿠단의 본가, 준가, 지가, 별가 사이의 집 간 네트워크는 구성원이 동질적이고 접촉이 빈번하다는 특징이 있어 강한 유대관계로 분류된다. 고객과 지역사회가 공유하는 외부 네트워크는 약한 유대로 분류된다. 마지막으로 비공식적인 모임으로 확장된 네트워크는 느슨하고 우연한 접촉과 이질적인 멤버십이 특징이며, 따라서 가장 약한 유대관계로 분류된다.

강한 유대는 조직과 도조쿠단의 네트워크를 공고히 하는 힘의 원천으로 효과적이다. 그러나 이러한 내부 지향적 힘에 대한 과도한 의존은 가문과 사업을 배타적으로 유지하고 환경 변화에 둔감하게 만들 위험이 있다. 약한 유대관계는 이러한 내부 지향성을 개선하고 외부 정보를 흡수하여 활력을 불어넣는 가교 역할을 하는 데 효과적이다.

안정된 환경에서는 동질성이 높을수록 생산성이 높은 반면, 역동적인 환경에서는 이질성이 높을수록 생산성이 높다.[73] 조직에 내재한 강한 유대는 통합적 합의에 도달하고 복잡한 적응을 달성하는 데 효과적이지만, 새로운 정보에 대한 접근을 제한할 수 있다. 도조쿠단의 네트워크에서는 내재적 유대와 거래상의 유대가 결합하여 가장 효과적인 네트워크를 실현하는 기능을 하는 것으로 관찰된다.[74] 강한 유대와 약한 유대를 갖춘 100년 된 가족은 안정된 환경에서는 강한 유대에 더 의존하고 역동적인 상황에서는 약한 유대에 더 의존했다고 주장할 수 있다.

72　Granovetter, Mark S., "The Strength of Weak Ties", *American Journal of Sociology* 78(6), 1973, pp.1360~1380.
73　Priem, Richard L., "Top management team group factors, consensus, and firm performance", *Strategic Management Journal* 11(5), 1990, pp.469~478.
74　Brian Uzzi, "Social Structure and Competition in Inter-firm Networks : The Paradox of Embeddedness", *Administrative Science Quarterly* 42(1), 1997, pp.35~67.

(3) 비즈니스 윤리와 전문성을 강조한 이시다 바이간石田梅岩의 가르침

이시다 바이간(1685~1744)은 도쿠가와시대(1603~1868)의 일본 상인이자 철학자로, '석문심학石門心學'[75]이라는 도덕 또는 윤리 철학의 개념을 발전시킨 인물이다. 이시다 바이간의 진정한 관심은 신도神道를 설파하는 것이었지만, 그의 사상에 가장 큰 영향을 미친 것은 유교였다. 그의 이론의 근간이 되는 마음과 본성의 개념은 맹자(기원전 372~289년)에서 유래한 것이고, 이에 대한 설명은 주로 성리학에서 상당 부분 파생되었다. 그는 또한 불교의 영향을 받은 성리학자들을 통해 불교의 영향도 받았다. 그가 체계화한 '석문심학石門心學'은 도쿠가와 이후 급성장한 상인과 장인 계층이 필요로 하던 새로운 윤리관과 도덕의식의 기초를 제공했다.

바이간 사상의 상당 부분은 공자(기원전 551~479년)에 기초하고 있는데, 특히 공자의 다음과 같은 말씀을 중시했다. 공자께서 말씀하시기를 "부귀는 사람이 원하는 것이니 마땅히 얻지 못하면 가지지 말 것이요, 가난과 비천함은 사람이 싫어하는 것이나 마땅히 피할 수 없거든 피하지 말라. 군자가 덕을 버리면 어찌 그 이름에 걸맞은 조건을 충족시킬 수 있겠는가? 군자는 밥 한 끼라도 어긋나지 아니하고 급할 때도 이를 지키나니, 위험에 처한 순간에도 덕을 지킨다(논어, 04-5)." 바이간은 유교와 불교의 호혜와 자비를 도입하여, 상인도 장인, 농부, 지배계층의 무사 못지않게 자신의 직업에 충실해야 한다고 가르쳤다. 비즈니스 관계에서 서구 사회의 계약 관계와는 달리 상호 신뢰, 자비, 호혜적 도움을 강조한 것이다. 바이간의 사상은 많은 기업 가문家門의 계율에 반영되어 있다. 예를 들면, 1722년의 미쓰이 가문 계율은 창업주 미쓰이 다카토시(1622~1694)가 사망한 지 30년 뒤에 유언을 정리하여 형식화한 것이다.[76] 바이간은 미쓰이의 본가가 위치한 교토에서 설교했었다. 그러므로 바이간의 가르침과 미쓰이의 행실과 신념이 관련이 있다고 추측하는 것이 타당하다.

---

[75] 이시다 바이간을 시조로 하는 윤리학의 하나로 평민을 위한 평이하고 실천적인 도덕, 생활철학이다
[76] 中田易直(Nakada Norio), 『三井高利(Mitsui Takatoshi)』, Tokyo : Yoshikawa kobunkan(吉川弘文館), 1959, 218~221쪽 참조.

(4) 기업을 공공적 실체public entity로 보는 관점

한국과는 달리 일본에서는 기업을 공공기관으로 간주한다. 왜냐하면, 일본에서는 민간과 공공의 구별이 모호하기 때문이다. 공공기업이나 사적 기업이나 그것은 단지 업무조직을 의미할 따름이다. 가족기업 역시 사회를 대상으로 하는 일이기에 공익과 공적 의무를 염두에 두어야 한다는 생각이 강하다. 이는 권위 관계에서도 호혜가 강조되는 일본 특유의 상호주의와 관련이 있다.

기업을 공공기관으로 보는 이러한 생각은 니노미야 손토쿠二宮尊德(1787~1856), 미시마 추슈三島中洲(1830~1919), 시부사와 에이치澁澤榮一(1840~1931) 및 마쓰시타 코노수케松下幸之助(1894~1989)와 같은 수많은 철학자와 실천가들에 의해 널리 설파되었다.[77] 이러한 생각을 받아들여 실천한 대표적인 사례로 파나소닉의 마쓰시타를 꼽을 수 있다.

거대 전자업체 파나소닉의 창업주 마쓰시타는 '사회적 공공기관으로서의 기업' 개념을 분명하게 강조한 선구자 중 한 명이다. 그는 "회사에 필요한 "사람, 돈, 토지, 물건 등 모든 것"이 사회에서 나오므로, 회사 자체는 사회가 우리에게 맡긴 것, 사실상 사회에 속해 있는 공공기관"이라고 말했다. 그는 1946년 이미 회사를 '공공기관'으로 묘사하며 "기업은 단기간이라도 혼자서는 오랫동안 번영할 수 없다. 이것이 자연과 사회의 법칙이다. 상생은 자연과 인간사회의 바른 모습이다."라며 기업은 '공공기관'으로서 사회의 지지와 지지를 받아야만 존재할 수 있다고 단언했다.

(5) 가족 규약 및 계율

전체적으로 LLFB는 강한 유대와 약한 유대로 구성된 사회적 자본을 최대한 활용하여 끊임없이 변화하는 환경에 가장 효과적으로 적응함으로써 오늘날까지 살아남았다. 이러한 상황을 잘 반영해주는 자료가 여러 가족기업에서 간직해온 계율집戒律集이다.

---

[77] 이에 대한 자세한 내용은 다음을 참조: Goto, Toshio, "Secrets of family business longevity in Japan from the social capital perspective", In P.Z. Poutziouris, K.X. Smyrnios, S. Goel, eds., *Handbook Of Research On Family Business*, (Second Edition), Chapter 24, Cheltenham, UK: Edward Elgar Publishing, 2013, pp.554~587.

경영사학자經營史學者들이 집대성한 관련 문헌 조사를 바탕으로 도시오 고토는 잘 알려진 여러 기업 가문의 규약 및 계율 목록을 소개하고 있다.[78] 가문규칙 중 가장 포괄적인 것은 '미쓰이 가문 규칙'(1900년 개정)으로 총 10장 109항으로 구성되어 있다. 여러 사례들을 보면, 대부분은 일에 대한 진심 어린 헌신(스미토모 마사토모住友政友); 이윤보다 사회 정의를 강조하는 동시에 경박한 이익 추구를 비난(시모무라 히코에몬下村彦右衛門: 다이마루 백화점); 사회 복지에 기여하기 위해 모든 노력을 기울이고 그 노력에 부를 아끼지 말 것(혼마 무네히사本間宗久); 부를 개인적으로 쓰지 않을 것(시모무라 히코에몬). 낭비하지 말고 열심히 일하라(오미近江 商人의 생활신조) 자신만을 생각하지 말고 모든 사람에게 가장 좋은 것이 무엇인지 생각하고, 높은 이익을 기대하지 말고, 팔려는 사람을 중요하게 여길 것(나카무라 지헤이中村 慈平); 상인집 주인은 남의 자식을 고용할 때 그들에게 장사 방법을 가르쳐서 사람답게 만들어 사회에 내보내는 것을 의무로 삼아야 한다(이이다기헤이飯田儀兵衛). 이상의 다양한 가문 계율에 반영된 기본 메시지는 다음과 같이 요약될 수 있다. 미덕은 뿌리이고 부富는 결과이다. 이러한 호혜주의에 입각한 기업 윤리는 의심할 바 없이 가족기업의 장수를 촉진하는 주요 요소가 되었다.

이상의 서술은 독자에게 가족 구성원의 핵심 가치인 가족과 그 사업의 영원성에 대한 강한 의지를 촉구하는 사회적·역사적 맥락을 제시하는 것이다. 다양한 내용의 규정과 계율은 본질적으로 가족의 구조, 상호관계, 소유집중, 이윤의 분배, 화목한 분쟁 해결 등이 주요 내용이다. 그리고 그것은 모두 가족의 영원한 번영을 위한 것이다. 그 규칙들은 가족과 그 사업의 항구적인 성장을 위해 가장 중요한 가족기업 운영구조를 잘 정의할 수 있도록 준비되어 있다. 일부 규정은 가족기업지배구조를 다루고 있지만, 기업지배구조에서 사업운영규칙, 종업원규정 등은 별도의 문서에 기술되는 경우가 많다.

---

[78] Ibid, p. 559 참조.

5. 한국의 소규모 가족기업

한국에서 전통적인 가족은 전문적이거나 직업적 명성을 가진 어떤 결사체와도 아무런 관련이 없었다. 양반 가문이 가장 중요하게 생각한 것은 문과에 합격한 교양인을 배출했다는 사회적 평판이었다. 그러므로 양반 가문의 가족원은 장인정신과는 전혀 관련이 없었다. 이는 일본의 상황과는 완전히 대조적이다. 일본의 장인정신은 검劍, 기모노, 도시락, 과자 만들기 등 특정 기술을 평생 완벽하게 익히는 것을 요구하며, 그 기술을 다음 세대에 계승함으로써 가문의 자랑으로 삼고, 그 결과 이러한 전문 상점이 오랫동안 유지될 수 있었다. 그러나 한국의 양반 가문은 전문화에는 관심이 없었고, 특별한 기술보다는 매우 일반적인 인문학적 학습을 중요시했다.[79]

한국의 가족과 대조적으로 중국의 가족은 어떤 비즈니스 요구에도 적응할 수 있는 유연한 조직이다. 해외 화교 가족기업을 살펴보면 자산을 즉시 다른 유형으로 전환하는 비자산적 특수성을 쉽게 발견할 수 있다. 한국의 전통 가족은 부계 혈통을 따라 생물학적 계보를 강조하는 경향이 있고, 이러한 가족관에 반영된 관계는 중국 전통 가족처럼 가족이 경제적 과제에 유연하게 적응하는 것을 매우 어렵게 만든다. 그 결과 한국의 전통 가족은 아주 극심한 경제적 난관에 봉착했을 경우가 아니면, 현대의 한국에서도, 경제적 단위로 운영되기가 매우 어렵다는 것을 알게 되었다. 한국의 경제 발전과정에서도 가족 구성원이 참여하는 사업 단위는 매우 드문 현상이다. 다만 경제적 위기가 오면 한국은 가부장이 나서 자신의 사업을 운영하는 경우가 일반적이다. 그래서 한국의 학자들은 가업 대신 가업과 거의 유사한 '자영업' 개념을 사용하는데, 이는 다음과 같은 의미를 내포하고 있다. 즉 한국에서 흔히 말하는 자영업이란 아버지만이 일하고 다른 가족 구성원들은 대개 사업에 참여하지 않는다는 것이다.

---

[79] 많은 국가에서는 가족 사업이 대를 이어 온 경우가 많다. 예컨대, 이탈리아에서는 많은 유명한 이탈리안 레스토랑이 가족 사업이다. 왜냐하면, 가족이 비법을 보존했기 때문이다. 한국의 국내 취업자 10명 중 2~3명은 자영업을 하고 있지만, 가업을 전문화하는 경우는 드물다.

한국에는 가족기업에 관한 자료가 없기에 자영업自營業이나 자유업自由業을 가업의 지표로 사용해야 한다. 즉, 한국에서는 가족경영의 정의에 부합하는 기업을 찾기가 어려우므로 이 책에서는 소규모 기업과 자영업을 중심으로 논의를 진행한다.

통계청에 따르면 2022년 기준 한국의 자영업자 비율은 25%지만, 일본은 10.0%에 불과하다. 자영업자 중 약 77.1%가 고용원이 없는 1인 사업을 하고 있으며, 소유자+근로자, 소유자+가족/친구 순으로 나타났다(<그림 1>).

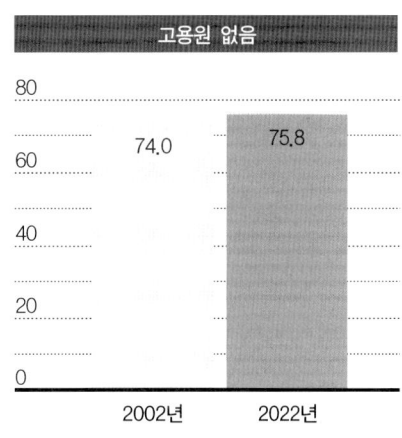

<그림 1> 직원 없는 자영업 비율 : 2002년과 2022년

2006년의 통계에서 전체 자영업자 수는 약 776만 명으로 전체 취업자(2,315만 명)의 33.6%에 달한 점을 참작하면 2021년에는 그 수와 비중이 감소하는 모습을 보인다. 이는 자영업자의 실패 및/또는 파산 비율이 높다는 것을 나타낸다. 경기 둔화와 코로나 19 대유행이 이러한 변화에 영향을 미쳤을 수 있다(『중앙일보』, 2023년 8월 24일 기획 기사 참조).

이는 한국의 가업이 대부분 가족의 생활비를 벌기 위해 소규모로 이루어지고 있음을 의미한다. 한국에는 일본과 비교해 전문성이나 전문성을 바탕으로 한 가족기업이 거의 없다. 이것이 한국 자영업의 도산율이 상대적으로 높은 이유 중 하나일 수 있다. 한국노동연구원에 따르면 중소기업 파산 신청 건수는 2008년 상반기 7만3000곳에서 2009년 초 24만1000곳으로 급증했다가 2010년 상반기에는 9만8000곳으로 줄었다. 연구원에 따르면, 직원 5명 미만의 중소기업 중 56%가 50대가 운영하고 있다.

삼성경제연구소에 따르면 중소기업이 어려움을 겪는다면 한국 경제 전체도 마찬가지다. 중소기업이 한국 경제의 약 40%를 차지하고 있기 때문이다. 분석가들은 앞으로 몇 년 동안 경제 전망이 나아지지 않을 것이며 더 많은 사람이 파산 신청을 할 것으로 예상된다고 말했다.[80]

한국노동연구원에 따르면 새로 개점하거나 자영업자를 폐업하는 사람은 50세 이상이다.[81]

〈그림 2〉는 50세 이상 자영업자의 급격한 증가를 보여준다.

2002년	연령	2022년
5.5	29세 이하	3.8
23.8	30~39세	12.6
32.6	40~49세	21.3
19.7	50~59세	26.9
18.4	60세 이상	35.5

〈그림 2〉 연령별 자영업자 수(2002 vs 2022) (50세 이상 % 참조)   단위 : %

　50세 이상 창업자의 창업이 늘어나면서 감소세를 보이던 전반적인 자영업자 비율이 높아지는 추세다. 전체 자영업자 수는 금융위기로 인해 2010년 559만 명으로 줄어들었다가 2012년 이후 다시 증가하기 시작했다.

　최근 50세 이상 자영업자가 늘고 있는 분야는 주로 소매업, 요식업, 운수업, 숙박업 분야이다. 최근 은퇴한 베이비붐 세대(1955~1963년생)는 새로운 일자리를 찾는 데 큰 어려움을 겪고 있다. 따라서 그들이 자영업을 시작하여 50세 이상 자영업자의 수가 늘어났다. 문제는 50세 이상의 사람들이 창업한 신규 사업의 성공 가능성이 매우 희박하다는 점이다. 이는 충분한 준비나 전문 지식 없이 신규 사업을 시작하고 시장이 포화된 상태이기 때문이다. 예를 들어, 현재 커피전문점 시장은 2018년 기준 약 78억 원 규모이다. 현재 커피전문점 시장은 수년에 걸쳐 급속도로 확대되고 있지만, 커피전문점의 폭발적인 증가는 자영업자 간의 과도한 경쟁을 불러일으켰다. 〈그

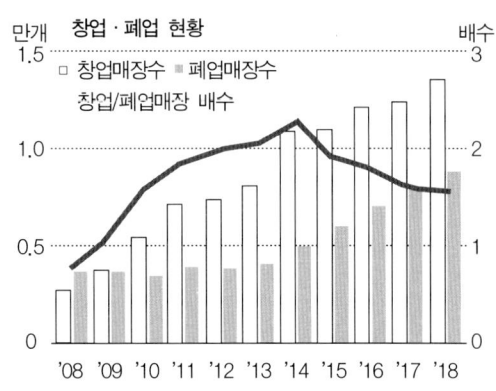

〈그림 3〉 커피숍 폐점 및 개점 수 : 2008~2018.

80　KDI 「경제전망」, 2023년 5월 11일. KDI 홈페이지.
81　『중앙일보』 특별보도, 2023년 8월 24일.

림 3>은 2008년부터 2018년까지 개업한 커피숍 수(흰색)와 폐점한 커피숍 수(회색)를 보여준다.

한국 자영업의 대부분은 소상공인이다. 통계청 자료에 따르면 소매업, 운수업, 음식·숙박업 등 업종 중 4인 미만 영세업체가 전체의 90% 정도를 차지하고 있다. 이는 그러한 사업이 경제 규모로 성장할 수 없고, 노인들의 생계를 어렵게 한다는 것을 의미한다. KDI 보고서에 따르면 자영업이 생산하는 전체 GDP는 25.8%(2008년 기준)에 달하지만, 미국은 5.8%, 일본은 9.8%에 불과하다.

한국의 자영업 문제를 설명하는 일은 여러 가지 요소를 포함하기 때문에 쉬운 일이 아니다.

자영업자 수는 산업화가 진행되면서 감소하다가, 경기침체와 함께 증가했다. 자영업자는 재벌을 포함한 한국 산업의 현대 부문이 노동력에 편입시키지 못한 나머지 노동력이다. 그들은 사업을 위해 가족 자원에 의존하기 때문에 거의 가족기업과 같다. 흥미롭게도 한국과 일본에서는 중소기업의 생산성이 감소하고 있지만, 대만에서는 증가하고 있다.[82]

나이별로 보면 퇴직자와 50세 이상 인구 중 자영업자의 비중이 과대하게 나타났다. 그리스와 포르투갈의 비숙련 근로자에 대한 선택은 고도로 숙련된 개인이 자신의 사업을 운영하는 경향이 있으므로 다른 유럽 국가보다 자영업 비율이 더 높다는 점은 흥미롭다. 그러나 한국의 높은 자영업이 높은 생산성에서 나오는 것은 아니다. 한국은 OECD 국가 중 중소기업과 대기업 간의 생산성 격차가 가장 큰 국가이다.[83]

자영업자는 이용 가능한 재료와 사회적 자원을 활용하여 자신의 사업을 운영하는 가족 사업, 소규모 기업가로 특징지을 수 있다. 이러한 관점에서 볼 때, 자영업으로의 전환은 제조업 부문보다 서비스 부문에서 더 쉽다. 왜냐하면, 서비스 부문에서 사업을 시작하는

---

[82] 윤지환, 「불균형 발전 : 비교 관점에서 본 한국 자영업 문제의 근원」, 『개발연구』 47(5), 2011, 786~803쪽.
[83] OECD, *Economic Surveys Korea*, OECD Publishing, Paris, 2018(https://doi.org/10.1787/eco_surveys-kor-2018-en); Ahn, Choong Yong "Rising inequalities in South Korea and the search for a new business ecosystem", *Global Asia* 11(2), 2016, pp.28~35.

데 지식과 소셜 네트워크가 더 큰 역할을 하기 때문이다.[84]

퍼킨스는 "아시아 유교 사회에서 가족의 중심 역할이 소규모 가족경영 기업을 탄생시켰다"라고 언급한 바 있다.[85] 그러나 한국의 자영업자들은 가계 자산, 상속, 기술 등 가계 자원을 활용하려고 등장했다기보다는 대부분 경제적 어려움 때문에 사업을 시작한다. 일반적으로 그들이 하는 사업은 이전 경력과 아무런 관련이 없기에 한국의 자영업자는 기술과 경험에 의존하는 경우가 거의 없다. 그리고 새로운 사업으로의 전환은 충분한 시장 정보와 경영 노하우가 뒷받침되지 않은 경우가 많아서, 이로 인해 한계 이익이 매우 낮고 생존 기간도 대부분 3~5년으로 짧았다.

문화적 차원에서 자영업에 대한 한 가지 설명은 한국인이 다른 사람에게 고용되기보다는 자신의 사업을 갖는 것을 선호한다는 것이다. 또한, 한국의 가족은 제도적으로 중국이나 일본과 달라 사업을 위한 파트너를 확보하는데 어려움이 더 많다. 이러한 문화적 전통의 영향으로, 한 조사에 따르면 많은 한국인은 다른 사람에게 고용되기보다는 자신의 사업을 선호하는 것으로 나타났다.[86] 그러나 한국의 자영업 인구의 과잉은 단순히 문화적 현상 그 이상이다. 무엇보다 한국의 중소기업은 줄어들고 있지만, 자영업 인구는 그에 비례해 줄어들지 않고 있는 점이 눈에 띈다. 또한, 일부 한국인의 독립적인 업무 지향은 사업을 운영할 때 가동자원의 제약과 잦은 사업 실패로 인해 어려움을 겪는 경우가 많다.[87] 자원 제약을 극복하는 방법의 하나는 비즈니스 파트너십을 형성하는 것인데, 이는 한국의 경우 매우 드문 현상에 속한다. 따라서 시장의 잔류성the residual nature of markets을 수용하면서 많은 한국인을 자영업으로 몰아넣는 '유인 요인'에 추가적인

---

[84] Buchmann, Marlis, Irene Kriesi and Stefan Sacchi, "Labour Market, Job Opportunities, and Transitions to Self-Employment : Evidence from Switzerland from the Mid 1960s to the Late 1980s", core.ac.uk; Online publication 20 December 2008.

[85] Perkins, D., "Law, family ties, and the East Asian ways of business", In L. Harrison and S. Huntington eds., *Culture Matters : How Values Shape Human Progress*, New York : Basic Books, 2000, chapter 17, pp.232~243.

[86] 김기식·박선나, 『대한민국 자영업 보고서』, (재) 더미래연구소, 2020.

[87] 조동훈, 「자영업 결정 요인의 국제 비교: 산업 및 가족 구조의 역할」, 『산업관계연구』 23(2), 2013, 127~146쪽.

초점을 맞춰야 한다.

근본적으로 한국의 자영업 문제는 국가의 불균형 발전에서 비롯됐다. 한국은 수출주도 성장 전략의 혜택을 받았지만, 이 전략이 노동력 흡수에 미치는 부정적인 영향을 관리하지 못했다. 불균형 발전의 결과는 노동시장이 노동력을 흡수할 수 있는 능력이 제한된다는 것이다. 한국 정부가 오랜 기간 재벌 육성에 초점을 맞추었지만, 재정적, 기술적 자원이 부족한 자영업자, 중소기업을 소외시켰다.[88] 어찌 보면, 자영업자는 미숙련, 실업자가 생존을 위해 선택할 수밖에 없는 길이라 하겠다.

요약하면, 우리는 동아시아 자영업 인구의 다양한 변화 양상은 각국이 경제 성장을 추구하며 노동시장 성과를 높이기 위해 만든 새로운 고용 규제의 국가적 특성에서 기인한다고 판단한다. 이러한 새로운 규제는 가족이 가계 경제를 유지하는 데 사용할 수 있는 가용 자원을 재배치하고, 가족 구성원이 수익성이 낮은 소규모 사업을 처리하는 방식을 결정했다.

특히 일본에서는 산업 일자리와 복지 혜택이 가계 경제의 안정에 기여하는 바가 커지면서 가족들이 수익성이 낮은 소규모 사업을 지속하기보다는 이러한 외부 자원에 의존하게 되었다.

한국 가족은 인력 감축과 비용 절감을 요구하는 새로운 규제에 직면해 있는 것으로 보인다. 그에 따른 직업 전망의 악화와 복지 시스템의 저개발로 인해 많은 한국인은 가족의 즉각적인 필요를 충족시키기 위해 소규모 사업체를 운영해야 했다는 결론에 도달한다.

---

[88] 윤지환, 「불균형 발전 : 비교 관점에서 본 한국 자영업 문제의 근원」, 『개발연구』 47(5), 2011, 786~803쪽.

제 8 장

기업집단의 진화와 구조

제8장

기업집단의 진화와 구조

1. 기업집단의 정의

현대 경제에서 중요한 행위자들은 시장에서 고립된 단위로 운영되는 대신 다양한 수단을 통해 관계를 조정하는 일관적이고 거의 하나의 통합된 실체로서 협력한다. 기업집단은 "지속적인 공식 또는 비공식적인 방식으로 결합한 법적으로 독립적인 기업들의 집합"이다. 기업집단은 규모의 경제 측면에서 더 효율적이며, 끊임없이 변화하는 자본 수요를 쉽게 충족시키는 동시에 운영 효율성을 높일 수 있는 것으로 여겨진다. 간단히 말해서, 기업집단은 거래 비용 절감의 효과와 함께, 후발 국가가 선진 경제를 따라잡는 데 도움을 준다.[1]

그래노베터Granovetter와 그 외 몇 학자들에 의하면, "계열사로서 소유권, 경제적 수단(예: 기업 간 거래) 및 사회적 관계로 묶여 상호 목표를 달성하기 위해 협력하는 개별 기업의 집합"으로 기업집단을 정의하기 위하여는 다음의 몇 가지 사항을 명확히 해야 한다.[2]

---

1   Granovetter, Mark S., "Coase Revisited : Business Groups in the Modern Economy", *Industrial and Corporate Change* 4(1), 1995, pp.93~130 중 p.95 참조.
2   Granovetter, Mark S., "Business groups and social organization", In Neil J. Smelser and Richard Swedberg eds., *The Handbook of Economic Sociology*, Princeton University Press, 2005, pp.429~

우선, 기업집단은 개별 기업의 집합으로, 각 기업은 해당 국가의 기존 회사법에 따라 구체적인 형태가 다를 수 있지만, 이론적으로는 법인이다. 그러나 법인은 경제적 활동을 수행하면서 다른 사람과 수많은 관계를 맺고 있으므로 각 법인의 경계는 용어에서 알 수 있듯이 명확하지 않으며, 그 활동은 다른 사람과의 관계 및 네트워크에 의해 제한되는 경우가 많다.

둘째, 기업을 응집력 있는 그룹으로 묶는 관계는 긴밀하게 통합된 관계부터 특정 목적을 위한 느슨한 전략적 제휴까지 다양하며, '시장도 위계도 아닌' 관계에 가깝다.³ 이러한 관계는 '중간' 수준의 구속력을 가지므로, 기업집단은 한편으로는 단기적인 전략적 제휴로만 묶여 있는 기업들과 다른 한편으로는 법적으로 단일 법인으로 통합되어 세금을 납부하거나 주식을 발행하는 일련의 기업들을 제외한다.⁴

셋째, 회원사의 행동이나 거래에 대한 협력과 조정은 시장의 자발적인 조정이 아니라 모회사와 경영진의 의도적인 조정에 의해 이루어진다. 기업집단은 회원사 간의 자발적인 교류와 더불어 구성원 간의 관계를 조율할 수 있는 위계와 권한을 지닌 초개인, 초조직 실체를 포함한다. 따라서 기업집단은 개별 기업의 합 이상의 의미를 가지며, 기업과 개인은 오고 가지만 집단은 그대로 유지된다.⁵

448; Khanna, Tarun and Jan W. Rivkin, "Estimating the performance effects of business groups in emerging markets", *Strategic management journal* 22(2), 2001, pp. 45~74; Leff, Nathaniel H., "Industrial organization and entrepreneurship in the developing countries : The economic groups", *Economic Development and Cultural Change* 26(4), 1978, pp. 661~693; Strachan, H. W., *Family and Other Business Groups in Economic Development : The Case of Nicaragua*, New York : Praeger, 1976.

3   Powell, W. W., "Neither market nor hierachy : Network forms of organization", In B. M. Staw & L. L. Cummings eds., *Research in Organizational Behavior* 12, 1990, pp. 295~336.

4   Granovetter, Mark S., op. cit.

5   Hamilton, Gary G. and Nicole Woolsey Biggart, "Market, culture, and authority. A comparative analysis of management and organization in the Far East", In M. Orrú, N. W. Biggart and G. G. Hamilton eds, *The Economic Organization of East Asian Capitalism*, Thousand Oaks, CA : Sage, 1997, pp. 111~150; Hamilton, Gary G. and Robert C. Feenstra, "Varieties of Hierarchies and Markets : An Introduction", In M. Orru, N. W. Biggart and G. G. Hamilton eds., *The Economic Organization of East Asian Capitalism*, Thousand Oaks, CA : Sage, 1997, pp. 55~94.

넷째, 기업과 기업을 연결하는 연결고리는 지분소유, 공유자본, 자원의 풀링, 대출, 연동이사, 종업원의 이동, 업스트림 또는 다운스트림 생산공정, 원자재 또는 제품 부품의 공급, 하청관계에 이르기까지 다양하다. 기업집단의 각 구성원들은 비록 각 구성원의 과반수 지분을 보유하거나 해당 회사의 상호 소유권을 보유한 한 명의 주주에 의해 통제될 수 있지만, 그들의 관계는 법적으로 독립된 실체이다.

각국은 기업집단을 법적으로 정의함에 있어 서로 다른 유형의 연계nexus를 강조하는 경향이 있다.[6] 예를 들어, 한국의 공정거래위원회KFTC는 기업집단을 '법적으로 지분의 30% 이상을 일부 개인들 또는 그 개인들이 지배하는 회사들이 소유하고 임원 임명과 같은 경영이 상당한 영향을 받는 회사들의 그룹'으로 기업집단을 정의한다. 따라서 한국의 재벌은 단일한 공동 행정, 경영, 재무 통제를 받는 한 가족의 공식적으로 독립된 기업으로 구성된다. 게이레츠keiretsu로 알려진 일본의 비즈니스 그룹은 장기간에 걸쳐 특정 관계로 묶여 있는 상호 연결된 회사의 클러스터이다. 만약 한국의 재벌들이 통제와 명령에 위계를 따라 의존한다면, 일본의 게이레츠는 회원 회사들 사이에서 더 수평적이고 공동체적인 협력을 보여준다.

중국 정부는 기업집단을 '모회사를 주체로 하고, 투자 및 생산·운영 협력으로 연결된 수많은 독립 기업과 비기업 조직으로 구성된 경제적으로 집합된 조직'으로 정의한다.[7] 대부분의 기업이 국가의 소유이거나 빚을 지고 있어 사유재산권이 충분히 발달하지 않은 중국에서는 여전히 위계적인 관계가 기업 그룹을 정의하는 데 있어 두드러진 특징이다. 중국 기업집단은 한국 재벌처럼 수직적인 경향이 있고, 위계 구조는 한국 재벌그룹보다 훨씬 확산적이고 덜 다양하다. 국가는 규제기관이자 대주주이기 때문에 기업집단 경영에 있어 한국보다 국가가 더 중요한 역할을 하고 있다.[8]

---

6   Chang, S. J., "Ownership structure, expropriation, and performance of group-affiliated companies in Korea", *Academy of Management Journal* 46(2), 2003, pp. 238~253; Yiu, Daphne W., Garry D. Bruton, Yuan Lu, "Understanding business group performance in an emerging economy : Acquiring resources and capabilities in order to prosper", *Journal of Management Studies* 42(1), 2005, pp. 183~206.

7   The State Statistics Bureau of the People's Republic of China, 2001, p. 18.

기업집단business group은 유럽, 아시아 및 라틴 아메리카의 여러 국가에서도 관찰된다. 이들의 광범위한 분포에서 놀라운 점은 엄격한 독점금지법이 이러한 집단을 불법으로 간주하는 미국과의 대조가 아니라 유사한 경제 발전 단계에 있는 국가들에서 발견되는 그러한 집단의 다양한 구조이다. 기업집단은 많은 동아시아 국가의 경제에 특히 중요하고 흔히 "경제 발전의 원동력" 구실을 한다. 예를 들어 한국에서는 재벌로 알려진 상위 30개 기업집단이 광업 및 산업 부문에서 한국 생산량의 40%를 차지해왔으며, 제조업 부문은 1996년 GNP의 14%를 차지했다.

그러나 동아시아의 다양한 기업집단에 대한 체계적인 비교는 시도된 바가 없다. 동아시아에는 개인, 기업, 기업집단, 국가 간의 네트워크가 널리 퍼져있기에 "네트워크 자본주의"라는 용어가 동아시아 경제를 지칭하는 데 자주 사용되지만, 이 용어는 비즈니스의 특정 구조에 결정적으로 영향을 미치는 그룹 및 다른 경제 기관 및 조직과의 관계와 같은 특정 요소를 간과하고 있다.[9] 한국의 기업집단은 재벌財閥이라고 불리는데, 한 가족의 단일한 공통된 행정적, 재정적 통제하에 형식적으로 독립된 기업들의 모임이다. 일본에서 기업집단은 오랜 기간에 걸쳐 특정한 유대에 의해 묶여 있는 상호 연결된 기업들의 무리를 지칭하며 게이레츠keiretsu, 係列라고 칭한다.

2. 기업집단의 진화

동아시아 3개국의 현대 기업집단은 근대화와 경제 발전이라는 오랜 진화 과정의 산물이다. 그러나 잘 알려져 있듯이 19세기 중반 서양이 동양에 진출한 이후 세 나라는

---

[8] 국가상공행정관리국, 국가발전개혁위원회(國家計委, 國家體改委), 국가위원회가 공동으로 발표한 국가시범기업그룹의 등록 및 관리에 관한 시행방법 경제구조조정위원회(國務院生産辦)와 국무원 경제산업국(關于國家試点企業集團登記管理實施辦法試行) 참조.

[9] Ghemawat, Pankaj and Tarun Khanna, "The nature of diversified business groups: A research design and two case studies", *The Journal of Industrial Economics* 46(1), 1998, pp. 35~61; Granovetter, Mark S., op. cit, 1994.

각기 다른 근대화의 길을 걸어왔다. 이러한 다양한 현대화 과정에서 무엇보다 두 가지 요인이 경제 제도의 발전에 영향을 미쳤다.

첫 번째는 전통의 연속성의 문제로, 전통에서 현대로의 전환이 큰 혼란 없이 이루어졌는지 아닌지에 크게 좌우된다. 메이지유신이라는 위로부터의 혁명은 일본의 전통을 보존하면서도 서양의 사상을 접목하는 데 성공했다. 제2차 세계대전 이후 미국의 일본 점령도 일본의 문화적 연속성을 완전히 파괴하지는 않았다. 이와 대조적으로 중국의 현대화 경험은 철저한 파괴, 전통에 대한 대대적인 거부, 공산주의 혁명을 통해 완전히 새로운 이상을 받아들이는 것으로 특징지어진다. 중국은 서구열강의 침략으로 인해 전통 질서가 완전히 붕괴하고 내부 혼란을 겪었다. 군벌주의를 경험하고 국민당과 공산주의 두 혁명 세력 사이의 장기간의 내전이 결국 공산주의의 승리로 끝났다. 거의 30년 동안 마오쩌둥이 급진적인 공산주의 정책을 실험한 후, 덩샤오핑은 정권의 목표를 혁명적 변화에서 경제 발전으로 전환하여 중국을 현재의 경제 발전과 성장으로 이끌었고, '키위지투안企業集團, qieyjituan'으로 불리는 중국 기업집단을 포함하여 많은 새로운 경제 제도를 창설했다.

한국의 근대화 역시 격동적이며, 고유의 전통과 완전히 분리되어 진행되었다. 한국의 전통적인 질서는 일제의 식민지배로 붕괴하였고, 일본으로부터 독립하자 남북으로 분단되어 3년 동안 파괴적인 전쟁을 치렀다. 한국이 경제 개발에 착수한 것은 불과 1960년대로, 이즈음에야 재벌이라는 기업집단을 포함하는 경제 제도를 만드는 과정이 시작되었다.

경제 제도의 진화에 결정적인 영향을 미친 또 다른 요인은 상업적 전통의 힘, 특히 근대화 이전 상인계급의 존재이다.

일본은 역사를 통틀어 매우 잘 확립된 계급 차별화와 함께 상인계급의 길고 강한 전통을 가지고 있지만, 중요한 독립 계급으로서의 상인 전통은 중국과 한국 모두에 존재하지 않았다. 결과적으로, 근대적 기업집단의 진화는 일본 문화, 특히 메이지 유신 이후 현대 경제 상황의 필요에 성공적으로 적응한 것으로 알려진 옛 상인 계층과 가족제도에서 쉽게 추적할 수 있다.

이에 반해 중국에서는 독립계층으로서의 상인 계층의 전통이 매우 약하고, 만약 있었다고 하더라도 상인 가문들조차 항상 자신의 후손이 상인이 아닌 관료가 되기를 희망하며 사대부 계층을 지향하였다. 가계의 재산을 아들에게 균등하게 분배하는 중국 가족 전통은 중국 상인들이 대대로 부를 유지하는 데 도움이 되지 않았다. 더욱이, 현대의 중국 혁명과 정치적 격변은 기업 구조를 포함하여 중국 상업 및 비즈니스 전통에 많은 혼란과 단절을 가져왔다. 결과적으로 여기서 논의되는 기업집단, 가업 등의 경제 제도는 중국이 마오쩌둥 사후 경제개혁을 시작한 1978년 이후의 산물이다.

한국에서 상인계급의 전통은 중국보다 훨씬 약했는데, 이는 한국에서는 전통적으로 상업이 중국과 비교해 덜 발달했기 때문이며, 양반 지배층은 중국보다 상업을 훨씬 더 경시하는 경향이 있었다. 결과적으로 한국의 기업집단이 등장한 것은 1960년대 국가주도 산업화에 착수한 박 대통령의 리더십에서 비로소 나타난 것이다.

각 국가의 이러한 폭넓은 거시적 역사적 맥락은 동아시아 3개국 각각에서의 기업집단의 발전과 해당 기업집단의 기업지배구조에 대한 배경을 제공해준다. 그러나, 기업집단의 발전과 그 지배구조의 문제는 서로 얽혀 있는바, 이러한 거시적 역사적 설명은 어떤 이유로 각 국가가 현재 특정 형태의 기업집단을 가지게 되었는지 말해주지는 않는다. 왜냐하면, 경제조직을 선정하기 위한 각 국가의 선택에는 '제도적 기반(템플릿)'과 같은 좀 더 자세한 상황적 설명이 필요하기 때문이다. 즉, 이러한 다양한 역사적 맥락에서 각 국가의 특정 제도적 기반(템플릿)이 비즈니스 그룹과 기업 경영 형성에 영향을 끼쳤다고 보는 것이 타당하다. 국가별 기업집단의 구체적인 양상에 차이가 있는 것은 각국이 처한 경제적 여건과 환경보다는 문화적, 제도적 영향을 반영하는 것이기도 하다. 앞서 언급했듯이 필요한 자본의 가용성, 특정 시점의 기술 수준, 한 국가가 추구하는 발전 전략과 같은 경제적 요인은 기업집단의 구조와 운영에 뚜렷한 흔적을 남긴다. 그러나 조건이 비슷하다고 해서 반드시 사업 구조가 비슷해지는 것은 아니기 때문에, 동아시아 각국의 기업집단 구조를 형성하는 데는 문화적 전통과 기업 제도의 경로 의존적 진화가 더 결정적인 영향을 미쳤을 것이다. 요컨대, 이 두 가지 요인 외에도 각국의 기업집단에서 전통과 제도적 기반의 영향력을 쉽게 발견할 수 있다.

1) 일본 비즈니스 그룹 : 자이바츠財閥(Zaibatsu)에서 게이레츠係列(Keiretsu)로의 진화

일본의 기업과 기업지배구조는 여러 가지 이유로 3국 중에서 가장 오랜 역사가 있다. 일본에서는 상인계급이 별도의 사회계층으로 존재하여 대대로 상업에 종사해 왔지만, 농민과 별개의 상인계급이 존재하지 않았던 중국과 한국에서는 상업이 일본만큼 발전하지 못했다. 유교에서는 상업과 상인을 멸시했으나, 일본 상인들은 그들이 무사계층(사무라이)으로 신분 상승을 할 수 있는 길이 닫혀있었기 때문에, 중국처럼 자식을 관료로 만들려고 하는 대신, 대를 이어 가업을 이어가야 했다. 앞서 언급한 바와 같이 일본의 전통 가문은 혈통 조직의 성격만이 강조되던 중국이나 한국 가문과 비교해 상업과 같은 다양한 기능적 업무에 필요한 조직을 더욱더 쉽게 통합해 왔다. 혼케이本家와 분케이分家를 기반으로 한 일본식 혈연관계인 도조쿠同族 제도는 분가들이 본가의 감독하에 계열 사업 단위를 설립하는 데 도움을 주었고, 본가의 다양한 하위 단위들 사이에 밀접한 네트워크를 형성하는 데 큰 역할을 했다.

이러한 가족제도는 가족을 기반으로 사업을 운영한다는 일정한 가족 원칙이 자리 잡도록 만들었고, 주요 경제 영역으로서의 상가商家를 발전시키는 데 도움이 되었다. 도쿠가와시대에 눈에 띄게 성장한 상인 계층은 다이묘와 같은 봉건 영주에 중요한 서비스를 제공하면서 자체 사업 활동을 유지해나갔다.

메이지 정부(1868~1912)는 제조 시설을 설립하여 산업화를 시작한 후 그것을 민간 그룹, 주로 이미 잘 알려진 상인에게 매각했다. 미쓰비시Mitsubishi와 미쓰이Mitsui가 좋은 예로서, 이 두 기업은 서로 다른 운영방식을 발전시켰다. 이미 다양한 유형의 사업을 지배하고 있던 미쓰비시는 점차 자체 통제를 강화하여 더욱 분권화된 기업 그룹 구조와 경영 방식을 구축한 반면, 도쿠가와시대부터 정치적으로 정부와 매우 밀접했던 미쓰이는 메이지 정부가 자체 중앙은행을 설립하기 전까지 메이지의 금융 대리인 역할을 수행했다. 이러한 금융 분야에서의 운영을 통해 미쓰이는 하향식으로 사업을 확장하여 미쓰비시보다 조금 더 중앙집권적인 기업지배구조를 갖추게 되었다.[10]

메이지 유신의 성공과 함께 새로 수립된 일본의 중앙정부가 대규모 산업화에 착수함에 따라 이러한 전통 상인집단은 사업 구조를 재벌zaibatsu로 확장하고 재편할 기회를 찾았다. 재벌은 '가족에 의해 통제되는 다중 사업체이지만 급여를 받는 관리자 계층을 통해 관리되는 기업'으로, 그것의 구조와 경영은 강력한 기업 정체성, 기능적 전문화, 혼케이와 분케이의 정교한 네트워크 등 일본의 전통적 신분제 논리를 따랐다. 많은 경우 상인 가문의 가훈이나 가족 헌법은 기업지배구조의 철학과 원칙을 규정하고 있다.

제2차 세계대전 이전에는 4대 자이바츠(재벌)와 소수의 소규모 그룹이 경제를 지배했다. 중앙지주회사를 통해 상호 연동되는 이사회와 금융결합을 통해 특정 가문이 경영하는 것이 일반적이었던, 각각의 자이바츠는 상호 연동되는 제조업, 광업, 무역회사, 은행으로 구성되어 있었다. 이들 강력한 그룹은 자이바츠에 속한 회사들이 서로 협력하고 경쟁그룹 단위와 치열한 경쟁을 벌인다는 점에서 '조직적 과점' 또는 '대기업적 과점'으로 불렸다(그러나 지주회사에 의한 지배가 절대적이지 않고 다른 이해관계가 얽혀 있으므로 내부적으로도 치열한 경쟁이 종종 있었다). 일본 은행의 전체 대출의 75%가 자이바츠의 4대 은행의 손에 들어갔다는 사실은 자이바츠의 힘과 영향력을 잘 보여준다.[11]

각 재벌zaibatsu 그룹은 특정 가문에 의해 엄격하게 통제되었지만, 몇 가지 요인이 이러한 가족 통제로 인해 발생할 수 있는 부정적 결과를 최소화했다. 우선, 일본에서는 가족을 구성하는 개인과는 별개로 집단적 정체성이 강하기 때문에, 재벌 운영에 참여하는 사람들은 기업의 개인 소유자라기 보다는 가문의 대표로서 참여하는 태도를 보였다. 또한, 이들은 누가 기업집단을 운영할지 등 사업 운영의 주요 결정이 집단으로 논의되는 가족회의에도 참석해야 한다. 앞서 살펴본 바와 같이 일본의 이에家는 중국이나 한국의 전통 가족과 비교해 규모가 크고 혼케이本家와 분케이分家가 여러 층으로 구성되어 있으며, 기업 정체성이 강해 총수의 자의적 권한을 최소화하는 경향이 있다. 또한, 이에家는

---

10 Morikawa, Hidemasa, *Zaibatsu : The Rise and a Fall of Family Enterprise Groups in Japan*, Tokyo : University of Tokyo Press, 1992.
11 Buckley, P. J. and H. Mirza, "The wit and wisdom of Japanese management : An iconoclastic analysis", *Management International Review* 25(3), 1985, pp. 16~32; Clark, Rodney, *The Japanese Company*, New Haven : Yale University Press, 1979.

발전 단계부터 개인보다는 집단적 의사 결정과 역할 및 지위를 강조해 왔다. 이러한 경향은 가족기업 운영에서 가족의 권력을 비인격화하는 데 도움이 되었다.

또한, 그룹 전체를 지휘하는 직책을 맡은 가족 구성원은 극소수였고, 본사에 소규모의 인력을 배치해 그룹 전체를 분산 관리하는 방식으로 경영했으며, 급성장기에는 주로 일본 명문대 졸업생 출신의 전문경영인을 고용했다. 그 결과, 2세 경영자들은 '가족 경영자와 충성도 높은 장기근속 샐러리맨 경영자로 구성된 협력적 경영구조'를 제도화했다.[12] 따라서 역사적으로 재벌Zaibatsu의 기업 총수는 소규모로 유지되었다. 재벌 총수 일가는 보통 지주회사를 통해 자산, 사업, 생활 방식에 대한 엄격한 통제권을 행사했으며, 때로는 가훈이나 '가족 헌법(가문 규약)'을 만들어 경영에 활용하였다. 이를 통해 총수 일가는 자신의 견해를 정리하고 다양한 방법을 통해 기업에 자신의 의견을 관철시켰다.[13] 하지만 이들의 역할은 적극적인 전략 수립보다는 소극적인 감독에 그친 측면이 있다. 왜냐하면, 자회사 대표들이 계속해서 자체적으로 투자 전략을 결정하고, 새로운 시장에 진출하고, 새로운 기법을 도입했기 때문이다. 본사의 고위 임원들은 운용 매니저들의 성과를 주시하고, 고위 임원의 임명에 관여하며, 신규 확장 활동에 대한 자금 지원을 최종 승인하는 역할을 했다. 일부 자회사가 재벌의 사업부로 출발했지만, 어떤 의미에서는 사업부 체제보다 더 분권화된 시스템이라고 할 수 있다.

제2차 세계대전 후 미 점령군은, 재벌의 소유권이 소수 가문에 지나치게 집중되는 것을 막고자, 재벌의 분할을 촉진할 반독점법anti-trust laws을 도입했다. 이때 만들어진 반독점법은 지주회사뿐만 아니라 재벌 형태의 기업 네트워크와 담합을 불법으로 규정했다.

그러나 일본의 기업 그룹은 자이바츠Zaibatsu가 점차 게이레츠keiretsu의 형태로 변모하

---

12 Morikawa, Hidemasa, *Zaibatsu : The Rise and Fall of Family Enterprise Groups in Japan*, Tokyo : University of Tokyo Press, 1992; Tsui-Auch, Lai Si and Yong-Joo Lee, "The State Matters : Management Models of Singaporean Chinese and Korean Business Groups", *Orgnization Studies* 24(4), 2003, pp. 507~534.
13 Morikawa, Hidemasa, ibid, 1992.

면서, 과거 자이바츠 구성원들이 가족 지배 대신 상호 지분을 기반으로 하여 긴밀하고 지속적인 협력이 가능한 구조가 형성되었다. 이 과정을 통해 결국 기업의 '계열화'로 이해되는 게이레츠가 등장했다. 또한, 제조업을 중심으로 금융, 연구개발, 마케팅을 독립적이면서도 상호 연관된 별도 사업으로 연계하는 새로운 형태가 등장해 서구의 다 부문 기업 구조multi-divisional structure of company와 대비되는 모습을 보였다. 서구에서는 대부분의 산업 기업이 재무, 생산, R&D, 마케팅 등의 기능을 하나의 기업 내에서 모두 수행하는 내부 분업 구조를 발전시켜 왔다.[14]

이 '게이레츠'는 '계통'과 '선線' 또는 '열列'의 합성어로, 중앙통제보다는 협력을 통해 상호이익이 수렴되는 것을 의미한다. 게이레츠는 기존의 자이바츠에 비해 상대적으로 약해진 것으로 보이지만, 게이레츠는 종합상사나 은행, 대규모 산업회사를 중심으로 연결된 자이바츠의 옛 회사인 경우가 많다.[15] 바로 이러한 점이 일부 학자들이 일본 경제의 성공을 중앙정부에서 작업 현장에 이르기까지 모든 수준에서의 '제도적 설계의 문제'라고 말하는 이유이다.[16]

게이레츠에 속한 기업은 결코 명백히 드러난 가족 소유가 아니다. 관리자 채용은 가족 관계보다는 능력주의 원칙에 기반을 두고 있으며 게이레츠 회사의 구성원 자격은 대부분 공개적이고 투명하다. 다만 게이레츠에 속한 기업은 이 네트워크에 소속됨으로써 많은 도움을 받는다. 따라서 게이레츠를 클럽 상품club goods의 고전적인 생산자로 묘사하기도 한다.[17] 클럽 상품은 공공재와 사적 재화 사이에 위치한다. 부분적인 비경쟁성과 배제성을 특징으로 하는 불순한 공공재이다. 클럽 상품에 의해 게이레츠 내에서 창출되는 준 외부 경제는 게이레츠 클럽 내의 정보 교환, 시장 금리 이하의 금융 흐름, 지식과

14　Buckley, P.J. and C. Casson, *The Future of the Multinational Enterprise*, London : Macmillan, 1976.
15　Clark, Rodney, *The Japanese Company*, New Haven : Yale University Press, 1979; Buckley, P. J. and H. Mirza, "The wit and wisdom of Japanese management : An iconoclastic analysis", *Management International Review* 25(3), 1985, pp.16~32.
16　Wan Jr., Henry, "Nipponized Confucian ethos or incentive-compatible institutional design : Notes on Morishima, "why has Japan succeeded?"", *International Economic Journal* 2(1), 1988, pp.101~108.
17　Buchanan, James M., "An Economic Theory of Clubs", *Economica* 32(February), 1965, pp.1~14.

자원에 기반한 기술 지원에서 발생한다. 로널드 도어는 수직적 게이레츠에서 실행되는 '관계적 계약'의 복지 향상과 감소 효과에 주목했다. 어려운 시기에는 손실을 분담하고, 좋은 시기에는 이익을 나누어 갖는 게이레츠의 우월성을 활용하는 것은 기업집단의 안정적 경영에는 좋으나, 그 이점은 이러한 관계 유지에 따른 단기적인 효율성 손실 가능성으로 상쇄된다. 그래서 아시아 경제위기에서 일본이 처한 위치가 심각한 '위기'가 아닌 단순 '불황'이라는 중간 위치에 있다고 보는 것은 과장된 표현일 수 있다. 일본의 침체가 계속되는 것은 혁신 능력의 부족이라는 단점 때문일 수도 있는 것이다.[18]

2) 한국 기업집단 : 경제 발전의 엔진으로서의 재벌

한국의 재벌은 1960년대 한국을 경제 발전으로 이끄는 과정에서 국가가 만들어낸 산물이다. 한국은 후발 공업국으로서 산업화와 경제 발전에 도움이 되는 모든 요소를 총동원해 선진국을 따라잡아야 했다. 당시 한국 경제에 가장 큰 제약은 산업화를 시작하는 데 필수적인 자본의 부족이었다. 1961년 한국의 1인당 국민소득은 100달러에도 못 미쳐 아프리카의 빈국 가나 수준이었기에 산업화를 위한 자본이 필요하였다. 그러나 아이러니하게도 경제 발전 없이는 필요한 자본을 축적할 방법이 없었다. 이 딜레마에 대한 해결책은 국가가 나서서 부족한 자본을 수출과 경제성장에 이바지할 잠재력을 지닌 소수의 기업과 기업가에게 집중시키는 것이었다. 따라서 국가는 일부 기업가들이 재벌그룹으로 성장할 수 있도록 다양한 수단을 동원하였고, 가장 대표적인 방법은 정책자금 대출을 통해 저금리로 대출을 제공하거나 국내 기업이 국세금융기관으로부터 차입을 보장받는 것이었다. 당연히 지원 대상자를 선정하는 데에는 객관적인 기준뿐만 아니라 정치 지도자와의 연계 등 주관적인 기준도 중요한 역할을 하여 친족주의적 가치가 스며들 여지도 존재했다. 그럼에도 불구하고 국가는 재정적 지원의 대가로 재벌그룹에 한국

---

18 Dore, Ronald P., "Goodwill and the spirit of market capitalism", *The British Journal of Sociology* 34(4), 1983, pp. 459~482.

경제 발전에 필수적인 산업 육성과 수출 품목 생산을 요구했다. 이러한 정책을 통해 국가와 재벌은 긴밀한 협력 관계를 발전시키는 동시에 국가 경제 발전이라는 목표를 달성해 왔다.

그러나 재벌만이 부족한 자본을 효율적으로 활용하는 유일한 방법은 아니었을 것이다. 한국은 중국과 같은 국가 소유 형태를 이용할 수도 있었고, 메이지 국가처럼 공기업을 설립해 공적 소유 형태를 취한 뒤 이를 일반에게 판매할 수도 있었다. 대신, 한국 정부는 선별된 민간 기업가 그룹이 국제 시장에서 경쟁할 수 있으면서도 민간이 통제하는 국내의 강자가 되도록 지원해 왔다. 동시에 한국의 박정희 대통령은 민간 기업가들이 한국의 제도적 기반(템플릿)이 제공하는 방식, 즉 한국인에게 익숙한 방식으로 권위를 행사하고 교류하는 방식에 따라 계속 확대되는 사업 조직을 조직하고 운영할 수 있도록 허용했다. 결과적으로 한국의 기업집단은 한국 특유의 '재벌'이 되며, 재벌은 모두 유사한 구조와 경영 방식을 공유하게 된다.

한국의 권위주의 국가는 1961년 박정희 장군의 군사 쿠데타 이후 1987년 정치적 민주화 때까지 국가 산업화를 주도해 왔다. 박정희는 가부장적 유교주의의 영향을 크게 받았고, 일본의 국가 주도 산업화 경험에 영감을 얻어 후기산업화론에 따라 국가 주도의 산업화에 나섰다. 그는 민간 기업가들을 경제성장과 발전으로 이끄는 과정에서 사회에서 가장 높은 교육을 받은 계층에서 국가 관료를 채용하는 한국의 전통을 효과적으로 활용했다.

처음에는 한국 기업가들이 소비재를 포함한 기간基幹 산업에 종사하도록 장려한 후 점차 수출 가능한 품목을 생산하기 위해 제조 시설을 확장했다. 수출에 성공한 한국 기업인은 금융 인센티브 등 특별한 혜택을 누렸다. 간단히 말해서, 처음에 한국 정부는 경제성장과 발전을 촉진하는 수단으로 재벌을 도우면서 그들을 엄격하게 통제했던 것이다.

박정희 대통령이 중화학 공업화를 추진했을 당시, 어려운 과제를 수행할 수 있는 자본과 조직적 역량을 갖춘 기업가는 재벌그룹뿐이어서 그들에게 섬유, 경공업에서 전자제품에 이르기까지 사업 활동을 확장하고 다각화할 큰 기회를 제공했다. 그 결과 재벌그룹은 자동차, 조선, 국제 무역 등에 이어 국내 소매업, 심지어 장례 서비스까지 영역을 넓혔다.

특히 수출의 대가로 그들은 강력한 보호와 보조금을 받았을 뿐만 아니라 정부가 통제하는 은행으로부터 저금리로 무제한의 장기 국제 신용을 제공받았다.[19] 국가는 다른 개발도상국과 달리 재벌이 지분참여가 아닌 부채 형태로 외국자본을 도입하는 것을 허용했다. 결과적으로 재벌은 고유 소유권을 유지하고 경영권을 그대로 유지할 수 있었다.[20]

재벌은 자수성가한 창업자들에 의해 세워진 것처럼 보이지만 실제로는 한국 정부가 주도한 다양한 지원 계획에 의해 발전한 재벌도 많다. 국가는 재벌의 성장을 장려했을 뿐만 아니라 재벌이 어떤 산업으로 확장할지 간접적으로 영향을 미치는 데에도 중요한 역할을 했다. 예를 들어, 정부의 경제 5개년 계획의 초점이 한 산업에서 다른 산업으로 이동하면 재벌들도 사업 초점을 옮겼다. 정부의 간접적인 영향력으로 인해 절제되지 않은 투자가 발생했고, 상위 5대 재벌은 매우 유사한 조직 구조와 중복되는 사업 단위를 갖게 되는 현상이 발생했다.

1980년대 초 한국 정부가 한국 경제를 자유화하기 시작할 무렵, 재벌 그룹은 자본, 조직 능력, 경영 경험 측면에서 비 재벌 기업에 비해 유리한 위치에 있었다. 그런데도 재벌그룹은 특정 영역에서는 자유 경쟁을 선호하면서도 그들이 누린 국가의 보호를 쉽게 포기하지 않으려는 모습을 보였다. 그들은 또한 너무 강력해져서 국가가 재벌에 대한 통제력을 잃고 있다는 우려를 낳기도 했다. 하나의 상징적인 예로, 1992년 정주영 현대그룹 회장이 새 정당을 만들고 대선에 출마해 여당의 김영삼 후보에게 도전장을 내밀었다. 게다가, 새로운 산업을 육성하려는 정부의 열의는 재벌들 사이에 불필요한 경쟁을 만들어냈다. 예를 들어, 정부는 이미 승용차 제조에 참여하고 있는 현대와 대우라는 두 재벌이 있음에도 불구하고 삼성그룹의 자동차 산업 진출을 지원했다. 한국 시장에서의 치열한 경쟁으로 인해 삼성은 1998년 생산을 시작할 때 재정적 문제를 겪었다. 다만 한국 정부가 초래한 일부 문제에도 불구하고 거시경제의 관점에서 보면 한국 경제성장에

---

[19] Alice H. Amsden, *Asia's Next Giant : South Korea and Late Industrialization*, New York : Oxford University Press, 1989.

[20] Lee, Chung H., "The government, financial system, and large private enterprise in the economic development of South Korea", *World Development* 20(2), 1992.

한국의 재벌이 상당한 역할을 담당해 냈다는데 큰 이견이 없다. 일반적으로 관료들은 어느 그룹이 정부의 재정 지원과 보조금을 받을지에 대해 강력한 영향력을 행사하고, 재벌은 이들 관료의 지원을 받기 위해 경쟁을 하면서 일정한 성과를 냈다.

그러나 재벌들의 과도한 사업확장과 다각화로 인해 부채가 산더미처럼 쌓여 수익성이 낮아졌다. 국가는 재벌의 구조적 문제를 인정하고 구조조정을 요구했다. 그러나 이는 1987년 정치 민주화 이후 재벌에 대한 국가의 영향력이 약화하면서 큰 성과를 내지 못했다. 1987년 독재 통치가 종식되었으나, 이전 군사정권과 달리 문민정부는 재벌이 국가 경제에 차지하는 비중 때문에 일방적으로 재벌을 통제할 수 없었다. 김영삼 정부(1993~98)는 대신 경제 개방과 세계 경제로의 경제 통합을 심화하는 데 초점을 맞췄다. 그리고 급속한 경제 개방과 자유화로 인해 금융 시장은 막대한 국제 금융 자산 흐름에 취약해졌다.

1980년대 한국 경제가 자유화되면서 한국 재벌은 국가의 시혜적 정책 대신 시장에서의 우월적 지위를 활용할 수 있게 되었다. 국내 은행 등 금융기관뿐만 아니라 상호 채무 보증을 통해 국제 금융기관으로부터도 대출을 받아 경제 규모와 자금력을 활용할 수 있었고, 새로운 분야로 사업을 확장하면서 반도체와 같은 분야에 대한 중복 투자도 이루어졌다. 1997년 외환위기와 그에 따른 IMF 구제금융은 새로 선출된 김대중 정부가 한국 재벌에 대한 대대적인 개혁을 단행하는 데 큰 도움이 되었다. 예를 들어 부채비율을 200%까지 낮추고, 상호 채무 보증을 폐지하고, 회계 및 협력 지배구조에 관한 새로운 규정을 강제하는 등의 조처를 했다. 그러나 이러한 조치들이 기업집단으로서의 한국 재벌의 기본적인 특성을 바꾸지는 못했다.

3) 중국의 기업집단Qiyejituan : 국유기업에서 공공 소유 기업집단으로

근대 이후 겪은 격변의 정치적 경험으로 인해 중국(중국인)은 실제로 네 가지 유형의 기업 그룹, 즉 국가 소유 기업, 중국의 민간 기업 그룹, 대만 기업 그룹, 그리고 해외 중국 기업 기업을 발전시켰다. 본 절에서는 중국에서 가장 두드러진 유형인 공기업집단에 초점을 맞추고자 한다.

1978년 마오쩌둥 사망 이후 경제개혁 과정에서 중국은 과거 국영 기업 일변도에서 벗어나 점차 시장 지향적인 방향으로 나아갔다. 중국에는 기본적으로 두 가지 유형의 공공 소유 기업 그룹이 있다. 1) 국가가 독점적으로 소유하고 통제하는 기업 그룹 (총 150개 정도의 거대한 기업 그룹이 경제 전략 분야에서 독점적 운영을 수행함)과 2) 중국에서 '공적 기업'이라고 부르는 유형으로, 지배주주 지분은 국가 및 기타 법인이 소유하고 나머지 지분은 주식시장에서 유통을 위해 교환될 수 있는 개인이 소유하는 기업 그룹이다.

논의의 순서는 먼저 중국 경제 제도를 현재의 위치로 이끈 개혁 과정을 간략하게 살펴보는 일이 필요할 것이다. 현재 중국의 기업집단은 지난 30년간 진행된 계획경제의 기간에 원래 국영 기업을 지속하여 개혁한 결과물이다.

잘 알려진 바와 같이, 중국은 점진적인 개혁 전략을 따르고 있으며, 개혁의 최종 단계가 아직 결정되지 않았음에도 불구하고 국유기업이 현재의 기업 구조 형태로 변화하는 과정은 여전히 계속 진행되고 있다. 개혁 과정을 보면, 처음에는 소유구조의 근본적인 변화 없이 국가 계획경제의 근본적인 문제를 바로잡으려는 단순한 시도에서 시작하여 소유권 문제를 해결하고 국유기업을 법인으로 구조조정하는 방향으로 나아갔다. 시장 상황이 점차 개선되면서 기업집단의 형태와 역할이 점차 더욱 명확해졌다.

개혁 전 중앙정부의 계획 시스템 하에서 중국에는 다양한 규모의 기업으로 구성된 약 370,000개의 국영 기업이 있었으며, 이들 모두는 다양한 부처와 지방 정부에 속해 있는 '전문화가 덜된' 기업이 대부분이었다. 이러한 국유기업은 고용된 사람들의 모든 필요를 감당하는 "단웨이單位"로 운영되었지만, 기입 경영의 중요한 측면인 의사 결정의 자율성은 누리지 못했다. 국가가 기업의 모든 이익과 수입을 가져가는 동시에 기업의 모든 비용과 손실까지 책임지는 획일적 시스템하에서 고정투자, 제품개발, 순환 자본 등을 포함한 주요 비용은 해당 기업을 감독하는 중앙정부나 지방자치단체가 부담하기 때문에 기업은 성과를 개선할 유인이 전혀 없었다.

원래 모든 사업체 조직조차도 기업이라 칭했지만, 경제활동을 담당하는 산업부처 및 국局의 감독과 행정절차를 거쳐 운영되었기 때문에 그러한 사업체들은 정부 부처 및 관공서와 크게 구별되지 않았다. 상업회사, 건설회사, 기계 제작회사들도 최하급 국가기관으로 운영되었고, 자율성이나 시장의 메커니즘과 관계없이 국가의 명령을 따르는 체제였다. 구체적인 운영은, 사업체들은 필요한 모든 자재를 조달하고, 제품을 생산하고, 생산한 것을 국가가 배정한 예산에 따라 고정 가격으로 지정된 당사자에게 배송하는 방식이었다. 모든 일을 국가의 상급 기관이 정함으로 국영 기업事業體이 내릴 수 있는 결정은 많지 않았다. 국가기관은 회사의 필요에 따라 채용이 변동되지 않도록 모든 인사 문제를 관리했으며, 임금과 고용 조건은 공식 교섭의 대상이 아니었다. 또한, 기업은 주택, 교육, 교통 및 기타 사회 서비스 분야에서 근로자의 모든 요구를 처리하여 단웨이單位로 운영되었다.[21]

  국영 기업 개혁 과정의 첫 번째 조치는 기업이 재산을 소유, 사용, 처분할 수 있는 권리와 관련하여 자체 업무 관리에 있어 제한된 자율성을 허용하는 것이 되었다. 기업은 법에 따라 법인의 지위를 부여받았으며 재산에 대해 민사책임을 진다. 자치의 핵심 요소는 계약제인 '성바오지承包治' 제도였다. 원래 성바오지承包治 제도는 1970년대 말과 1980년대 초 중국 농촌 경제개혁의 목적으로 덩샤오핑 시대에 도입됐다. 이 시스템에서는 집단농지를 개별 가구에 임대하거나 농민 집단에 계약하여 농업 활동에 관한 결정을 자유롭게 내릴 수 있게 허용했다. 즉 농민에게 정부나 단체에 필요한 지급금이나 의무를 이행한 후 농업 활동에서 이익을 얻을 권리를 줬다.

  중국은 회사법 제정을 통해 국유기업 구조조정의 첫 단계로 대다수 주요 대기업과 중소형 국유기업에 현대적 기업 시스템(현대적 주식회사 시스템)을 구축했다. 그 결과 기존의 많은 대기업이 자체적으로 손익에 책임을 지는 마케팅 환경에서 운영되는 법인으로 전환되었고, 많은 중소기업이 뒤를 따르는 민영화가 진행되었다. 이와 동시에 일부 산업 부처部處와 국局이 주식회사로 바뀌었는데, 예를 들면, 석유부Ministry of Petroleum가 중국

---

[21] 개혁 과정에서 중국 경제 개혁과 기업지배구조 발전의 주요 측면을 이해하려면 다음을 참조할 것. Bell, Daniel A., *The China Model : Political Meritocracy and the Limits of Democracy*, Princeton University Press, 2015; Vogel, Ezra F., *Deng Xiaoping and the Transformation of China*, Harvard University Press, 2011

석유 종합법인Chinese Petroleum General Corporation으로 바뀌었다.

법인화corporatization는 소유구조를 사유화하지 않고 기업을 국가 기구로부터 분리하여 소유권을 명확히 하고 기업에 명확한 권리와 책임을 부여하는 것을 목적으로 한다. 중국은 기존 국유기업을 주식회사로 전환하는 과정에서 특정 국유기업에서 사회복지 부문과 이윤 창출 부문을 분리해 전자前者를 모회사로 하고 후자後者를 자회사로 만드는 경우가 많다. 동시에 많은 국유기업이 분할과 합병을 통해 구조조정을 단행하면서 '지주회사holding companies'와 각 지주회사가 관할하는 여러 계층의 기업들로 구성된 '기업집단'이 탄생했다.

중국 정부는 주식보유제shareholding system 도입을 통해 기업에 대한 직접 소유권을 새로 설립된 법인의 주주권으로 전환하고, 새로 설립된 기업을 기업집단으로 조직함으로써 국가는 기업 및 기업집단이 시장에서 활동하면서 필요한 것은 시장에서 확보하고 생산된 것은 완벽하지 않더라도 판매하여 그 수익으로 운영비를 충당할 수 있도록 했다.[22]

국가는 새로 설립된 기업의 주식을 거래할 수 있는 주식시장을 만드는 데 있어서도 비슷한 점진적 접근 방식을 따랐다. 처음에 국가는 매년 발행할 주식의 양을 통제하여 각 지방과 부처에 일정한 할당량을 분배했다. 상장을 원하는 기업은 지방 정부나 부처의 선택을 받아야 했다. 지방 당국은 할당량 한도 내에서 더 많은 기업이 상장할 수 있도록 발행량을 분할하는 경우가 많았다. 그런 다음 할당 시스템은 주식 수량 제한에서 상장 기업 수 제한으로 변경되었는데, 이는 일반적으로 국가 또는 특정 지역의 경제 발전에 중요한 소수의 대규모 국유기업에 유리했다.

현재 중국에는 거래되는 장소와 소유 자격에 따라 세 가지 유형의 주식이 있다. A주는 중국 화폐로 거래되고 중국인만 소유할 수 있는 반면, B주는 외국인 전용으로 외화로

---

22 Jefferson, Gary H. and Wenyi Xu, "The impact of reform on socialist enterprises in transition : Structure, conduct, and performance in Chinese industry", *Journal of Comparative Economics* 15(1), 1991, pp. 45~64.

거래되고, H주는 홍콩 거래소에서 거래된다. 한 계산에 따르면 A 주식은 608억 주, B 주식은 134억 주, H 주식은 120억 주에 달한다.

또한, 주식은 주식을 소유한 주체에 따라 국가 주식, 법인 주식, 개인 소유 주식의 세 가지 유형이 있다. 중앙 또는 지방 정부 또는 국가가 지정한 기관(국영기업 포함)이 보유한 국가 주식은 국가의 명시적인 승인 없이는 공개적으로 거래할 수 없다.[23]

두 번째 유형, 법인 주식은 산업체, 증권 회사, 부동산 개발 회사, 재단, 연구 기관 및 기타 법인격을 갖춘 경제 주체와 같은 국내 기관이 소유한 주식이다.[24] 국유 주식과 마찬가지로 법인 주식은 공개적으로 거래할 수 없으며 국유 주식과 동일한 제한이 적용된다. 마지막으로 법인 주식은 소유구조에 따라 국영기업, 국영 비영리단체SONPO : State-Owned Non-Profit Organizations, 집단기업, 민영기업, 주식회사, 외자기업으로 분류된다. 또한, 종업원이 소유하는 주식도 있다. 중국은 초기에 주식소유 협동조합이 노동자의 권리를 대변하는 마지막 사회주의 기관이라고 선전했지만, 예상대로 작동하지 않자 열기가 사그라들었다.

중국 정부는 많은 기업과 그룹의 대주주 역할을 하므로 여러 가지 상충하는 목표를 가지고 있는 경우가 많다. 한편으로 국가는 국영 기업이 민간 기업만큼 경쟁력과 효율성을 갖추기를 바라지만, 동시에 국가는 경제 전반에 대한 규제자 역할도 담당해야 한다. 그래서 중국 정부는 개혁 과정 내내 규제 역량을 개발해 왔다. 대주주로서의 역할과 관련된 가장 중요한 기관은 국무원State Council 산하에 국유자산 감독 관리위원회 State-owned Assets Supervision and Administration Commission를 설립하여 기존의 모든 산업 부처의 감독 기능을 인수한 것이다. 국유자산 감독 관리위원회SASAC는 중앙급 국유기업의 주주로서 이사와 관리자를 임명 및 해임하고 대형 국유기업 그룹에 감독위원을 파견

---

[23] 그런데 여기서 국가의 정의는 명확하지 않다. 왜냐하면, 여기에는 지방 금융청, 국영 자산 관리 회사 또는 투자 회사가 소유한 주식이 포함되기 때문이다. 때때로 상장 회사의 모회사인 SOE 자체가 '국가'로 간주할 수 있다. 일반적으로 국가는 상장 회사의 지배주주로 간주한다.
[24] '법인'은 개인이 아닌 법인이나 기관으로 정의되지만, 사실상 그들은 대부분 국가에 의해 창설되고 국가의 확장된 무기로 기능하기 때문에 국가기관과의 명목상 구별에 불과하다.

하는 등 모든 권한을 행사한다. 중국은 지방 정부와 광역시 정부에 경제 업무에 대한 상당한 책임이 위임된 분권형 연방국이므로,[25] 각 지방 정부는 지방 기업을 두 번째 단계의 지역 기업집단으로 조직하여 국가 정책 이니셔티브를 모방하려고 했다. 그리하여 새로 설립된 지방 국유기업관리위원회SASCA는 지방 국유기업집단을 관리하는 업무를 담당했다.

중국 당국자들은 기업집단이 시장환경 변화와 기업 내부구조 변화에 대응해 등장했다고 강조해왔다. 이러한 변화에 대처하기 위해 중국 정부는 자산과 생산 기술을 연계하여 모회사를 설립하고 다양한 경제 주체를 자회사 및 계열사로 만들었으며, 때로는 금융, 공급 및 기타 거래 관계와 같은 기존 관계를 활용했다. 따라서 중국의 많은 기업집단은 정부가 직접 투자하여 새로 창설되었거나 이전의 산업국 및 국유기업SOE에서 변형된 형태이다. 기존의 국영 기업을 기업집단으로 조직하는 방법에는 여러 가지가 있지만, 대부분은 국가의 행정력에 의해 창설되었다.

첫 번째 방법은 거래가 반복되면서 그동안 거래를 하던 여러 국영 기업을 통합하는 것이었다. 그리고 중국은 기업 구조조정 단계에 접어들면서 기존의 네트워크가 더욱 발전하고 심화되었으며, 이전의 독립적 단위들이 더욱 영구적인 기업집단 구조로 통합되었다. 이 경우, 경제 전환기의 기업 간 관계 네트워크가 중국 기업집단 형성의 기반이 되었다. 특히 기업집단 형성의 기반이 된 중요한 관계는 이전 국유기업 간의 금융 및 무역 거래이다. 중국 기업집단에 관한 저서에서 리사 키스터Keister, Lisa A.[26]는 중국 기업집단의 형성과정을 다음과 같이 기술했다. 초기에 기업집단은 거래를 계획경제체제 아래

---

25 Dougherty, S. M. and R. H. McGuckin, "The effects of federalism on productivity in Chinese firms", *Management and Organization Review* 4(1), 2008, pp. 39~61(이 연구는 정부 및 민간 소유 구조가 중국 기업의 생산성에 어떤 영향을 미쳤는지에 대한 실증적 증거를 제공한다. 이 연구는 1995년에 중국에서 운영된 23,000개의 모든 대기업과 중견기업을 대상으로 한 중국의 마지막 10년 주기의 산업 센서스의 마이크로데이터를 활용했다. 그 결과, 정부의 분권화, 즉 '연방주의'가 집단기업뿐만 아니라 국유 및 민관 혼합 소유 기업의 성과를 개선하는 데 중요한 역할을 했다는 사실이 밝혀졌다.).

26 Keister, Lisa A., *Chinese Business Groups : The Structure and Impact of Interfirm Relations during Economic Development*, London : Oxford University Press, 2000.

에서 거래하던 다른 국유기업에 의존했지만, 시장화 과정이 시작되면서 각 기업은 금융과 무역 측면에서 신뢰할 수 있는 거래 파트너를 찾아야 했고, 이러한 외부적 유대가 기업집단 형성의 기반이 되었다. 일단 기업집단이 형성되면 각 회원사는 비회원사와 훨씬 더 경제적으로 거래할 수 있음에도 불구하고 다른 회원사와 계속 거래하는 경향이 있다고 주장했다. 그녀의 주장은 중국의 관시關係, Guānxi가 처음에는 개방적인 과정으로 운영되지만 일단 신뢰가 쌓이면 '관시'가 거래 방식을 좌우하는 경향이 있음을 지적한 것이다.

행정적으로 형성된 기업집단의 또 다른 사례는 일반적으로 하나의 산업국 산하에 있는 국유기업을 일렬로 세워 국가가 기업집단 형성을 명령하면 기업집단을 결성하는 것이다. 또한, 정부의 관련 부처로부터 국유기업에 대한 통제권을 이양받은 경우, 때로는 국영기업이 핵심 기업이 되어 이전 국유기업을 통제하는 예도 있다. 국유기업은 일반 기업 또는 지주회사가 되고, 국유기업이 담당하던 모든 이전 기업은 지주회사의 자회사가 된다.

철강, 석유 같은 산업의 거대 기업 중 일부는 독립적인 기업집단으로 재편성되었다. 경제 개혁 이전에는 거대 기업이 구성원의 일상생활에 필요한 모든 서비스를 제공하는 자급 자족적인 단웨이單位로 운영되었기 때문에, 일반적으로 생산 중심의 단위와 구성원의 요구를 처리하는 두 개의 단위로 나누어졌다. 기업집단의 형성과정에서 제조의 핵심 사업 부분인 전자前者가 두 번째 단위의 모든 지분을 통제하는 모회사가 된다. 이러한 의미에서 비즈니스 그룹의 핵심 단위에 대한 소유권은 이전 구성원에게 필요한 모든 서비스를 제공하는 책임을 맡은 모회사가 통제한다.

따라서 중국 기업집단의 특징 중 하나는 국가 소유가 지배적이라는 점이다. 2001년 말까지 중국 중앙 및 지방 정부에 등록된 대규모 기업집단은 2,710개에 달했다.[27] 이

---

27 Wang, H. and W. Shao, "Reform and development of the group corporations", In the State Council's Development Research Centre eds., *China Economic Annual Book 2002(zhongguo jingji nianjian 2002)*, Beijing : China Statistics Press, 2002.

중 1,786개는 중앙 및 지방 정부가 전액 또는 지배적으로 소유한 모회사를 보유하고 있으며, 이들은 중국 전체 기업집단 자산 가치의 93% 이상, 매출액의 88% 이상을 차지하고 있다.

중국 국가는 경제 개혁 초기 단계부터 기업집단을 중요한 조직 형태로 간주했다고 해도 과언이 아니다. 중국 정부는 국제 시장에서 경쟁할 수 있는 다양한 분야의 국가 챔피언을 만들기 위해 일본의 게이레츠keiretsu와 한국의 재벌財閥에 특히 주목했고, 국가 브랜드 기업을 구축하는 데 필요한 다양한 정책 수단을 도입했다. 일본과 한국 기업집단의 성과에 깊은 인상을 받은 중국 개혁가들은 게이레츠와 재벌의 신기술 흡수 능력, 안정적인 재무 성과, 국제 경쟁력 확보 능력을 연구했고, 기업집단 형태가 중국에서도 동일한 목표를 달성할 수 있을 것으로 믿었다.[28]

30년에 걸친 점진적 개혁의 결과, 현재 중국의 기업이나 제도 환경은 중국의 기업지배구조 관행을 이해하기 위해 고려해야 할 몇 가지 독특한 특징을 보여준다.

우선, 중국에는 소유 형태에 따라 다양한 유형의 기업이 존재한다. 첫 번째 유형은 약 141개의 지주회사 및 비즈니스 그룹이 중국 경제 전반에 중요한 다양한 자원을 독점적으로 통제하는 완전 국유기업이다. 이러한 기업 또는 지주회사는 규모가 거대하고 중국 국가 경제의 근간이 되는 에너지, 운송, 항공 사업과 같은 특정 산업에서 독점적 지위를 가지고 있어 국가가 중국 경제를 전반적으로 통제할 수 있도록 해준다.

두 번째 유형은 중국이 설립한 두 개의 주식시장인 선전과 상하이에서 주식이 거래되는 '상장 기업'이다. 이들은 중국 경제의 근간을 형성한다. 중국 기업지배구조의 문제는 이런 기업의 문제이다.

세 번째 유형은 민영기업으로, 중국 전체 유한책임회사 총자본의 79.7%, 전체 고용의 52.3%를 차지할 정도로 빠르게 성장하고 있다. 민영기업의 평균 규모는 다양하지만 대부분 소규모이고 주식시장에 상장된 대기업은 거의 없다. 1998년부터 2003년까지

28　Ma, Xufei and Jane W. Lu, "The critical role of business groups in China", *Ivey Business Journal* 69(5), May/June, 2000, pp. 1~12.

운영 중인 25만 개 산업 기업에 대한 마이크로데이터 베이스를 분석한 한 연구에 따르면, 1998년에는 민간 부문이 산업 생산량의 1/4에 불과했던 것에 비해 현재는 절반 이상을 차지하며 공공 부문보다 훨씬 더 효율적으로 운영되고 있는 것으로 나타났다.[29]

이러한 국유기업 구조조정 과정에서 중국 정부는 국유기업에 대한 자금 조달을 정부 예산을 통한 직접 배분에서 은행 대출로 변경하는 한편, 부채를 탕감하고 은행 대출을 주식으로 변경하기도 했다. 동시에 국가는 기업의 경계jieting를 정하고 기업집단으로 합병하는 한편, 지방 정부 관할의 중소기업을 '추다팡샤오儲大放小(큰 것은 붙잡고 작은 것은 놓아주는 것)' 정책에 따라 경영자에게 자주 매각했다.[30]

3. 기업집단의 구조

1) 일본

게이레츠를 식별하고 분류하는 방법은 여러 가지가 있지만, 일본의 기업 그룹을 수평적 및 수직적 유형의 게이레츠로 분류하는 것이 일반적이며, 전자는 '시장 간 게이레츠Inter-market keiretsu', 후자는 독립 게이레츠independent keiretsu로 알려져 있다. 시장 간 게이레츠는 서로 다른 산업 부문에서 서로 다른 유형의 경제활동을 영위하지만 분산된 상호 주식 보유 네트워크로 묶여 있는 기업집단으로, 모든 회원사에 대한 자금 조달을 주로 담당하는 주거래 은행을 중심으로 회장단 및 연동 이사제를 통해 조정된다. 수평적 게이레츠라고도 하는 이 시스템은 여러 산업을 포괄하는 여러 대기업이 상호출자, 그룹

---

29 Dougherty, Sean, Richard Herd, Ping He, "Has a private sector emerged in China's industry? Evidence from a quarter of a million Chinese firms", *China Economic Review* 18(3), 2007, pp.309~334.
30 중국어로 '추다팡샤오'는 1970년대 후반 덩샤오핑의 지도 아래 시작된 중국의 개혁 개방 정책과 관련이 있다. 대규모 국유기업은 유지하되 소규모 기업과 개인이 주도하는 사업을 활성화하자는 취지이다. 이는 중국 경제개혁의 핵심 원칙으로 경제성장과 발전을 촉진했다.

내 자금 조달, 중앙(종종 음성적) 이사회에 의한 고위급 수준의 관리를 통해 서로 연결되어 있다.

이 유형의 게이레츠의 회원사 간 관계는 위계적이라기보다는 공동체적 관계에 가깝고, 기업 간 통제와 조정은 집단적 의사 결정을 통해 이루어진다. 각 회원사는 수직적으로 정렬된 계열사 및 자회사를 유지한다. 일반적으로 거래의 상당 부분은 게이레츠 회원사 간에 이루어지는 경향이 있다.

대부분의 시장 간 그룹은 서로 동형 구조로 되어 있으며, 일반적으로 여러 부문에 걸쳐 경쟁하는 유사한 기업 진용을 가지고 있지만, 부문 내에서는 그렇지 않다. 그들 모두는 그룹의 금융 및 시장 거래를 담당하는 자체 은행 기관, 보험 회사 및 무역 회사를 가지고 있다. 모든 시장 간 그룹에는 회장단 클럽이 있으며, 각 회장클럽의 회원 회사는 수직적으로 정렬된 계열사와 자회사를 유지한다. 결과적으로 계열사 및 자회사는 시장 간 게이레츠에 속하지 않는 중소기업과 다양한 차등 순위의 장기 하도급 계약 관계를 유지한다.

두 번째 유형의 게이레츠는 독립적이거나 수직적인 게이레츠로, 하나의 대형 제조업체를 중심으로 여러 회사들이 집단을 이루어, 주요 제품에 대한 공급업체와 하청업체로 구성된 다층 시스템을 형성한다. 독립 그룹은 구조적으로 시장 간 게이레츠의 회원 회사와 유사한 경향이 있으며, 각 그룹은 하나의 산업 부문에서 매우 크고 성공적인 모회사와 수직적으로 정렬된 하위 회사로 구성된다. 새로운 필요가 발생하면 기업 내에 다 부문 구조를 만드는 미국의 관행과는 달리 일본은 계열화된 기업집단에서 제휴를 통해 새로운 자회사를 만드는 경향이 있다. 게라크Gerlach같은 학자는 '일본 기업에서는 미국 기업보다 다각화 수준이 훨씬 낮은 것으로 일관되게 나타난다'라고 지적한다. 따라서 일본 회사는 '특정 비즈니스 기능에 전념하는 밀접하게 연결된 활동의 중심'으로 간주된다.[31] 일본 기업집단에서는 새로운 사업이 지속해서 탐색 되는 가운데, 광범위하지만 밀도

---

31 Gerlach, Michael L., "Twilight of the Keiretsu? A critical assessment", *The Journal of Japanese Studies* 18(1), 1992, pp.79~118; Also see, Lincoln, James, R. Michael L. Gerlach and Peggy Takahashi, "Keiretsu networks in the Japanese economy : A dyad analysis of intercorporate ties", *American Sociological Review* 57(5), 1992, pp.561~585.

높은 외부 연결 네트워크가 '내부' 다각화를 대체한다. 이러한 독립적인 게이레츠 그룹은 하나의 산업 부문에서 수직적으로 통합된 기업 네트워크를 개발하는 경향이 있는 반면, 시장 간 게이레츠는 다양한 산업 부문의 기업과 연결되어 있다. 그러나 독립 그룹과 시장 간 그룹은 매우 큰 성공을 거둔 모회사와 수직적으로 정렬된 하위 회사로 구성되는 기본구조 측면에서 유사성을 보인다.

일본 기업계에서는 수직적으로 배열된 기업 간의 관계도 순전히 위계적 권위 관계가 아니라 '의무계약' 관계의 요소를 강하게 내포하고 있다.[32] 즉, 순위가 같은 회사와 순위가 다른 회사 간의 관계도 상호 의무와 선의로 표시되며, 권력은 개별 회사에 있는 것이 아니라 그룹 전체에 있는 것으로 인식된다. 게이레츠에서의 결정은 개별 회사가 아닌 그룹 전체를 위한 최선의 결과를 가져오는 결정이어야 하며, 또한 그 결정은 합의에 따라 내려진다. 그룹은 단지 이익만을 추구하는 것이 아니라 그룹 결속, 협력 및 위험 공유를 위해 노력해야 한다. 고용주와 직원 사이의 관계도 상호신뢰, 조화, 호혜로 잘 알려져 있다.[33]

재산 소유권의 권리와 구조는 일본 기업집단의 집단적 의사 결정 관행에 큰 영향을 미쳤다. 게이레츠의 소유권은 다른 나라에 비해 훨씬 분산되어 있으며, 소유권은 서구 자본주의 국가의 경우와 마찬가지로 자동적인 경영권을 수반하지 않는다. 일본에서는 메이지유신 이전부터 소유주들이 고용된 전문경영인에게 경영을 맡기는 경향이 있었기 때문에 소유권과 경영권의 분리가 비교적 일찍부터 시작되었다. 그리고 여전히 게이레츠의 소유권은 비교적 분산되어 있다. 일본 은행은 미국 은행과 달리 기업의 주식을 소유할 수 있기 때문에 기업의 최대 주주가 은행인 경우가 많다. 또한, 보험회사와 같은 비은행 금융기관이나 게이레츠의 다른 구성 회사도 상호출자 형태로 주주가 될 수 있다. 한

---

32 Dore, Ronald P., *British Factory, Japanese Factory : The Origins of Diversity in Industrial Relations*, Berkeley, CA : University of California Press, 1973.
33 Pascale, R. T. and A. G. Athos, *The Art of Japanese Management*, New York : Simon and Schuster, 1981; Pascale, R. T. and A. G. Athos, *The Art of Japanese Management*, Harmondsworth : Penguin, 1982; Kalleberg, Arne L. and Torger Reeve, "Contracts and commitment : economic and sociological perspectives on employment relations", *Human Relations* 46(9), 1993, pp.1103~1132.

통계에 따르면 은행 및 기타 기업이 전체 주식의 50% 이상을 소유하고 있는 반면, 일본인 개인이 소유한 주식은 전체 주식의 1/4 미만이며 다양한 기관 투자자도 1/4 미만을 소유하고 있는 것으로 나타났다.[34] 즉, 소유권은 일반적으로 상호출자 형태로 주 은행을 포함한 기관이나 회원사에 집중된다. 이러한 소유구조는 경영자들이 주가 변동에 영향을 덜 받으며 장기적인 전망과 계획을 생각할 수 있게 해준다. 이에 비해 미국 기업은 단기 이익이 경영자의 성과를 평가하는 가장 중요한 기준이기 때문에 주가에 매우 민감하다.

한편 일본의 주요 은행 시스템은 게이레츠 체계의 통합에 더욱 이바지했다. 일반적으로 계열 기업집단이 소유하는 주요 은행은 회원사의 주식을 소유하고 회원사의 재정적 필요를 관리한다. 그러므로 은행과 기업의 관계는 단순한 고객 및 서비스 제공자 이상의 관계이다. 주 은행은 기업의 운영에 지분을 갖고 있으므로, 주 은행은 단순히 신용도를 바탕으로 기업에 돈을 빌려주는 것 이상의 역할을 했다. 주 은행은 신용도를 바탕으로 일반 은행보다 더 많은 금융 지원을 하겠다는 의향을 갖고 계열 기업의 경영 전반을 주시했다. 이는 모든 회원사가 위험과 성공을 공유할 수 있는 선단식 경영체제를 구축했음을 뜻한다.

또한, 회원사가 다른 회원사의 주식을 일부 소유하는 '주식 간 공유' 관행은 게이레츠 회원 간의 공동체 의식을 더욱 높이는 데 기여했다. 이러한 관행은 그룹에 대한 헌신과 상호 의무의 상징임과 동시에, 위험을 공유하고 적대적 인수를 방지하는 수단이기도 하다. 그러나 개별 구성원에 대한 위험이 줄어들면서 일부 구성원은 그룹 충성도를 강화하려는 관행의 원래 의도를 망각했다. 게이레츠에서는 개별 회사의 소유권이 대주주 없이 계열사 간에 분신되어 있어서 강력한 리더십의 등장을 어렵게 만든다. 더욱이, 개별 기업은 주주의 이익보다 기업관계자의 이익에 더 관심을 둘 수 있다. 그런 맥락에서 회원사들은 그룹의 전체 가치를 높이기 위해 노력하기보다는 자기 위치에서의 이익을 우선시하는 현상이 종종 발생한다. 이러한 교차주식 소유 관행은 그룹 행동을 통제하는

34　参见荓景石, 「略论日本的公司治理结构及其改革趋势」, 载『世界经济』 2000年 第7期, 57쪽(Mang Jingshi, 「일본의 기업 지배구조와 개혁 동향에 대한 간략한 논의」, 『世界经济』 2000년 7월호, 57쪽에 게재됨).

수단이라기보다는 자기 이익을 증진하는 수단으로 작용할 수도 있는 것이다. 간단히 말해서, 한국의 경우처럼 개인이나 가족이 게이레츠 기업 전체를 통제할 수는 없다. 그래서 강조되는 것이 집단적 의사 결정과 공동체주의이며, 이는 확실히 일본 기업계에서 가장 널리 퍼져있다. 일본을 오래 관찰한 로날드 도어Dore, Ronald P.는 일본 게이레츠의 여러 부분을 연결하는 고리를 '의무계약'이라고 불렀다.[35]

이러한 게이레츠의 구조적 특성으로 인해 일본의 각 계열 기업집단은 단순히 서구적 의미의 조직적 효율성과 효율성을 추구하는 것이 아니라 계열의 결속과 협력에 상당한 관심을 기울이고 있다. 그룹의 경제 철학은 이익 극대화와 위험 공유의 목표를 통합하는 것이다. 순위가 동등하거나 순위가 다른 기업 간의 관계에서 상호 의무, 자비, 선의는 단순히 좋은 경제 정책이 아니라 의무 사항으로 간주한다.

이미 지적했듯이, 권력은 개별 기업에 있는 것이 아니라 그룹 전체에 있는 것으로 인식된다. 회원사 간의 관계는 평등할 수도 있고 불평등할 수도 있지만, 선의와 성실의 기본원칙은 같다. 일본의 조직 환경에서는 경쟁과 협력이 반대 방향으로 나아가는 것이 아니라 기업 그룹의 구조에 통합되어 있다. 여기서 중요한 요소는 디마지온DiMaggion과 파웰Powell이 '강제적 동형화coercive isomorphism'라고 부르는 것인데, 이는 특히 "조직이 몸담은 사회에 대한 문화적 기대"와 관련이 있기 때문이다.[36]

일본 기업이 가업으로 출발했음에도 불구하고 각자 강력한 법인격을 발전시켜 온 것은 아이러니한 일이다. 이들 중 상당수는 직원과 경영자가 기업의 성과를 공유하는 법인체로 운영되어 왔는바, 이러한 법인격은 경영자로부터 소유권이 분리되어 가능하게 되었다. 기업의 핵심 구성분자는 기본적으로 소유자, 경영자, 직원의 3자가 존재한다. 일본은 소유권의 권한이 매우 약한 반면, 경영자와 직원은 상호 의무와 신뢰를 바탕으로 협의와 조정을 통해 회사의 이해관계자가 되었다.

---

35 Dore, Ronald P., op. cit, 1973.
36 DiMaggio, Paul and Walter Powell, "The Iron Cage Revisited : Isomorphism and Collective Rationality in Organizational Fields", *American Sociological Review* 48(2), 1983, pp. 147~60.

일본 기업이 갖는 공동체주의 원칙의 증거는 게이레츠의 경영 관행과 관련된 많은 특정 영역에서 찾을 수 있다. 나중에 살펴보겠지만, 일본식 기업지배구조의 가장 독특한 특징은 합의에 기초한 의사 결정을 강조하는 한편, 종신고용, 연공서열제, 기업노조 등의 독자적인 제도를 발전시켰다는 점이다. 또한, 일본의 보너스 시스템은 최고 경영진에게 보너스가 주어지는 미국과 달리 대체로 회사의 모든 구성원에게 분배된다.[37] 현대 일본 경영 방식의 기원은 1950년대 중반으로 거슬러 올라간다. 이 시기에 연공서열 제도와 기업 차원의 노사협의체 제도가 제도화됐다. 이러한 경영 스타일의 주요 특징은 1960년대 전반에 걸쳐 통합되었다.

잘 알려진 회사에 대한 직원의 충성심도 공동체주의적 이상의 일부이다. 일본 기업들은 종종 회사를 가족에 비유하는데, 이는 개인 구성원의 이익과 기업 간의 양립을 강조하지 않고 직원의 충성심을 보장하려는 이데올로기적 정당화의 성격이 짙다. 아이러니하게도 일본 직원들은 집단적 결속력을 보이지 않지만, 기업이라는 추상적인 실체에 대한 구성원 개개인의 충성심은 한국이나 중국에 비해 훨씬 강하다.

일본 기업 위계 구조에서의 개인과 단위의 관계 역시 일본의 전반적인 사회관계를 크게 반영한다. 즉, 이는 상호의존, 상호신뢰, 인적 관계에 기반한 두꺼운 동료의식보다는 전체적인 집단의 화합을 유지하는 것을 압도적으로 우선시하는 것이 특징이다. 일본 기업집단이 단순히 서구적 의미의 조직적 효율성과 효과성만을 추구하는 것이 아니라, 집단의 연대와 협력에도 큰 관심을 기울이는 이유가 여기에 있다. 기업집단의 경제 철학은 이익 극대화와 위험 공유의 목표를 통합하는 것이다. 순위가 같거나 순위가 다른 기업 간의 관계에서 배품과 선의는 단순히 좋은 경제 정책에 머무는 것이 아니라 의무로 받아들여진다. 다시 강조하거니와, 권력은 개별 기업에 있는 것이 아니라 그룹 전체에 있는 것으로 인식된다.

국가와 대기업 그룹 간의 관계도 기업 그룹 내의 관계를 반영하듯 문화적 기대에

---

37 Fukuda, John, *Japanese Style Management Transferred : The Experiences of East Asia*, New York : Routledge, 1988.

따라 형성된다. 국가는 권한에만 의존하여 단순히 명령을 통해 기업집단을 이끌어가는 것이 아니라, 행정지도를 통해 기업집단을 국가가 원하는 방향으로 온화하게 유도한다. 일본에서는 이를 협력적 파트너십을 통한 설득이라 표현한다. 일본의 발전국가는 한국이나 중국보다 경제를 성장으로 이끄는 데 있어 강압보다는 설득을 더 많이 사용했다. 일본이라는 국가는 강압적 권위에 크게 의존해 온 한국의 발전국가나 중국 공산국가와 비교해 덜 권위적이고 억압적이었다.

국가와 일본 기업 간의 이러한 우호적인 관계는 국가가 다양한 네트워크를 통해 민간 부문을 부드럽게 이끌고, 잘 정립된 규칙을 만들어 민간 부문을 주도하는 문화를 역사적으로 제도화시켜왔다는데 기인한다.

현재의 게이레츠 구조도 부분적으로는 역사적 과정의 결과이고 부분적으로는 일본의 국가 산업정책에 기인한다. 몇 가지 구체적인 사항을 보면, 연공서열제와 기업 차원의 노사협의체 제도가 정착된 것은 1950년대 중반이었고, 그 경영 스타일은 1960년대 전반에 걸쳐 더욱 강화되었다.

의심할 바 없이 일본 정부는 통상산업부MITT를 통해 일본 기업집단의 구조를 형성하는 데 중요한 역할을 했다. 일본 정부는 기존의 재벌을 해체하고 일본 기업계를 재편하는 과정에서 이러한 기업집단의 구조가 세계시장에서 성공적으로 경쟁할 수 있다는 판단하에 계열 기업집단의 형성을 장려해왔다. 일본 정부는 "패자가 없는 계획된 경쟁과 성장"을 창출하기 위해 산업정책을 마련하고 어떤 회사가 어떤 산업에 참여할 수 있는지를 결정했다. 일본 정부는 연합군이 가족 중심의 낡은 재벌그룹zaibatsu을 해체한 후 대규모 시장 간 계열 기업집단 설립을 위한 길을 닦는 정책을 폈다. 그러나 일본이 사용한 방식은 한국처럼 국가가 특정 산업에 대한 투자를 직접 장려하는 개입 방식은 아니었다. 대신 일본 정부는 연구와 성장 개발 형태로 보조금을 지급하는 방식을 택했다.

그러나, 일본 정부가 선택한 기업집단의 기본구조는 전통적인 권위와 교류관계의 패턴에 반대되는 것이 아니라 그 연장 선상에 있다. 일본 게이레츠의 집단적 의사 결정 과정을 통한 공동체적 이상은 도쿠가와 마을의 운영방식과 매우 유사하다. 일본에서는 쇼군(당시 메이지 시대에는 천황)이 정치적 이해관계에서 벗어나 '약한 중심'으로서 주로 조정역할을 했기 때문에, 이와 같은 군림과 통치의 분리는 대체로 마을이 스스로를 통제하도록 남겨두었다.[38] 마을 사회에서의 통제를 관장한 촌장은 주요 가족들로부터 합의를 통해 마을의 질서와 협동을 이루어냈다. 도쿠가와시대의 특징인 마을 정체성, 가족 간 신뢰 및 합의된 의사 결정은 회사 충성도, 관리자 및 작업 그룹에 권한 위임, 높은 수준의 신뢰 및 비즈니스 파트너와 관리자 간의 상호 의무를 통해 현대 비즈니스 조직에 반영되고 있다.[39] 간단히 말해서, 일본의 산업화 과정에서 등장한 대규모 독립 기업은 부분적으로 일본의 제도적 기반(템플릿) 때문에 게이레츠Keiretsu로 발전했다. 즉, 국가는 일본의 전통과 전통적인 제도적 기반(템플릿)에 부합하는 시스템을 선택한 것이다.

2) 한국의 재벌

재벌은 대부분 가족이 지배하는 대기업으로, 대한민국에서 '경제성장의 엔진' 역할을 해왔다. 한국 재벌의 구성원들은 법적으로는 서로 독립되어 있지만, 모두 대주주인 소유주의 통제 아래에서 서로 지원하고, 서로 거래하고, 필요한 경우 신용을 보증하고, 위험을 함께 분담하는 특징을 보인다. 그 결과, 개별 기업의 관할과 책임이 모호해졌다. 스티어스와 몇 학자는 전형적인 재벌의 특징으로 다섯 가지를 꼽았다 : (1) 가족 통제 및 관리, (2) 가부장적 지배력, (3) 중앙 집중식 계획 및 조정, (4) 기업 지향, (5) 긴밀한 비즈니스 - 정부 관계 및 (6) 채용 정책에 있어 학교 관계를 중시하는 경향.[40] 특히 한국 재벌과 관련하여 주목할 점은, "실패하기에는 너무 크다"라는 말이 회자 될 정도로, 국가 경제 대비 규모가 크고, 사업적으로 서로 관련 없는 분야에 너무 다양하게 진출해 있다는

---

38 Hamilton, Gary G. and Nicole Woolsey Biggart, "Market, culture, and authority : A comparative analysis of management and organization in the Far East", *American Journal of Sociology* 94(1), 1988, pp. 52~94.
39 Whitley, Richard, "Societies, firms and markets : The social structuring of business systems", In Richard Whitley ed., *European Business Systems : Firms and Markets in Their National Contexts*, (Part 1), Sage Publications, 1994, pp. 5~45.
40 Steers, R. M., Y. K. Shin and G. R. Ungson, *The Chaebol : Korea's New Industrial Might*, New York : Harper and Row, 1989.

점이다. 그리고 대주주 소유권이 한 가족, 특히 '수직 통합적'인 가부장에 있어, 관리 시스템이 거의 '황제' 한 사람의 손안에 있는 것과 흡사하다는 말이 나올 정도이다. 따라서 한국의 재벌은 현대 기업 조직의 특성과 한국 전통 가족제도를 함께 반영하는, 다시 말해 전통적인 권위 패턴이 혼합된 독특한 조직 구조와 경영 형태를 보인다.

한국의 재벌을 자세히 들여다보면, 각 재벌은 다양한 유형의 경제 활동을 수행하는 수많은 회사로 구성되어 있지만 모두 소유주와 그의 아들, 형제, 사위를 포함한 가족이 통제하는 수직 중앙 집중식 명령 구조로 묶여 있다. 딸들은 대개 이사회를 장악하고 핵심 경영직을 맡기도 한다.

소유자의 관리 권한은 각 회사 주식의 대부분(개인 지분은 물론 다른 가족 구성원이 소유한 지분 포함)에 대한 통제권에서 파생되는 것으로 추정된다. 그러나 그의 권력과 권한은 법적으로 보장되는 지분을 초과하는 것이 보통이다. 한 가문이 다수의 기업을 지배하는 방식은 때에 따라 다르지만, 그룹 회장직을 차지하고 재벌 전체를 사적 영역인 것처럼 지배하는 것은 전통적 가문의 가부장제를 그대로 닮았다.

일반적으로 소유주는 그룹 회장이나 총수의 직을 맡아 전통적인 가부장제에서의 가장처럼 행동하며, 재벌 그룹 전체의 경영에 있어 개인 참모를 통해 중앙집권적 통제를 행사한다.[41] 따라서 기업집단 내 계열사 층위에 따른 수직적 권한 구조는 재벌을 국가기관과 같이 관료화된 의사 결정 구조를 통해 위에서 아래로 권한이 흐르는 단일화된 조직으로 만든다. 재벌의 기업에서는 교류와 협의보다는 명령이 두드러진다. 소유권과 경영권이 명확하게 구분되지 않는 이유는 소유주가 주요 의사 결정 대부분을 독점하여 경영권을 행사하는 경향이 있고, 관료화된 의사 결정 구조에 의존하고 있으며, 한국 재벌의 전문가에 대한 신뢰가 일본이나 중국보다 훨씬 낮기 때문이다.

그러나 대만과 달리 소유주들은 사업 조직의 규모를 개인적으로 관리할 수 있는 조직으로 제한하지 않고 새로운 회사를 설립하여 관련 없는 여러 분야로 통제권을 확장한다. 사실,

---

41 Biggart, Nicole Woolsey, "Institutionalized patrimonialism in Korean business", *Comparative Social Research* 12, 1990, pp. 113~133.

한국 재벌의 가장 독특한 특징 중 하나는 그들이 한국 경제에서 차지하는 비중이다. 한국 경제에서 중소기업은 매우 낙후되어 있기 때문에 국가 경제의 큰 부분을 선별된 재벌 그룹이 담당하고 있다. <표 1>은 2009년, 2010년, 2011년 한국 GDP에서 재벌이 차지하는 비중을 보여준다. 참고로, 첫 번째는 상위 20대 그룹이고 두 번째는 상위 5대 그룹이다.

<표 1> 한국 GDP에서 재벌의 비중

		2009	2010	2011
자산/GDP	20대 그룹	75.3%	78.6%	85.2%
	5대 그룹	46.5%	49.9%	55.7%
매출/GDP	20대 그룹	75.3%	78.6%	85.2%
	5대 그룹	46.5%	49.9%	55.7%

출처: David Murillo & Yun-dal Sung, *Understanding Korean Capitalism: Chaebols and Their Corporate Governance*, ESADEgeo POSITION PAPER 33 SEPTEMBER 2013, p.2

아래 그림은 2016년 재벌의 매출과 한국의 GDP를 비교한 것이다. 여기서도 데이터는 재벌이 한국 경제에 미치는 영향력이 일관되게 크다는 것을 확인시켜 준다. 공정거래위원회 자료에 따르면 2016년 우리나라 국내총생산GDP은 1조4000억 달러로 이 중 31개 대기업의 매출을 합친 금액이 84%(1조1000억 달러)에 이른다.

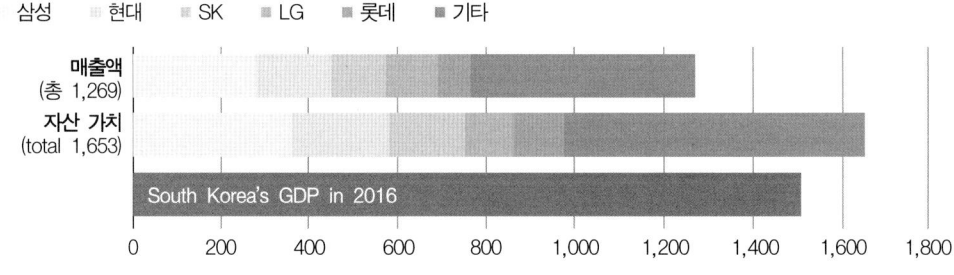

<그림 1> 한국 경제에서 재벌이 차지하는 비중

<그림 2>는 최근인 2019년의 데이터를 보여준다. 한국 기업에서 재벌 기업이 차지하는 비중은 0.2%에 불과하지만 2018년 기업 영업이익의 41%를 차지했다. 다만 재벌의 규모에도 불구하고 실제로 국가 고용의 대부분을 제공하는 것은 중소기업이라는 점에 주목할 필요가 있다.

재벌의 규모가 거대해진 것은 한국 기업집단의 사업 다각화 덕분이다. 자동차는 GM, 대형 컴퓨터는 IBM 등 주력 상품을 중심으로 다각화된 기업 구조가 일반화된 미국과 달리, 한국 재벌은 관련 없는 분야로 다각화했다. 그 결과 각 재벌은 거의 모든 산업 분야에 걸쳐 수 많은 자회사를

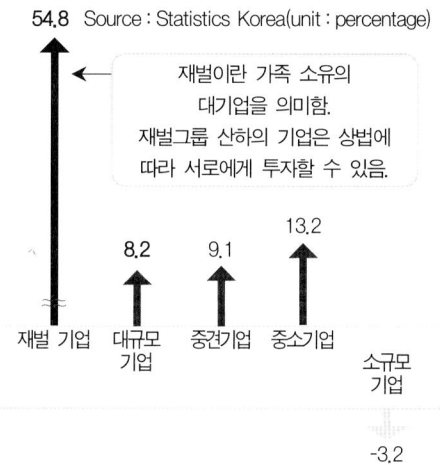

<그림 2> 기업 규모에 따른 영업이익 증가율
[참고] 중견기업(中堅企業)은 자산규모 5천억 원 이상~5조 원 미만인, 종업원 300명 이상인 기업 단위이다.

보유하게 되었다. 다음 <표 2>를 보면 1990년대 상위 5대 재벌의 평균 자회사 수는 점진적으로 증가하는 추세를 보여준다. 이러한 추세는 계속 이어져 2012년에는 그해 1월 1,197개였던 국내 30대 대기업의 자회사 수가 2012년 12월에는 1,221개로 증가했다 (연합뉴스, 2013년 2월 6일).

<표 2> 상위 5대 재벌의 비관련 업종 다각화 (1990년대 상위 5대 그룹 계열사 수)

	1987	1988	1989	1990	1991	1992	1993	1994	1995	1996	1997	1998
현대	32	34	37	39	42	43	45	48	48	46	57	62
대우	29	28	28	27	24	22	22	23	22	25	30	37
삼성	35	37	42	45	48	52	55	50	55	55	80	61
LG	57	62	59	58	62	58	54	53	50	48	49	52
SK	16	18	20	24	26	31	32	33	32	32	46	45

출처: 이재우, 「재검토된 구조조정: 코아시안 관점」, 좌승희·이인권 편, 『전환기의 한국 재벌: 앞으로의 과제와 의제』, 한국경제연구원, 2000, 164쪽

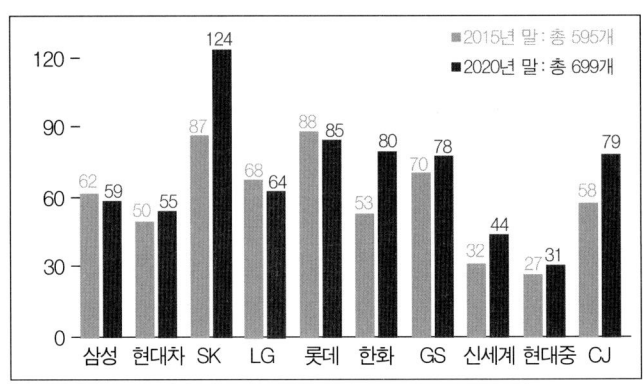

<그림 3> 10대 재벌 계열사 (2015년과 2020년 비교)
단위 : 개, ※ 2020년 공정위 대기업집단순(포스코, 농협, KT 제외)

　　재벌의 다각화는 1990년대 금융위기 이후에도 계속됐고, 특히 2005년에는 국가가 재벌의 사업 영역을 없애면서 M&A가 유행하게 됐다. 그러나 한국 재벌은 은행을 소유할 수 없지만 보험 회사 등 비은행 금융 기관은 소유할 수 있다. 이용 가능한 데이터에 따르면, 재벌의 전체 자회사 수는 수년에 걸쳐 증가해 왔다(<그림 3> 참조).

　　한국 재벌이 맹목적으로 다각화하는 데는 몇 가지 이유를 생각할 수 있다. 우선, 한 가족이나 개인에 의해 통제되는 재벌은 이익의 극대화보다는 규모를 확대하는 것을 가장 합리적인 전략으로 간주한다. 왜냐하면, 한국에서는, 국민이 경제 전반에 영향력이 큰 대기업 집단의 몰락을 원치 않을 것이라 믿고, '클수록 좋고, 클수록 더 안전하다'라는 생각이 확산하였기 때문이다. 그에 더하여, 언론에서는 늘 재벌 순위를 이야기할 뿐만 아니라, 10대, 30대 기업군이라는 범주가 정책적 함의를 갖고 있어서 재벌 총수들은 매출, 자산 등 다양한 측면에서 기업의 전체 규모를 확대하고자 한다. 마치 봉건 영주가 자신의 영역을 확장하고 싶어 하는 것처럼 말이다.

　　더욱이 한국 재벌의 '황제경영'은 재벌총수에게 의사결정권이 집중되어 있어 일본의 집단의사결정에 비해 새로운 사업에 대한 투자 결정을 훨씬 빠르고 쉽게 내린다. 사업의 확장이 총수의 기분(개인적인 감정과 기분)이나 다른 재벌과의 경쟁 때문에 결정되는 예도 있다 한다. 예를 들어, 다른 재벌이 하고 있다는 이유만으로 재벌이 새로운 산업에 진출한 예도 있다고도 전해진다.

게다가 한국 재벌들은 금융시장에 대한 경험이 거의 없고, 비효율적인 내부 자본시장에서 운영되어 재벌 경제에서 가장 효율적인 부분에 자원을 배분하지 못하는 측면이 있다. 또한, 시장과 다른 기업에 대한 불신, 공급업체의 불안정, 수요의 불확실성 등을 우려하여 한국 재벌은 자회사를 설립하여 원자재나 부품 생산을 내부화함으로써 수직계열화된 경영구조를 구축하는 경향이 있다.

예를 들어 현대자동차는 안정적인 원자재 공급을 보장하기 위해 수입에 의존하는 대신 철강 산업에 직접투자를 결정했다. 한국의 재벌은 일본 게이레츠의 특징인 중소기업과의 안정적인 하도급 관계에 의존하지 않는다. 대신 재벌은 자신의 생산 요구를 충족시키기 위해 새로운 기업을 사거나 창업함으로써 생산 과정을 내부화하는 경향을 보인다. 결과적으로 재벌의 주요 기업 규모는 일본보다 크다.

또한, 정부의 산업정책에 따라 확장이 발생할 수도 있다. 처음부터 한국의 발전국가 developmental state는 국가의 성장 자원을 소수의 기업에 집중하는 정책을 펴, 재벌 기업은 저금리의 신용에 접근할 수 있었고 외국 경쟁으로부터 보호받았다.[42] 한국 재벌에게 재정과 신용을 얻는 것은 일종의 특권이었다. 이런 환경에서 다각화는 기업집단의 대출 총액을 늘리는 방법의 하나로, 예를 들면, 1998년 금융위기 당시 일부 재벌의 부채비율은 500%를 넘었다. 이러한 정책환경에 편승해 재벌은 초기 단계에 있는 새로운 사업에 진출하는 경우가 많았다. 확실히 1970년대 초 국가가 중화학공업 등 새로운 국가적 사업을 추진할 때 재벌은 국가로부터 많은 특권을 부여받고 새로운 산업 분야로 진출하는 동시에 자산의 규모를 대폭 확대할 수 있는 절호의 기회를 잡았던 것이다.

한국의 재벌들은 문어발식으로 사업을 확장해 중소기업의 번영 기회를 빼앗았다는 비판을 받아왔다. 물론 재벌의 다각화는 부분적으로는 중소기업의 저개발에 기인하는 측면이 일부 있지만, 동시에 모든 생산 과정을 내부화하고 소매, 빵집 등 모든 분야로 사업 영역을 확장하려는 재벌의 선호는 중소기업의 기회를 더욱 박탈한다.

거대한 재벌 규모에도 불구하고 각 재벌은 가족에 의해 엄격하게 통제되고, 제한된

---

42 *The Economist*, 6 July 1996; 18 October 1997.

소유를 기반으로 경영권을 극대화하기 위해 다양한 수단을 쓰고 있다. 2015년 6월 30일 공정거래위원회가 발표한 자료에 따르면, 상호출자 제한 대상 기업 61개 기업집단의 주식 소유율을 보면, 총수가 있는 41개 재벌 기업집단의 가족 지분율은 4.3%에 불과한 것으로 나타났다. 그리고 잔여 내부지분의 55.2%를 관계회사나 임원이 보유하고 있다. 삼성, 현대, SK, LG 등 상위 10대 대기업의 내부지분율은 2001년 46.4%에서 53.6%로 증가했지만, 지배주주 일가의 지분율은 3.1%에서 2.7%로 하락했다. 실제로 가족 소유는 SK 0.4%, 현대중공업 1.1%, 현대 1.25%, 삼성 1.28%, 한화 1.9%로 대기업 재벌에서 더 낮았다. 이러한 자료는 소유와 통제 사이의 격차를 여실히 보여준다(한겨레, 2015년 7월 3일).

재벌 소유권은 일반적으로 다음 세 가지 패턴 중 하나를 따른다. 1) 단독 소유 : 창업자 또는 그의 가족이나 친척이 모든 계열사를 소유. 2) 핵심 회사에 의한 지배 : 즉 창업자 또는 그 가족, 친인척이 핵심 회사를 소유하고, 해당 회사는 다시 다른 계열사 기업을 소유. 3) 상호 소유 : 창업자 또는 그 가족, 친인척이 핵심 회사 및/또는 일종의 재단을 소유하고, 이는 다시 다른 계열사 기업을 소유. 소수의 대주주 지분을 이용해 전체 사업집단의 거대한 규모를 통제하는 수법이 바로 순환출자다. 예를 들어, 자산이 100달러인 회사의 4~9% 대주주라면 가족 지분 가치는 4~9달러에 불과하다. 이 모(母)회사는 전체 자산의 약 400%(약 400달러)를 대출받을 수 있으며, 총자산이 100달러인 자회사에 40달러(자기 지분의 40%)를 투자하고, 자회사는 은행에서 약 200달러를 빌릴 수 있다. 두 회사의 총 가치는 약 $800이지만, 모회사의 4~9%만 소유한 대주주는 융자와 순환출자를 통해 $800 가치의 회사를 통제할 수 있게 된다.

재벌은 다양한 업종과 사업을 영위하고 있음에도 불구하고 총수 일가가 지분율에 따라 소유권을 행사할 뿐만 아니라 주요 경영직에 직접 참여함으로써 소유와 경영이 수렴되는 구조로 되어 있다. 한 보고서에 따르면 한국 상위 20개 재벌의 임원 중 31%가 총수 가족원으로 구성된 것으로 나타난다.[43] 이를 통해 비용과 위험을 줄이는 효과를 노릴

---

43 Steers, R. M., Y. K. Shin and G. R. Ungson, *The Chaebol : Korea's New Industrial Might*, New

수 있다. 또한, 재벌 총수들은 기업의 조직 구조를 자의적으로 조정함으로써 기업의 모든 계층에 자신의 권한을 행사할 수도 있다.

한국 가족은 구성원 간 기업 정체성이 빠져 있고 가부장제의 영향이 지배적이기 때문에 재벌은 하향식 의사 결정과 일방적인 소통을 강조하는 경향이 있다. 한국사회의 전통적 가부장제의 영향 때문에 재벌 기업의 회장(총수) 또는 명예회장 같은 최고위직을 차지한 사람은, 회장실 비서실을 두고 자신의 의사를 재벌그룹 구성원 전체가 따르도록 하는 것이 일반적이다. 그러므로 회장직이라는 공식적인 직책이 매우 중요하다. 각 재벌의 총수들은 퇴임 후에도 명예회장직을 유지하며 중요한 사안에 대해 결정적인 영향력을 행사하는 경우가 많다.

재벌의 가부장 승계는 세습 원칙에 따른다. 이런 점에서 재벌의 운영에서 전통적인 제도적 기반(템플릿)을 쉽게 발견할 수 있다. 한국 재벌 회장의 권한은 최소한의 제도화로 강력한 권력을 개인화할 수 있는 한국의 제도적 기반(템플릿)을 상당히 정확하게 반영하고 있다. 재벌의 오너는 기능적으로 전문화된 조직, 직급별 업무와 책임이 명확히 구분된 직책, 명확한 지휘체계 등 정교한 관료적 의사결정 과정을 통해 재벌이라는 거대한 조직을 통제하면서 막강한 권한을 행사할 수 있었다. 이처럼 재벌의 공식적인 조직 구조와 운영은 그것이 매우 밀접한 관계를 맺고 있는 한국의 국가와 모습이 닮았다.

재벌 총수들은 기업집단에 대한 지배력을 아들에게 물려주려고 노력한다. 이러한 재벌가의 부자 세습은 한국적 맥락에서 두 가지 어려움을 안겨준다. 첫째, 한국의 전통적 상속 방식은 일본의 장자 상속 제도나 모든 남성 상속인에게 균등하게 재산을 나누는 중국의 관행과 다르므로 승계 과정에서 남성 아들들 간의 분쟁이 빈번하게 발생하고, 때로는 장기간의 법적 다툼으로 이어지기도 한다. 둘째, 재벌 총수들은 무거운 상속세를 피하면서 경영권을 장악할 수 있을 만큼의 지분을 자식에게 물려주기 위해 부정한 방법으로 자신이 지배하는 여러 기업의 주식 가치를 조작하는 경우가 빈번하다.

또한, 재벌 총수들은 법과 실제 관행 사이의 틈새를 교묘히 이용해 법적 책임을 지지

York : Harper and Row, 1989.

않으면서도 중요한 경영 결정을 내리는 방식을 종종 취하고 있다. 그래서 많은 총수가 등기이사에서 물러나 공식적인 직책을 맡지 않으면서도 실제 기업 운영의 주요 의사 결정에 직접 관여하는 경우가 많다. 때로는 이사회 의장직을 맡기도 하지만, 그렇지 않고 재벌의 지배구조상 법적인 근거가 없는 명예회장직을 만들기도 한다.

재벌의 경영자들은, 전통적인 가부장제가 구성원들의 복지를 책임지는 것처럼, 재벌에 고용된 모든 사람을 가족과 같다고 강조하며, 재벌 총수가 그들의 필요를 채워줄 것이라고 가족에 대한 비유를 강조하곤 한다. 이러한 수사修辭에도 불구하고 구성원 간의 단합과 화합, 특히 노사 간의 화합은 일본의 경우처럼 우호적이지 않다. 한국의 '제도적 기반(템플릿)'은, 일본과는 달리, 상사에 대한 하급자의 맹목적인 복종을 강조하는 경향이 있고, 하급자에 대한 배려를 소홀히 하는 경향도 강하다. 그 결과 한국인은 중국인보다는 회사에 대한 충성도가 높은 경향이 있음에도 불구하고 일본에 비하면 회사에 대한 충성도가 강하지 않다. 같은 논리를 재벌과 한국 국가 간의 관계에도 적용할 수 있다. 우리는 이미 발전국가developmental state는 재벌을 지도하고 통제하기 위해 강압적이고 권위주의적인 방법을 사용하는 경향을 보이고, 재벌은 시장에서의 운신의 폭이 커지면서 국가에 대해 점차 적극적인 태도를 보이지만, 여전히 여러 가지 이유로 국가에 종속되어 있다는 점을 지적한 바 있다. 한국 사회에서는, 국가와 기업집단이 결탁한다는 뜻을 갖는 정경유착政經癒着이라는 말이 유행할 정도로, 기업집단은 국가에서 벗어날 수 없으며, 따라서 국가가 마음만 먹으면 재벌에 대해 다양한 방법으로 제재를 가할 수 있다는 점도 그 이유 중 하나다.

3) 중국 : 치예지투안企業集團

중국 경제 개혁의 전반적인 목표는 국유기업을 국가가 대주주로 있는 주식회사로 전환하여 계획경제의 주요 특징이었던 권력 관계를 분리하는 것이다. 대주주인 국가는 시장 규칙에 따라 주주권을 행사하도록 되어 있다. 이 두 가지 역할은 이론적으로는 구분할 수 있지만, 현실적으로 국가의 두 가지 역할을 구분하는 것은 매우 어렵다. 첫째, 소유권을 행사할 국가기관과 중국 경제 전반을 관리하는 기타 국가기관을 명확하게 구분할 수 없다. 국무원의 국유자산 감독관리위원회SASAC가 국유지분 가치에 대한 감독을 담당하지만, 이 기관은 국유지분에 대한 관리 권한이 없으며 다른 여러 국가기관이 이를 수행한다.

중국은 경제 문제에 관여하는 수많은 국가기관 외에도 공산당 조직이 모든 국가기관과 기업 조직에 침투해 있고 당 구조가 고도로 중앙집권화되어 있는 국가이다. 중국 공산당은 여전히 모든 고위 공무원의 임명은 공산당, 특히 공산당 조직부를 통해 이뤄진다는 원칙을 유지하고 있다. 이 원칙은 대주주가 기업 경영자를 선택할 수 있는 기본권과 자주 충돌한다. 일반적으로 각기 다른 행정 수준의 조직 부서에서 행사하는 인사 권한은 주주의 기본권과 충돌한다. 대부분 기업집단에서 국가가 대주주인 경향이 있지만, 소유권 관리를 담당하는 국가기관과 기타 국가기관이 명확하게 구분되지 않는다. 따라서 중국에서는 대주주들이 기업을 마치 국가기관의 일부인 것처럼 관리하는 기존 관행을 지지하는 경향이 있다.

이러한 이유로 경제를 시장화하여 기업집단이 자유시장에서 기업가로서 활동할 수 있도록 하겠다는 법률의 취지에도 불구하고 여전히 국가 통제라는 원초적인 제도적 논리의 영향력은 여전히 강력하다. 그 결과 기업집단 운영은 한국과 일본의 기업집단에 비해 관료적이고 위계적이며, 운영방식에서도 경직되어 있다.[44] 모든 기업 내 권한 구조는 훨씬 더 위계적인 경향이 있으며, 국가 권한과 소유권이 겹치거나 자주 충돌하는 경우가 많다. 중국 치예지투안企業集團, qiyejituan의 내부구조는 위에서 아래로 권한이 내려가는 관료주의적 성격이 강하다. 한국의 재벌에 비해 중국의 기업집단은 절대 자산 규모와 국가 GDP 대비 자산 규모가 모두 작고 국유지분이 많은 경향이 있다. 따라서 야심 찬 개인 소유주가 지배하는 한국 재벌과 비교해 역동성이 떨어진다. 중국 치예지투안企業

---

44 Yiu, Daphne W., Robert E. Hoskisson, Garry D. Bruton, Yuan Lu, "Duelling institutional logics and the effect on strategic entrepreneurship in Chinese groups", *Strategic Entrepreneurship Journal* 8(3), 2014, pp. 195~213.

集團은 "한국 기업집단보다 부채가 많고 수익성이 낮으며 자본 축적이 더디다"라는 견해가 지배적이다.[45]

4. 비교 요약

기업집단의 실제 운영 역시 국가별로 얼마나 많은 권한과 교류, 네트워크 관계가 얼마나 두드러지게 나타나고 있는지가 상대적으로 중요하다. 더욱이 기업집단의 구조는 소유권 유형(가족, 국가, 기타 회사 등)이나 금융 기관과의 관계, 비공식 소셜 네트워크의 성격과 강도에 따라 국가마다 다르다.[46]

우선 기업집단이 각국 경제에서 차지하는 상대적 중요도가 다르다. 이근과 우(2001)가 행한 중국과 한국의 기업집단 비교 연구에 따르면, 중국의 치예지투안企業集團은 한국의 재벌에 비해 규모가 작고 다각화가 덜 된 경향을 보인다. 국가 경제에서 기업집단이 차지하는 비중을 보면 중국 30대 기업집단의 비중은 한국 재벌과 비교할 수 없을 정도로 낮다. 1995년 중국 GDP 대비 상위 30대 그룹의 총매출액 비율은 1.0%에 불과한 반면, 한국은 1987년 비슷한 비율이 70.8%에 달한다.[47] 중국 치예지투안企業集團은 관련 업종 위주로 계열사 수가 적은 반면, 한국 재벌은 다양한 업종에 계열사 수가 많다. 예를 들어 상하이 석유화공그룹은 계열사 수가 8개에 불과하지만 한국 삼성은 전자, 금융, 보험, 종합상사, 건설, 석유화학, 자동차, 엔터테인먼트, 호텔, 인쇄, 언론 등 다양한 업종의 계열사 50여 개 이상을 보유하고 있다.[48] 아마도 한국 재벌은 한국 국민경제에서

---

45 Lee, Keun and Wing T. Woo, "Business groups in China : compared with Korean chaebols", In J. Dutta Elsevier ed., *The Post-Financial Crisis Challenges for Asian Industrialization* Volume 10, Science Press, 2001, pp. 721~747.
46 Morck, Randall, Daniel Wolfenzon, Bernard Yeung, "Corporate governance, economic entrenchment, and growth", *Journal of Economic Literrature* 43(3), 2005, pp. 655~720.
47 Keun Lee and Wing T. Woo, op. cit., 2001.
48 ibid.

가장 큰 비중을 차지하고 있는 반면, 중국 치예지투안企業集團의 자산과 가치는 한국 재벌 다음으로 크고, 일본 게이레츠keiretsu의 자산과 가치는 일본 경제에서 가장 작은 비중을 차지하고 있을 것이다.[49]

한국 재벌의 특징은 은행 개입이 제한된 개인 가족 소유이지만, 총수가 소수 지분을 소유하더라도 궁극적인 경영권을 행사하며 그의 권한은 계층적 라인을 따라 위에서 아래로 흐른다. 반면, 일본의 게이레츠는 다수의 기업 소유주가 있으며, 그룹의 의사 결정은 대표 은행을 중심으로 그룹 회원사에 의해 집단으로 이루어지고, 합의를 중요시한다.[50] 국가가 대주주로 있고 주식시장의 영향력이 매우 약한 중국 기업집단은 시장 상황에서 독립적인 합리적 경제 주체 역할을 해야 함에도 거의 정부 기관처럼 운영되고 있다.

한국의 재벌은 수직적으로 통합된 다수의 독립적인 기업집단으로 구성되며, 이들은 서로 무관한 다양한 산업에 관여하고 있으며, 유일한 공통점은 소유권이다. 따라서 한국의 재벌은 일본의 시장 간 게이레츠에 가깝고, 중국의 치예지투안企業集團은 기능적 업무를 담당하는 국가기관인 기능부, 기능국 등 기능별로 세분되고 계층적으로 위계화된 구조와 유사하다. 소유 형태와 구조도 국가마다 다르다. 한국의 경우 한 개인이 가족들의 도움을 받아 기업집단 전체의 과반수 지분을 지배하는 경향이 강하고, 소액의 개인 소유 자본으로 막대한 규모의 자산을 확보해 경영권을 독점할 수 있는 다양한 방법이 활용되는 반면, 일본의 게이레츠는 계열사 간 교차보유를 통해 지배 지분이 광범위하게 분산되어 있어 한 개인이 기업의 과반수를 지배하는 경우는 거의 없다. 이러한 소유구조의 차이는 한국의 독재적 경영 스타일과 일본의 집단적 의사 결정 스타일이라는 상이한 경영 스타일로 이어져, 한국 경영진은 주로 대주주의 이익에만 관심을 두고 이해관계자의 이익을 무시하게 된다. 중국에서는 국가가 대주주인 경향이 있지만, 각 기업의 주식 중 약 30%만이 유통 및 개인 소유를 위해 주식시장에서 유통되도록 허용된다. 결과적으

---

49 언급한 바와 같이, 상위 5대 및 상위 30대 재벌그룹의 GDP 비중은 50% 이상으로 매우 높다. 삼성 자체가 한국 GDP에 기여하는 정도는 약 10%이다.
50 Gedajlovic, Eric and Daniel M. Shapiro, "Ownership structure and firm profitability in Japan", *Academy of Management Journal* 45(3), 2002, pp. 565~575.

로, 주식시장 주가의 영향을 덜 받는 중국 관리자는 일반적으로 국가가 임명하고 통제하며, 국가의 대리인 자격으로 사업 운영에 있어 엄청난 재량권을 누린다. 또는 국가가 소유권을 행사하지 못할 때 그들은 거의 대주주처럼 행동한다. 중국 학자들 사이에서 중국 시스템이 '내부 통제 시스템'이라 부르는 이유도 바로 이 때문이다.

중국 국유기업집단의 경영자는 국가의 대리인으로서 기업을 마치 자신의 회사처럼 독단적으로 경영하기도 하지만, 한국 재벌처럼 총수 일가가 관여할 방법은 없다. 한국 재벌 총수들이 막대한 자산의 기업집단 전체를 지배하는 것은 주식의 순환출자를 통해 핵심 계열사의 지분을 소량 소유하고 있기 때문이다. 예를 들어, 공정거래위원회에 따르면 한국 재벌 총수들의 핵심 기업 주식 보유율은 평균 1.5%다. 친인척이 약 2.6%를 소유하고 있지만, 총수들은 전체 기업집단 의사결정권의 45%를 지배할 수 있다. 이는 중국 기업집단qieyejituan의 경우처럼 모회사가 자회사의 지분을 100% 소유하지 않기 때문에 가능한 일이다. 반면에 자회사의 소유권은 다른 자회사와 공유하며, 창업주나 친인척의 실제 지분은 매우 제한적이다. 한국 공정거래위원회에 따르면 11개 재벌그룹의 계열사 중 총수나 친족이 지분을 전혀 소유하지 않은 계열사 수는 66%에 달한다. 결과적으로 총수는 하위 계열사의 지분을 소유한 다른 계열사의 지배를 통해 계열사를 지배할 수 있다. 예를 들어 삼성의 총수는 에버랜드를 지배함으로써 삼성전자를 소유한 삼성생명을 지배할 수 있고, 삼성생명을 지배한 삼성카드는 다시 삼성에버랜드에 투자한 삼성카드를 지배할 수 있다. 중국 재벌과 한국 재벌은 기업집단 구성원 기업의 소유구조 측면에서 상당히 다르다. 중국은 모기업이 자회사의 지분을 거의 100% 소유하는 단순한 계층적 소유구조를 보여준다. 예를 들어 상하이 석유화학의 경우 8개 계열사 중 5개 계열사가 100% 또는 70%의 지분을 소유하고 있다. 이와는 대조적으로, 삼성의 총수 일가는 계열사 지분을 15% 미만으로 보유하거나 전혀 보유하지 않았다. 이러한 사실은 중국 기업집단의 그룹 내 지분구조가 매우 단순하며, 모기업이 최상위에 있고 그다음 단계의 계열사가 대부분 100% 또는 50% 이상의 지분을 소유하는 단순한 계층 구조가 가장 큰 특징임을 나타낸다. 한국 재벌의 소유구조는 총수 일가가 최상위에 있고, 그 사람 다음 단계에 지주회사 역할을 하는 몇 개의 핵심 회사가 있으며, 그 아래에 다른 계열사가 있는 복잡한 구조이다. 총수 일가는 핵심 계열사와 비핵심 계열사 간의 직접 지분과 매트릭스형 순환출자를 통해 핵심 계열사와 기타 계열사를 모두 지배하고 있다.

소유의 집중이나 분산뿐 아니라 소유와 경영의 분리라는 측면에서도 한국 재벌과 일본 게이레츠는 다르다. 일본의 게이레츠에서는 소유와 경영이 분리되어 있으며, 재벌 소유주의 가족은 여전히 전략적 의사 결정뿐만 아니라 일상적인 운영에도 적극적으로 참여하고 있다. 한국과 중국에서는 경영 권한이 고도로 중앙집권화되어 있다. 그리고 한국의 재벌은 총수 일가가 소유와 경영을 겸하고 있다. 앞서 언급했듯이[51] 상위 20대 재벌에서는 임원의 31%가 가족이고, 거의 모든 기업의 핵심 경영직이 가족인 것으로 나타났다.

앞서 언급한 바와 같이, 한국 재벌의 개별 총수와 그 가족은 거대한 규모와 다양한 사업 분야를 포괄하여 많은 경영권을 행사하고 있으므로 최고 지도자의 의지가 하위 계층까지 전달될 수 있는 보다 중앙집권적인 조직 구조를 필요로 한다. 즉, 한국의 재벌은 매우 수직적으로 조직된 지휘구조를 갖고 있어 한 명의 개인 소유주가 매우 다양한 사업이익을 관리하는 반면, 일본의 게이레츠는 회원사를 지휘할 수 있는 중앙기관이 부재하거나 취약한 수평적 동맹에 가깝다. 요약하면, 기업 간 관계가 위계보다는 거래에 기반한 경향이 강한 일본과 대만과 달리 한국은 개별 총수의 의지를 실행할 수 있는 중앙집권적 조직 구조가 필요하다는 것이다.

중국의 기업집단은 모두 상대적으로 수직적인 관계로 연결되어 있다.[52] 모든 집단이 수직적으로 통합된 것은 아니지만, 그룹 구조는 수평적이기보다는 수직적인 경향이 강하다. 중국 집단에서 핵심 기업은 대개 산업체이고, 종종 자회사의 일부를 소유하며, 소유권에 따라 구성원들에 대해 다양한 수준의 통제권을 행사한다. 국가는 기업집단에 대한 통제권을 포기했지만 계속해서 관찰하고 조언하며 일부 회원사, 특히 보호 대상 산업에 대한 부분적인 소유권을 유지한다.

---

51 Steers, R. M., Y. K. Shin and G. R. Ungson, *The Chaebol : Korea's New Industrial Might*, New York : Harper and Row, 1989.
52 Keister, Lisa A., *Chinese Business Groups : The Structure and Impact of Interfirm Relations during Economic Development*, London : Oxford University Press, 2000, p. 236.

중국에서는 다양한 계층의 경영진이 막강한 권한을 갖고 이를 행사하며, 그들이 규칙이나 역할 기대로부터 받는 제약은 매우 약하다. 권력은 직위보다는 그 사람, 즉 개인에게 더 많이 있다. 결과적으로 중국 기업은 관료화가 덜 된 반면, 한국 기업은 재벌 운영에서 공식적인 규칙의 중요성이 매우 낮음에도 불구하고 수직적으로 공식화되고 어느 정도 관료화된 의사 결정 구조를 발전시키는 경향이 있다.

소유와 경영의 분리 등 기업 조직과 역할의 제도화 정도는 사례에 따라 다르다 : 일본의 게이레츠는 한국과는 달리 창업자가 최고경영자 역할을 계속 수행하는 경우도 있지만, 가족을 대표하는 특정 인물이 게이레츠를 지배하거나 가족이 게이레츠 그룹을 지배하는 경우가 없다는 점에서 한국과 상당히 다르다. 또한, 수직적 게이레츠는 생산 및 공급라인의 분업에 기반을 두고 있다. 예를 들어, 도요타 그룹에는 여러 계층의 공급업체가 있다. 따라서 자회사 및 계열사와의 관계는 위계적일 수 있지만, 이 경우에도 권위 관계보다는 교환 관계가 일본에서는 일반적인 운영방식이다. 재벌과 달리 게이레츠의 사업확장은 신중하게 고려되고 전략적으로 계획된다.

일본 기업 리더들이 주기적으로 만나는 사장단 협의회는 특히 1차 상품에 대한 명시적인 조정 역할을 수행하는데, 이에 국한하지 않고 특히 시장 간 그룹 내에서 금융 앵커 역할을 하는 은행과의 조정역할에도 관여한다.[53] 오루와 몇 학자는 "계열 기업집단 내에는 분명히 더 중요하고 더 영향력 있는 기업이 존재하지만, 의사 결정 단위는 그룹이며, 명령은 합의에 따라 행사된다"라고 말한다. 아무리 영향력이 큰 개별 기업이라도 항상 개별 기업이 아닌 집단에 가장 좋은 것이 무엇인지 고려하여 의사 결정을 내려야 한다. 이는 일본 기업집단의 특징으로 보이며, 이에 대해 오루 등은 "지배는 명령권에 내재하여 있거나 명령권에 따라 정당화되지 않는다"라는 표현을 썼다. 오히려 지배는 무엇보다도 직책에 따라 규정된 자신의 직무에 대한 의무를 준수하는 문제로 받아들인다. 아무리 강력한 기업이라도 의무에서 벗어날 수 없으며, 상위 금융 기관과 산업체도 조직 계층에

---

53 참조 : Yoshino, M. Y. and Thomas B. Lifson, *The Invisible Link : Japan's Sogo Shosha and the Organization of Trade*, Cambridge, MA : MIT Press, 1986.

서 가장 작은 하청업체만큼이나 역할 기대에 얽매여 있다.[54]

이에 반해, 한국 재벌의 조직 구조는 일본 게이레츠에 비해 수평적 협의와 조정이 미흡하고 상부에서 하부로 권한이 흐르는 위계적 경향이 강하다. 또한, 한국 재벌은 기업이 필요로 하는 대부분의 부품을 내부화해 생산하고 하청에 대한 의존도가 낮은 편이지만, 하청업체의 경우 재벌의 변덕에 대한 보호 장치가 미흡하다.[55] 재벌과 게이레츠의 가장 큰 차이점은 기업집단을 구성하는 구성원들 간의 공동체 의식의 정도에 있다.

세 나라 모두 기업 조직을 운영할 때 가족적인 분위기를 강조하는 경향이 있는데, 이는 주로 모든 구성원의 공동체 의식과 집단적 정체성을 강조하기 위한 것이다. 하지만 앞서 언급했듯이 세 나라의 전통적인 가족은 서로 상당히 달랐다. 한국의 전통 가족은 가부장을 구심점으로 하여 가부장의 의지에 따라 개개인이 질서를 유지해왔지만, 일본과 같이 일관된 집단 정체성을 발전시킨 적은 없었다.

그러나 일본에서는 회사가 한국 회사와는 상당히 다른 원칙에 따라 운영되었다. 전통적인 이에家에서와 마찬가지로 각 기업은 관리자, 근로자, 주주나 회사의 이해관계자가 공유하는 강력한 기업 정체성을 발전시켰다. 종신고용, 기업 조합주의, 연공서열 제도, 보너스 제도 등 일본 특유의 경영 관행은 강력한 기업 정체성과 공동체적 가치에서 파생된 것이며 이를 강화하는 것이다. 일본 기업은 기업 정체성이 강한 반면, 한국과 중국의 기업 정체성은 구성원들의 네트워크로 인식되어 훨씬 약하다. 즉, 두 나라에서는 개인적인 유대가 기업의 정체성을 대체하고 있다.

일본 기업에서 크게 강조하는 강한 공동체 의식과 공동체주의적 이상의 결과 중 하나는 회사에 대한 직원의 충성심과 헌신이며, 이는 세 국가 중에서 가장 강력하다. 일본에서는 이러한 회사에 대한 충성이 고용안정성과 회사 복지로 보답 된다. 한국과 중국에서

---

54 Orru, Marco, Gary G. Hamilton, Mariko Suzuki, "Patterns of inter-firm control in Japanese business", *Organization Studies* 10(4), 1989, pp. 549~574.
55 Clifford, Mark, "Breaking up is hard to do : South Korean chaebol still thrive despite official disapproval", *Far Eastern Economic Review*, September 29, 1988, p. 32; Biggart, Nicole Woolsey, "Institutionalized patrimonialism in Korean business", *Comparative Social Research* 12, 1990, pp. 113~33.

권위는 창업주나 그 가족의 손에 고도로 집중되어 있으므로[56] 직원과의 경영 관계는 일본보다 더욱더 권위적이다.[57] 한국 재벌의 직원들은 강한 집단의식을 가지지 못했고, 사업그룹에 대한 충성심과 정체성이 상대적으로 약한데, 회사에 대한 충성심은 중국 직원들보다는 더 강하다.

기업집단을 기반으로 하는 기업 네트워크는 어디에나 존재하고 3개국 기업집단의 모든 전략적 의도는 유사해 보이지만, 실제로 각 기업집단에서 네트워크가 의미하는 바와 네트워크의 운영방식은 국가별로 크게 다르다. 즉, 아시아 기업 네트워크는 게이레츠, 재벌, 화교 기업, 그리고 최근에는 중국 국영 기업에 이르기까지 광범위한 경영 철학을 포괄한다.

중국과 한국의 경우 한 기업과 다른 기업을 연결하는 네트워크는, 한국의 경우 개인 소유주가 관장하는 권한 관계이며, 중국에서는 국가로부터 권한을 수임받은 관리자가 행사한다. 중국과 한국에서 기업 간의 네트워크는 약한 협력 의지와 결속력으로 인해 매우 취약하다. 이에 반해, 일본에서는 기업집단 구성원을 포함한 각 회사가 기업을 경영하는 사람을 통해서가 아니라 무역과 생산 과정을 통해 서로 비즈니스 관계를 맺는 경향이 있다. 더욱이 일본의 네트워크는 권력과 권위의 측면에서 수직이 아닌 수평적 네트워크의 성격을 갖는다.

이러한 차이는 입양, 가장, 승계 등의 관습을 실천해 온 이에(家)전통에 뿌리를 두고 있다. 그러나 중국과 한국의 네트워크는 아직 권력이 개인화되지 않았고 일본처럼 역할이 제도화되지 않았기 때문에 사람 중심의 시스템이다. 따라서 일본에서는 가족 구성원 중 누구도 새로운 사업을 시작하거나 사업의 성격을 바꿀 자유가 없었다. 예컨대 원래 간장을 만들었다면 계속 그렇게 해야 하며 더 나아지는 방향으로 지향해 나가는 전통이

---

56 Eckert, Carter J. "The South Korean bourgeoisie : a class in search of hegemony", *Journal of Korean Studies* 7, Center for Korea Studies, University of Washington, 1990, pp. 115~148; Raymo, James, M. Hyunjoon Park, Yu Xie, and Wei-jun Jean Yeung, "Marriage and family in East Asia : Continuity and change", *Annual Review of Sociology* Vol. 41, 2015, pp. 471~492.

57 Song, N.B., *Characteristics of Korean organizational management : A descriptive study*, Unpublished doctoral dissertation, Brigham Young University, Provo, UT., 1990.

있었던 것이다.[58]

한국 기업이 특히 승계 과정에서 강한 세습의 전통을 유지하는 이유도 바로 여기에 있다. 다만 한국의 이러한 전통은 변화하는 현실에서 많은 문제점을 노증하고 있다. 근래에 재벌 창업주의 3세가 최고위직을 계승하게 되면서, 그 과정에서 가족 문제도 많이 발생하였다. 재벌의 젊은 세대는 전문적인 경향이 있으며, 그들 중 다수는 해외에서 MBA 교육을 받았다.[59] 일반적으로 재벌의 수장 자리를 물려받는 사람은 아들이지만 반드시 장남이 되는 것은 아니다. 이로 인해 많은 재벌그룹은 누가 후계자가 되느냐의 문제를 놓고 아들들 사이에 법적 분쟁을 벌이고 있다. 2014년에만 40대 재벌 중 17개 재벌이 법적 분쟁에 휘말렸고, 특히 그룹 경영권을 두고 형제자매 간 소송이 벌어졌다.[60] 또한, 대부분의 재벌들은 세금을 내지 않고 사업을 상속받기 위해 불법적인 수단을 사용하고 있다. 한국 기업집단의 새로운 도전이 앞에 놓여있는 것이다.

---

58 Numazaki, Ichiro(沼崎一郎), "Chinese business enterprise as inter-family partnership : A comparison with the Japanese case", In B. Kwok ed., *Chinese Business Networks : State, Economy and Culture*, Singapore : Prentice-Hall/Nordic Institute of Asian Studies, 2000, pp. 152~175.

59 Granovetter, Mark S., "Coase Revisited : Business Groups in the Modern Economy", *Industrial and Corporate Change* 4(1), 1995, pp. 93~130.

60 『조선일보』, 2014년 8월 4일자.

제 9 장

기업지배구조의 여러 도전

제9장

기업지배구조의 여러 도전

1. 기업지배구조의 정의

　기업지배구조corporate governance는 기업 및 기업집단의 복잡한 조직을 지휘하고 통제하는 시스템으로 광범위하게 정의된다. 기업지배구조는 기업의 조직 구조, 통제 및 의사결정 메커니즘의 문제를 다루며, 이는 재산권 및 이익 분배에 관한 법적 전통과 기업이 운영되는 제도적 환경의 광범위한 맥락을 전제로 한다. 이러한 광의의 정의에서 기업지배구조는, 위계라는 권위 관계, 시장이라는 교환 관계, 그리고 네트워크라는, 인간 상호작용에 영향을 미치고 규제하며 형성하는 특정 국가의 세 가지 사회적, 경제적, 정치적 맥락과 쉽게 분리될 수 없다. 따라서 기업지배구조를 폭넓게 바라보려면 다양한 문화적, 역사적 차이에도 불구하고 보편적이라고 여겨지는 협소한 경제 논리를 넘어 특정 국가의 고유한 문화적 전통을 연구 대상으로 고려해야 한다.[1]
　기업지배구조에 대한 보다 좁은 정의는 기업 운영에 관여하는 주주뿐만 아니라 이해관계자를 포함한 다양한 행위자들의 상충하는 목표와 이해관계를 조정하는 메커니즘에

1　Clarke, Donald C., "The Independent Director in Chinese Corporate Governance", *Delaware Journal of Corporate Law* 31(1), 2006, pp. 125~228.

초점을 맞춘다. 이러한 관련 행위자에는 투자자와 그 대리인, 기업 내 계층 구조에 따른 수많은 전문 경영자, 사무직 및 육체노동자, 공급업체, 구매자, 채권자·금융기관, 소비자 등이 포함된다. 보다 구체적으로, 이러한 의미에서 기업지배구조는 다양한 관련 당사자들에게 유인책을 제공하고 그들의 정당한 이익을 보호함으로써 기업의 성과로 나타날 기업의 전반적인 성과를 위해 이러한 각 행위자의 활동을 조정하는 것을 의미한다. 다시 말해, 협의狹義의 정의는 주주, 투자자, 경영자, 채권자나 이해관계자, 주주와 그 대리인, 경영진과 근로자, 공급업체, 경쟁사, 국가, 정부 및 기타 공공기관과의 관계 등 다양한 양자 관계를 다루는 데 초점을 맞추고 있다. 따라서 기업지배구조의 핵심은 이러한 주체들 간에 권한과 책임을 어떻게 배분하는가 하는 것이 된다.

1) 관련 사회과학 이론

기업그룹과 지배구조가 다루는 문제의 범위를 고려할 때, 기업지배구조를 이해하고 연구하기 위해 광범위한 사회과학 이론이 적용되는 것은 당연한 일이다. 특히 현대에 이르러 기업의 규모가 커지고 거대 기업의 내부 구조가 복잡해지면서 확대되고 관료화되고 층위화層位化 된 경영구조, 그리고 다양한 이해관계자가 존재하고 소유 구조가 점점 더 복잡해짐에 따라 다양한 사회과학 이론이 기업의 논리와 역학을 설명하는 데 사용되고 있다.

우선, 기업집단의 구조와 지배구조에 대한 모든 논의는 명확하게 정의된 재산권을 전제로 한다. 왜냐하면, 기업집단은 재산권을 소유한 다양한 행위자들의 협력에 기반하기 때문이다. 여기서 재산권이란 재산의 내재적 가치가 아니라 흔히 대상에 부여된 모든 권리의 법적 측면을 의미한다. 재산권이 얼마나 잘 정의되어 있는지, 재산권을 소유권, 사용자권, 임대권, 처분권 등 세부 권리로 어떻게 나눌 수 있는지에 따라 기업지배구조가 결정된다.[2] 누가 어떤 재산권을 소유하고 있는지, 다양한 재산권이 기업의 전체 목표를

---

2 Demsetz, Harold, "Toward a theory of property rights", *The American Economic Review* 57(2),

위해 어떻게 조합되고 조직되는지에 대한 명확한 개념이 없다면 누가 누구를 통제하고 어떻게 의사결정을 내리는지, 기업 성과에 대한 이익을 어떻게 공유해야 하는지 등의 문제를 제대로 다룰 수 없다. 어떤 의미에서 기업지배구조는 각 주체가 기업에 가져온 다양한 자산과 자원에 대한 재산권을 보호하고, 그 재산권에 따라 각 주체가 이바지한 부분에 따라 전체 이익을 공유하도록 설계되어 있다. 나중에 살펴보겠지만, 중국의 국유 개념은 그 함의는 분명하지만 실제로 누가 국가의 소유권을 행사하는지에 대한 많은 모호성이 존재하기 때문에 혼란을 일으킨다.

이론적으로 어려운 또 다른 질문은 비즈니스 조직의 계층적 특성을 설명하는 방법이다. 특정 유형의 업무에 대해 모든 관련 행위자가 자발적으로 교환하는 시장 메커니즘보다 기업 내 명령과 위계를 통한 조정에 의존하는 것이 더 나은 이유는 무엇일까?

거래 비용 이론은 이 질문에 대한 해답을 제시한다. 시장 환경에서의 모든 거래에는 정보 탐색, 거래 상대방 찾기, 계약 체결 및 이행 측면에서 다양한 수준의 거래 비용이 수반된다. 특히 장기적인 계약의 체결과 모니터링 그리고 집행은 본질에서 어려우므로 장기적인 거래는 위험을 수반한다. 비즈니스 기업은 계약에 기반한 자발적 교환의 고비용 거래 비용에 대한 대안으로 등장했다. 또한, 어떤 계약도 미래에 발생할 수 있는 모든 우발적 상황을 포괄할 수 없다. 올리버 윌리엄슨Williamson, Oliver E.은 제한된 합리성, 불완전한 정보, 기회주의에 기인하는 '불완전한 계약'을 시장 거버넌스의 대안으로 교환 관계가 아닌 권위에 의해 작동하는 계층 이론을 개발했다. 그에 따르면 시장에서의 자발적 교환과 장기 계약은 막대한 거래 비용으로 인해, 기업의 계층 구조가 쉽게 처리할 수 있는 모든 필요한 활동을 조정하기는 어렵다. 따라서 그는 시장과 계층 구조화된 기업 조직은 경제 활동을 조직하는 두 가지 유형의 원칙이며, 이 두 가지 거버넌스 시스템은 각각 다른 강점과 약점을 가지고 있다고 제안한다.[3] 계층적으로 조직된 내부 구조는

    1967, pp. 47~359.
3 Williamson, Oliver E., "Hierarchies, markets and power in the economy : An economic perspective", *Industrial and Corporate Change* 4(1), 1995, pp. 21~49.

'의식적으로 조정된' 대응을 가능하게 하므로 기업이 외부 환경에 훨씬 더 효율적으로 적응할 수 있게 해준다. 즉, 윌리엄슨은 시장보다 위계 조직에서 거래 비용이 훨씬 낮아서 의도적이고 조율된 행동을 통한 적응은 시장보다는 위계 조직의 거래 시장이라고 믿었다. 또한, 시장은 경제에 선택적으로 개입할 수 없는 반면, 위계의 구조를 갖춘 조직에서는 선택적 개입이 가능하다. 그러나 그는 시장이 자율적 적응력 측면에서 우월하고, 더 강력한 인센티브를 사용할 수 있으며, 관료적 왜곡의 영향을 덜 받는다는 점을 인정한다. 반면, 위계적 구조는 양자 및 다자적 적응성 측면에서 우위를 점하지만, 더 낮은 수준의 인센티브를 제공하고 관료적 왜곡의 대가를 지급해야 한다고 지적한다.

주식회사를 설립하여 자본의 소유와 경영을 분리하는 것은 인간의 독창적인 발명품 중 하나이다. 이 발명은 자본주의가 발전할수록 자본이 점점 더 소수의 손에 집중되고 대다수 사람은 육체노동을 팔아 빈곤의 늪으로 빠져들 것이라는 칼 마르크스의 예측을 빗나가게 했다. 칼 마르크스는 계급 양극화가 심화되면 필연적으로 공산주의 혁명으로 이어질 것이라고 주장했다. 하지만 자본과 실제 경영권이 분리된 '기업'이라는 틀 안에서 자본가는 자산관리 권한을 보다 전문적으로 유능한 관리자에게 위임해야 한다. 그래서 조직의 내부 계층 구조에서 주인(본인)과 대리인 관계가 등장한다. 투자자와 주주는 자신의 권한을 관리자에게 위임하고, 관리자는 그 대가(代價)로 자신의 권한을 부하 직원과 심지어 개별 직원에게 위임한다. 모든 비즈니스 조직에는 계층 구조에 따라 여러 계층의 주인과 대리인 관계가 존재하며, 따라서 자신의 이익을 위해 주인을 속이려고 하는 대리인을 어떻게 통제할 것인가 하는 문제가 복잡해진다.

주인과 대리인 관계에서 가장 중요한 문제는 주주와 다른 투자자, 그리고 관리자의 상충하는 이해관계를 어떻게 조정할 것인가이다. 여기서 자원을 실질적으로 통제하고 조직의 일상적 운영을 책임지는 경영자의 역할은 매우 중요한데, 이는 기업의 본질은 소유와 경영을 분리하는 동시에 자본을 지배하는 자의 자본 착취를 방지하는 것이기 때문이다.[4] 또한, 다음 질문도 주목할 필요가 있다 : 전문 경영인이 기업을 경영할 때

---

4 Clarke, Donald C., "The ecology of corporate governance in China", *GW Law Faculty Publications*

주주는 어떻게 정당한 권리를 행사할 수 있는가?

　현대 기업 수준에서의 권력과 통제의 역설에 대한 관찰은 벨흐와 민스의 연구로 거슬러 올라갈 수 있는데, 그들은 현대 기업에서 소유와 통제가 분리됨에 따라 발생하는 결과에 대해 참조할 만한 분석을 남겼다.[5] 그리고 플리그스타인Fligstein과 프리랜드 Freeland는 문헌분석을 통해 세 가지 내부통제 문제와 소유와 통제의 분리를 넘어 더 광범위한 외부통제 문제로까지 논의를 확장했다.[6] 이들 각각의 관계는 복잡다단하여 어떻게 기업의 생산성과 성과를 높이거나 낮추는 중요한 요인으로 작용할 수 있는지 쉽게 답을 낼 수 있는 문제가 아니다. 소유와 통제가 분리됨으로써 파생되는 여러 문제 중에서 기업의 성과를 개선하고 기업의 역량을 강화하며 다양한 기업 대리인들이 창출하는 부가가치를 포착하는 것도 중요하고, 주주와 잔여 청구인residual claimants 간의 지대地代, rent 재분배도 관심을 끄는 쟁점이다. 또한, 주인과 대리인 간의 단순치 않은 관계에 대한 문제도 존재한다 : 즉 이들 관계를 조정하여 모든 행위자가 만족할 수 있는 최대의 결과를 얻을 수 있도록 하는 문제가 있다.[7]

2) 기업지배구조의 두 가지 모델

　경쟁 관계에 있는 다양한 관점 중에서 누구의 이익이 가장 보호되고 누가 의사결정을 하는지에 따라 두 가지 유형의 기업지배구조를 식별할 수 있다.

    & Other Works. 1065(GWU Law School Public Law Research Paper No. 433), 2008.

[5] Berle, Adolf A. and Gardiner C. Means, *The Modern Corporation and Private Property*, New York : Macmillan. 1932; Berle, Adolf A. and Gardiner C. Means, *The Modern Corporation and Private Property*, New York : Harcourt, Brace and World, Inc. 1967.

[6] Fligstein, Neil and Robert Freeland, "Theoretical and comparative perspectives on corporate organization", *Annual Review of Sociology* 21, 1995, pp. 21~43.

[7] Blair, Margaret M., "Rethinking assumptions behind corporate governance", *Challenge* 38(6), 1995, pp. 12~17; Richard P. Castanias, Richard P. and Constance E. Helfat, "The managerial rents model : Theory and empirical analysis", *Journal of Management* 27(6), 2001, pp. 661~678; Gupta, Nandini, "Partial privatization and firm performance", Social Science Research Network Electronic Paper Collection, 2002.

첫 번째 지배구조 유형은 영미英美식 모델로, 주주에게 절대적인 권한을 부여하고, 주주의 이익을 극대화하기 위해 기업을 운영할 경영자에게 권한을 위임하는 방식이다. 기업의 소유자 격인 투자자(주주)의 이익을 극대화하기 위하여 고안된 영미식 모델에서는 주주 이외의 모든 기업관계자는 고정 보수를 받는다. 소유주인 주주는 대리인인 이사회 이사를 선임하여 법인을 경영할 권한을 위임한다. 이러한 주인과 대리인 관계는 이사회와 경영자 간의 관계에서도 반복되며, 그중 한 명이 대표CEO로 선출된다. 회사(법인) 내부에는 감독위원회가 없으며 감독이나 감사 업무는 일반적으로 외부의 독립적인 기관에서 담당한다.

이러한 시장 지향적 모델은 자본 시장이 발달한 영국과 미국에서 발견된다. 발전된 외부시장, 특히 자본 시장과 경영자는 외부통제 메커니즘으로 작동하여 기업의 주가가 기업의 가치와 성과를 반영하기 때문에 경영자에게 인센티브와 제약을 동시에 제공한다. 경영자에 대한 금전적 보상은 주식의 성과에 연동되는 경우가 많고, M&A가 활발한 시장에서는 실적이 나쁘면 불이익을 받기도 한다.

또한, 이러한 시장 지향적 기업지배구조 모델에서 주식의 소유권은 매우 광범위하게 분산되어 있지만, 주식을 대량으로 소유하는 사람이 궁극적으로 주주권을 행사하고, 이러한 지배구조 모델에서는 이사회에서 사외이사의 비율이 상당히 높다. 이 제도는 투자자의 이익을 보호하기 위한 것이지만, 주주가 경영진의 행동을 효과적으로 통제하기 어렵게 만들어 경영진이 독주하는 경우가 많다.

두 번째 지배구조 유형은 독일과 일본 모델로 알려져 있으며, 이는 기업을 단순히 주주를 위한 도구가 아니라 기업에 지분을 가진 더 넓은 그룹의 이익을 돌보는 공동체로 간주한다. 이 유형의 거버넌스는 기업의 주요 목표를 모든 이해관계자가 공유할 수 있는 집단적 이익 또는 회사의 이익을 증진하는 것으로 삼는다. 이 모델에서는 경영진을 이사회와 감독위원회로 분리하여 의사결정과 감독기능의 서로 다른 역할을 수행하는 구조를 마련했다. 이사회는 주로 기업의 일상적인 운영을 책임지는 경영자로 구성되며 이중 사외이사는 극소수이고, 중요한 사안에 대한 의사결정 권한을 공유하는 감독위원회는 투자자를 대표하는 그룹과 종업원을 대표하는 그룹으로 구성되며, 이 두 그룹이 보통

이사회의 3분의 1을 차지한다. 독일에서는 노동자가 감독 업무와 노동자 위원회에 관여하는 대표를 선출하여 경영 과정에 참여함으로써 자본과 노동의 '공동 의사결정'을 실천한다. 이러한 자본과 노동이 주요 의사결정에 공동으로 참여하는 방식은 독일뿐만 아니라 덴마크, 네덜란드, 스웨덴, 프랑스 등에서도 널리 활용되고 있다.

이 모델에서는 기업의 자금 조달과 기업지배구조에서 은행이 중요한 역할을 하지만, 주식은 은행이나 기타 금융기관에 집중되어 있어 첫 번째 모델의 외부 견제 메커니즘으로서의 자본시장의 역할은 다소 약하다. 경영자는 거래 과정에서 자신의 이익을 극대화하는 대주주의 대리인이나 기회주의자가 아니라 기업의 전체 이익을 돌보는 사람으로 간주한다. 따라서 어떻게 하면 경영자가 기업의 이익을 추구하도록 할 수 있을지가 관건이다.

일본 기업들은 종신고용제도를 통해 고위 경영진과 이사회 위원을 일반 직원 중에서 채용하고, 직원들에게 좋은 급여와 복리후생을 제공함으로써 주주의 이익보다 이해관계자들의 이익을 우선시한다. 이러한 제도는 일본 사회 전반을 반영하는 것으로, 내부 결속력과 단결을 촉진한다. 다만 이원화된 이사회를 운영하는 독일 제도와 달리 경영이사회는 회사의 일상적인 업무를 관리하고, 감독이사회는 경영위원회 위원 선임 등 주요 의사결정과 회사 업무 전반을 감독하는 역할을 담당한다. 감독위원회의 절반은 주주가 임명하고 나머지 절반은 직원과 근로자가 선출한다. 반면 한국은 주주총회에서 이사회 이사와 감사위원회 위원을 모두 선출하며, 감사위원회가 이사회보다 상위에 있는 일본과 달리 이 둘은 동등한 지위를 갖는다.

일부 학자들은 동아시아의 가족 소유 기업 경영 관행을 세 번째 지배구조 유형으로 분류하기도 한다. 동아시아에서는 주식시장에 상장된 기업 중에도 특정 가문이 대주주로 회사를 지배하며 마치 가족기업처럼 경영하는 경우가 많다. 동아시아에서는 기업 지분이 대부분 가족에게 집중되어 있고, 대주주를 지배하는 가족은 투자 등 전략적 의사결정에 관여하는 등 경영에 참여하는 경향이 있다. 따라서 기업 경영의 핵심 이슈가 주주와 경영진 간의 이해관계 충돌에서 한쪽에서는 대주주와 경영진, 다른 한쪽에서는 중 - 소주주 간의 갈등으로 바뀌었다. 즉, 지배주식을 보유한 총수 일가가 중 - 소주주의 이익을 무시한 채 회사를 경영한다는 것이다. 이런 상황에서 총수 일가는 해당 산업에서 경쟁을 제한하고 정부로부터 특혜성 자금 지원과 산업 정책 지원을 받으려고 한다. 결과적으로 그들은 "연성 예산 제약"[8] 문제에 노출되는 경향이 있다.

2. 지배구조의 구조와 쟁점

기업지배구조의 근본적인 문제는 소유권과 경영권의 분리에서 비롯된다. 기업지배구조의 실제 관행은 국가마다 매우 다양하므로 세계은행은 기업지배구조에 대한 포럼을 개최하여 기업 거버넌스의 기본 문제에 대한 보편적인 이해에 도달하고 기본 거버넌스 메커니즘에 대한 합의를 도출하려고 노력해왔다. 전 세계 모든 주식시장이 기업지배구조에 주목하고 있으며, 주식시장에 상장된 기업에 대한 감독은 투명한 정보뿐만 아니라 주식시장에 상장된 기업의 기업지배구조 문제도 다루고 있다. 이는 전 세계 주식시장이 더욱 발전하기 위한 기본 요건이기도 하다.

따라서 모든 국가의 기업지배구조의 기본구조는 주주총회, 이사회, CEO를 비롯한 경영진, 직원, 기타 지분 보유자 등의 구조가 상당히 유사하다. 하지만 실제 운영 방식은 세 나라 모두 다르게 나타난다. 한 - 중 - 일 3국의 사례를 보더라도 의사결정 기본구조는 유사하지만, 실제 의사결정 운영 방식은 다양하다.

기업 내부 지배구조에 대한 기존의 논의는 소유 구조, 소유 집중도, 이사회 구조, CEO/회장 겸직(한 사람이 두 가지 역할을 모두 수행하는 것), 경영진 보상, 사내 이사 비율 등의 구성 요소에 초점을 맞추었으므로 이 장에서는 동일한 순서를 따라 논의를 진행하려 한다.

---

[8] 헝가리 경제학자 János Kornai(1979)가 제시한 개념인 연성예산제약(Soft Budget Constraint)은, 이윤을 잃은 기업들이 보조금을 계속 받아 영업을 유지하는 현상을 의미한다. Kornai, J., *Economics of Shortage*, North-Holland, Amsterdam, 1979.

1) 중국 사례 : 중국의 양원제two-tire 시스템

중국의 독특한 제도적 환경이 중국에서 채택된 기업지배구조 모델을 어떻게 미리 결정할까? 증거에 따르면 현재 중국에서 채택된 거버넌스 관행은 통제 기반 모델로 파악되며, 이는 미국과 영국에서 일반적으로 사용되고 대부분의 기업 거버넌스 논객들이 지지하는 시장 지향 모델과 뚜렷한 대조를 이룬다.

회사법의 관점에서 볼 때 중국의 이사회와 감사위원회 제도는 양원제를 의미하는 것으로 보인다. 이사회는 행정 기관으로 운영되는 반면 감독위원회는 감독 역할의 기능을 수행한다. 문제의 본질을 살펴보면 이 시스템은 미국 시스템의 이사회 역할의 특성과 감독 역할을 강조하는 독일 시스템의 특성을 취한 모양새다.

중국 회사법에 따르면, 이사회는 감독위원회의 감독을 받아야 함에도 불구하고, 제112조는 이사회를 회사지배구조의 핵심으로 삼고 있다. 그러나 중국법은 많은 중요한 점들에 대해 상세하지 않고 일관적이지 않다. 예를 들어, "유한 책임"의 원칙은 회사의 설립자의 무한 책임을 제한하기 위해 설정되어 있지만, 최근에는 일부 사람들이 이 조항을 악용하여 자본금을 가지고 비행을 저지르고 허위 투자를 했다. 또한, 책임을 피하고자 그들은 회사 자본을 기업의 합병이나 퇴출에 사용하거나, 자금의 이전을 시도하기도 한다. 그리고 회사가 파산하면, 대주주는 자신을 보호하기 위해 유한 책임을 악용한다. 감독위원회는 이사회의 업무를 감독하게 되어 있는데, 감독자가 상근직이어야 하는지 아니면 겸직이어야 하는지 명확하지 않다. 감독자가 봉급을 받아야 하는지? 감독의 업무에 직접적으로 영향을 미치는 이러한 사항들이 법률에 명확하게 정의되어 있지 않은 것이다. 또한, 그들이 금융 업무를 감독하는지 행정 업무를 감독하는지도 불분명하다.

언뜻 보기에 중국의 기업지배구조는 독일의 2단계 기업지배구조 시스템과 유사해 보일 수 있다. 그러나 독일과 중국 시스템에는 상당한 차이가 존재한다. 예를 들어, 중국에서는 이사회와 감독위원회 사이에 위계적 관계가 없으며, 이사와 감독위원 모두 주주가 임명하고 주주의 조치에 따라 해임할 수 있다. 반면 독일에서는 감독위원회가 이사회를 감독하며, 이사회 구성원은 감독위원회에 의해 임명되고 감독위원회에 의해 해임될 수 있다.

　흥미로운 점은 일반적으로 다양한 형태의 비즈니스 네트워크와 각기 다른 경영 철학의 특성으로 인해 동아시아는 치열한 경쟁이 벌어지는 역동적인 지역이 되었다는 것이다. 그리고 아시아 비즈니스 네트워크는 게이레츠係列, 재벌財閥, 화교 기업, 그리고 최근에는 중국 국영 기업國有企業, State-Owned Enterprises : SOE에 이르기까지 다양한 경영 철학을 아우르고 있다. 네트워크의 전략적 의도는 모든 형태의 비즈니스에서 비슷해 보이지만 경쟁 우위의 기반은 어느 정도 다르다.

　구조, 소유권 및 경영 측면에서 두두러지게 눈에 띄는 큰 차이점은 한국의 재벌과 중국 화교 기업에서는 소유주 일가가 여전히 일상적인 경영에 적극적으로 참여하는 반면, 일본의 게이레츠는 소유와 경영이 분리되어 있다는 점이다. 재벌기업과 화교 기업은 창업자 가문에 의해 통제되는 중앙집권적 권력 구조로 되어 있으며, 창업자 가문은 가문의 사업 영속성을 보호하기 위해 계열사를 자유롭게 설립할 수 있다.

　중국 기업집단과 한국 재벌을 비교하면 정도의 차이는 있지만, 중국 기업집단은 관료화가 덜 된 반면, 한국 재벌은 수직적으로 공식화되어 있고 어느 정도 관료화되어 있지만, 한국 재벌에서 공식적 통제나 지배의 중요성은 매우 낮다. 가족에 의한 중앙집권적 권력 구조라는 측면에서는, 대만을 예외로 하면, 한국의 재벌을 제일로 꼽을 수 있다. 대만의 화교 기업이나 한국 재벌의 운영 방식은 일본 가족기업과는 다르다. 후자의 기업들은 새로운 피와 새로운 사고를 주입하기 위해 새로운 구성원(예를 들어, 사위)이 가문의 이름을 물려받아 더 큰 경영적 성공을 거두는 역할을 하도록 한다는 점에서 차별성을 보인다.

2) 일본 가족기업 : 사업 유형을 변경할 수 없다

　앞서 살펴본 바와 같이 일본 기업의 가족 구성원은 새로운 사업을 시작하거나 사업의 성격을 자유롭게 변경할 수 없다.[9] 따라서 일본 가족은 가업으로서의 기업을 보존하기 위해 행동하여, 주력 사업을 보존한다.

네트워크 측면에서 일본에서는 내부와 외부를 '우치內'와 '소토外'로 구분한다. 우치와 소토(그룹 내부 - 그룹 외부)의 대비는 비즈니스 네트워크 현상의 근저根底를 이루는 근본적인 사회적 원칙을 반영하는 것이라 하겠다. 네트워크 내부의 기업은 스스로를 우치로 간주하는 반면, 네트워크 외부의 기업은 소토로 구별하여 네트워크의 내부 결속력을 잠재적으로 위협하는 존재로 여긴다. '내부 그룹'에 대한 강조가 이상한 현상은 아니다. 중국에서도 '렌치렌人吃人(사람은 사람을 먹는다)'이라는 표현이 널리 통용되는데, 이러한 표현은 네트워크 내에서는 명예롭게 행동하지만, 외부에서는 경쟁심이 강하다는 것을 설명하는 데 사용된다.[10]

통계에 따르면 일본의 개인이 보유한 주식은 4분의 1 미만이고 기관 투자자가 보유한 주식 역시 4분의 1에 약간 못 미친다는 점이 주목할 만하다. 나머지 주식은 은행과 기업이 보유하고 있으며, 은행과 기업이 합산하여 전체 주식의 50% 이상을 보유하고 있다.[11]

3) 영미식 모델과 아시아적 변형

(1) 기업지배구조의 기본구조

초기에 널리 채택된 접근방식은 주주총회를 절대적인 권력의 원천으로 강조하는 것이었다. 주주총회는 기업 내 최고 권력기관으로, 회사 경영에 관한 광범위한 의사결정권을 누리고 있다. 그러나 이러한 방식은 주요 의사결정을 지연시키고 의사결정 비용을 증가시키는 경향이 있으며, 현대 기업의 객관적인 요구사항을 충족시키지 못하는 것으로

---

9 Numazaki, Ichiro(沼崎一郎), 「「家族間企業網」と「家族内企業体」- 家族企業の日中比較・試論」, edited by Michio Suenari, 『中原と周辺 - 人類学的フィールドワークからの視点』, Tokyo : Fukyosha, 1999, 109~126쪽.

10 참조, 赵伊川・刘斌, 「中小型家庭企业中所有权与经营权的对比研究——以中、美、意三国为例」, 『财经问题研究』, 2001. https://api.semanticscholar.org/CorpusID : 233020798/

11 荓景石, 「略论日本的公司治理结构及其改革趋势」, 『世界经济』 2000年 第7期(맹징시, 「일본의 기업 지배구조와 개혁 동향에 대한 간략한 논의」, 『세계 경제』 2000년 7월 7호).

나타났다. 상장기업의 주주가 많기 때문에 주주총회를 소집하는 것이 번거롭고 시시각각 변하는 시장 상황에 적응할 수 있는 순발력이 떨어져 올바른 의사결정을 내릴 수 있는 기회를 놓치는 경우가 많다.

게다가 집단적 의사결정은 비용이 많이 든다. 이것이 이윤을 극대화하기 위해 많은 국가에서 주주의 절대주의를 포기하고 주주의 상대적 권리를 채택하여 이사회로 이동한 이유가 되었다. 하지만 이 방식은 주주총회의 권한을 축소하고, 이사회의 권한을 확대하며, 유연한 경영을 위해 경영자의 전문성을 허용하는 등의 문제점을 안고 있다.

(2) 주주의 권리

주주의 상대적 권리 원칙은 법에서 규정한 특정 권리 만 허용하고 법 규정 이외의 사항에 관한 권리는 신탁 이사회가 행사하도록 한다. 예를 들어, 일본법 130조 10항은 주주의 권한은 법률과 정관에 규정된 것에 한정된다고 명시하고 있다. 대만 회사법에서는 이 법 및 기타 관련 규정에서 주주총회에서 처리하도록 지정한 사항을 제외하고는 신탁 이사회가 회사 업무를 관리하도록 명시하고 있다.

(3) 소유권

소유권이 집중되어 있는지 분산되어 있는지, 주주(국가, 개인, 법인, 은행, 뮤추얼 펀드)가 누구인지, 주가 변동에 주주가 얼마나 민감한지 등을 포함한 소유 구조는 중요한 의미를 갖는다. 소유 구조는 주식 소유가 집중되어 있는지와 다양한 유형 소유자의 상대적 지분에 초점을 맞추며, 이러한 문제는 거버넌스 메커니즘을 설계할 때 주요 고려 사항이 된다. 중국에서는 다수와 소수, 즉 국가와 법적 주주 사이에 명확한 구분이 있다. 더욱 성숙한 증권 시장과 달리 중국 주식시장의 주주는 대주주와 소액주주로 양극화되어있다. 대주주는 일반적으로 매우 강하고 개인 소액주주는 극히 약하며, 대주주의 영향력에 대응할 수 있는 연기금, 뮤추얼 펀드, 금융기관 등 정교한 제도적 소액주주가 거의 없다. 중국에서는 국영 자본가이든 민간자본가이든 관계없이 기업 대부분이 대주주에 의해 지배된다. 차이나 시큐리티China Security에 따르면 2001년 상장사 최대 주주 지분율은 평균 44.9%에 달하고, 2대 주주의 지분율은 보통 8.2%에 불과하다. 이런 상황에서 대주주가 막강한 권력을 행사하는 반면, 소수 주주의 목소리는 무시되는 경향이 있다.[12]

소유 구조와 성과의 관계는 기업지배구조 분야에서 많은 관심을 불러일으켰다. 일부 연구에서는 소유권과 성과 간의 관계가 명확하게 밝혀지지 않았다는 결론을 내렸는데, 이는 부분적으로 사용된 측정 방법의 차이에 기인한 측면이 있다.[13] 팬Fan 등은 연구에서 이러한 차이를 통제한 후 내부자 지분 보유가 ROA(Return On Assets), ROE(Return On Equity) 및 초과 수익으로 측정되는 기업 성과와 긍정적인 관련이 있다고 제안했다. 또한, 거버넌스 연구는 대부분 선진 시장에서 수행되었기 때문에 모든 결과가 과도기 경제 맥락에 적용 가능한 것은 아니다.[14]

문제를 비교 검토해보면, 우선 중국 소유권 제도를 논의할 때 고려해야 할 몇 가지 독특한 사회적, 정치적 전통이 있다. 이 문제와 관련된 몇 가지 가설적 진술은 다음과 같다.[15]

1. 소유집중은 기업 규모와 음(-)의 관련이 있다. 2. 소유집중은 사업 리스크와 음(-)의 상관관계가 있다. 중국 상장기업의 압도적 다수가 모母국유기업parent state-owned company에 의해 통제되기 때문에, 국유지분 비율이 높을수록 이사회의 영향력이 낮아지고, 국가가 대주주권을 행사하지 않을 경우 법인인 중간 주주가 기업지배구조에서 매우 중요한 역할을 한다는 가설을 세울 수 있다. 한 가지 가능성은 국유지분 비율이 높을수록 실적이 나빠지고, 반대로 법인지분 비율이 높을수록 실적이 좋아진다는 것이다. 이 가설의 논리

---

12 郭富青,「从股东绝对主权主义到绝对主权主义公主治理的困境及出路」,『法律科學校』(西北政法院报) 41(4), 2003, 37~54쪽.
13 Amihud, Yakov and Baruch Lev, "Risk reduction as a managerial motive for conglomerate mergers", *The Bell Journal of Economics* 12(2), 1981, pp.605~617; Chaganti, Rajeswararao, Fariborz Damanpour, "Institutional ownership, capital structure, and firm performance", *Strategic Management Journal* 12(7), 1991, pp.479~491; Oswald, S. L. and J. S. Jahera, "The influence of ownership on performance : An empirical study", *Strategic Management Journal* 12, 1991, pp.321~326.
14 Fan, Dennis, K. K. Chung-Ming Lau and Shukun Wu, "Corporate governance mechanisms", in Anne S. Tsui, Chung-Ming Lau, eds., *The Management of Enterprises in the People's Republic of China*, New York : Springer, 2002, pp.211~239.
15 Lin, Nan, *Social Capital, A Theory of Social Structure and Action*, Cambridge University Press, 2001.

는 일반적으로 대주주(국유지분 보유자)의 대리인인 '키맨key man'이 경영을 총괄하는 기업이 잘 운영되는 기업이라는 것이다. 키맨이 존재하면 다른 이사가 기업지배구조에서 제 역할을 하기란 불가능하지는 않더라도 어렵다.

여기서 잠재적으로 흥미로운 논의는 일본계 재벌과 한국 재벌의 소유 구조를 비교하는 것이다.[16]

첫째, 일본 게이레츠의 구조에는 수평적 구조와 수직적 구조가 모두 존재한다. 이에 비해 한국 재벌의 조직구조는 계열사 간 상호지분을 늘리고 가족지배는 점차 분권화되고 있다.

둘째, 조직구조와 계층 수준hierarchical levels을 분석해 보면 게이레츠는 긴밀한 계층, 약간 긴밀한 계층, 느슨한 계층으로 구성된 것으로 나타난다. 반면 재벌은 핵심 계층, 긴밀한 계층, 약간 긴밀한 계층으로 구성되어 있다. 일본과 한국의 기업집단 조직구조를 비교해보면, 재벌은 기업집단의 핵심층에 속하는 가족지배의 특징이 뚜렷하지만, 게이레츠는 핵심층이 존재하지 않는다는 것을 알 수 있다. 핵심 기업은 독립적인 법인의 주요 구성원들로 구성되며, 이들은 서로 대등하고 지배-종속 관계가 존재하지 않는다. 게이레츠와 재벌 모두 수직적 구조와 수평적 구조를 모두 갖추고 있다.

마지막으로 게이레츠, 재벌, 재벌의 조직구조를 비교한 결과, 한국 기업집단인 재벌의 조직구조는 일본의 과거 재벌과 현재의 게이레츠가 결합한 형태로 볼 수 있다는 견해가 있다.

이사회 구조는 효과적인 거버넌스의 또 다른 핵심 요소이다. 이사회 구조는 이사의 독립성(사외이사와 사내 이사의 비율), CEO와 회장의 겸직, 그리고 중국의 경우 감독위원회와도 관련이 있다. 대리인 이론에 따르면 경영자는 항상 자신의 이익을 추구하려는 성향을 지닌다. 따라서 소유권과 의사결정 권한의 연계성이 높을수록 기업의 성과가 더 좋을

16　참조 : 施卓敏·欧阳建颖·王海忠,「日韩企业集团组织结构对比及展望」,『世界经济探索』8(2), 2019, 9~20쪽; Chen, Min, *Asian Management Systems : Chinese, Japanese and Korean Styles of Business*, Routledge, 1995; Chung, Kae H. and Hak Chong Lee eds., *Korean managerial dynamics*, New York : Praeger, 1989.

가능성이 크다. 그러나 이사회 구조에는 이사의 회사 지분 외에도 고려해야 할 사항이 존재한다. 첫 번째 고려 사항은 경영진으로부터 이사회의 독립성이다. 이사회가 경영진(관리자 또는 내부자)에 의해 지배되면 경영진이 스스로를 감시하는 것이 되기 때문에 이사회는 비효율적이다. 나중에 살펴보겠지만, 사외이사(외부인)의 존재는 이사회의 독립성을 강화할 수 있다.[17]

전통적인 내부 집행 권한은 이사회와 CEO로 다시 나누어진다. 이에 따라 법정대리인, 즉 이사회 의장의 권한이 대폭 축소되었다. 의장은 다음과 같은 법적 권한을 보유한다 : (1) 주주총회를 주재하고 이사회를 소집하고 주재한다. (2) 이사회가 통과한 결의사항의 이행을 조사한다. (3) 회사가 발행한 주식 및 채권에 서명한다. (4) 유일한 기업 법률 대리인으로 활동한다. (5) 이사회가 휴회 중일 때 이사회의 승인에 따라 이사회의 일부 권한을 행사한다. 또한, 의장은 이사회의 구성원으로서 이사회에서 1표를 행사할 수 있다. 결정은 다수결의 원칙에 따라 이루어진다.

기업의 성과는 CEO/회장 겸직의 영향도 받는다. CEO/회장 겸직은 한 명의 리더가 명확한 방향성을 제시하고 외부적 상황에 더 빠르게 대응할 수 있다는 장점이 있다. 하지만 이원화二元化가 되면 이사회 통제가 비효율적으로 이루어지고 이사회의 독립성이 약화 될 수 있다.[18] 이사회는 기업지배구조의 핵심으로, 정관에 근거하고 주주의 신뢰를 바탕으로 기업의 집단적 의사결정을 수행한다. 이사회는 주요 경영진과 관리자를 교체할 수 있으며, 이는 기업의 경쟁력을 높이기 위한 의지를 나타낸다. 그들은 회사 리더십의 연속성을 유지하고 회사에 가장 적합한 전략을 확보하고 실행할 수 있다. 훌륭한 이사회는 우수한 기업 경영을 위한 절대적인 전제 조건이다.

---

17   Dalton, Dan R. Catherine M. Daily, Jonathan L. Johnson and Alan E. Ellstrand, "Meta-analytic reviews of board composition, leadership structure, and financial performance", *The Strategic Management Journal* 19(3), 1998, pp. 269~290; Forbes, Daniel P. and Frances J. Milliken, "Cognition and corporate governance : Understanding boards of directors as strategic decision-making groups", *The Academy of Management Review* 24(3), 1999, pp. 489~505.

18   Conyon, Martin J. and Simon I. Peck, "Board control, remuneration committees, and top management compensation", *Academy of Management Journal* 41(2), 1998, pp. 146~157.

중국에서는 1999년 회사법 개정으로 국무원에서 국가가 승인한 투자기관 또는 정부 기관이 구성원을 선정하는 감독위원회를 설립했다. 이 개정안에 따르면 감독관의 수는 3명 이상이어야 하며, 감독위원회에는 주주 대표와 특정 직원 대표가 포함되고, 각 그룹의 대표 비율은 정관에 명시되어 있다.

현재 상황을 보면 두 가지 모순되는 경향이 관찰된다. 소액주주 보호를 위해 주주의 권리를 강화하는 추세와 주주총회에서 이사회로 권한을 이양하는 추세가 상반되기 때문이다. 대부분의 나라에서는, 기업을 대표할 뿐만 아니라 기업을 이끌어갈 수 있는 권한을 갖고, 주주총회에서 다루지 않은 모든 사항을 처리하는 권한을 누리는 신탁이사회의 위상을 강화하려는 것이 일반적인 추세이다. 따라서 주주총회의 기능을 축소하고 이사회의 권한을 확대하는 것이 대세로 자리 잡았다.

여러 국가에서는 의사결정 권한을 주주총회에 부여하고 있지만, 주주총회는 법률에서 명시적으로 규정한 사항에 대해서만 의결권을 행사할 수 있다. 명시된 사항 이외의 모든 권리는 이사회에 귀속된다. 일본의 경우 상법 제130조의10에 "주주총회는 이 법과 정관에서 정한 범위 내에서 의결을 할 수 있다"라고 규정하고 있다. 대만에서는 회사법 제202조에 따라 "회사 업무의 집행은 회사법이나 회사 정관에 달리 정한 경우를 제외하고는 이사회가 결정한다"라고 규정하고 있다.

이 두 조항 모두 주주총회는 일반적으로 중요한 문제에 대해서만 의사결정 권한을 행사하고 이사회는 일상적인 운영과 회사 업무 관리를 담당한다는 기업지배구조의 공통 원칙을 반영한다. 이러한 책임 분담은 회사의 효율적인 운영 및 관리를 보장하는 동시에 주주의 권리를 보호하는 데 도움이 된다.

동시에 전반적인 추세는 이사회를 강화하는 것이다. 회사의 의사결정 및 통제권을 이사회에 부여하여 소유와 기업 운영을 분리하는 방식을 취하고, 이사회가 나아가 다수의 사외이사로 구성된 기구로 진화하게 되면 의사결정 과정은 훨씬 더 단순화될 수 있다. 이러한 접근방식은 특히 중국에서 지배주주가 회사 자금을 사적인 목적으로 사용하는 것을 방지하기 위해 고안되었다. 왜냐하면, 대주주가 경영진에게 회사 자금을 사적인 목적으로 사용하도록 압력을 가할 수 있기 때문이다. 많은 경우 경영자들은 대주주의 압력에 저항할 방법이 없다.

　중국의 새로운 회사법은 이론적으로는 좋아 보이지만 실제로는 그다지 유용하지 않을 수 있다. 중국의 새로운 회사법은 1994년부터 시행된 법률을 개정하여 2006년 1월 1일부터 발효되었는데, 특히 주주의 권리를 강화했다. 기존법에서는 회장이 자동으로 회사의 법적 대표자였지만, 새 법에서는 상임이사 또는 총지배인이 법적 대표자가 될 수 있도록 했다. 과거 회장은 대체로 중국 투자자가 지명하고, 법정 대표는 회사를 곤경에 빠뜨릴 수도 있는 광범위한 권한을 갖기 때문에 외국인 및 사모펀드 투자자들은 항상 우려해왔다. 이번 개정안으로 인해 외국인 투자 기업의 관행이 변화하기 시작할 수 있다. 유한책임회사와 주식회사의 주주는 총회에서 주주총회를 통해 최고의 권한을 행사한다. 새로운 법은 소액주주가 총회에서 승인을 위한 결의안을 상정할 수 있는 권리를 부여했다.

　중국 CEO는 기업의 대리인으로서 일상적인 기업 운영에 대한 일반적인 책임을 진다. 또한, CEO는 이사회에서 선임 또는 해임되므로 이사회에 대한 책임을 진다. 개정 전의 회사법에서는 회장을 유일한 회사 법적 대리인으로 인정했지만, 새 법에서는 CEO가 회사를 법적으로 대표할 수 있도록 허용했다. 일부 의장은 자신이 기업의 최고 지도자라고 믿고 CEO의 권리를 침해하기도 한다. 그러나 CEO는 일상적인 세부 의사결정 권한을 보유한다. CEO 임명은, 1) 정부 기관이 인사 관리에 결정적인 역할 2) 정부 기관의 통제를 받는 모회사 3) 모회사의 임원이 계열회사의 대표이사를 겸하는 경우의 방식이 있다. 일부 정부 기관은 아직도 공기업SOE : State-Owned Enterprise, 즉 법인화된 기업을 전통적인 공기업처럼 취급하고 과도한 행정 권한을 이용해 전통적인 방식으로 통제하고 있다. 이러한 통제에는 이미 이사회가 결정한 사항에 대한 승인을 요구하는 것, 주주총회를 우회하여 이사와 임원을 직접 선임하는 것, 일상 업무를 방해하는 것 등이 포함된다. 쉬파니Schipani와 준하이Junhai가 2001년에 실시한 연구에 따르면, 임원 임명에 관한 한 정부 기관은 52개 기업에서 결정적인 역할을 했고, 이사회는 35개 기업에서 결정적인 역할을 해왔다. 10개 기업에서는 다른 접근방식을 채택했다.[19] 요컨대 29개 시범기업은

19　Schipani, Cindy A. and Liu Junhai, *Corporate Governance in China : Then and Now*, William

법인체가 비정상적으로 기능해왔다는 사실을 인정한 셈이다. 다른 국영 기업과 상장기업도 비슷한 지배구조 문제에 직면해 있다. 많은 공기업이 법인화된 기업으로 전환되었음에도, 이들의 경영진은 여전히 기업법에서 부과하는 기업지배구조 요건을 피하고 전통적인 공기업지배구조 모델을 유지하는 경향이 있다. 일부 상장기업은 정기 이사회를 소집하지 않아 경영권 견제가 거의 이뤄지지 않고 있다. 이사회 규정을 심각하게 받아들이지 않는 이사도 있다. 일부 기업에서는 모든 이사가 관리자 또는 임원 역할을 한다. 이사와 경영진의 과도한 중복으로 인해 내부통제 및 경영비리 문제가 발생하는 경우가 많다. 임원이 모회사와 자회사에 동시에 근무하는 예도 있는데, 이러한 이중적 지위는 주주의 힘을 크게 위협하고 약화시킨다. 고도로 집중화된 주주 구조를 가진 기업의 경우 지배주주의 지배력이 극도로 높아서 소액주주는 적절한 보호를 받을 수 없다. 중싱통신(中興通訊公司, Zhongxing Communication Co.), 장난중공업(江南重工業公司, Jiangnan Heavy Industry Co.), 샤오야전기(三亞電力公司, Saoya Electricity Co.) 등 여러 상장기업이 사외이사 및 감찰인 도입을 시도했지만, 여전히 심각한 지배구조 문제가 존재하는 것이 현실이다.

(4) 이사 및 관리자에 대한 보상

중국 기업 거버넌스의 가장 심각한 문제 중 하나는 많은 이사와 임원이 급여를 적게 받는다는 것이다.[20] 1998년의 한 조사에 따르면, 조사 대상 이사 및 고위 임원의 47%가 RMB 30,000 위안(약 US$ 3,500) 미만의 연간 보상을 받았고, 29%는 RMB 30,000 위안(약 US$ 3,500)에서 RMB 50,000 위안(약 US$ 6,000) 범위의 연간 보상을 받았다. 13%는 RMB 50,000 위안(약 US$ 6,000)에서 RMB 100,000 위안(약 US$ 12,000) 범위의 연간 보상을 받았으며, 11%는 RMB 100,000 위안(약 US$ 12,000) 이상의 연간 보상을 받았다. 예를 들어, China Light Motor Group Co.의 이사회 의장은 1998년에 연간 보수로 40,000위안(약 US$ 4,500)을 받았고 그의 회사는 그 해에 150만 대의 오토바이를 판매했다. 많은

Davidson Working Paper Number 407, November 2001.
20　ibid., p.33.

중국 이사와 임원들이 저임금을 받고 있기 때문에 그들 중 일부는 불법 소득을 추구하려는 유혹에 취약하다. 정년이 가까워지면 퇴직 직전에 뇌물을 받는 '오십구세 현상'의 주요 원인 중 하나로 부당한 보상이 꼽힌다.[21]

이사와 임원에 대한 보상 메커니즘을 개선할 필요가 있다. 이러한 목적을 달성하기 위해 대부분의 중국 국가소유 법인 회사에서 이사와 임원에게 스톡옵션 프로그램과 같은 혁신적인 보상 메커니즘을 제공할 수 있을 것이다.

비교를 위한 자료로서, 미국의 이사에 대한 보상을 소개한다. 미국 기업 보상 계획의 핵심은 경영진의 보수를 광범위한 주주의 이익과 일치시켜 주주가치를 경영 의사결정의 기본 원칙으로 삼는 것이다. 이 철학에 따르면 미국 기업의 최고 경영진에 대한 보상에는 일반적으로 업무 성과에 따른 급여, 재무 지표에 따른 보너스, 주식 성과에 따른 스톡옵션, 근속 연수에 따른 퇴직 계획이 포함된다. 이 중 스톡옵션에서 발생하는 소득이 경영자 보상의 주요 원천이 됐다. 1998년 미국 상위 100개 기업의 최고 경영진의 보상 중 53.3%가 스톡옵션에서 나왔지만, 1994년에는 26%, 1980년대 중반에는 2%에 불과했다.[22]

일본 기업의 경영자에 대한 금전적 보상은 미국이나 영국 기업에 비해 낮으며, 승진, 정규직 채용, 명예직 등 사업 관련 인센티브 형태를 취하는 경우가 많다. 일본의 경우 이사 보수는 개인 신탁에 분배되는 총액 기준으로 주주총회에서 결정된다. 따라서 개인의 보수는 비밀로 유지되는 반면, 영국과 미국의 상장회사 규정은 각 이사의 보수와 회사로부터 받는 기타 보수를 매년 보고해야 한다.[23]

---

21 Cheng, Wenhao, "An empirical study of corruption within China's state-owned enterprises", *China Review* 4(2), Special Issue on : Corruption in China, 2004, pp. 55~80.
22 Murphy, Kevin J., Executive Compensation (April 1998). [Available at SSRN : https://ssrn.com/abstract=163914 or http://dx.doi.org/10.2139/ssrn.163914)
23 각국의 임원보상체계에 관하여는 다음을 참조할 것. 各国上市公司首席执行官 (CEO) 薪酬结构 (1998) (CEO Compensation Structures in Listed Companies Across Different Countries, 1998)

3. 기업지배구조의 개혁

3개국 기업지배구조 해법으로 사외이사를 생각할 수 있다. 사외이사의 의미는 단일하지 않아서 클라크Donald Clarke는 비 경영 이사와 경영 이사를 구별한다. 여하튼 사외이사는 영국, 일본 등 여러 국가에서 기업지배구조 분야의 법률 및 정책 개혁의 중요한 요소로 여겨져 왔고, 중국에서는 2001년 8월 사외이사 제도의 시행을 중국 증권에서 발표한 바 있다.[24] 그러나 중국의 기업지배구조 문제와 미국 사외이사의 기능에 대해 다소의 오해가 있었는지, 중국의 제도적 환경, 특히 법적 환경의 구체적인 특징을 고려하지 않았다.[25]

1) 일본의 사례 : 은행 기반의 기업지배구조

미국에서는 은행이 어떤 기업의 의결권도 5% 이상 통제할 수 없다. 결과적으로 모든 기업의 통제권은 주식시장을 거쳐야 한다. 그리고 주식시장의 주가는 경영상황을 반영하기에 경영 상태가 좋지 않은 회사를 다루는 수단으로 적대적인 인수를 허용한다.

제2차 세계대전 이후 일본의 시스템은 미국의 관행에 크게 영향을 받았다. 일본법은 비생산적 기업의 지분을 5%만 허용했다. 따라서 표면적으로는 비금융 기업의 5%만이 은행 소유로 허용된다. 그러나 은행은 계열 기업집단을 구성하는 다른 회사의 지분을 소유할 수 있었고, 상호출자에 의한 거래와 감독을 통해 은행은 지분 5%를 초과하는 영향력을 행사하였다. 생산 네트워크, 원자재 공급, 소매점, 은행 및 연구를 통해 기업은 집합체를 형성한다. 은행은 수시로 사업계획을 검토하고, 실적이 좋지 않으면 새로운

---

[24] 2001년 8월, 중국 증권감독관리위원회(CSRC)는 상장회사의 사외이사 제도 설립에 관한 지침 의견을 발표했다. 이는 중국 증권거래소에 상장된 모든 기업(해외 상장 중국 기업은 제외)을 대상으로 하며, 사외이사 제도를 통해 내부 기업지배구조를 규제하기 위해 CSRC(실제로 중국 정부 기관)가 현재까지 취한 가장 포괄적인 조치를 구성한다.

[25] Clarke, Donald C., "The Independent Director in Chinese Corporate Governance", *Delaware Journal of Corporate Law* 31(1), 2006, pp.125~228.

경영진을 직접 선정하며, 정규 대출 채널 밖에서도 대출을 제공하고 있다. 그 결과, 일본에서는 적대적인 인수합병이 거의 발생하지 않지만, 미국에서는 은행이 인수 기능을 수행하면서 지배구조를 내부화했다. 일본의 관행은 강한 기업집단 의식, 합의에 기초한 의사결정, 집단 중심 가치 극대화에 대한 강한 열망에 기반을 두고 있다.

2) 일본의 개혁

1980년대 후반 버블경제泡沫經濟, Economic bubble 이후 경제의 세계화에 발맞춰 일본은 기업지배구조에 대규모 개혁을 시작하게 되었다. 일본은 기업지배구조를 보다 광범위하게 영미식 방식으로 변화시켜 왔다. 일본 정부는 1990년대부터 영미英美식 메커니즘과 관행을 선택적으로 도입하여 모니터링을 위한 적절한 시장 기반 메커니즘을 구축하려고 노력했다. 이 개혁은 제2차 세계대전 이후 일본에서 정착된 은행 기반의 기업지배구조를 미국식 기업지배 시스템으로 대체해야 한다는 확신을 바탕으로 이루어졌다. 미국 기업지배구조 시스템이 일본의 모델로 선정된 이유는 미국 경제의 탄탄한 경제적 성과 때문이다. 즉 일본은 경제쇠퇴에 대처하기 위해 미국식 시스템을 도입하여 변화와 개혁을 시도하려는 것이다.

일본은 개혁의 목적으로 주주의 권리, 기업지배를 위한 시장에서의 경쟁, 투명성과 정보 공개를 강조하는 새로운 법률을 도입하였고, 일본 의회는 강력한 국민적 지지를 얻어 서구 자유주의 규범을 반영한 이러한 새로운 법률을 통과시켰다.

정부가 추진하는 시책은 자본시장 자유화, 회계 투명성, 상장요건 회계 투명성, 집행위원회를 경영목적에 활용하는 기업지배구조 관행의 변화, 사외이사의 선택적 활용, 지주회사의 합법화, 자사주 및 신주인수보증의 합법화, 기존에 허용되지 않았던 다양한 종류의 주식 발행의 합법화 등이다. 가장 큰 변화는 일본 기업지배구조에서 금융기관의 지배에 관한 것이다. 기업지배구조에서 은행의 역할을 바꾸는 것은 은행의 지분율 감소를 수반하여 은행은 다른 회사의 지분을 매각할 수밖에 없었다. 그 결과 소유 구조의 변화가 나타났다.

금융기관의 역할 변화는 게이레츠의 기본구조, 즉 기업 간 출자 및 지주회사의 변화를 가져왔다. 은행에 기반을 둔 수평적 게이레츠 그룹은 초기에는 6대 은행(미쓰이, 미쓰비시, 스미토모, 다이이치-강인, 산와, 후지은행)과 관련되어 있었으며, 그 운영이 결코 투명하지 않았다. 이들 6개 은행 그룹을 3대 은행 그룹으로 합병하려는 시도가 있었다. 채권시장의 발달로 기업의 은행 의존도는 낮아지면서, 은행 중심의 수평적 게이레츠는 거의 해체되었고, 오히려 생산 기반의 수직적 게이레츠 그룹의 부상을 자극했다. 예를 들어 닛산日産自動車株式會社은 수직적 게이레츠를 없애려고 했지만, 시장이 제공하는 공급라인보다 나았기 때문에 공급 게이레츠 관계를 되살려야 했다. 마찬가지로 미쓰비시 자동차三菱自動車工業도 공급 게이레츠를 폐지하려 했지만, 대체로 품질 관리를 유지하기 위해 공급 게이레츠를 부활시켰다. 이는 은행들이 서로 합병하여 다양한 기업의 지주회사持株會社로 운영될 수 있도록 함으로써 지주회사의 합법화를 의미했다. 게이레츠와 지주회사는 서로 다른데, 일본에서 게이레츠가 여전히 존재하는 이유는 지주회사처럼 모기업의 직접적인 통제를 받지 않으면서 동시에 게이레츠 회사 간의 긴밀한 협력이 가능한 조직구조의 비교우위를 이용할 수 있기 때문이다. 어떤 의미에서 지주회사는 일본 기업에 새로운 차원의 자유를 더해준다. 그러나 지주회사가 일본 게이레츠의 진화에 어떤 영향을 미칠지는 아직 더 두고 보아야 한다. 참고로 게이레츠는 미국이라면 반독점과 주주의 권리를 이유로 불법으로 간주될 것이다. 사실 그러한 게이레츠 구조는 미국에는 존재하지 않는다.

최근 일본에서 기업지배구조 시장에서 가장 활발하게 전개되고 있는 것은 M&A(기업의 매수·합병)이다. 일본 정부가 기업지배구조를 바꾸고자 하는 전체적인 방향은 주주의 가치 극대화, 사외이사의 이사회 의사결정 참여 강화, 기업지배권 시장 활성화 등이다. 인수합병M&A을 활성화하고 회계, 재무 등의 투명성과 정보 공개를 강화해 투자자를 보호하고 소액주주를 보호하는 것도 기업지배구조 개혁의 일환이다.

일본의 기업지배구조 개혁조치에서 중요한 측면은 미국의 사례를 좇아가는 대신 일본 기업에게 미국과 일본 제도 중 하나를 선택할 수 있도록 하여 기업지배구조의 본질적인 측면을 유지할 수 있도록 했다는 점이다. 가장 주목할 만한 점은 지주회사가 합법화되었지만, 기업지배구조의 다른 핵심 영역, 즉 은행의 타 기업 지분과 산업 기업 간 지분,

특히 수직적 게이레츠 형식의 지분은 반독점법이 변경되지 않았다는 점이다. 그리하여 지주회사의 합법화는 일본 기업이 선택할 수 있는 기업구조의 폭을 넓혔다.

현재로서는 일본에서 어떠한 형태의 기업지배구조 관행이 널리 퍼질지 예단하기는 이른 것으로 보인다. 예를 들어 길슨과 밀하우프트의 조사에서 2003년 3월 현재 은행 중심의 수평적 게이레츠 그룹에 속하는 기업 중에서 집행위원회executive committee system 거버넌스 제도를 채택한 기업은 한 곳도 없는 것으로 나타났다. 반면에 노무라금융지주회사野村證券株式會社와 그 13개의 민간 자회사, 그리고 히타치주식회사株式會社日立製作所 및 그 계열사 21개가 집행위원회 제도를 채택하였다. 이들 채택기업의 상당수가 전자 산업에 종사하고 있으며, 게이레츠의 영향력에서 벗어나 평균 이상의 외국인 지분을 보유하고 있다는 점이 주목된다.[26]

남은 문제는 위의 질문에서 언급한 개혁의 목표가 어느 정도 달성되고 있는지를 일본의 실정 변화를 통해 확인하는 일이다.

일본의 기업지배구조 변화와 관련하여 떠오르는 그림은 미국식 기업지배구조법 corporate governance laws이 선별적이고 고르지 않게 채택되고 있다는 것이다. 그래서 미야지마와 손은 일본의 기업지배구조가 하이브리드 시스템을 향해 얼마나 잘 나아가고 있는지를 지적하고 있다.[27] 그들이 던진 질문은 다음과 같다 : 일본 시스템이 규제 완화, 금융위기, 외국인 투자자들의 압력으로 인해 '영미식' 기업지배구조 모델로 전환하고 있는가? 이러한 질문에 답하기 위해 미와지마와 손은 외부 거버넌스의 변화 과정을 조사했다. 조사 결과에 따르면, 성장 잠재력이 있고 부도 위험이 낮은 소수의 대기업만이 시장 금융 개혁을 채택한 것으로 나타났다. 더 많은 수의 기업은 그 방향으로 아주 미세한 노력을 기울였다. 더욱이, 시장 금융으로 전환한 현대 대기업조차도 내부 거버넌스를

---

[26] Gilson, Ronald J. and Curtis J. Milhaupt, "Shifting influences on Corporate Governance : Capital market completeness and policy channeling", *Harvard Business Law Review* 12, Fauculty Publication, 2022.

[27] Miyajima, Hideaki & Yul Sohn, "The case of Corporate Governance reform", In Hong Yung Lee ed., *A Comparative Study of East Asian Capitalism*, 2014, pp. 137~160.

위한 전통적인 구조를 유지해 왔다. 일본에서 하이브리드형hybrid 기업지배구조 모델의 출현은 제도적 보완성에 대한 우리의 기존 이해에 의문을 제기하며, 경로 의존성에 대한 기존 견해를 되짚어 보도록 만든다.

대표적인 사례가 일본식 사외이사 모델이다. 일본의 모든 이사회 구성원은 내부 이사이다. 이사는 오랜 관찰 끝에 내부 인사 중에서 선발된 뒤 승진의 길을 밟는다. 이에 따라 다수의 이사가 기업의 기능 분야에서 주요 직위를 겸임하고 있으며, 기업 내 직위에는 차이가 있다. 그러므로 이사들 사이에 서열이 존재한다. 일본에서는 각 이사가 회장, 본부장, 고위 상임이사, 상임이사, 일반이사가 될 수 있다. 일본은 미국 시스템에 따라 상법 및 관련법을 변경했다. 1) 감사위원회 구성원의 임기를 2년에서 3년으로 연장하고, 2) 감사위원회를 3인 이상으로 늘리고, 그중 1명은 외부 구성원으로 구성하고, 3) 감독위원회를 합법화했다. 그러나 역사적 요인과 사회적 지지 부족으로 인해 사외이사의 실효성은 매우 미미한 실정이다.

3) 한국의 개혁

1998년 금융위기와 굴욕적인 조건의 IMF 구제금융은 당시 존재했던 재벌 체제가 한국이 처한 위기에 큰 책임이 있으며 대대적인 개혁이 필요하다는 국민적 공감대를 형성하는 데 도움이 됐다. 재벌의 근본적인 문제는 총수의 경영권 독점과 채무 상호보증과 출자 전환을 통해 지분보다 더 많은 경영권과 권력을 행사하는 회장의 세습권에 있었다. 그러나 각 재벌그룹의 연결재무제표가 없어 그룹 전체의 재무 상태를 알 방법이 없었다. 이런 시스템을 통해 재벌 총수들은 실제 총수 지분에 비례하지 않는 막대한 경영권을 행사할 수 있었던 것이다. 이에 따라 한국 재벌은 높은 부채비율을 축적해 비관련 분야까지 사업을 급속히 확장하는 동시에 중복투자를 초래했다.

외환위기를 겪은 후, 한국 정부는 강압적인 전술을 구사하여 법률 및 규제 인프라를 보다 투명하게 변화시켰을 뿐만 아니라 소액주주 보호에서 사외이사에 이르기까지 재벌의 기업지배구조를 개편하기 위한 구체적인 조처를 해 나갔다. 투명성과 공정한 회계 규칙을 포함해 국가는 재벌의 부채비율을 200%로 줄이도록 강요하는 한편, '대기업 간 교환'을 통해 유사한 산업 분야의 여러 재벌그룹이 소유한 회사들을 합병하도록 유도했다. 국가는 상호채무보증 관행을 폐지하는 동시에 연결재무제표 도입도 부과했다. 특히 국가가 취한 중요한 조치는 사외이사 선임을 의무화하는 동시에 지배 주주의 법적 책임을 강화하는 것이었다.[28]

이러한 모든 정교한 법적 규제에도 불구하고 한국 기업지배구조의 실제 실행은 이상적인 자유 시장 모델보다 훨씬 뒤떨어져 있다. 한국이 직면한 주요 문제 중 하나는 기업지배구조 시장이 더 효율적으로 운영되도록 만든 다양한 법적 규정과 규칙을 어떻게 효과적으로 집행할 것인가이다. 지배주주는 여전히 다른 주주를 희생시키면서까지 회사를 이용해 부를 축적하는 방법을 찾고 있는데, 이는 기업 시장의 발전이 미약하기 때문이다.

한국 기업지배구조의 또 다른 과제는 외국 자본의 약탈적 관행으로부터 한국 기업을 보호하는 동시에 내부자 관리에 대한 규율을 어떻게 부과할 것인가이다.

영미 모델과의 수렴 또는 발산 측면에서 한국은 개인 통제 및 가족 유대에 의존하는 오래된 관행을 많이 제거했지만, 그럼에도 불구하고 모든 관련 행위자의 오래된 행동 패턴은 계속 유지되는 측면이 있다.

한국의 사외이사 제도의 도입은 역사가 길지 않다. 일정 비율의 이사를 개인적인 연고를 떠나 사회 전체에서 임명해야 한다는 요구는 한국의 이사회 구성에 어느 정도 영향을 미쳤다. 한국의 가족 소유 기업은 일반적으로 소유주의 친척이나 개인적 친구를 주요 경영진 및 계열회사의 이사회에 임명하는 경향이 있었기에, 사외이사제의 도입은 이사회 구성이 다양화될 것으로 예상되었다. 그러나 한국 정부가 사회 전체에서 일정 비율의 이사를 임명하도록 의무화하는 등 대대적인 개혁을 도입한 이후 한국의

---

[28] Yanagimach, Isao, "Chaebol reform and corporate governance in Korea", Paper presented at the First Keio-UNU-JFIR Panel Meeting, ⟨Economic Development and Human Security : How to Improve Governance at the Inter-Governmental, Governmental and Private Sector Levels in Japan and Asia⟩, held in Tokyo, February 13~14, 2004, Organized under the auspices of Keio University COE (Center of Excellence) Program.

600~700개 대기업 이사를 대상으로 한 김용학과 김용민의 연구(2008)에 따르면 다음과 같은 사실이 밝혀졌다. 한국의 이사회는 계속해서 일류 고등학교 또는 대학교, 특히 가족 소유주와 관련된 특정 학교 및 지역 출신 이사가 다수를 차지한다. 지니 지수Gini indices와 지배력 비율dominance ratio로 명확하게 측정할 수 있는 이사회의 '학교 및 지역 유대'의 집중은 개혁 시도에도 불구하고 한국 기업의 이사회에서 여전히 강력한 '동성애' 효과homophily effects가 작동하고 있음을 보여준다. 다만 일반적인 경향은, 그들의 연구에 따르면, 대기업은 소규모 기업보다 이사회에서 더 높은 수준의 이질성을 갖는 경향이 있고, 기업의 부채비율은 이사회의 동질성 수준과 유의미하고 긍정적인 관계를 보인다. 그런데도, 경제 위기 이전부터 감소하기 시작했던 이사회의 동질성은 개혁조치 도입 이후 증가하였다.[29]

이러한 학연과 지연의 유대가 이사회 구성에 반영된 것은 분명 다음과 같은 결론을 유도한다. 국가가 새로운 제도적 요건을 부과했음에도 불구하고 개인 네트워크에 의존하는 오래된 습관은 여전히 회복력이 있다. 그러므로 세계화와 자유화에 대한 강력한 압력이 한국에서 네트워크 자본주의를 급격하게 변화시킬 것인지에 대해서는 확신할 수 없다.

4) 중국 기업지배구조의 개혁 : 중국의 사외이사

상장회사를 다루는 다양한 중국 국가 기관에서 발표한 일련의 규정과 규칙을 보면 모든 상장회사에는 사외이사가 있어야 한다는 것이 점차 명확해졌다. 2001년 8월 16일에 발표된 중국 증권감독관리위원회China Securities Regulatory Commission : CSRC의 〈상장

---

29 Kim, Yong-Hak & Yong-Min Kim, "Changing faces of network capitalism in Korea : A case of corporate board of directors' network", *Korean Journal of Sociology* 42(8), December 2008, pp. 39~58; 참조 : Kim, Yong-Min & Ki Seong Park, "School and regional ties between the owners and the professional CEOs in Korean large firms", *Korean Journal of Industrial Relations* 14(2), 2004, pp. 77~96.

회사 기업지배구조 지침>에 따르면 2002년 6월까지 상장회사의 이사회에는 최소 2명의 독립적인 비상임 이사를 두어야 하고, 그리고 2003년 6월 30일부터는 독립적인 비상임 이사의 수가 이사회의 1/3을 초과해야 한다고 명시했다.[30] 이 가이드라인은 중국 상장회사의 지배구조에 관한 기본 원칙, 투자자의 이익을 보호하는 데 필요한 조치, 상장회사의 이사, 감독위원회 위원 및 경영진의 행동과 직업윤리를 규정하고 있다.

(1) 중국 사외이사 제도의 법률적 틀

중국에서는 사외이사 시스템이 제대로 작동하지 않고 있다는 견해가 많다. 도날드 클라크D. Clarke에 따르면, 자격을 갖춘 사외이사의 공급 부족은 CSRC의 요구사항을 충족해야 하는 기업에게 계속해서 어려운 과제가 되리라 전망했다.[31] 또한, 높은 보수와 특권을 지닌 사외이사가 기업 경영에 대한 구체적인 지식 없이도 지배주주의 뜻에 따라 움직일 가능성도 있다.

중국의 사외이사는 다음과 같은 점에서 미국의 사외이사와 큰 차이를 보인다. 첫째, 미국의 사외이사 중 상당수는 경영학을 전공하고 주로 금융 전문가로 근무하며 기업의 경영직을 맡은 반면, 중국의 경우 많은 사외이사가 감독위원회의 교육을 받았으며, 이들 중 다수는 저명한 정부 관료 및 각 분야의 학자 등 사회적으로 유명한 사람들이었다. 미국에서는 한 사람이 여러 다른 회사의 사외이사로 활동할 수 없지만, 중국에서는 한 명이 동시에 5개의 다른 회사의 사외이사로 활동할 수 있다.[32] 중국 사외이사는 일반적으

---

[30] China Securities Regulatory Commission(CSRC) Notice on the Release of "Guiding Opinions on Establishing an Independent Director System in Listed Companies" - August 2001(中国证券监督管理委员会, 关于发布《关于在上市公司建立独立董事制度的指导意见》的通知, 二〇〇一年八月).

[31] Clarke, Donald C., "The Independent Director in Chinese Corporate Governance", *Delaware Journal of Corporate Law* 31(1), 2006, pp.125~228; 참조 : Zhang, Wenxian and Ilan Alon, *Biographical Dictionary of New Chinese Entrepreneurs and Business Leaders*, Cheltenham, UK : Edward Elgar, 2009.

[32] "중국 최고의 사외이사"로 불리는 Xu Jingchang은 CSRC가 최대 5개 회사의 사외이사가 될 수 있다고 규정했음에도 불구하고 2013년에 6개의 중국 상장회사에서 동시에 그러한 직책을 맡았다. 많은 사람들은 그가 정말 모든 임무를 수행했는지 의문을 제기했다(Zhou, Junsheng, "The Independent Director System in form must be modified", *Xinhua Daily Telegraph*, 13th August 2013 참조).

로 유명 사교계 명사, 준공무원, 교수 등이지만 실제 경험은 많지 않다. 이런 사람들이 중국 기업을 감독하고 있다는 점은 우려의 여지를 남긴다.

2010년대 발표된 연구에 따르면 중국 상장기업의 사외이사 중 90%는 최대 주주가 추천하는 것으로 나타났다.[33] 실제로 퇴임 공직자 등 정치·경제적 유명 인사들이 이사나 고위 간부의 초청을 받아 사외이사직을 맡는 일도 있다.[34] 그리고 중국 상위 10개 상장기업의 독립 주주 48명 중 7명은 과거 정부 관료였다.[35]

그러나 CSRC의 훌륭한 의도와 지침의 포괄적인 적용 범위에도 불구하고 그 효과는 실질적인 구현에 크게 좌우될 것이다. 예를 들어, 독립적인 비상임 이사(INED: Independent Non-Executive Directors)는 기업지배구조의 수호자로, 그리고 소액주주의 옹호자 또는 보호자로 칭송되어왔다. 그러나 독립적 비상임 이사 제도 구축에 관한 상장회사 지침 및 지침에는 실제로 INED를 임명할 권한을 가진 사람이 누구인지가 명확하지 않다. 대주주가 INED 임명을 좌우하는 경우 전체 이사회는 여전히 대주주의 통제하에 놓이게 된다. 미성숙한 기업지배구조 환경을 개선하려면 무엇보다도 주주의 권리에 대한 고려가 우선시 되어야 한다.

더욱 성숙한 증권 시장과 달리 중국 주식시장의 주주는 대주주와 소액주주로 양극화되어있다. 대주주는 일반적으로 매우 강하고 개인 소액주주는 극히 약하며, 대주주의 영향력에 대응할 수 있는 연기금, 뮤추얼 펀드, 금융기관 등 정교한 제도적 소액주주가 거의 없다.

중국에서는 소액주주가 국가 기관인 지배주주에 의해 착취당하는 경우가 많다. 사외이사 효과의 한계로 인해 중국 회사법상 소수 주주의 권익 보호 문제는 여전히 논쟁의 여지가 있다.[36]

---

33 Luo, Yufan, Yichen Yang, Yedi Hua, "Independent Directors Are Hardly Independent : A System in Form", *Xinhua Daily Telegraph*, 19th Aug 2013.
34 Dong, He, "The Independent Directors are not independent : the System development deviated from reality", *Technology in Western China* 67, 2010.
35 Zhou, Junsheng, "The Independent Director System in form must be modified", *Xinhua Daily Telegraph*, 13th August 2013.

중국의 새로운 회사법은 1994년부터 시행되어 온 법률을 개정하여 2006년 1월 1일에 발효되었다. 새로운 법은 주주의 권리를 강화하기 위해 주주 행동에 관한 기존 조항을 확대했는데, 실제로 얼마나 도움이 될지는 아직 미지수이지만, 세 가지 조치가 가능하도록 만들었다. 첫째, 주주는 정관에 맞지 않거나 부적절하게 소집되거나 진행된 회의에서 통과된 이사회 결의에 대해 법원에 이의를 제기할 수 있다. 두 번째 유형의 조치는 회사가 저지른 잘못을 바로잡는 것이다. 유한책임회사 또는 주식회사의 주주는 최소 180일 이상 계속하여 회사 주식의 1% 이상을 보유한 주주로서 회사에 손해를 끼친 이사, 감사, 고위 임원 또는 제삼자의 위법 행위에 대해 이사 또는 감사에게 법적 조처할 것을 청구할 수 있다. 셋째, 불법 행위로 인해 주주가 손해를 입으면 주주가 직접 법적 조처를 할 수 있다.

새로운 법은 회사가 제삼자에게 담보를 제공할 수 있도록 허용하지만, 정관에 규정된 내용에 따라 주주 또는 이사회의 승인이 필요하다. 이전에는 이사, 감사, 관리자는 "직무를 충실히 수행하고 회사의 이익을 보호"할 일반적인 의무가 있었다. 새로운 법은 "충성심과 근면의 의무"를 부과함으로써 기대되는 행동 및 역량의 기준을 상향시켰다.

중국의 신회사법은 1) 소수 주주의 회사 업무에 대한 정보 접근권 보장 2) 누적 의결권 제도 도입 3) 반대 주주 감정 청구권 제도 신설 4) 주주 파생 소송 제도 추가 5) 주주 의결권 부재 제도 신설 등을 주요 내용으로 삼고 있다. 최소 등록 자본금은 유한책임회사의 경우 최고 50만 위안(6만 2천 달러)에서 3만 위안으로, 주식회사의 경우 1천만 위안에서 500만 위안으로 낮아졌지만, 특별한 규정이 있는 경우 더 높은 금액이 적용될 수 있다.

유한책임회사와 주식회사의 주주는 총회에서 주주총회를 통해 최고의 권한을 행사한다. 새로운 법은 소수 주주에게 총회에서 승인을 위한 결의안을 상정할 수 있는 권리를 부여한다.[37] 전체적으로 보아 중국의 새로운 회사법은 이론적으로는 손색이 없지만, 독립

---

36 Wang, Shuliang, "Issues in the protection of minority shareholders' rights and interests under China's Company Law", In Masao Nakamura ed., *Changing Corporate Governance Practices in China and Japan* Ch. 4, Palgrave Macmillan, 2008, pp. 52~62.
37 2006년 회사법 개정에 내용은 다음을 참조할 것 : Chong, Seung, "The A to Z Guide to Chinese

이사의 유효성에 관한 실증적 연구는 지금까지 엇갈린 결과를 보인다.

(2) 외국의 기업지배구조를 일본, 중국, 한국의 다른 환경에 적용하기

외국의 법률 시스템을 채택한 국가는 때때로 그에 대한 준비가 되어 있지 않거나 그로 인해 발생하는 변화에 완벽히 대비해야 하는 어려움에 종종 봉착한다. 따라서 새롭게 도입된 법률이 기존의 제도적 환경에 잘 통합되지 않거나 의도했던 제도적 변화에 이바지하지 않는다는 것은 놀라운 일이 아니다.[38]

중국은 많은 법을 다른 나라에서 이식한 나라다. 중국 회사법의 경우가 그러한 예에 속한다. 중국 시스템은 관습법 계열(주로 미국)과 대륙 민법 계열(특히 독일)을 적절히 뒤섞은 혼합 시스템hybrid system이다. 따라서 일부 요소는 완전한 실패로 평가되는가 하면, 다른 일부 요소는 중국 상장기업의 기업지배구조 개선에 제한적인 도움을 준 것으로 평가된다.

중국의 현행 기업지배구조 체계를 이해하는데 중요한 쟁점은 다음과 같다. 1) 서구의 독립성과 이익분립의 가치. 2) '가족'으로서의 기업의 가치 체계. 3) 국가의 역할. 특히 국가가 최대 주주라는 점 때문에 제도가 제대로 작동하기 어려운 점. 4) 감독위원회와 이사회의 권한을 명확히 구분하는 법령의 부재.[39]

(3) 중국 기업지배구조의 전반적인 문제점

중국의 경제개혁은 비록 시장경제로 확실히 나아가고 있지만 아직은 그 과정에 있고,

Company Law", *International Financial Law Review*, April 1, 2006.

[38] Wang, Jiangyu, "The strange role of independent directors in a two-tier board structure in China's listed companies", In Masao Nakamura ed., *Changing Corporate Governance Practices in China and Japan : Adaptations of Anglo-American Practices*, Palgarve Macmillan, Ch. 9, 2008, pp.185~205 중 p.186.

[39] Goo, S. H. and Anne Carver, "Low structure, high ambiguity : Selective adaptation of international norms of corporate governance mechanisms in China", In Masao Nakamura ed., *Changing Corporate Governance Practices in China and Japan : Adaptations of Anglo-American Practices*, Ch.10, Palgarve Macmillan, 2008, pp.206~234.

경제에 대한 국가의 통제가 완전히 제거되지 않았기 때문에 일본과 한국에는 없는 중국 기업지배구조의 문제점과 어려움을 구체적으로 설명할 필요가 있다. 즉, 중국 기업지배구조의 현황은 현재의 개혁과 이들이 기업집단과 기업지배구조에 대해 만들어 내는 구체적인 문제점의 맥락을 벗어나서는 이해될 수 없다.

다양한 유형의 지분, 분할된 주식시장, 다양한 국가 기관의 집중된 지분 등에서 알 수 있듯이 모든 중국 기업 조직은 여전히 국가에 크게 의존하고 있다. 중국 기업은 겉보기에는 국가의 직접적인 개입 없이 시장 원리에 따라 시장 환경에서 운영되는 법인체이지만, 국가의 주도로 만들어졌기에, 그래서 여전히 자율성의 측면에서 여러 한계를 드러낸다.[40]

중국의 사례는 기업지배구조와 관련된 문제와 쟁점 측면에서 한국이나 일본에 비교해 상당히 다른 점이 몇 가지 있다. 중국에서는 국가가 자신의 권한을 이용해 경제 주체, 즉 기업을 만들었을 뿐만 아니라 권위 관계가 아닌 교환 관계가 경제 활동을 규제하는 시장 메커니즘도 만들고, 더 나아가 교환 관계를 규율하는 규칙을 개발했다. 국가는 교환 원리에 따라 운영되어야 할 경제 조직과 권위 관계에 따라 운영되는 정부 기관을 분리하려고 노력해 왔지만, 국가가 대부분의 기업체의 대주주 지위를 유지하고 있으므로 성공하기가 어려웠다. 그 결과 경제 활동에 직접 개입하는 자의적이고 강압적인 권력정치가 감소하고, 교환 관계가 경제 활동의 상당 부분으로 확대되었음에도, 교환과 권위 관계의 분리가 불완전하여 국가가 기업 운영에 막대한 영향력을 계속 행사하고 있다. 이러한 상황은 대부분 자본주의 시장경제에서 기업의 사적 소유를 원칙으로 하고 국가는 시장 경쟁의 심판자로서 경제 주체들 간의 교환에서 발생하는 갈등을 조정하는 역할에 머무는 것과는 극명한 대조를 이룬다.

중국에서 행정당국이 교환의 원칙에 끼어드는 사태가 완전히 사라지지 않는 상황은

---

40 Liu, Pingqing, Junxi Shi, and Fengxia Jiang, "The Evolutionary Path of Corporate Governance in China : The Interdependent Model of State-Owned Enterprises and Private Enterprises ", In Hong Yung Lee ed., *A Comparative Study of East Asian Capitalism* Ch. 8, Institute of East Asian Studies, University of California at Berkeley, 2014, pp. 185~204.

공기업의 건전한 기업 거버넌스 관행을 발전시키는 데 몇 가지 장애물이 존재함을 암시한다.

첫째, 중국의 오랜 역사를 통틀어 경제가 정치적 통제에서 완전히 자유로웠던 적은 없었다. 오랜 관료 중앙집권적 제국의 전통을 가진 중국에서 경제는 정치 권력의 정통성 유지 수단으로 활용되었기에, 국가의 영향력으로부터 독립적으로 발전할 수 있는 자유를 누리지 못했다. 중국 역사상 단 한 번도 경제가 국가의 행정적 통제밖에 놓인 적이 없었고, 국가는 사회의 모든 교류 관계를 자세히 감시해왔다.

사람들의 물질적 필요를 돌보는 것은 관료 제국의 중요한 관심사였기에, 중국의 유명한 상인商人들은 모두 황제에게 큰 빚을 지고 있었다. 중국을 주름잡던 산시山西 상인이나 관료 상인의 원조 격인 안후이安徽 상인이 성공할 수 있었던 것은 황제 덕분이었다. 청나라 말기 제한적인 근대화로 인해 중국에 새로운 공장 제도가 도입되자 중국에서는 상인이 관료의 감독을 받아 기업을 경영할 수 있게 하는 방식이 채택되었다. 근대화 초기에는 기업 대부분이 근대화의 목적으로 관료들에 의해 창설됨에 따라 국가는 자신이 설립한 기업에 모든 종류의 특권을 부여했다. 그러나 문제는 국가와 기업 간의 재산권이 불분명하다는 점이었다. 1914년 중국이 회사법을 제정하기 전까지 중국에는 '법인'이라는 개념이 없었다.

둘째, 재산권을 명확히 하려는 중국 정부의 노력에도 불구하고 1950년부터 1980년대까지 지속한 계획경제의 영향으로 국가 소유의 상당 부분이 유지되어 재산권 문제가 여러 측면에서 매우 불분명하다. 우선 국가의 '관리자의 기능'과 국가 소유 주식에 대한 '소유권 행사'를 분리하기 어렵다. 그 결과 건전한 기업지배구조와 기업 자율성을 구축하기 위한 작업, 즉 기업과 정부 기관을 분리하여 기업 업무에 대한 정부 개입을 줄이고, 기업 경영활동을 정부 통제에서 실질적으로 자유화하는 것은 거의 불가능하다. 그래서 국가와 기업 간의 재산권 관계와 누가 무엇을 소유하고 누가 무엇을 통제하는가 하는 단순한 문제도 여러 가지 해석을 낳는다. 설상가상으로 국가가 경제 건설을 위해 모든 긍정적 요소를 동원하고 경제 발전에 필요한 모든 요소를 조정하는 과거의 타성을 청산하지 못해 국가의 규제자와 주주로서 해야 할 역할을 분리하기가 여전히 어렵다.

그 결과 국가와 기업체의 자율성 부족으로 인해 각 주체의 책임을 명확히 규정하기 어렵고 다양한 주체의 이해관계가 상충하는 문제가 지속해서 발생하고 있다. 재산권에 대한 명확한 정의가 없으므로 국가 기관이 약탈적 행위를 쉽게 수행할 수도 있다.

결과적으로 기존 국유사업의 기업화는 기업에 어느 정도 자율성을 부여했지만 국가에 대한 종속성을 해소하지는 못했다. 중국의 '국유기업'과 공기업을 서구 시장경제와 비교하면 두 가지 결론을 도출할 수 있다. 첫째, 중국의 공기업화는 의사결정과 경영 구체화의 분권화로 인해 다양한 효율성 증대를 가져왔다. 그러나 국유기업의 감독을 담당하는 관료가 실제 소유주가 아니기 때문에 민간 대주주처럼 감독 역할을 제대로 수행하지 못할 가능성이 있어 국유기업의 효율성이 서구 기업의 효율성에 미치지 못할 가능성이 크다.

국가를 기업으로부터 분리하여 소유 구조를 명확히 하려는 정부의 노력에도 불구하고 상황은 여전히 매우 어둡고 혼란스럽다. 현재 중국의 공적 소유권 개념에는 국가, 법인, 외국인, 개인이 소유한 주식이 포함된다. 그러나 국가나 법인이 소유한 주식은 주식시장에서의 유통이 금지되고 있어 전체 주식의 30% 정도만이 주식시장에서 유통되고 있다.

또한, 국가소유권은 거대한 국가 기관 중 어느 부서에서 국가 소유 지분 관리를 담당하게 될 것인지에 관한 질문을 불러들인다. 이는 중국 국가가 국가 시스템의 '관리자', 경제 활동의 '규제자', 모든 주식 보유 기업의 대다수를 구성하는 국유지분의 주주로서의 재산 '소유자'와 같은 다양한 임무를 수행하기 때문에 특히 어려운 문제이다. 이처럼 국가의 다양한 역할이 혼재되어 있으므로 국가의 각기 다른 기능을 어떻게 구분할 것인지가 불분명하여 혼란을 일으킨다. 기업에 대하여 국가 주주의 권리를 대신 행사하는 국가 기관은 일상적인 기업 경영과 합법적인 기업 의사결정 과정에 어디까지 개입이 허용되어야 할까?

중국 국가는 거대하고 커서 관리하기 어려운 구조로, 수많은 기능 국과 부서가 있고 국가에 고용된 사람의 수가 2천만 명 이상에 이른다. 국가 자산의 국가 지분 관리를 담당하는 국가 기관과 기능 부서로는 현재 국가계획위원회, 재정부, 경제무역부, 인사부, 노동부, 사회복지부, 대외무역부, 기업산업위원회, 재정산업위원회, 조직위원회 등등 여러 기관이 있다. 이러한 다양한 기관 중 어느 사람도 국가재산을 전담하여 책임지지 않으며, 각 국가 기관의 기능과 책임도 매우 불분명하다.

또한, 기업지배구조에 관한 연구에서는 주주의 권리와 법인으로서의 기업의 권리를 명확히 구분하는 것이 현대의 관행이다. 그러나 중국에서는 그렇지 않다. 왜냐하면, 소유권이 집중되어 있기 때문이다. 국가가 많은 기업의 지배주주인 중국에서는 기업을 대주주를 위한 돈 버는 도구로 간주하는 경향이 있으며, CEO가 지배주주의 대변인이 되는 등 다른 의사결정 기관을 대주주를 위한 도구로 만드는 경향이 있다.

중국 정부 내에서도 다양한 부서와 부서 간의 관계에 대한 문제가 혼란을 일으킨다. 주주권을 행사할 정부 기관을 정의하기 어려우므로 국가소유권은 자산을 빼돌리거나 소유주가 없는 내부자 지배로 귀결되는 경향이 있다. 국가는 관리 기능을 기업 소유권으로부터 분리하고자 했지만, 앞에서도 지적했듯이, 정부 내 어느 기관이 이 권한을 행사할지가 명확하지 않다. 국가는 자산관리위원회를 만들어 행정 계층에 따라 국가 소유 지분을 통제하려고 노력했지만, 자산관리위원회의 권한 범위와 다른 정부 계층으로부터의 독립성에 대해 여전히 많은 불안정한 문제가 남아 있다. 배당을 받는 것으로 주주의 권리를 행사하는 것인지, 아니면 주주로서 회사 경영에 참여할 수 있는 권리를 갖는 것인지 아직 명확하지 않은 것이다.

또한, 기업지배구조 문제를 더욱 복잡하게 만드는 비즈니스 그룹의 피라미드 구조를 고려해야 한다. 비즈니스 계층 구조에는 최소한 3~4개 계층이 있다. 최상위 수준에는 국영자산관리회사, 지주회사, 기업그룹의 회원사 등이 있으며 이들 중 다수는 과거 국가 기관의 국이나 부서였다. 이 수준에서는 모든 것이 국가에 속하며, 소유권 또는 이전 국유기업은 지시에 따라 한 단위에서 다른 단위로 이동할 수 있다. 국유기업을 구조조정하는 과정에서 정부는 필요에 따라 국유기업을 합병, 신설, 분할하는 방식으로 움직였다. 이 수준에서는 여전히 정부와 기업의 구분이 불분명하고 권한도 불분명하게 정의되어 있다. 어떤 의미에서 국가는 운동경기에서 심판과 선수의 역할을 동시에 수행하는 이중적인 역할을 하고 있었던 셈이다. 기존의 대형 국유기업 개혁의 또 다른 방식은, 주요 생산 기능과 노동자 복지 등 기타 지원 기능을 분리해, 생산 부문의 핵심을 주식시장에서 주식을 거래하는 독립기업으로 만들고, 후자는 자회사의 재무를 통제하는 모기업으로 만드는 것이었다.

상장기업 산하에는 많은 계열사가 있다.[41] 신화출판사新華出版社의 경우 최상위에는 신화인민출판사가 있고, 두 번째에는 각 성省의 출판그룹사가 있고, 세 번째 수준에서는 출판 그룹 법인의 계열사가 있다. 그런데 중앙과 지방 정부 기관 간의 재산권 경계는 명확하지 않다. 체계적이고 책임 있는 자산관리 체계를 구축하기 위해서는 재산에 대한 명확한 경계가 필요하다. 출판그룹 법인과 서점은 둘 다 법인인 출판그룹 법인과 서점으로 구분이 이루어져야 한다. 그러나 철강, 석유화학, 전력 등 산업 분야에서 국가가 지분을 집중적으로 소유하고 있는 상장법인의 경우 세 가지 분리 요건만으로는 불충분하다.

2005년에 수행된 한 연구에 따르면, 한국, 싱가포르, 홍콩 및 기타 아시아 경제권에서 흔히 볼 수 있는 피라미드형 소유 구조는 중국 주식시장의 초기에는 흔히 관찰되지 않았다. 그러나 최근 몇 년 동안 중국 상장기업의 소유 구조는 다층 모델로 이동하고 있으며, 현재 정부가 통제하는 상장기업의 70% 이상이 2개 이상의 피라미드 구조로 되어 있으며, 기업인이 통제하는 기업은 거의 모두가 2개 이상의 피라미드 구조로 되어 있는 것으로 나타났다.[42]

중국 기업의 피라미드형 소유 구조는 40년 이상 피라미드형 및 교차 소유 구조가 관행화된 한국, 홍콩, 일본과 비교해 그 수가 많지 않지만, 학계 연구자와 정책 입안자들은 그 복잡성이 점점 더 커지고 있음에 관심을 보인다. 이러한 새로운 추세는 지방 정부가 소유권을 매각하지 않고도 기업 경영에 대한 결정권을 확실하게 분산시키려는 유인책이 있기 때문이다. 지방 정부는 기업의 결정권을 제삼자에게 양도(분권화)하는 수단으로

---

41   중국 비즈니스 구조에는 다양한 수준의 많은 계열사와 함께 수많은 계층의 아들과 손자 회사가 있다. 예를 들어, 중국의 주요 국영 발전회사 중 하나인 Zhongguo Hua Neng Jituan Gongse(中國華能集團公司)는 여러 수준에 걸쳐 약 340개의 계열사를 거느린다.
42   Fana, Joseph P.H., T.J. Wongb and Tianyu Zhangc, "The emergence of corporate pyramids in China", *SSRN Electronic Journal*, January 2005.

전면적인 매각을 사용할 수는 없지만, 기업의 장기적인 성과를 높일 수 있는 유인책이 있다. 민간인이 통제하는 상장기업의 피라미드 구조는 외부 자금 조달이 어려운 상황에서 내부 자금 조달을 위한 손쉬운 방법으로 간주된다.

그러나 법적으로, 자회사 또는 계열사는 독립적인 인력人員獨立, 독립적인 자산資産完整 및 독립적인 재무財務獨立 측면에서 모회사로부터 독립되어야 한다. 그렇더라도 일부 공기업 자회사의 법인체는 모기업의 직접적인 통제를 받는다. 상장기업과 모기업 간의 과도한 유착은 이들 기업의 일부 채권자와 소액주주에게 심각한 문제를 야기하고 있다.

중국의 기업 거버넌스 관행을 더욱 복잡하게 만드는 것은 소유 구조가 모회사가 인사 결정을 포함한 자회사의 주요 결정을 확고히 통제하는 것을 막을 만큼 다양하지 않다는 점이다. 이와 대조적으로, 매우 다양한 지분 구조를 가진 기업은 모기업 간의 경계가 더 명확하다. 또한, 일부 상장기업은 거래 비용을 줄이기 위해 모기업이 구축한 조달 및 마케팅 네트워크에 의존하여 내부거래로 간주될 수 있는 거래에 의존하는 경우가 많다. 또한, 모회사와 비즈니스 거래를 수행하는 것도 "만족스러운 이익" 요건을 충족하는 방법의 하나가 된다.

중국의 소유 구조는 지배주주가 자신의 이익을 극대화하기 위해 자신의 힘을 사용할 수 있도록 허용함으로써 기업지배구조를 더욱 통제하기 어렵고 관리하기 어렵게 만든다. 앞서 언급한 바와 같이 중국법인의 주주 유형에는 국가, 법인, 개인 소유권이 있으나, 대부분 중국법인의 지배주주는 국가가 지배주주인 경향이 있으며, 보통 주식의 약 60%를 소유하고 있다. 기업지배구조에 관한 많은 연구는 기업의 소유집중과 성과 사이의 관계에 초점을 맞추고 있다.[43]

중국 기업의 거대한 지분에 대한 국가의 통제는 지배구조 문제를 악화시킨다. 계획경제의 경우와 마찬가지로 어떤 국가도 엄격한 의미에서 아무것도 소유할 수 없으므로 지배적 지분과 관련된 권리를 통제하는 것은 국가의 대리인이다. 이 때문에 중국의 가장

---

43 Clarke, Donald C., "The ecology of corporate governance in China", *GW Law Faculty Publications & Other Works*, 1065(GWU Law School Public Law Research Paper No. 433), 2008.

큰 관심사는 '핵심 인물 통제 모델key-man control model'이다. 핵심 인물은 종종 최고 수준의 관리자이거나 지배주주의 대표일 수 있다. 그들의 권한은 광범위하여 모든 문제에 대해 무제한의 통제권을 행사한다. 그들은 경영이나 감독 역할 모두에서 비교적 큰 차별적 권한을 행사한다. 그리고 국내 기관이 소유한 법인조차도 대부분 국가 기관의 일부인 경우가 많다.

문제를 더 복잡하게 만드는 것은 기업의 일부 강력한 임원이 자회사와 모기업 모두에서 의장, CEO 및 당위원회 비서직을 동시에 수행한다는 것이다.

당과 정부를 어떻게 분리할 것인가 하는 고질적인 문제인 당정분리黨政分開는 기업의 지배구조 문제를 계속 복잡하게 만들고 있다. 오늘날에도 중국의 모든 기관과 조직에 당이 침투하여 "당헌에 따라 직무를 수행하고, 노동조합과 종업원 대회는 관련 법규에 따라 각자의 직무를 수행해야 한다"라고 규정하고 있는 상황에서 이들의 역할을 기업지배구조에 어떻게 접목할 수 있을까? 하지만 새로운 법인체와 기존 법인체 사이의 중복은 여전히 가능하다. 완벽하게 국가가 소유하는 국유기업과 국유주식회사의 당 위원회 주임은 법적 절차에 따라 이사회와 감독위원회에 포함될 수 있으나, 종업원 대표도 이사회와 감독위원회에 포함되어야 한다.

문제는 중국 공산당이 자신의 정당한 역할로 간주하는 것을 현대 기업 거버넌스 실천에 어떻게 수용할 것인가이다. 건전한 기업지배구조와 기업 자율성을 구축하기 위해서는 기업과 정부 기관을 분리하고, 정부의 경영개입을 줄이고, 기업의 경영활동을 정부의 통제로부터 실질적으로 자유화하는 것이 필수적이다. 실제로 중국 정부는 최근 이 원칙을 인정하고 정부와 기업 기능을 분리하겠다고 약속했다.

그러나 동시에 중국은 정부와 당을 분리하려는 자체 노력을 위축시키는 원칙도 유지해 왔다. 오늘날에도 당은 "당이 간부를 관리한다"라는 원칙을 고수하고 있는 것이 좋은 예이다. 이제 당은 경제 발전을 위해 경제에 대한 권한을 포기했고, 여러 기관을 통제할 수 있는 유용한 권한은 인사 문제에 대한 권한뿐이며, 강압적인 통제는 행정 효율성에 유용하지 않기 때문에 권한을 부여할 가능성이 거의 없다고 말한다. 문제는 '간부를 관리'하는 원칙은 현대 기업지배구조의 기본 원칙, 즉 기업 계층의 핵심 인력을 임명하는 것은 주주의 특권이라는 원칙과 정면으로 충돌한다는 점이다. 여하튼 인사권을 행사하는 것은 당의 조직부서이다. 그리고 국가는 최대 주주이기 때문에 기업 경영에 대한 인사권을 가지고 있다. 그러나 대주주의 권리와 인사 문제에 대한 당의 특권은 서로 다른 문제로, 다른 국가 기관이 그 권리를 각각 행사하는 것이 마땅하다.

모든 대기업에 존재하는 당위원회의 역할에도 비슷한 문제가 존재한다. 경제 조직에서 당위원회의 기능은 무엇인가? 사업법인 내 총지배인과 당 제1비서의 권한과 기능은 어떻게 나누어지는가? 총지배인과 당비서의 자격은 어떻게 되나? 여기서 한 사람 또는 두 사람이 관리직과 당직을 맡는지는 경우에 따라 다르다. 총지배인과 당비서를 서로 다른 두 사람이 맡는 곳도 있고, 한 사람이 회사의 총지배인, 즉 의장직을 겸임하면서 제1당 비서를 겸임하는 곳도 있다.

문제를 더욱 복잡하게 만드는 것은, 사업법인의 여러 직위와 사업법인 내의 정당 조직을 어떻게 채울 것인지에 대한 문제가 기업 계층 구조의 다양한 수준에서 발생한다는 것이다. 최상위에는 사업 그룹이 있고 그 아래에는 여러 계층의 계열사가 있다. 비즈니스 그룹. 예를 들어 '지투안 공세集團公事'의 회장, 총지배인, 당 서기가 중요한 계열사와 유사한 직위를 동시에 맡는 경우가 많다. 지투안集團의 당 서기와 상무위원은 이사회 - 동시회東西匯, 감사위원회 등에 참여한다. 같은 직급에 있는 여러 지도자의 위계적 순서(예: 당 서기, 총서기, 위원장)는 단위마다 다르다.

일부 강력한 임원은 자회사와 모회사 모두에서 의장, CEO 및 당위원회 비서직을 맡고 있다. 이들의 이중적 지위로 인해 상장기업과 모기업을 분리하는 것이 불가능하다.

여기서 우리는 세 나라에서 두 가지 서로 다른 전통과 패턴이 운영되고 있음을 볼 수 있다. 한국과 일본, 대만은 국가가 국가 경제 발전에 적합한 새로운 형태의 조직을 만들기 위해 전통적인 가족 유산을 활용했지만, 전통적인 가족 구조가 새로운 기업집단 구조에 여전히 영향을 미치고 있다. 이들 나라에서는 경제 발전에 대한 국가의 강력한 주도에도 불구하고 국가는 사적 소유를 용인하여 가족을 경제 활동의 사업 단위로 허용한 반면, 공산주의 중국에서는 국가가 재산의 사적 소유를 폐지하여 가족을 경제 조직으로서는 쓸모없게 만들었다. 대신, 국가는 관료적 국가 권위에 의해 관리되는 집단적 소유권을 창출했다. 지난 30년 동안 공산주의 정권은 국가와 분리된 기업을 재편하면서, 동시에 국가 소유를 허용함으로써 중국 전통 '관시關係, Guānxi'와 인적 네트워크가 결합한 기묘한 혼합을 만들어 냈다. 민간기업 전반에 걸쳐 대기업 조직이 등장하고 있으나 아직 그 형태를 파악하기는 이르다.

5) 가족기업과 관리자의 전문화

대부분의 동아시아 기업은 가족기업으로 출발했으나, 성장 과정에서 전문경영인을 채용하는 등 공기업으로 전환하고, 소유주가 기업의 일상적 운영을 직접 관리하는 일에서 물러나고 있다. 그러나 가업家業의 특성을 벗어나면서도 기업화 정도는 나라마다 다르게 나타난다.

한국의 재벌은 규모가 크기 때문에 가족 네트워크 외부에서 관리자를 모집했다. 그들은 한국 최고의 대학에서 관리자를 고용하면서 철저하고 공식적인 채용 절차를 수행했다.[44] 일부 아시아 기업에서는 고위 관리직으로 승진한 장기근속 전문경영인이 기업 내 인맥 형성을 통해 기업 경영에 막대한 영향력을 행사할 수 있는 예도 있다.[45] 그런데도 최고 경영직은 소유주 가족, 주로 그룹 소유주의 아들들에게 할당되는 경우가 많았다. 경영 위계 구조는 경영 기업 모델을 따라 구성되었지만, 권력 분배는 가족 구성원의 손에 집중되었다. 재벌 총수는 종종 대기업의 가부장 역할을 자임하며 가족뿐만 아니라 사원에게도 강한 효성孝誠을 요구했다.

물론 전반적인 추세를 보면, 가족이 통제하는 기업집단이 고위 관리직에 전문경영인을 채용하는 등 경영 전문화를 강화해 나가는 것이 대세로 자리를 잡아가고 있다. 일부 부실기업의 자본 확충을 위해 서구 기관 투자자로부터 외부 지분을 모색한 비즈니스

---

[44] Sangjin Yoo and Sang M. Lee, "Management style and practice of Korean Chaebols", *California Management Review* 29(4), 1987, pp. 95~104.

[45] Chen, Jian, "Ownership structure as corporate governance mechanism : Evidence from Chinese listed companies", *Economics of Planning* volume 34, 2001, pp. 53~72.

그룹은 가족 대표성을 줄이는 경향이 두드러진다. 그런데도 그들은 두 가지 이유로 가족 지배와 기업지배를 포기하지 않았다. 첫째, 가족의 통제와 통치를 유지하는 것은 장기적인 헌신의 이점을 제공했다. 이는 중국계 싱가포르 사업가로 잘 알려진 위이청Wee Ee Cheong이 유나이티드 오버씨즈 은행United Overseas Bank이 여전히 가문의 지배를 받고 있다는 비판에 대해 "은행을 운영하는 사람이 자격을 갖춘 가족이라면 더욱 좋다"라고 답한 것이 그 예이다.[46] 둘째, 경영권을 물려받은 기업 상속인들은 아버지의 비즈니스 네트워크와의 관계를 끊는 위험을 감수하지 않았다. 그 대가는 여전히 의존하고 있던 아버지의 관계로부터 신뢰를 잃고 사회적 제재를 받는 것이었을 것이다. 서구의 근대교육을 받은 후계자들도 가족이라는 사회적 자본과 네트워크 유대를 유지하려고 노력했다.[47] 이러한 관계는 중국 자본에 호의적이지 않은 국가와 지역에서 자금을 모으는 중요한 원천으로 남아 있다.

여기서 중국의 비즈니스 그룹을 대만의 비즈니스 그룹과 비교하는 것은 비교 관점 측면에서 몇 가지 통찰력을 제공할 수 있어서 흥미로울 것이다.

대만의 기업집단은 일반적으로 수직적으로 통합되어 있지 않고 엄격하게 통제된 기업집합이다. 대만의 기업집단은 다양한 경제 부문에 걸쳐 다양한 규모의 기업(대부분 소규모)이 모여 있는 집합체이다. 일반적인 소유권 패턴은 가족에 의한 개인 소유이다. 대만의 기업집단은 한 가족 또는 여러 개인이 합자회사 형태로 소유하고 있다. 대만의 기업집단은 동일 개인 또는 특수관계인이 여러 기업을 소유하고 있는 느슨하게 결합한 기업 네트워크이지만, 대만 총수의 기업집단 통제는 일반적인 재벌 총수에 비해 덜 확실하고, 덜 중앙집권적이며, 더 제한적이다. 한국의 재벌 총수들은 정점에 한 자리를 차지하고 그룹 내 모든 기업, 심지어 가장 작은 기업의 말단 직원에게까지 권한을 행사한다. 대만에서는 기업집단 기업의 소유권과 통제권이 핵심 가족 구성원과 총수에게 집중되어 있

---

46 *The Straits Times*, 21 November 2001 기사 참조.
47 Chan, K.B. and C.S.N. Chiang, *Stepping Out : The Making of Chinese Entrepreneurs*, Prentice Hall (Simon & Schuster) and Centre for Advanced Studies (National University of Singapore), Singapore, 1994.

다. 대만에서 회사는 구체적으로 가족 재산이지만, 보다 추상적인 수준에서는 혈통 구성원들이 필요할 때 활용할 수 있는 일반적인 구조 풀에 속하는 것으로 간주된다.

대만 시스템은 '라오 반 제도老板制度, lòobin zhìdù'라고 한다. 한 사람이 여러 회사를 통제하고 각 회사의 계층 구조를 복제한다. 최근 일부 그룹을 제외하고, 모든 회사를 함께 연결하는 공식적인 통합 관리 조직은 없다. 대신, 각 회사에는 관리자jing li, 經理의 위치를 확고히 차지하는 사람이 있다. 이 사람은 가족일 수도 있고 아닐 수도 있지만 실제로는 가족이 아닌 경우가 많다. 또 다른 중요한 요소는 내부 서클이다. 내부 서클은 소유자가 신뢰하는 소수의 핵심인사들로 구성된다. 일반적으로 비즈니스 그룹의 내부 집단은 소유주와 소수의 가까운 가족 구성원으로 구성되지만, 오랜 사업 동료와 때로는 내연녀와 같은 다른 종류의 절친한 사람이 포함되기도 한다. 대만 기업집단은 총수 한 명의 의지가 아니라, 대가족의 이해관계가 반영되며, 총수의 사망 시 재산을 나누는 것이 원칙이다.

대만의 화교 사회에서는 친족 규범이 가족 외의 사람들에게 적용되지 않고 가족 구성원에게 엄격하게 적용된다. 가정 밖에서는 '관시關係'와 같은 일반적 형태의 공통성에 기초한 상호 규범이 사람들을 수평적 네트워크로 엮어준다.[48] 친족과 관시 모두 넓게 퍼져 있으면서도 촘촘하게 결속된 네트워크의 결과물로서, 여기에는 족벌과 관료적 수단을 통해 조직된 집단이 갖는 권위의 강압성이 빠져 있다. 두 경우 모두 경제적 행동의 친화성이 존재하게 되면, 이러한 친화성은 사람들이 '합리적' 경제적 목표를 달성하기 위해 효율적으로 조직하는 방향으로 나아가게 해준다.[49]

---

48 Fei Xiatong, *From the Soil : The Foundations of Chinese Society*, University of California Press, 1992; King, Ambrose Yeo-chi, "Kuan-hsi and network building : A sociological interpretation", *Daedalus* 120(2), 1991, pp. 63~84.

49 Carney, Michael and Eric Gedajlovic, "Strategic innovation and the administrative heritage of East Asian family business groups", *Asia Pacific Journal of Management* 20, 2003, pp. 5~26.

6) 경로 의존성path dependency?

중국은, 전통적 가족의 상속제도의 영향으로, 회사를 여러 개의 작은 회사로 분할하는 경향이 있어 한국이나 일본처럼 가족회사가 크게 성장하지 못한다. 반대로 한국과 일본에서는 규모가 클수록 가시성이 높아지기 때문에 가족회사의 인지도가 높아지는 반면, 중국은 가족회사의 인지도가 낮아지는 경향이 있다.

또 다른 문제는 신뢰 문제와 관련이 있는데, 중국인들은 관리자를 신뢰하지 않기 때문에 한 바구니에 많은 계란을 넣는 것을 좋아하지 않는다. 가족기업 그룹은 자산을 여러 개의 개별 상장사로 분산하는 경향이 있다. 최종 대주주 소유권은 일반적으로 편의상 역외 국가에 등록된 개인 기업에 집중되어 있다. 대규모 그룹을 더 작은 단위로 나누면 기업의 가시성이 줄어들어 적대적인 환경에 처한 기업의 기본적인 방어 메커니즘이 약화된다. 그러나 자회사 관리자를 신뢰할 수 없거나 조직이 철저한 내부 감사 기능을 수행할 역량이 부족한 경우, 기업을 세분화하여 여러 개의 별도 상장사를 설립하는 것은 기업 성과에 대한 모니터링과 피드백을 달성하기 위한 수단이 된다.[50] 사업 단위 성과에 대한 일일 시장 평가는 중요한 경영 의사결정 도구이며, 이는 대부분의 다각화된 기업이 누리지 못하는 장점이다. 따라서 회사 차원에서는 제품 시장 범위가 좁게 설정된다.

또한, 동남아의 화교 사회의 경우, 가족기업집단은 관계적 계약, (화교를 겨냥한) 차별 및 지역적 적대감으로 인해 신속하게 배치할 수 있는 매우 유동적이고 일반적인 자산 제도를 개발하도록 장려되었다. 카오는 유동 자산과 유형 자산에 대한 선호는 여러 세대에 걸친 경제적, 정치적 불확실성으로 인해 깊게 자리 잡은 '구명 - 뗏목 가치life-raft values'에서 비롯된다고 제안한다.[51] 유동성 자산은 이동성이 높아 위협을 감지하면 움직인다. 또한, 관시關係가 주도하는 사업 다각화와 투기 성향은 기업이 일시적으로 포착된

---

50 Carney, Michael, "A management capacity constraint? Obstacles to the development of the overseas Chinese family business", *Asia Pacific Journal of Management* 15(2), 1998, pp.137~162.
51 Kao, John, "The world wide web of Chinese business", *Harvard Business Review* 71(2), 1993, pp.24~36(정치적 탄압이 발생하면 뗏목이라도 타고 곧바로 피난을 떠나는 상황을 염두에 둔 개념이다.).

기회를 통해 이익을 얻으려면 유동 자산에 대한 필요성과 접근성을 요구한다. 가족기업집단이 시장에서 경쟁하는 방식은 가족 자산의 보존 목표와 그러한 목표를 뒷받침하는 자본 배분 전략에 의해 결정된다.

이렇게 자산 비중이 작으므로 중국 가족은 한국이나 일본 가족과 비교해 비즈니스 요구에 따라 유연하게 사업 유형을 변경할 수 있는 기본 조직 구조이다.

7) 가족기업집단의 조직구조

가족기업집단 조직구조의 성격과 기원에 관한 연구는 상당히 많이 진행되어 있다. 경영권은 일반적으로 핵심 기업의 회장직을 맡는 고위 오너 경영자senior owner-manager를 통해 행사되며, 친인척이나 가까운 측근이 회장직을 맡고 있는 주요 계열사에서는 회장직을 겸직한다.[52] 고위 경영진은 대체로 소규모로 구성되며, 친족이 아닌 전문 관리자는 전략적 의사결정 과정에서 제외되는 경우가 많다.[53] 전문 관리자가 고위직에 고용된 경우, 그의 역할은 오너의 가족이나 신뢰하는 친구 경영인의 역할에 종속되는 것으로 간주된다.[54] 서로 다른 그룹 부서의 비친족 전문 관리자들은 거의 서로 만나지 않으며 그룹 관리의 구조적 통합이 약하다. 전체적으로 '기업집단은 통합된 비즈니스 그룹이라기보다는 독립된 기업의 집합체처럼 보인다'.[55]

레딩은 가족기업집단이 조직의 복잡성을 피하고 재무적 단순성을 유지하기 위해 사업부를 세분화하는 경향에 주목하였다. 이 방식은 기업가들이 '종이와 연필을 머릿속에

---

52 Koike, Kenji, "The Ayala group during the Aquino period : Changing ownership and management structure", *The Developing Economies* XXXI-4, 1993, pp. 442~464.
53 Redding, S. Gordon, *The Spirit of Chinese Capitalism*, New York : Walter de Gruyter, 1993.
54 Whitley, Richard, "The institutional structuring of innovation strategies : Business systems, firm types and patterns of technical change in different market economies", *Organization Studies* 21(5), 2000, pp. 855~886.
55 Numazaki, Ichiro(沼崎一郎), "The Tainanbang : The rise and growth of a banana shaped business group in Taiwan", *The Developing Economies* 31(4), 1993, pp. 485~510 중 p. 502.

넣고 다닐 수 있게 해준다'는 평가를 받았다.[56] 암파바나르 - 브라운은 '구조를 더욱 견고하게 결합할 수 있었던 재무 구조는 각 부분을 협력으로 끌어들이는 데 큰 역할을 하지 못했다'라고 결론을 내렸다.[57] 회계 시스템의 목적은 근본적으로 판매 및 구매를 추적하고 사기를 방지하는 것이었다.

정보 처리 관점에서 이러한 종류의 조직구조는 일반적으로 지주회사 또는 H-Form 구조[58]와 유사하다.[59] H-Form 구조의 정보 속성informational attributes은 비록 그 기업이 갖는 조정, 계획 및 감사 역량이 다소 부족하더라도 다양한 범위의 자산에 대한 완전한 통제를 쉽게 해준다.[60] H-양식을 사용하면 소규모 관리팀이 ROI(Return on Investment, 투자 수익률)와 같은 재무 성과 지표에 중점을 두어 이질적인 비즈니스를 감독할 수 있기 때문이다.[61]

가족기업집단의 관리 프로세스에는 웨스트우드가 '가부장적 우두머리paternalistic headship'라고 묘사한 리더십 가치가 녹아 있다.[62] 가부장적 리더십의 구조적 결과로는 높은 중앙집권화, 낮은 또는 선택적 공식화low or selective formalization, 복잡하지 않은 구조적 프로세스 등이 있다. 이러한 구조가 인적 자원에 미치는 영향은 상당하다. 직계 및 대가족과 신뢰할 수 있는 준가족 직원은 경영진의 구성원으로서 매우 헌신적이고 동기부여가 될 것으로 기대할 수 있다.[63] 반면에 가부장제와 특별한 관계가 없는 직원의

---

56 Redding, S. Gordon, op. cit, 1990, p.181.
57 Ampalavanar- Brown, Rajeswary ed., *Chinese Business Enterprise in Asia*, London : Routledge, 1995, p.2.
58 H형 조직(H는 hybrid의 약자)은 때때로 대기업으로 불리는데, 다양한 제품들이 다양한 사업을 구성하면서 제품 부서화에 느슨하게 의존한다. H형 설계는 다각화 전략을 실행하기 위해 사용된다.
59 Williamson, Oliver E., *Markets and Hierarchies : Analysis and Antitrust Implications*, Free Press, 1975.
60 Carney, Michael, "A management capacity constraint? Obstacles to the development of the overseas Chinese family business", *Asia Pacific Journal of Management* 15(2), 1998, pp.1~25.
61 Chandler, A.D., "The functions of the HQ in a multibusiness firm", In R. Rumelt, D. Schendel, & R.J. Teece Eds., *Fundamental Issues in Strategy : A Research Agenda*, Boston, MA : Harvard Business School Press, 1997, pp.323~360.
62 Westwood, Robert, "Harmony and patriarchy : the cultural basis for 'paternalistic headship' among the overseas Chinese", *Organization Studies* 18(3), summer 1997, pp.445~460.

경우 헌신도가 약할 가능성이 크다. 따라서 직원 이직률이 매우 높은 경향이 있으며, 급여 차이로 인해 이직이 결정될 수 있다.[64] "가르치려 드는 리더십은 조직에서 무슨 일이 일어나고 있는지 명확하게 파악하는 데 필요한 정보를 부하 직원에게 제공하지 않음으로써 부하 직원을 무력화"하기 때문에 조직에서 신뢰받지 못하는 직원은 일상 업무에 차질을 빚을 수 있다.[65]

아시아 기업의 조직 및 관리 관행은 일반적으로 각 나라의 문화적[66] 제도적,[67] 및 국가 비즈니스 시스템[68] 특성에 영향을 받는다. 그러나 가족기업집단이 채택한 비교적 단순한 조직구조는 후발 산업화와 관련된 구조적 과제에 효율적으로 대응할 수 있는 수단이기도 하다.

마지막으로, 가족기업집단의 가업家業을 운영해온 뿌리 깊은 유산이, 현실에 자리 잡은 제도적 그물망과 어떻게 상호 작용하여, 혁신적인 역량의 축적을 방해하는 경로 의존 프로세스path dependent processes를 생성하는지 이해하는 것이 중요하다. 조직적 경로 의존성과 제도적 경로 의존성은 모두 특정 규제나 경제적 메커니즘을 도입하여 제도적 환경을 변화시키려는 정부와 규제 기관과 같은 행위자가 부딪히는 제약을 설명해준다. 경로 의존성은 제도적 변화를 시도하는 주체가 (기존 제도나 조직의 제약 때문에) 변화의 방식을 거의 통제할 수 없다는 사실을 강조한다. 이는 부분적으로 기업이나 기타 구성 요소가 제도적 프로세스에 적극적으로 저항하거나,[69] 또는 원하는 적응이 뿌리를 내리지

63　Whitley, Richard, "Firms, institutions and management control : the comparative analysis of coordination and control systems", *Accounting, Organizations and Society* 24(5-6), 1999b, pp. 507~524.
64　Shieh, G.Y., *'Boss' Island : The Subcontracting Network and Micro-entrepreneurship in Taiwan's Development*, New York : P. Lang, 1992.
65　Westwood, Robert, op. cit, 1997, p. 469.
66　Ibid.
67　Hamilton, Gary G. and Nicole Woolsey Biggart, "Market, culture, and authority : A comparative analysis of management and organization in the Far East", *American Journal of Sociology* Vol. 94, Supplement : *Organizations and Institutions : Sociological and Economic Approaches to the Analysis of Social Structure*, 1988, pp. 52~94.
68　Whitley, Richard, op. cit, 1992.

못하도록 환경의 요소를 수동적으로 무시하는 현상과 관련이 있다.[70] 이러한 경로 의존성은 국가가 다른 맥락에서 성공한 제도적 모델을 효과적으로 모방하고 재창조할 수 있는 범위를 제한하는 수동적 프로세스passive processes에 주목하도록 만든다.[71]

경로 의존적 프로세스는 많은 동아시아 경제에서 혁신 역량 배양에 걸림돌이 되는 관리 역량 제약을 초래했다. 후발 산업화는 기술 추격이라는 목적에 잘 부합하는 단순한 조직구조의 유산을 만들어 냈다. 이 단계의 관리자들에게는 전략적 사업 단위, 매트릭스 조직, 전문 관료제와 같은 혁신 집약적 부문에서 사용되는 조직 모델이 필요하지 않았다. 비즈니스 파트너가 R&D, 물류, 유통, 마케팅 등의 기능을 수행했기 때문에 정보 처리 요구사항이 상대적으로 낮았고, 관리자들은 이러한 시스템을 구현하기 위한 복잡한 측면 조정 메커니즘이나 광범위한 중간 관리자의 필요성을 인식하지 못했다.

동아시아지역 정책 입안자들은 은행 중심의 금융 시스템이 혁신에 한계가 있음을 잘 알고 있으며, 국책은행의 벤처 캐피탈 부서를 통해 '모험 자본'을 공급하고, 현금이 풍부한 기존 기업에 인센티브를 제공하여 벤처 캐피탈을 조성하도록 하였고, 신생 및 소규모 기업을 위한 특별 주식 거래 시장을 설립하는 등 자본 시장 공백 문제를 직접 해결하려는 시도를 해왔다. 이와 관련하여 정책 입안자들은 제도적 환경의 상호보완성을 인식하고 있다. 특히 벤처 캐피털 시장이 효율적으로 작동하려면 투자자들이 투자를 자본화할 수 있는 수단이 있어야 한다. 경로 의존성은 이러한 솔루션의 어려움을 드러내 주고 있다.[72]

---

69 Bebchuk, Lucian A. and Mark J. Roe, "A theory of path dependence in corporate ownership and governance", *Stanford Law Review* Vol. 52, 1999, pp. 127~170.
70 Prowse, Stephen D., "Corporate finance in international perspective : Legal and regulatory influences on financial system development", *Federal Reserve Bank of Dallas Economic Review*, 3rd. quarter, 1996, pp. 2~14; Prowse, Stephen D., *Corporate Governance : Emerging Issues and Lessons from East Asia*, Washington : World Bank, 1998.
71 Gilson, Stuart C., "Analysts and information gaps : lessons from the UAL buyout", *Financial Analysts Journal* Nov-Dec, 2000, pp. 82~110.
72 Carney, Michael and Eric Gedajlovic, "Strategic innovation and the administrative heritage of East Asian family business groups", *Asia Pacific Journal of Management* 20, 2003, pp. 5~26.

제 10 장

발산 또는 수렴

제10장

발산 또는 수렴

1. 일반 진술

　동아시아 삼국의 큰 변화는 세계 경제로의 통합으로 받아들여졌기에 동아시아 국가의 경제적 성공과 관련하여 매우 흥미로운 논쟁이 대두되었다. 그러한 논점의 중심에는 경제협력개발기구OECD와 같은 국제기구에서 추진하는 투명성, 책임성, 소수 주주 권리 보호 등 같은 보편적 원칙에 대한 준수가 포함되어 있다. 동아시아 국가의 경제적 성공은 세계 경제에의 통합을 의미하므로 기업지배구조에 국제 모범 사례와 표준을 채택해야 한다는 압력이 현실화한 것이다. 이러한 맥락에서 제기되는 질문은 다음과 같은 것들이다 : 세계화, 소통, 교환, 국제 무역 시스템, 다양한 국가 경제의 상호 의존이 서로 다른 국가의 모든 경제 제도를 같은 방향으로 이끌 것인가? 제도는, 그것이 모방했거나 아니면 이전해왔든 간에, 경제발전에 따라 수렴되고 있는가? 특히 중국, 일본, 한국의 경제 제도는 수렴收斂하고 있는가, 아니면 발산發散하고 있는가? 즉 논쟁의 핵심으로 '수렴' 또는 '발산' 문제가 대두된 것이다.

　수렴/발산 논쟁에서 핵심적인 주요 경제 제도는 기업지배구조 관행이 중심이 된다. 구체적으로, 경제 제도의 수렴 논쟁을 촉발한 것은 2001년 한스만Hansmann, H.과 크라크만R. Kraakman이 발표한 「회사법 역사의 종말The End of History for Corporate Law」이라는 매우 도발적인 제목의 논문이라는 견해가 지배적이다.[1] 그들은, 20세기 들어 경제적인 여러 굴곡을 거치면서 세계 시장경제 체제에서 기업 경영자는 모든 주주의 경제적 이익을 위해서만 행동해야 한다는 규범적 합의가 확고하게 자리를 잡게 되었다고 보았다. 다시 말해 20세기 후반 이후 기업지배구조의 논의에서 '주주 중심 기업 모델'로의 수렴 현상이 뚜렷해졌다는 것이다. 한스만과 크라크만은 '주주 중심 기업 모델'에 대한 이러한 합의는 1950년대와 60년대에 미국에서 발전한 '경영자 중심 모델', 독일의 공동 결정으로 정점에 도달한 '노동 중심 모델', 최근까지 프랑스와 아시아 대부분 지역에서 지배적이었던 '국가 중심 모델' 등 대안적인 기업 모델이 실패한 데서 비롯된 결과라는 주장을 폈다. 그들 주장의 요지는 다음과 같다.

> 최근의 많은 학자는 유럽과 미국, 일본의 기업지배구조, 자본시장, 법률에 대한 차이점을 강조해왔다. 그러나 기업 시스템의 실질적인 차이에도 불구하고, 19세기 이래로 더 깊은 경향은 융합을 지향하고 있다. 기업지배구조의 기본법, 즉 대부분의 기업법은 선진국 전반에서 높은 수준의 통일성을 달성했으며, 단일 표준 모델을 향한 지속적인 수렴이 이루어질 가능성이 크다. 아직 거버넌스 관행과 기업법의 세부 구조에 상당한 변화의 여지가 남아 있지만, 이제 더 많은 통합에 대한 압력이 빠르게 증가하고 있다. 이러한 압력의 가장 큰 원인은 최근 기업법에서 주주 중심의 이데올로기인 주주 중심의 기업법 이데올로기가 최근 주요 상업 관할권의 기업, 정부, 법조계 엘리트들 사이에서 우위를 점하고 있기 때문이다. 이제는 회사법이 원칙적으로 장기적인 주주 가치 증대를 위해 노력해야 한다는 견해에 더 이상 심각한 경쟁자는 없다. 이러한 새로운 합의는 이미 전 세계 기업 거버넌스 관행에 큰 영향을 미쳤고, 앞으로 기업법 개혁에도 영향을 미칠 것이다. (p. 439)

한스만과 크라크만의 논문은 전 세계 공기업의 거버넌스 관행이 영미 모델로 수렴되는

1　Hansmann, H. and R. Kraakman, "The end of history for corporate law", *Georgetown Law Journal* 89(2), 2001, pp. 439~468.

것이 불가피하고 바람직하다는 설득력 있고 규범적인 사례를 제시하는 것을 목표로 했다. 그러나 수렴가설收斂假說의 규범적 주장에 도전하는 학자들도 많았다.[2] 게다가 세 번째 학자들은 수렴가설에 대한 대안, 즉 '혼성화' 가설hybridization hypothesis을 제시하기도 했다.[3] 그리고, 관점을 달리하며 등장하는 경쟁적인 예측은 여러 국가에서 실제로 발생하고 있는 수렴의 정도(또는 수렴의 부족)를 측정하려는 수많은 실증적 연구로 이어졌다. 이러한 노력을 특히 의미 있게 만드는 것은 최근 몇 년 동안 모든 주요 산업화한 국가와 심지어 신흥 국가의 기업지배구조 시스템에 실제로 중요한 변화가 일어나고 있다는 사실이다.[4]

세계화 과정에서 기업지배구조 모델의 수렴은 실제로 복잡하고 논쟁의 여지가 많은 주제이다. 이러한 수렴에 대한 찬성과 반대의 유효한 주장이 있기 때문이다.

수렴가설의 지지자들은 더욱 균일한 기업 거버넌스 모델이 글로벌 비즈니스 관행의 효율성 증가와 표준화로 이어질 수 있다고 주장한다. 강력하고 투명한 기업지배구조 시스템은 투자자들에게 신뢰를 얻어 잠재적으로 더 많은 외국 자본을 유치할 수 있어 경제 성장에 도움이 될 수 있다. 세계화가 이루어진 현실에서 기업은 종종 전 지구적 규모로 경쟁하므로 성공을 위해서는 글로벌 표준의 채택이 필요하다. 한스만과 크라크만이 말한 수렴모델은 투명성, 주주 권리 및 윤리적 행동에 관한 모범 사례를 구현함으로써

2　Bebchuk, Lucian A. and Mark J. Roe, "A theory of path dependence in corporate ownership and governance", *Stanford Law Review* Vol. 52, 1999, pp. 127~170; Gilson, Ronald J., "Globalizing Corporate Governance : Convergence of Form or Function", in Jeffrey N. Gordon & Mark J. Roe eds., *Convergence and Persistence in Corporate Governance*, Cambridge University Press, 2004, pp. 128~158; Guillén, Mauro F., "Corporate governance and globalization : is there convergence across countries?", *Advances in International Comparative Management* 13, 2000, pp. 175~204.

3　Djelec, M. L., *Exporting the American Model : The Postwar Transformation of European Business*, Oxford : Oxford University Press, 1998; Vogel, Steven K., "The re-organization of the organized capitalism : How the German and Japanese models are shaping their own transformation", in K. Yamamura and W. Streek eds., *The End of Diversity? Prospects for German and Japanese Capitalism*, Ithaca, NY : Cornell University Press, 2003, pp. 306~33.

4　Rasheed, Abdul A. and Toru Yoshikawa, "The convergence of corporate governance : Promise and prospects", In Abdul A. Rasheed, Toru Yoshikawa eds., *The Convergence of Corporate Governance : Promise and Prospects* Ch. 1, Palgrave macmillan, 2012, pp. 1~32.

기업의 책임을 강화할 수 있을 뿐만 아니라 사기나 기업 위법 행위를 줄이는 데 도움이 될 수 있다.

수렴收斂에 반대하는 논증은 주로 문화적, 제도적 차이에 주목한다. 직설적으로 말하면 그들 주장의 핵심은, 한 국가에서 작동하는 제도는, 사회적 가치나 기업 전통 등의 차이 때문에, 다른 국가에는 적합하지 않을 수 있다는 것이다. 또한, 융합에 반대하는 사람들은 규제 문제와 관련된 어려움을 강조한다. 통일된 거버넌스 모델을 구현하려면 상당한 규제 변화가 필요한데, 기존 규정을 새로운 글로벌 표준에 맞추려 하면 많은 저항이 뒤따르는 예가 많다. 따라서 변화가 발생하면 일반적으로 현지의 제도적 상황에 맞게 외국 관행을 변용하여 적용하는 경향이 발생한다.

실제로 기업 거버넌스 모델이 세계화에 수렴되는 정도는 지역 정치, 금융 시장의 성숙도, 국제 협약, 세계은행, IMF, WTO와 같은 글로벌 조직의 영향력 등 다양한 요인에 따라 크게 달라질 수 있다. 기업지배구조가 투자자와 더 넓은 사회의 관계자 모두의 이익에 부합하도록 하려면 글로벌 모범 사례와 지역적 차이 사이에서 균형을 맞추는 것이 중요하다. 동아시아 국가들의 상황도 예외는 아니어서, 중국, 일본, 한국의 경제 제도는 수렴과 발산을 동시에 나타냈다고 하는 것이 현실에 더 가까울 것이다.

수렴 측면에서 한 - 중 - 일 세 국가 모두 다양한 수준으로 시장 중심의 경제 정책을 수용해 왔다. 특히 중국은 일부 부문에서 더 시장 지향적인 접근 방식을 끌어내는 경제 개혁을 추진했다. 동시에 이들 국가는 무역, 외국인 직접 투자, 국제기구 참여를 통해 세계 경제에 더욱 통합되었다. 근래에 중국은 세계 금융 시장 동향에 맞춰 점차 외국인 투자자들에게 금융 시장을 개방하고 있다. 일본과 한국도 금융 부문을 어느 정도 자유화했다.

발산發散의 측면에서 보면, 세 국가는 서로 다른 정치 체제를 가지고 있으며, 이로 인해 경제 거버넌스에 대한 접근 방식에서 차이를 나타냈다. 예를 들어, 중국은 강력한 국가 통제를 받는 일당一黨 체제인 반면, 일본과 한국은 다당제多黨制 민주주의 체제이다. 이러한 서로 다른 정치 시스템으로 인해 각 국가는 서로 다른 경제 모델을 갖게 된다. 중국이 국가 주도의 수출 지향적인 발전 모델이라면, 일본은 흔히 '일본 주식회사'라고 불리는 모델로 정부, 은행, 기업이 긴밀히 협력하는 것을 특징으로 한다. 한국의 경제 제도는 중국보다 상대적으로 더 시장 기반 원칙에 수렴해 왔다. 세 국가의 규제 환경 역시 각기 다른 제도, 역사, 전통을 반영하여 다양하다. 문화적 요인과 역사적 유산도 경제 제도를 형성하는 데 중요한 역할을 함으로, 수렴에 저항하는 요소가 될 수 있다.

중요한 것은, 경제 환경은 역동적이고 시간이 지남에 따라 변할 수 있다는 점에 유의하는 것이다. 특히 중국의 급속한 경제 성장과 개혁 노력은 동아시아 지역 전체의 경제 제도에 영향을 미칠 수 있는 잠재력을 지닌다. 물론 수렴의 요소가 있지만 정치 체제, 문화적 차이 같은 다양한 요소는 특수하고 다양한 만큼 지속될 가능성이 크다. 요약하면, 중국, 일본, 한국의 경제 제도는 시간이 지남에 따라 변화를 겪었고, 수렴 또는 발산의 정도는 구체적인 측면과 기간에 따라 달라질 것이다. 세 국가 모두 다양한 수준으로 시장 중심의 개혁을 채택했지만, 역사적, 문화적, 정치적 맥락을 반영하는 독특한 특징과 거버넌스 구조도 유지하고 있는 것도 사실이다.

앞서 지적한 바와 같이, 중국, 일본, 한국의 경제 제도의 수렴 또는 발산은 복잡하고 미묘한 주제이다. 경제 제도는 경제적 행동과 결과를 형성하는 공식적, 비공식적 규칙, 규정, 조직을 말한다. 이들 제도가 수렴하는지 또는 발산하는지는 역사적 맥락, 정치 체제, 정책 선택 등 다양한 요인에 따라 달라질 것으로 봄이 타당하다. 동아시아 국가에서 일어나는 변화과정을 이해하고 설명하기 위해서는 관련 분야의 이론과 실증적 논의에 대한 깊은 이해가 필요하다. 다행히 이러한 변화는 경제, 금융, 경영학, 조직 이론, 기업법 등 분야 연구자들의 관심을 끌었고, 변화의 원인, 변화의 과정, 변화의 범위, 변화의 결과에 관한 연구들이 보고되고 있다. 융합의 문제는 매우 복잡하고 난해한 문제라는 전제하에, 이제 기업지배구조에 관한 다양한 이론적, 실증적 논의를 살펴보자.

2. 이론과 실증 연구

다양한 경제발전 정도, 법률 체계의 차이, 기업이 자금을 조달하는 방식의 차이 등으로 인해 각 국가의 기업지배구조에는 차이가 존재한다. 광범위하게 말하면 여러 가지 유형의 기업 거버넌스는 내부 대 외부, 자율형 대 통제형, 시장 접근 방식 대 '관시關係' 주도형 등 다양한 방식으로 단순화시켜 개념화할 수 있다. 그러나 기업의 수렴과 융합에 대해 논의할 때 거버넌스에서 답해야 할 핵심 질문은 "어떤 기업 거버넌스 모델로 수렴하는가?"이다. 여기서 등장하는 두 모델이 주주 모델shareholder model과 이해관계자 모델 stakeholder model인데, 이 두 가지 모델이 항상 논쟁의 최우선 순위에 놓여있었다.

주주 중심 모델의 특징은 주식 소유권의 분산, 주주 권리의 강력한 법적 보호, 은행 금융에 대한 의존도 최소화, 합병 시장의 적극적인 역할 등이다. 이 영미英美 모델은 '시장 세계화 이론'과 궤를 같이하며 아마도 오늘날 가장 널리 퍼져 있고 영향력 있는 융합 이론으로 자리 잡은 것으로 평가된다. 그래서 한스만과 크라크만 같은 학자를 필두로 많은 전문가가 가장 경쟁이 치열한 세계 경제에서 성공하려면 국가들이 독특한 기업지배구조 시스템에서 벗어나 훨씬 더 효율적인 영미식 자본시장 중심 모델 Anglo-American, capital-market driven model로 수렴해야 한다는 주장을 펴고 있다.

한편, 1970년대 이후에는 프리만Freeman, 도날드슨Donaldson, 미첼Michell 등의 학자들이 이해관계자론theory of stakeholders을 발전시켰다.[5] 주주 모델과는 달리 이해관계자 모델은 인간의 복지를 어떤 방식으로든 증대시키는 데 초점을 맞춘다.[6] 이 모델은 주주의 이익뿐만 아니라 모든 이해관계자 그룹의 이익을 고려하는 것으로 알려져 있다. 이 모델에 가까운 기업지배구조를 가졌던 주요 국가는 독일과 일본이다. 모어랜드Moerland에 따르면, 독일의 기업은 영미 국가의 경우처럼 주주 가치를 높이는 수단으로 간주되지 않았다. 대신 독일에서의 기업은 경영진, 주주, 직원, 공급업체 등 다양한 그룹으로 구성

---

[5] Freeman, R. E., *Management : Stakeholders approach*, Boston : Pitman, 1984; Donaldson, T. and L. E. Preston, "The stakeholder theory of the corporation : Concepts, evidence, and implications", *Academy of Management Review* 20(1), 1995, pp.65~91; Mitchell, Ronald, Bradley R. Agle, Donna J. Wood, "Toward a theory of stakeholder identification and salience : Defining the principle of who and what really counts", *The Academy of Management Review* 22(4), 1997, pp.853~886.

[6] Bhasa, M. P., *Global corporate governance : debates and challenges*, Emerald group Publishing, 2004, pp.5~17. doi : https://doi.org/10.1108/14720700410534930

된 주권적 경제 실체로 규정되었다.[7]

2019년 사만타Samanta, Navajyoti는 21개국의 기업지배구조 규정을 조사하여 전 세계, 특히 신흥 경제국의 기업지배구조 규정이 실제로 OECD 기업지배구조 원칙에 기초한 주주 우선주의 모델shareholder primacy model로 수렴되고 있는지 알아보았다.[8] 많은 자료를 검토한 그의 결론은 다음과 같다.

> 현대 기업지배구조 원칙의 부상은 1980년대 신자유주의 경제 원칙의 정치적 수용과 그것의 명백한 성공, 1990년대 초 소련의 몰락, 1990년대 중반 독일과 일본 경제의 상대적 쇠퇴와 맞물려 자유 시장 원칙의 우월성을 최종적으로 증명하는 것처럼 보였다. 그 후 법적 규범과 준법적 규범이 집중적으로 이식되는 시기가 이어졌고, 미래의 법률 사학자들은 이 시기를 되돌아보며 1995년부터 2014년까지 20년 동안 전 세계 기업법과 거버넌스가 역사상 그 어느 때보다 빠르게 수렴했다고 평가할 것이다. 이와 비슷한 시기는 제국주의와 식민지 시대뿐이며, 그 당시에도 법의 이식은 상대적으로 더딘 과정이었다. 이 새로운 융합의 물결을 주도한 것은 식민지 세력이 아니라 국제 금융 기구였다. 1990년대 후반에 나온 주요 기업 거버넌스 규범 중 하나는 2004년에 나온 OECD 기업 거버넌스 원칙으로, 주로 주주 가치 기업 거버넌스 모델에 기반을 두고 있지만 제한적인 수용을 제공하기도 했다. 국제금융기구는 개별 국가가 OECD 원칙에 따라 기업지배구조를 모델링할 것을 권고했기 때문에, 사실상 개발도상국에 권고된 것은 앵글로색슨 모델에 기반한 주주 가치 제도였다. 일부 좌파 학자들은 이러한 조직을 신제국주의로 간주하지만, 이 논문은 어떤 정치 이론이나 대의를 비난하는 것이 아니다. 이 논문은 OECD 기업지배구조 원칙에 근거하여 전 세계, 특히 신흥국의 기업지배구조 규정이 실제로 주주우선주의 모델로 수렴하고 있는지 살펴보는 데 국한된다. (850쪽)

---

7 Moerland, P. W., "Alternative disciplinary mechanisms in different corporate systems", *Journal of Economic Behavior and Organization* 26(1), 1995, pp. 17~34.

8 Samanta, Navajyoti, "Convergence to shareholder primacy corporate-governance : Evidence from a leximetric analysis of the evolution of corporate-governance regulations in 21 countries, 1995-2014", *Corporate Governance : The International Journal of Business in Society* 19(5), 2019, pp. 849~883.

사만타의 논문은 1995년부터 2014년까지 대부분 개발도상국과 신흥 경제국인 21개국을 정량적으로 추적했다. 따라서 1999년과 2008년의 위기 전후 기간을 포괄한다. 이 논문은 OECD 원칙을 모델로 한 50개 이상의 매개변수를 사용했다. 사만타의 논문은 개발도상국의 기업지배구조 규범이 주주 우선주의에 수렴하고 있다는 추세를 확인시켜 준다. 다만 수렴률은 2008년 금융위기 직전에 가장 높았다가 이후 둔화하고 있다.

그러나 그러한 동형구조를 향한 경향은 반드시 하나의 유형으로만 수렴되는 결과를 가져올 것이라고 단정할 수 없다. 실제로 많은 학자는 그러한 단일 모델로의 수렴은 쉽게 이루어지지 않을 것이라는 견해를 피력한다. 자본주의와 관련하여 다양한 비즈니스 시스템에 관한 문헌들을 살펴보면 비록 기업 거버넌스의 일부 영역에서 어느 정도 수렴이 발생했지만 다른 거버넌스 영역에서는 지속적인 차이가 있다는 강력한 증거가 있다는 점을 강조한 글들이 많다.[9] 이 때문에 일부 융합론자들은 주주권과 이해관계자권이 혼합된 모델로 융합이 이뤄지고 있다고 주장한다.[10]

OECD 이사회와 미국, 프랑스, 영국, 독일, 일본 경영 분야의 유명 학자 6명이 1998년에 주주 중심 모델과 이해관계자 중심 모델의 혼합을 제안했다. 즉 하나의 모범 사례는 없으며 각 시스템의 장점을 활용하고 각 국가의 특정 조건에 적합하도록 혼합해야 한다는 것이다. 이 OECD 보고서에 따르면 기업지배구조의 바람직한 글로벌 추세는 영-미식 모델이나 일본-독일 이해관계자 모델이 아니라 주주권의 절대권과 이해관계자 모델의 절충안이다. 두 모델 모두 특정 영역에서 절대적인 우위를 점하지 않으며 각 모델의 장점을 취하여 가장 효율적인 톤을 개발한 것이다. OECD보고서의 제안에 많은 학자가 기본적인 동의를 표하며 다음과 같은 점을 지적했다. 첫째, 국가나 기업은 유리하다고 생각되는 하나의 방법을 선택할 수 있지만, 최종 결정은 주로 시장에 달려 있다. 둘째,

---

9   Whitley, Richard, *Divergent Capitalisms : The Social Structuring and Change of Business Systems*, Oxford University Press, 1999a; Clift, B., *Comparative Political Economy : States, Markets and Global Capitalism*, London : Red Globe, 2014; Farkas, B., *Models of Capitalism in the European Union : Post-Crisis Perspectives*, Basingstoke : Palgrave Macmillan, 2016.

10 Magnier, Véronique, *Comparative Corporate Governance : Legal Perspectives*, Cheltenham, UK : Edward Elgar, 2017.

그러한 선택은 경로 의존성을 갖는다. 이러한 논의에서 주목할 사항은 OECD에 모인 전문가들이 이러한 수렴이 미국식 접근법이 아니라 주주 중심 모델과 이해관계자 중심 모델 사이의 중간 지점을 향하고 있다고 지적한 점이다.[11] OECD 자문 그룹은 "역사적, 문화적 차이는 계속 존재하지만, 여러 국가의 실질적인 기업지배구조 의제는 많은 중요한 영역에서 수렴되고 있다"라고 결론지었다.[12] 그러나 혼란스러운 일은, 이전에 나온 다른 OECD 연구에서는 "어떤 거버넌스 시스템이 본질에서 다른 시스템보다 우월한지 논쟁하는 것은 생산적이지 않다"라고 "시스템은 '경로 특정'하다"고 결론을 내린 바 있어 논란의 여지를 스스로 불러왔다는 점이다.[13]

따라서 단순히 '최고의 기업지배구조 모델은 무엇인가'라고 묻는 것은 현재로서는 생산적인 논의로 발전하기 어려운 면이 많다. 오히려 개별 국가는 자국의 법률, 제도, 정치적 상황, 세계 경제에서의 지위에 맞는 기업지배구조 모델을 개발하는 것이 현실적으로 바람직하다.

3. 발산 : 수렴에 대한 반대

기엔Guillén에 따르면 "기업 거버넌스에는 '모범 사례'가 없다."[14] 그는 유럽 국가들을 조사한 결과, 프랑스와 벨기에, 네덜란드, 스칸디나비아 국가들에서 주목할 만한 사례를 제외하고는 눈에 띄는 변화가 없다는 사실을 발견했다. 따라서 그는 기업지배구조 모델, 특히 앵글로색슨 패턴으로의 수렴이 일어나지 않는 근본적인 법적, 제도적, 정치적 이유

---

11 Fleming, Rowland W., "World wide changes in corporate governance", *The Corporate Board* (November-December), 1998, pp. 1~4.
12 Ibid, p. 87.
13 OECD, "Financial markets and corporate governance", *Financial Market Trends* 62, 1995, pp. 13~35 중 p. 29.
14 Guillén, Mauro F., *Corporate governance and globalization : Arguments and Evidence Against Convergence*, Reginald H. Jones Center Working Paper, 1999, p. 23.

가 있다고 주장한다.

수렴가설을 지지하지 않는 사람들은 기업지배구조 모델에서 경제의 나머지 제도적 기반을 분리하여 볼 수 없다고 주장한다. 우선, 기업지배구조 시스템은 은행, 노동, 조세, 경쟁법 분야의 규제 전통과 긴밀하게 결합되어 있으므로 짧은 기간에 변화할 가능성은 작다. 둘째, 기업 거버넌스 모델은 기업이 세계 경제에서 경쟁하는 방식과 직접적으로 관련된 다른 제도적 특징과 복잡한 방식으로 상호 작용한다. 셋째, 국가 간 기업 거버넌스에 관여하는 다양한 경제적, 사회적, 정치적 행위자들이 자신들의 이익에 반하는 변화에 반대할 수 있어서 글로벌 압력의 결과로 수렴을 상상하기 어렵다.

법적인 관점에서 볼 때, 특정 국가의 회사법은 사회 관습뿐만 아니라 은행, 노동, 세금, 독점 금지법과 같은 기타 법적 전통과 분리될 수 없다. 마크 로Roe, Mark J. 법학교수는 미국의 기업지배구조는 미국 역사를 통해 진행되어온 여러 다른 입법 활동들, 예컨대 은행 규제법, 노동법, 독과점금지법, 조세법 등의 구체적인 입법 경향에서 비롯됐다고 지적한다. 다시 말해 미국의 기업지배구조 관련법은 미국 역사 과정의 법률적 산물이라는 것이다.[15] 마찬가지로 프리그스타인Fligstein과 추Choo는 광범위한 문헌 검토를 통해 특정 국가 내에서 나타나는 기업지배구조 시스템은 해당 국가의 정치적, 사회적, 경제적 투쟁의 결과를 반영하며, 경영에 초점을 맞춘 효율성 고려 사항을 반영하지 않는다고 결론지었다. 그들은 또한 "이러한 사실에도 불구하고 더 큰 경제 성장을 창출하기 위해 우수한 제도적 장치 매트릭스나 기업 거버넌스의 모범 사례 세트가 존재하는지 분석하려는 많은 연구가 최근 몇 년간 수행되었는데, 분석해본 결과 단일한 모범 사례는 없는 것으로 보이며 오히려 중요한 것은 정부와 자본가의 극단적인 지대 추구를 방지하는 안정적인 제도라는 점을 지적하고 있다."[16]

15　Roe, Mark J., Strong Managers, *Weak Owners : The Political Roots of American Corporate Finance*, Princeton, N.J. : Princeton University Press, 1994; Roe, Mark J., *Political Determinants of Corporate Governance : Political Context, Corporate Impact*, Oxford : Oxford University Pres, 2003; Also see, LaPorta, Rafael, Florencio Lopez-de-Silanes, Andrei Shleifer and Robert W. Vishny, "Law and Finance", *Journal of Political Economy* 106(6), 1998, pp.1113~1155.

16　Fligstein, Neil and Jennifer Choo, "Law and corporate governance", *Annual Review of Law and*

일부 학자들은 제도의 탄생과 진화에까지 파고 들어가 한 국가의 기업지배구조는 다른 제도의 특성에서 벗어나 고립되어 존재할 수 없다고 생각한다. 따라서 이론적 관점에서 모범 사례를 찾으려는 노력은 헛된 지적 노력이라 단정한다. 이러한 관점의 분석적 틀은 기업지배구조는 제도적으로 마련될 수 있으며, 국가가 도입할 수 있는 기업지배구조는 국가와 기업의 경쟁에 유리해야 한다는 것이다. 그렇지 않으면 그러한 제도는 오래 지속될 수 없다. 확실히 이질적인 기업 거버넌스 모델은 세계 경제 활동에서 많은 국가와 기업을 배제했다.[17]

일반적으로 제도적 접근 방식은 이상적이고 추상적인 최상의 모델을 식별하려는 시도가 무익하다는 것을 보여준다.[18] 오히려 각 국가와 기업은 세계 경제에서 각자에게 맞는 다양한 일을 할 수 있는 사회적, 제도적 장치를 갖추고 있다. 그러한 제도적 장치 중 하나는 기업지배구조의 패턴이다. 따라서 독일, 프랑스, 일본 및 미국 기업은 산업 및 시장 부문이 다르지만, 경쟁 우위로 잘 알려져 있다.

예를 들어 독일의 경우를 보면, 독일의 교육 및 산업 기관, 이중 도제徒弟 제도, 노사 협력, 2단계 기업지배구조 시스템, 실무형 엔지니어링의 전통은 기업들이 첨단 공작기계, 고급 자동차, 특수 화학 등 고품질의 기술 집약적 산업에서 뛰어난 성과를 거둘 수 있게 해준다. 그리고 독일 기업의 '감독위원회'에 노동조합이 참여하는 것은 기업들이 고임금이지만 생산성이 높은 노동자들의 기술을 현명하게 활용할 수 있는 방법을 찾도록 하는 핵심 메커니즘이다.[19] 프랑스는 엘리트 엔지니어링 교육 모델을 통해 기업은 고속

Social Science 1, 2005, pp.61~84 중 p.61.

17 Ziegler, J. Nicholas, "Institutions, elites, and technological change in France and Germany", *World Politics* 47(3), 1995, pp.341~372; Ziegler, J. Nicholas, *Governing Ideas : Strategies for Innovation in France and Germany*, Ithaca, NY : Cornell University Press, 1997.

18 Guillén, Mauro F., *Models of Management : Work, Authority, and Organization in a Comparative Perspective*, Chicago : The University of Chicago Press, 1994; Whitley, Richard, *Business Systems in East Asia : Firms, Markets and Societies*, London : Sage, 1992; Whitley, Richard, *Divergent Capitalisms : The Social Structuring and Change of Business Systems*, Oxford University Press, 1999a.

19 Soskice, David, "German technology policy, innovation, and national institutional frameworks", *Industry and Innovation* 4(1), 1997, pp.75~96; Streeck, Wolfgang, "On the institutional preconditions of diversified quality production", In *Social Institutions and Economic Performance*, Edited by :

열차, 위성 발사 로켓 또는 원자력과 같은 대규모 기술 사업에서 탁월한 성과를 낼 수 있었다. 프랑스 이사회는 경제의 민간 부문과 국영 부문을 포괄하는 경향이 있다. 둘 다 해당 산업에서 역할을 하기 때문이다.[20] 일본의 경우, 다양한 출처에서 아이디어와 기술을 빌려와 개선하고 통합하는 일본의 제도적 능력 덕분에 일본 기업들은 가전제품, 자동차 등 대부분의 조립품 카테고리를 장악할 수 있었다.[21] 그러나 이를 위해서는 일본 기업들은 기업지배구조에서 게이레츠가 제공하는 안정성과 긴밀한 유대가 필요했다. 미국의 경우, 개인주의, 기업가 정신, 고객 만족을 강조하는 미국 문화 덕분에 미국의 회사는 개인의 기술력, 지식 또는 벤처 캐피털이 집약된 상품이나 서비스 분야에서 세계적 수준의 경쟁자가 될 수 있었다.[22] 이러한 상황에는 의심할 바 없이 자본시장 중심, 주주 중심의 기업지배구조 모델이 가장 적합하다.

또 다른 관점은 융합을 반대하는 사람들의 정치적 견해이다. 이러한 관점에서는 다양한 이해집단 간의 정치적 권력 게임, 계급 갈등, 사회의 정치적 의제를 이해하는 것이 기업지배구조 형성을 분석함에 있어서 중요하다.

이제 잠정적인 결론을 내리는 것이 타당해 보인다. 어느 국가의 기업지배구조 모델을 선택할 때 모범 사례로 간주할 수 있는 하나의 고정된 모델은 존재하지 않는다. 결론부터 말하자면, 세계화의 진전으로 인해 이러한 흐름이 각국의 기업 관행에 어느 정도 영향을 미칠 수는 있겠지만, 지난 20~30년 동안 일어난 일과 앞으로 일어날 수 있는 일들을 근거로 볼 때 기업지배구조의 전반적인 흐름을 예측하기는 불가능해 보인다. 전반적인 세계화로 인해 국가 간의 관계가 훨씬 더 긴밀해졌지만 그렇다고 해서 다양한 유형의

Streeck, W, London : Sage, 1992.

20 Storper, Michael and Robert Salais, *Worlds of Production : The Action Frameworks of the Economy*, Harvard University Press, 1997, pp. 131~148.

21 Gerlach, Michael L., *Alliance Capitalism : The Social Organization of Japanese Business*, Berkeley : University of California Press, 1992; Also see, Dore, Ronald P., *British Factory-Japanese Factory : The Origins of National Diversity in Industrial Relations*, Berkeley : University of California Press, 1973.

22 Stopper and Salais, op. cit, 1997, pp. 174~188; Porter, Michael E., *The Competitive Advantage of Nations*, Free Press, 1990.

기업지배구조 모델이 하나의 특정 모델로 수렴되는 것은 아니다. 기업지배구조를 포함한 모든 제도적 장치는 정치, 법률, 경제, 역사, 문화라는 환경적 조건의 산물이다. 따라서 다양한 모델이 오랫동안 공존할 가능성은 열려있다고 보는 것이 현재로서는 설득력이 있다. 기업지배구조가 수렴할 것이라는 주장은 신고전 경제학 이론의 '이론적 관점'일 뿐이다.

4. 전이성과 보편성의 문제

제도가 국경을 넘어 전이轉移할 수 있다는 것은 그것을 수입하는 국가의 특정 조건과 무관하게 보편적이라는 것을 의미한다. 보편성은 수렴을 함축하기에 제도의 전이轉移 문제가 쟁점이 된다.

문화적 역할을 강조하는 학자들은 경영의 보편성universality of management을 부정하는 경향이 있다. 국가 간 문화적 차이는 우리가 피상적으로 인식하는 것보다 훨씬 더 중요하다. 경영 원칙이 진정으로 보편적인 것이 되려면 다른 문화와 다른 비즈니스 환경에 대한 도전도 받아들여야 한다. 보편성 주장이 현 단계에서 경영 이론이 제시하는 증거로는 완벽하게 뒷받침되지 못하기 때문에, W. 오버그는 "특정 문화는 경영 원칙의 적용을 제한하는 요인으로 작용하기 때문에 공통의 원칙을 찾는 것은 무익할 수 있다"라고 지적한 바 있다.[23]

일본의 경제적 성공이 최고조에 달했던 1980년대에 일부 서구 학자들이 일본식 경영 방식을 채택하는 것에 대해 경고한 적이 있다는 사실은 아이러니하다. 대표적인 예가 1984년 세티Seti, 나미키Namiki, 스완슨Swanson의 연구이다. '일본 기적의 거짓 약속'이라는 제목의 저서에서 그들은 서구 기업이 일본식 경영 방식을 채택해야 한다는 이론을

---

23 Oberg, Winston, "Cross-cultural perspectives on management principles", *Academy of Management Journal* 6(2), 1963, pp.129~143 중 p.141.

반박하고 일본의 경영 패권에 대한 환상을 깨뜨리려고 했다.[24]

이 책은 일본의 관행 중 일부가 서양에 도움이 될 수 있다는 점을 인정하면서도, 생산성과 품질 저하로 어려움을 겪고 있는 미국 기업을 탄탄하고 경쟁력 있는 조직으로 변화시킬 치료법으로 일본의 경영 시스템을 채택하는 것이 과연 지혜로운 것인지 진지하게 묻는다. 저자들은 서구 기업에 의한 맹목적인 모방은 결국 실패할 것이라고 엄중히 경고한다. 그들은 심지어 일본이 자신들의 이익을 위해 국제 무역의 규칙을 능숙하게 조작함으로써 경제적 기적을 달성했다고까지 말한다. 그들이 던진 메시지의 핵심은 서구 국가들이 일본이 국제 시장에서 운영하는 규칙의 불평등을 바로잡는 데 적극적으로 나서야 한다는 것이었다. (6쪽)

서구의 일부 경영인들 사이에는 자국 문화에 확고히 뿌리를 내린 적절한 경영 관행의 적용이 중요하다는 새로운 인식이 자리하고 있다. 켈리Kelley, L와 워스리R. Worthley의 경영에 대한 '문화 비교연구cross-cultural study'는 경영 관행에 영향을 미치는 문화의 역할을 이해하는 것이 왜 중요한가를 확인시켜준다.[25] 예를 들어, 일본 기업과 미국 기업 간의 가장 중요한 차이점 중 하나는 자국 문화 가치관과의 일치 여부다. 일본 문화는 집단주의에 뿌리를 두고 있지만, 미국 문화는 개인주의에 뿌리를 두고 있다. 양국 국민 모두 집단을 형성하지만, 일본인의 경우 '내가 그룹을 위해 무엇을 할 수 있는지'를 묻고, 미국인의 경우 '그룹이 나를 위해 무엇을 할 수 있는지'를 따지는 경향을 보인다.

일본과 미국의 차이점은 미국인은 개인의 특성을 바탕으로 사회를 형성했지만, 일본인은 집단을 기반으로 사회를 구축했다는 것이다. 미국인들에게는 독립적인 개인의 성과가 이상적이다. 일본인의 강점은 개인의 자기희생과 집단에 대한 순응에 있다. 개인 기업과 독립적인 조건에서 부나 명성을 얻는 것은 미국인들에 의해 계속해서 높은 평가를 받고

---

24 Sethi, S. P., N.Namiki and C.L. Swanson, *The False Promise of Japanese Miracle*, London : Pitman, 1984.
25 Kelley, L. and R. Worthley, "The role of culture in comparative management : A cross-cultural perspective", *Academy of Management Journal* 24(1), 1981, pp.164~173.

있다. 대조적으로, 일본인 대다수는 개인이 자신이 속한 집단의 일부가 아닌 상태에서는 진정한 위상과 성공을 이룰 수 없다고 생각하는 것이 보통이다.[26] 크리스토퍼Christopher, Robert C.에 따르면, "일본 기업 조직의 강점은 개인주의를 지양하고, 집단 충성심과 상호 지원 시스템을 구축하며, 직원 개개인이 탁월해지고 최선을 다하도록 장려하는 환경을 제공하는 조직 문화에 기인한다고 한다. 그러나 개인의 주도성과 자립, 현명한 이기심을 중시하는 문화에서는 집단지향적 가치관의 도입과 그러한 조직 문화의 창출이 실패로 끝날 수도 있다. 즉, 일정 수준을 넘으면 전적으로 그룹 중심의 경영 스타일은 미국의 개인주의 정신에 어긋나고 더는 유익하지 않게 된다."(p.7)

5. 제도 및 조직의 경로 종속성

오늘날 대부분 학자는 제도적 환경이 조직 행동에 영향을 미친다는 데 동의한다. 더 어려운 질문은 그것이 얼마나 중요한지, 어느 정도, 어떤 방식으로 중요한가에 관한 것이다.[27] 신흥 경제와 과도기 경제는 변화 속도가 빠르기 때문에 이러한 질문을 연구하기 위한 자연스러운 실험실이 된다. 이러한 연구에서의 많은 논쟁은 기업의 시장 지향적 제도를 향한 수렴 정도에 초점을 맞추고 있다.[28] 전체적으로 보아 단일 제도로의 절대적인 수렴을 제안하는 학자는 거의 없지만, 많은 학자는 변화의 방향이 세계화의 필수 요건을 반영할 것이라고 믿고 있다. 예를 들어, 뉴만[29]은 과도기 경제에서는 중간 수준의 시장 지향적 변화를 촉진할 것이라고 지적했다. 펭[30]은 신흥 경제에서의 점진적인 제도적

---

26 Christopher, Robert C., *The Japanese Mind*, London : Pan Books, 1984.
27 Peng, M. W., "Institutional transitions and strategic choice", *Academy of Management Review* 28(2), 2003, pp.275~296.
28 Gilson, Ronald J., "Globalizing corporate governance : Convergence of form or function", *Centre for Law and Economic Studies Working paper* No.174, Columbia Law School, 2000.
29 Newman, K. L., "Organizational transformation during institutional upheaval", *Academy of Management Review* 25(3), 2000, pp.602~620.

변화는 주로 관계형 전략relational strategies에서 벗어나는 방향으로 진행될 가능성이 있음을 시사하였고, 길슨[31]은 특정 제도적 형태로 수렴하려는 압력은 제도가 효율성 압력 efficiency pressures에 대해 기능적으로 유연functionally flexible할 때 완화된다고 주장했다. 이것이 바로 기존의 제도적 성향이 환경에서 오는 동일한 자극에 대해 서로 다른 유형의 제도적 반응을 유발한다는 의미이다. 오늘날 중국, 한국, 일본은 벤처 경제와 개별 기업가의 주도권을 중심으로 하는 '유연한 생산 방식'이라는 도전에 직면해 있다. 중국은 이러한 새로운 경제의 기능적 요구와 가장 잘 부합하는 제도적 기반(템플릿)을 가지고 있는 반면, 일본은 기업 주도의 제도적 기반(템플릿)이 더 강하다.

한편, 동아시아와 동남아시아의 최근 경제사經濟史에서 나온 많은 증거는 제도적, 기술적, 시장 변화에 직면한 기업 수준의 적응보다는[32] 전략적, 구조적 지속성을 시사해준다.[33] 많은 동아시아 기업들은 동일한 산업군에 묶여 있으며, 여전히 산업화의 초기 단계에 등장한 조직 원리를 많이 사용하고 있다.[34]

이러한 기업 전략의 출현과 지속을 설명하기 위해 조직에 대한 제도적 이론은 조직과 환경의 원활한 재조정을 방해하는 다양한 인지적, 관료적, 정치적 프로세스를 규명하려 했다.[35] 제도 이론의 초기 버전은 기업 행동에 대한 제도의 결정적 영향을 강조했지만[36]

---

30 Peng, M. W., "Towards an institution-based view of business strategy", *Asia Pacific Journal of Management* 19, 2002, pp. 251~267.
31 Gilson, Ronald J., op. cit, 2000.
32 Prowse, Stephen D., *Corporate Governance : Emerging Issues and Lessons from East Asia*, Washington : World Bank, 1998; Claessens, S., *Systematic Bank and Corporate Restructuring : Experience and Lessons for East-Asia*, Washington : World Bank, 1998.
33 Whitley, Richard, *Divergent Capitalisms : The Social Structuring and Change of Business Systems*, Oxford University Press, 1999a.
34 Boyer, R. and J.R. Hollingsworth, "From national embeddedness to spatial and institutional nestedness", In J.R. Hollingsworth and R. Boyer eds., *Contemporary Capitalism : The Embededness of Institutions*, Cambridge : Cambridge University Press, 1997; Whitley, Richard, *Divergent Capitalisms : The Social Structuring and Change of Business Systems*, Oxford University Press, 1999a; Wong, Siu-lun, "Transplanting enterprises in Hong Kong", In H.W.-C. Yeung and K. Olds eds., *Globalization of Chinese Business Firms*, New York : St. Martin's Press, 2000, pp. 153~166.
35 Oliver, C., "Strategic responses to institutional processes", *Academy of Management Review* 16(1), 1991, pp. 145~179; Hamilton, Gary G. and Nicole Woolsey Biggart, "Market Culture and Authority

최근의 이론화는 행위자의 의도된 합리적 적응 행동에 무게를 둔다.[37] 이러한 이론은 기업 - 제도 관계의 상호작용 효과를 강조하고 기업과 제도의 변화를 공동 진화적co-evolutionary이라고 규정한다.[38] 가장 강력한 형태의 이러한 주장은 지배적 기업이 정치적 행동 및 기타 수단을 통해 경쟁을 유발하는 제도의 도입을 방해함으로써 제도적 환경에 적극적으로 영향을 미칠 수 있다는 것을 시사한다. 결과적으로 제도적 변화는 경로 의존적path-dependent이 된다.[39]

6. 제도적 기반(템플릿) : 제도적 매트릭스와의 차이점

우리는 더글러스 노스North, Douglass C.가 기업 환경의 법적, 문화적, 규범적 기반을 설명하는 데 사용하는 "제도적 매트릭스institutional matrix"[40]개념이 매우 유용하다는 것을 알았다. 제도적 매트릭스의 중요성은 정책이나 규제 조치를 통한 제도적 개혁 시도를 제한하는 방식에 있다. 제도적 매트릭스의 요소는 상호 보완적으로 변화를 시도하기 때문에, 매트릭스의 일부는 다른 곳에서 지원하거나 또는 보완하는 제도에 의해 좌절되

: A Comparative Analysis of Management in the Far East", *American Journal of Sociology* 94, 1988, pp. 52~94.

36 Scott, W.R., J.W Meyer and Associates, *Institutional environments and organizations : Structural complexity and individualism*, Sage Publications, 1994.

37 Greenwood, R. and C.R. Hinings, "Understanding radical organizational change; Brining together the old and the new institutionalism", *Academy of Management Review* 26, 1996, pp. 1022~1054.

38 Baum, J. and J.V. Singh, "Organization-Environment Co-Evolution". In J. Baum and J.V. Singh eds., *Evolutionary Dynamics of Organizations*, New York : Oxford University Press, 1994, pp. 379~402.

39 Bebchuk, Lucian A. and Mark J. Roe, "A theory of path dependence in corporate ownership and governance", *Stanford Law Review* Vol. 52, 1999.

40 이미 언급한바 있지만, 독자의 이해를 돕기 위해 다시 간략한 설명을 더한다. <제도 매트릭스>란 한 사회나 경제 내에서 개인의 행동, 상호작용, 결과를 형성하는 공식 및 비공식 규칙, 제약, 인센티브의 집합을 말한다. 노스는 정부 기관, 법률 시스템, 규제 기관과 같은 공식 조직과 비공식 규범, 신념, 관습을 모두 포함하는 제도가 경제적 성과, 혁신, 사회적 상호작용을 형성하는 데 중요한 역할을 한다고 강조했다.

는 경우가 많다.[41] 이는 제도적 매트릭스가 경로 의존적 방식으로 발전하고 변화한다는 것을 암시한다. 특정 발달 경로가 선택되면(또는 의도하지 않게 채택된 경우에도) 그에 따른 추진력을 강화하는 힘이 작동하게 된다는 것을 의미한다. 경제적, 정치적 행위자의 적응적 기대adaptive expectation는 그들의 행동을 초기 경로initial path에 의해 제시된 기회와 인센티브 쪽으로 향하게 하는 역할을 한다. 저항이 가장 적은 경로나 과정을 따르면 초기 경로와 일치하는 가치, 태도, 행동 및 관행이 강화되고 합법화되며 제도화된다. 동시에, 진로와 일치하지 않는 가치, 태도, 행동 및 관행은 쇠퇴하거나 발전하지 못하는 경향이 있다. 높은 제도적 저항에 부딪히는 관행, 규범 및 신념은 사회에 널리 확산되지 않을 것이다. 왜냐하면, 사회적 에너지는 더 합법적이고 제도적으로 승인된 목적을 향해 더 효과적으로 사용될 수 있기 때문이다. 결과적으로 기업과 규제 기관은 서로 적응하고 각자의 고유한 행정 전통을 강력하게 반영하는 전략적 대응을 형성해낸다. 현대의 제도적 매트릭스는 특정 정책 모델과 문제에 대한 접근 방식을 '고착화'시키는, 때로는 관련이 적거나 겉보기에 중요하지 않은 사건들에 의해 형성되었다.

제도적 환경에 있어서 경로 의존적 제도 변화는 조직 내에서 유사한 경로 의존적 프로세스에 의해 반영되며, 이는 새로운 조직 요소의 채택을 유사하게 억제한다. 특정 전략적 대응의 효과는 주로 기업 환경의 상황에 따라 달라지기 때문에[42] 한 환경 조건에서 효과적인 전략은 나중에 변화된 환경 조건에서는 역효과를 낼 수도 있다. 예를 들어, 바트레트와 고샬[43]은 20세기 전반기에 수많은 유럽 다국적 기업들이 해외 사업 관리 수단으로 고도로 '분권화된 조직 구조'를 채택한 사례를 연구했다. 이러한 '연합 운영방식'의 구조는 국가주의 경제 정책과 고도로 세분되고 현지화된 제품, 요소 및 자본시장이

---

41 North, Douglass C., *Institutions, Institutional Change and Economic Performance*, Cambridge University Press, 1990.
42 Andrews, K. A., *The Concept of Corporate Strategy*, Homewood, IL : Richard D. Irwin, 1971; Hofer, C., "Toward a Contingency Theory of Business Strategy", *Academy of Management Journal* 18, 1975, pp.784~810.
43 C. A. Bartlett and S. Ghoshal, *Managing Across Borders : The Transnational Solution*, Boston, MA : Harvard Business School Press, 1989.

특징인 글로벌 비즈니스 환경의 맥락에서 많은 장점이 있었다. 반면에 이러한 유산으로 인해 많은 유럽 다국적 기업들은 점점 더 통합되는 현대 세계 경제의 제품, 요소, 자본시장에 적합하지 않은 경로 의존성을 갖게 되었다.

마지막으로, North[44]는 제도적 매트릭스의 경로 의존적 특성으로 인해 잘 관리되는 기업도 새로운 환경 조건에 적응하는 데 어려움을 겪을 수 있다고 지적한다. 노스는 일본 기업과 경영 관행을 염두에 두고, 새롭게 바뀐 규칙이, 그것이 만일 제도 매트릭스의 지배적인 문화, 신념, 규범 및 이해관계와 일치하지 않으면, 제도적 변화를 가져오는 데 불충분한 경우가 많다고 주장한다. 이 지점에서 노스의 제도적 매트릭스의 개념은 제도적 기반Institutional Templates의 개념과 겹치는데, 이는 제도적 매트릭스의 개념이 IT의 개념을 구체화하는 데 매우 유용하기 때문이다.

7. 아시아 가족기업집단의 출현과 부흥 : 수렴과 발산의 사이에서

아시아의 가족기업집단에 대한 조사는 지금까지 논의된 두 기관, 즉 가족과 기업, 을 둘러싼 쟁점들에 대해 유용한 통찰력을 제공할 것이다.

가족기업집단FBG은 부를 축적하려는 동기가 있지만, 가족의 필요 때문에 사업에서 자본을 빼내야 한다는 압력이 생긴다.[45] 이러한 압력은 조직 성장을 위한 가용 자본을 감소시킨다. 가족기업집단의 소유권은 일반적으로 기업의 연륜에 따라 창업자, 직계가족 또는 조상 신탁의 수중에 집중되어 있다.[46] 가족기업의 자산이 가족 재산의 상당 부분을 차지할 경우, 기업에서 자본을 빼내어 대체 재원에 배분함으로써 상당한 위험을

---

44 North, Douglass C., *Institutions, Institutional Change and Economic Performance*, Cambridge University Press, 1990.
45 Chandler, A.D., *Scale and Scope : Dynamics of Industrial Capitalism*, Cambridge, Mass. : Belknap, 1990.
46 Wong, Siu-lun, "The Chinese family firm : A model", *The British Journal of Sociology* 36(1), 1985, pp. 58~72.

줄일 수 있고 재산의 보존을 더 잘 보장할 수 있다. 전후戰後 동남아시아의 혼란스러운 정치 환경에서 재산몰수의 위험은 자본 집중에 대한 기피 성향을 강화했다.

가족기업집단에는 당장 수입증대에 단기적으로 집중하도록 부추기는 세력도 있다. 대가족을 위한 수입과 자신의 가업을 세우고자 하는 남성 자손에게 유산을 물려주기 위해, 핵심 사업에서 수입을 창출해야 한다는 추가적인 압력이 발생하기도 한다. 레딩은 중국 기업가 정신에 대하여 '기업가 정신의 시작 단계는 성장을 촉진하지만, 성장에 필요한 더 높은 수준의 조정에는 장벽을 두는' 가치가 주입되어 있다고 분석했다.[47] 이러한 상황에서 장기 자본patient capital과 기업 성장과 관련된 목표는 단기적인 수익성 및 가족 재산 보존에 관한 관심으로 대체된다.[48] 이론적으로 주식 시장 가격은 장단기 기업 가치를 모두 반영하지만, 소유주가 기업 지분을 줄일 계획이 없다면 시장 수익률은 현금 흐름 및 회계 소득과 관련된 목표만큼 중요하지 않을 것이다.

8. 가족기업집단, 자본 배분, 그리고 경로 의존성

가족기업집단은 자산을 여러 개의 별도 공개 상장에 분산하는 경향이 있다. 최종 대주주 소유권은 일반적으로 편의상 역외 국가에 등록된 개인 기업에 집중되어 있다. 대규모 그룹을 더 작은 단위로 나누면 기업의 가시성이 줄어드는데, 이는 적대적인 환경에서 기업의 기본적인 방어 메커니즘이다. 그러나 자회사 관리자를 신뢰할 수 없거나 조직이 철저한 내부 감사 기능을 수행할 역량이 부족한 경우, 기업을 세분화하고 여러 개의 개별 상장 기업을 설립하는 것은 기업 성과에 대한 모니터링과 피드백을 달성하기 위한 수단이기도 하다.[49] 사업부 실적에 대한 일일 시장 평가는 중요한 경영 의사 결정 도구이

---

[47] Redding, S. Gordon, *The Spirit of Chinese Capitalism*, New York : Walter de Gruyter, 1993, p.109.
[48] Carney, M. and E. Gedajlovic, "The co-evolution of institutional environments and organizational strategies : The rise of family business groups in the ASEAN region", *Organization Studies* 23(1), 2002, pp.1~29.

며, 이는 대부분의 다각화된 기업이 누리지 못하는 이점이기도 하다. 따라서 회사 차원에서 제품 시장 범위가 좁게 설정되어 있다. 그리고 현지 환경으로 인해 화교들은 유동성이 높고 일반적인 자산을 선호하게 되었다.

관계적 계약, 차별, 지역적 적대감으로 인해 FBG는 신속하게 배치할 수 있는 유동성이 높고 일반적인 자산 체제를 개발하게 되었다. 이전 장에서 이미 언급한 바와 같이, 카오는 유동자산과 유형자산에 대한 선호가 여러 세대에 걸친 경제적, 정치적 불확실성에서 비롯된 '구면 - 펫목 가치'에 기인한다고 주장한다.[50] 유동자산은 이동성이 좋아 위협을 감지하면 쉽게 움직일 수 있다. 또한, 관시關係, Guānxi가 주도하는 다각화와 투기 성향은 기업이 일시적으로 발생하는 기회에서 이익을 얻으려면 유동자산에 대한 접근성이 필요하다. 가족 자산 보존 목표와 이를 뒷받침하는 자본 배분 전략은 결국 가족기업집단이 시장에서 경쟁하는 방식에 영향을 미친다.

중국 가족은 낮은 자산 특수성으로 인해 한국이나 일본 가족과 비교해 비즈니스 요구에 따라 유연하게 사업 유형을 변경할 수 있는 기본 조직 구조를 보인다.

요약하면, 우리는 가족기업집단이 형성해온 행정 유산의 요소들이 어떻게 제도적 매트릭스와 상호작용하여 혁신 역량의 축적을 방해하는 경로 의존적 프로세스를 생성하는지 살펴보았다. 조직적 경로 의존성organizational path dependencies과 제도적 경로 의존성institutional path dependencies 모두 특정 규제나 경제 메커니즘을 도입하여 제도적 환경을 변화시키려는 정부나 규제 기관과 같은 행위자에 대한 제약을 보여준다. 경로 의존성은 기업이나 다른 구성원이 제도적 프로세스에 적극적으로 저항할 수 있으므로 제도적 변화 주체가 특정 맥락에서 변화가 작동하는 방식을 거의 통제할 수 없다는 사실을 강조한다.[51] 이러한 경로 의존성은 국가가 다른 맥락에서 성공한 제도적 모델을 효과적으로

49　Carney, Michael, "A management capacity constraint? Obstacles to the development of the overseas Chinese family business", *Asia Pacific Journal of Management* 15(2), 1998, pp.1~25.
50　Kao, John, "The world wide web of Chinese business", *Harvard Business Review* 71(2), 1993, pp.24~36.
51　Oliver, C., "Strategic responses to institutional processes", *Academy of Management Review* 16(1), 1991, pp.145~179; Bebchuk, Lucian A. and Mark J. Roe, "A theory of path dependence in corporate ownership and governance", *Stanford Law Review* Vol.52, 1999.

모방하고 재창조할 수 있는 범위를 제한하는 수동적 프로세스passive processes에 주목한다.[52]

경로 의존적 프로세스는 많은 동아시아 경제에서 혁신 역량 배양에 걸림돌이 되는 관리 역량 제약을 초래했다. 후발 산업화는 기술 추격이라는 목적에 잘 부합하는 단순한 조직 구조의 유산을 만들어 냈다. 이 단계의 관리자들은 전략적 사업 단위, 매트릭스 조직, 전문 관료제 등 혁신 집약적 부문에서 사용되는 조직 모델이 필요하지 않았다. 사업 동반자가 R&D, 물류, 유통, 마케팅 등의 기능을 수행했기 때문에 정보 처리 요구사항이 상대적으로 낮았고, 관리자들은 이러한 시스템을 구현하기 위해 복잡한 측면 조정 메커니즘이나 광범위한 중간 관리자의 필요성을 인식하지 못했다.

이제 동아시아의 정책 입안자들은, 끊임없이 변화하는 세계 경제 상황을 주시하며, 은행 중심의 금융 시스템이 혁신에 한계가 있다는 사실을 잘 알고 있으며, 국영 은행의 벤처 캐피털 부서를 통해 '모험 자본'을 공급하고, 현금이 풍부한 기존 기업에 벤처 자본을 제공하도록 인센티브를 제공하며, 신생 및 소규모 기업을 위한 특별 주식 거래 시장을 설립하는 등 자본시장의 공백 문제를 직접 해결하려고 시도하고 있다. 이와 관련하여 정책 입안자들은 제도적 환경의 상호보완성을 인식하고 있다. 특히 벤처 캐피털 시장이 효율적으로 작동하려면 투자자가 투자를 자본화할 수 있는 수단이 있어야 한다. 경로 의존성은 이러한 해결책의 어려움을 드러내 준다.

---

52 Gilson, Ronald J., "Globalizing corporate governance : Convergence of form or function", *Centre for Law and Economic Studies Working paper* No.174, Columbia Law School, 2000.

제11장

결론

제도적 기반(템플릿), 경제조직, 그리고 변화

제11장

결론 : 제도적 기반(템플릿), 경제조직, 그리고 변화

1. 지속과 변화

지금까지 우리는 동아시아 3국의 경제조직에 반영된 제도적 기반에 대해 살펴보았다. 이 시도에는 한국, 일본, 중국의 다양한 기업그룹과 기업지배구조 시스템을 비교 분석하는 것이 포함되었다. 한국, 일본, 중국의 기업지배구조 관행은 시간이 지남에 따라 변모해 왔으며 고유한 문화적, 역사적, 경제적 맥락을 반영하고 있음을 확인했다. 유사점이 있으면서 동시에 국가마다 뚜렷한 접근 방식과 과제도 파악되었다.

현재 한국, 일본, 중국에서 관찰되는 기업지배구조 관행은 복잡한 역사적 과정의 산물이다. 비록 세 나라가 유교 전통, 가족주의, 그리고 오랜 세월에 걸쳐 경험한 강성 국가의 유산을 공유하고 있다는 점에서 유사점이 존재하지만, 세 나라의 기업지배구조를 비교 분석한 결과 무엇보다도 흔히 언급되는 매우 뚜렷한 기업집단, 즉 재벌(한국), 게이레츠(일본), 치예지투안(중국)에 주목하게 되었다. 이러한 제도화된 기업집단은 한국, 일본, 중국의 경제발전과 산업화에 중요한 역할을 해 온 대표적인 사례로 꼽힌다. 한국의 기업지배구조가 국가 경제발전에 중요한 역할을 해 온 재벌과 밀접하게 연관되어 있다는 것은 널리 알려진 사실이다. 일본의 기업 거버넌스는 역사적으로 기업, 은행, 정부 간의 긴밀한 관계를 특징으로 하며, 게이레츠 시스템은 기업 간 안정적이고 장기적인 관계를 유지하게 해준다. 중국의 기업지배구조는 국유기업SOE과 민간기업이 혼합된 것이 특징이다. 이들 각각의 특성을 갖는 기업집단은 동아시아 삼국의 경제적 성공에 대한 기여에도 불구하고 이들 국가의 일부 관행은 투명성과 책임성을 저해한다는 비판을 받았다.

돌이켜보면 동아시아의 성공 신화가 의심스러울 때도 있었다. 1970년대 경제 기적을 이룬 "네 마리의 작은 용"[1]의 등장에 더하여 1980년대 중국이 두 자릿수 성장률에 진입하게 되자, 아시아의 전통적인 가족과 친족 관계가 자산이 된 "유교적 중국 자본주의"[2]에 대한 논의가 활발히 진행되었다. 그러다가 아시아는 1997년에 경제 위기를 겪었고, 이제는 아시아의 경제는 "정실 자본주의"라는 개념이 만들어졌다.[3] 아시아인이 제대로 발전하지 못하는 원인이 새롭게 등장한 셈이다. 그러나 우리는 제도적 틀이나 특정 관행을 특정 문화의 타고난 영원불멸의 것으로 취급해서는 안 되며, 주어진 역사적 순간과 정치적 맥락에 따라 그 특징과 담론이 서로 다른 의미를 지니게 되는 역사적, 문화적 관행의 집합으로 이해해야 한다.

1997년 경제 위기는 동아시아 국가들 사이에서 기업지배구조 개혁을 불러왔다. 예를 들어 중국은 국제 기준에 맞춰 기업지배구조를 개선하기 위해 큰 노력을 기울였다. 이러한 노력에는 이사회 독립성 강화, 주주 권리 강화, 투명성 증진 등이 포함되었다. 최근 몇 년 동안 일본은 투명성과 주주 권리를 강화하기 위해 다양한 기업 거버넌스 개혁을 시행하고 있다. 여기에는 사외이사 도입, 감사위원회 역할 강화, 이사회 다양성 제고 등이 포함된다. 한국도 사외이사 확대, 공시 강화, 재벌 내 이해 상충 문제 해결을 위한

---

1 Vogel, Ezra F., *The Four Little Dragons : The Spread of Industrialization in East Asia*, Harvard University Press, 1993.
2 Tai, Hung-chao ed., *Confucianism and Economic Development : An Oriental Alternative?*, Washington, D.C. : The Washington Institute Press, 1989; Redding, S. Gordon, *The Spirit of Chinese Capitalism*, New York : Walter de Gruyter, 1993.
3 Aligica, P. D. and V. Tarko, "Crony Capitalism : Rent Seeking, Institutions, and Ideology", *Kyklos* 67(2), 2014, pp.156~176; Baiy, Chong-En Chang-Tai Hsiehz Zheng (Michael) Songx, "Crony Capitalism with Chinese Characteristics", University of Chicago, working paper, 2014 - china.ucsd.edu.

조치 등 기업지배구조 개선을 위한 조처를 하고 있다.

동아시아 삼국이 기업지배구조를 개선하기 위한 여러 갈래의 처방을 내렸지만, 가족지배, 상호출자, 투명성, 소액주주 보호와 같은 과제는 여전히 남아 있다. 실제로 글로벌 추세, 투자자 기대, 국제적 압력이 동아시아 경제의 기업지배구조 개혁 방향에 계속해서 영향을 미치고 있다. 따라서 다음 질문은 미래, 즉 지속성의 변화 역학에 관한 것이다.

2. 아시아 모델이 가능한가?

1997년 아시아 금융 위기와 2008년 세계 경제 위기 이후, 여러 상황에서 비즈니스 네트워크의 비효율성이 입증되면서 서구 기업들도 비즈니스 네트워크를 재평가해야 했다. 그들은 그들만의 독특한 역사적 강점을 다시 언급한다. 그러나 우리는 서구와 아시아 양쪽의 제도적 장점을 결합할 수 있는 아시아의 새로운 기업지배구조 유형을 주의 깊게 살펴볼 필요가 있다.

여기서 제안하는 가설적인 유형으로는 전통적인 비즈니스 네트워크의 안정성과 자유 시장 거래의 유연성을 결합한 '투과성 네트워크permeable network'가 있다. 여기서 말하는 투과성 네트워크란 시장 정보를 전달하는 중립적인 의사소통 채널을 포함함과 동시에 '연줄'로 이해되는 네트워크를 의미한다.

침투형 네트워크는 지금까지 아시아에서 행해졌던 폐쇄형 네트워크와 순수 시장 거래의 개방성 사이에서 중간 역할을 해준다. 즉, 다른 네트워크와 연동되어 '네트워크의 네트워크'라고 할 수 있다. 이렇게 서로 얽힌 네트워크는 한 네트워크의 협력 기업이 다른 네트워크와 협력하는 기업들과 전체적으로 협력하기 때문에 2차 질서의 논리를 설명한다. 일반적으로 '내부'와 '외부'의 동심원은 주변부로 이동하고 있다. 비즈니스 네트워크를 둘러싼 장벽이 확대되고 있으며, 돌봐야 할 대상에 대한 윤리적 책임이 내부를 향한 충성심을 넘어 내부 밖으로 옮겨지고 있다. 즉 우치內('집단 내부')를 넘어 소토外('집단 외부')로까지 확장되고 있다.

투과성은 시스템 이론에서 나온 개념이다. 이는 조직이 환경에 대해 완전히 폐쇄적이지도, 완전히 개방적이지도 않다고 명시한다.[4] 조직은 환경으로부터는 생명에 필수적인 자원을 필요로 하며, 자원을 내면화하기 위한 채널이 필요하다. 동시에 환경에 대한 신호는 채널을 통해 전송된다. 투과성은 폐쇄적인 조직 단위(개별 기업)가 상위 단위(비즈니스 네트워크)로 통합됨에 따라 기업 시스템이 부분적으로 개방되며 모습을 드러낸다.

침투 가능한 네트워크는 경제 위기가 시작되기 전에 이미 아시아에서 진화하기 시작했다.[5] 예를 들어 도요타, 삼성, 허치슨 왐포아 Hutchison Whampoa 같은 기업들은 아시아 경제의 전반적인 침체에도 불구하고 좋은 성과를 거둔 반면, 석유 회사 및 기타 보호 산업은 생존을 위해 고군분투하고 있다. 이러한 글로벌 경쟁력을 갖춘 기업들은 폐쇄적인 시스템에서 벗어나 자체적으로 가치 사슬 활동을 수행하고, 균형 잡힌 제휴의 가능성이 더 많은 개방형 네트워크 시스템을 운영했다.

투과성 네트워크의 최근 사례로는 일본 금융 산업에서 진행 중인 합병이 있으며, 이를 통해 전통적인 게이레츠 패턴에서 벗어나려고 한다. 한국의 국내 재벌 간 자산교환도 비슷한 현상이다. 아시아 비즈니스 네트워크는 많은 경우 미국 및 유럽 기업 파트너와 수많은 연결 고리를 구축할 수 있는 투과성 비즈니스 시스템임이 입증될 수 있다.

1) 인간적 신뢰

아시아 경제 위기의 영향과 지속적인 세계화의 압력으로 인해, 상호 신뢰를 바탕으로 개인과 기업이 서로 연결되어 비즈니스를 수행하던 전통적인 네트워크를 보다 개방적이고 다소 투과적인 시스템이 대체할 가능성이 열렸다.

전 세계적으로, 특히 일본에서 두드러지게 나타나고 있는 평생 고용의 점진적인 포기

---

4 Aburdene, P., *Megatrends 2010 : The Rise of Conscious Capitalism*, Charlottesville, VA : Hampton, 2005.
5 Richter, Frank-Jargen and Yukihiro Wakuta, "Permeable networks : a future option for the European and Japanese car industries", *European Journal of Management* 11(2), 1993, pp. 262~267.

로 인해 직원과 회사의 동일시同一視가 약화되는 현상이 두드러졌다. 그리고 회사와 공급업체 사이에 새로운 관계가 생겨나면서 '우치內'로 정의되는 내부 집단 내에서의 상호 신뢰도가 낮아질 수 있다.

하지만 여전히 동아시아에서 상호 신뢰는 비즈니스 거래의 기반이다. 전통적인 아시아의 비즈니스 네트워크 내 경제 거래 시스템은 상대적으로 구조화되지 않고 성문화되지 않았다. 따라서 상호 신뢰를 통해 거래하는 아시아의 시스템은 성문화가 필요한 서양의 커뮤니케이션 모델과 다르다. 인터넷과 휴대전화 등 개인 커뮤니케이션을 위한 현대 기술의 급속한 확산은 개인화된 지식의 확산을 막는 장애물을 제거함으로써 아시아 시스템을 보완할 수도 있을 것이다. 이제 관리자들은 정기적으로 만나서 회식을 갖는 대신 그래픽, 오디오 또는 비디오 첨부 파일이 포함된 이메일을 보내 비동기식asynchronously으로 언제 어디에서나 '만남'을 가질 수도 있고, 화상 회의를 통해 동기식synchronously으로 공간의 제약을 넘어 '만남'을 가질 수도 있다. 코드화되지 않은 정보로 가득 찬 이러한 빈번한 교류를 통해 신뢰 관계가 더욱 강화될 가능성이 열렸다.

과거에 신뢰는 매우 배타적인 이야기였다. 누구를 전적으로 믿고 맡기느냐는 주로 '관시關係, Guānxi'의 수준에 달려 있었다. 동양에서 '우치'밖 외부의 관계는 전통적으로 불신이나 심지어 적대감으로 다루어져 왔다. 이는 '외부인'에 대한 언급이 없는 유교의 '5가지 기본 인간관계五倫'에서 비롯된 측면이 있다.[6] 그리고 중국의 속어 '인치인仁吃人' 역시 외부인에 대한 배척을 나타낸다.[7] 오늘날 세계는 경쟁과 협업이 모두 요구되는 새로운 경쟁 시대인 만큼, 이제 '우리 내부 집단'을 넘어서는 것은 더는 선택이 아닌 필수가 되었다. 침투성 네트워크는 네트워크 구성원의 경쟁 우위와 이러한 우위를 창출, 개선, 개발 및 사용하는 방식에 영향을 미치는 데 있어 더욱 중요해지고 있다. 예를 들어, 과거에는 일반적으로 아시아 주주들의 복지가 제대로 관리되지 않았다. 이러한

---

6 Haley, George, Chin Tiong Tan, Usha C V Haley, *New Asian Emperors*, Burlington, MA : Butterworth Heinemann, 1998.
7 한자어 人吃人은 영어로 "man-eat-man" 또는 "적자생존"으로 번역될 수 있으며, 사람들이 무자비하거나 성공을 위해 다른 사람에게 해를 끼치더라도 기꺼이 무엇이든 하려는 상황을 설명하는 데 자주 사용된다.

주주들에게 피해를 주지 않는 것은 아시아 기업들이 특히 생태계에 대한 기업의 지원을 늘리기 위해 반드시 지켜야 할 사항일 수 있다. 경제 위기 이후의 새로운 환경에서는 잘 아는 특정 개인뿐만 아니라 인간 일반에 대한 신뢰가 요구된다. 신뢰 관계는 과거가 미래에 대한 지침이자 지표가 되기 때문에 기업의 장기적인 요구에 맞는다. 인간에 대한 신뢰로서의 인본주의적 신뢰는 친밀하고 안정적인 관계를 위한 윤활유 역할을 할 수 있다. 이러한 관점은 노벨 경제학상 수상자인 프랜시스 후쿠야마가 정의한 신뢰의 정의와 일치한다. "현대의 각종 법과 경제 제도는 필수적이지만 번영을 유지하는 데 충분하지 않다. 제도들이 성공적으로 실행되려면 윤리 규범과 합쳐져야 하기 때문이다. 제도와 계약은 신뢰가 결합할 때 더욱 효과적으로 작동한다." 후쿠야마는 "지속 성장을 달성한 국가는 신뢰 자본이 풍부한 국가"라고 했다. 신뢰 수준이 높은 사회일수록 각종 계약·거래와 관련한 불신不信 비용이 적어 효율이 높아진다는 설명이다.[8]

신뢰는 기업 내부나 '우호적인' 기업 네트워크를 넘어서 사회 일반의 관계에서 기초가 되어야 한다. 기업은 직원과 소비자, 나아가 경쟁사와 사회 전반의 복지와 이익을 돌봄으로써 신뢰 구축의 지평을 넓혀갈 필요가 있다. 아시아 경영자들이 인간적 신뢰를 꾸준히 실천한다면, 게이레츠, 재벌, 화교 기업들은, 가족과 네트워크를 넘어 성장할 수 없는 한계를 극복하고, 해외 시장에서 흔히 경험하는 주식 교차보유를 통해 성장의 한계를 극복할 수 있을 것이다. 아시아 기업들은 이제 글로벌화의 도전을 견디고 극복해나가는 데 유용한 인문학적 신뢰 관계를 형성, 발전, 촉진하기 위해 변화의 과정을 거치는 중이다. 과거의 경직된 신뢰 관계에 비하면 경제 위기 이후의 관계는 더 유연하고 훨씬 더 전략적이다. 바로 이러한 이유로 아시아 기업들의 다음 단계 경영 이슈는 그들이 만나는 경제주체들에 신뢰 관계를 어떻게 적용할 것인가에 관한 것이 될 것이다. 이는 아시아 '투과성 네트워크'의 미래 핵심 역량과도 논리적으로 일치한다.

인문학적 신뢰의 본질은 네트워크 안팎의 모든 기업이 역동적이고 전략적으로 '공진화 co-evolution'하는 것이다. 실제로 공진화共進化는 근본적으로 네트워크 구성원과 비즈니

---

8 Fukuyama, Francis, *Trust : The Social Virtues and the Creation of Prosperity*, Free Press, 1995.

스 환경 전반의 시너지 효과와 관련이 있다. 그렇다고 한번 관계를 맺었다 해서 그것이 모든 협의가 무조건 이행해야 하는 책무가 되어서는 안 된다. 모든 조건이나 결과에 상관없이 관계가 책무처럼 되면, 특히 기업 간 옵션 범위를 벗어나 더 나은 선택이 가능한 경우 문제가 발생할 수 있다. 그러므로 다양성과 자유를 희생하면서까지 신뢰를 달성할 필요는 없다. 동질적인 조화는 지루하고 위험하기 때문이다.

90년대 초반부터 많은 일본 기업들이 시장 점유율을 높이기 위해 노력했지만, 그 과정에서 서구 경쟁사, 공급업체, 협력 파트너를 희생시키는 경우가 많다는 사실을 알게 되었다. 또한, 일본 기업은 연구개발과 정보공유에서 파트너와 경쟁사를 배제해 왔다. 일본에서 이제는 내부의 우치內에서 외부의 소토外로 뻗어나가는 새로운 신조가 등장해야 한다는 목소리가 나오고 있다. 예를 들면, 소니Sony의 전 회장인 모리타 아키오森田章男는 일본 기업과 서구 기업 간의 질적으로 더 균형 잡힌 파트너십을 옹호하면서, 공생적 상호 작용의 이념을 전파하고 실천했다.[9] 파트너십은 일방적인 관계가 아니라 인문학적 신뢰가 바탕이 된 장기적인 관계여야 하며, 이러한 사고를 일본에서는 '환경과의 공생적 상호 작용'이라는 뜻의 '교세이共生'라고 부른다.[10] 예를 들어, 일본 기업은 해외 사업에서 기술을 '블랙박스'로 취급해서는 안 되며, 신뢰를 바탕으로 완전하고 공개적으로 이전하는 새로운 풍토가 바람직하다. 일본 경제단체연합회인 '게이단렌經團連'에서도 '교세이'를 강조하며 일본 사회에서 이 개념을 장려하고 있다.[11]

인본주의적 신뢰는 환경을 위해 기업의 내부 목표를 포기하는 것을 의미하지 않는다. 타인의 이익을 위해 자신의 발전 잠재력을 희생하는 이타주의 원칙은 엄격한 의미에서

---

9   Morita, Akio with Ishihara Shintarō, *The Japan That Can Say No : Why Japan Will Be First Among Equals*, The Jefferson Educational Foundation, 1990.
10 Murakami, T., "Kyosei and the next generation of Japanese-style management", *Nomura Research Institute Quarterly*, Winter 1992, pp. 2~27.
11 Pucik, Vladimir, *The Challenges of Globalization : The Strategic Role of Local Managers in Japanese-owned U.S. Subsidiaries*, Center for Advanced Human Resource Studies(CAHRS) Working Paper Series #93-03. Cornel University ILR School, 1992; Pucik, Vladimir, *Japanese multinationals : Strategies and management in the global Kaisha*, Routledge, London, 1994, pp. 218~239.

유효하지 않다. 그러나 노벨상 수상자인 허버트 사이먼Simon, Herbert A.이 '약한 이타주의weak altruism'로 정의한 원칙은 그 타당성을 인정받을 수 있다.[12] 기업이 활용할 지식을 장기적으로 확보하려면 처음에는 개발 잠재력을 희생해야 하며, 이는 나중에 초기 희생을 보상받을 수 있게 해줄 것이다. 적어도 남에게 손해를 끼치지 않겠다는 약한 이타주의에는 현재 노출된 환경이 나중에 필요할 수도 있다는 의식적인 기대가 있다. 인본주의적 신뢰는 미래를 내다보는 관점이다.

2) 집단적 창의성

자신이 속한 신뢰 관계에 얽매이지 않고 개인의 이익만을 추구하는 관리자는 아시아 문화권에서는 상당히 이질적인 존재이다. '집단이 함께 잘 돼야 한다'라는 사고思考는 여전히 중요하지만, 그 영향력은 줄어들고 있다. 평생 고용은 다소 긴 시간이 걸리겠지만 단계적으로 약화될 것이다. 그러나 상황이 고정된 것은 아니다. 현대 일본에서 관찰되는 한 가지 현상으로, 특히 전통적인 일본인들이 우려하는 현상은, 많은 젊은이가 무직 상태를 선택하거나, 장기적인 계획을 세우지 않고, 평생직장으로 선망받던 대기업의 간부직에 입사하지 않는다는 것이다. '프리터족freeter'이라 불리는 이들은 임시직으로 생활하면서 적당한 돈을 벌고 있으며, 대중 언론에서도 이들에 관한 특집 기사가 실릴 정도로 우려의 목소리가 커지고 있다.[13] 여기서 우리가 우려하는 것은 잘 훈련되고 학습된 인력을 확보했던 일본 기업의 전통적인 '도제식 교육'이 무너졌다는 점이다. 일본 기업들은 모든 기업과 마찬가지로 근로자의 자질에 의존하고 있다. 그런데 지금 일본 젊은이들은 일본 기업에서 일하고 전통적으로 일본과 관련된 기술습득을 원하지 않는 것 같다. 이러한 현상이 계속된다면 일본에서 활동하는 외부 기업이 적절한 자격을 갖춘 직원을 채용하는 데 영향을 미칠 것이며, 일본 현지 기업의 기술 개발에도 장애가 될 수 있다.

---

12 Simon, Herbert A., *Reason in Human Affairs*, Oxford : Basil Blackwell, 1983.
13 『아사히 신문』, 2000년 1월 4일 화요일, 5쪽.

흔히 오해하는 것은 집단주의 자체가 개인의 영역을 억압한다고 믿는 것이다. 물론 앵글로색슨 국가보다 개인주의의 목소리가 낮은 것은 사실이다. 하지만 아시아의 예술가, 과학자, 기업가들은 언제나 중요하고 도전적인 결과물을 만들어 냈다. 예를 들어, 야심 찬 화교와 한국 기업가들의 부상은 많은 전설을 만들어 냈다. 일본 기업가들도 - 비록 덜 알려졌지만 - 위대한 업적을 남겼다.[14] 그들의 부는, 기업가 개개인의 관점에서 보면, 개인적인 성공을 이룰 수 있는지에 대한 명확한 전망을 두고 오랜 시간 고군분투한 결과물이다. 아시아 기업가들은 집단의 목표에 따라 행동한다. 그러나 그들은 때로는 개인적이고 '파괴적인' 요소도 함께 제시하기도 한다. 그들은 에너지의 원천이 되어 소비자의 요구와 사회의 전망에 영향을 미침으로써 경제적 균형에 변화를 가져올 잠재력을 지녔다. 집단의 향상은 집단을 구성하는 개인이 자신을 스스로 변화시킬 때만 가능하다.

하지만 여전히 아시아 문화는 일반적으로 집단적 향상을 지향한다. 평생 고용에 따른 비용과 유연성 제약 외에도 개성의 꽃을 피우는 데 제약이 따르는 것은 집단적 성향이 초래한 가장 명백한 단점이 된다. 집단주의에는 평등과 인간존중을 반대하는 억압적인 이데올로기 및 제도적 체제가 스며있다. 집단성 강화가 평등과 인간존중에 어긋나는 가치를 수반하는 한, 아시아 비즈니스의 성향을 재설계하는 데 있어 바람직한 기반이 될 수는 없다. 집단주의로 인한 이러한 부정적인 영향에 반대하려면 아시아 비즈니스의 어두운 면, 특히 이를 뒷받침하는 복종에 대한 집착을 경계해야 한다.

세계적으로 경쟁력 있는 동아시아를 만들기 위해서는 단순한 순응에서 창의성으로 논의를 전환할 필요가 있다. 이제 문제는 동아시아가 집단적 향상이라는 유교의 오랜 원칙을 유지할 수 있는지, 그리고 정치 구조가 개인주의의 성장을 용인할 수 있는지다. 학생들이 고정관념에 도전하도록 장려하는 새로운 교육 시스템에서는 후자가 불가피할 것으로 보인다. 교육 시스템은 평생직장의 사고방식에서 벗어나기 위해 창의적으로 생각

---

14 Watanabe, S., "A changing image of Japanese small entrepreneurs", In Daniel Dirks, Jean-François Huchet, Thierry Ribault eds., *Japanese management in the low growth era : Between external shocks and internal evolution*, Berlin, Heidelberg : Springer, 1999, pp. 207~227; Porter, M. H., Takeuchi, & M. Sakakibara, *Can Japan Compete?*, Palgrave Macmillan UK, 2000.

할 수 있는 자유를 키워야 한다. 예를 들어 싱가포르는 오랫동안 기업가적 인재 육성의 필요성을 깨달았지만, 서구 국가들의 자유분방함을 따라잡는데, 어려움을 겪어왔다. 싱가포르의 경직된 교육 시스템은 오랫동안 창의성 계발을 소홀히 했다. 하지만 싱가포르는 정부가 앞장서서 창의 교육의 문화도 만들어 내었고, 이제는 규제를 완화하여 기업가 정신을 장려한다. 아시아에서 투자 기회를 찾고 있는 수많은 벤처 캐피털 펀드가 있다는 점을 고려할 때 싱가포르는 벤처 캐피털 펀드의 지역 거점이 될 수 있는 좋은 위치에 있다.

집단주의 육성과 실제적인 기업가 정신 사이의 전통적인 연결 고리가 다시 떠오르고 있을지도 모른다. 그러나 정부는 기업가들에게 혁신에 적합한 환경을 제공하는 데 어느 정도 도움을 줄 수 있지만, 나머지는 개인에게 달려 있다. 그렇지 않으면 정부가 '유도'하는 이야기가 다시 반복될 것이다.

한국, 일본, 중국인들이 행동에 나서고 실천을 통해 배우기를 선호하는 것은 어떤 의미에서 유교 정신을 반영한다. 유교의 한 측면은 주요 사회 제도와 기본적인 인간관계에서 수용된 가치와 행동 규범을 긍정하는 것이다. 또한, 오늘날 더 중요한 측면은 양심과 인격을 함양하는 것이다. 양심과 인성 함양에는 폭넓은 교육과 자신의 행동에 대한 성찰이 포함된다. 이는 하나의 인격을 형성하고 창의성을 향상하기 위한 장기적인 여정이다. 유교적 의미에서 볼 때, 지배적인 집단주의에 대한 해독제로서 개인주의의 발전과 보호를 효과적으로 제도화하여 개인 학습의 원칙을 강화하기 위해 노력해야 한다. 그렇다고 해서 개인의 권리를 위해 집단적 가치가 희생되어서는 안 된다. 개인과 집단 사이에 적절한 균형이 유지되어야 한다.

집단적인 창의성은 인본주의적인 신뢰에 기초하여 서로 연결된 개인과 기업들의 보호적인 내집단 안에서 길러진다. 창의성을 유지하고, 육성, 전달하기 위한 이 접근법은 발명가들을 상아탑에 격리해 구속하는 서구의 접근법과는 다를 수 있다. 교류 관계는 확실히 교류를 자극하고, 그 결과로, 지식의 공동 진화를 촉진한다. 아시아의 창의적인 과학자들과 경영자들은 중요한 발명품들을 만들어 냈고, 따라서 세계 발전에 이바지했다. 예를 들어, 우리는 옛 중국의 발명품들만 봐도 알 수 있다. 일반적인 고정관념은 중국인들이 전통적으로 과학 기술적 능력이 부족하다는 것이다. 현대의 중국인들 자신들도, 화약, 현대 농업, 해운, 항해사들의 나침반, 천문 관측소, 십진법 수학, 종이돈, 우산, 손수레, 다단 로켓, 브랜디와 위스키, 체스 게임 등이 중국에서 발명되었다는 것을 깨닫고 다소 놀란다. 서기 600년에서 1500년 사이, 중국은 거의 틀림없이 세계에서 가장 기술적으로 진보한 사회였다. 예를 들어, 종이돈은 서기 9세기에 관료들의 집단에 의해 발명되었다. '교환 증서'로서 그것들은 상인들에 의해 사용되었고 그래서 종이돈은 정부에 의해 세금의 선도를 위해 빠르게 채택되었다. 최초의 서양 지폐는 1661년 이전에 발행되지 않았다.

오랜 역사를 지닌 아시아 국가에서 축적한 지혜를 낭비하지 말고 확장하고 재정비하여 새로운 가치를 창출해야 한다. 세계 최초로 활자를 발명했던 한국은 이제 디지털 혁명의 선두주자로 나설 기반을 다졌고, 근래에는 세계 콘텐츠 시장에서 K-pop 돌풍을 일으키고 있다. 또 다른 예로 마이크로소프트Microsoft 사례를 보면, 1998년에 이 회사는 베이징에 연구 개발 센터를 설립했는데, 이는 미국 이외의 두 번째 사례이다. 소프트웨어 회사는 인재가 많으므로 이곳이 좋은 곳이라 확신하는 듯하다. 창의적인 아시아 엔지니어와 과학자들은 곧 발명품을 개발할 수 있으며, 이는 개인의 창의성과 집단의 육성력育成力 사이를 오가면서 산업에 혁명을 일으킬 수 있다. 이런 방식으로, 집단주의의 풍부한 기반은 사라지지 않고 경쟁 우위를 창출하는데 사용될 것이다.

3. 결론

아시아의 가치가 바뀔까? 집단과 개인의 관계는 이전에 알려진 것과는 상당히 다를 것이다. 적어도 현재로서는 아시아 경제 위기로 인해 기업이 개인 중심의 자본주의 방향으로 좀 더 나아가고 있다. 그러나 동아시아는 단점이 있는 앵글로색슨 모델을 그대로 모방할 필요는 없다. 아시아 기업은 앵글로색슨 시스템의 단기간 수익에 집착하는 방식을 답습하지 말고 더 긴 투자 기간을 유지하려고 노력해야 한다. 아시아 경영 시스템의 핵심인 네트워크, 신뢰, 집단주의는 비록 다소 수정하더라도 골간을 유지하는 것이 바람직하다. 하지만 새천년이 시작되는 시점에서 아시아 경제는 위기에서 벗어나 앵글로색슨 경제와 조금 더 닮아가는 모습도 보인다. 이러한 과정이 신뢰와 창의에 바탕을 둔 투과성 네트워크로의 발전을 의미한다면 문제가 없을 것이다.

경영 관행은 진공 상태에서 개발되는 것이 아니라 쉽게 복제할 수 없는 기업 조직 및 사회 환경 내에서 개발된다. 새로운 관행은 경영 지시를 통해 하루아침에 도입될 수 있는 것이 아니기에 기업 비전에 통합되고 적절한 사회적 가치와 태도에 몰입되어야 한다. 서양 경영 관행을 창의적으로 적용하는 것이 유용할 수 있으며 때로는 아시아 문화적 특성을 활용하는 솔루션을 찾을 수도 있을 것이다. 이러한 특성을 인식하면 경제 회복을 담당하는 사람들이 겪는 위험을 줄일 수 있다.

새로운 아시아 경영 관행이 서구의 경영 접근 방식과 어떻게 상호 작용할 것인지 예측하는 것은 흥미로운 일이다. 특히 새롭게 부상하는 협력 벤처 내에서 이루어지는 인적 자원 관리 문제 등이 관심을 끌었고, 일부 저자는 이러한 상호 작용을 설명하기 위한 의제를 제시했다.[15] 새로운 도전을 앞에 둔 우리는 아시아의 제도적 기반과 '규칙'을 이해하고 있으며, 동시에 서양에서 관리자를 선택할 때 문화적 선례와 심리 측정 프로필을 어떻게 염두에 두어야 하는지도 이해하고 있다. 그래서 우리는 여러 가능성을 경험한 아시아 경영자들이 자신의 미래를 기다릴 필요가 없으며 스스로 미래를 만들어갈 수 있다고 생각한다.

---

15   Kidd, John, X. Li, X. and Frank-Jürgen Richter eds., *Advances in Human Resource Management in Asia*, Palgrave macmillan, 2001; Kidd, John, Frank-Jürgen Richter eds, *Trust and Antitrust in Asian Business Alliances : Historical Roots and Current Practices*, Palgrave Macmillan, 2004.

참고문헌

기사
「위기의 한국, '100년 기업에서 해법 찾기」, 『매일일보』, 2023.01.12.
「日本 '100년 기업'을 가다」, 『동아일보』, 2007.10.11.
「乡镇企业中的家族经营问题：兼论家族企业在中国的历史命运」, 『中国农村观察』 1998年 第1期.
『아사히 신문』, 2000년 1월 4일 화요일, 5쪽.
『조선일보』, 2014년 8월 4일자.
『중앙일보』 특별보도, 2023년 8월 24일.
KDI「경제전망」, 2023년 5월 11일. KDI 홈페이지.

국내 문헌
긴조 기요코(金城 淸子)지음, 池明観 옮김, 『가족이라는 관계(家族という関係)』, 서울：소화, 2001.
김경동, 「동아시아 근대화와 자본주의 형성 및 전개」, 『아시아 리뷰』 제5권 제2호(통권 10호), 2016.
김기식·박선나, 『대한민국 자영업 보고서』, (재) 더미래연구소, 2020.
송만호, 『朝鮮時代文科白書』(中), 조인출판사, 2017.
송준호·송만호, 『朝鮮時代文科白書』(上), 삼우반, 2008.
윤지환, 「불균형 발전 : 비교 관점에서 본 한국 자영업 문제의 근원」, 『개발연구』 47(5), 2011.
이광규, 『한국가족의 구조분석』, 서울：일지사, 1975.
_____, 『한국 가족과 친족』, 집문당, 1997.
조동훈, 「자영업 결정 요인의 국제 비교 : 산업 및 가족 구조의 역할」, 『산업관계연구』 23(2), 2013.
지에 나카네, 이광규 역, 『일본 사회의 성격』, 일지사, 1979.
최재석, 『한국의 사회구조』, 집문당, 2011.
하성, 『오사카 상인들 : 하늘이 두 쪽 나도 노렌은 지킨다』, 효형출판사, 2004.
황병태, 『儒學과 現代化 : 韓, 中, 日 儒學思想의 比較』, 宇石出版社, 2001.

국외 문헌
Abegglen, J. C. and G. Stalk, *Kaisha : The Japanese Corporation*, New York : Basic Books, 1985.
Aburdene, P., *Megatrends 2010 : The Rise of Conscious Capitalism*, Charlottesville, VA : Hampton, 2005.

Ahn, Choong Yong "Rising inequalities in South Korea and the search for a new business ecosystem", *Global Asia* 11(2), 2016, pp. 28~35.

Aligica, P. D. and V. Tarko, "Crony Capitalism : Rent Seeking, Institutions, and Ideology", *Kyklos* 67(2), 2014, pp. 156~176.

Amihud, Yakov and Baruch Lev, "Risk reduction as a managerial motive for conglomerate mergers", *The Bell Journal of Economics* 12(2), 1981, pp. 605~617.

Ampalavanar-Brown, Rajeswary ed., *Chinese Business Enterprise in Asia*, London : Routledge, 1995.

Amsden, Alice H. *Asia's Next Giant : South Korea and Late Industrialization*, New York : Oxford University Press, 1989.

Andrews, K. A., *The Concept of Corporate Strategy*, Homewood, IL : Richard D. Irwin, 1971.

Aoki, Masahiko, "Toward an economic model of the Japanese firm", *Journal of Economic Literature* 28(1), 1990, pp. 1~27.

Applegate, J., "Keep your firm in the family", *Money* Vol. 23, 1994.

Auslin, Michael R., *The End of the Asian Century : War, Stagnation, and the Risks to the World's Most Dynamic Region*, Yale University Press, 2017.

Bachnik, J., "Recruitment strategies for household succession : Rethinking Japanese household organization", *Man* 18(1), 1983.

Baiy, Chong-En Chang-Tai Hsiehz Zheng (Michael) Songx, "Crony Capitalism with Chinese Characteristics", University of Chicago, working paper, 2014 - china.ucsd.edu.

Baum, J. and J.V. Singh, "Organization-Environment Co-Evolution". In J. Baum and J.V. Singh eds., *Evolutionary Dynamics of Organizations*, New York : Oxford University Press, 1994.

Bebchuk, Lucian A. and Mark J. Roe, "A theory of path dependence in corporate ownership and governance", *Stanford Law Review* Vol. 52, 1999, pp. 127~170.

Beckhard, R. and W.G. Dyer, "Managing continuity in the family-owned business", *Organizational Dynamics* 12(1), 1983.

Befu, Harumi, "Patrilineal descent and personal kindred in Japan", *American Anthropologist* 65, 1963.

Bell, Daniel A., *The China Model : Political Meritocracy and the Limits of Democracy*, Princeton University Press, 2015.

Bellah, Robert, *Tokugawa Religion : The Cultural Roots of Modern Japan*, Free Press, 1985.

Benedict, Ruth, *The Chrysanthemum and the Sword*, Houghton Mifflin, 1944.

Berle, Adolf A. and Gardiner C. Means, *The Modern Corporation and Private Property*, New York : Macmillan, 1932.

Bhappu, Anita D., "Japanese family : An institutional logic for Japanese corporate networks and Japanese management", *The Academy of Management Review* 25(2), 2000, pp. 409~415.

Bhasa, M. P., *Global corporate governance : debates and challenges*, Emerald group Publishing, 2004. doi : https://doi.org/10.1108/14720700410534930

Biggart, Nicole Woolsey, "Institutionalized patrimonialism in Korean business", *Comparative Social Research* 12, 1990, pp. 113~133.

Blair, Margaret M., "Rethinking assumptions behind corporate governance", *Challenge* 38(6), 1995, pp. 12~17.

Boyer, R. and J.R. Hollingsworth, "From national embeddedness to spatial and institutional nestedness", In J.R.

Hollingsworth and R. Boyer eds., *Contemporary Capitalism : The Embededness of Institutions*, Cambridge : Cambridge University Press, 1997.

Brandtsädter, Susanne and Gonçalo D. Santos eds., *Chinese Kinship : Contemporary Anthropological Perspectives*, Routledge Contemporary China Series, 2009.

Brian Uzzi, "Social Structure and Competition in Inter-firm Networks : The Paradox of Embeddedness", *Administrative Science Quarterly* 42(1), 1997, pp. 35~67.

Bubolz, M., "Family as source, user, and builder of social capital", *The Journal of Socio-economics* 30, 2001, pp. 129~131.

Buchanan, James M., "An Economic Theory of Clubs", *Economica* 32(February), 1965, pp. 1~14.

Buchmann, Marlis, Irene Kriesi and Stefan Sacchi, "Labour Market, Job Opportunities, and Transitions to Self-Employment : Evidence from Switzerland from the Mid 1960s to the Late 1980s", core.ac.uk; Online publication 20 December 2008.

Buckley, P. J. and H. Mirza, "The wit and wisdom of Japanese management : An iconoclastic analysis", *Management International Review* 25(3), 1985, pp. 16~32.

Buckley, P. J. and C. Casson, *The Future of the Multinational Enterprise*, London : Macmillan, 1976.

Burt, Ronald S., *Structural Holes : The Social Structure of Competition*, Harvard University Press, 1992.

Byung Whan Kim, *Seniority Wage System in the Far East*, Avebury, 1992.

C. A. Bartlett and S. Ghoshal, *Managing Across Borders : The Transnational Solution*, Boston, MA : Harvard Business School Press, 1989.

Carney, Michael, "A management capacity constraint? Obstacles to the development of the overseas Chinese family business", *Asia Pacific Journal of Management* 15(2), 1998, pp. 137~162.

Carney, Michael and Eric Gedajlovic, "The co-evolution of institutional environments and organizational strategies : The rise of family business groups in the ASEAN region", *Organization Studies* 23(1), 2002, pp. 1~29.

_____, "Strategic innovation and the administrative heritage of East Asian family business groups", *Asia Pacific Journal of Management* 20, 2003, pp. 5~26.

Castanias, Richard P. and Constance E. Helfat, "The managerial rents model : Theory and empirical analysis", *Journal of Management* 27(6), 2001, pp. 661~678.

Chaganti, Rajeswararao, Fariborz Damanpour, "Institutional ownership, capital structure, and firm performance", *Strategic Management Journal* 12(7), 1991, pp. 479~491.

Chan, K. B. and C. S. N. Chiang, *Stepping Out : The Making of Chinese Entrepreneurs*, Prentice Hall (Simon & Schuster) and Centre for Advanced Studies (National University of Singapore), Singapore, 1994.

Chandler, A. D., *Scale and Scope : Dynamics of Industrial Capitalism*, Cambridge, Mass. : Belknap, 1990.

_____, "The functions of the HQ in a multibusiness firm", In R. Rumelt, D. Schendel, & R. J. Teece Eds., *Fundamental Issues in Strategy : A Research Agenda*, Boston, MA : Harvard Business School Press, 1997.

Chandler, A. D. and H. Daems eds., *Managerial Hierarchies*, Cambridge, Harvard University Press, 1980.

Chang Yau Hoon, "Revisiting the Asian values argument used by Asian political leaders and its validity", *Indonesian Quarterly* 32(2), 2004, pp. 154~174.

Chang, S. J., "Ownership structure, expropriation, and performance of group-affiliated companies in Korea", *Academy of Management Journal* 46(2), 2003, pp. 238~253.

Chen, Jian, "Ownership structure as corporate governance mechanism : Evidence from Chinese listed companies", *Economics of Planning* volume 34, 2001, pp. 53~72.

Chen, Min, *Asian Management Systems : Chinese, Japanese and Korean Styles of Business*, Routledge, 1995.

Cheng, Wenhao, "An empirical study of corruption within China's state-owned enterprises", *China Review* 4(2), Special Issue on : Corruption in China, 2004.

China Securities Regulatory Commission(CSRC) Notice on the Release of "Guiding Opinions on Establishing an Independent Director System in Listed Companies" - August 2001(中国证券监督管理委员会, 关于发布《关于在上市公司建立独立董事制度的指导意见》的通知, 二〇〇一年八月).

Chong, Seung, "The A to Z Guide to Chinese Company Law", *International Financial Law Review*, April 1, 2006.

Christopher, Robert C., *The Japanese Mind*, London : Pan Books, 1984.

Chung, Kae H. and Hak Chong Lee eds., *Korean managerial dynamics*, New York : Praeger, 1989.

Claessens, S., *Systematic Bank and Corporate Restructuring : Experience and Lessons for East-Asia*, Washington : World Bank, 1998.

Clark, Rodney, *The Japanese Company*, New Haven : Yale University Press, 1979.

Clarke, Donald C., "The Independent Director in Chinese Corporate Governance", *Delaware Journal of Corporate Law* 31(1), 2006, pp. 125~228.

_____, "The ecology of corporate governance in China", *GW Law Faculty Publications & Other Works*, 1065(GWU Law School Public Law Research Paper No. 433), 2008.

Clifford, Mark, "Breaking up is hard to do : South Korean chaebol still thrive despite official disapproval", *Far Eastern Economic Review*, September 29, 1988, pp. 35~38.

Clift, B., *Comparative Political Economy : States, Markets and Global Capitalism*, London : Red Globe, 2014.

Coase, Ronald, *Essays on Economics and Economists*, Chicago University Press, 1994.

Coleman, James S., "Social capital in the creation of human capital", *American Journal of Sociology Volume* 94, 1988.

Colli, Andrea *The History of Family Business : 1850-2000*, Cambridge University Press, 2003.

Conyon, Martin J. and Simon I. Peck, "Board control, remuneration committees, and top management compensation", *Academy of Management Journal* 41(2), 1998, pp. 146~157.

Couling, Samuel, *The Encyclopaedia Sinica. Shanghai : Kelly an Walsh*, Oxford University Press, 1917.

Cronk, Lee and Beth L. Leech, *Meeting at Grand Central : Understanding the Social and Evolutionary Roots of Cooperation*, Princeton University Press, 2012.

Dalton, Dan R. Catherine M. Daily, Jonathan L. Johnson and Alan E. Ellstrand, "Meta-analytic reviews of board composition, leadership structure, and financial performance", *The Strategic Management Journal* 19(3), 1998, pp. 269~290.

Danes, S., K. Stafford, G. Haynes, S. Amarapurkar, "Family capital of family firms : Bridging human, social, and financial capital", *Family Business Review* 22(3), 2009, pp. 199~215.

Davis, Deborah, "China's consumer revolution", *Current History* 99(638), September, 2000, pp. 248~254.

Demsetz, Harold, "Toward a theory of property rights", *The American Economic Review* 57(2), 1967, pp. 347~359.

Deutschmann, Christoph, "Economic restructuring and company unionism : The Japanese model", *Economic and

Industrial Democracy 8(4), 1984, pp. 463~488.

DiMaggio, Paul and Walter Powell, "The Iron Cage Revisited : Isomorphism and Collective Rationality in Organizational Fields", *American Sociological Review* 48(2), 1983, pp. 147~160.

Dirlik, Arif "Culture against history? The politics of East Asian identity", *Development and Society* 28(2), 1999, pp. 167~190.

Djelec, M. L., *Exporting the American Model : The Postwar Transformation of European Business*, Oxford : Oxford University Press, 1998.

Donaldson, T. and L. E. Preston, "The stakeholder theory of the corporation : Concepts, evidence, and implications", *Academy of Management Review* 20(1), 1995, pp. 65~91.

Donckels, Rik and Johan Lambrecht, "The re-emergence of family-based enterprises in East Central Europe : What can be learned from family business rsearch in the Western World?", *Family Business Review* 12(2), 1999, pp. 171~188.

Dong, He, "The Independent Directors are not independent : the System development deviated from reality", *Technology in Western China* 67, 2010.

Dore, Ronald P., *British Factory-Japanese Factory : The Origins of National Diversity in Industrial Relations*, Berkeley : University of California Press, 1973.

Dore, Ronald P., "Goodwill and the spirit of market capitalism", *The British Journal of Sociology* 34(4), 1983, pp. 459~482.

_____, *The Diploma Disease : Education, Qualification and Development*, 2nd edn, London: Institute of Education, University of London, 1997.

_____, *City Life in Japan : A Study of a Tokyo Ward*, Routledge, 1999.

Dougherty, S. M. and R. H. McGuckin, "The effects of federalism on productivity in Chinese firms", *Management and Organization Review* 4(1), 2008, pp. 39~61.

Dougherty, Sean, Richard Herd, Ping He, "Has a private sector emerged in China's industry? Evidence from a quarter of a million Chinese firms", *China Economic Review* 18(3), 2007, pp. 309~334.

Dyer, Jr., W. Gibb, "The Family : The Missing Variable in Organizational Research", Entrepreneurship *Theory and Practice* 27(4), 2003, pp. 401~416.

Eberhard, W., *Social Mobility in Traditional China*, Leiden : Brill, 1962.

Eckert, Carter J. "The South Korean bourgeoisie : a class in search of hegemony", *Journal of Korean Studies* 7, Center for Korea Studies, University of Washington, 1990, pp. 115~148.

Eckstein, Harry, "A theory of stable democracy", Woodrow Wilson Center for International Studies, 1961.

_____, *Division and Cohesion in Democracy : A Study of Norway*, Princeton University Pres, 1966.

Efimova, L. M. and N.I. Khokhlova, "Conceptualization of 'Asian values' in Malaysia and Singapore", *World Economy and International Relations(Russian Academy of Sciences)* 64(1), 2020, pp. 91~98. (In Russian : Mirovaya Ekonomika i Mezhdunarodnye Otnosheniya). https://doi.org/10.20542/0131-2227-2020-64-1-91-98

Eisenstadt, S. N., *Tradition, Change and Modernity*, New York : John Wiley & Sons, 1973.

_____, *Japanese Civilization : a Comparative View*, University of Chicago Press, 1998.

Etzioni, Amitai, *The Active Society : A Theory of Social and Political Processes*, Free Press, 1968.

Evans, Peter, *Embedded Autonomy*, Princeton University Press, 1995.

Fairbank, John K., *The Great Chinese Revolution : 1800~1985*, Harper & Row, 1986.

Fan, Dennis, K. K. Chung-Ming Lau and Shukun Wu, "Corporate governance mechanisms", in Anne S. Tsui, Chung-Ming Lau, eds., *The Management of Enterprises in the People's Republic of China*, New York : Springer, 2002.

Fana, Joseph P.H., T.J. Wongb and Tianyu Zhangc, "The emergence of corporate pyramids in China", *SSRN Electronic Journal*, January 2005.

Farkas, B., *Models of Capitalism in the European Union : Post-Crisis Perspectives*, Basingstoke : Palgrave Macmillan, 2016.

Fei Xiatong, *From the Soil : The Foundations of Chinese Society*, University of California Press, 1992.

Fleming, Rowland W., "World wide changes in corporate governance", *The Corporate Board* (November-December), 1998.

Fligstein, Neil and Jennifer Choo, "Law and corporate governance", *Annual Review of Law and Social Science* 1, 2005, pp. 61~84.

Fligstein, Neil and Robert Freeland, "Theoretical and comparative perspectives on corporate organization", *Annual Review of Sociology* 21, 1995, pp. 21~43.

Forbes, Daniel P. and Frances J. Milliken, "Cognition and corporate governance : Understanding boards of directors as strategic decision-making groups", *The Academy of Management Review* 24(3), 1999, pp. 489~505.

Freedman, Maurice, *Lineage Organization in Southeastern China*.

Freedman, Maurice ed., *Family and Kinship in Chinese Society*, Stanford University Press, 1970.

Freeman, R. E., *Management : Stakeholders approach*, Boston : Pitman, 1984.

Fukuda, John, *Japanese Style Management Transferred : The Experiences of East Asia*, New York : Routledge, 1988.

Fukutake, Tadashi, translated by Dore, Ronald P., *The Japanese Social Structure*, University of Tokyo Press, 1982.

Fukuyama, Francis, *Trust : The Social Virtues and the Creation of Prosperity*, Free Press, 1995.

Gaens, Bart, "Family, enterprise, and corporation : The organization of Izumiya-Sumitomo in the Tokugawa Period", *Japan Review* 12, 2000.

Garnaut, Ross, Ligang Song, Yang Yao and Xiaolu Wang, *Private Enterprise in China*, ANU Press, 2012.

Gedajlovic, Eric and Daniel M. Shapiro, "Ownership structure and firm profitability in Japan", *Academy of Management Journal* 45(3), 2002, pp. 565~575.

Geertz, Clifford, *The Interpretation of Cultures : Selected Essays*, Basic Books, 1973.

Gerlach, Michael L., "Keiretsu organization in the Japanese economy : Analysis and trade implication", In Charmers Johnson, Laura D'Andrea Tyson & John Zysman, eds., *Politics and Productivity*, Harper Business, 1989.

_____, *Alliance Capitalism : The Social Organization of Japanese Business*, Berkeley : University of California Press, 1992.

_____, "Twilight of the Keiretsu? A critical assessment", *The Journal of Japanese Studies* 18(1), 1992, pp. 79~118.

Ghemawat, Pankaj and Tarun Khanna, "The nature of diversified business groups : A research design and two case studies", *The Journal of Industrial Economics* 46(1), 1998, pp. 35~61.

Gilson, Ronald J., "Globalizing corporate governance : Convergence of form or function", *Centre for Law and Economic Studies Working paper* No. 174, Columbia Law School, 2000.

_____, "Globalizing Corporate Governance : Convergence of Form or Function", in Jeffrey N. Gordon & Mark J. Roe eds., *Convergence and Persistence in Corporate Governance*, Cambridge University Press, 2004.

Gilson, Ronald J. and Curtis J. Milhaupt, "Shifting influences on Corporate Governance : Capital market completeness and policy channeling", *Harvard Business Law Review* 12, Faucuty Publication, 2022.

Gilson, Stuart C., "Analysts and information gaps : lessons from the UAL buyout", *Financial Analysts Journal* 56(6), Nov-Dec, 2000, pp. 82~110.

Goo, S. H. and Anne Carver, "Low structure, high ambiguity : Selective adaptation of international norms of corporate governance mechanisms in China", In Masao Nakamura ed., *Changing Corporate Governance Practices in China and Japan : Adaptations of Anglo-American Practices*, Ch. 10, Palgarve Macmillan, 2008.

Goto, Toshio, "Longevity of Japanese family firms", Panikkos Zata Poutziouris et al. eds., *Handbook of Research on Family Business*, Edward Elgar, 2006.

_____, "Secrets of family business longevity in Japan from the social capital perspective", In P. Z. Poutziouris, K. X. Smyrnios, S. Goel, eds., *Handbook Of Research On Family Business*, (Second Edition), Chapter 24, Cheltenham, UK : Edward Elgar Publishing, 2013.

_____, "Family business and its longevity", *Kindai Management Review* Vol. 2, 2014.

Granovetter, Mark S., "The Strength of Weak Ties", *American Journal of Sociology* 78(6), 1973, pp. 1360~1380.

_____, "Economic action and social structure : The problem of embeddedness", *American Journal of Sociology* 91(3), 1985, pp. 481~510.

_____, "Coase Revisited : Business Groups in the Modern Economy", *Industrial and Corporate Change* 4(1), 1995.

_____, "Business groups and social organization", In Neil J. Smelser and Richard Swedberg eds., *The Handbook of Economic Sociology*, Princeton University Press, 2005.

Greenhalgh, Susan, "De-Orientalizing the Chinese family firm", *American Ethnologist* 21(4), 1994.

Greenwood, R. and C. R. Hinings, "Understanding radical organizational change; Brining together the old and the new institutionalism", *Academy of Management Review* 21(4), 1996.

Greif, Avner, "Cultural beliefs and organization of society : A historical and theoretical reflection on collectivist and individualist societies", *The Journal of political Economy* 102(5), 1994.

Guillén, Mauro F., *Models of Management : Work, Authority, and Organization in a Comparative Perspective*, Chicago : The University of Chicago Press, 1994.

_____, *Corporate governance and globalization : Arguments and Evidence Against Convergence*, Reginald H. Jones Center Working Paper, 1999.

_____, "Corporate governance and globalization : is there convergence across countries?", *Advances in International Comparative Management* Vol. 13, 2000.

Gupta, Nandini, "Partial privatization and firm performance", Social Science Research Network Electronic Paper Collection, 2002.

Habbershon, Timothy G. and Mary L. Williams, "Resource-based framework for assessing the strategic advantages of family firms", *Family Business Review* 12(1), 1999, pp. 1~25.

Haley, George, Chin Tiong Tan, Usha C V Haley, *New Asian Emperors*, Burlington, MA : Butterworth Heinemann, 1998.

Hall, Peter A. and David Soskice ed., *Varieties of Capitalism*, Oxford University Press, 2001.

Hall, Richard and Wiman Xu, "Run Silent, run Deep : Cultural influences on organizations in the Far East", *Organization Studies* 11(4), 1990, pp. 569~576.

Hamabata, Matthews Masayuki, *Crested Kimono : Power and Love in the Japanese Business Family*, Cornell University Press, 1991.

Hamilton, Gary G. and Nicole Woolsey Biggart, "Market, culture, and authority. A comparative analysis of management and organization in the Far East", In M. Orrú, N. W. Biggart and G. G. Hamilton eds, *The Economic Organization of East Asian Capitalism*, Thousand Oaks, CA : Sage, 1997.

_____, "Market, culture, and authority : A comparative analysis of management and organization in the Far East", *American Journal of Sociology* 94(1), 1988, pp. 52~94.

Hamilton, Gary G. and Robert C. Feenstra, "Varieties of Hierarchies and Markets : An Introduction", In M. Orru, N. W. Biggart and G. G. Hamilton eds., *The Economic Organization of East Asian Capitalism*, Thousand Oaks, CA : Sage, 1997.

Hamilton, Gary, G. William Zeile, and Wan-Jin Kim, "The network structure of East-Asian economies", In Steward R. Clegg 및 S. Gordon Redding, Monica Cartner eds., *Capitalism in Contrasting Cultures*, New York : Walter de Gruer, 1990.

Hansmann, H. and R. Kraakman, "The end of history for corporate law", *Georgetown Law Journal* 89(2), 2001, pp. 439~468.

Hashimoto, Akiko and John W. Traphagan eds., *Imagined Families, Lived Familes : Culture and Kinship in Contemporary Japan*, Albant, NY : State University of New York Press, 2008.

Hofer, C., "Toward a Contingency Theory of Business Strategy", *Academy of Management Journal* 18, 1975.

Horie, Yasuzo, *Nihon Keieishi ni Okeru "ie" no Kenkyu*(Research on the 'ie' in Japanese Economic History), Tokyo : Rinsen Shoten, 1984.

Hsu, Francis L.K., *Iemoto : The Heart of Japan*, John Wiley & Sons, Inc., 1975.

Hsu, P.S.C., "The influence of family structure and values on business organizations in oriental cultures : A comparison of China and Japan", In *Proceedings of the Academy of International Business*, June 1984.

Imai, Ken'ichi, "The corporate network in Japan", *Japanese Economic Studies* 16, 1987~88.

Iwata, Ryushi, "The Jpanese enterprise as a unified body of employees : Origins and development", In Shumpei Kumon, Henry Rosovsky eds., *The Political Economy of Japan Vol. 3 : Cultural and Social Dynamics*, Stanford University Press, 1992.

Jefferson, Gary H. and Wenyi Xu, "The impact of reform on socialist enterprises in transition : Structure, conduct, and performance in Chinese industry", *Journal of Comparative Economics* 15(1), 1991, pp. 45~64.

Johnson, Chalmers, *MITI and Japanese Miracle*, Stanford University Press, 1982.

Kalleberg, Arne L. and Torger Reeve, "Contracts and commitment : economic and sociological perspectives on employment relations", *Human Relations* 46(9), 1993, pp. 1103~1132.

Kao, John, "The world wide web of Chinese business", *Harvard Business Review* 71(2), 1993, pp. 24~37.

Kazuhiko, Kasaya, *Origin and Development of Japanese-Style Organization*, International Research Center for Japanese Studies, 2000.

Keister, Lisa A., *Chinese Business Groups : The Structure and Impact of Interfirm Relations during Economic Development*, London : Oxford University Press, 2000.

Kelley, L. and R. Worthley, "The role of culture in comparative management : A cross-cultural perspective", *Academy of Management Journal* 24(1), 1981, pp. 164~173.

Khanna, Tarun and Jan W. Rivkin, "Estimating the performance effects of business groups in emerging markets", *Strategic management journal* 22(2), 2001, pp. 45~74.

Kidd, John, Frank-Jürgen Richter eds., *Trust and Antitrust in Asian Business Alliances : Historical Roots and Current Practices*, Palgrave Macmillan, 2004.

Kidd, John, X. Li, X. and Frank-Jürgen Richter eds., *Advances in Human Resource Management in Asia*, Palgrave macmillan, 2001.

Kim, Yong-Hak & Yong-Min Kim, "Changing faces of network capitalism in Korea : A case of corporate board of directors' network", *Korean Journal of Sociology* 42(8), December 2008, pp. 39~58.

Kim, Yong-Min & Ki Seong Park, "School and regional ties between the owners and the professional CEOs in Korean large firms", *Korean Journal of Industrial Relations* 14(2), 2004, pp. 77~96.

King, Ambrose Yeo-chi, "Kuan-hsi and network building : A sociological interpretation", *Daedalus* 120(2), 1991, pp. 63~84.

Kohama, Hiroshi, "Japan's economic development and foreign trade", In Chung Lee and Ippei Yamazawa eds., *The Economic Development of Japan and Korea*, New York : Praeger, 1990.

Koike, Kenji, "The Ayala group during the Aquino period : Changing ownership and management structure", *The Developing Economies* XXXI-4, 1993, pp. 442~464.

Kornai, J., *Economics of Shortage*, North-Holland, Amsterdam, 1979.

Krugman, Paul, "What happened to Asia?", On Website : http:// web.mit.edu / krugman / www /. Retrieved on 12 January 1998.

_____, "Asia : What went wrong". On Website : http:// web.mit.edu / krugman / www /. Retrieved on 19 February 1998.

Lansberg, Ivan S., "Managing human resources in family firms : The problem of institutional overlap", *Organizational Dynamics* 12(1), 1983, pp. 39~46.

LaPorta, Rafael, Florencio Lopez-de-Silanes, Andrei Shleifer and Robert W. Vishny, "Law and Finance", *Journal of Political Economy* 106(6), 1998, pp. 1113~1155.

Lazerson, Mark, "A new phoenix? : Modern putting-out in the modena knitwear industry", *Administrative Science Quarterly* 40(1), 1995, pp. 34~59.

Lebra, Takie Sugiyama, "Is Japan an Ie Society, and Ie Society a Civilization?", *The Journal of Japanese Studies* 11(1), Winter, 1985, pp. 57~64.

Lee, Chung H., "The government, financial system, and large private enterprise in the economic development of South Korea", *World Development* 20(2), 1992, pp. 187~197.

Lee, Keun and Wing T. Woo, "Business groups in China : compared with Korean chaebols", In J. Dutta Elsevier ed., *The Post-Financial Crisis Challenges for Asian Industrialization* Volume 10, Science Press, 2001.

Leff, Nathaniel H., "Industrial organization and entrepreneurship in the developing countries: The economic groups", *Economic Development and Cultural Change* 26(4), 1978, pp. 661~675.

Levie, J. and M. Lerner, "Resource mobilization and performance in family and nonfamily businesses in the United Kingdom", *Family Business Review* 22(1), 2009, pp. 25~38.

Lin, Nan, *Social Capital. A Theory of Social Structure and Action*, Cambridge University Press, 2001.

Lincoln, James, R. Michael L. Gerlach and Peggy Takahashi, "Keiretsu networks in the Japanese economy: A dyad analysis of intercorporate ties", *American Sociological Review* 57(5), 1992, pp. 561~585.

Lindblom, Charles E., *Democracy and Market System*, Norwegian University Press, 1988.

Liu, Pingqing, Junxi Shi, and Fengxia Jiang, "The Evolutionary Path of Corporate Governance in China: The Interdependent Model of State-Owned Enterprises and Private Enterprises", In Hong Yung Lee ed., *A Comparative Study of East Asian Capitalism* Ch. 8, Institute of East Asian Studies, University of California at Berkeley, 2014.

London, Jack, "The high seat of abundance", *Collier's Magazine*, 1905.

Luo, Yufan, Yichen Yang, Yedi Hua, "Independent Directors Are Hardly Independent: A System in Form", *Xinhua Daily Telegraph*, 19th Aug 2013.

Ma, Xufei and Jane W. Lu, "The critical role of business groups in China", *Ivey Business Journal* 69(5), May/June, 2000, pp. 1~12.

Magnier, Véronique, *Comparative Corporate Governance: Legal Perspectives*, Cheltenham, UK: Edward Elgar, 2017.

McClain, James L. and Osamu Wakita eds., *Osaka, the Merchant's Capital of Early Modern Japan*, Cornell University Press, 1999.

Meyer, John, W. Brian Rowan, Ronald L. Jepperson, 'Institutionalized organizations: Formal structure as myth and ceremony", *American Journal of Sociology* 83(2), 1977, pp. 340~363.

Miller, John H., "The reluctant Asians: Japan and Asia", *Asian Affairs* 31(2), 2004, pp. 69~85.

Mitchell, Ronald, Bradley R. Agle, Donna J. Wood, "Toward a theory of stakeholder identification and salience: Defining the principle of who and what really counts", *The Academy of Management Review* 22(4), 1997, pp. 853~886.

Miyajima, Hideaki & Yul Sohn, "The case of Corporate Governance reform", In Hong Yung Lee ed., *A Comparative Study of East Asian Capitalism*, 2014.

Moerland, P. W., "Alternative disciplinary mechanisms in different corporate systems", *Journal of Economic Behavior and Organization* 26(1), 1995, pp. 17~34.

Moore, John H., *The Emergence of the Japanese Shogunate and Samurai*, Columbia University Press, 1970.

Morck, Randall and Bernard Yeung, "Agency problems in large family business groups", *Entrepreneurship Theory and Practice* 27(4), 2003, pp. 367~382.

Morck, Randall, Daniel Wolfenzon, Bernard Yeung, "Corporate governance, economic entrenchment, and growth", *Journal of Economic Literrature* 43(3), 2005, pp. 655~720.

Morikawa, Hidemasa, "The increasing power of salaried managers in Japan's large corporations", In W.D. Wray ed., *Managing Industrial Enterprise: Case from Japan's Pre-War Experience*, Cambridge, MA: Harvard University Press, 1989.

_____, *Zaibatsu: The Rise and a Fall of Family Enterprise Groups in Japan*, Tokyo: University of

Tokyo Press, 1992.
Morikawa, Hidemasa ed., *A History of Top Management in Japan : Managerial Enterprises and Family Enterprises*, Oxford University Press, 2001.
Morishima, Michio, "Why has Japan 'Succeeded'?", *Western Technology and the Japanese Ethos*, Cambridge : Cambridge University Press, 1982.
Morita, Akio with Ishihara Shintarō, *The Japan That Can Say No : Why Japan Will Be First Among Equals*, The Jefferson Educational Foundation, 1990.
Murakami, T., "Kyosei and the next generation of Japanese-style management", *Nomura Research Institute Quarterly*, Winter, 1992.
Murphy, Kevin J., Executive Compensation (April 1998). [Available at SSRN : https://ssrn.com/abstract=163914 or http://dx.doi.org/10.2139/ssrn.163914]
Nakamura, Hajime, *Ways of Thinking of Eastern Peoples : India, Tibet, Japan*, University of Hawaii Press, 1964.
Nakane, Chie, *Kinship and Economic Organization in Rural Japan*, London : Athlone Press, 1967.
_____, *Japanese Society*, Center for Japanese Studies, UC Berkeley, 1972.
Neubauer, Fred & Alden G. Lank, "The Family Business Chapter : "The Family Business"", *Stages of Evolution of Family Enterprises*, Palgrave macMillan, 1998.
Newman, K. L., "Organizational transformation during institutional upheaval", *Academy of Management Review* 25(3), 2000.
North, Douglass C., *Institutions, Institutional Change and Economic Performance*, Cambridge University Press, 1990.
_____, "Institutions", *Journal of Economic Perspectives* 5(1), 1991, pp.97~112.
_____, *Understanding the Process of Economic Change*, Princeton University Press, 2005.
Nozick, Robert, *Anarchy, State, and Utopia*, Basic Books, 1974.
Numazaki, Ichiro, "The Tainanbang : The rise and growth of a banana shaped business group in Taiwan", *The Developing Economies* 31(4), 1993, pp.485~510.
_____, 「「家族間企業網」と「家族内企業体」- 家族企業の日中比較・試論」, edited by Michio Suenari, 『中原と周辺 - 人類学的フィールドワークからの視点』, Tokyo : Fukyosha, 1999.
_____, "Chinese business enterprise as inter-family partnership : A comparison with the Japanese case", In B. Kwok ed., *Chinese Business Networks : State, Economy and Culture*, Singapore : Prentice-Hall/Nordic Institute of Asian Studies, 2000.
Oberg, Winston, "Cross-cultural perspectives on management principles", *Academy of Management Journal* 6(2), 1963.
OECD, "Financial markets and corporate governance", *Financial Market Trends* 62, 1995.
_____, *Economic Surveys Korea*, OECD Publishing, Paris, 2018(https://doi.org/10.1787/eco_surveys-kor-2018-en).
Oi, Jean, *State and Peasant in Contemporary China : The political Economy of Village Government*, Berkeley, CA : University of California Press, 1991.
Okimoto, Daniel, *Between MITI and the Market : Japanese Industrial Policy for High Technology*, Stanford University Press, 1990.
Okimoto, Daniel & Thomas Rohlen eds., *Inside the Japanese System : Reading on Contemporary Society and Political Economy*, Stanford University Press, 1989.

Oliver, C., "Strategic responses to institutional processes", *Academy of Management Review* 16(1), 1991, pp. 145~179.

Orru, Marco, Gary G. Hamilton, Mariko Suzuki, "Patterns of inter-firm control in Japanese business", *Organization Studies* 10(4), 1989, pp. 549~574.

Ostrom, Elinor, *Governing the Commons : The Evolution of Institutions for Collective Action*, Cambridge University Press, 1990.

_____, *Understanding Institutional Diversity*, Princeton University Press, 2005.

Ostrom, Elinor and Sue E. S. Crawford, "A grammar of institutions", *American Political Sciences Review* 89(3), 1995, pp. 582~600.

Oswald, S. L. and J. S. Jahera, "The influence of ownership on performance : An empirical study", *Strategic Management Journal* 12, 1991.

Pareto, Vilfredo, *Manual of Political Economy*. (originally published in 1906 in Italian language)

Park, Yung Chul and Hugh Patrick eds., *Institutional Change in East Asia*, Edward Elgar Publishing, 2000.

Parsons, Talcott, *The Structure of Social Action*, New York : McGraw Hill, 1937.

Pascale, R. T. and A. G. Athos, *The Art of Japanese Management*, New York : Simon and Schuster, 1981.

Pelzel, John C., "Japanese ethnological and sociological research", *American Anthropologist*, New Series Vol. 50, No. 1, Part 1, Jan. - Mar., 1948.

_____, "Japanese kinship : A comparison", In Maurice Freedman ed., *Family and Kinship in Chinese Society*, Palo Alto : Stanford University Press, 1970.

Peng, K., "The psychology of economic man : The games people played", *Journal of People's University* 3, 2006.

Peng, M. W., "Institutional transitions and strategic choice", *Academy of Management Review* 28(2), 2003, pp. 275~296.

_____, "Towards an institution-based view of business strategy", *Asia Pacific Journal of Management* 19, 2002, pp. 251~267.

Perkins, D., "Law, family ties, and the East Asian ways of business", In L. Harrison and S. Huntington eds., *Culture Matters : How Values Shape Human Progress*, New York : Basic Books, 2000, chapter 17, pp. 232~243.

Perniola, Mario, "The Japanese juxtaposition", *European Review* 14(1), 2006, pp. 129~134.

Petri, Peter A., *The Lessons of East Asia*, Monograph published by World Bank, 1993.

Pistrui, D. H. Welsch, and J. Roberts, "The [re]-emergence of family business in the transforming Soviet Bloc", *Family Business Review* 10(3), 1997, pp. 221~237.

Porter, M. H., Takeuchi, & M. Sakakibara, *Can Japan Compete?*, Palgrave Macmillan UK, 2000.

Porter, Michael E., *The Competitive Advantage of Nations*, Free Press, 1990.

Powell, W. W., "Neither market nor hierachy : Network forms of organization", In B. M. Staw & L. L. Cummings eds., *Research in Organizational Behavior* Vol. 12, 1990, pp. 295~336.

Priem, Richard L., "Top management team group factors, consensus, and firm performance", *Strategic Management Journal* 11(6), 1990, pp. 469~478.

Prowse, Stephen D., "Corporate finance in international perspective : Legal and regulatory influences on financial system development", *Federal Reserve Bank of Dallas Economic Review*, 3rd. quarter, 1996.

_____, *Corporate Governance : Emerging Issues and Lessons from East Asia*, Washington : World Bank, 1998.

Pucik, Vladimir, *The Challenges of Globalization : The Strategic Role of Local Managers in Japanese-owned U.S. Subsidiaries*, Center for Advanced Human Resource Studies(CAHRS) Working Paper Series #93-03. Cornel University ILR School, 1992.

_____, *Japanese multinationals : Strategies and management in the global Kaisha*, Routledge, London, 1994.

Pye, Lucian W. (With Mary W. Pye), *Asian Power And Politics : The Cultural Dimensions Of Authority*, Harvard University Press, 1985.

Quanyu, Huang, Chen Tong, Joseph W. Leonard, *Business Decision Making in China*, Routledge, 1997.

Rasheed, Abdul A. and Toru Yoshikawa, "The convergence of corporate governance : Promise and prospects", In Abdul A. Rasheed, Toru Yoshikawa eds., *The Convergence of Corporate Governance : Promise and Prospects* Ch. 1, Palgrave macmillan, 2012.

Raymo, James, M. Hyunjoon Park, Yu Xie, and Wei-jun Jean Yeung, "Marriage and family in East Asia : Continuity and change", *Annual Review of Sociology* Vol. 41, 2015.

Redding, S. Gordon, *The Spirit of Chinese Capitalism*, New York : Walter de Gruyter, 1993.

Richter, Frank-Jargen and Yukihiro Wakuta, "Permeable networks : a future option for the European and Japanese car industries", *European Journal of Management* 11(2), 1993, pp. 262~267.

Roe, Mark J., Strong Managers, *Weak Owners : The Political Roots of American Corporate Finance*, Princeton, N.J. : Princeton University Press, 1994.

_____, *Political Determinants of Corporate Governance : Political Context, Corporate Impact*, Oxford : Oxford University Pres, 2003.

Ruofu, Du, "Surnames in China", *Journal of Chinese Linguistics* 14(2), 1986.

Sabel, Charles F., *Work and Politics - The Division of Labor in Industry*, Cambridge University Press, 1982.

Sakakibara, Eisuke, *Beyond Capitalism : The Japanese Model of Market Economics*, Lanham, MD : University Press of America, Economic Strategic Institute, 1993.

Samanta, Navajyoti, "Convergence to shareholder primacy corporate-governance : Evidence from a leximetric analysis of the evolution of corporate-governance regulations in 21 countries, 1995-2014", *Corporate Governance : The International Journal of Business in Society* 19(5), 2019.

Sangjin Yoo and Sang M. Lee, "Management style and practice of Korean Chaebols", *California Management Review* 29(4), 1987.

Schipani, Cindy A. and Liu Junhai, *Corporate Governance in China : Then and Now*, William Davidson Working Paper Number 407, November 2001.

Schmidt, Vivien A., "Discursive institutionalism : The explanatory power of ideas and discourse", *Annual Review of political Science* Vol. 11, 2008.

Scott, William Richard, *Institutions and Organizations : Ideas and Interests* (Third edition) Sage Publications, Inc., 2008.

Scott, W.R., J.W Meyer and Associates, *Institutional environments and organizations : Structural complexity and individualism*, Sage Publications, 1994.

Sethi, S. P., N. Namiki and C.L. Swanson, *The False Promise of Japanese Miracle*, London : Pitman, 1984.

Shanker, M. C. and J. H. Astrachan, "Myths and realities : Family businesses' contribution to the U.S. economy", *Family Business Review* 9(2), 1996, pp. 107~123.

Sharma, Pramodita, "An overview of the field of family business studies : Current status and directions for the future", *Family Business Review* 17(1), 2004, pp. 1~36.

Shieh, G. Y., *'Boss' Island : The Subcontracting Network and Micro-entrepreneurship in Taiwan's Development*, New York : P. Lang, 1992.

Shumpei and Henry Rosovsky, *The Political Economy of Japan Vol. 3 : Cultural and Social Dynamics*, Stanford University Press, 1992.

Simon, Herbert A., *Administrative Behavior : A Study of Decision-Making Processes*, New York : Macmillan, 1947.

_____, *Reason in Human Affairs*, Oxford : Basil Blackwell, 1983.

Skinner, G. William, *Marketing and Social Structure in Rural China*, Association for Asian Studies, Inc., 2001.

Song, N. B., *Characteristics of Korean organizational management : A descriptive study*, Unpublished doctoral dissertation, Brigham Young University, Provo, UT., 1990.

Soskice, David, "German technology policy, innovation, and national institutional frameworks", *Industry and Innovation* 4(1), 1997, pp. 75~96.

Starr, J. B., *Understanding China : A Guide to China's Economy, History, and Political Structure*, 2nd ed., New York : Hill and Wang, 1998.

Steers, R. M., Y. K. Shin and G. R. Ungson, *The Chaebol : Korea's New Industrial Might*, New York : Harper and Row, 1989.

Storper, Michael and Robert Salais, *Worlds of Production : The Action Frameworks of the Economy*, Harvard University Press, 1997.

Strachan, H. W., *Family and Other Business Groups in Economic Development : The Case of Nicaragua*, New York : Praeger, 1976.

Streeck, Wolfgang, "On the institutional preconditions of diversified quality production", In *Social Institutions and Economic Performance*, Edited by : Streeck, W, London : Sage, 1992.

Sun, Wen-bin and Wong, Siu-lun, "The development of private enterprises in contemporary China : Institutional foundations and limitations", *China Review* 2(2), 2002, pp. 65~91.

Tai, Hung-chao ed., *Confucianism and Economic Development : An Oriental Alternative?*, Washington, D.C., : The Washington Institute Press, 1989.

Tam, On Kit, *The Development of Corporate Governance in China*, Edward Elgar Publishing, 1999.

The Economist, 6 July 1996; 18 October 1997.

The State Statistics Bureau of the People's Republic of China, 2001.

The Straits Times, 21 November 2001.

Tsou, Tang, "Back from the brink of revolutionary 'Feudal' totalitarianism", In Tang Tsou, *The Cultural Revolution and Post Mao Reform*, University of Chicago Press, 1986.

Tsui-Auch, Lai Si and Yong-Joo Lee, "The State Matters : Management Models of Singaporean Chinese and Korean Business Groups", *Orgnization Studies* 24(4), 2003, pp. 507~534.

Tu Wei-Ming, *Confucian Traditions in East Asian Modernity*, Harvard University Press, 1996.

Upham, Frank, "Providing regulation : The implementation of large scale retails", In Gary D. Allison and

Yasunori Sone eds., *Political Dynamics in Contemporary Japan*, 1993.
Vogel, Ezra F., *Japan as Number One : Lesson for America*, Harvard University Press, 1979.
_____, *The Four Little Dragons : The Spread of Industrialization in East Asia*, Harvard University Press, 1993.
_____, *Deng Xiaoping and the Transformation of China*, Harvard University Press, 2011.
Vogel, Steven K., "The re-organization of the organized capitalism : How the German and Japanese models are shaping their own transformation", in K. Yamamura and W. Streek eds., *The End of Diversity? Prospects for German and Japanese Capitalism*, Ithaca, NY : Cornell University Press, 2003.
Vogel, Steven K., Freer Markets, *More Rules : Regulatory Reform in Advanced Industrial Countries*, Cornell University Press, 1996.
Wade, Robert, *Governing the Market*, Princeton University Press, 1992.
Walker, Gordon, Bruce Kogut and Weijian Shan, "Social capital, structural holes and the formation of an industry network", *Organization Science* 8(2), 1997, pp.109~208.
Wan Jr., Henry, "Nipponized Confucian ethos or incentive-compatible institutional design : Notes on Morishima, "why has Japan succeeded?"", *International Economic Journal* 2(1), 1988, pp.101~108.
Wang, H. and W. Shao, "Reform and development of the group corporations", In the State Council's Development Research Centre eds., *China Economic Annual Book 2002(zhongguo jingji nianjian 2002)*, Beijing : China Statistics Press, 2002.
Wang, Jiangyu, "The strange role of independent directors in a two-tier board structure in China's listed companies", In Masao Nakamura ed., *Changing Corporate Governance Practices in China and Japan : Adaptations of Anglo-American Practices*, Palgarve Macmillan, Ch. 9, 2008.
Wang, Shuliang, "Issues in the protection of minority shareholders' rights and interests under China's Company Law", In Masao Nakamura ed., *Changing Corporate Governance Practices in China and* Kumon *Japan* Ch. 4, Palgrave Macmillan, 2008.
WANG, Xinhong and Yaqian NIE, "The Strategic Choice : Specialization or Diversification? : -Based on Case Analysis", *Advances in Economics, Business and Management Research* (AEBMR) Volume 62, 2018.
Ward, J.L. and C.E. Aronoff, "To sell or not sell", *Nations Business* 78, 1990, pp.63~64.
Watanabe, S., "A changing image of Japanese small entrepreneurs", In Daniel Dirks, Jean-François Huchet, Thierry Ribault eds., *Japanese management in the low growth era : Between external shocks and internal evolution*, Berlin, Heidelberg : Springer, 1999.
Weber, Max, *Economy and Society*, 1921(독일어). 1968(영어 번역판).
_____, *The Religion of China : Confucianism and Taoism*, Free Press, 1968.
_____, *The Protestant Ethic and the Spirit of Capitalism*, Rutledge, 1992.
Weisman, Steven R., *The New York Times Magazine*, 1990.08.26.
Westwood, Robert, "Harmony and patriarchy : the cultural basis for 'paternalistic headship' among the overseas Chinese", *Organization Studies* 18(3), 1997, pp.445~480.
Whitley, Richard, *Business Systems in East Asia : Firms, Markets and Societies*, London : Sage, 1992.
_____, "Societies, firms and markets : The social structuring of business systems", In Richard Whitley ed., *European Business Systems* : Firms and Markets in Their National Contexts, (Part 1), Sage Publications, 1994.

_____, *Divergent Capitalisms : The Social Structuring and Change of Business Systems*, Oxford University Press, 1999a.

_____, "Firms, institutions and management control : the comparative analysis of coordination and control systems", *Accounting, Organizations and Society* 24(5-6), 1999b.

_____, "The institutional structuring of innovation strategies : Business systems, firm types and patterns of technical change in different market economies", *Organization Studies* 21(5), 2000.

Williamson, Oliver E., *Markets and Hierarchies : Analysis and Antitrust Implications*, Free Press, 1975.

_____, *The Economic Institutions of Capitalism : Firms, Markets, Relational Contracting*, Free Press, 1985.

_____, "Hierarchies, markets and power in the economy : An economic perspective", *Industrial and Corporate Change* 4(1), 1995.

Wittfogel, Karl August, *Oriental Despotism; A Comparative Study of Total Power*, Yale University Press, 1957.

Wong, Siu-lun, "The Chinese family firm : A model", *The British Journal of Sociology* 36(1), 1985, pp. 58~72.

_____, "Transplanting enterprises in Hong Kong", In H. W.-C. Yeung and K. Olds eds., *Globalization of Chinese Business Firms*, New York : St. Martin's Press, 2000.

World Bank, *The East Asian Miracle : Economic Growth and Public Policy*, a World Bank policy research report, published for the World Bank by Oxford University Press, 1993.

Yanagimach, Isao, "Chaebol reform and corporate governance in Korea", Paper presented at the First Keio-UNU-JFIR Panel Meeting, 〈Economic Development and Human Security : How to Improve Governance at the Inter-Governmental, Governmental and Private Sector Levels in Japan and Asia〉, held in Tokyo, February 13~14, 2004, Organized under the auspices of Keio University COE (Center of Excellence) Program.

Yang, Guoshu, "The Social Orientation of Chinese People : A Perspective on Social Interaction", In Yang Guoshu and Yu Anbang eds., *Psychology and Behavior of Chinese People : Concepts and Methods*, Taipei : Crown Publishing Company, 1993 edition.

_____, "The Process of Familialization, Pan-Familism, and Organizational Management", in *Cross-Strait Organizations and Management*, Taipei : Yuan-Liou Publishing Company, 1998 edition.

Yasuoka, Shigeaki, "The Early History of Japanese Companies", *Japanese Yearbook on Business (SPECIAL ISSUE : THE HISTORY OF COMPANIES IN JAPAN)* Vol. 3, 1987.

Yasuoka, Shigeaki ed., *The Mitsui Zaibatsu*, Tokyo : Nihon Keizai Shimbun-sha, 1982.

Yasusuke, Murakami, "Ie society as a pattern of civilization", *Journal of Japanese Studies* 10(2), 1984, pp. 279~363.

_____, "The Japanese model of political economy", In Kozo Yamamura and Yasukichi Yasuba eds., *The political Economy of Japan Vol. 1, The Domestic Transformation*, Stanford University Press, 1987.

_____, "The political economy of Japan", In Kozo Yamamura and Yasukichi Yasuba eds., *The Political Economy of Japan Vol. 1, The Domestic transformation*, Stanford University Press, 1992.

_____, *An Anti-Classical Politcal Economic Analysis*(Translated with an Introduction by Kozo Yamamura), Stanford University Press, 1996.

Yiu, Daphne W., Garry D. Bruton, Yuan Lu, "Understanding business group performance in an emerging economy : Acquiring resources and capabilities in order to prosper", *Journal of Management Studies* 42(1), 2005, pp. 183~206.

Yiu, Daphne W., Robert E. Hoskisson, Garry D. Bruton, Yuan Lu, "Duelling institutional logics and the effect on strategic entrepreneurship in Chinese groups", *Strategic Entrepreneurship Journal* 8(3), 2014, pp. 195~213.

Yoshihara, K. ed., *Oei Tiong Ham Concern : The First Business Empire of Southeast Asia*, Kyoto, Japan : Center for Southeast Asian Studies, 1990.

Yoshino, M. Y. and Thomas B. Lifson, *The Invisible Link : Japan's Sogo Shosha and the Organization of Trade*, Cambridge, MA : MIT Press, 1986.

Young, Michael K., "Judicial review of administrative guidance : Government encouraged consensual dispute resolution in Japan", *Columbia Law Review* 84(4), 1984, pp. 923~983.

Yu, Tony Fu-Lai, *Entrepreneurship and Economic Development in Hong Kong*, London : Routledge, 1997.

_____, "Bringing entrepreneurship back in : Explaining the industrial dynamics of Hong Kong with special reference to the textile and garment industry", *International Journal of Entrepreneurial Behaviour & Research* 5(5), 1999, pp. 235~250.

Zhang, Wenxian and Ilan Alon, *Biographical Dictionary of New Chinese Entrepreneurs and Business Leaders*, Cheltenham, UK : Edward Elgar, 2009.

Zhou, Junsheng, "The Independent Director System in form must be modified", *Xinhua Daily Telegraph*, 13th August 2013.

Zhou, L., Y. Niu, V.L. Wang, K. Tang, "Hustle for survival or bustle for revival : Effects of guanxi orientation and order of entry for china's electronic business ventures", *Industrial Marketing Management* 93, 2021, pp. 370~381.

Ziegler, J. Nicholas, "Institutions, elites, and technological change in France and Germany", *World Politics* 47(3), 1995, pp. 341~372.

_____, *Governing Ideas : Strategies for Innovation in France and Germany*, Ithaca, NY : Cornell University Press, 1997.

各国上市公司首席执行官(CEO) 薪酬结构, 1998(CEO Compensation Structures in Listed Companies Across Different Countries, 1998).

郭富青, 「从股东绝对主权主义到绝对主权主义公主治理的困境及出路」, 『法律科学校』(西北政法院报) 41(4), 2003.

唐 震, 「家族文化视角中的美-日-中-三国家族企业比较」, 『软科学』 第17卷·第4期, 南京 : 河海大学 国际商学院, 2003.

笠谷和比古, 「'家'の概念とその比較史的考察」, 笠谷和比古 編, 『公家と武家-「家」の比較文明史的考察-』, 思文閣出版, 1999.

苏景石, 「略论日本的公司治理结构及其改革趋势」, 『世界经济』 2000年 第7期.

施卓敏·欧阳建颖·王海忠, 「日韩企业集团组织结构对比及展望」, 『世界经济探索』 8(2), 2019.

汪丁丁, 『经济发展与制度创新』, 上海人民出版社, 1995年版.

赵伊川·刘斌, 「中小型家庭企业中所有权与经营权的对比研究——以中, 美, 意三国为例」, 『财经问题研究』, 2001. https://api.semanticscholar.org/CorpusID : 233020798/

中根千枝, 『家族の構造-社会人類学的分析』, 東京大学出版会, 1970.

中田易直, 『三井高利』, 東京 : 吉川弘文館, 1959.
参见荇景石, 「略论日本的公司治理结构及其改革趋势」, 载『世界经济』 2000年 第7期.
太宰春臺(Danzai Shundai), 『經濟錄』, 原稿, 1729.
後藤利夫, 「わが国におけるファミリー企業の概要と課題」, 東京 : 組織学会予稿集, 2005.

찾아
보기

가

가문家門 90, 94, 95, 105, 118, 121, 122, 124~126, 128~131, 133, 138~140, 143, 146~151, 256, 262, 264, 267, 268, 276, 280, 281, 286~288, 290~292, 294, 295, 297, 298, 312~314, 335, 360, 363, 393

가부장적 가족 전통 89

가족 재산의 균등분배 131

가족기업family enterprise 151, 152, 262~279, 281, 282, 284, 285, 287~293, 296~299, 301, 314, 360, 363, 392, 395, 420

강제적 동형화coercive isomorphism 331

개인주의Individualism 22, 59, 95, 112, 128, 136, 141, 143, 151, 229, 245, 259, 378, 413, 415, 416, 434, 435

게이레츠keiretsu, 係列 48, 53, 110, 117, 148, 157, 158, 258, 264, 267, 308, 309, 312, 314~316, 326~334, 339, 345, 347~350, 363, 367, 374~376, 413, 426, 429, 431

경로 의존성path dependency 17, 81, 85, 377, 395, 398, 399, 410, 420~423

경영 기업managerial enterprise 266, 267, 392

경영의 보편성universality of management 414

경쟁Competition 42, 44, 45, 47, 49, 50, 74, 106, 157, 229, 230, 278, 285, 300, 313, 317~319, 326, 328, 331, 333, 338, 339, 358, 360, 363, 374, 396, 404, 407, 411, 412, 418, 422, 430, 436

경제협력개발기구OECD 402, 408~410

고돈 레딩Redding, S. Gordon 276, 287, 396, 421

공식적 권위 84, 104~106, 191, 256

공식적 제도 63~67, 69

공자孔子 90, 295

공적 영역 93, 105, 174~178, 181

과거제科擧制 90, 93

관계적 내재성relational embeddedness 157, 158

관시關係, Guānxì 16, 80, 109, 110, 112, 113, 272, 325, 392, 394, 395, 407, 422, 430

교환exchange 16, 17, 33, 34, 36, 44~46, 48, 49, 57, 59, 60, 72, 74~82, 84, 103, 106~108, 112, 141~143, 145~147, 153, 157, 159, 193, 195~197, 225, 228, 231, 259, 320, 356, 378, 384, 402

국유國有기업 267, 268, 272, 319~327, 342, 386, 387, 390, 427

국유 주식 323

권위authority(위계) 16, 17, 24, 36, 37, 39, 42~44, 49, 50, 63, 72, 74~80, 82~84, 86, 90, 91, 94, 95, 103~106, 109, 110, 112, 125, 132, 137, 139, 141~145, 147, 153, 155, 157~159, 162, 163, 183, 185~187, 191, 195, 196, 211, 214, 216, 219, 231, 250, 258, 259, 287, 290, 292, 307, 308, 317, 333, 347, 350, 354, 356, 357, 394

권위에 대한 순종Obedience to Authority 184

기업지배구조corporate governance 66, 153, 156, 297,

311~313, 326, 332, 354~356, 358~362, 364, 366~369, 371, 373~378, 381, 383~385, 387, 389, 390, 402~414, 426~428

기업지배구조 개혁 373, 375, 379

기업집단business group 53, 66, 92, 262, 263, 268, 270, 306~311, 313, 316, 317, 319, 320, 322, 324~333, 335, 337, 339~351, 354, 355, 363, 367, 373, 374, 384, 391~394, 396, 426, 427

김경동 13

김용운 12

ㄴ

나바요티 사만타Samanta, Navajyoti 408, 409

내부 통제 시스템 346

네트워크network 16, 17, 36, 42~44, 48~50, 61, 72, 75, 79~82, 84, 85, 91, 103, 106, 108~110, 112, 113, 134, 136, 140~142, 147, 148, 150, 152~154, 156, 157, 159, 162, 163, 196, 197, 211, 225, 228, 231, 233, 235, 259, 264, 268, 270, 272, 277, 278, 291~294, 307, 309, 312~315, 324, 327, 329, 333, 344, 349, 350, 354, 363, 364, 379, 393, 428~431, 437

ㄷ

다이묘大名 24, 25, 91, 92, 104, 105, 107, 146, 312

당정분리黨政分開 390

더글러스 노스North, Douglass C. 58, 59, 64~66, 68~70, 82, 84, 418, 420

도시오 고토後藤 俊夫, Goto, Toshio 286, 292, 297

도조쿠同族 126, 127, 135, 157, 158, 290, 312

도조쿠단同族團 290~294

도쿠가와 이에야스德川 家康 91

독립 게이레츠independent keiretsu 327

독일과 일본 모델 359

'동성애' 효과homophily effects 379

동아시아 발전 모델 14, 15

동아시아 자본주의 15, 35, 36

두터운 네트워크 48, 49

두터운 합리성thick rationality 78

ㄹ

라오 반 제도老板制度, lǎobǎn zhìdù 394

레드클리프-브라운Alfred R. Radcliffe-Brown 62

로날드 길슨Gilson, Ronald J. 376, 417

로날드 도어Dore, Ronald P. 103, 316, 331

로버트 벨라Bellah, Robert 37, 285

로버트 크리스토퍼Christopher, Robert C. 416

리사 키스터Keister, Lisa A. 324

ㅁ

마크 그래노베터Granovetter, Mark S. 294, 306

마크 로Roe, Mark J. 411

막스 베버Weber, Max 22, 37, 51, 76, 106

문화의 의미 62, 71

문화화enculturated 84

민주주의적 가치Democratic Values 220, 222

ㅂ

박정희 43, 47, 317

반독점법anti-trust laws 314, 376

반토番頭 제도 288

발전국가developmental state 11, 30, 32, 36, 40~44, 46, 47, 53, 333, 339, 342

발전국가 접근 방식Developmental State Approach 39

백년 노렌暖簾 협회 283

법인 주식 323

병치 문화juxtaposing culture 98

보편적 도덕률 165, 168, 169

분케이分家 126, 127, 140, 148, 157, 287, 290, 312, 313

비공식 제도 64, 67~69, 82

비공식적 권위　84, 104, 191, 256

사

사마천司馬遷　107
사무라이武士　12, 13, 25, 91, 92, 95, 103~105, 107, 124, 148, 312
사문난적斯文亂賊　100
사적 영역　91, 93, 105, 174~178, 181, 335
사회적 신뢰Social Trust　201, 206~210
상인商人 가문　92, 107, 311, 313
상황 윤리　167, 168, 169
석문심학石門心學　295
'성바오지承包治' 제도　321
소유와 경영의 분리Separation between Ownership and management　258, 291, 347, 348
쇼군將軍　24, 25, 91, 92, 104, 105, 107, 333
쇼토쿠 태자聖德太子　91, 100
수렴가설收斂假說　404, 411
수직계열화된 경영구조　339
수치Shame 문화　169
순환출자　340, 346, 347
슈메이세이襲名制　130
스티브 보겔Vogel, Steven K.　50
시장 간 게이레츠Inter-market keiretsu　327~329, 345
신거제新居制, neolocal marriage　129
신고전주의 경제학　16, 33, 34, 58, 59, 81
신도神道　100, 295
신뢰Trust　79, 84, 108, 110, 113, 116, 117, 155, 158, 201~211, 225, 274, 276~279, 288, 289, 292, 325, 331, 334, 335, 368, 393~398, 404, 421, 429~433, 435, 437
신제도경제학Neo-Institutional Economics　58, 64
신제도주의 경제학자　60, 76, 77

아

아니타 바푸Bhappu, Anita D.　156, 157

아미타이 에치오니Etzioni, Amitai　75, 76, 78, 79
아시아적 정체Oriental stagnation　14
야수수케 무라카미Yasusuke, Murakami　44, 120
약한 이타주의weak altruism　433
얇은 합리성thin rationality　77, 78
양무운동洋務運動　108
양반兩班　24, 94~96, 99, 125, 133, 137
에도시대江戶時代　107, 286
연성 권위주의soft authoritarianism　52, 63
연줄　80, 109, 110, 113, 211, 259, 428
영미英美 모델　378, 403, 407
영미英美식 모델　359, 364
올리버 윌리엄슨Williamson, Oliver E.　58, 64~66, 70, 78, 356, 357
외환위기　271, 319, 377
위계 구조hierarchical structures　25, 77, 80, 93, 145, 146, 156, 265, 308, 332, 392
유교　14, 15, 22, 24, 25, 35, 37, 38, 51, 81, 89~91, 93, 95, 96, 99, 100, 105, 106, 116, 117, 156, 169, 262, 271, 295, 302, 312, 430, 434, 435
유교 문화　38
유교 자본주의　13, 116
유교적 세계관　94
이시다 바이간石田梅岩　293, 295
이에ie, 家　92, 120, 124, 126, 127, 129~132, 134, 138~41, 148~150, 152, 154, 157, 158, 264, 286, 288, 290, 313, 349
이해관계자 모델stakeholder model　407, 409
인내성 자본주의patient capitalism, 辛抱强い資本主義, 耐心資本主義　48
인지지도認知地圖, cognitive map　62, 73
일본 가족기업의 장수 요인　286
일본식 사외이사　377
일본의 가족제도　118, 286
일본의 권위 관계　103, 105, 112
일치 이론congruence theory　83

자

자영업自營業　270, 273, 298~303
자이바츠ざいばつ, 財閥, zaibatsu　157, 158, 312~315
장자 상속제　139
장자 상속제도　130, 131, 285, 287
재벌財閥　43, 53, 117, 133, 138, 258, 262, 264, 265, 267, 268, 270, 301, 303, 308~310, 313, 314, 316~319, 326, 333~351, 363, 367, 377, 378, 392, 393, 426, 427, 429, 431
재벌 소유권　340
잭 런던London, Jack　109
전통 가족의 '법인적 성격corporateness'　149
전통적인 가족제도　89, 90, 118, 119, 139, 154, 282
정情　108, 111
정실 자본주의Crony capitalism　14, 427
'제도'와 '문화'의 경계　73
제도의 층위Layers　62, 63, 65
제도적 경로 의존성institutional path dependencies　398, 422
제도적 기반Institutional templates　16, 17, 62, 72~75, 79, 81~83, 85, 86, 88~90, 101, 119, 141, 147, 152, 155, 159, 162, 258, 285, 311, 317, 334, 341, 342, 411, 417, 418, 420, 426, 437
제도적 내재성institutional embeddedness　61
제도적 매트릭스institutional matrix　61, 418~420, 422
제도적 접근 방식　49, 412
제인 바흐닉Bachnik, J.　150
제한된 합리성bounded rationality　77, 356
조상 숭배Ancestor Worship　118, 123, 125, 126, 129, 132, 133, 135, 137, 138, 143
조선의 선비　95
조직적 경로 의존성organizational path dependencies　398, 422
조직적 동형성organizational isomorphism　81
존 무어Moore, John H.　124
존 페어뱅크Fairbank, John K.　82
존 펠젤Pelzel, John C.　138, 143
주주 모델shareholder model　407

주희朱熹　100
중간국가Medium state　39, 40, 45~47
중국 가족기업 경영의 독특한 특성　276
중국 가족제도　132, 154
중국 사외이사　380
중국과 한국의 기업집단 비교　344
중앙집권적 관료제Centralized bureaucracy　24, 90, 256
지에 나카네中根千枝　104, 130, 144, 153, 286
지위position와 인격person의 구분　142
지주회사holding companies　53, 157, 267, 272, 313, 314, 322, 325, 326, 346, 374~376, 387, 397
집단주의Collectivism　22, 36, 136, 141, 415, 434~437

차

찰머스 존슨Johnson, Chalmers　42~44
찰스 린드블럼Lindblom, Charles E.　78, 79
창의성　434, 435, 436
처방거주혼妻方居住婚　121
1998년 금융위기　339, 377
천자天子　89
최대국가Maximum state　39, 45~47
최소국가Minimal state　39, 40, 47
치예지투안企業集團　53, 342~345, 426

카

칼 마르크스Karl Marx　14, 51, 357
칼 비트포겔Wittfogel, Karl August　21, 22
켈리Kelley, L와 워스리R. Worthley　415
킨트랙트kintract(kinship+contract)　120

타

탈콧 파슨스Parsons, Talcott　71
투과성 네트워크permeable network　428, 429, 431, 437

ㅍ

페이 샤오퉁費孝通, Fei Xiatong   127, 153, 155
포괄적인 제도주의discursive institutionalism   62
프랜시스 후쿠야마Fukuyama, Francis   210, 431
피터 에반스Evans, Peter   39

ㅎ

한恨   102
한국의 가족제도   118, 132, 145
한국의 권위 관계   103
한국의 사외이사   378
한국의 전통 가족   125, 126, 137, 264, 298, 313, 349
한스만Hansmann, H.과 크라크만R. Kraakman   402~404, 407
해리 에크슈타인Eckstein, Harry   83
핵심 인물 통제 모델key-man control model   390
향진기업鄉鎭企業(샹젠치예)   271, 272
허버트 사이먼Simon, Herbert A.   433
호혜성互惠性   75, 84, 93, 108, 146, 153
'혼성화' 가설hybridization hypothesis   404
혼케이本家   126, 127, 140, 148, 157, 287, 290, 312, 313
혼합경제   44, 45
황병태   99
황제경영   338
「회사법 역사의 종말The End of History for Corporate Law」   402
효율성 압력efficiency pressures   417
후쿠다케 다다시福武直   152

이 저서는 2016년 대한민국 교육부와 한국연구재단의 지원을 받아 수행된 연구임
(NRF-2016S1A5B1018418)

동아시아 자본주의의 제도적 기반

한국, 중국, 일본의 비교연구

초판1쇄 발행 2024년 6월 10일

지은이 최협 · 이홍영
펴낸이 홍종화

주간 조승연
편집 · 디자인 오경희 · 조정화 · 오성현 · 신나래
　　　　　　박선주 · 정성희
관리 박정대

펴낸곳 민속원
창업 홍기원
출판등록 제1990-000045호
주소 서울 마포구 토정로 25길 41(대흥동 337-25)
전화 02) 804-3320, 805-3320, 806-3320(代)
팩스 02) 802-3346
이메일 minsok1@chollian.net, minsokwon@naver.com
홈페이지 www.minsokwon.com

ISBN 978-89-285-1994-1 94320
S E T 978-89-285-1272-0 94080

ⓒ 최협 · 이홍영, 2024
ⓒ 민속원, 2024, Printed in Seoul, Korea

이 책은 저작권법에 따라 보호를 받는 저작물이므로 무단전재와 복제를 금합니다.
이 책 내용의 전부 또는 일부를 이용하려면 반드시 저작권자와 출판사의 서면동의를 받아야 합니다.